Verhandeling Over Het Westland, Ter Opheldering Der Loo- En, Woerden En Hoven, Benevens De Natuurdienst Der Friesen En Batavieren: Opgedragen Ann De Fakulteit Der Bespiegelde Wijsbegeerte En Fraaije Letteren Te Groningen

Derk Buddingh

Nabu Public Domain Reprints:

You are holding a reproduction of an original work published before 1923 that is in the public domain in the United States of America, and possibly other countries. You may freely copy and distribute this work as no entity (individual or corporate) has a copyright on the body of the work. This book may contain prior copyright references, and library stamps (as most of these works were scanned from library copies). These have been scanned and retained as part of the historical artifact.

This book may have occasional imperfections such as missing or blurred pages, poor pictures, errant marks, etc. that were either part of the original artifact, or were introduced by the scanning process. We believe this work is culturally important, and despite the imperfections, have elected to bring it back into print as part of our continuing commitment to the preservation of printed works worldwide. We appreciate your understanding of the imperfections in the preservation process, and hope you enjoy this valuable book.

VERHANDELING

OVER HET

WESTLAND.

'VERHANDELING

OVER HET

WESTLAND,

TER OPHELDERING DER

LOO-EN, WOERDEN EN HOVEN,

BENEVENS

DE NATUURDIENST DER FRIESEN EN BATAVIEREN;

OPGEDRAGEN

AAN DE

FACULTEIT DER BESPIEGELENDE WIJSBEGEERTE EN FRAAIJE LETTEREN TE GRONINGEN,

DOOR

D. BUDDINGH,

LID VAN HET OUDHEIDKUNDIG GENOOTSCHAP TE KOPPENHAGEN, DER LETTERK. MAATSCHAPPIJ TE
BATAVIA; LEERAAR EN ONDERWIJZER AAN DE KONINKLIJKE AKADEMIE TER OPLEIDING
VAN BURGERLIJKE INGENIEURS, ENZ. TE DELF.

LEYDEN,
A. ARNZ & COMP.
1844.

Hi forlaeton God hira scippend,
 And gewiton fram hira hal-wendan gode;
Hi grêmedon hine mid fremdum godum,
 Hi offrodon deoflum, and na gode,
Godom, the hi ne cuthon.
V. B. Mozes: XXXII: 15—16.

𐌰𐌺𐌼𐌰𐌷𐌰𐌹𐍂𐍄𐌹𐌸𐌰 𐍅𐌹𐌰𐌲𐌰𐌽. 𐌲𐌰𐌷 𐌽𐌹 𐌷𐌽𐌽𐍃𐌰.

ULFILAS, Matth. IX: 13.

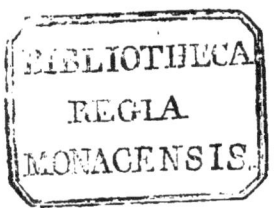

GEDRUKT BIJ H. E. DE BREUK TE LEYDEN.

INHOUD.

A. VERHANDELING.

Inleiding . . . . blz.	1.
Geschiedkundige herinneringen . . . . »	5.
Wat zijn Loo-en? . . . . »	11.
Wat zijn Woerden? . . . . »	17.
Wat zijn Hoven, of wat waren zij vroeger? . . . »	25.
Over de Wapens . . . . »	33.
Slot . . . . »	39.

B. AANTEEKENINGEN.

1. 2. Getuigenissen . . . . »	41.
3. Holten, Wolden of Wouden . . . . . . »	41.
4. 5. Terpen, Thorpen, Dorpen . . . . . . »	44.
6. Wijken of Wijkplaatsen . . . . »	45.
7. (8. 9.) Gau, Gowe, Gooijen of Landschappen . . »	46.
10. Sagen of Volksoverleveringen . . . . . . »	48.
11. (12.) Vroegere Loo-verklaring . . . . . . »	49.
13. Lo, Loo door "water" verklaard . . . . . »	52.
14. Loo-en of Looplaatsen . . . . »	54.
15. Loo- of Waterdienst . . . . »	58.
16. 17. Rivier- en Stroomvergoding . . . . . . »	72.
18. Meibaden . . . . »	74.
19. Het in zee dragen . . . . »	76.
20. 21. Watergeesten.	
a) Nikkers, Niksen, of Nekkers en Neksen (Nehae) »	78.
b) De Mareminnen en Belewiten . . . . . »	82.

INHOUD.

22. Zwanenridders en Zwanen-jonkvrouwen . . . blz. 86.
23. Reuzen (Riesen) of Giganten . . . . » 89.
24. Aardgeesten, Dwergen enz. . . . . » 94.
25. Luchtgeesten . . . . » 102.
26. Woud- en Veldgeesten . . . . » 112.
27. Huisgeesten. . . . . » 118.
28. Tijdgodinnen, Woerd (Urdr); — Urne . . . . » 120.
29. Waard- of Woerdgeest (Weerwolf) . . . . . » 124.
30. Woerdplaatsen. . . . . » 129.
31. (32.) Fijr-, Vier- of Vuurdienst. (Vuur- en Water-
    dienst) . . . . » 136.
32. Lijkenbrand . . . . » 143.
33. Vuurgedrochten en Lichtsteenen . . . . . . » 148.
34. Hem-, Heem- of Heimplaatsen . . . . . . » 153.
35. Hlara, Laeren. (Fana) . . . . » 158.
36. Hemelstreken . . . . » 164.
37. Hlara of Laeren in Kirika (Kerken) veranderd . » 167.
38. Uitingen, Utigsten (Uitvaarten); Steenen doodkisten » 174.
39—41. Hoven, Koningshoven . . . . » 176.
42. Oldenhoven, Hoven en Höfkens . . . . . . » 181.
43. 44. Priesters en Priesteressen; (Wigchelarijen) . » 183.
45. Vogel-vereering of dienst.
    a) Geluksvogels . . . . » 191.
    b) Ongeluksvogels . . . . » 196.
46. Dierendienst.
    a) Heilige dieren . . . . » 198.
    b) Monsters of gedrochten . . . . » 206.
47. Plantendienst . . . . » 209.
48. Boomen- en Woudendienst.
    a) Heilige boomen . . . . » 214.
    b) Heilige wouden . . . . » 222.
49—51. Latijnsche Godennamen; (gedenksteenen) . » 230.
52. Asen- en Asenstelsel . . . . » 236.
53. Sol, Sunan (de Zon) . . . . » 240.
54. Mond, Mona (de Maan) . . . . » 242.
    De maan, War, Wara als liefdesgodin . . . » 248.

INHOUD.

De maan, Neha-Lennia, als troosteresse	blz.	250.
De maan, Tyr, Tys, Ty, als strijdgod	»	251.
Sternen, Cometen	»	254.
55. Erda, Hertha; (de Aarde)	»	255.
56. Wodan; (Warns, Woena)	»	260.
Stavo of Stavegod	»	267.
57. Thunaer (Thure, Thorn)	»	270.
Retto (de roodharige)	»	273.
58. Freya, Frau, Frowa; (Freda, Medea)	»	275.
59. De gebroeders Alcis (Bal, Baldr en Hal, Haldr, Haudr)	»	280.
Fosete, Forsete	»	289.
60. Hella, Helrivier, Helhond	»	290.
61. Min bekende Godheden; (Gedenksteenen)		293—308.
a) Saeter (Satur)	»	293.
b) Irmin	»	296.
c) Hercules Magusanus	»	297.
d) Ostra, Easter	»	301.
e) Siha, Siva	»	303.
f) Labra	»	303.
g) Jecha	»	304.
h) Leva, Leba	»	304.
i) Fanna Waldacha	»	305.
k) Diana Arduinna	»	305.
l) Dea Burorina	»	306.
m) Dea Sandraudriga	»	306.
n) Dea Vagdaver	»	307.
62. Wapens (plaats- en geslacht-wapens)	»	308.
63. Heilige of Symbolische getallen	»	314.
64. H. Bergkruinen, Offer- of Huneplaatsen (Hunebedden)	»	320.
65. Valhalla, Godenleven (tornieren, josteren)	»	329.
66. Feesten en Feesttijden		336—370.
1. Wintermanoht	»	340.
2. Hormunc, Ormingh	»	342.
3. Lenzinmanoht	»	345.

  4. Ostermanoht . . . . blz. 346.
  5. Wonne- of Winnemanoht . . . . . . » 348.
  6. Prah- of Brachmanoht . . . . » 350.
  7. Hewimanoht, Vainmanoht . . . . . » 353.
  8. Aranmanoht . . . . » 360.
  9. Wintumanoht . . . . » 361.
  10. Windumme-manoht . . . . » ——
  11. Herbist-manoht . . . . » ——
  12. Helmanoht, Heilagmanoht . . . . . » 365.
67. Leer der onsterfelijkheid, Godenschemering; (Ragnaraukr) . . . . » 370.
68. Val en verachting des Heidendoms . . . . . » 375.
69. Nalezingen en Verbeteringen . . . . » 386.

BIJLAGEN.

A. Schepping van den mensch. (*Oud-Friesch*) . . » 395.
 Vijftien teekenen voor den oordeelsdag (*Oud-Friesch*) » 395.
B. Epistola Gregorii Mellito Abbati, etc. (601). . . » 398.
C. Indiculus superstitionum et paganiarum (743) . . » 400.
D. Placaet beroerende het bevaertgaen enz. (1647) . » 403.
E. Voorthuizen op de Veluwe. (1840) . . . . . » 405.
F. Woord- en Zaakregisters enz. . . . . » 417.
 a. Plaatsnamen . . . . » 418.
 b. Woord- en Zaakregister . . . . . » 426.
 c. Mythen- en Godennamen . . . . . » 438.
  Sancten en Sanctinnen . . . . . . » 445.

AAN DE

FACULTEIT DER BESPIEGELENDE WIJSBEGEERTE EN FRAAIJE LETTEREN,

VAN

'S RIJKS UNIVERSITEIT

TE

GRONINGEN.

Wel-Edel Hooggeleerde Heeren!

Toen de Schrijver dezer Verhandeling het waagde dezen zijnen letterarbeid aan U Hooggeleerde Heeren in handschrift voor te leggen, bezielde hem het vertrouwen, dat elke bijdrage tot de kennis der oude en latere geschiedenis van ons Vaderland, en elke poging om die, op de meest donkere punten, toe te lichten, door U Hooggeleerde Heeren op prijs wordt gesteld. Daarbij koesterde hij den levendigen wensch, om, ingeval U Hooggeleerden over dit werk, als een blijk van des Schrijvers zucht om de oudheid- en geschiedkun-

dige wetenschap des Vaderlands te helpen bevorderen, niet geheel ongunstig mogt oordeelen, — hetzelve aan U Hooggeleerde Heeren, te mogen opdragen. Niet, dat hij niet besefte, hoe gewaagd het zoude wezen dezen arbeid onder het oog te brengen eener zoo geleerde en uitstekende vereeniging van mannen, uitmuntend in elk vak van geleerdheid; doch de belangstelling in alles, wat de geschiedenis des Vaderlands betreft, de belangstelling vooral ook, die U Hooggeleerde Heeren zijnen eersten leidsman in dit vak van oudheidkundige Geschiedenis, wijlen Dr. Nicolaas Westendorp, *getoond hebt, was voor hem een spoorslag om tot dien gewaagden stap te besluiten.*

Verblijdend en aanmoedigend was voor hem de eer der opdragt, die U Hooggeleerde Heeren hem, bij de terugzending van het handschrift, welwillend vergund hebt. Verblijdend, inzonderheid ook daarom, dewijl onderscheidene banden, zoo van liefde en vriendschap, als van letter- en opvoed-kundigen aard, hem verbinden aan het gewest, dat hij bij herhaling bezocht, en van waar uit de Groninger Hoogeschool, als een schitterend brandpunt van beschaving, zoo veel licht en wetenschap verspreidt over den Vaderlandschen bodem; — aanmoedigend, omdat deze vergunning, met nuttige wenken van Uwen Deken vergezeld, hem ten spoorslag heeft gestrekt, om zijnen arbeid op nieuw te toetsen, hier en daar aan te vullen, en deze en gene opvatting met nieuwe bewijzen te staven. Zoo werden zijn ambtelooze tijd, vele zijner vrijuren, die hem van zijne ambtsbetrekkingen aan de *Delfsche Akademie* overig waren, hoofdzakelijk der geschied- en oudheidkundige wetenschap des Vaderlands gewijd; waarbij hij nog meerdere en nieuwe bronnen heeft kunnen raadplegen, dan hem voor een drietal jaren ten dienste stonden. Ook de welwillende opmerkingen zijner vrienden, van den Hoogleeraar J. CLARISSE, Jhr. Mr. DE HAAN HETTEMA en W. DE CLERCQ, heeft hij zich daarbij tevens trachten ten nutte te maken. Zoo vleit hij zich, dat zijn werk, door de geruime vertraging, die de uitgave heeft ondergaan, hier en daar wel iets in de schatting van U Hooggeleerde Heeren zal gewonnen hebben, waardoor hij het met eenigen minderen schroom aan U Hooggeleerde Heeren waagt aan te bieden.

Levendiger nog dan voorheen werd, bij deze nieuwe bearbeiding, waarbij hij nog strenger systematische orde dan vroeger heeft trachten in acht te nemen, zijne overtuiging: dat Natuurvergoding eene algemeene natuurdienst had doen geboren worden, die ook bij onze voorgeslachten eene aanmerkelijke ontwikkeling had verkregen; doch waarvan het ontwikkelde stelsel, bij gebrek aan innerlijke waarheid en kracht, echter noodwendig voor eene hoogere Goddelijke Openbaring moest instorten. Te wel gevoelt hij echter, dat noch de navolgende Verhandeling, noch de breedere Aanteekeningen ter opheldering dier natuurdienst van Fries en Batavier, teruggeven, wat door den val des Heidendoms op Vaderlandschen bodem is verloren gegaan; daarom zal hij zich hoogst gelukkig rekenen, wanneer het hem, door een zorgvuldig verzamelen, rangschikken en ophelderen van nog aanwezige overblijfsels van het vroegere godenstelsel, gelukt is, eenen niet geheel ongeschikten grondslag te leggen, of eenig meerder licht te ontsteken tot verder onderzoek, waartoe de lust hier en daar in ons Vaderland, meer dan ooit vroeger, algemeen schijnt opgewekt.

Moge intusschen door U Wel-Edel Hooggeleerde Heeren, bij deze zijne poging, meer op zijnen lust tot de studiën, meer op zijne zucht om der oudheid- en geschiedkundige Wetenschap nuttig te zijn, dan wel op de waardij des werks zelf gelet worden; — en mogen alzoo deze geringe vruchten, waaraan menig uur van uitspanning en nachtrust is opgeofferd, wegens het daaraan ontbrekende, met eenige toegeeflijkheid en verschooning door U Hooggeleerde Heeren worden ontvangen, van

WEL-EDEL HOOGGELEERDE HEEREN!

Delf
15 Mei 1844.

UW-Ed. Zeer Gehoorz. Dienaar,

D. BUDDINGH.

DEN LEZER HEIL!

Wanneer wij het wagen, door de uitgave dezer Verhandeling, en de daarbij gevoegde breedere Aanteekeningen nopens de godenleer der Friesen en Batavieren, beide reeds voor eenige jaren geschreven, thans in mijne vrijuren op nieuw bearbeid, ten derden male op een mythologisch veld op te treden, hebben wij den goedgunstigen lezer, vooraf, met bescheidenheid open te leggen onze inzigten en overtuiging, die deels bij den navolgenden arbeid ons geleid hebben, deels bij ons onderzoek zelf, meer en meer, zijn versterkt geworden.

Gelijk eerst en opzettelijk in mijne *Verhandeling over de N. Godenleer* (1836), en daarna in mijne *Edda-leer* (1837), heb ik het N. Mythenstelsel, dat sommigen ten onregte als een' »*verwarden Chaos*'', zonder zin of natuurkundige beteekenis, zouden willen geacht hebben, als natuur-philosophie, als natuurleer opgevat en leeren kennen. Ook na dien tijd ben ik, door voortgezette beoefening van dat vak van oudheidkundige wetenschap, meer en meer versterkt geworden in de overtuiging, dat die wijze van beschouwing den algemeenen sleutel oplevert, om de denkwijze en begrippen der vóórchristelijke volkeren, in zoo verre zij eene ontwikkelde natuurleer bezaten, te verklaren. Natuurvergoding, en daaruit ontsprotene natuurlijke godsdienstleer, in mythen en mysteriën gehuld, treffen wij allerwege aan bij de ouden. Deze laatsten, onder de Theocratie, hoofdzakelijk in het bezit der Priesters, tot wier geheimen men zich moest laten inwijden, bestonden in het Oosten; gelijk men wil, dat zij ook in het Westen bestonden, alvorens nog het licht der Goddelijke Openbaring over het menschdom was opgegaan. Overal was de natuur de rijke bron dier mythen, mysteriën en symbolen, die daarom, in den grond, niet anders bevatten dan eene voorstelling der natuurverschijnsels. Zoodanig eene natuurleer, of min of meer ontwikkelde symboliek en mythen-leer, uit de natuur der dingen ontleend, en op de eeuwige wetten van het heelal gegrond, hadden, niet slechts de Indiaan, de Egyptenaar en Pers, — met Griek, Romein en Galliër gemeen; maar ook bij Scandinaviër, Germaan en Batavier waren die inheemsch. Hoewel naar luchtstreek en omgevingen anders gewijzigd, leveren daarom ook de hoofdtrekken dier natuurleer, of godsdienstleer der natuur, bij verschillende volkeren, de treffendste blijken van overeenkomst op; zoo bijv. wanneer men de leer der Oosterlingen met het noordsche mythenstelsel vergelijkt, of wel, met hetgene nog van een dergelijk gewijzigd stelsel der Germanen uit de puinen van het ingestorte gebouw is opgedolven geworden. Zoo bezaten, om hier slechts eenige dier hoofdtrekken te herinneren, zoowel de Indiaan of Bramin, als Scyth en Griek, zoo wel de Scandinaviër, als Germaan, Fries en Batavier, en ongetwijfeld ook andere stamverwante volkeren, hunne heilige *drieheid* goden, hunne trimurti of trilogie, uit de voorstellingen der natuur ontleend; zoo bezaten Oosterlingen en Westerlingen beiden hunne lichtgoden, met twee tegenstrijdige beginselen van licht en duisternis, van voortbrenging en vernietiging, van goed en kwaad: de Egyptenaar zijnen lichtgod Osiris; — de Pers zijnen Mythra, de afgodische volkeren in het O. T. hunnen Baäl, — gelijk de Scandinaviër en Germaan hunnen Baldr, de Galliër zijnen Belus. Even als bij den Egyptenaar Osiris, de god des lichts, door Typhon, de duisternis, werd gedood; zoo bezweek ook bij den Scandinaviër en stamverwante volkeren de lichtgod Baldr door Haudr, de verpersoonlijkte duisternis. — Onderscheidene volkeren beschreiden in deze natuurleer den dood van hunnen zonnegod: de Egyptenaar zijnen Osiris, de Pers zijnen Mythra, de Scandinaviër zijnen Baldr; — en, gelijk Frigga of Freya, de aardmoeder, den dood haars geliefden zoons beweende, zoo treurde ook de Phrygische godin over den dood van Attis; Aphrodite over dien van Adonis.

Doch, gelijk volgens de eeuwige wet van ontstaan en vergaan, van wording en vernietiging, alles aan hernieuwing, weder worden, onderworpen is, zoo vierden ook deze verschillende volkeren, Egyptenaar en Pers, Scandinaviër en Germaan, (deze laatsten op hunne Ostrafeesten), de herrijzing, de wedergeboorte, van hunnen zonne-god, waarop ook de Egyptische mysteriën zinspeelden van het *ledige graf;* terwijl de Persische magi den volke verkondigden: *zijn dood uw heil!* Dat ook Fries en Batavier zijne zonne-feesten bezat, en zijne volksfeesten naar den loop der zon regelde, is ons overtuigend gebleken; beiden hadden die met andere volkeren gemeen. Een meer uitvoerig onderzoek heeft die overtuiging bij ons doen geboren worden.

Zoo ooit dan is door dezen arbeid bij mij de overtuiging levendig geworden, dat er een onverbreekbaar verband tusschen de leer van het Oosten, Noorden en Westen moet gezocht worden, zonder daarom het Zuiden hiervan uit te sluiten; maar dat het hoofdzakelijk het N. mythenstelsel, — niet dat der Romeinen, is, hetwelk als de toetssteen moet worden beschouwd, waaraan men het gevondene op onzen bodem beproeven kan; hoezeer ons overigens ook de invloed der Romeinen gebleken zij. Dit noordsche stelsel leverde ons den sleutel ter verklaring van menig anders onverklaarbaar overblijfsel van vóór-christelijke beschaving. — Gelijk onder ééne trilogie Goden, de beide beginselen elkander tegenoverstonden, doch die in de schoone BALDR's-*mythe* een vereenigingspunt vonden, en, gelijk in de natuur licht en duisternis, dag en nacht, zomer en winter, in de zedelijke wereld, goed en kwaad, geregtigheid en ongeregtigheid, waarheid en leugen, tegen elkander overstaan, totdat, volgens de mythe, de onbekende Oppergod (SURTR) allen strijd beslecht, en zijne wetten geeft, die eeuwig duren zullen; zoo stonden ook, bij onzen voor-Christelijken landzaat, even als bij de Oosterlingen, *water-* en *vuur-dienst* elkander tegenover; hoewel hier meer de water-, ginds de vuur-dienst het overwegend beginsel schijnt, en den sleutel levert tot opheldering van menige zaak.

Uit de *waterdienst* heb ik de menigvuldige Loo-bronnen trachten op te helderen, die men vooral op Vaderlandschen bodem aantreft, gelijk ook de meibaden, het in zee dragen, en wat dies meer zij. Uit de daarmede verwante *vuur-dienst* helderde ik den lijkenbrand, de menigvuldige feestvuren op, welke in ons Vaderland, vooral in den aanvang dezer eeuw, meer nog dan thans, ontstoken werden; — uit de leer der *tijdgodinnen*, die zich aan de water-dienst huwt, heb ik gepoogd de oude woerd-akkers, thans, meer dan ooit vroeger, met zorg nagespoord, toe te lichten; terwijl de hoven, de hemmen en laeren, benevens de geesten-leer, de vogel- en dieren-dienst voornamelijk moesten verklaard worden, uit hetgene ons van het Scandinavische en Germaansche mythenstelsel, hetzij in zijn geheel, hetzij fragmentarisch, gelijk ook van de gebruiken, de godsdienstige en burgerlijke instellingen en feesten der noordsche volkeren, is bewaard gebleven.

Overigens kunnen de sporen der vereering van *zon*, *maan* en *aarde*, en, zoo het ons voorkomt, ook de hooger staande *Wodans-*, *Thunaers-* en *Frowa*-dienst, gelijk de vereering der gebroeders *Alcis*, **Baldr** en **Haudr**, van *Helia* of *Hella*, en andere goden en godinnen, benevens de hel-rivier; de H. getallen, de hune-bedden, als offer-plaatsen, benevens de feesten en feestgebruiken, en de leer der onsterfelijkheid, alleen uit die van stamverwante volkeren worden opgehelderd. Uit het geloof toch aan Helheim en Valhalla, ook op Vaderlandschen bodem inheemsch, gelijk wij dat door bewijzen hebben trachten te staven, bleek ons niet slechts alweder de verwantschap van ons vroeger godenstelsel met dat van het noorden, waardoor de waardij der Edda-leer ook voor ons moest rijzen; maar eene vergelijking dier *Edda*-leer (op IJsland) met de *Apocalypsis* (op Patmos), en tusschenbeiden, met onzen *Leekenspiegel*, bragt ons tot de slotsom, dat genoegzaam dezelfde begrippen nopens de eindelijke ondergang en weder-geboorte der aarde, of der wereld, zoo op *IJsland* als *Patmos*, en van de eene en andere zijde tot ons overgekomen, bij ons reeds vóór het Christendom, inheemsch zullen zijn geweest, en zich, gelijk de geheele *hune-* en feest-gebruiken, tot een eigen-aardig wel ontwikkeld geheel of stelsel moeten gevormd hebben.

Zoo verre slechts, in algemeene hoofdtrekken, over het N. mythenstelsel. — Dat dit overigens, als copij-werk der natuur, eene groote, eene verhevene, en, wegens den dood van den daarin voorkomenden lichtgod, eene tragische éénheid oplevert, heb ik reeds vroeger aangetoond; ik herhaal ook hier nog mijne steeds vaster gewordene overtuiging. Nopens die éénheid, zou ik mij ook op het gezag van doorwrochte geleerden als Grimm, Finn Magnusen, Dr. Wachter, Stuhr en anderen kunnen beroepen, gelijk ik ook elders, nopens de algemeene verspreiding dier natuur-godsdienst, gedaan heb, om daardoor den schijn zelfs, van elk aangematigd gezag te vermijden.

Maar ook een Vaderlandsch geleerde, Dr. HALBERTSMA, wiens oudheidkundige studie in dezen het degelijkst gezag verdient, ziet in de vroegere Heidensche Mythologie iets meer dan »*verwarde Chaos;*" een zamenhangend geheel, dat als godsdienst-leer, uit de natuur ontleend, bij al de geslachtgenooten met wijzigingen in de gedeelten, hetzelfde was. Zie hier zijne eigene woorden: »Dit geheel bestond, vóór dat het door eene andere godsdienst verdrongen, of verminkt was, en, om er een begrip van te hebben, moesten onze berigten reiken tot voor de invoering des Christendoms. Wat TACITUS en CAESAR ons overbragten, is zoo schaarsch, dat zij onze nieuwsgierigheid eerder gesard dan bevredigd hebben."

»Eerst bij en na de invoering des Christendoms worden de berigten vollediger, maar op welke wij, om twee redenen, weinig staat kunnen maken. Vooreerst zijn het Christenen, die ons deze bijzonderheden nalieten, en die, of uit vooroordeel, of uit belang voor hun geloof, redenen hadden om de zaken anders voor te stellen dan zij waren. Maar de tweede en magtiger reden lag hierin, dat de algemeene band van het zamenstel der Heidensche godsdienst-leer gebroken was, en wij dus niets dan onzamenhangende brokken van een vroeger sluitend geheel in die berigten aanschouwen mogen. Bij de invoering des Christendoms werden de hoofdgodheden van hunnen troon gerukt, om plaats te maken voor *drie* andere, welke men voorgaf die des Christendoms te zijn. Vele mindere godheden, halve goden, ontelbare wezens uit de geesten-wereld werden gelaten of geduld, omdat zij den Oppersten God, aan wien zij ondergeschikt bleven, nimmer het gebied betwisten konden. Die mindere wezens, losgemaakt van hunnen oorsprong, zweefden zonder voetstuk, als het ware, in de lucht. — Het volk vergat spoedig hun verband, zoowel onderling als met de opperste goden: het onderscheidde even weinig de diensten, waartoe elke orde der geesten-wereld in het bijzonder geroepen was; en de Trollen, Dwergen, Alven, Witte Vrouwen, Bil-witten, die eenmaal ieder hunne bijzondere taak te vervullen hadden, schreef het bijgeloof der middeleeuwen zoo veel tegenstrijdigs en grillige bedrijven toe, dat zij nu eens door scherpe lijnen van elkander schijnen gescheiden, en dan weder tot één mengelklomp van gelijksoortige wezens onder elkander verward."

Één beginsel heeft onder de hand des verkondigers van het Christendom tot tallooze verwarringen aanleiding gegeven: het is de leer van twee beginsels, het goede en kwade, hetwelk men door alle vertakkingen van de godsdienst-leer der Heidensche Germanen ziet heen zweven. Goede geesten vonden dikwerf tegenstanders in kwade van hun eigen soort; en aangezien de verkondigers die allen zonder onderscheid tot de rubriek der duivelen verwezen, zien wij aan wezens, de goedaardigste en weldadigste van oorsprong, niet zelden praktijken aanwrijven, die al de kenmerken verraden van eenen kwaden wil jegens het menschelijk geslacht." (*O. Alm.* 1837. 217. enz.).

Wij zouden nog meer kunnen afschrijven, ter ondersteuning van ons gevoelen; doch prijzen liever de verdere lezing van het aangehaalde stuk zelf aan, en blijven dus ook hier onze overtuiging aankleven, dat, met het Heidendom zelf, een geheel te zamenhangend en ontwikkeld stelsel van Natuur-godsdienst is ingestort, op welks puinen het Christendom is voortgeplant, en zich steeds voort ontwikkelt. De Christen toch, de allegoriën, de mythen en mysteriën afwerpende, waarin de Theocratie der afgeslotene priesterkaste de natuurdienst wikkelde, viert in zijne *geopenbaarde* Godsdienst van Christus, in hooger en goddelijken zin, de geboorte, den zoendood en de herrijzenis van den waarachtigen *God-*

mensch, die het licht der zedelijke wereld, de God der geregtigheid en heiligheid, de bemiddelaar tusschen God en de menschen is; daarvan alleen het geheim, als dat zijner H. *Drie-eenheid* eerbiedigende.

Wij wagen ons niet op het terrein, te onderzoeken in hoe verre de oude natuur-mythen en symboliek den grond ook tot deze Christen-mysterie gelegd heeft; of deze als eene noodwendige idée uit gene moest geboren worden? Het *factum* der menschwording van *Gods Zoon* geloovig eerbiedigende, zien wij ook hier, in de volheid des tijds, der heidenen *trilogie* door der Christenen *triniteit* of *H. Drievuldigheid* vervangen en opgevolgd. De brief van Bisschop Daniël aan Bonifacius doet ons ten slotte de worsteling van Heidendom en Christendom zien; de *Abrenuntiatio diaboli* toont ons den val des eersten, en de Christelijke *geloofsbelijdenis* (745) de volkomene zegeviering van het laatste over het eerste; eerst later (1303) kondigde de planting van het kruis te *Vroonlo* ook de zegeviering der Evangelie-leer over de heidensche natuur-leer onder de West-Friesen aan.

De Verhandeling zelve, waarover ik hier nog een enkel woord moet berigten, is eene vrucht mijner herhaalde wandelingen in den nazomer van 1839, in en door het Westland (tusschen 's Gravenhage en den Briel), welke wandelingen ik eerst willens was vooraf te doen gaan, ten einde men zou mogen beoordeelen, hoedanig ik de gevondene stof bearbeid en getracht heb, die tot een dragelijk geheel te brengen. Van den anderen kant echter, (en deze overweging had bij mij de overhand,) zal men het misschien ook niet geheel ongepast en onplanmatig oordeelen, dat ik door deze Verhandeling eene soort van inleiding en resultaat tegelijk lever, als grondslag, gelijk ik wensche, tot verder onderzoek op het ruimere gebied van den vaderlandschen bodem.

In deze Verhandeling ook konden de breedere aanteekeningen tot opheldering der natuurleer van *Fries* en *Batavier* een verééniging̊spunt vinden. Dat deze zoo uitvoerig zijn geworden, is niet onvoorbedacht, ten einde daarin te kunnen opnemen, al wat mij als belangrijk overblijfsel of fragment van vroegere godenleer dier beide volksstammen is voorgekomen. Dit alles thans weder tot één sluitend en te zamenhangend geheel, tot één stelsel terug te brengen, gelijk het vroeger was, achten wij eene onuitvoerlijke taak en werd daarom door ons ook niet beproefd. Veel doelmatiger kwam het ons voor, de gevondene stof, onder afzonderlijke, op zich zelven staande rubrieken te rangschikken, en daartoe met de oude gesteldheid des lands zelve te beginnen. Ben ik gelukkig genoeg geslaagd daarin eenige voortgaande ontwikkeling uit het Heidendom tot het Christendom aan te toonen, nieuwe minbekende brokstukken aan het N. mythenstelsel ter toetse te brengen, of wel, nieuwe sporen tot verder onderzoek te banen, dan heb ik reden genoeg te mogen hopen, dat anderen het gebrekkige en ontbrekende goedgunstiglijk zullen willen aanvullen.

Immers ik gevoel maar al te wel, en elk beoefenaar dezer oudheidkundige wetenschap zal dit met mij beseffen, dat het toch altijd slechts brokstukken blijven, wat ons van een vroeger mythenstelsel op vaderlandschen bodem nog rest; die echter, bij voortgezet onderzoek, steeds meerdere aanvulling zullen erlangen, waarbij men, meer dan tot hiertoe geschied is, taal, wapens, overleveringen in den mond des volks, plaatselijk onderzoek, handschriften, woordbeteekenissen, volksgebruiken, en wat dies meer zij, dient in acht te nemen, om van het verlorene geheel nog menige scherf weder op te delven. Voor zoo verre mij deze middelen ten dienste stonden, heb ik daarvan een getrouw gebruik gemaakt. En toch koester ik de levendige overtuiging, dat men uit HSS. als anderszins, nog veel zal kunnen opdelven, dat eene gegronde hoop op eene rijke nalezing van dezen mijnen arbeid wettigt.

Welke moeite en geduld mij het maken der dorre woord-registers gekost heeft, zal ik niet behoeven te verzekeren; doch dit werk, hoe dor ook, mogt mij niet afschrikken, om het gemakkelijk gebruik van het boek, als het eenigen bijval mogt vinden, te bevorderen: ik heb die registers verdeeld in: *a*) veelal verklaarde plaatsnamen, of die door eenige sage merkwaardig zijn (*a*); *b*) woord- en zaak-register, en *c*) mythen-, geesten-, en goden-namen, waarbij ik ook nog voeg de opgave van *Sancten* en *Sanctinnen*, in het werk zelf behandeld; — niet om daarmede te ergeren; maar omdat zij mij, ook als protestant, van een zeer heidensch karakter zijn voorgekomen.

Meer dan eene aanteekening, mij goedgunstiglijk door Jhr. Mr. DE HAAN HETTEMA geschonken, heb ik in het werk zelf opgenomen; doch buitendien ben ik ZWE. ZG., even als aan de Heeren Mr. J. DE WAL, en aan de Koninklijke Bibliothekarissen, J. W. HOLTROP en NOORDZIEK, mijnen dank verschuldigd voor het welwillend ter leen verstrekken van deze en gene der aangehaalde bronnen, waaruit ik geput heb. Gelijken dank, als ik dezen opregtelijk toebreng, betuig ik verschuldigd te wezen aan de Hoogleeraren CLARISSE en B. H. LULOFS, voor vroegere, mij nuttige opmerkingen; den Hoogleeraren ROOIJAARDS en VAN DER CHIJS, benevens Dr. MÜLLER,

---

(*a*) Eerst onder dezen arbeid werd mij door mijnen letterkundigen vriend, den Hr. SCHADE, een belangrijk opstel voorgelegd van Mr. D. J. VAN LENNEP, *de oude gesteldheid en taal dezer landen toegelicht uit de Charters*. Zie *Instituut* enz. over 1843. n°. 4, bl. 365. — Men vergelijke de daar opgegevene plaatsen en verklaringen met die in dit werk, bijv. *Teisterbant*, bl. 368, en *Kin*, *Ken*, *Keene*, bl. 375, met mijn, *Kan*, *Kaan*, *Kene*, *Keen*, enz. Mogen deze toelichtingen worden voortgezet!

Nyhoff, en allen, die het hunne hebben toegebragt, dit werk door inteekening in het licht te bevorderen. Mogt ik gelijken dank nog kunnen toebrengen aan wijlen den Hoogleeraar Bolhuis, en den Hr. W. de Clercq, die door zijnen vriend, Mr. J. da Costa, mijn handschrift aan het Koninklijk Instituut had voorgelegd! Inzonderheid vele verpligting heb ik aan den Eerw. Heer H. T. de Blaauw voor meer dan een belangrijk dienstbetoon bij de uitgave des werks zelfs, dat door de welwillendheid des Heeren Landmeter alhier, met eene naauwkeurige kaart van het Westland (*a*) is kunnen verrijkt worden.

Vermoedelijk zal deze wel mijn laatste letterarbeid van dezen aard wezen, tenzij de geleerde Heeren Jhr. Mr. de Haan Hettema en Dr. Halbertsma, mij hunne genegenheid en belangstelling in dit vak van wetenschap blijven toonen, door mij eenen rijken voorraad van aanteekeningen en nalezingen te schenken, waardoor ik te eeniger tijd, bij een *drietal* bespaarde bijlagen, nog eens een vervolgstukje mogt geven.

Immers, mogt mijne betrekking, gelijk nog altijd te wenschen overblijft, mij voor mijn gezin een redelijk inkomen opleveren, gelijk ik, helaas! misschien te vroeg, voor en om der nieuwe Akademie wille, verlaten heb, dan ben ik evenzeer genegen, als door innigen aandrang bereid, mijne geheele studie, der studerende jeugd aan de Delfsche Akademie te wijden.

Moge nu slechts een zoo aanzienlijk getal geleerde mannen, als de naamlijst der Inteekenaren uitmaakt, met toegevendheid en verschooning ontvangen, waar men met mijne ophelderingen niet mogt kunnen instemmen. En hoe ligt zal dit in een werk van dezen aard het geval wezen! Overigens betuig ik, dat elke bescheidene, hetzij schriftelijke, hetzij openbare tegenbeden-

---

(*a*) Door den Heer C. de Groot geteekend.

king of teregtwijzing, waar het blijken mogt, dat ik gedwaald of mis gezien heb, mij eene wezenlijke reden zal schenken, mij te verblijden, dat ik in dezen tot een beter en grondiger onderzoek zal hebben aanleiding gegeven. — Dat overigens deze arbeid strekken moge, eenen dieperen blik onder den sluijer der verloopene eeuwen te werpen, die onze voorgeslachten bedekt, en de liefde tot oudheid- en geschiedkundige nasporingen daardoor meer en meer worden aangewakkerd, waardoor men, zoowel op billijken prijs leere stellen de waarde der voorchristelijke beschaving, als nog meer en voornamelijk de hooge voortreffelijkheid der *Evangelie-leer*, of Christelijke *Openbaring*, boven alle natuur-leer en mythen; dit is ten slotte mijn hartelijkste wensch. Niet alleen toch heeft CHRISTUS, door Zijnen zoen-dood, alle vroegere bloedige offerdiensten doen vallen; maar Hij ontstak ook, met goddelijke almagt en liefde, door Zijne alles doordringende leer, een lamp op ons pad, een licht op onzen weg.

Bezielde die liefde den goedgunstigen Lezer!

Delf, 15 *April* 1844.

D. BUDDINGH.

NAAMLIJST

VAN

H. H. INTEEKENAREN

OP DE

VERHANDELING OVER HET WESTLAND, ENZ.

DOOR

D. BUDDINGH,

LID VAN ONDERSCHEIDENE GENOOTSCHAPPEN EN LEERAAR AAN DE KONINKLIJKE AKADEMIE

TE DELF.

Z. M. DE KONING. 5 Exemplaren.

H. M. DE KONINGIN. 2 Exempl.

Z. K. H. DE PRINS VAN ORANJE. 10 Exempl.

Z. K. H. PRINS FREDERIK. 2 Exempl.

Z. M. WILLEM FREDERIK GRAAF VAN NASSAU. 3 Exempl.

Aa, (Mr. Robidé van der) te Arnhem.
Albani, (Guinta d') te 's Gravenhage.
Alsche, (Mr. A. G. C.) Officier aan de Regtbank, te 's Gravenhage.
Amerom, (H. C. N. van) Student aan de Hoogeschool, te Leiden.
Assen, (C. J. van) Hoogleeraar, te Leiden.
Ackersdijk, (J.) Hoogleeraar, te Utrecht.

Bake, (Alexander) Rector, te Leiden.
Berg, (H. van den) te Naaltwijk.
Burgersdijk, (H. A.) te Rijswijk.
Beynen, (L. R.) Praeceptor aan het Gymnasium, te 's Gravenh.
Brummeler, Wz. (G. ten) Instituteur voor de zuivere en toegepaste Wiskunde, te 's Gravenhage.
Baerts, Jr. (J. C.) Adj. Commies bij het Gouvernem. van Zuid-Holland, te 's Gravenhage.
Beekman, (H. J.) Onderwijzer, te 's Gravenhage.
Bleeker, Chargé d'affaires van Amerika, te 's Gravenhage.
Boetzelaar, (van) Baron, Kamerh. van Z. M., te 's Gravenhage.
Bolhuis, (Dr. J. H.) Hoogleeraar, te Breda.
Bauer, (de Hr.) aan de Geestbrug nabij 's Gravenhage.
Best, (P.) Instituteur, te Amsterdam.
Blaauw, (H. T. de) Theol. Proponent, te Leiden.
Bier, Hz. (H.) Instituteur, te Zalt-Bommel.
Boer, (P. A. de) Luitenant bij de Artillerie, te Amersfoort.
Brouwer, (Mr. van Meeteren) te Zuilichem.
Beijerinck, (G. J. A.) Boekhandelaar, te Amsterdam.
Bibliotheek Acad., te Groningen.
Borski, (Dr. G. van Wieringhen) Schoolopziener te Delft voor het Onderw.-Gezelschap.

Caan, (H. J. Jonkhr.) te 's Gravenhage. 2 exempl.
Canneman, (Mr. C. W.) Advocaat, te 's Gravenhage.
Certon, (J. G. P.) Rustend Predikant, te 's Gravenhage.
Citters, (de Witte van) Lid van den Hoogen Raad van Adel en Wethouder, te 's Gravenhage.
Clarisse, (J.) Rustend Hoogleeraar, te Rheden.
Cuypers, (Prosp.) te Ginniken.

Canne, (C. D.) Instituteur, te Noordwijk.
Chys, (P. O. van der) Hoogleeraar, Directeur van het Munt- en Penning-Kabinet der Leidsche Hoogeschool, te Leiden.
Clercq, (W. de) Directeur der Handelm. te Amsterdam.
Cleeff, (Gebr. v.) Boekhandelaren, te 's Gravenhage.

Dresselhuis, (J. Ab Utrecht) Predik. en Schoolopz., te Wolfaartsdijk.
Disselkoen, (Mr. J.) Burgemeester te Lier.
Dirksen, (H. J.) Leeraar aan het Gymnasium, te 's Gravenhage.
Deinse, (B. S. van) Predikant, te Naaltwyk.
Dirks, (Mr. J.) Advokaat, te Leeuwarden.
Dykstra, (T. R.) te Leeuwarden.

Elst, (A. van der) Inbrenger bij de Stads Bank van Leening, te 's Gravenhage.
Elburg, (Mr. J. A.) te Loosduinen.
d'Escury, (Collot) Baron, te Loosduinen.
Esdorff, (van) Graaf, te 's Gravenhage.

Fagel, (J. W.) te 's Gravenhage.
Ferrand, (Mr. P. S. P.) Referendaris bij het Departement van Binnenl. Zaken, te 's Gravenhage.
Feith, (Mr. H. O.) Raadsheer aan het Prov. Geregtshof van Groningen en Archivarius der Prov. Groningen, te Gron. 2 Exempl.
———, Voor het Genootschap: *Pro excolendo*, etc. te Groningen.
Floss, (P. A. D. Roesgen van) Baron, te 's Gravenhage.
Fortuin, (J. Drooglever) te Monster.

Gouvernement van Zuid-Holland.
Goes, (Mr. A. C. v. d.) te Loosduinen.
Gravenweert (van 's) Staatsraad, te 's Gravenhage.
Groot, (de) voor het Leesgezelschap, te Delft.
Gevers, (Mr. B. H. W.) Lid van de Algemeene Rekenkamer en van de Ridderschap van Zuid-Holland, te Rijswijk.
Gelder, (J. de) Hoogleeraar, te Leiden.
Gebel, (C.) te Scheveningen.
Ganswyk ten Zeldam, Griffier van Zuid-Holland, te 's Gravenhage.

Haaff, (J. M. van 't) Boekhandelaar, te 's Gravenhage.
Haar, (B. van der) Secretaris, te 's Gravenhage.
Hordyk, (P. A. Pynacker) te Naaltwyk.
Holtrop, (J. W.) Bibliothecaris der Koninkl. Bibliotheek, ten behoeve dier inrigting, te 's Gravenhage.
Hasselt (Mr. W. J. C. van) Lid van de Arrondissements-Regtbank, te Amsterdam.
Heusden, (W. van) Onderwijzer, te 's Gravenhage.
Hoorn, (P. G. van) Wethouder, te Leiden.
Heinenoord, (d'Escury van) te 's Gravenhage.
Hermans, (Dr.) voor het Noord-Br. Genootschap, te 's Hertogenbosch.
Haak, (B. van der) Stud. aan de Hoogeschool te Leiden.
Hummel, (J. F.)   »   »   »   »
Heukelum, (J. van) Onderwijzer, te Zalt-Bommel.
Halbertsma, (Dr. J. H.) Predikant, te Deventer.
Huygens Bangman, te 's Hertogenbosch.
Haanebeek, (F. H.) Koopman, te 's Gravenhage.
Huissingh, Boekhandelaar, te Winschoten.
Holtius, (A. C.) Hoogleeraar, te Utrecht.
Halmael (Jhr. Mr. A. van) Auditeur Militair, te Leeuwarden.
Hettema, (Jonkhr. Mr. M. de Haan) Lid van de Arrondissements-Regtbank, te Leeuwarden.

Jonge, (Jhr. J. C. de) Archivarius van het Rijk, te 's Gravenhage.
Jonckbloet, (W. J. A.) Litt. Doctor, te 's Gravenhage.
Jordens, (E. A.) Jur. Cand., te Leiden.
Illiken, Theol. Proponent, te Kolderveen.
Jager, (A. de) Instituteur, te Rotterdam.

Kasteele, (A. J. van de) te 's Gravensande.
Kock, (H. M. Baron de) Luit. Gener. Minister van Staat, Kanselier van de beide Orden, te 's Gravenhage.
Kouwenhoven, (C.) te Monster.
Krabbe, Jr. (J.) aan de Geestbrug.
Krabbe, (Ds.) Predikant, te Zutphen.
Kuyper, (G.) 2e Luitenant, te Breda.
Kuypers, (Steringa) Predikant, te Winschoten.

Koenen, (Mr. H. J.) Lid van den Raad en Curator der Doorluchte School, te Amsterdam.
Kempenaar, (Mr. J. M. de) te Arnhem.
Knipschaar, (A. A. Meysenhagen) Geëmplooijeerd bij de Algem. Rekenkamer, te 's Gravenhage.

Leupen, (P.) Onderw. bij de Nederd. School, te Middelburg.
Lauts, (G.) Rustend Hoogleeraar, te Leiden.
Luchtmans, (S. en J.) Boekhandelaren, te Leiden. 12 Exempl.
Leeuwen (J. van) voor het Archief v. Friesl., te Leeuwarden.
Lantsheer, (Mr. M. F.) Advocaat, te Middelburg.
Lee, (A. van) Advocaat, te Amsterdam.

Het Ministerie van Binnenlandsche Zaken. 10 Exempl.
Mens, (A. van) te Lier.
Middelkoop, (D.) Predikant, te Monster.
Mauregnault, (Jonkhr. W. F. F. de) Kantonregter, te Hondslaarsdijk.
Maasdam (v. d. Duin v.) Oud Gouverneur, te 's Gravenhage.
Muller, (G. H.) Med. Doctor, Secretaris der Maatschappij Diligentia, te 's Gravenhage.
Maanen, (Mr. C. F. van) Minister van Staat, Oud Minister van Justitie, te 's Gravenhage.
——— (F. J. van) Referendaris en Wethouder, te 's Gravenhage.
Meyboom, Ambtenaar, te Rijswijk.
Mirandolle, (W. H.) Stud. aan de Hoogeschool, te Leiden.
Mees, (A.) Hoogleeraar, te Deventer.
Marle, (Mr. P. v.) Inspect. Generaal bij het Muntwezen, te Utrecht.
Muller, (G. J.) Hoogleeraar, te Utrecht.
Meursing, (H.) Stads Chirurgijn, te Leeuwarden.
Michaëlis, (J. M.) Stud. Koninkl. Academie, te Delft.
Macaré, (C. A. Rethaan) Wethouder, te Middelburg.

Noordziek, (J. J. F.) Onder-Bibliothecaris der Koninkl. Bibliotheek, te 's Gravenhage.
Nieuwenhuyzen (F. W.) te 's Gravenhage.
Noordewier (Dr. M. J.) Rector, te Winschoten.
Nyenhuis, (J. T. Bodel) te Leiden. 2 Exempl.

Nyhoff, (Is. An.) Boekhandelaar, te Arnhem.
Nassau, (Dr. H. J.) te Assen. 2 Exempl.
Nederburgh, (Mr. J. J.) Burgemeester, te Naaltwyk.
Numan, (C. Star) Hoogleeraar, te Groningen.
Noorda, (J. H. v. d.) Commissaris van Politie, te Dordrecht.

Onderwijzers-Vereeniging, te Zwolle.
Oudemans, (A. C.) te Leiden.

Plaatzer, (W. E.) te 's Gravensande.
Piaget, te 's Gravensande.
Pauw, (van der Breggen) Rustend Pred., te 's Gravenhage.
Pauw, (Th. Her.) Landeigenaar, te Meern.
Prinsterer, (Mr. Groen van) te 's Gravenhage.

Rappard, (Mr. van) Referendaris van Oorlog, te 's Gravenhage.
——— (Mr. A. G. A. Ridder van) Directeur van het Kabinet des Konings, te 's Gravenhage.
Roelands, (Mr.) Oud Ambtenaar, te Zalt-Bommel.
Renesse, (J. van) Onderwijzer, te 's Gravenhage.
Royaards, (H. J.) Hoogleeraar, te Utrecht.
Royen, (van) Staatsraad enz., te 's Gravenhage.

Schadee, te 's Gravenhage.
Schlegel, (Dr.) Conservateur aan het 's Rijks Museum, te Leiden.
Schreven, (J. van) Onderw.-Vereeniging, te Zwolle.
Sepp, (J. C.) Predikant, te Beusichem.
Simons, (G.) aan het Ministerie van Finantiën, te 's Gravenhage.
Smalt, (A. W.) te Zutphen.
Someren, (van) Burgemeester te Kralingen.
Swinderen, (Th. van) Hoogleeraar, te Groningen.
Schierbeek, (Jr. R. J.) Boekhandelaar, te Groningen.
Storm, Predikant, te Delft. 2 Exempl.
Schroeder, (J. F. L.) Hoogleeraar, te Utrecht.
Stratingh, (G. A.) Med. Doctor, te Groningen.
Susanna, (J. A.) Administrateur van het 's Rijks Museum, te Leiden.

Tollens, (L. F. A.) Jur. Cand., te Leiden.
Tresling, (Mr. T. P.) Advocaat en Lid der Staten Generaal, te Groningen.
Tuuk, (N. van der) Litt. Theol. Cand., te Groningen.
Tiddens, (H.) te Groningen.
Thiellandt, (van Westreenen van) Baron, te 's Gravenhage.

Veegens, (D.) te 's Gravenhage.
Verweij Mejan, (Mr.) Lid der 2e Kamer der Staten Generaal, te 's Gravenhage.
Vermaasen, (W. F. G.) Instituteur, te 's Gravenhage.
Vogin, (H. J.) aan het Gymnasium, te Middelburg.
Vollenhoven, (Snellen van) te 's Gravenhage.
Vries, (J. de), Litt. Hum. Cand., te Leiden.
Vloten, (J. van) Stud. aan de Hoogeschool, te Leiden.
Voûte, (J. P. E.) Rustend Hoogleeraar, te 's Gravenhage.
Vreede, (G. W.) Hoogleeraar, te Utrecht.
Vijver, (van der) rustend Onderwijzer, te Amsterdam.

Wilde, (D. de) te 's Gravensande.
Winter, (Verwey de) voor het Departement Westlandsche Dorpen, Poeldyk.
Wyk, Rz., (J. van) Kostschoolhouder, te Kampen.
Wal, (Mr. J. de) Subst. Officier bij de Regtbank, te Leiden.
Wind (Mr. S. de) Vice-President bij het Provinciaal Geregtshof van Zeeland, te Middelburg.

Zillicken, Refendaris, te 's Gravenhage.

Men gelieve volgende drukfouten te verbeteren:

Bl. 107. Hardinxveld, *lees:* 's Heer-Arenskerken.
» 120. 20 Aug. » 20 Julij.
» 185. Eijra-runa, » Eyra-runa.
» 243. Maanverzwelver, » Maanverzwelger.
» 299. Visser, » Visscher.
Zie ook blz. 394.

VERHANDELING

OVER HET

WESTLAND.

INLEIDING.

M. H.

Het was wel geene geheel ongelukkig gekozene vergelijking der oude bewoners van ons werelddeel, om zich de wereld met het hooge hemelverwulf en zijne duizende sterrenlichten voor te stellen onder het beeld van eenen onmetelijk grooten en schoonen *wereldboom*, die, aan de heilige bron des tijds, zijne drie wortels diep in de aarde schoot, en zijne hooge takken tot hoog in de lucht uitspreidde. Aan drie bevallige tijdgodinnen, waarvan de eene over het verledene, de andere over het tegenwoordige, en de laatste over de toekomst beschikte, was de verzorging en bevochtiging van dien heiligen boom opgedragen.

Als ware schikgodinnen weefden en bestuurden zij het lot des onmetelijken wereldbooms en daarmede ook het lot van volkeren en menschen; — en, hoezeer ook zijne wortelen en takken bestendig door vermolming en verwelking geknaagd worden, zoo staat hij toch dáár, door helder nat begoten, »eeuwig, altijd groen, aan » de heilige bron des voortijds." — (a).

Even als de boom zijne bladeren los laat, waarmede wind en stormen eenen tijd lang, hun treffend spel drijven, en die daarna door anderen vervangen worden, zoo zijn ook in den stroom der eeuwen geheele volkeren en geslachten des menschdoms afgevallen en door anderen opgevolgd geworden.

Over dezulken, die vóór ons geweest zijn, heeft de tijdgodin van het verledene beschikt, over ons en die met ons zijn, heerscht het tegenwoordige, en door wie wij zullen opgevolgd en afgewisseld worden, dat heeft de toekomst voor ons verborgen, maar zal na ons bekend zijn. Zij toch, de tijdgodinnen, van wie ik spreek, waren naar het begrip der Ouden alwetend, en rijk aan kunde; zij zijn het, die

Wetten geven,
Levenden kiezen,
Den wil des noodlots
Der wereld kond doen;

zoo spreekt de *Edda*.

Deze denkbeelden M. H.! van *wereldboom*, *bron des tijds* en *tijdgodinnen*, waren in oude tijden, alvorens nog het Christendom zijn weldadig licht over het menschdom had doen opgaan, zeer algemeen verspreid.

(a) Men vindt deze geheele, schoone Natuur-mythe van den esch *Ygdrasill*, en der drie tijdgodinnen of *Nornen* door mij medegedeeld in mijne *Verhandeling over de N. Godenleer* (Utr. 1836.) blz. 66, alsmede in mijne *Edda-leer*, of *Handboek der N. Godenleer* (Utr. 1837.) blz. 102 enz., blz. 84 enz.

Grieken en *Romeinen* kenden en vereerden de drie schikgodinnen onder den naam van *Parcae* of Parken; de *Scandinavische* noordbewoners van ons werelddeel en de *Germanen* onder den naam van *Norni* of *Nornen*, en zelfs de *Angelsaksers* onder den naam der drie *Vyrd-sisters*.

Nog, onder de Christenen, zijn de »*boom des levens*" en de vergelijking van den sterveling met »*afvallende bladeren*," geene ongevallige denkbeelden. Menig welgestemd christelijk gemoed, hief met warm gevoel over den diepen zin der woorden, het Evangelisch gezang aan:

> Voorgeslachten kwijnen henen,
> En wij treuren op hun graf:
> Ras zal 't nakroost ons beweenen,
> «'*t Menschdom valt als blad'ren af.*"

Onze huisgezinnen, onze wijken, dorpen en woonsteden, leveren dagelijks de treffendste tafereelen, die voor den opmerker strekken ter bevestiging van den diepen zin dier woorden; terwijl deze als bladeren afvallen, vervangen anderen met jeugdige kracht hunne plaats, en de tijd alleen ontwikkelt, wat de ontluikende knoppen in zich bevatten.

Ook uit deze vergadering vielen in den afgeloopen jaarkring leden weg als verdorde of afgeleefde bladeren; en steeds gaat de tijd rusteloos en ongestoord zijnen gang, of met andere woorden: de boom des tijds, de groote wereldboom, » de boom des levens" staat altijd daar in mannelijken groei en kracht. (*a*)

Strekken wij nu van deze vergadering onze blikken verder uit over den vaderlandschen bodem: *Kelten* of

---

(*a*) Woorden in *Diligentia* van toepassing, waar ik deze verh. in Dec. 1839 voordroeg.

Kimbren, na hen *Batavieren* en *Kaninefaten*, eerst door de wereldoverheerschende *Romeinen*, naderhand door de *Germaansche Franken* overstroomd of vervangen, met deze en de oude *Friesen* zoodanig vermengd of inééngesmolten, dat hun naam reeds sedert eeuwen opgehouden heeft, die van een geheel volk te zijn, hebben opgehouden te bestaan: zelfs hebben de nevelen der tijden hunne rustplaatsen met eenen digten sluijer bedekt. Alleen de stift der Geschiedenis meldt ons den naam dier volken, hunne *Germaansche* afkomst, sommige hunner zeden en daden, doch ook, hoeveel is almede van dit een en ander in den stroom der eeuwen verloren gegaan, waarbij wij ons thans, in oogenblikken van verpozing, zoo gaarne tot leering en verrijking van onzen geest, zouden vertoeven. Wie het intusschen waagt dien sluijer, die de voorgeslachten bedekt op te heffen, om tot in de verst verloopen tijden terug te dringen, de donkere eeuwen op te klaren, en soms, als hij naar wenschen slaagt, geheel vergetene tafereelen voor het oog terug te brengen, die onderneemt niet slechts geene gemakkelijke taak, maar loopt daarbij niet zelden gevaar, om door dezulken, die doel en streven, evenmin als uitkomsten of slotsom, naar waarde weten te beoordeelen, verkeerd begrepen en beoordeeld te worden.

Dat lot vrees ik echter niet bij of door U M. H.! op wier toegevendheid en bescheidenheid ik reken, wanneer ik met U, in deze spreekbeurt, geheel op vaderlandschen bodem, en op eigen grondgebied, eenen oogenblik wensch te vertoeven aan die heilige bron des voortijds, waarvan ik gewaagde, om, tot U sprekende:

OVER HET WESTLAND,

    A. *De schatten der Oudheden te doen kennen, die de Westlandsche bodem bevat;*

ten einde daaruit:
> B. *Eenig meerder licht te verspreiden over de zeden, Godendienst of Natuurleer van deszelfs vroegere bewoners.*

Welk waardiger onderwerp toch, zoude ik ter dezer plaatse (*a*), te midden der Westlandsche dorpen, ter behandeling kunnen uitkiezen, dan zoodanig een, dat regtstreeks den grond betreft, dien Gijl. allen dagelijks betreedt? Ik reken daarbij dan ook op uw' aller toegevende aandacht en opmerkzame belangstelling.

Levert het *Westland* toch, door den noesten ijver zijner bewoners, milde schatten van levensvoorraad en granen, die de vruchtbare grond, welligt aan zee en poelen ontwoekerd, thans voortbrengt, en de bewondering wekken van allen, die dezen merkwaardigen hoek van *Zuid-Holland* des zomers bezoeken, niet minder ook, gelijk U. blijken zal, bevat die grond nog tegenwoordig heilige overblijfsels en sporen van oudheden, die deszelfs vroegere bewoners, van vóór het Christendom, daarin hebben achter gelaten; hoewel zij thans door de nijvere Westlanders, zelfs door onze Oudheidkundigen, volkomen onopgemerkt worden voorbij gegaan.

Merkwaardig noemde ik dien hoek, zoowel om zijne ligging, als om den vroegeren Landzaat, waarmede wij vooraf eerst nog eenige kennis willen maken, alvorens ik U mededeel, wat ik in dezen nazomer (*b*), op mijne wandelingen, het *Westland* her- en derwaarts, in alle rigtingen door kruisende, gevonden heb, dat uwe aandacht kan verdienen.

Gelijk bekend is vormt de *Rijn*-stroom, na zijnen

(*a*) Te *Hondslaars*-dijk, waar dit onderwerp, naar de *localiteit* gewijzigd, het eerst werd voorgedragen, 22 Nov. 1839.
(*b*) Van 1839.

deftigen slingerloop door het oude *Germanie* in de *Nederlanden* tredende, en zich aldaar in twee takken of armen verdeelende, een eiland, hetwelk door deze beide armen omvat, zich tot aan de *Germaansche*, thans de *Noordzee*, uitstrekt, en derhalve een gedeelte van *Gelderland*, *Utrecht* en *Zuid-Holland* bevattende. Zoo men wil, stortte de zuidelijkste dezer Rijnmonden zich door den tegenwoordigen Maasmond (het oude *Helium*) en de andere als middelste Rijnmond (*Ostium medium*) bij *Katwijk* in zee. In hoe verre en tot hoe lang dit oude eiland door *Kelten* of *Kimbren* is bewoond geworden, heeft de tijd, wanneer het ook al door de stift der Geschiedenis is geboekt geweest, thans voor ons onzeker gemaakt. Eene vredelievende Germaansche volksstam, maar tevens »de dapperste van allen," verving hunne plaats, en noemde dit eiland *Bat-auwe* (d. i.: goede, vette grond), waarvan de tegenwoordige *Over-Betuwe* in Gelderland den oostelijken en het *Westland* in Zuid-Holland, den westelijken uithoek vormen. Deszelfs dappere bewoners, naar den grond zelven, dien zij bewoonden, *Batavieren* genoemd, waren weder in onderscheidene volksstammen verdeeld, waarvan de *Katten*, (*Chatten*), zoo als men wil, in de beide *Katwijken*, *Kattendrecht* (bij Rotterdam) *Katten*-polder (te Zevenhuizen) *Katwijk* en Keulen (bij Pijnakker) en *Kattenbroek* (bij Woerden), sporen van hun bestaan hebben nagelaten; terwijl de *Kaninefaten* (konijnen-vangers), welligt naar hun bedrijf aldus gheeten, meer naar den zeekant en aan de duinen wonende, zich misschien verder over den Westlandschen bodem hebben uitgestrekt, en, in algemeene trekken, in zeden en godendienst, overeenkwamen met de Germaansche Batavieren, waarvan zij een klein gedeelte uitmaakten.

TACITUS, die de *zeden der Germanen* beschreef, zegt: »dat geen der *Germaansche* volken steden bewo-

»nen, is genoeg bekend, alsmede, dat zij zelfs geene
»aaneengeschakelde woningen dulden. Zij slaan zich
»hier en daar neder, naar hun eene bron, een veld of
»een bosch bevalt (1)."— Nergens vindt men treffender
voorstelling van zoodanige afgezonderde woningen, tusschen eenig geboomte, bosch of woud verscholen, dan
bij het doorkruisen der vette Westlandsche velden, waar
echter thans, gelijk in de Over-betuwe en elders, de vroegere Batavische hut, — »waaraan noch gebakken stee-
»nen, noch daktegels gebruikt, maar waartoe slechts
»ruwe bouwstof, zonder aanzien of fraaiheid genomen
»werd" (2) — door hechte, somtijds deftige boerenwoningen is vervangen geworden.

Menigvuldig zijn nog tegenwoordig de sporen en bewijzen der vroegere hout- en boschrijkheid, niet slechts van het *Westland*, maar ook van ons land in het algemeen, dat welligt door eeuwen-heugende wouden bedekt, (3), en bereids door de Friesen bewoond was, toen de Batavieren hier hunne hutten nedersloegen.

Deze hutten waren doorgaans te midden van eenig holt, hout, bosch of woud op hoogten of *terpen* gelegen, waaraan in de Overbetuwe het woord »derp" bij ons de algemeene benaming van »dorp" zijnen oorsprong verschuldigd is. Vraagt men mij, waar zijn die *terpen* gelegen? Ik wijs u op de hooge ligging der Westlandsche dorpen *Monster*, *Naaldwijk*, *Rijswijk* enz. en gij vindt daarin ongetwijfeld reeds bevestiging genoeg van hetgene de Geschiedenis vermeldt. (4) Zoodanige *terpen* of hoogten moesten dienen ter beveiliging voor de overstroomingen der nog niet met dijken bedwongene Rijn-armen.

Op deze hoogten verzamelde men zich ook meer bepaald in *wijken* (*vici*): »deze waren echter niet aange-
»legd met verbonden, naast elkander staande gebouwen.
»Ieder omgaf zijn huis met eene ruimte 't zij tegen ge-

»vaar van brand, 't zij uit gebrek aan bouwkunde (5)".
Van zoodanige *wijk*-plaatsen schijnen almede tegenwoordig nog *Naaldwijk*, *Rijswijk*, en buiten het Westland, de beide *Katwijken*, en *Noordwijken*, *Beverwijk*, benevens zoo vele andere wijken in *Holland*, althans wat den naamsuitgang betreft, geheugenis te draden (6).

Onderscheidene dier terpen en wijken maakten bij de oude *Germanen* eene *Gau* (gou, gooi, go; d. i. land of landschap), waarvan het ons niet behoeft te verwonderen, dat wij almede nog in *Delfgauw* (d. i. Delfland), in *Gouda*, *Gouderak*, *Goudriaan*, maar voornamelijk in *Gooi* of *Gooiland* in Noord-Holland, en elders Ooster- en Wester-*go* (in Friesland), benevens Hunse-*go* en Fifelin-*go* (in Groningen), nog de duidelijke sporen en kenmerken aantreffen (7).

Zoo leefden dan de vreedzame bewoners van dit eiland op hunne terpen, in wouden, of aan eene bron, te midden der velden, of in wijken door wouden omgeven; — doch weldra werden hunne stille velden, hunne wijken en digte wouden door het wapen-rumoer der alles overwinnende *Romeinen* verontrust. Zij evenwel werden niet overwonnen, maar sloten, zoo men wil, door KATTENWALD, een bondgenootschap met dat magtige rijk. Toen TACITUS de zeden der *Germanen* beschreef »waren de eer en het teeken van het bondgenootschap nog »in wezen" (8). En een paar belangrijke penningen te *Voorburg* gevonden, benevens een merkwaardige tigchelsteen, (waarvan OUDENDORP gewaagt) op het huis te *Britten* of *Brittenburg*, noemen het Batavische volk »vrienden en broeders des Romeinschen rijks," en bewijzen, door die merkwaardige woorden, op welken prijs de *Romein* den *Batavier* wist te stellen (9).

Maar nadat DRUSUS, volgens de getuigenis van FLORUS, allerwege de boorden des *Rijns* met een vijftigtal burgten of kasteelen had doen omzoomen (waaronder ongetwijfeld ook *Voorburg*: (het *Forum Hadriani*), *Roomburg*, den burg te *Leiden*, *Rijnsburg*, *Brittenburg*, enz. moeten geteld worden), toen de edele Batavier CLAUDIUS CIVILIS, uit zijne, hem ten onregte gesmeede boeijen ontslagen, met naburige vorsten, in een heilig woud (*sacrum nemus*) in verbond trad, om de geschondene vrijheid te redden, en de schimmen zijns broeders te wreeken; — toen ving een korte, maar geduchte strijd tegen de overheerschers aan, waarin ook BRINIO, de Koning der *Kaninefaten*, het zwaard aangordde en *Brittenburg* belegerde. De Romeinsche sterkten bezweken, AQUILIUS, zag zich door CIVILIS uit *Batavie* verdreven, en het tegenwoordige *Holland* was in korten tijd van vreemde krijgsmagt bevrijd.

Het zij vóór of na dezen heiligen vrijheids-strijd, vóór of na de hernieuwing van het verbond, bezaten ook het tegenwoordige *Monster*, *'s Gravensande*, *Schipluiden* en de hoek van *Holland* (het oude *Witlam*) Romeinsche burgten of legerplaatsen, gelijk mij bij onderzoek, als weinig te betwijfelen, is voorgekomen.

Onbetwistbaar bragt het dagelijksch verkeer, gedurende een paar eeuwen, met de *Romeinen* veel ter beschaving van den *Germaanschen* Landzaat toe; — doch de magt van *Rome* viel, en daarmede zijne heerschappij in deze gewesten.

Elbe- en *Rijn*-barbaren, waaronder *Saksers*, *Sclaven*, *Hunen* en voornamelijk de Germaansche *Franken*, op *Gallië* vlammende, kwamen met onwederstaanbare horden den Landzaat overstroomen, en deden, gelijk de *Friesen*, den naam van *Batavier* en *Kaninefaat* in dien stroom verloren gaan. Geen KATTENWALD, geen KARIOVALDA, noch GANASCUS leefden, — geen CLAUDIUS CIVILIS of BRINIO was meer, om zich tegen de horden van ATTILA, of tegen de *Frankische* legerbende van CLOVIS te kunnen verzetten. *Batavie* ontving Frankische instellingen, die echter in den grond der zaak met zijne vroegere Germaansche zeden en godendienst overeenstemden. Zoo men wil, zouden de *Sclaven* zich ter plaatse, waar *Vlaardingen* ligt, hebben nedergezet, en die plaats, langen tijd naar hen *Sclavenburg* genoemd zijn; terwijl *Sassen-heim* aan de *Saksers*, en *Warmond*, gelijk men meent, aan de *Warners*, herinnert; ja zelfs veronderstelt men, dat zich het *Frankische* rijk, onder Koning CLODEO, tot aan de *Merwede* hebbe uitgebreid: ook geeft de *Sage* (waaraan *Nederland* niet zoo arm is, als men heeft gemeend) aan *Rotterdam* eenen Frankischen Koning, ROTGER of ROTGERUS, tot stichter (10).

Al deze volkeren en volksstammen nu, waarnaar de vroegere landzaat dezer gewesten zich kan gevormd, of waarmede hij zich, gelijk met de *Friesen*, kan vermengd hebben, zijn reeds sedert eeuwen niet meer, en met de vroegere bewoners dezer streken gelijkelijk verdwenen; — doch zouden deze nu zoo schaarsch sporen van hun vroeger bestaan, van hunne zeden, hunne natuur- of godendienst hebben nagelaten, als men wel gemeend heeft? —

Bezien wij na deze korte geschiedkundige herinneringen, wat het *Westland* in dit opzigt den onderzoeker nog oplevert; men vindt er:

a) LOO-EN,

b) WOERDEN, met *Spookhistories*,

c) HOVEN en WAPENS, — welke ik op mijne herhaalde wandelingen hoofdzakelijk heb trachten na te sporen, en waartoe ik thans overga, uwe aandacht te bepalen.

Maar wat zijn Loo-en?

vraagt Gij welligt, en ik zal U het antwoord vooraf, zoo kort doenlijk, trachten te geven.

KILIAAN, ALTING, PICCART en SMIDS, en anderen, verklaren dit woord door: »een verheven hoek lands" en trachten dit door voorbeelden te bewijzen. De Hoogl. YPEY, Mr. BILDERDYK en HOEUFFT, omhelzen dit gevoelen (11); de Franschman ROCQUEFORT stemt daarmede vrijwel overeen (12); doch Ds. HELDRING zegt: »*Loo* is ligt het heilig *bosch*, waar de *Batavier* zijnen *Wodan* diende." (13) Geene dier verklaringen kunnen wij als de onze omhelzen: wij zien in »*Loo*" en in al die Loo-en, waarvan ons vaderland nog vol is, niet anders dan de eenvoudige beteekenis van »*water*," en denken daarbij aan de »*bron*" der *Germanen*, waarvan TACITUS gewaagt; aan de waterdienst der Germaansche volksstammen, aan de heilige bron des voortijds, waaraan wij thans vertoeven, de *Urdr*-bron der *Scandinaviërs*. — Verscheidene *Loo-en* heb ik gezogt en gevonden, uit eene zelfs mijne lippen gelaafd: doch, vóór dat ik tot de vermelding daarvan overga, zal ik mijne opvatting door bewijzen trachten te staven.

Nabij *Dockum* (het oude *Dockinga*) in *Friesland*, zag ik, in 1826 zulk eene heilige waterbron, buiten de stad in het weiland gelegen, door mij op eenen schoonen Mei-morgen bezocht, en ongetwijfeld reeds sedert verscheidene eeuwen de *St. Bonifacius-put* geheeten, omdat, volgens de *legende*, het paard van dien Heilige, die put of bron met zijnen hoef zoude geslagen hebben. In *Noord-Holland* vindt men eene dergelijke put of bron, de *St. Willebrords-put* ook *Heillo* of *Heiliga-loo* (d. i.: heilig water) genoemd. In het *Schaker-Sacre-bosch*, en in *Zeeland*, vindt men een dergelijk

Schaker-loo (d. i.: heilig water); het eerste door mij bezocht, even als *Schoonder-loo* aan de *Maas*, waarvan het spreekwoord »*Scharlookeren*" (d. i.: zich met heilig water bevochtigen) ontstaan is. En niet verre van daar, op het tegenovergelegene *Voorne*, vindt men almede eene »heilige waterbron of put" te *Tinte;* doch om nader bij huis te blijven, te *Voorburg* vindt men een dergelijk *Loo*, dat, hoezeer ook genoegzaam verdwenen, alle kenmerken der door mij bezochte *Bonifacius-put* oplevert. Ik ga hier wijders een aantal dier *Loo*-plaatsen, waarvan inzonderheid in *Drenthe*, *Overijssel*, *Gelderland* (en daarin voornamelijk in het *Zutphensch* gedeelte) velen worden aangetroffen, voorbij, als: *Langeloo* (lange water), *Borculoo* (het borrelende water?) *Groenloo*, *Roderloo* (misschien naar de kleuren aldus genoemd), *Hengelo*, *Balloo* (BALDR.*-loo*?) enz. Alleen merk ik hier nog aan, dat in »*Water-loo*," het voorgevoegde »*Water*" de beteekenis van »*Loo*" verklaart, en, dat in andere woorden dit *Loo* als voorvoegsel verschijnt, gelijk in het oude *Lorek*, *Lorech*, *Lobeke*, — in *Lo*-chem, benevens *Loos*-drecht, *Los*-dorp, en andere dorpen en plaats-namen onzes lands (14).

Doch waren nu al deze en andere *Loo-en*, die ook *Gelderland* in de *Overbetuwe*, alsmede het *Westland* oplevert, heilige waterbronnen? Voor mij ik twijfel daaraan niet in het minst, en geloof dit verder door voorbeelden te kunnen staven. De *Germaan* en *Batavier* pleegden eene Natuurdienst, waarin de *water-dienst* geen gering gedeelte uitmaakte. Deze strekte zich uit, niet slechts tot heilige bronnen, maar zelfs tot rivieren en zee-en. CLAUDIUS CIVILIS streed, volgens TACITUS, in het aangezigt des *Rijns* en der *Germaansche* Goden, onder wier bescherming men den strijd aanving. Ook het *Westland*, waartoe wij ons bepalen, levert voor den onderzoeker nog merkwaardige sporen op.

De eerste *Loo*-plaats, die ik aldaar bezocht was *Loosduinen*, welke, zoo als het schijnt, reeds op de reis-kaart van Peutinger voorkomt, onder den naam van *Losdunum*, thans *Loosduinen*, dat is, mijns erachtens, niet gelijk men wel gebeuzeld heeft »*losse, looze duinen*" maar *Loo-duinen*, naar de woordbeteekenis eigenlijk »*Water-duinen*," waar de vroegere *Batavier* of *Kaninefaat* aan zijne heilige waterbron of kolk zijne goden vereerde. Vele moeite en herhaalde wandelingen derwaarts heeft het mij gekost, alvorens ik dit vermoedelijke *Loo* zelf vond; — noch *Loozerlaan*, noch *Loo-brug*, die men aldaar, niet verre van het Slangenveld aantreft, bragten mij ter plaatse, die ik zocht, tot dat ik ten derde male dit steeds merkwaardiger dorp bezoekende, en door vergelijking met andere plaatsen beter ingelicht, ten noorden des dorps aan den voet van een drietal merkwaardige duinen, die diepe waterkolken beschouwde, welke, zoo het scheen, door menschenhanden gegraven, bij mij geenen twijfel overlieten, of ik bevond mij hier aan de heilige *Loo*-bron, en tevens, zoo als zich naderhand bevestigde, aan dezelfde duinen verplaatst, waar de *Batavier* zijne dooden offerde, en waaraan ook *Loosduinen* zijnen naam verschuldigd is.

De *Loozer*-laan, eigenlijk de *Loo*-laan, geleidt van daar naar het dorp *Wateringen*. En hoezeer deze benaming van lateren oorsprong is, geloof ik ook daar een dergelijk vroeger heilig *Loo* of water, (de *Pul- Poel- of Gandeloo*) te mogen veronderstellen, dat in het naburige *Poel-dijk* nog aanwezig is.

Merkwaardiger dan *Wateringen*, dat althans zeker zijnen naam te danken heeft, aan dat water, waarop de *Loo-laan* uitkomt, is de *Lier* als *Loo*-plaats, naar het riviertje de *Liora* aldus genoemd. De vereering, elders aan heilige bronnen of waterbronnen en waterkolken verbonden, strekte zich hier ligt tot dat geheele riviertje, de *Liora* uit, waarin men ook denzelfden naam van *Loo*, maar als riviersprank eenigzins anders gewijzigd aantreft. Inzonderheid leverde mij het zoogenoemde *Ooster-lee* (misschien Ostra-*loo*, naar de godin Ostra aldus geheeten) ontwijfelbare sporen van vroegere heiligheid op, die aan de waterdienst der *Germanen* herinneren. Misschien levert ook *Wester-lee* (in tegenoverstelling Westra-*loo* naar de Godin Westra), dergelijke sporen op; doch ik moet opregt zijn met de belijdenis, dat dit gedeelte der *Liora*, door mij onopgemerkt is voorbij gegaan.

Even zoo ben ik, thans tot mijn leedwezen, ook niet geweest aan den belangrijken hoek van het *Westland*, ter beschouwing van den zoogenoemden, door velen geroemden *Staalduin* en dien grijzen duin van *Hille-boer*. Ik durf echter vermoeden, dat men aldaar ter plaatse, zoowel bewijzen van bron-, rivier- als zeedienst zoude aantreffen; maar ook, zonder dat ik dien hoek gezien heb, kan ik dit vermoeden reeds eenigzints gronden op de opmerkelijke benamingen, die tegen het verzonkene *Witlam* over liggen, als daar zijn de naam van *Oude wereld*, *Zwarte-Waal* (*Vahalis*) en voornamelijk het *Breede Helium* (de vroegere Rijn- of Waal-mond, thans der Maasstroom). De reuzengeleerde Grimm doet hier zelfs aan eene dier *Helrivieren* denken, waarvan ook bij andere volken, zoowel in *Bretagne* (in het noordelijke *Frankrijk*) als in *Scandinavie* sporen worden aangetroffen Het zoude mij te verre leiden dit belangrijke gevoelen, waarop ik nog nader terug kom, verder uiteen te zetten, of door nieuwe bewijzen te staven.

Eene heilige waterbron kon ik in *Monster* niet vinden: ongetwijfeld, dacht ik, heeft het duinzand die bron en de tijd de geheugenis, daaraan verborgen (*a*);

(*a*) Doch naderhand is mij door den Predikt. Sepp van *Ter Heide*

in *Naaldwijk* hoorde ik van eene diepe *waterkolk* gewagen ter plaatse, waar ik die veronderstelde, in *'s Gravensande* heb ik er niet naar gezocht. Misschien verdient hier echter de water-kolk in het midden des dorps, in dit opzigt, eene bijzondere opmerkzaamheid; maar in het *Woud*, werd mij den vroegeren *vijver*, die mij aan de heilige waterbron herinnerde, ongevraagd aangewezen; en in *Schipluiden*, waar men welligt de geheele oude *Scipleda*, gelijk de *Liora*, tot de heilige rivieren te betrekken heeft, zijn die water-kolken nog grootendeels in haar geheele aanwezen; terwijl de *Wilde-zee*, nabij de *Quints-heul*, en het zoogenoemde *Segmeer* (d. i. zege, heilige meer) nog de geheugenis aan derzelver vroegere heiligheid schijnen te bewaren. Ook het zoogenoemde in zee dragen te *Scheveningen*, waarvan HERKMANS, HEEMSKERK en anderen gewagen, is ligt uit de vroegere *water-* of *Loo*-dienst ontsproten

Waaruit is echter dit een en ander op te maken? — vraagt men welligt. Laat mij daarop antwoorden, dat men nog tot zelfs na de hervorming aan sommige dier bovengenoemde bronnen als Heiligen-putten eene "*devote superstitieuse*," onstichtelijke waterdienst is blijven plegen, somtijds met "*godlooze en ongehoorde ceremoniën*" vergezeld. Bij de invoering des Christendoms werd het raadzaam geacht, zoodanige heilige bronnen in *Sancten*-putten te veranderen, en de landzaat eenmaal gewoon aldaar zijne goden te vereeren, gewende zich nu ligt aan dezelfde bron, in eenen *Sancten*-put herdoopt, dezen of genen *Sanct* of *Sanctin* zijne hulde te bewijzen (*a*). Dat men zoodanige eer aan

---

verhaald, dat die vermoedelijke *Loo-bron* ook daar nog aanwezig moet zijn.

(*a*) Het hindere niemand, dat wij hier bij voorkeur deze middeleeuwsche benamingen verkiezen, voor de ml. en vr. Heiligen in de R. C. Kerk vereerd.

den H. Willebrord en Bonifacius heeft toegebragt, zal niemand bevreemden, die zich hunnen geloofs-ijver tegen de oude Godendienst herinnert; doch zij konden niet alles uitroeijen, maar wijzigden veelal, wat zij aantroffen in deze gewesten. Zoo bleef dit gebruik door de geheele middeleeuwen, aan inzonderheid heilig geachte bronnen gehecht. Zoo bijv. aan de H. bronwel op *Heiligoland*, aan de gemelde *Bonifacius*-put, de *Runxputten* nabij *Osdam*, de *St. Willebrords-put* te *Heillo*, zelfs nog tot in de XVIIIe eeuw; de bron bij de heilige graven te *Selwerd* (Prov. Groningen), op verzoek der Hervormde geestelijkheid gedempt, en verscheidene anderen. Overblijfsels van zoodanige water- of *Loo-dienst*, heb ik, hoewel in zwakke afschaduwing zelfs nog te *Loosduinen*, heb ik op het *Loo* onder *Voorburg*, in de *Lier* (te *Ooster-lee*), en heeft men ook nog vroeger te *Schoonder-loo* (tusschen Rotterdam en Delfshaven) aangetroffen, alwaar, volgens H. S. van van Alkemade, het zoogenoemde *Scher-* of *Scharlookeren* op den *St. Jobsdag*, op geldboete, en »arbitraire straffe" in 1625 is verboden geworden. Welligt herinnert ook het *Kraantje-Lek* nabij Haarlem aan een vroeger dergelijk gebruik (15).

Maar buitendien, de waterdienst, die wij dus liefst de *Loo-dienst* noemen, onzer Batavische voorouders, strekte zich zelfs zoo verre uit, dat men daaruit alleen de *rivier-* en *stroomvergoding* (16), de *Helrivieren* (17), de algemeene *Mei-baden* (18), het *in zee dragen* (19), de *Watermannen*, de *Nixen* en *Nikkers* (20), benevens de *Mareminnen* en *Beelwiten* (21), welligt ook de *Zwanen-ridders* (22) en *reuzen* of *gyganten* (23) te verklaren hebbe, waarvan de *Sage* en het volksbijgeloof gewagen.

Waterspoken althans, treft men ook in het *Westland*, nog aan sommige bruggen, gelijk bijv. aan de brug tusschen *Naaltwijk* en *'s Gravensande*, aan de *Hoornbrug* onder *Rijswijk*, enz. En die merkwaardige heksen en heksen-dansen op de *Loo-laan* onder *Wateringen*, welke wel menigen eenvoudigen landman de haren ten berge deden rijzen, en aan de kwade of grijze katten herinneren, die des nachts, op de *Loo*-laan onder *Voorburg*, loopen! —

Zoo bevolkte ook de *Batavier*, gelijk zijne stam-ouders, de *Germanen*, en andere volken vóór het Christendom, het water; maar bovendien ook nog de *aarde* (24), de *lucht* (25) zijne *wouden* (26) en *woningen* (27) met wezens, wier namen thans veelal verloren zijn, en uit den nacht der eeuwen wel moeijelijk meer kunnen worden opgeroepen.

Doch er is een nog belangrijker bewijs, dat de genoemde en andere *Loo*-plaatsen of bronnen, als *heilige* bronnen bij onze *Germaansche* of *Batavische* voorouders moeten geacht zijn geweest. Het is de opmerking, dat men bij al deze bezochte *Loo-en* eene *Woerdplaats* aantreft. Ook mijn vriend HELDRING, die in de *Overbetuwe* het spoor der *Woerden* is gevolgd tot aan den oostelijken uithoek van het eiland der *Batavieren*, heeft deze opmerking aldaar gemaakt.

Maar wat zijn Woerden?

Vóór dat ik tot de beantwoording dezer vraag overga, moet ik u voor eenen oogenblik aan de boven vermelde *Urdr*-bron, de heilige bron des tijds, herinneren, waaraan wij ons in het gezelschap der onzigtbare tijd- of schikgodinnen hebben nedergezet. Deze zijn drie in getal, met name URDR, die over het verledene, VERDANDI, die over het tegenwoordige, en SKULDA, die over de toekomst beschikt. — De leer dier schikgodinnen was, gelijk ik reeds boven gezegd heb, algemeen, ook onder de *Germanen*, en, gelijk niet te betwijfelen valt, bijgevolg ook onder de *Batavieren*, verspreid. De eerste dier godinnen nu, de Scandinavische Urdr, met wie wij hier voornamelijk te doen hebben, heette bij de Germanen Wurth, bij ons Woerd, elders *Weurt*, *Wierd*, *Waart*, *Wert*, en is de schikgodinne des doods, en de *Woerd*-landen of akkers zijn diensvolgens de heilige dooden-akkers, waarin de stof onzer Batavische voorouders rust. — Dáár op dien heiligen dooden-akker heerschte de doodsgodin, welligt meest tusschen schrikbarend somber geboomte, dat de tand des tijds, de bijl des landmans vallen deed. Dáár woonde zij, naar het kinderlijk begrip des *Bataviers*, in of aan de heilige waterbron, somtijds tusschen muren, in een zoogenoemd *heim*, *hem* of *huus*. Somtijds verliet Woerd hare afgrijsselijke woning, en vertoonde zich in de gedaante van eenen vervolgenden *Kobold* of ouden *Weer-wolf*, (*Veo-vulf*) elders voor de deur, sprong dezen of genen op den kraag, of roofde, waar dit spel nog erger toeging, den mensch weg (28).

Toetsen wij nu, hetgene wij op onze wandelingen in het *Westland* vonden, aan deze gegevene verklaring der *Woerd*-plaatsen. De eerste dier dooden-akkers, zoo als het scheen, van grooten omvang, vond ik tusschen *Monster* en *ter Heide* in de duinen, ter plaatse, waar vroeger een belangrijke *Romeinsche* penning is opgegraven. — Thans was die grond voor een gedeelte met welig graan begroeid: eenen plegtig ernstigen indruk maakte die opmerking op mijn gemoed: »wie weet, hoe »veel graan hier gezaaid ligt, om in den dag des grooten oogstes rijp te worden!'' — Daar het duinzand dezen akker, op sommige plaatsen tot vijf à zes voet hoog, overdekte, begaf ik mij naar *Naaltwijk* (a). Hier,

---

(a) Eene wijkplaats, waarschijnlijk naar eenen Romeinschen *Naald*

op den door velen bekenden *Woerd*, waarvan VAN LEEUWEN melding maakt, was mijn onderzoek gunstiger. Even als te *Monster*, naderhand ook in *'s Gravensande*, de *Lier* (Ooster-lee), het *Woud*, te *Schipluiden*, *Wateringen* en *Loosduinen*, vond ik, voornamelijk op den hoogen *Woerd*, behalve den kenmerkenden *zwarten* zandgrond, handen vol *urn*-scherven, veelal van een ruw, blaauw maaksel, stukken van glas-urnen, gebrande beenderen en den akker bezaaid met houts-kolen. Deze laatsten waren te *Schipluiden*, waar ik den belangrijken *Woerd*-grond (op het tegenwoordige *Willemsburg*) zonder eenige navraag vond, gelijk ook in de *Lier* (Ooster-lee) en *Wateringen*, zoo menigvuldig, dat het reeds bij weinig opmerkzaamheid in het oog moest vallen. En toch, de landman gaat deze akkers, waarvan in het *Westland* veelal de eigenlijke naam is verloren gegaan, onopgemerkt voorbij.

Bij mijn tweede bezoek van *Naaltwijk*, waarbij Jhr. DE MAUREGNAULT (*a*) mij vergezelde, vonden wij, behalve scherven en houtskolen, onderscheidene stukken van half verbrande beenderen, en vernamen wij, dat er zelfs eene geheele urn of asch-kruik van een blaauw maaksel gevonden was. Ook te *Wateringen* werd mij daarover, op den *Woerd*-akker zelven, gesproken, en in *'s Gravensande*, vond ik er zelf nog eene in wezen. De eerste, in *Naaltwijk* gevonden, had den vinder langen tijd tot olie-kruikje gediend, die te *Wateringen* strekte denzelven misschien toen nog tot mosterd-potje, en die te *'s Gravensande* (die, even als de vele geele scherven en gevondene traan-fleschjes op *Keen- en burg* te *Schip-*

---

of *grenspaal* tusschen de *Batavieren* en *Kaninefaten* aldus geheeten, VAN LOON, *Aloude Hist.* I, 172 enz.

(*a*) Aan wiens voorgeslacht het Vaderland, tijdens WILLEM I, verpligt is, zie WAGENAAR. *Vad. Hist.* XIII Dl. bl. 100, XIV Dl. 244.

luiden), het vroeger verblijf der *Romeinen* aldaar scheen aan te kondigen, die fraaije aschkruik diende den eigenaar om er de kippen uit te laten eten. Hoe geheel verschillend van derzelver oorspronkelijke bestemming!

Gelijk toch bekend is, was de eenvoudige *Germaan* en *Batavier*, die niet veel werk maakte van zijne begravenissen, gewoon, zijne dooden te verbranden. *Water-* en *Vuurdienst* stonden alzoo ook hier, gelijk elders, in *Persie* en *Indie*, tegen over elkander. TACITUS, die wij boven hebben laten spreken, berigt: »Alleenlijk is »men gewoon, de ligchamen van vermaarde mannen, »met eene zekere soort van hout te verbranden. Zij »overladen ze niet met kleederen of reukwerk. Bij elk »plaatst men zijne wapenen, en van sommigen werpt men »ook het paard op het vuur. Men rigt eenen grafheuvel »op van zooden." (29) Mij dunkt deze woorden helderen het gevondene op de *Woerd*-plaatsen, die wij straks zelven in nadere oogenschouw willen nemen, genoegzaam op.

Intusschen gelde hier vooraf de algemeene aanmerking, dat even als vele *Loo-en*, tot plaatsnamen geworden zijn, dit ook met de *Woerden*, *Waarden*, *Wierten*, *Werten* het geval is. Wij denken hier aan de stad *Woerden*, aan *Weurt* nabij *Nijmegen*, *Rijckerswoerd*, in Gelderland, *Adu-wert*, (Oude-wert of Woerd) nabij *Groningen*, *Wie-wert* in Friesland; wijders *Bredevoort* in Gelderland; — *Seg-waard* (d. i.: *Seg-zege*, gezegende, *heilige* waard of Woerd) in Z. Holland, terwijl in den naam van *Dooden-waard* (d. i.: *Doodenwoerd*) weder het voorgevoegde *dooden* de beteekenis van *waard* opheldert (30).

Wat wij boven bij de *Loo*-plaatsen aantroffen, dat vonden wij ook bij dezen en genen der gemelde *Woerd*-akkers, nl. dat het op zulke dooden-akkers niet zeer vriendelijk gesteld is met spoken. Ik ken de spokerijen van den ouden *Weer-wolf* of *Stoep*, aan de merkwaardige *Woerd*-plaats te *Driel* in de *Overbetuwe:* somtijds springt *Stoep* aldaar de menschen op den rug, of belet dezen of genen des avonds zijnen weg voort te zetten. En ook te *Naaltwijk* loopt de *kwade hond* met zijne vurige oogen nog op de oude *Woerd-laan*, zijnde hij wel daar, maar nimmer op de nieuwe Woerd-laan gezien (31). Men herinnert zich, wat ik boven zeide, dat de godin WOERD soms tot aan, zelfs in de huizen kwam spoken, en wie weet in hoe menig *Westlandsch* huisgezin, op hoe menigen hof of werf het nog spookt!

Nopens de straks vermelde *Vuurdienst* der *Germanen*, moet ik hier nog bijvoegen, dat deze, even als in het Oosten, bij de *Indianen* en *Persen*, zoo ook in het Westen, bij *Germaan* en *Batavier*, zeer algemeen verspreid schijnt te zijn geweest, zelfs, volgens JORNANDES, in het verre Noorden. Daaruit verklaart men ook gereedelijk den lijkbrand van den *Germaan* en *Batavier*, welke daarenboven in hunne godenleer, in den lijkbrand van den god BALDUR (ook in ons land vereerd), zulk een treffend voorbeeld had. De heiligste en beste der goden, om wiens verradelijken dood, zelfs de gansche natuur schreide, was wel door de vlammen verteerd, en zou dan niet de mensch, — zou niet zijn vereerder, zijne dooden offeren, en door den lijkbrand reinigen? Want dat was toch de kracht van den gewijden brandstapel. Het voorbeeld der goden trachtten de menschen altijd en overal te volgen. Overigens laten zich de *noodvuren*, de *Paasch-* of *Ostra-vuren*, de *St. Jans-* of *Pinkstervuren*, *St. Martensvuren*, benevens vele andere vuren, waarvan men ook in ons land, op vele plaatsen, (vooral in mijne jeugd in *Gelderland* en *Maastricht*), de zwakke overblijfsels aantrof, uit die vuurdienst des *Bataviers* verklaren (32).

Nog spelen hier en daar in de *Over-betuwe* vuur-vlammen op de Woerd-plaatsen, waar de eenvoudige landman gelooft, dat geldpotten begraven of verborgen zijn.

Ook tusschen *Monster* en *ter Heide* wandelen vuurspoken, als brandende stalkaarsen, *lichtgeesten*, *hiplichtjes* of *dwaallichtjes* rond (33). En hoe menige eenvoudige landman vreesde welligt de ingebeelde dwaallichten uit poel en moeras ontstaan, meer, dan de levende dwaallichten onder de menschen! Immers, gelijk de heilige Loo-bronnen door *wij-water*, zoo zijn ook deze reinigings-vuren door het algemeene en overoude *vaag-vuur*, en de offer-rook der berg- of duin-altaren door *wierook*, bij de invoering des Christendoms, vervangen geworden.

Vestigen wij nu eenen blik op de Westlandsche *Woerden* zelven. Die doorgaans vierkante hoeken gronds, sommigen van vrij groote uitgestrektheid, waren steeds, zoo als het schijnt, door diepe grachten of vijvers, ongetwijfeld ook door bosch, omgeven, en, gelijk het mij te *Naaltwijk*, te *Wateringen* en elders bleek, in het midden met eenig gebouw voorzien geweest, op welks fondamenten niet zelden de landman nog met zijne spade stoot. Was dit gebouw welligt de *heim*, de *hem*, de *heem* of het *huus*, waarin men meende, dat de doodsgodin aan de Loo-bron woonde? Op sommige *Woerden* schijnt dit vroegere gebouw door gewone boerenwoningen vervangen te zijn geworden, gelijk ook te *Naaltwijk*, in de *Lier* (Ooster-lee) te *Schipluiden*, enz., elders als te *'s Gravensande* en in het *Woud*, ook gedeeltelijk te *Wateringen*, door eene Christelijke kerk of pastorij, welligt de middel-eeuwsche *Weem*, waarvan men voorbeelden vindt op de Woerd-plaats te *Driel* in de Overbetuwe en te *Voort-huizen* (Woerdhuizen) op de *Veluwe*. Dat overigens onderscheidene plaatsnamen in ons land van dit *heem*, *hem* of *heim* derzelver benaming kunnen ontleend hebben, is mij niet als onwaarschijnlijk voorgekomen, als daar zijn *Hemmen*, *Heimenberg*, *Heemstede*, (dit in Zeeland door mij in 1835 bezocht) *Loc-hem*, en vele anderen, waarvan men thans de ligging genoegzaam niet meer weet, door VAN MIERIS vermeld (34).

Misschien ook, stond eertijds, waar men thans nog de grondslagen van eenig oud gebouw op de *Woerd-plaatsen* aantreft, eenig heiligdom of heidenschen tempel, waar men zijne goden diende of dienen leerde? Wie zal dit beslissen! Zoodanige heiligdommen, waarvan men overigens het vroeger bestaan in ons land wel niet ontkennen kan, werden *Hlara*, *Laeren*, of door klankverandering *Leeren* (Noordsch: *Hlader*, ook *Hledra*) genoemd, en kunnen almede tot onderscheidene plaatsnamen hebben aanleiding gegeven, als *Laren* (in Gooiland), *Laer*, *Villa Hlara* (bij Rhenen) *Leersum*, *Leerdam*, *Noord-* en *Zuid-Laren*, en anderen (35).

Zoodanige Hlaren of Leeren, kunnen dan welligt naderhand op deze en gene plaatsen door *Romeinsche* kapellen vervangen, en de oude Landgod, wiens dienst men, daar onderwees door eenen Romeinschen God verdrongen, of dezen naast genen gesteld geworden zijn; doch bij de invoering des Christendoms, werden deze heiligdommen (*fana*) in Christen kapellen, in *Kirika*, *Kyreca* (d. i.: Kerken) veranderd. Van onderscheidene heidensche tempels althans wordt dit in de oudste kronijken des lands (bijv. bij GOUDHOEVEN) uitdrukkelijk vermeld, en van den STAVO-tempel te *Stavoren*, de WODAN's-tempel te *Nymegen*, die van NEHALENNIA te *Domburg*, weet men, dat zij door Christen-kerken aan *Sancten* of *Sanctinnen* gewijd, zijn opgevolgd of vervangen geworden (36).

Voorzeker zoude een meer opzettelijk onderzoek naar de grondslagen dier oude gebouwen het onzekere kunnen opheffen, doch onder hoe veel onzekers wij hier op de Woerd-akkers ook rondwaren, mogen wij echter niet nalaten, de aandacht onzer geleerden en oudheidkundigen op deze *Heim-* en *Laar*-plaatsen te vestigen.

Opmerkelijk is inzonderheid ook de ligging en rigting van alle *Woerd*-plaatsen, die ik bezocht, ten *noorden* des dorps, vooral te *Monster*, te *Naaltwijk*, *Schipluiden*, *Wateringen* en *Loosduinen*. — Alleen in de *Lier* schijnen zij in eene oostelijke, en zoo ik vermoed, ook in eene westelijke rigting van het dorp, maar de toegang is dan toch naar het noorden gerigt. Wijst dit ook op de noordelijke afkomst der godendienst- of natuur-leer onzer voorouderen terug, gelijk doorgaans alle middeleeuwsche kerken, als in de *Lier*, te *Naaltwijk*, *Monster*, *Wateringen*, *Rijswijk* enz. door de oostelijke rigting, van het vroeger aanwezige hoofdaltaar, naar het Oosten heen wijzen? (37).

Verder voeg ik hier nog bij de opmerking, dat ook in het *Westland*, even als op den merkwaardigen doodenakker te *Driel* in de *Over-betuwe*, het gebeente van den Christen, naast en onder de asch des *Bataviers* begraven ligt; zoo in het *Woud*, zoo ook in *Wateringen*, waar zelfs vele beenderen van menschen, en spijkers van doodkisten, onder de urn-scherven der *Batavieren* verspreid liggen. Eene ongewone mengeling van gedachten en denkbeelden rees bij deze opmerking in mijnen geest op. Gelijk men weet, kwam het begraven in doodkisten eerst bij de afschaffing van den lijkbrand, door de invoering van het Christendom, in zwang. Gelijk CHRISTUS in het graf, eene steenrots, was nedergelegd, zoo ook de Christen, die daaruit de herrijzing verwacht, zijner dooden, op den dag als alle vleesch zal opstaan. Eenen zeer merkwaardigen *steenen* doodkist zag ik te *Polanen* nabij *Monster;* deze had den vinder tot voerbak voor het rundvee gediend (38).

Doch

> Vaart wel gij, *Woerden!* eenmaal komt de tijd
> Als der bazuinen donderend geklank

> Rivier en meer en berg en dal doordringt,
> Als aarde en zee haar dooden wedergeeft,
> En alles uit den donkren nacht ontwaakt!
> Dan rijst de asch ook uit haar urnen op,
> En o! als 't vriendlijk licht des dageraads
> Omstrale de herrezen Christus licht! —

Naast de *Woerden*, die wij met deze gewijzigde woorden van J. DE BETUW verlaten, liggen in het *Westland*, gelijk in de *Overbetuwe*, de *Hoven*, die ons thans te beschouwen staan.

Maar wat zijn Hoven, of wat waren zij vroeger?

Wat de *Hoven* thans meest allen zijn is genoegzaam bekend: wat zij vroeger waren, is moeijelijker te bepalen; doch de opmerking, dat de meeste dier *Hoven* of *Hofkens*, gelijk zij in de *Overbetuwe* veelal genoemd worden, nabij de *Loo*-en en *Woerden* liggen, en dat zij veelal dezelfde, hoewel de door mij bezochte, steeds minder, kenmerken van zwarte aarde, urnen enz. bevatten als de *Woerden*, — en dat zij ook, even als de *Loo*-en, nabij deze gelegen zijn, geeft mijns bedunkens, tot belangrijke gissingen en gevolgtrekkingen aanleiding. Het eerste *Hof*, dat ik bij herhaling bezocht, is te *Wateringen*, vervolgens dat van *'s Gravensande*, te *Lier* (*Ooster-lee*), de hofwoning in het *Woud*, te *Schipluiden*; zelfs het hof te *Maasland* en *Vlaardingen*, naderhand dat van *Polanen*, en het verzonkene hof van *Henneberg* te *Loosduinen*. Nergens ben ik te leur gesteld geworden in de opmerking, dat zij veelal digt aan de *Woerd*-plaatsen grenzen, en ongetwijfeld tot denzelfden ouderdom als deze opklimmen. Nopens het hof te *'s Gravensande*, den *Oldenhof* te *Driel* in de *Overbetuwe* is dit wel weinig te betwijfelen. Vele *Woerden* en *Hoven* of *Hofkens* zijn daarenboven niet alleen tiendvrij, maar aan sommigen dier *Hoven* zijn zelfs bijzondere tiendregten verbonden: zoo als nog aan het hof te *Maasland*, aan het hof te *Ooster-lee* onder de *Lier;* in de *Overbetuwe* zelfs bloedtiend aan het *Koningshof* te *Herveld.* (d. i.: *Heer-* of *leger-*veld.)

Wat kan men nu uit deze opmerkingen, met behulp van eenige letterbronnen, afleiden? In de oudste natuurdienst der *Germanen* en stamverwandte volkeren, waren het, gelijk ook ongetwijfeld bij den *Batavier*, heilige *hainen* of *wouden*, waarin men zijne goden vereerde. Voor zulke wouden gold de uitdrukking *Haruc*, *Harec*, Oudn. *hörgr* (een hof). Bij de *Franken* was dit een *Haragho*, *Hargo*, waarvan misschien *Hagha*, *Haghe*, zijn voortgesproten. Een merkwaardig voorbeeld van zoodanig *Haruc* of *Harec*, vindt men in *Nort-Harec* (thans *Scheveningen*), en welligt in het niet verre van daar in Zuid-Holland gelegene *Suit-hardeshage* of *harec* (zijnde het tempelwoud van HARDA of HERTHA). De bedekte of door hagen gevormde hoven, in digte wouden, waren de tempelhoven der *Germanen*, waar zich de godheid verborg te midden van het ruisschen der bladeren van het ongeschonden woud. Naderhand, welligt ook door de toenemende beschaving met de *Romeinen*, ontstonden er gebouwde tempel-hoven, waarin de *Germaan*, ongetwijfeld ook de *Batavier*, zijne offers bragt, en die daarom, zoo als men van de *Oldenhove* te *Leeuwarden* vermeld vindt, als *Aula-Dei* zijn aan te merken. Zoodanige tempel-hoven, "*Vrithöfe*", waren door het geheele Noorden verspreid, en ook de *Friesen* bezaten, zoo als MONE en Dr. WESTENDORP hebben aangetoond, eene zeer geregelde tempeldienst en tempelhoven, gelijk wij die ook op *Westlandschen* bodem, bij den landzaat, wier stoffe naast de *Hoven* op de *Woerden* rust, gelijk op het geheele eiland der *Batavieren*, veronderstellen (39).

Die tempel-hoven waren tevens tempel-wouden: dat het hof van *Wateringen* vroeger door hoog geboomte omgeven was, is mij bij herhaling verzekerd, en nog ligt de hofwoning in het *Woud*, gelijk het geheele vriendelijke dorpje zelf, even als het hof in het *Schaker-* of *Sacre-*bosch, tusschen geboomte verscholen. Daar op die hoven dan, woonde vermoedelijk, gelijk zulks ook in het Noorden en in *Friesland* plaats had, de Batavische Barden- of Priester-schaar, over wie straks nader; terwijl de veronderstelling, dat de, nog aldus genoemde *Konings-*hoven, bij uitzondering door *Koningen* of *Vorsten* (Voorsten) kunnen bewoond zijn geworden, mijns erachtens, niets onwaarschijnlijks heeft. Het zoogenoemde *Konings-hof* te *Herveld* in de *Overbetuwe*, benevens het hof te *'s Gravensande*, kunnen zich in dit opzigt van andere *Hoven* en *Höfkens* hebben onderscheiden (40).

Dat ook een aantal dezer *Hoven* en *Höfkens*, onder het Christendom, vooral in de bouwlustige middeleeuwen, in kloosters en abtdijen zijn herschapen, wettigt onzes inziens, de gissing, dat ook hier de vroegere priesters en priesteressen (de *Völa* of *Vaula* van het noorden), door monnikken en nonnen zijn opgevolgd, aan wie men, even als aan gene, groote heiligheid toeschreef.

Ook de *Hoven* van *Wateringen*, van *'s Gravensande*, *Maasland*, *het Woud*, dat in het het *Schaker-* of *Sacre-bosch*, gelijk ook het *Hemelrick* nabij den *Oldendenhof* te *Driel* in de *Overbetuwe* (benevens de nabijheid van sommige Loo-plaatsen en Woerden) dragen onmiskenbare sporen van vroegere klooster-gestichten: terwijl de *St. Agatha*-kapel onder *Veur*, en de kerk te *Ryswyk*, ontwijfelbaar op vroeger heiligen grond, de laatste, zoo het schijnt, zelfs op de grondslagen eener heiden-kapel zijn opgetrokken (41).

Dat eindelijk velen dier *Hoven*, met welke uitdrukking het woord *hamr*, (ons *Ham, hem*) kan verwant zijn, tot een aantal plaats-namen hebben aanleiding gegeven, komt mij als ontegensprekelijk voor. Een naauwkeurig onderzoek zoude het kunnen ophelderen, of aldus *Vollenhoven* (*Vöia*, *Vaula?*), *Schoonhoven*, *Zevenhoven*, *Achttienhoven* (bevattende welligt heilig-tallen), *Koldenhove*, *Bellinckhof*, *Heenikhove*, en vele anderen, vooral in *Zeeland*, tot de tijden vóór het Christendom in deze gewesten, opklimmen. Eene plaatsnaam naar eenig hof aldus geheeten, bevat het Westland niet (42).

Van de *Priesters* (*Ascumannen?*) gewagende, die wij vermoeden, dat weleer deze *hoven* bewoonden, zal het hier ter gelegener plaatse kunnen geacht worden, te herinneren, dat zij naar het goden-stelsel en den geest der *Germanen*, ook volgens de getuigenis van Tacitus, zich voornamelijk bezig hielden met *wigchelarijen*. Dit geschiedde zoowel door het opwerpen, boven een uitgespreid wit kleed, van eenige rijsjes of takjes, als ook, en voornamelijk uit het geschrei en de vlugt der vogelen, benevens het gehinnik of gebriesch van heilige witte rossen of paarden, die in H. wouden of bosschen op algemeene kosten onderhouden, alleen door Priesters en Koningen mogten bereden worden. Bij volksvergaderingen had de Priester ongemeen grooten invloed, gelijk elders ook de *Priesteresse*, wier aanzien groot was onder de *Germanen* (43).

Ook deze *Priesteressen* (*Völa*) waren wigchelaressen en toovenaressen, waaraan in *Overijssel*, zoo het schijnt, de *witte Juffers* en *witte Wiven* hunne afkomst te danken hebben. In de middeleeuwen werden de zoogenoemde toovenaressen of tooverheksen gewogen, en, te ligt bevonden, ten vure gedoemd. *Tooveren* geschiedt nu nog in de *Lier*, gelijk ook nog voor eenige jaren in *Voorburg*: zekerlijk een niet onbelangrijk overblijfsel uit de goden-leer der *Germanen!* Opmerkelijk is het tevens, dat men ook nu nog dat vermogen meestal aan vrouwen toekent (44).

Goede en kwade voorteekens, die ons insgelijks nog aan de, zoo even vermelde wigchelarijen herinneren, houden ook nu nog onder het landvolk stand: menige Westlandsche boeren-jongen telt nog de knopen aan zijn kleed, om tot een beslissend besluit of voornemen te kunnen geraken; terwijl daarenboven de eerbied voor sommige, de vrees voor andere vogels, ons, zonder eenigen twijfel, herinneren aan de kinderlijke begrippen des *Bataviers*, die deze als *onheil-spellend*, gene als *heil-aanbrengend* vereerde. Nog behooren de *nachtuil*, de *kraaijen* en *raven* (ODINS vogels) onder de onheilspellende, of ongeluks-vogels; — de *zwanen*, de *ooijevaar* (in *Gelderland* den *heiluiver* genoemd) de *zwaluwe* daarentegen, onder de heilaanbrengers of geluks-vogels, welke laatste ook daarom in het *Westland* nog op schuren en daken of aan kerken, steeds een herbergzaam dak vinden (45).

Maar ook sporen van andere dieren-dienst trof ik op mijne wandelingen aan. Zoo bijv. de *katten*, of *heksen* in katten-gedaante; de verkeerde *honden*, of weerwolven in hondsgedaante; de *haas*, die in het *Schakerbosch* des avonds den wandelaar op zijde komt, en ook op de NEHALENNIA-beelden te *Domburg* wordt aangetroffen; het *witte paard*, dat te *Wateringen* 's nachts rijdt, en mij hier aan het ijzeren of hollend veulen (*Hulle Vulle*) doet denken, dat in de *Nederbetuwe* (tusschen *Kesteren* en *Lienden*) gezien is. Ongetwijfeld bevat daarenboven het bijgeloof nog menigen trek van vroegere Priester-leer, welke reeds sedert vele eeuwen in de gemoederen des volks is blijven voortleven. Zoo ik overigens hier nog eene gissing mag bijvoegen dan is het deze: of niet alle, althans de meeste der *Horst-* (d. i. ros-) plaatsen in ons land den naam ontleenen aan de heilige rossen of paarden, die men daar op algemeene kosten onderhield? — Als daar zijn, om er slechts eenigen te noemen, het huis *te Horst*, *Bink-horst*, *Bruin- Witte-horst* (d. i. bruin, wit ros) *Lun* of *Lijnhorst*, een ongetwijfeld mythologisch wezen (LYN of LYNA was de godin der vriendschap, enz.) en anderen (46).

Naast deze dieren-dienst des Priesters, staat in de geheele Natuurleer of *Mythologie* der oude *Germanen* de *planten-dienst*, waarover wij hier niet kunnen uitweiden; doch waarvan ook de *Batavier* meerdere sporen op onzen bodem heeft achtergelaten. Daartoe behooren, mijns inziens, het *St. Jans-kruid*, een plaatsvervanger der *Baldurs-bra*, of dat er althans aan herinnert, de *pinksterbloem* (in Gelderland *Uiversbloem*), de *alruin*, het *huislook*, als voorbehoedmiddel tegen de kracht des donders, waartegen ook de gewijde *palm* beschut (47). Onder de gewijde boomen tellen wij den *vlierboom*, de *linde* (als boom der liefde), de *esch*, den *eik*, enz. Nopens den laatsten, de aanbidding van eenen eik, verhaalt LODEWIJK VAN VELTHEM een voorbeeld uit de XIV eeuw; van het bijgeloof aan de kracht eener *linde* geeft HELDRING een voorbeeld, dat zelfs nog in onzen tijd te huis behoort. Wij vermoeden wel niet te veel, dat zelfs nog menige spokerij aan dezen of genen boom verbonden, met de vroegere *boomen-* en *wouden-*dienst in verband staat (48).

Een naauwkeurig onderzoek van het volks-bijgeloof brengt welligt nog menigen trek van de godenleer, en natuur-begrippen des Batavischen priesters aan het licht. Zoo althans achten wij, dat menigen *Westlander*, die nog aan de kunst van voorspellen, betooveren en bezweeren, gehecht is, dit *toover-* en daarmede verwandte *wonder-*geloof wel bij overlevering, door verscheidene geslachten heen, reeds van vóór het Christendom heeft overgeërfd. Hoe vele wijzigingen mag echter ook dit toover- en wondergeloof des heidendoms na de invoering van het Christendom, ondergaan hebben, tot dat zich daaruit het *mirakel-geloof* ontwikkelde, dat in de middeleeuwen, ook in de *Nederlanden*, in zoo vollen bloei stond (49).

Het geloof aan *spoken* en *spokerijen*, na den dood, gelijk mij in het *Westland* van eenen man in de *Lier*, van een ander in het *Schakerbosch*, en eenen boer, die na zijnen dood nog met eenen *Oegst-wagen* in *Zwartewaal* rond rijdt, is verhaald geworden, berust, zoo wij ons niet misleiden, op de leer der onsterfelijkheid, waarover straks nader.

Welke Heiden-goden echter op bovenvermelde *Hoven*, en in *Laeren* zijn vereerd geworden, derzelver afkomst en onderlinge betrekking, of met andere woorden: het geheele *Godenstelsel*, is thans wel niet meer in zijn geheel op te delven. Even, zoo als wij zagen, dat de vroegere heele en ongeschondene *urnen* of aschkruiken, thans aan brok-stukken en scherven op de *Woerd*-akkers verspreid liggen, — zoo treffen wij ook van een vroeger geheel en geregeld goden-stelsel, slechts *fragmenten* of brokstukken meer aan. Maar die fragmenten, die thans meer dan ooit, met zorg verzameld worden, leeren ons thans nog oordeelen over het geheel, dat verloren is. Even als er ook soms nog eene geheele urn gevonden is, zoo is ook nog in de Noordsche *Edda*-leer, door alle afgeloopene eeuwen heen, een genoegzaam ongeschonden *Mythenstelsel* bewaard gebleven, waaraan men alle fragmenten van vroegere godenleer op vaderlandschen bodem, kan ter toetse brengen. De vroegere vaderlandsche of Batavische godenleer nu, was, naar de gevondene overblijfsels te oordeelen, niets anders dan eene geregelde, min of meer ontwikkelde Natuur-leer, en de vroegere goden, ook op Westlandschen bodem vereerd, niet anders dan loutere *Natuur*-goden (50).

TACITUS, wiens getuigenis wij reeds meermalen hebben aangehaald, noemt er met *Latijnsche* namen eenigen, die de *Sage* herhaalt, en welke als zoodanige Natuurgoden kunnen worden aangemerkt (51). In het Noorden is hun algemeene naam *Asen*, vroeger waarschijnlijk ook bij ons inheemsch (52). Van dezen noemen wij den Noordschen ODIN, THOR en FRIGGA of FREIJA, den Germaanschen WODAN (53), DONAR (54), FREIJA (55); — dat in de geheele *Germaansche* Natuurdienst, zoo merkwaardige drietal (*Trilogie*), benevens SUNAN of SOL, (56) en eene *godin*, die men als MONAN of MOND (57) kan aanmerken, benevens ARDA of HERTHA (58) en de gebroeders ALCIS (59), door TACITUS aldus genoemd.

De eerste nu, ODIN of WODAN, de god der zon, of de *Zon* zelve, met FRIGGA of HERTHA, de godin der *aarde*, of de *Aarde* zelve gehuwd, verwekte bij haar THOR of DONAR, de god des donders, of in eenen natuurkundigen zin, den *donder* zelven. Waar nu de zonne-dienst plaats greep, daar werd ook steeds de *maan*, in het Noorden als MUNI, bij de *Germanen* als MONAN of MOND, naast haar vereerd; — terwijl van den eersten der gebroeders *Alcis*, de vereering van BALDUR, (der *Wenden* BAL) of het *daglicht*, in tegenoverstelling van den blinden HÖDUR, zijnde de donkere *nacht*, mede sporen in ons land worden aangetroffen, welke de gissing wettigen, dat de geheele schoone BALDURS-*mythe*, als het ware de kern of spil van het geheele Noordsche Godenstelsel, ook onder den vroegeren landzaat dezer gewesten, niet geheel onbekend zal zijn geweest. *Zon*, *Maan*, *Aarde*, de *Donder*, het *daglicht* en de *nacht*, werden diensvolgens, als persoonlijke Opperwezens vereerd, waar naast ongetwijfeld nog anderen stonden, naar wier namen wij ons hier in geen onderzoek kunnen inlaten. Zoo schijnt ook van den *Zeegod* bij ons den naam verloren; maar daarentegen de herinnerind aan de godin van het doodenrijk, aan HEL of HELA, bij ons in *Helium*, *Hellevoet*-sluis, *Hel*- of *Hillegaerts*-berg, (niet in *Piers-hil*, *Fikkers-hil*), vooral in de *Heldine-zee*, benevens andere dergelijke namen, nog voort te leven (60).

Bij het raadplegen der bekende WAPENS aan de bovenvermelde hoven en Westlandsche dorpen verbonden, was het mij opmerkelijk te bespeuren, dat meest al deze wapens, *òf* aan de plaatselijke ligging dier hoven, en dorpen, *òf* aan eenige bijzonderheid uit de zeden en godenleer der *Germanen*, ontleend schijnen, en diensvolgens als *sprekende* wapens der voorgeslachten moeten worden aangemerkt. Zoodanige sprekende wapens bezaten bereids verscheidene volken der oudheid, en ook van de *Galliërs*, *Franken* en *Germanen*, wordt dit uitdrukkelijk vermeld door POINSINET DE SIVRY, derhalve van volken met wie ook de *Batavieren* in naauwe betrekking stonden. Wapens op *Westlandschen* bodem, die wij daartoe betrekken zouden, zijn dat van *Rijswijk* de drie *rijzen*; drie is een heiligtal, en de rijzen kunnen zoowel aan de wigchelarijen des Batavischen Priesters, als aan de ligging dier wijkplaats tusschen rijzen ontleend zijn; — dat van *Voorburg*, hetwelk aan eenen Romeinschen burgt (het *Forum Hadriani*) kan herinneren, — dat van *Schipluiden*, het oude *Scipleda*, zijnde een *Schip* (daar men naderhand een drie-mast-schip van gemaakt heeft!) op een blaauw veld (d. i.: water?), en hetwelk ons derhalve eenen geheel anderen naamsoorsprong dan het schippers geroep: »*te scheep lui! scheep lui!*" aan de hand geeft; — verder het wapen van *Delf*, zijnde twee, misschien *Romeinsche* burgten (gelijk die van *Voorburg*) aan eenen zoogenoemden balk of paal (d. i.: een stroomend water) in het midden. Zoo herinnert het *Schild* van de *Lier*, of aan het schild, de *framée* des *Bataviers*, of aan *Skulda*, de derde der schikgodinnen; terwijl de klimmende Leeuw van *'s Gravensande* en *Naaltwijk*, zoowel aan de godenleer, als aan de zeden des *Germaans*, die zich gaarne, zelfs naar wilde dieren noemde, kan ontleend, en aldus op het Gravengeslacht van *Holland* kan overgegaan zijn. Voor mij, ik denk hier, even als bij het wapen van *Vlaardingen*, insgelijks een *Leeuw*, en bij zoo vele andere leeuwen in ons land (inzonderheid bij die van *Crommenye* en *Zwolle*), liefst aan de godendienst- of Natuurbegrippen, ook des *Bataviers*; doch dan is het omschrift der griffioenen te *Vlaardingen*: »Grijpt naar het eeuwige leven!" zekerlijk van Christelijken oorsprong. Zoo wel op het wapen van *Maasland*, als in de Germaansche godenleer bekleeden de *slangen* en *arenden* eene merkwaardige plaats. Ik ga hier wijders voorbij de *Ketel* van het dorpje de *Keethel*, benevens de *Spa* van *Spa-land*, als niet door mij bezocht, en onthoud mij hier van gissingen omtrent den *Ooijevaar* van *'s Gravenhage* en den ouderdom dier stad.

Maar wat voornamelijk onze opmerkzaamheid trekt, zijn de drie halve (zoo ik vermoed afnemende) *manen* van *Polanen* en *Monster*, welke zoowel den naam der beide plaatsen, als de natuurdienst der vroegere bewoners verklaart. — *Monster* is diensvolgens, niet van *monasterium* (een klooster) afgeleid, gelijk men gemeend heeft; maar beteekent (ook in overeenstemming met *Polanen*) Moon, d. i.: *Mond-Maan-ster*, en levert alzoo een dubbel bewijs voor de maandienst der vroegere bewoners; — terwijl ons de *Ster* in het wapen van *Wateringen*, aan de kleine *Ster* herinnert, die in de N. godenleer, onder den naam van *Haïte*, steeds naast de maan, zulk eene belangrijke plaats bekleedt.

Voor deze opvatting en naamsverklaring pleiten de namen van *War-mond* (WAR, WARA, is de maan als godin der liefde), *Eg-mond* (*Hegha-mond*, d. i.: huwelijksmaan?) *Helmond* (d. i.: *heldere* maan) *Tir-le-mont*

(d. i. de Noordsche strijd-god TIR, zijnde de *nieuwe maan*), en anderen; maar ook vooral weder het H. drietal manen op het wapen van *Monster*, gelijk op dat van *Groeneveld*, zijnde insgelijks *drie* halve (misschien opgaande) manen op een *groen-veld*. En dan laat zich uit dezen zamenhang der Westlandsche dorps- of hofwapens, de *roode-Leeuw* van *'s Gravensande*, zeer wel als den vervaarlijken *Menagarm* (den *Monochijros*) verklaren, welke een gedeelte der maan verslond, en vooral in het wapen van *Zwolle* duidelijk voorkomt (61).

Wanneer dan de *Maandienst* in *Monster* meer bepaald te voorschijn treedt, *Loosduinen* heeft drie duinen tot wapen aan eene H. Looplaats. Waarschijnlijk, zoo achten wij, was dit H. drietal duinen als altaren, door de Natuur zelve gevormd, aan de dienst des *Zonne-* en *Dondergods*, benevens aan de *Aarde*, of met eigen-namen aan WODAN, DONAR en ERDA gewijd, even als ook de bekende *Monster*-duin aan MOND of de *Maan*. Men weet toch, hoe gaarne ook de *Batavier* den offerrook der brandstapels van zoodanige altaren, door de Natuur zelve gewrocht, ten hemel deed stijgen: zoo bijv. van den belangrijken *Paasch*-berg nabij *Wageningen*, door mij in 1836 bezocht; van den *Lemeler*-berg nabij *Lochem*, van den *Huner*-berg nabij *Nijmegen*, van den *Lichten*-berg nabij *Maastricht*, van de heuvelen in het *Soerensche* bosch, en andere plaatsen in ons land (62).

De *Zonne-* of *Wodans*-dienst te *Loosduinen* schijnt ook door het *Solleveld* (d. i. Zonneveld) aldaar bevestigd te worden, gelijk de *Erda-* of *Aard*-dienst door de veronderstelling van het niet verre van daar gelegene *Hardes-Hage* of *Haruc*, het oude tempelwoud van ERDA; — terwijl de naam van *Ockenburg* of berg, ligt aan den *Wagen-god* (den *Ocku*-THOR) herinnert. Wanneer de stemme des donders ratelde, dan reed DONAR, naar het kinderlijk begrip des *Germaans* en *Bataviers*, op zijnen krakenden wagen door de lucht; — wanneer de bliksem zijne schichten schoot, dan wierp hij zijne donderkeilen, zijne donderbeitels of donderstenen, soms tot zeven mijlen diep in de aarde. Nog leven die *donderwagens* in het volks-bijgeloof voort; nog hoort men van *woenswagens*, van den *sterrenwagen*, van *donderbijtels;* — nog spreekt men van de kracht der *maan*, van haren invloed op het gezaaide zaad bij wassende of afnemende maan, van hare kracht op het haar- en nagelsknippen, en wie kent daarbij niet de vertelsels van den *man in de maan*, die allerwege voortleven?

Wanneer wij alzoo in het *Westland* de Zonne- en Dondergod, de Maan- en Aardgodin vereerd zagen, en de waarheid daarvan uit de wapens poogden aan te toonen, en in de plaatselijke ligging van de dorpen opspoorden, niet minder belangrijk is hier het wapen van den *Briel* (het oude *Bree-helium*) aan den mond van het reeds vermelde *Helium*, de latere, dus genoemde *Heldine-zee*, die, behalve in verscheidene andere namen, als *Helvoet* (volgens ALTING voor *Helvloet*) ook in de woning van *Hille-boer* nog schijnt voort te leven. Was dit *Helium*, volgens de opvatting van den reuzengeleerden GRIMM, eene vroegere *hel-rivier*, dan was de merkwaardig hooge duin aan den hoek van *Holland* ligt aan den onbekenden *Zee-god* gewijd. Gelijk nu elke helrivier steeds door een monster-dier of helhond, in het Noorden door den *Garmr*, werd bewaakt, zoo is dit ook het geval op het oude wapen van den *Briel*, en dit bevestigt hier de opvatting van GRIMM op eene treffende wijze. Even als van *Delf* namelijk, vertegenwoordigt de balk of paal van het *Brielsche* wapen de *rivier*, waaraan de stad gelegen is; terwijl het Support, een monsterdier, volgens VAN ALKEMADE, zeer duidelijk den *helhond* voorstelt, wiens geloei of gehuil wel menigen *Westlander* in angst en schrik mag hebben gezet, als dat van den huilenden wind (63).

Nog n de Ve Eeuw, zoo verhaalt de *Sage*, werd de Gemalin van den Frankischen Koning CLODEO, bij het baden in de *Merwede*, voor zoodanig een monsterdier verschrikt. En voor weinig jaren reed nog in *Zwarte-Waal*, de zoogenoemde *Oegst-* of *Helwagen*, welke mij destijds aan de *lijkwagens* herinnerde, die ook te *Driel* in de *Overbetuwe* reden, en, welligt vele overeenkomst hebben met den zwarten- of *hel*-wagen aan de *Hoorn-brug* onder *Rijswijk*.

Tegenover *hel* en *helheim* nu, als het doodenrijk der onverbiddelijke HELA, staat in de N. Godenleer, het goddelijke *Walhalla* over, — hetzelfde, waarvan Koning RADBOUD sprak bij den Christendoop, dien hij op eene zoo hoonende wijze weigerde te ondergaan, en waarvan de *Sage* welligt nog den glans in sommige trekken bewaart (64). Waar nu nog zoovele herinnering aan de vroegere goden en *Walhalla* in den loop der eeuwen is bewaard gebleven, daar mag men ook veronderstellen, dat het godenspel in *Walhalla*, de strijd der helden, onder de menschen is bewaard gebleven. Behalve dat TACITUS ons van den krijgsdans des Batavischen jongelings vermeldt, schijnen ook de vroegere ridderspelen (*Tournoijen*) en schutters-feesten, benevens plaatsnamen als *Windscoten*, *Aerscot*, *Ravenscot*, enz. daaraan te herinneren (65). Uit een en ander is ook niet moeijelijk op te maken, dat ook *Fries* en *Batavier* bereids de leer der *onsterfelijkheid* huldigden, alvorens, nog het Christendom die in deze gewesten bevestigd had (66).

Doch keeren wij na deze korte uitweiding van den zuidelijken uithoek van *Holland* en de *Helrivier* terug, tot den grond, waarop wij ons bevinden. Te midden van zeven merkwaardige dorpen: *Loosduinen*, *Monster*, *'s Gravensande*, *Naaltwijk*, *de Lier*, *het Woud* en *Wateringen*, ligt *Hondslaarsdijk*, waarvan ik met opzet tot hiertoe geene melding maakte, hoewel almede bij herhaling door mij bezocht.

Hoewel nu geen Wapen ter verklaring van het oude slot *Hunsl*, *Hunsel* of *Huntsla* ons meer ten dienste staat, zoo willen wij toch ten slotte nog eenen oogenblik bij hetzelve vertoeven, om te zien, wat ook deze grond merkwaardigs oplevert. Voor eeuwen was dit oude slot of hof door een uitgestrekt bosch, woud of holt, het oude *Holt-sole*, omgeven.

Onderzoeken wij nu nader dit oude slot *Hunsel*, en deszelfs *holt*, het genoemde *Holt-sole*, in de naamsbeteekenis. Beide wijzen, even als nog de tegenwoordige naam des dorps, *Hondsla* of *Hondslaar*, tot de offerdienst der *Germanen* terug. Volgens den geleerden MONE, en den reeds meermaals genoemden GRIMM, was *hunsl*, *hunsel*, het *offer* der Germanen, *hunsla*, het offer door dooding, alzoo van dieren en menschen-offer, *hunslahof* (of *stath*) het hof, de plaats, waarop zoodanig een offer den goden werd gebragt; — *hunt* of *hond*, dat men ook in *Hondslaar* en *honderd* terug vindt, beteekent daarenboven een honderd-tal; derhalve een der grootste offers, welke volkomen overeenstemmen met de groote jaarlijksche offers der *Germanen*, het *Hiul* of *Jule*-feest der *Scandinaviërs*, waarvan almede onze woorden *gejoel* voor eene groote volksmenigte, *joelen*, *joelig*, *jolig*, (d. i. jubel, vrolijk) zijn afgeleid. Denken wij hier al verder aan de merkwaardige benaming van *Hondsholre*, die van *Holt-sole* (Sole = *saudr* is zolen, zeulen, braden), benevens die van *Quints-heul*, (of *huul* zoo als het bij ALTING voorkomt) benevens de *Wildezee*, hier vroeger aanwezig (waarvan ik, na lang zoekens, de sporen niet verre van hier heb weder gevonden), alsmede aan het zuid-waarts gelegene *Honderdland*, — dan komt het mij bij den geregelden Natuur-dienst der *Priesters*, als ontwijfelbaar voor, dat ter dezer plaatse, vroeger zoodanig eene gewijde groote offerplaats, door hout of bosch omringd, en op welke alle wegen der zeven omringende dorpen uitliepen, moet geweest zijn, waarvan het geheugen alleen nog in den hofdorp-, en holtnaam is overig gebleven.

Daar dan op dien merkwaardig heiligen grond van het overoude slot, dat door diepe grachten omgeven, in later tijd den Ridderen van *Naaltwijk* toebehoorde, door Prins FREDERIK HENDRIK, voor zijn aandeel uit de *Spaansche* zilvervloot tot een prachtig zomer-verblijf, met vier vleugels, en, zoo vele ramen als er weken in het jaar zijn, herbouwd werd, doch ook thans genoegzaam geheel weder gesloopt is; — daar op dien grond dan, die nog de kenmerken van vroegere grootheid draagt, was dus voor eeuwen voor het *Westland*, de heiligste, de grootste offerplaats, waar eenmaal het bloed der honderdtallen stroomde, waar wellligt ook menschen-offers, uit dank of ter bevrediging, aan den zegenenden WODAN, den vertoornden DONAR, of uit liefde en dankbaarheid aan ERDA werden gebragt; voor welke goden elders, mede in het *Westland*, de offervlammen en offerrook van de duin-altaren hemelwaarts steeg.

De opmerkelijke ligging der plaats, te midden van genoegzaam het geheele *Westland*, omgeven door het bovengenoemde zevental dorpen, verhief haar, als van zelve, tot zoodanig eene *Hunsel-* of offerplaats, werwaarts de *Batavier* en *Kaninefaat* uit den ganschen omtrek, ligt ook met zijnen Koning aan het hoofd, zich begaf, om zijne heilige feest-tijden, en vooral het groote *jaar-* of *joëlfeest*, met bloedige offers te vieren (67).

Doch eeuwen zijn over deze bloedige feest-offers heengestreken; — eeuwen hebben ook genoegzaam alle sporen van den met offerbloed gedrenkten grond weggevaagd, het gewijde *Holt-sole* is door den tand des tijds, de bijl des Evangelie-verkondigers gevallen, een altaar aan den Sanct Christoffel gewijd, verving op het slot *Hunsel*, den *aula* of *autaar* des heidenschen natuurgods, en er verhief zich tevens eene Christen-kapel aan den Sanct Cornelius toegeheiligd. Zoo ging de vereering van den vroegeren natuurgod tot *Heiligen* over, of daalde in onze *kinderspelen* in vergetelheid, of elders in verachting neder (68).

Maar ook deze beide heiligdommen zijn gesloopt. — Zoo wisselen zich tijden en eeuwen; — maar wat vergaat of wegzinkt in het niet, de geopenbaarde Godsdienst van het eenvoudig verhevene Christendom, dat thans ook reeds sedert eeuwen op dezen Westlandschen grond de oude Natuur-dienst der voorgeslachten verving, staat nog en valt niet. En hoe verheven staat die Openbaring niet boven alle vroegere of tegenwoordige offerdiensten! —

Wel is ook de gewijde altaar en Christen-kapel van dezen zelfden grond geweken; maar de ware altaar van den levenden God, die een Geest is, en die elk moet »aanbidden in Geest en waarheid" voere elk gemoedelijk Christen met zich in zijn hart: — zoo vereeren wij Hem, die te groot is, om in woorden of denkbeelden te kunnen worden gevat, maar Wiens tempel, door geene menschen-handen gebouwd, door geene eeuwen of tijden gesloopt, de *gansche Natuur als Zijn Heiligdom* omvat.

AANTEEKENINGEN en BIJLAGEN.

1–2. Getuigenissen.

(1) Naar de vertaling van Mr. HENDK. VAN WIJN, in zijne *Hist. Avondst.* bl. 16; zie hier den oorspronkelijken tekst van TACITUS, *de Moribus Germanorum*, naar de uitgave van GRONOVIUS: »*Nullas Germanorum populis urbes habitari satis notum est; ne pati quidem inter se conjunctas sedes. Colunt discreti ac diversi, ut fons, ut campus, ut nemus placuit.*" Vid. TACIT. *de Mor. Germ.* ed. GRON. c. 16. Traj. Bat. 1721, benevens de aant. aldaar.

(2) »*Ne caementorum quidem apud illos aut tegularum usus; materia ad omnia utuntur informi et citra speciem aut delectationem.*" TAC. *de M. Germ.* ed. GRON. c. 16.

3. Holten, Wolden of Wouden.

Over de hout- of woudrijkheid dezer Noordelijke gewesten in de voorgaande eeuwen spreken reeds TACITUS, die in zijne *Annal.* IV. 73 het *Baduhenna*-woud en elders, *Hist.* IV. 14, het »*nemus sacrum*" (volgens sommigen het *Schaker*, *Sacre*-bosch) vermeldt. Keizer JULIANUS deed het noodige hout uit *Batavie*, waar de *Rijn* in zee stort, komen, tot uitrusting eener vloot van 80 middelmatige schepen. (Vid. ZOSIMUS, *Hist.* IV.) PAULUS MERULA (Over de *Wildernissen*, enz.) over de uitgestrektheid van het *Schaker-bosch* sprekende, noemt verscheidene dorpen in Holland, die door hunnen naamsuitgang: »*hout*" of »*woud*" aan de vroegere bosch- en woudrijkheid dezer gewesten herinneren, als: *Voorhout* (ook *Voreholt* en *Forenholte* genoemd),

Noort-wijcker-hout, Berkhout, Schellinchout; — *Wantswoude, Nubicx-woude, Mid-woude* (Midwalda), *Oostwoude* (Asta-wolda), *Westwoude* (Westerwalda), *Schaerwoude, Suyder-woude, Schellinckwoude, Sparenwoude* (Sperne-wald), *Rhin-Saterwoude* of *wald, Heer-Jacobs-woude, Soeter-woude, Haserts-woude,* (zie t. a. pl. fol. 50). Elders noemt MERULA het *Duijscholen-, Hillegommer-,* en *Haarlemmer*-bosch, *'s Gravenberger-hout, 't Berkenrijs,* den *Vogelsanck* en de *Aerden-hout* (zie fol. 173). — Uit ALTING, *Germ. infer.* etc. teekenden wij insgelijks eenige wolt- wald- halt- of holtplaatsen aan, die wij hier bijvoegen, als daar zijn in *Groningen* en *Friesland,* welker zeekusten, even als de grenzen der *Cauchen,* volgens PLINIUS, Lib. XV. c. 1, met uitgestrekte wouden bezet waren: *Bedderewalda* (Bedum), *Finster-walda, Freda-walda,* (Froda-Silvia), *Germer-walda, Monema-walda, Mentera-walda, Skel-walda* (Schiltwolde), *Stedderewalda, Duurswolde* (Woldstreek), *Waldrichem* (Workum); — wijders in andere gewesten uit denzelfden Schrijver: *Fugen-houte, Trentowaldae* (Drenter-wolde), *Witthelte* (vel: Witholte); in Gelderland: de *vier holten* (Quatuor foreste) op de Veluwe: *Sternwald, Offerwichey, Mulo* (Muffbosch?) en *Subort* (het Sourensche bosch); — *Abekewalda* (Abcoude), *Haltna* of *Halten;* — verder in Holland: (door sommigen van *Holtland* afgeleid) *Holtreka,* (Houtrik), *Hoochhoutwoude* (Houtwoud) en anderen. Buiten deze, waarvan thans mogelijk aller ligging nog kan worden aangewezen, teekenden wij van eenige kaarten van TIRION nog de navolgende holten of wolten op, als in Friesland: *Wouterswoude, Akkerwoude, Murmirwoude, Dantzumawoude, Oudwoude, Ausbuir-* of *Lijtke-woude, Feen-woude, Eernwoude, Nye-hout* of woude, *Terwoude, Sigers-wolde,* (Sijgerswolde) benevens *Luxwolde,* welke laatste namen ons als zeer merkwaardig voorkomen. In Groningen: *Cropswolde, Lucas-wolde, Böhmerwold, Cranswolde,* enz. — In Drenthe en Overijssel: *Zuidwolde, Ruinerwolde, Paterwolde, Eelder-wolde, Fox-wolde, Rhoder-wolde,* — *Steenwijker-wolt, Suitwolde, Laar-wolde, Ooster-wolde, Dalmsholt, Averwolde.* In Gelderland, de reeds bovengenoemde *Vierholten* (Quatuor foreste), *Gorlelerbosch, Terwolde,*

Puttersbosch, Ilcheler-bosch, Sil-wolden, (Sil-sol?) *Dijmerbosch, Berger-bosch;* — *Oosterholt,* (hout) in de Overbetuwe, *Neerbosch,* in Maas en Waal, en het *Nederrijkxe wald.* Van eene kaart van Nic. Visscher (*novissima Comitatus Zutphaniae Tab.* etc.) ontleenen wij nog: *Woldenburg, Holthuijsen, Holten, Loo-er bosch, Boeckholt,* in het Zutphensch gedeelte; het *Wissensebosch, Engelander-holt, Beeckberger-* en *Loonensebosch,* en andere op de Veluwe. In Utrecht heeft men: *Woudenberg* en *Renswoude;* — in Holland, behalve de reeds vermelde, nog: *Noord-* en *Zuid-Scharwoude, Katwoude, Esselijker-woude, Berkenwoude, Hondsholredijk* (het vroegere *Holt-sole*), benevens het oude *Arduenna-woud,* enz.

Van de bovenstaande en andere *holten* worden reeds vermeld op het jaar 976, *Holt,* wijders: *Holte,* 1083, *Houte,* 1006, als in *Hostholt* 976, voorts Wald: in *Rinsaterwald, Asclekerwald,* 1063, *Spernewald,* 1063, *Haltna,* 866, *Heslema-holte,* 866, *Nortwalde,* 866, *Schrave-holt* (866 ubi?), *Voreholt,* 1046, waarvan oude naamsvormen boven vermeld. Niet slechts voor de oude taal, ook voor de oude-Aardrijkskunde des lands ware het wenschelijk, dat wij meerdere dergelijke opgaven bezaten. Wij zijn deze verschuldigd aan Mr. van den Bergh, in de Jager's *Taalk. Magz.* IV. I. 119.

In *Overijssel* vindt men nog: *Piezer-wolde, Runnerwold, Haec-wold,* en *Buddinge-wold,* die wij later optekenen.

Dat dit aantal vroegere en latere *holten* en *wolden* of *wouden* grootendeels deszelfs naam aan de vroegere bosch- of woudrijkheid des lands verschuldigd is, betwijfelt wel niemand. Wat het *Westland* aanbetreft, (alwaar het zoo even vermelde *Holtsole,* waarschijnlijk een gedeelte uitmaakte van het vroegere *Arduenna-woud,* (dat zich langs de geheele Noordzee, tot voorbij *Alkmaar* uitstrekte), zoo hoorde ik op mijne herhaalde wandelingen op verschillende plaatsen en uit onderscheidene monden, door dezen en genen der Westlandsche turf- of veenboeren, gewagen van zware boomen, die door hen in de venderijen gevonden waren, en, zoo het schijnt, door eenen storm uit het N. W. zijn omverre geworpen; zoo dat zij allen met den kruin Z. O. waarts gekeerd lagen. Dat zelfs de geheele kusten van Holland, waar zich thans duinen bevinden, vroeger met wouden schijnen bedekt te zijn geweest, blijkt ook uit hetgeen PAULUS MERULA, a. w. zegt, »dat men allerwege, waar de zee de zandduinen heeft afgeslagen, stompen, stammen en wortelen van boomen aantreft, en zulks tot *Texel* in Noord-Holland toe, waar men dikwijls de uitgeworpene ankers niet weder kon ophalen, omdat zij in de wortelen en stompen verward lagen.» Ook te *Monster* in het *Westland* werd mij over dergelijke stompen en wortelen, die gedurig in de afgeslagene zeeduinen zigtbaar waren, gesproken. Doch genoeg over de vroegere hout- en boschrijkheid des lands. Men zie over dat onderwerp wijders, wat ook nopens de Provincie *Groningen* vermeld wordt door VAN WESTHOFF en STRATINGH, *Nat. Hist. van Groningen*, 1839, bl. 79 enz. 314 enz.

4. Terpen, Thorpen, Dorpen.

Op vele plaatsen vertoonen zich, bij eene opmerkzame beschouwing, nog deze hoogten, of *terpen*, waarvan wij in den tekst gewaagden, ook *vliedbergen*, *tribunalia* of *tumuli* genoemd. Wij willen hier niet gewagen van de Zeeusche vliedbergen of terpen, waarvan ik er in 1835 verscheidene op het eiland *Walcheren* zag; daarover zie men SPELEVELDT, *Brieven over het eiland Walcheren*, 1803, 23sten br. Ook in het *Westland* wordt men ter genoemder plaatsen aan deze vroegere *terpen* of *thorpen* herinnerd, wanneer men de hooge ligging dier dorpen gadeslaat; terwijl de *Overbetuwe* zelfs geheele reeksen van heuvels of hoogten oplevert, door HELDRING in zijne *Wandelingen*, 2e St. beschreven, die ons almede, zonder eenigen twijfel, aan de terpen der oude bewoners van Batouwe herinneren, en de woorden van PLINIUS bevestigen (Lib. XVI. c. 1): »*Illic misera gens* tumulos *obtinet altos, aut* tribunalia *structa manibus, ad experimenta altissimi aestus, casis ita impositis: navigantibus similis, cum integant aquae circumdata, naufragis vero cum recesserint*". Dat de woorden *terp*, *thorpa*, *thorpe*, het Geldersche *derp*, ons »dorp" heeft voortgebragt, daaraan twijfelt niemand. Eenige oude dorpen, vermoededelijk naar vroegere terpen, thorpen, enz. aldus genoemd, laten wij hier volgen, als daar zijn: *Fortrape*, *Fortarpe*, door VAN LOON, (*Aloude Hist.* II D. fol. 150), als »*Voor- Veur-dorp*", verklaard; — *Aldathorpa* (Ouddorp) in Noord-Holland, *Neij-dorp*, aldaar, waarvan MELIS STOKE gewaagt, in de nabijheid van *Winkelae; Ockersdorp* of *Acca-dorp* (Oostdorp nabij Alkmaar?), *Bridorp*, insgelijks door MELIS STOKE vermeld; voorts *Champthorpa* en *Northorpe* in Kennemerland, *Everekesdorpe* (ad Rhenum?) en *Liethorp* (Leijerdorp), alsmede *Baersdorp* in Zuid-Beveland, en *Papendorpe* (Ubi?) allen door ALTING, *Germ. infer.* etc. opgegeven. In Friesland treft men de navolgende terpen aan, als: *Slappe-terp, Winje-terp, Donja-terp, Laatterp, Ureterp, Outerterp, Kleiterp, Lekkerterp, Raadersterp* en anderen, door den Schrijver over de *Friesche Eigennamen* 1774 opgegeven, en afgeleid van de geslachtsnamen *Wijnia, Donia,* enz. (Zie ald. bl. 83 en 84). Misschien verdienen deze en andere plaatsen, ook in opzigt tot de oude Aardrijkskunde onzes lands, even als de voorafgaande holten, wolden, enz. nadere opmerkzaamheid; zoo komen volgens Mr. VAN DEN BERGH (in DE JAGER's *Taalk. Magaz.* IV D. I. 119) de navolgende *thorpen* reeds voor ten jare 866, als: *Honara-thorpa, Aldenenthorpe*, voorts: *Alda-thorpe*, 1064, *Thorpe*, 1064, 1083, en *Northorpe*, 1083. Oude Charters en giftbrieven leveren welligt nog meerderen.

(5.) » *Vicos locant, non in nostrum morem, connexis et cohaerentibus aedificiis: suam quisque domum spatio circumdat, sive adversus casus ignis remedium, sive inscitia aedificandi.*" TAC. *de M. Germ.* ed. GRON. c. 16.

6. Wijken of wijkplaatsen.

Ook MENS. ALTING, *Not. Germ. infer. antiq.* etc. verklaart »*wijk*" door »*vicus*". Tot den ouden vorm van wijk behoort ook *wich* en *wig*, het eerste, volg. Mr. VAN DEN BERGH (t. a. pl.), voorkomende op 866 en 1083, het tweede in de 9e eeuw, als in *Hruodwig, Podarwic*, 815. *Frisionowic*, 866 (Vrieswijk?), *Awich* 1088 (Ewijk, d. i. Waterwijk in Gelderland), *Rinwic*, 1177 (d. i. Rijnwijk), *Baldrikes-wich* (9e E.). Wijders teekenden wij de navolgende wijkplaatsen aan, als in

Overijssel: *Steenwijk, Radewijk, Frieswijk;*

Gelderland: *Wichen, Zandwijk, Meynerswijk, Ewick, Ewijk* (zie boven 1088), *Hellewich*, nabij Bredevoorde, (»*hodie Heelweg*, i. e.: *Via Sacra*" zegt Alting l. c.), *Randewijk, Winterswijk* en *Harderwijk*, oul. *Harderwich*.

Utrecht: *Schalkwijk, Honswijk, Vreeswijk, Heeswijk*, benevens het oude *Wick, Wijk* (Vicus ad Dorestadum).

Noord- en Zuid-Holland: *Sterwijk* of *Osterwijk* (hoewel het *Ster* meer aan het eerste doet denken), waarover zie Alting l. c., *Axwijk, Beverwijk, Bevertwijk* (Beverovicus), *Wijk* aan Zee en Duin, N. en Z. *Schalkwijk, Rietwijk*, de beide *Noortwijken*, de beide *Katwijken, Stompwijk, Sluipwijk, Zuidwijk, Bleiswijk, Oosterwijk, Baardwijk, Rijswich* (bij Melis Stoke), en *Naaltwijk* (bij Alting), enz.

In Noord-Braband, insgelijks een *Heeswijk*, een *Oosterwijk*, een *Baardwijk*, een *Rijswijk* en *Waalwijk*.

Nu zoude het echter door onderzoek, hetzij van oude oorkonden, of ter plaatse zelve, moeten blijken, of al deze wijkplaatsen, of wel *welke* derzelve, onder de oude *vici* kunnen geteld worden. Ook dit zoude de oude gesteldheid des lands nader doen kennen. Dat *Naaltwijk*, (misschien naar eene *naalt* of grenspaal der Romeinen zoo genoemd), dat ook *Rijswijk*, tot voor de invoering des Christendoms opklimmen, gelooven wij, dat uit den tekst, uit het gevondene aldaar, genoegzaam blijkt.

7. Gau, Gowe, Gooijen, of Landschappen.

Tot de oude vormen van Gaw- of Gooi-namen, komen ook voor in de 9ᵉ eeuw: *Cha, gaho, gâ, goe, gowe, ge;* voorbeelden daarvan levert van den Bergh t. a. pl., als, *Hostraga, Hostracha*, ook *Asterga*, (Oostergo) in de 9ᵉ eeuw, *Thiamaresgaho* (9ᵉ e.), *Hunusga* (9ᵉ e.), *Emisga, Sudergoe, Suthergowe, Suderge; Nordgo, Nortga* (9ᵉ eeuw), allen in de Jagers T. M. IV. I. 119. De juiste klank was waarschijnlijk »*gau*"; Alting, l. c. geeft ook *aw, gaw, goij, go, gooi,* als gelijkbeteekenend, een landschap; alzoo zoude *Batouwe*, daaronder te betrekken zijn, en in dat geval, volgens het gevoelen van Mr. de Haan Hettema, kunnen beteekenen «*water-beemd*" ("*betten* is nat maken, nog overig in bespatten"). De door ons opgeteekende *gau-en* of *gooijen*, zijn, behalve de in den tekst genoemde, in Gelderland: *Islego* (Islegawe). Ook wordt het genoemde *Hunsingo* (Hunsingia), elders *Hunse-* en *Hunselgo* geheeten, gelijk *Oostergo* = *Ostrogo*, en *Westergo* = *Westergau*, genoemd, zoo bij ALTING. Wijders vonden wij: *Wolvega* (Wolven-land, gelijk in *Delf-gauw*, Delf-land?), *Northgo* (th. Noordwijk), in VAN MIERIS, *Chartenb.* I. fol. 20, en *Noordgouwe* niet verre van Sonne-maer op het eiland Schouwen.

Dat het Oud-friessche "*gea*" met *gaw*, *gooi*, verwant is, doch eenen meer beperkten omtrek aanduidt, (en welligt nog in ons *ga*-de, *ga*-deren, ver*ga*-deren voorkomt), heeft de Schrijver over de *Friesche Eigennamen* (Franeker 1774) trachten waarschijnlijk te maken. *Brongergea, Abbegea, Follegea, Augustinus-gea, Offingea, Poppingea, Hardegea, Goijingea, Idsegea*, en eene menigte anderen, aldaar genoemd, zouden dus *tegaar*-komsten (verzamelplaatsen) zijn van *Bronger, Abbe, Folle, Augustinus*, enz. allen Friesche persoonsnamen, waarvan ook Dr. HERMANS, in zijn *N. Brb. Mengelw.* II. 79 enz., de meeste plaatsnamen afleidt. Zoo is in het Friesch "*an gea feijnt*" een dorpeling, makker, speelgenoot, "*aequalis, ejusdem pagi consors*", onder anderen bij GYSPERT JAPIKS, zegt eerstgem. Schrijver. *Sonnegea*, (bij de HAAN HETTEMA, *Oud en N. Friesl.* 1840, alwaar *Sonnegea* = *Oenega*) benevens *Easterga*, verdienen welligt meerdere opmerkzaamheid.

(8) *Manet honor et antiquae societatis insigne.*" TAC. edit. GRON. l. c. cap. 29.

(9) Deze merkwaardige aarden tigchelsteen door PAPENBROEK aan de Leidsche Hoogeschool gelegateerd, en thans nog te *Leiden* in de Archaeologische Rijksverzameling berustende, heeft ten opschrift:

Gens
Batavorum
Amici et Fratres
Rom. Imp.

vid. FR. OUDENDORPII *Brevis legati Papenbroekiani descriptio*, etc. 1746, n°. 3. p. 6. Ook zoude in het jaar 1626 of 1628, te *Voorburg* eene menigte zilveren

48 *Gau, Gowe, Gooijen, of Landschappen.*

penningen gevonden zijn op eenen van welke men leest:

*Aug. et P. Septimio
Gaetae nobiliss. Caes.
Cives Batavi
Fratres et Amici P. R.
V. S. L. M.*

op eenen anderen:

*Gens
Batavorum
Amici et Fratres
Rom. Imp.*

Zie *Nederl. Stad- en Dorp-beschrijver*, Voorb. bl. 12, alsmede het opschrift van nog eenen anderen steen bij van Loon, *Aloude Hist.* I. Dl. p. 189.

10. Sagen of Volksoverleveringen.

Gelukkig zijn de tijden voorbij, dat men de overleveringen in den mond des volks, de *Sagen*, niet meer met die minachting beschouwt, die haar als nadeelig voor de wezenlijke verlichting en beschaving doen aanmerken. De Sage of overlevering verplaatst ons in lang verloopene eeuwen terug, en toovert ons het verledene met zijne rijkheid, pracht en zeden op nieuw voor den geest. Inzonderheid zijn het de *Duitschers*, welke ons deze volksverhalen hebben leeren waardeeren, en die er rijke verzamelingen van bezitten, als in de werken van Schöpflin, Kremer, Schannat, Widder, Bodmann, Vogt en Dahl, de bevallige verhalen van Beer, Reumont, Steinmann, Weijden, Schröder, Schreiber, Friedheim, Weitz; — die van Schwab, Geib, Simrock en vooral van Grimm verdienen in dit opzigt vermelding, en vonden navolging bij den Engelschman Charles White, onze Landgenooten Robidé van der Aa, Engelen en van den Bergh.

Inzonderheid aan de *Rijn-oevers* bleef de *Sage* aan de ruïnen van vroegere ridderburgten en kasteelen gehuwd: daar trad zij ons in 1840 op onze Rijn-reize, als vriendelijke verkondigster der afgerolde eeuwen te gemoet. Wij leerden er volksverhalen kennen, die ons verplaatsten in den *Mythischen* voortijd van voor het

Christendom; zoo die van het tooverachtige *Wisperthal*, den *Drachenfels;* anderen, die ons den tijd terug riepen, waarin vrome Evangelie-verkondigers, St. Goar, St. Rochus, en St. Rupert, de boorden des Rijns bezochten; — en dezulken, welke de riddereeuwen der Kruistogen, om zoo te zeggen, op nieuw, met al hare pracht en dapperheid, deden opdagen.

»Ook *Nederland* is niet zoo arm aan overleveringen of *Sagen* als men welligt gemeend heeft". Waar de geschiedenis zwijgt, daar spreekt zij, aan de geschiededenis vermaagschapt, nog van lang verloopene tijden, van eenen Friso, Saxo, Bruno, Ubbo, Bato, Gruno, Hengist, Horsa, Salvius Brabon, de Radbolden, Walcher, Meroveus, Rotger of Rotgerus, en anderen, en doet dezen laatsten zelfs voorkomen als stichter van *Rotterdam*.

Hoezeer nu ook al deze *Sagen* het opgesierde kleed der geschiedenis dragen, zoo bevatten deze en gene nog menigen trek uit den *Mythischen* voortijd van voor het Christendom in deze gewesten; anderen verhalen ons van de vrome verrigtingen van H. mannen, als Wolfram, St. Willebrord, St. Bonifacius, St. Odolf, enz., of verplaatsen ons in den tijd der kruistogten, de riddereeuwen der geschiedenis. Allen zijn zij waardig meer van nabij gekend en meer *volledig* verzameld te worden, dan zulks door Mr. van den Bergh, *Nederl. Volksoverleveringen en Godenleer*, Utr. 1836, M. D. Teenstra, *Volksverhalen en Legenden*, enz. 2 St., Gron. 1840—1842., en ook onlangs nog door Joh. Wilh. Wolf, *Niederl. Sagen*, (Leipz. 1843) geschiedde, hoe verdienstelijk ook een en ander werk, het laatste inzonderheid opzigtelijk *België*, moge genoemd worden. Wij wenschen, dat zijn vertaler te *Groningen* veel, hetwelk in deze verzameling betrekkelijk onze Noordelijke gewesten ontbreekt, zal willen aanvullen, en dus niet maar eene bloote vertaling zal leveren van hetgene Wolf heeft bijeengebragt.

11. Vroegere Loo-verklaring.

De, tot hiertoe gebruikelijke, onzes erachtens, geheel verkeerde opvatting van »*lo, loo*" schijnt voortgevloeid uit hetgene door Becanus elders gezegd, door Kili-

AAN is overgenomen, en voortgeplant door ALTING, PICARDT, SMIDS, — wijders door den Hoogl. YPEIJ, Mr. W. BILDERDIJK, Mr. HOEUFFT, onlangs ook door WESTERHOFF, STRATINGH en anderen is omhelsd geworden. Wij laten hier hunne eigene woorden volgen, om alzoo hunne meening te doen kennen. Zoo leest men op gezag van den eerstgenoemden BECANUS, bij KILIAAN, (*Etymolog. Teuton. ling.* p. 291): »*loo, lo, inquit* BECANUS, *locus altus adjacens stagnis, torrentibus, aut paludibus; hinc Borckelo, Beverlo, Eecklo, Kallo, Oosterlo, Tongherlo, Tessanderlo, Venlo,* etc.", — en de reeds meermalen genoemde ALTING, *in Indice vocum. Germ. explic.*, op het woord »*Lugdunum*", alwaar hij »*lug*" (ons *Loo*) door het Celtisch »*loug*" verklaart, zegt t. a. pl. »*Ego quidem Celticum* Loug *idem plane esse putem, quod Frisicum* Loeg: *ita enim appellamus aggregatas habitationes ad commune Fanum, a verbo* loegen, *quod est: ordinatim componere. Lugdunum itaque nihil aliud Celtis denotavit, quam locum contiguis aedificiis, in monte vel ad montem, habitatum,* een loeg, in ofte op de Duynen." — En PICARDT, in zijne *Antiquit. van Drenthe*, 30 Hoofdst. blz. 116, haalt er zelfs het *Hebreeuwsch* bij, zeggende: »Loo is een oudt hierlands woord, en beteykent een hoek landts, die wat hoger en verhevener is als 't omliggende Landt, sonder nochtans te konnen strecken voor een Bergh. Hierom eyndigen soo vele ontallicke woorden, in alle dese landen, op *loo*. Doch de Hebreeuwen noemen 't een *Haar*, welk woordt bij ons ook in swang gaet. En hier van daen komt 'et, waerom in d'Ommelanden alle Dorpen genaemt worden *Logen*, d. i. *Lo-en*, vermids sij meestendeel op soodanige hoogten gebouwt zijn, om voor de watervloeden bevrijd te zijn". — Onder de navolgers dezer woordverklaring telt men ook SMIDS, (*Schatk. der Nederl. Oudheden*, in voce), die, op het gezag van ALTING en PICARDT, aldus schreef: »*Loo* in de taal onser oudste voorvaderen gesegt een verheven hoek lands (hieraf komt dan ook het woordeken *loeg*, dat is dorp, in eenige deelen der Groninger Ommelanden)" (t. a. pl. blz. 208).

Onder de latere en tegenwoordige geleerden, welke dit voetspoor blijven volgen met de verklaring van *lo*, *loo*, *le* en *lee* noemden wij wijders den Hoogl. YPEIJ,

Mr. BILDERDIJK, Mr. HOEUFFT, welke laatste, na het gevoelen van CANNEGIETER, benevens SCHILTER, (*Glossar. Teutonic.*) en andere reeds vermelde geleerden geraadpleegd te hebben, aldus besluit: » misschien moet men het eenvoudig opnemen voor eene plaats, eene streek, *locus*", pogende dit door afleidingen en bewijzen te staven. (Zie zijne *Taalk. Bijdr.* bl. 77, 82). Dit doen ook de Heeren WESTERHOFF en STRATINGH, die daarbij voornamelijk YPEIJ en BILDERDIJK navolgen. Wij geven hier nog hunne eigene woorden, uit de *Nat. Hist. der Prov. Groningen*, blz. 283 ontleend, waaruit men tevens de meening der beide laatst vermelden zal leeren kennen: » *Le*, *Lee*, of *Lo*, *Loo*, *Loe* beteekent in het algemeen eene *plaats*. (Zie de *Taalk. aanmerk. over de verouderde woorden in onze Staten-overzetting gevolgd door* YPEIJ, blz. 33 en vv., en vergelijk de *Taalk. Bijdragen tot de naamsuitgang van eenige meest Nederlandsche plaatsen, door* Mr. J. H. HOEUFFT, blz. 77—82). Volgens velen in 't bijzonder eene *verhevene plaats*, en wel *aan een moer* of *aan 't veen* gelegen, zegt BECANUS (bij KILIAAN, op 't woord *Loo*), waarmede inderdaad de ligging van vele plaatsen van dien naam, zoo wel hier als elders, overeenstemt. YPEIJ zegt nog in zijne *Gesch. van het Patroonregt*, St. II. blz. 136 der aant., dat *Loo*, even als het Latijnsche *Locus*, de beteekenis in zich bevat van iets, dat *wel ligt*, dat wel *gelegen* is, als afstammende van *liggen*, en dat de woorden *Loo*, *locus*, *liggen*, in oorsprong aan elkander verwant zijn. BILDERDIJK (a. w. blz. 323) merkt echter aan, dat men *Loo*, dat is *lode* (hoogte) kwalijk van *locus* afleidt. Verder is YPEIJ van meening, dat men in het bijzonder zoodanige buurten of gehuchten, waar geene heerlijke hoeven en huizen schijnen geweest te zijn, in de algemeene Nederlandsche taal *loo*, en in het Latijn *loci* (plaatsen) zal genoemd hebben. Behalve *Westerlee* en *Heiligerlee*, — behooren hiertoe ook nog *Friescheloo*, ook alleen wel *loe* geschreven, en *ter Apel*, beide in Westerwolde, als ook *Baffel*, *Baffelt*, of *Bafllo*, in Hunsingo. — Volgens YPEIJ, in zijn zoo even a. w., behooren hier mede toe de eigennamen van de plaatsen *Schellach*, *Maarslag*, *Vellage*, enz. wijl *lach*, *lag*, *lage*, *lege*, inzonderheid *loech*, oulings *loge*, hetzelfde was als *Loo*, zoo in beteekenis als oorsprong." — Zoo verre de bovenvermelde *Groninger* geleerden; gelijk verder blijken zal, omhelzen wij van dat alles, alleen dit *laatste* gevoelen van YPEIJ, hetwelk echter de Heeren WESTERHOFF en STRATINGH opzigtelijk »*Maarslag*" (waarover nader) betwijfelen. Het weinig beteekenende, wat de Hoogl. VISSCHER (*Utr. Alm.* 1838), en Mr. HOEUFFT, andermaal, ter verklaring van *lou* (in *Lou*-maand), in DE JAGER's *T. M.* III Dl. 2 St., heeft voorgedragen, gelijk mede hetgene Mr. VAN DEN BERGH, (ald. IV Dl. 1 St. 134) ter verklaring van *Lo* heeft aangevoerd, komt genoegzaam op het bovenstaande neer: »*Lo*, zegt de laatste, vroeger *laus* en *loch*, van *locus*, want even zoo heeft het waalsch *los* en *loes*, het fransch *lieu*, als uitgang van plaatsnamen."

(12). De Franschman ROCQUEFORT (*Gloss. de la langue Romane* in voce) wiens gevoelen wij ten slotte hier nog bijvoegen, neemt zelfs het Grieksch en Spaansch te baat om *lo* te verklaren, zeggende: »*Lo, emminence, »montagne, élevation, colline, du grec* Lophos *en Esp.* Lomos." — Wij laten ook deze woordafleiding voor zijne rekening.

13. Lo, Loo door „water" verklaard.

Geheel verschillend van de zoo even aangehaalde en tot hiertoe algemeen gevolgde woordverklaring van »*Loo*" op gezag van BECANUS, KILIAAN, ALTING enz. is Ds. HELDRING, in zijne *Wandelingen ter opsporing van Bataafsche en Rom. Oudheden*, enz. 1 St. zeggende: »*Loo* was ligt het heilige bosch, waar de Batavier zijnen WODAN diende". — »Immers *Loo* beteekent volgens sommigen *bosch*" (zie t. a. pl. bl. 84). Wie echter die »*sommigen*" zijn, is ons nergens gebleken.

Onze geheel verschillende opvatting, volgens welke wij in den tekst »*Loo*" door »*water*" hebben trachten te verklaren en die opvatting door bewijzen poogden te staven, willen wij hier nog nader toelichten, omdat zij een algemeen licht over de natuurdienst, de waterdienst der *Germanen* en *Batavieren*, verspreidt. Gelijk wij deze woordverklaring reeds elders hebben trachten bekend te maken (a), zoo willen wij die hier nog door eenige letterkundige bewijzen staven. Vooraf merken wij echter hier nog aan, dat uit *Lug-dunum*, waaromtrent ALTING l. c. verklaart, dat het op de PEUTINGER-reistafelen (*Tabula itineraria Peutingeriana*) voorkomt onder den naam van *Los-dunum* (onderscheiden van *Lugdunum Batavorum*), genoegzaam blijkt, dat *Lug* en *Los* gelijk beteekenend zijn. Ook nopens de hoogten, waarover PICARDT (zie aant. 12.) en anderen spreken, moeten wij hier nog bijvoegen, dat, wanneer deze ook al bij *Loo*-plaatsen worden aangetroffen, dezelve veeleer aan de *terpen*, *thorpen*, *tumuli* of *tribunalia* doen denken (zie aant. 4) dan aan de juistheid der vroegere woordafleiding van *Loo*, hetwelk, onzes erachtens, tot de algemeene *water-cultus* der *Germaansche* volkstammen terug wijst, die min of meer ontwikkeld, door den *Batavier* ook in zijn nieuwe vaderland werd overgebragt.

Bij stamverwante volkeren, in het noorden, beduidt het rune-teeken ∧ (*laugr*) »water" en is verwant met *lögr* = zee, meer, oudhd. *lache*, *lauge*, ons. *lag*, *lage*, in *Maarslag* = zee- of moer- (moeras) water, Lat: *lacus*, fransch: *lac*, *l'eau*, van welk laatste ROCQUEFORT, (l. c. in voce), niet minder dan 28 verschillende dialecten en woordvormen opgeeft (b). Deze rune nu stemt overeen met den zoogenoemden paal of balk (1), zijnde een *stroomend water*, in de wapens van onderscheidene onzer steden, als *Delf* (het oude *Theolf*, *Alfinum*), den Briel (*Bre-Helium*), Dortrecht (*Thuretrecht*), enz. welke balk almede met de waterdienst der *Germanen* kan zamenhangen. Even zoo als *au* in *laugr*, zoo beteekent ook de *a*, *aa*, *aha*, *ach*, *ac*, *aade*, *adda*, volgens Jhr. HOEUFFT, (*Taalk. Bijdr.* 1816. 29) niet anders dan *water*, in verscheidene rivier-namen onzes lands (men vindt een aantal derzelver bij SMIDS, *Schatk.* in voce). In andere tongvallen gaat dezelve over in *e*, *ee*, *ea*, bijv. de *Ee*, *Ea*, *Lea* (waarvan de *L* het lidwoord is) in Friesland; *Frisi-a-bones*, kunnen dus zijn Friesche water-bewoners, water-boeren; men denke ver-

---

(a) In eene Brochure *over Voorthuizen*, 1840 blz. 7.
(b) Als *aau*, *aie*, *eeue*, *eawes*, *iaue*, *iawe*, *iauwe*, *age*, *aife*, benevens een aantal anderen; ook het Goth. heeft *ahva*, oudh. *aha* angs. *ea*, oudn. *a* voor *water*.

der aan *E-dam*, *Bommen-ee*, en een aantal anderen (bij Mr. Hoeufft, t. a. pl.); de *i* in I (de rune van dien naam), gelijk in *Isla*, het fransche woord *île*, *isle*, Hgd. *Insel;* — de *ei* of *ij*, in ons woord *eiland* (met de voorgaande verwant) d. i. = *water*-land; de *Lei*, nabij Leiden, hetzelfde als *Lee*, *Lede*, *Lie*, de *IJ* bij Amsterdam, de *IJsel*, enz. Wijders de *o*, *oo*, in ons *Lo*, *Loo*, fr. *l'eau* (zijnde de *l* weder het daarmede zamengesmolten artikel), als in *Bac-lo*, *Bac-laos*, d. i. Beek-water, en *La-beki* (in de 9e Eeuw) = waterbeek, *Ven-lo* = Veen-water, *Lo-ven* = waterveen, *Wt-la*, *Wit-la*, aan den *mond* van den Maas = uit-water; *mar-lo*, = zee,-moer- of moeras-water, en eene menigte anderen. Dit *Lo*, *Loo*, gaat wederom over in *oi*, *io*, als *Liora* (in het Westland), *Loire* (Frankrijk);— in *oe*: *Loeven*-stein, *Loenen*, *Ansloe*;— in *eu*, *ai*: *Leuven*, *Laisden*;— *oij*: in *Loijsden*;— in *U* = *oe*, in *U-trecht* (overvaart over het water) gelijk in *A-trecht*, en verklaart ook *Loosdrecht* (overtogt over het water), *Loosduinen*, *Losdunum*, *Lugdunum*, (water-duinen) volkomen in overeenstemming, zoowel met de ligging van het *Lugdunum Batavorum* (Leiden), als het nabijgelegene *Losdunum*, in het Westland.

Uit deze verschillende vormen, wijzigingen en dialecten van hetzelfde grondwoord, en nog meer uit deszelfs algemeene verspreiding, blijkt alzoo onzes inziens genoegzaam de algemeene *Loo-dienst* of *water*-cultus in ons land, terwijl dit /\ (*laugr*) tevens met /\ (*leijgr*) *logi* (ᚾᛅᚢᛁ) welke de *vuurdienst* aantoont, (waarover nader) schijnt zamen te hangen.

14. 𝕷𝖔- 𝖔𝖋 𝕷𝖔𝖔-𝖕𝖑𝖆𝖆𝖙𝖘𝖊𝖓.

Zeer velen zijn nog in ons land de *Loo-plaatsen*, die ongetwijfeld voor het grootst gedeelte nog sporen bevatten, ter bevestiging van de, in de voorgaande aanteekening en in den tekst gegevene verklaring van *Lo*, *Loo*, *Le*, *Lee*, *La*, *Lao*, enz. Behalve de in den tekst genoemde *Loo-en*, en die, welke Ds. Heldring in de *Overbetuwe* aangetroffen heeft, teekenden wij er verscheidene op, welke hier worden medegedeeld, als uit Alting, *Germ. Inferior.* etc. *Pades-lo*, nabij het *Baduhenna*-woud, en zulken, waarvan wij de ligging liefst door anderen laten bepalen, als *Mati-lo* (aan den Rijn) mede voorkomende op de *Tabula itiner. Peutingeriana*, waarvoor VAN LOON, onzes erachtens ten onregte, *Leiden* houdt; wijders *Bente-lo*, *Calves-lo*, *Bodoken-lo*, (te Bodengraven) *Chimelo-fara* (Himeleferda).; *Reelo*, bij Zevenaar. Alle deze Loo-en schijnen reeds tot de eerste eeuwen te behooren. Voorts komt *Lo* voor in oude oorkonden op het jaar 739; bij MIRAEUS in 866, *Laus*, 7e Eeuw, (in *Vita S. Lamb.*), *Loe* 8e Eeuw, *Loch*, 8e E., *Laos*, 8e E., zijnde ook hier de L met *o*, *oe*, *ao*, *au* zamengetrokken tot één woord: Oe = U in *Utrecht*, (overvaart over het water), doet alle andere gissingen als die van Mr. VAN DEN BERGH (in DE JAGER's *T. M.* IV Dl. 1 St. blz. 140) vervallen (a). Intusschen laten wij nog eenige door hem verzamelde Loo-plaatsen hier volgen, als: *Piep-lo*, 739 (Poppel), *Bac-laos*: d. i.: beek-water, (van *bac*, *bach* = beek, en Lo, Lôo, zie aant. 13), *La-beki*, 9e E. Water-beek; *Hulis-laum* (*laus* gelijk in *Stabulaus* = Stablo) 7 E., *Hulsel* 739; *Budilio* (*Budilo*) 779, th. Budel, *Wamelo* th. Wamel (Lo, der Wame, Weeme?) *Uttiloch* 739, th. Uddel, *Uit-la*, *Witla*, (*Witlam?*) uitwatering, *Wadra-loch*, *Wader-loe*, 9 E. thans Waalre, (gelijk Baclaos, th. Bakel), *Eres-loch* (th. Eersel), 739; *Irmen-lo*, 855, *Ermello*, 855, *Ermelo*, 1131, *Helosa* of *Esola*, 850. Andere vormen van *lo*, bijv. *le*, *laca* enz. in *Thrile*, 997, (th. Driel i. e. *tri-lo*), *Thule*, (Thulo) th. Tuil, 997, *Texla* (Texel) 985, *Medemolaca*, *Medemelake*, 866, (Medemblik); *Lake* (th. Lek) 994, *Lona* (Loenen) 953, *Bomele*, 999, *Liora*, 985, (misschien dezelfde als in het Westland); *Thiela*, 972, *Thile*, 997, *Tile*, 997, *Tiele*, 1000, *Tiela*, 1059, en het *rivulum Thur-lede*, 1083; en meer dergelijken.

Wijders teekenden wij naar de gewesten, van onderscheidene kaarten van TIRION, de volgende nog op:

In Groningen: *Beftlo* of *Baflo*, *Asterloo* (Oosterlee)

(a) Dezelve zijn dan ook weinig haltbaar, bijv. u, ul = alda (oud) en *trecht*: overvaart, veer; of van *Wiltrecht*. Geen wonder dat hem de U dan nog altijd "duister bleef" volgens deze laatste verklaring zou *Utrecht* veeleer *Uilen*-trecht (van *Uilten*-burg = Uilenburg zijn.

in tegenoverstelling van *Westerlee* (Loo), *Fivelo*, ook *Fivela*, *Lutke-loo* (het kleine Loo) *Friesche-lo*, en *Heiligerlee* of Loo, in 1841, door ons bij herhaling bezocht.

In Friesland: *Elsloo*, *Leeuwarden* aan de *Ee* (*Lee*).

In Drenthe vonden wij: *Zweeloo*, *Exloo*, *Angelsloe*, (herinnert dit aan de *Anglen?*) *Leggelo*, *Dwingelo*, *Grunlo*, *Grollo*, *Grolle*, *Schoonlo*, (Schoon-water?), *Peelo*, *Tunaerlo*, *Langelo* (Angelo? of het Ange-water?), *Anlo* of *Anloe*, en *Arnuloe*, *Taarlo*, *Taenloe*, benevens *Ballo* (alwaar de *Baller-kule* en het *Ballerholt*).

In Overijssel: *Averlo*, *Asperloo*, het *Loo*, *Zuitloo*, *Evenloo*, *Wengeloo*, *Hercu-lo* (Heeren-lo?), *Baerlo*, *Paeslo*, *Sipculo*, *Almelo*, *Agelo*, *Haselo* (Ase-lo?), *Weerselo*, *Lemselo*, *Hengelo* (Enge-Ange-lo?), *IJsselo*, *Twickeloo*, *Asseloo*, *Markelo*, (het water der Mark), *Ypelo*, *Boekelo*, *Brammelo*, *Warmelo*, *Loozen*, *Marle(lo)* en *Zuid-lo;* merkwaardig schijnt mij ook het dorp *Borne* en *Recla* (de Regge).

In Gelderland: insgelijks een *Hengelo* (het water van de Eng), *Borkeloe*, *Burclo*, th. *Borculo* (borrelende water?), *Grunloe* (Groenlo), *Ruderlo*, i. e. *Roderlo* (beide welligt naar de kleur alzoo genoemd); *Ruurlo* (Roer-lo) *Dinxperlo*, *Ermelo* (het bovenverm. Irmelo, 855), het *Loo* (Koninklijk lustslot), *Otter-lo*, *Apperloo*, *Heerenlo*, *Bomele* (loo) th. Bommel. Van de kaart van Nic. Visscher (*Novissima Comitatus Zutphaniae Tab.* etc.) nog de navolgende: *Tongerloo*, (nabij Lichtenvoorde), *Lintloo*, *Zelloo*, *Boekelo*, *Wermelo*, (nabij Diepenheim), *Zintloe*, en *Loe* (aan de Schipbeek).

In Utrecht: *Bracola* (Breukelen), *Mierlo*, *Meerlo*, (moer, meer-water, gelijk elders Mar-lo) onder Veldhuizen; *Veenlo*, (Vendel of Vende-lo?) veen-water te Veenendaal.

In N. Braband: insgelijks een *Mierlo*, *Hasselo*, (Hasselt) *Oploo*, *Tongerloo*, *Woenseloo*, (Woensel) *Rumelo*, (Rumel of Ruimel), *Baarlo*, ook *Baerle*; *Venlo*, *Bladelo*, *Baldelo* (Bladel) *Geeste-lo*, *Poppelo* (th. Polpel) en anderen.

In Zeeland: *Schakerlo*, (d. i. Sacre = gewijd, heilig water) en *Deurlo*.

In Noord- en Zuid-Holland, bij Alting, l. c. *Vranlo*,

(Vroonen), *Sconrolo*, (*Scoronlo*, 866) *Schoorl* = Schoon-water?), *Arcloe* (Arkel), *Pithelo* (van *Pitten*, *Beden* = Supplicare) th. Petten; — wijders *Amstello*, *Hellegelo*, *Heilgalo* (bij Mel. Stoke), *Heiligloe*, (bij Beka), *Heiligelo*, th. Heilo (d. i. heilig, heilend, genezend water) (a), *Schoonder-loo-* (aan de Maas), *het Loo*, onder Voorburg: (*Hese-lo?*) *Oud-Westerlo*, op Goeree, *Ouwerlee*, aan de Rotte, en *Marlo* (zie boven) in eenen brief aan Graaf Willem II, nabij Greveningen, en *Charlois*, tegen-over *Schoonder*-lo.

In België: een *Beverloo* (gelijk in N. Holl. een Beverwijk), *Eeclo*, '*t Loo*, bij Veurne, *Lokeren*, *Stablo* (Stavelot) *Bandelo* (Baldelo?), *Sauventerlo*, *Tongerloo*, *Hulsterloo* (nabij Gent), alwaar eene "borne" put, de "krieke-, krekel-put", (zie Willems, *Reinh. de Vos*, 2579), en in Frankrijk: *St. Malo* (Marlo?), *Saint-Lo*, d. i. heilig water, dep. de la Manche.

Men ziet dus aan deze opgave, waaraan ontwijfelbaar nog menige Loo-plaats kan ontbreken, dat zij zich vooral in *Drenthe*, *Overijssel* en *Gelderland* uitstrekken. Vooral in het *Zutphensch* gedeelte teekenden wij de meesten aan. Daar zou diensvolgens een meer opzettelijk onderzoek naar den aard dier *Loo-en* het vruchtbaarst kunnen wezen, gelijk wij in het geheel eene nadere kennis met dien afgelegen hoek des lands, voor de vaderlandsche oudheden zeer wenschelijk zouden achten.

Dat men overigens in een groot aantal plaatsnamen onzes lands de vroegere *o*, *oo*, heeft weggelaten, blijkt onder anderen, uit *Apel* (voor Apelo), *Berkel* (Berkelo), *Armel* (Armelo), *Moergestel* (Moergestelo), *Loemel* (Lommelo), *Bomel* (Bomelo), *Driel* (oude vorm Triele voor Trielo), *Dwingel* (Dwingelo), *Amstel*, *Texel*, *Schoorl*, *Arkel*, *Bladel*, *Rumel* of *Ruimel* (b), *Reusel*, *Borckel*, vooral in het Kempenland, enz.

In anderen wederom zagen wij de o, oo, door a, e,

(a) Ook Pertz, vermeldt een *Heiligenloh* in Hoija. 2. 362.
(b) Waarover en over welks oudheden men zie: Mr. H. van Wijn *Hist. avondst.* I Dl. 17—27: *Huisz. lev.* I Dl. 127 enz. Mr. W. C. Ackersdijk, *Onderz.* enz. in de werken der L. Maatsch. II Dl. 2. St. 37 enz. Dr. Hermans, *Mengelw. van N. Brab.* IV St. 305. Deze laatste geeft «Ruimel», Mr. Ackersdijk: «Rumelo».

ee, verwisseld, gelijk in *Thiela*, *Hoffla* (Ubi?), *Grobla*, *Hesola*, *Heyla*, *Pladella*, *Roccla* (Rolde?) *Tremella* (Drumelen), *Witla* (reeds boven verklaard Uutla = Witla), *Thola* (Tholen), *Zwollae*, *Bemela*, (Bemmel in Gelderland) *Bracola* (Breukelen) en misschien nog anderen (bij ALTING, l. c.); — in *e*, *ee*: de reeds genoemde *Heiligerlee*, *Oosterlee*, *Westerlee*, (ook in het Westland) *Bomele*, *Apele*, *Humelle*, *Rumele*, *Thule* (Thuil), door mij in 1837 bezocht, de *Lee*, *Lede* (riviertje in Z. Holland) enz.

Andere klank- en letterverwisselingen als in *ei*, heeft men in de *Lei*, *Leide*, *Leiden*, *Leijerdorp* (Liethorpa) enz. in *eu*: *Leuven*, (Loven, Loo-veen) het tegenovergestelde van *Ven-lo*, Veen-lo; nog meerdere klankverwisselingen mogen wij hier, ook wegens de voorafgaande aanteekeningen voorbij gaan, de aanvulling dezer opgave aan anderen overlatende; alleen voegen wij hier nog bij: *Leusden*, *Leusen*, hetwelk te merkwaardige klankverwisselingen oplevert, dan dat wij het niet nog ten slotte zouden mededeelen. Reeds in 697 werd deze plaats bezeten door eenen Graaf WIGGERUS; in 776 onder den naam van *Lisiduna*, door KAREL *den Grooten* geschonken aan de St. Martenskerk te Utrecht. In 1006 heet het »*Loijsden*" en in 1132 »*Loesden*" en levert dus in achtervolgende eeuwen de klanken *i* (gelijk in Isla), *oij*, *oe*, en *eu*, allen in de opgegevene beteekenis van: *water*.

15. Loo- of Waterdienst.

Dat de Waterdienst, of zoo als wij die in den tekst genoemd hebben, en ook voortaan liefst blijven noemen, »de *Loo-dienst*" voor de invoering van het Christendom eene algemeene verspreiding had, blijkt uit de Mythologiën als die der *Grieken* en *Romeinen*, der *Celten*, *Galliërs*, *Franken*, *Scandinaviërs*, *Germanen*, *Friesen* en *Batavieren*. Over dezelve heeft bij ons bereids Dr. WESTENDORP, in zijne *Verh. over de N. Myth.*, blz. 106 enz. en 301 enz., gelijk ook EGB. ROELANTS (*a*), in zijne nagelatene *Verhandeling*, blz.

(*a*) Deze, mijn jeugdige vriend, een veel belovend jongeling en kweekeling der Hoogeschool te *Groningen*, werd den 29 *Maart* 1837.

47—54, het een en ander in het midden gebragt, werwaarts wij den lezer verwijzen, even als naar GRIMM's *D. Myth.* (1835 Cap. XV, 1843 Cap. XX), waar over de *elementen* wordt gehandeld. Rivier- of Stroomvergoding, benevens het overoude gebruik van in zee dragen (zie aant. 16 en 17) betrekken wij mede onder den water-cultus, waarin de loo-bronnen, heilige putten, enz. eene zoo belangrijke plaats beslaan.

Van daar ook, dat deze meermalen door de *Sage* worden vermeld. Zoo bijv. de wonderbron van *Ig-lo Tadema* (bij WINSEMIUS, *Gesch. v. Vriesl.*, 1622 f. 85b); de overstroomende put van *Stavoren*, die de Sage op het j. 164, stelt, (OCCA SCARLENSIS, *Chroniike van Vriesl.*, 1597, fol. 5); de bron te *Axtenhove* en *Eesweij* (zie *oude Friesche Wetten*, enz. 1 p. 103—108); de bron door het paard van een van Koning ABBO's knapen, (KEMPIUS, *de Frisiae situ*, 1588, pag. 295), en waarvan de variant van de *St. Bonifacius-put*, nog in Dokkum in den mond des volks gangbaar is; de zoutbron of zout-rivier, welke de twistappel was tusschen BATTUS en zijn broeder SALANDUS met de *Hermonduren*, (*oude Divisie-Chron. van Hollant*, enz., 1585, fol. 7a), betrekken wij mede daartoe; de schoone bron te *Dortrecht* (Thuredrecht), die het aandenken aan het wonder van ZUWAERT bewaart (ald. fol. 11); de waterbron van Graaf ARNOUT III, te *Winkel* (*Winkelo*) (ald. 70b); de bronwel te *Utrecht* (fol. 83d); de *Richars-bron* (*Richer-fons*, Richon) te *Tongeren* (ERNST, *Suppl. à l'hist. de Liège*, fol. 313); de bron te *Groesbeek* bij *Spaa*, door wonderkracht vermaard, (WOLF, *Niederl. Sagen*, N°. 143, 227); de *Helleput* bij *Dendermonde* (ald. f. 180); de *Nekkerspoel* in *Mechelen* (N°. 218); het meer te *Zout-Leeuw* (Zuid-Leau?); de bron te *Robiemont* (BOVY, *Memoires* etc., WOLF, n°. 347) en die van Graaf GANGULF, (*Div. Chron. v. Hollant*, enz. f. 37).

Al deze en andere bronnen en putten, waarvan de Sage melding maakt, of waaraan Sagen verbonden zijn, en die ongetwijfeld, wat de N. gewesten der Nederlanden betreft, nog aanmerkelijk zouden kunnen vermeerderd

---

der wetenschap ontrukt. Mr. J. DE WAL, bevorderde twee zijner nagelatene Prijsverhandelingen in het licht, waarvan de *eerste over de voorvaderlijke godsd.*, veel wetenswaardigs bevat. Gr. 1839.

worden, verwekken en versterken bij ons het vermoeden, dat de Loo-dienst, meer algemeen was, en bij onze *Batavische* voorouders in hooger achting stond, dan men tot hiertoe nog opgehelderd heeft. Tot nadere bevestiging en uitbreiding alzoo, van hetgene wij dienaangaande in den tekst vermeld hebben, voegen wij hier nog bij, dat ook vermoedelijk de *bron* of *wel*, in de nabijheid van het *Praetorium Agrippinae* (Brittenburg) door de aldaar wonende *Friesen* aan GERMANICUS aangewezen, eene dergelijke *Loo-bron* geweest zij, "welks water, hoewel zoet, echter de kracht had, van binnen de twee jaren de tanden te doen uitvallen, en de gewrichten der knieen te ontbinden." Voor ons, wij zouden deze bron onder de eigenlijk zoogenoemde *Heilbronnen* tellen, waaronder ligt ook die te *Heil-lo*, en die te *Groesbeek*, moeten geteld worden, welk *heil* dan meer bepaald in de beteekenis van *heilen*, (genezen) door ons wordt opgevat, onderscheiden van heilige, gewijde bronnen (*Sacre*-Loö-en), waarvan het almede niet aan voorbeelden ontbreekt. VAN LOON, (*Aloude Hist.*, I. 57), van de bronwel van Brittenburg gewagende, denkt daarbij aan een bad of badstoof op het *Praetorium* zelf, gelijk aan die, welke op de PEUTINGER- reistafelen gevonden worden, als: *aquae calidae, aq. Segestae, aq. Nismnei, aq. Bormonis, aq. Voliternae, aq. Populanae, aq. Herculis* en anderen.

Intusschen, zoo wel *heil-* of *genees*bronnen, als zout-bronnen, gewijde of *Sacre*-bronnen werden vereerd, en aan dezelve wonderdadige krachten toegeschreven. Dat *Alamannen* en *Franken*, bronnen en rivieren vereerden, daarvan heeft bereids GRIMM, *D. Myth.* onderscheidene voorbeelden bijeengebragt (1843, s. 89, 90). Het volk bad aan den rand der bronnen, aan den oever der rivieren, stak er lichten aan, en bragt er offergaven. Daarom heet het: *fontibus venerationem exhibere, ad fontanas adorare, ad fontes votum facere, reddere, exsolvere, orare ad fontes, offerre ad fontes, munus deferre, ad fontes luminaria facere, candelam deferre.* (Zie GRIMM, l. c. et cap. XX, et cf. *leg. Liutpr.*, 6. 30). Een voorbeeld van zoodanig *bronnen-offer*, gelijk het mij voorkomt, aan eene *Loobron* onder de *Friesen*, ontleende reeds MONE, (*Gesch. des Heidenth.*, II, s. 69), uit het leven van LIUDGER,

(*Vita Liudgeri*), wiens moeder LIAFBURCH namelijk, eenmaal door hare grootmoeder tot zoodanig een offer voor den brongod bestemd, naar eene bron of put werd gedragen, ter verzoening des gods, omdat hare dochter niets dan meisjes ter wereld bragt. Eene buurvrouw redde het kind daardoor, dat zij het honig in den mond streek, waardoor het ten offer ongeschikt werd, dewijl zoodanig offer steeds moest gebragt worden, alvorens nog het kind van de moederborst gedronken, of eenig ander voedsel genuttigd had. Zoo werd LIAFBURCH gered, die zelve naderhand moeder werd van den grootsten bestrijder des Heidendoms onder de *Friesen* (vid. ALTFRIDUS, *in vita Liudgeri*). Hoe menig menschenoffer aldus den bron- of stroomgod moge gebragt zijn, daarvan zwijgt de geschiedenis, hoewel men ook in het noorden voorbeelden daarvan aantreft; doch één voorbeeld op Nederlandschen bodem geldt hier voor het geheele begrip. Daarenboven, de *overstroomende* put te *Stavoren*, kon, volgens de boven vermelde Sage, »alleen door het bloed van een driejarig kind worden gestuit» (OCCA SCARLENSIS, l. c. fol. 5).

Minder wreed en onmenschelijk schijnt echter de *Loo-dienst* daar geweest te zijn, waar zij strekte tot reiniging en afwassching van alle gevaren, tot genezing van ziekten; waardoor de algemeene stroomvergoding, de *Mei-baden*, enz. ontstonden, waarover in de volgende aanteekeningen nader zal worden gehandeld.

Dat men echter reeds bij de invoering des Christendoms, of daarna, toen het geloof aan den *helschen* geest, ook in deze gewesten had wortel geschoten in de gemoederen, toen de vrees des duivels met de leer des kruises over vroeger heidendom heerschend werd, daarop bedacht is geweest, van de vroegere *Loo-diensten*, of de vereering van bron-goden afkeerig te maken, daarvan zijn genoegzame bewijzen voorhanden. Dit blijkt, onder anderen, reeds uit hetgene STARING TOT DEN WILTENBORCH heeft medegedeeld nopens de zoogenoemde »*duivelskolken*" in het kerspel *Lochem*, (d. i. *Lo-heim*) niet verre van den *Berkel* (*Berke-loo*), waar de vereering der heilige Loo-bronnen of kolken, waarschijnlijk tot aan of onder het Christendom was blijven voortduren, toen men dezelve in »*duivelskolken*" herdoopte (zie STARING, in de *Mnemosyne*, I Dl.

1829, blz. 318 enz). Dit kan verder ook blijken, zoo het schijnt, uit de benaming van *Helleput*, waar de duivel onder de vereerders van St. Rochus verscheen, (Wolf, *Niedl. S.* n°. 180), en welke put eene andere Sage aan den duivel zelven toeschrijft (a. w. n°. 463), het *Hellegat* te *Rousse* (n°. 576), de *helleput* te *Melden* (n°. 580), aan de Schelde, welke misschien met het *Hellegat* (tusschen Axel en Hulst) kan vergeleken worden; ten ware men hierbij, gelijk wij verder zien zullen, aan *helrivieren* te denken hebbe. In elk geval, trachtte men van de bron- of Loo-dienst, waaronder wij ook de bronwel in de *Schelle-guurkens*-Belt betrekken, afkeerig te maken. Wat vroeger, ook zelfs in geneeskundig opzigt, aan den brongod werd toegekend, werd, om het verachtelijk, gehaat te maken, aan den hatelijken middel-eeuwschen *Duivel* toegekend.

Van die vroegere *heilende*, genezende kracht, welke men aan sommige Loo-bronnen toekende, getuigt ook het eerst vermelde voorbeeld uit van Loon. Dit schijnt almede het geval te zijn geweest met de put of bron te *Solwert* in *Groningen*, welke *heilige* of *heilende* bron in eene oude kapel zich bevond: derwaarts begaven zich zieken ter herstelling hunner gezondheid. (St. Rochus, wiens feest wij in 1840 te *Bingen* mede vierden, komt bij de *Helleput* te *Dendermonde* voor als *patroon tegen de pest*). Dit gebruik, dus reeds van voorchristelijken oorsprong, nam zelfs nog in de XVIe Eeuw zoodanig toe, dat de Hervormde predikanten in 1608 zich deswege bij het Hooge Landsbestuur beklaagden, tevens met het verzoek om die put te dempen, ter weering van het bijgeloof (Dr. Westendorp, *Bijv. en Aant.*, blz. 162). Dit zelfde was ook het geval, met de *St. Willebrorduspu̇t* te *Heil-lo*, naardien, zelfs nog na de hervorming in deze gewesten, velen zich derwaarts begaven, om aan O. L. Vrouwe hunne devotie te brengen, terwijl men veel op had met de heiligheid des waters. Mr. Corn. Cau, (*Groot Placaatb.*, I D. fol. 219 enz.), deelt eene resolutie mede, door de Staten des lands uitgevaardigd in 1647, om dit bijgeloovige gebruik af te schaffen (*a*). Dat almede de *Runxputten* tusschen *Heillo* en *Limmen*, nabij *Osdam*, tot de vroegere *Loo-bronnen* behoord

---

(*a*) Zie dezelve overgenomen onder onze Bijlagen.

hebben, heeft ook reeds Dr. WESTENDORP (*Verh.* blz. 106) vermeld. In later tijd ontving er insgelijks O. L. Vr. MARIA de hulde, die men waarschijnlijk vroeger aldaar gewoon was eene heidensche godin te bewijzen. Of zoodanige *Loo-dienst* bij onze voorgeslachten met zang vergezeld zij geweest, is thans moeijelijk te bepalen; doch telkens komt het ons bij de lezing van het navolgend »*lied aan O. L. Vrouwe van Runxputten*" voor, als hoorden wij daarin nog nagalm van vroegere natuurdienst, waarbij men aan de vroegere bron-godin een brandoffer ontstak. Maar dan ook, hoe voortreffelijk en verheven in middeleeuwsche denkbeelden uitgedrukt! Men hoore:

  O Moedermaagd, zie naar beneden
   Deez' groote schaar,
  Opoff'ren wierook en gebeden
   Op 't groen altaar,
  Laat toch geen vonkjes van boven gebreken,
   Opdat alhier
  Deze offerande worde ontsteken
   Van 't hemelsche vier.
  O zoete kapel, daar geen geschemer
   Noch duister is,
  En daar de blaauw gestarnde hemel
   't Gewulfsel is,
  Kruiden en bloemen, blaadjes en siertjes
   Zijn kerke-stof;
  Ja zelfs muzyken de vliegende diertjes
   Uw waardige lof!

  (Zie, Mr. J. LE JEUNE, *Nederl. Volksz.* 1828. 43)

Uit de oud-friesche bron op *Helgoland*, waarin ST. WILLEBRORD het eerst drie mannen doopte, mogt alleen *stilzwijgend* geschept worden, volgens den beroemden ALCUIN (in *vita Sancti Willibrordi*): »nec etiam a *fonte*, qui ibi ebulliebat *aquam haurire* nisi *tacens* praesumebat." — Daarentegen hoort men in andere bronnen en kolken nog het luiden van *Kerkklokken;* zoo bijv. in het *Gat van der Aa* (van *draogen*) tegenover *Driel* in de *Overbetuwe*, (zie mijn *opstel in den Geld. Alm.* 2e jaarg. 69, 70), in de bovenvermelde *Duivelskolken*, (STARING, *Mnem.* I Dl. 1829) en ook in eene kolk of wiel nabij *Ruimel*, (het vroegere *Ruime-lo?*) (Zie Dr. HERMANS, *Mengw.* 1. 4 St. 310). Ook in het gat achter den *Konijnenberg* te *Vosselaere*, ligt, volgens berigt van Stroobant, eene klok verzonken (Wolf, *Wodana* 1843. 24), en in de *trou d'enfer* te *Kamerrijk* (Cambrai), hoorde men het gejubel en gejuich des duivels, (Wolf, a. w. n⁰ 129); en wat wij van het *gat van der Aa* (aa = water) zeiden, verhaalt de Sage ook van de *Helleput* te Melden (aan de *Schelde*): ook daar hoort men nog de klok. Deze, en onderscheidene andere klokken, die men vooral in kersnacht in bronnen of waterkolken hoort, schijnen althans ons vermoeden te wettigen, dat de *Loo-dienst*, zoo al niet door zang, althans door klokkengelui of rumoer van muzyk zal vergezeld zijn geweest.

Welke superstitieuse vereering aan de *St. Bonifaciusput* te *Dokkum* kan zijn verbonden geweest, en welke bijgeloovigheid weleer vele R. Catholijken aan de H. put te *Tinte* (op het eiland *Voorne*) kunnen gehecht hebben, is ons niet gebleken; doch beide putten stonden steeds in den roep van groote *heiligheid*. Het verdient hier tevens onze opmerkzaamheid, dat de eerste, de *Bonifacius*-put buiten *Dokkum*, volgens de Christelijke legende, die ik daar naar mondelinge overlevering vernam, door den hoefslag van het paard des H. mans, zoude ontstaan zijn, even als die te *Heil-lo*, door den slag of stoot op den grond van Willebrord, met zijnen bisschops- of herdersstaf. Ook de N. Mythe laat door den hoefslag van het ros *Sleipner*, eene bron ontspringen. Andere, spokende rossen, die in het *water* verdwijnen, zullen wij onder de dierendienst vermelden.

Dat vroegere *Loo-bronnen*, aan dezen of genen brongod gewijd, naderhand aan Sancten zijn toegeheiligd geworden, is, onzes erachtens, uit het aangevoerde reeds duidelijk geworden. In *Noord Braband* inzonderheid, waar het bijgeloof nog het langst heeft stand gehouden, schijnt men nog een aantal dier *Sancten*-putten (vermoedelijk vroegere *Loo*-bronnen) te bezitten, waaraan bij voortduring wonderlijke krachten worden toegeschreven. Dr. Hermans, *Mengelw.* 1 St. blz. 83, noemt aldaar de navolgende:

te Asten, de St. *Willebrords*-put,
» Brakel, de Endschijdse of booze put.
» Best, de *St. Oels* (Odulphus?) put.
» Driessen, *St. Willebrords*-put en Kapel.
» Maashees, *St. Willebrords*-put en Kapel.

» Oss, *St. Willebrords*-put.
» Rixtel, *Wolfs*-put.
» Westerhoven, *St. Valentinus*-put.

En op blz. 82 van genoemd werk lezen wij, geheel naar onze meening, nopens deze verandering van vroegere *Loö-en* in *Sancten-putten*: »De geloofspredikers vonden bij hunne aankomst die heilige bronnen: het zou onverstandig geweest zijn de bewoners te hebben willen beduiden, dat de genezingskracht (die men daaraan toeschreef) slechts denkbeeldig ware, daar ieder zich van het tegendeel, dikwijls bij eigen ondervinding, verzekerd hield. Wat moesten zij dus doen? Met de natuurkunde onbekend (dus ook met de minerale bestanddeelen, die deze bronnen eigen waren, gelijk Dr. HERMANS meent) en met de denkbeelden hunner eeuw bevooroordeeld, schreven zij de kracht der H. bronnen aan de tusschenkomst des duivels toe, (men denke slechts aan de bovengenoemde *Duivelskolken* en *helleputten*) bezweerden uit dien hoofde den booze, om die bron te verlaten, en wijdden dezelve vervolgens aan dezen of genen Heilige (a). Dat deze bezweering doel trof, bleek elken inwoner, daar hij zag, dat dezelfde genezingen bij de nu Christelijk ingewijde bron bleven voortduren. Ik verbeeld mij, dat de *St. Willebrordus*-putten te *Oss*, en het fonteintje der *H. Geertruidis* te *Bergen op Zoom*, dergelijke minerale bronnen zijn".

Hoedanig het nu ook met deze laatste veronderstelling wezen moge; wij voor ons houden den zamenhang der *heilende* (genezende) putten, en de ontwikkeling der daaraan gehechte denkbeelden, met vroegere Germaansche *Loo-dienst*, benevens de plaatsvervanging der oudere bron-goden, door *Sancten* en *Sanctinnen*, voor ontwijfelbaar. Wat men nog ter genoemder *Loo*-plaatsen aan een heiden-god of godin zal hebben toegekend, werd later aan *O. L. Vrouwe*, MARIA, werd aan de Sanctin GEERTRUIDA, of aan St. WILLIBRORD, St. BONIFACIUS, St. OELS (ODULPHUS) (b), St. JOB en anderen toegeschreven.

(a) Wij verkiezen liefst de eigenaardige middeleeuwsche benaming van *Sanct* en *Sanctinne*, waar wij die ook verder behoeven.
(b) Over wien men zie VAN ALKEMADE en VAN DER SCHELLING, *Displ.* II, 490, 491, mijne *Oude en latere Drinkplegtigh.*, 's Grav.

5.

Belangrijk zoude het wezen te weten, welke goden door deze en andere Heiligen zijn vervangen. Misschien leiden de attributen dezer laatsten, tot nieuwe ontdekkingen, omdat men vermoedelijk ook die der goden op hunne plaatsvervangers zal hebben overgebragt, en dezelfde kracht in dezen zal hebben gelegd, welke de voormalige bron-goden bezaten. Inzonderheid schijnt St. JOB te *Schoonder-loo* (nabij *Delfshaven*), en in het tegenovergelegene *Char-lois* te zijn vereerd geworden. Nopens het vieren van den *St. Jobs-dag* en het zoogenoemde »*Schar-lookeren*" (met *Char-* (Schar-) *lois* verwant), dat wij in den tekst door »zich met heilig water nat maken, wasschen" verklaarden, teekende VAN ALKEMADE in een zijner HSS. aan: »Deze *St. Jobs-dag* werd gevierd 9 of 10 Mei, en van dit gaan naar *Schoonder-loo* (en *Charlois*) is te *Rotterdam* nog overig gebleven het spreekwoord »*Scher-lookeren*" of »*Scharlookeren.*" Er werd bij resolutie van Schout, Burgemeesteren en Schepenen, van 28 April 1625, eene boete van 12 -gulden, behalve *arbitraire* straffen, bepaald voor dengenen, die zich te *Schoonder-loo*, of op andere plaatsen rondom deze stad (*Rotterdam*) schuldig maakte aan ligtvaardigheid, of het mede benoemen van eenen zoogenoemden Bisschop der *Schoonderloo-sche* kerk, en andere officianten, onder het volk, dat zich doorgaans in onkuischheid en ontugt koomt te verloopen, gebruikende tot dien einde eene godlooze en ongehoorde Ceremonie"! enz. »Gaan wij te ver", voegt VAN REIJN (*Beschr. van Rotterd.*, I. 73) hierbij, »door in de bekende wijze van viering der zoogenoemde *Delfhavensche* kermis nog een flaauw overblijfsel van dit *Schar-lookeren* te vinden?" Niet slechts zijn wij genegen deze vraag toestemmend te beantwoorden, maar gelooven tevens in dit *Schar-lookeren* nog een overblijfsel te vinden van vroegere *Loo-dienst*, welke door vele eeuwen heen, en onder menigerlei wijzigingen (naar den Bisschop te oordeelen zelfs Christelijke wijzigingen) heeft blijven stand houden, en, (naar den tijd te oordeelen, waarin dit *Schar-lookeren* voorviel) aan de vroe-

---

1842, bl. 29, benevens den noot 28, en de Broch. *over Voorthuizen*, 1840, alwaar tevens eene legende van St. ODOLF door ons wordt medegedeeld.

gere *Meibaden* herinnert, die een algemeen feest schijnen te zijn geweest (waarover zie aant. 17). Zoude tot de oude *Loodienst* almede niet moeten betrokken worden, het zoogenoemde *paling-* (misschien vroeger *slangen-*) trekken, een water-vermaak te *Loos-duinen* (alwaar ook een *Slangenveld*), waaraan men althans eene regt heidensche barbaarschheid wel niet ontkennen zal. Hetzelfde vermoeden wij van de voormalige processiën over *Ooster-lee* (*Oosterloo*) naar *Delf*, en de nog gebruikelijke onthaling op *St. Lau-rens-dag* op het *Loo* (*Hese-lo*) onder *Voorburg*.

Dat met deze oude *Loo*-dienst ook nog in zwang zijnde, of vroeger bestaan hebbende bijgeloovigheden in verband kunnen staan, schijnt te blijken uit de zoogenoemde *Wiele-walen* (draaikolken) in den *Rijn*, (zoo bijv. te *Driel* = *Trie-lo* in de *Overbetuwe*), die door het bijgeloof schijnen onderscheiden te worden, en welk woord, althans naar de *Alliteratie* daarvan te oordeelen, kenbaar uit het heidendom ontsproten is. Woonde hierin misschien bij voorkeur de Stroom- of Loo-god? Op dezen komen wij echter later terug. En zouden almede niet de dus genoemde *water-proeven* der middeleeuwen, eene soort van *Ordalia*, met koud of heet water, uit de algemeene waterdienst der *Germaansche* voorgeslachten moeten worden afgeleid? Doch daarover kunnen wij thans niet breedvoerig zijn.

Dat sommigen der bovengenoemde *Loobronnen* (aant. 14) nog de geheugenis, niet slechts van voormalige heiligheid, maar ook van de kracht, die men daaraan vroeger toeschreef, en van den *Loo*-god zelven bewaren kunnen, is ons, bij eene opmerkzame beschouwing en onderlinge vergelijking van de meeste dier, thans duistere en onverstaanbare namen, als zeer waarschijnlijk voorgekomen. De verklaring van eenige weinigen slechts, naardien de meesten buiten ons bereik liggen, moge als proeve, en welligt ook tot bevestiging van ons gevoelen strekken.

Reeds boven verklaarden wij *Veenlo* (in Utrecht), *Venlo* (in Limburg), gelijk *Lo-ven*, *Leu-ven*, door veenwater, water-veen; zou men bij *Mier-lo*, *Meer-lo* (in Utrecht), *Mierlo* (N. Brab.), *Mar-lo*, *Maar-lo*, (in Zuid-Holl.), *Marlo* (in Overijssel), niet aan zee, meer- of moeras- (*moer-*) water kunnen denken, omdat men daaraan de kracht van het eerste toekende? *Marke-lo* in Overijssel zal wel zijn het water van de Marke. *Schoon-lo* (in Drenthe), *Sconro-lo* (in N. Holland) of *Schoren-lo* (gelijk bij VAN MIERIS, *Catal. Bonn. Eccl. etc.*, Gr. Chb., I 197) en *Schoonderlo* (aan de Maas), noemde men waarschijnlijk een schoon, helder water; terwijl *Heiligerlee*, (Loo), in Groningen, even als *Heil-lo* (in N. Holl.), in al zijne vroegere vormen, als *Hellegelo*, *Heilgalo* (bij STOKE), *Heiliglo* (bij BEKA), *Heilgalo*, ook *Heyligelo* (bij VAN MIERIS, *G. Chb.* I. 70), het aandenken aan deszelfs heil- of geneeskracht schijnt te bewaren; in welken zin wij hetzelve "heilig" heelend water noemen, onderscheiden van ons *heilig*, gewijd, angs. *Sacerd*, ofr. *Sacre*, dat wij veeleer in *Scarl*, = *Scar-lo* (in Friesland nabij Warns), in *Char-* (*Schar*) *lois*, tegenover *Schoonderlo* (nabij Rotterdam), in *Schakerloo* (Zeeland) ook *Schakersloo* (bij VAN MIERIS, ad. a. 1231. *Chb.* I. 208), schijnen aan te treffen; terwijl in tegenovergestelden zin *Twicke-lo* (van *wicken* = betooveren), aan betooverd water doet denken. Onder de *Heil-* of *genees*bronnen, gelooven wij ook te mogen stellen: *Friesche-lo*, dat *Friesel*, *fräsel* (koorts) kan beteekenen; *Roer-lo*, *Ruhr-lo*, tegen de *roer*, hd. ruhr (dysenteria); misschien ook *Cal-lo*, het koude, en *Warme*-lo, het warme water in Drenthe, gelijk *Otter*-lo (op de Veluwe) tegen de otter- of slangenbeet. (Een mensch door eenen otter gebeten sterft niet, als hij eerder dan de otter, over het *naastbijzijnd water* springt, haalt GRIMM aan, S. 329). Omtrent *Hulster-lo* in Zeeuwsch-Vlaanderen, wordt gemeld, dat het was in een woud of wildernis gelegen, werwaarts men in later tijd bedevaart ging naar het beeld van O. L. *Vrouwe* van *Teruane*, dat hier in de middeleeuwen als wonderbeeld werd vereerd. Ook dit *Hulster*-loo (*Hulst* = *Heulst*), schijnt eene *borne*, bron of put, de *Krekel*-put, (in de varianten: de *Krieke-pit* = *Krekelkruipe*-put, van *kriechen*) te zijn geweest, werwaarts *kreupelen* zich begaven om *heul* te vinden. De *Rein. de Vos*, (uitg. van WILLEMS vs. 2579 enz.) berigt deswege:

   Dats een de meeste wildernisse,
   Die men heuet in enich rike.
   Ic segge u over gewaerlike

Dat somwilen es een half jaar
Dat toten *borne* comet daer
No weder man no wijf
Sonder die *ule* entie *scuvuut*.

Kan *Runi-lo* (bij van Mieris, I, 20) aan *runen*-kracht herinneren, of staat dit *runi-* en *runx*, in *Runx-putten* (N. Holl.) met het oude *runge* = reuzen in verband, en kan alzoo *reuzen*-lo, *reuzen*-putten beteekenen? Locaal onderzoek of Sagen zouden dit moeten ophelderen. *Reni-lo*, kan zoo wel reen, rein-water zijn, als uit den Rijn (*Rhenus*) voortvloeijen. *Pithe-lo* van *Pitten* (beden, bidden = *supplicare*), th. Petten in N. Holland, doet ons aan eene oude bidplaats, en wel aan eene bidplaats aan eene bron denken, waar men zijne gebeden uitstortte (»*ad fontanas adorare, ad fontes votum facere* etc."), waartoe wij ook het oude *Pades-lo* en het nabijgelegene *Baduhenna-woud* zouden betrekken, zijnde de wortel *Pades*, *Paes*, *Badu* (bade, bede), gelijk men wil, dezelfde als in *Be*, van *Bedum* (d. i. = *Bede-hem*), zoodat alsdan in Overijssel (niet verre van Vollenhoven) een water (*Loo*) en een woud, beide in elkanders nabijheid, aan gebeden zouden gewijd zijn. Immers de verklaring van *Badu* door *Aerdu* (aarde), gelijk Alting (*l. c. in voce*) die geeft, komt ons te zeer verwrongen en onaannemelijk voor. *Bever-lo* in Z. Braband bevestigt onze afleiding; zijnde *Bever* = *bevert* (bedevaart) (gelijk in *Bevert-Bevertwijk* in N. Holland), een Loo, werwaarts men bedevaarten deed; zoo had men in Gelderland ook een *Bever-meer*.

Dat men ook bronnen had, gewijd aan de *Asen* of goden, gissen wij uit de namen van *Asselo*, benevens *Haselo* = het loo der *Asen*, in Overijssel, *Hasselo* in N. Braband (zijnde »*as, ase*" de algemeene goden-naam), welke buitendien menigvuldige sporen in ons land hebben nagelaten. Sommige dier Loo-plaatsen schijnen zelfs den naam van den vroegeren brongod nog niet geheel te hebben afgelegd. Welke goden, godinnen of watergeesten achter gemelde namen nog kunnen schuilen zal eene voorzigtige beproeving en vergelijking moeten ophelderen. Als zeer merkwaardig komen ons nog de navolgende voor: *Woensel* i. e. *Woense-lo*, *Wodans-*lo, dat, even als *Woens-drecht*, (Wodans-trecht) en *Woensdag*, gelijk het dorp *Warns* (in Friesland), aan den God Woens, Warns, Wo-

DAN herinnert; terwijl het aandenken aan DOANR, (*Thor, Thunaer*) schijnt te worden bewaard door *Tonger-loo* (in Braband), gelijk in *Thure*-trecht. Voor de toewijding van een Loo aan den God STAB, STABU, STAVO, pleiten zoo wel *Stabulaus* (7e E.), als *Stab*-lo, *Stave-lot*, dat ook het bestaan van den god STAVO (in *Stavoren*), alwaar aan hem 't *roode Clif*, schijnt te zijn toegewijd geweest, minder twijfelachtig maakt. Een god GRUNO veronderstellen wij, aan wien elders een *Grüne-wald*, bij ons een *Grun-Groen-lo* was toegewijd, en voor wiens vroeger bestaan wij later bewijzen zullen bijbrengen. — *Irmen-lo* (855) *Ermel-lo* (855) en *Ermelo*, op de Veluwe, herinneren in elken vorm aan de vereering van IRM, IRMEN, ERMEN, aan wien men elders zuilen toewijdde; terwijl *Eresloch* (th. Eersel), bij MATERNE en DURAND, *Eres-lo*, aan den god ERES, doet denken, welken GRIMM, (*Deutsch. Myth.* 134) kent, aan wien ook elders het oude beroemde *Eresburch* herinnert. *Bal-lo*, gelijk ook *Baer-lo* (in Overijssel), *Baer-le* (lo) in Noord-Braband, welligt ook *Bande-lo* (Balde-lo?), laten, onzes erachtens, te minder twijfel over aan de toewijding dier looplaatsen aan den god BALDR (der Wenden *Bal*), naardien t. e. gen. plaatse (*Bal-lo* in Drenthe), ook nog de *Baller-kule* (d. i.: Kuilen) en een *Baller-holt* wordt aangetroffen, in welks nabijheid een *hune*-bed, en een groot aantal grafheuvelen, met urnen, gevuld met asch, houtskool en gebrande beenderen, genoegzame sporen van heiligheid opleveren. Dat wij in *Borcu-lo* (ook in *Borne, Buren*) aan den god BOR, BUR, BÖRI, een watergod, moeten denken, komt ons, ook om de *Dea Burorina* (in Zeeland), waarschijnlijk voor, en dan kan deszelfs beteekenis met *Borne* (bron), *borre*-lend (opborrelend) water verwant zijn. *Hercu-lo*, (in Overijssel) kan, even als *Heeren-lo* in Gelderland, aan HAR, = den *Heer*, of AR, ARC, ARDA enz. herinneren, waarvoor ook andere plaatsnamen pleiten, waarop wij nader terugkomen; terwijl *Hese-lo, Ese-lo*, ons minder doet denken aan HESUS, waarvan PICARDT, a. w. gewaagt, dan aan den algemeenen naam van *Ase, Ese*, gelijk in *Assen-lo, Hasen-lo*, waarin de *h* slechts adspiratie is.

Onze vroegere gissing, dat wij hier bij *Heeren-lo*, bepaaldelijk aan een loo voor *mannen* te denken hadden, in tegenoverstelling van *Frau* = *Vrouwen*-loo, hebben wij laten varen; zoowel, omdat men ook *Loo*-en aan godinnen gewijd had, als omdat de woordvorm van der godenmoeder FREIJA, FRIGGA, ook FRAU, FROWA is, waarvan de *Edda* het woord *Vrouw* afleidt, (*Vro* = *vrouw*.) Nu vindt men in Noord-Holland een *Frau-lo*, in al deze woordvormen, als *Frau-lo* (bij VAN MIERIS, *Chb.* I, 70), *Vrou-lo* (l. c. p. 19); later *Vro-lo*, *Vron-lo*, *Vroonlo* ook alleen *Vroonen*, boven Alkmaar. Niemand zal wel de toewijding van dit beroemde *Loo*, aan de godin FREIJA, FROWA, FRAU, VROUW, in twijfel trekken. Zoo het schijnt, werd deze godin nog tot den jare 1303 aldaar als *moeder van Friesland* ("*mater Frisiae*") vereerd, en is toen, even als te *Runxputten*, door "*Onze Lieve Vrouwe*", vervangen (*a*), aan wie de kapel daar ter plaatse is toegewijd geworden. Op beide, FREIJA en O. L. *Vrouwe*, komen wij later terug. — *Arc-lo*, kan welligt aan ARC, EAR, ARTHA, ERTHA, herinneren, welke ook GRIMM, in deze vormen kent, en welke godin meerdere sporen harer vereering in ons land heeft nagelaten. Ook andere godinnen, die men weet, dat bij den Germaan in hooge vereering stonden, schijnen haar aandenken in onze *Loo*bronnen te hebben bewaard, als de godin OSTRA, in *Aster-*loo of *Oster-lee* in Groningen, in *Ooster-lee* (Westland), gelijk WESTRA in *Wester-lee* (Westland), en SIB, SIBA (waarvan PICARDT meldt) in *Sipcu-lo*, zijnde dat *cu* slechts overgangsletters, of genit. gelijk in *Hercu* (Her), *Borcu* (Bor).

Dat men behalve deze goden en godinnen ook brongeesten zal vereerd hebben komt ons als zeer aannemelijk voor. Zoo kunnen bijv. *Geste*-lo, aan geesten, *Ruese*-lo, aan reuzen, *Armel* = *Arme*-lo, aan de "*Arme*", een "*mareviv*" (*Danske Viser*, I, 119), en *Budi*-lo, aan *Bude, Beutzman*, benevens *Poppelo*, aan *popel, popelman*, herinneren, die beide door GRIMM *D. M.* worden opgehelderd, doch bij hem onder de huisgeesten gesteld zijn; misschien hadden zij in het water hun verblijf; de *Nixen* en *Nikkers*, in den *Neckers*-poel in *Meche-*

(*a*) Op dit nederstorten der oude godin, schijnt het houten kruis te doelen, dat men, ter gedachtenis aan die gebeurtenis, aan het kerkhof plaatste, met het opschrift: ECCe CadIt *Mater FrIsiae*, d. i. ziet de moeder van Friesland stort neder. Of moet dit heeten: *Mater* FRIGIA? — Zie SIM. EIKELENBERG, *Ondg. van het dorp Vroone.* 49 enz.

len (Wolf, n°. 218), alsmede in onze sloten, enz. zal wel niemand betwijfelen.

Trekken wij nu dit een en ander zamen, dan had men *heil-* of geneesbronnen, zelfs tegen bijzondere ziekten of kwalen, als de *friesel, fräsel* (koorts), tegen *ruhr* (dysenteria), tegen *Otter-* of slangenbeet, tegen *kreupelheid;* verder koude en warme loo-en; heilige, gewijde, en toover-bronnen; bid-loo-en en bedevaart-loo-en, toegewijd aan de goden of *asen* in het algemeen, of aan dezen of genen god in het bijzonder, aan wien men zijne offers bragt: als aan Wodan, Donar, Stavo, Gruno, Irmin, Eres, Baldr, Bori of Buri, Har, en aan godinnen als Frau (Freija), Ertha, Hertha of Arda, Ostra, Westra en Siba; anderen schijnen het aandenken te bewaren, aan reuzen, bron- en water-geesten.

16, 17. Rivier- en Stroomvergoding.

Menigvuldig zijn, in den vroeger algemeenen watercultus of Loo-dienst, de sporen van rivier- en stroomvergoding; niet slechts bij de *Grieken, Romeinen* en *Galliërs*, maar ook bij de *Scandinaviërs, Germanen, Franken* en *Batavieren*. Inzonderheid schijnt den *Rijn* (Rhenus) als hoofdstroom onzes lands, maar ook de *Maas*, de *Waal*, de *IJssel* en *Vecht*, enz., zoodanige vereering te zijn gebragt. Toen Civilis zijne strijders tegen de *Romeinen* aanvoerde, vuurde hij hunnen moed en dapperheid aan, door hen aan de tegenwoordigheid van den *Rijn* en der *Germaansche* goden te herinneren. (Tacit. *Hist.* V. 17). Ook de *Romeinen* schijnen denzelfden stroomgod onder den naam van »Rhenus Pater" vereerd te hebben, aan wien zij altaren wijdden. (van Loon, *Aloude Hist.* 1. f. 290). Op eenige gevonden penningen wordt de Rijn-god afgebeeld als een oud man met twee haartuiten, ligt de beide Rijn-armen. Zoude men het niet aan deze stroomvergoding moeten toeschrijven, dat ook de Batavier zoo gaarne zich aan deze rivier nederzette, waarvan het oude *Arenacum, Vada, Grinnes, Dorestadum*, en andere plaatsen kunnen getuigen, die men wil, dat allen aan den Rijn, gelijk *Neo-magus*, aan de *Vahalis* (Waal) gelegen zijn? Ligt bezaten ook die plaatsen heiligdommen of gebruiken aan den stroomgod gewijd. Het angstgeschrei in den Rijn, waarvan de vroeg gestorvene EGB. ROELANTS (*Verh.* bl. 49) gewaagt, behoort te *Driel* in de Overbetuwe te huis, alwaar nog in mijnen tijd, en alzoo voor 1820, zoodanig een angstgeschrei in den Rijn, als een kwaad voorteeken, als eene voorspelling, dat iemand daar ter plaatse moest verdrinken, als slagtoffer der rivier, gehoord werd. En bij de drie oude loo-en, (*Trie-lo*), die wij aldaar, voorts te *Thiel* (Thielo), *Bommel* (Bo- of *Boemelo*), mogen veronderstellen, denken wij in de eerste plaats aan de rivier, waaraan deze plaatsen gelegen zijn. Had ook daar een *Schar-lookeren* plaats, gelijk bij voorbeeld te *Keulen*, toen PETRARCHA die stad bezocht, (waarover nader) en te *Schoonderloo* en *Charlois*, nabij Rotterdam, en aan zoo menigen Loo-bron als wij boven zagen?

Inzonderheid gelooven wij onder de gewijde rivieren te mogen rekenen dezulken, aan wier oevers of boorden men het liefst de asch der dooden aan de aarde toevertrouwde, gelijk ons dit van de *Liora* in het *Westland* gebleken is. Menige trek uit de Sage kan almede nog op vroegere stroomvereering terug wijzen; zoo het luiden van den *Drielschen* kerkklok in den Kersnacht aan de overzijde der rivier (het gat van *der Aa*), die in de *Schelde*, te *Melden* nabij *Audenaarde*, wanneer het sterk onweert, en de vele menschen en booten, die aldaar in de *Helle*-put zijn ondergegaan. Vermoedelijk ontleent ook de nog gangbare, dichterlijke voorstelling van stroomgoden, die hunne waterkruiken uitstorten (zie bijv. SMID's *Rottestroom*), evenzoer als de benamingen van »*armen*" en »*mond*" eener rivier uit de vroegere verpersoonlijking en vergoding der rivieren haren oorsprong. Voor *mond* gold de uitdrukking *muide*, ags. *mudh*, eng. *mouth*; zoo is bijv. *Muiden* de mond van de Vecht, *Gene-muide*, de mond van de Gene, *IJsel-muide*, de mond van den IJssel, *Arne-muide*, de mond van de Arne, gelijk *Maasmude*, mond van de Maas. Maar waren daarom de RIJN, VECHT, GENE, IJSEL, ARNE en MAAS, vergoodde rivieren? Dan hebben wij, onzes erachtens, ook eenig regt naar *sagen* of mythen te vragen, die, van haar ontleend, onze opvatting kunnen bevestigen. Mr. VAN DEN BERGH was weinig in den aard onzer sagen en volksoverleveringen ingedrongen, toen hij het bestaan onzer mythologische Reuzen ontkende. HAR-*lo*, HAR-*le*, HAR-LEM, in de Sage *Heer* LEM, en het verbazende reuzen-wijf WALBERECH, hun zoon ESELSOOR (*Hese-lo, Ese-lo?*) benevens het geheele geslacht van die *Heeren* LEM, die te *Leiden*, of in den omtrek hun verblijf hadden, zweven ons, met zoo vele andere reuzen- en reuzinnen-sagen, waaronder ook HILDEGAERDE, voor den geest. — Verpersoonlijkt waren de *Rhijn*, de *oude* genoemd (*Rhenus*), VAHALIS (Waal), de IJSEL, de GENE, de VECHT, de ARNE, en de MAAS in allen gevalle; en dan, hoedanig? Zeker niet als dwergen. — Doch beneden komen wij op deze en andere *Reuzen* (of *Giganten*) en de reuzen-sagen terug. — MONE, (*Gesch. des Heidth.*) geeft *mudh* (os) in eene Angs. glosse ook als *Orcus*.

Dat men den mond van de Maas, »het *oude Helium*", ook als zoodanig, als ingang tot de onder-wereld, te beschouwen hebbe, heeft ook reeds ALTING, *Germ. inf.* opgemerkt, welke voor *Helvoet, helvloed*, d. i. *Helrivier* leest. Ook DE GARVE, in zijne *Ch. Elysées*, moet een dergelijk gevoelen hebben aan het licht gebragt. De geleerde GRIMM heeft ons op het spoor gebragt om aldaar, in *Helium* en de *Heldine-zee*, niet slechts eene *helrivier*, maar ook den zoo zeer gevreesden *helhond* te zien. Nieuwe bewijzen voor dit belangrijke gevoelen, waardoor de stroomvergoding van de *Maas* voorzeker genoegzaam blijken zal, zullen wij later mede deelen. — (Zie aant. 16.)

18. Meibaden. (*Scharlookeren*)

Dat de *Meibaden*, die vroeger in algemeen gebruik waren, almede met de oude Loo-dienst der Germanen en Batavieren in verband stonden, of daaraan hunnen oorsprong hebben ontleend, komt ons als waarschijnlijk voor uit het »*Scharlookeren*" op den *St. Jobs-dag* (9 en 10 Mei) te *Rotterdam*; hoezeer de vroeger gebruikelijke *Mei-feesten* almede kunnen zamenhangen met de vereering en de verpersoonlijking van de Mei-maand (de aankondigster van den zomer, in tegenoverstelling van den winter), waarover zie GRIMM, S. 437. 447. Over de Mei-feesten en Mei-dranken zie men ook mijne Verh. over de N. Godenl. bl. 82. Dat de Mei-baden en *het in zee dragen* (zie aant. 19) mede tot de *Loo-dienst* te betrekken zijn, lijdt bij ons geenen twijfel; waarin deze bestonden, deelen ons Grimm en Eg. Roelants mede met de woorden van Petrarcha (*Epist. de reb. fam. I. ep.* 4). Wij achten dezelve, ook tot opheldering van het vermoedelijke *Lookeren* en *Scharlookeren*, te belangrijk, dan dat wij de vertaling daarvan niet zouden laten volgen. Petrarcha kwam namelijk, toevalliger wijze op St. Jans-nachtwake (*Johannis Baptistae vigilia*), te *Keulen* aan; de zonne neigde zich ter kimme en zijne vrienden bragten hem dadelijk van zijn verblijf naar de rivier, om aldaar een vreemd schouwspel te zien: »En ik werd niet misleid", zegt hij; »eene groote en bevallige me- »nigte vrouwen verdrong zich aan den oever (*a*)". — »Sommigen, met geurige bloemen getooid, schoven de mouwen van haar kleed tot over den elleboog omhoog, en wieschen hare blanke armen in den stroom, terwijl zij, in eene mij onbekende taal, allerlei zoete woorden mompelden (*b*)". Toen hij nu vroeg naar de reden dezer plegtigheid ontving hij ten antwoord: »dat het bij de inwoners een overoud gebruik was, hetwelk bij den grooten hoop, en vooral bij de vrouwen den sterksten ingang had gevonden, dat door de afwassching op dien eenen dag al het dreigende kwaad van een geheel jaar werd afgewend, en voorspoed er op volgde, en dat derhalve deze jaarlijksche reiniging met den meesten ijver en volharding moest gehandhaafd en betracht worden (*c*)". Men schreef aan het *St. Jans*-water, zoo ook aan het *Mei*-water, eene bijzondere kracht toe, gelijk men nog in de *Overbetuwe* en elders aan den meiregen toekent, waarin met ontdekten hoofde te loopen men nog in mijnen tijd den kinderen aanbeval, opdat zij alzoo te beter en voorspoediger zouden opgroeijen. Aan hoe menige Loo-, heil-, bede- of bedevaart bron, mag eene der-

---

(*a*) *Nec fallebar. Omnis enim ripa praeclaro et ingenti mulierum agmine tegebatur.*

(*b*) *Incredibilis sine offensione concursus erat, vicissimque alacres pars herbis odoriferis incinctae, reductisque post cubitum manicis, candidas in gurgite manus ac brachia lavabant, nescio quid blandum peregrino murmure colloquentes.*

(*c*) *Responsum accepi: pervetustum gentis ritum esse, vulgo persuasum, praesertim femineo, omnem totius anni calamitatem imminentem fluviali illius diei ablutione purgari et deinceps laetiora succedere, itaque lustrationem esse annuam inexhaustoque semper studio cultam colendamque.*

gelijke plegtigheid, en met dezelfde denkbeelden verbonden zijn geweest!

Ook andere volksgebruiken, bijv. het in *zee-dragen*, en wat dies meer zij, gelijk weleer in *Scheveningen* (ongetwijfeld ook te *Domburg*, en op menige plaats aan de kusten der Noordzee) plaats had, benevens het zoogenoemde *daauwtrappen*, in *Groningen*, *Zutphen*, en ligt ook nog elders, ontvangen uit de Loo-dienst genoegzame opheldering.

19. Het in Zee dragen.

Nopens het in Zee dragen te *Scheveningen* "eene overoude Hollandsche gewoonte", die zich welligt langs de geheele kust der Noordzee, bijv. te *Domburg*, *Zandvoort*, *Wijk aan Zee*, *Egmond*, *Petten*, *Calandsoog*, *te Koog* op *Texel*, heeft uitgestrekt (a), en, naar ons gevoelen, almede haren oorsprong uit de vroegere waterdienst ontleent, berigten HERKMANS en HEEMSKERK, welken laatsten wij hier in zijnen eigenaardigen stijl laten spreken: "Wat de voorgewende gewoonte belangt, "daer van en kan ick niet anders seggen, dan dat die "moet inghevoert zijn, toen onse Voor-vaders, in oude "tijden, noch half woest wesende, met een Schaepsvel "of met een Ossenhuyt, (na men vertelt), om de schou- "deren liepen: en, soo wel mannen als vrouwen, twee- "driemaal daaghs bij somertijdt in 't water spronghen, en "als Eenden-kuyckens daer heen swommen." — Aan eene jonge Gravin van *Egmond*, die zich bij dit dartele spel aan het gevest van den degen eens jongen Duitschen graafs, die haar in zee droeg, gekwetst had, kostte dit gebruik het leven; en tot welk eene schoone romance of vertelling, dergelijke gewoonte in *Zeeland* (Domburg) aan BELLAMI aanleiding gaf, weet elk, die het bevallige *Roosje* van dien Dichter kent. Behalve de genoemde HERKMANS (*Zeevaarts lof* enz.) en HEEMSKERK, (*Bat. Arkad.* enz.) wordt ook door JACOB CATS (in zijne *Herders-klacht*, en *Spieg. van den O. en N. tijdt*, bl. 53) melding van dit strandvermaak gemaakt. Gelijk de Dichter PETRARCHA bij *Keulen*, zoo verhale ook vader CATS hier

---

(a) Locaal onderzoek, vroegere plaatselijke gebruiken, of nog bestaande gewoonten en overleveringen zouden dit moeten ophelderen.

Het in zee dragen. 77

betreffende het strandgebruik van *Scheveningen*. Men zal er uit ontwaren, dat hetgene de eerste in zijnen tijd (1330) als een schouwspel »*spectaculum*", maar toch van godsdienstigen aard, beschrijft, de laatste ruim twee eeuwen later als een »*woest kattenspel*" doet kennen. Zie hier zijne eigene woorden:

  Ik quam eens treden op de strand,
  Daer ik veel jonge lieden vant,
  Ik sagh er ses of seven paar,
  Den eenen hier, den geenen daer
  Maar boven al soo was' er twee,
  Die gingen veerdigh naar de zee.
  Een ieder had een jonge maagd
  Die hij tot in het water draagd;
  En of de vrijster vreese kreegh,
  Ja schier van angst ter neder seegh,
  Ook hem, met bleeke lippen, badt,
  Noch ging hij dieper in het nat,
  Tot dat het water werd gesien
  Tot aan, ja boven haare knien.
  En noch is 't niet genoegh gedaan,
  Het moster vrij wat holder gaan;
  Ten lesten neemt de losse quant
  En giet oock water metter hand,
  Juyst als Diana voortijds plagh
  Als sij Acteon bij haer sagh:
  Hij goot het water hier en daer
  Tot in haar schoon gekrinckelt hair.
  Soo dat hetgeen eerst geestigh stondt
  Geleek een natte waterhondt.
  Ten lesten als de vrijer sach,
  Dat hij niet hooger op en mach,
  Soo keert hij weder na het droogh,
  Want hij sach tranen in haar oogh;
  Maer straks so loopt hij van de strandt
  En treckt haer na het mulle sandt.
  Hij leydt haer op een hoogen duyn,
  En rolt dan van de steyle kruyn
  Tot onder in het lage dal,
  En daar eens weder even mal;
  Hij sout haer in het gulle sandt,
  En strooyt het stof aen alle kant
  Hij laet niet af, hoe dat se wijckt
  Soo dat se nauw een mensch gelijckt.

Naar de oorzaak van dit woeste spel gevraagd hebbende, geeft eene oude vrouw ten antwoord:

  Het is een wijse van het lant
  Dat yemant in sijn eersten brant,
  Ontrent de soete *Meije-tijt*
  Met vrijsters in de duynen rijt:

Het in zee dragen.

> En is 'er dan een geestig dier
> Hem oyrsaeck van sijn eerste vier,
> Soo gaet hij dus met haer te werck.

Mij dunkt dit herinnert aan het *Zeeuwsche* »uit spelen rijden" gaan. — Het *daauwtrappen* in Groningen in het Zutphensch gedeelte van Gelderland, valt, meenen wij, in denzelfden tijd des jaars in.

20, 21. Watergeesten.

a) Nikkers, Niksen of Nekkers en Neksen. (Nehae)

Gelijk wij reeds boven zeiden, bevolkten ook onze Germaansche voorouders hunne Loo-bronnen, even gelijk zulks in het Oosten plaats had, met geesten of wezens der verbeelding, die nog in *Gelderland*, *Braband* en elders, in het volks-bijgeloof voortleven, of de herinnering van hun vroeger bestaan in bronnen, rivieren en meeren hebben nagelaten. — Het »*männeke, männeke ut de zee"* waarvan Ds. HELDRING de *Sage* bezit, die wij wenschen, dat ZEw. niet onder zich houde, is in *Gelderland* (Overbetuwe) nog bekend. Misschien was hij een *meer-* (hgd. *see*) bewoner. De Sage stelt zijnen naam verkleinend voor; misschien was hij echter vroeger een groote man, een *Water-bullebak*, die als Koning van den zwarten poel, welligt de *Water-conink*, (bij MELIS STOKE, 2. 96.) als Koning der *Nikkers*, althans ook in mijnen tijd nog, als een groote watergeest in de *Overbetuwe*, in kolken en poelen voorkwam, gelijk mogelijk ook nog in het *Zutphensche*, waar STARING hem kende (*Mnemosyne*. 1. 31). Wie hier de gissing zou willen maken, dat de *Watermannen* eene tegenoverstelling zijn van de »*mare-minnen"*, gelijk de *Nikkers* van de *Niksen*, zouden wij niet zoo geheel durven tegenspreken. — Aan den »*zwarten-poel"* herinnert de »*Niger-pullus"* bij ALTING, l. c. (*a*); aan de *Nikkers* herinnert de »*Neckerspoel* in *Mechelen*, alwaar *Nachker*, als heer der *nacht*, zoude zijn vereerd geworden, of volgens anderen als water-god zijne orakels zoude hebben medegedeeld (zie WOLF, N. S. 218.); bij Gent vertoonde zich nu en dan een »*oud männeke"*; deze was een *Necker* (WOLF,

---

(*a*) Kan dit niet wezen Niger = *Niker-pul?*

221); te *Ditmarsen*, kent men den *Nischepook* (Westendorp, *Myth.* 183) die waarschijnlijk met genen verwant is. In *Delf* heeft men eene *Nikkers-steeg*, misschien vroeger eene *Nikkers-sloot*. Wat den oorspronkelijken vorm aanbetreft, zoo houden wij *Nekker*, ons *Nikker*, voor denzelfden als den Noordschen *Nekr* (waarover Resenius, *Sn. Edda.* 3 daem.) en de, *old Nick'* der Engelschen; *Niksen*, *Nixen* zijn diensvolgens als vrouwelijke *Nekkers*, ook *Nechsen* = *Nehae* (waarin gebruikelijke overgang van h, ch, ck, k, t), welke laatsten: *Nehae*, *Neksen*, meestal in drietallen voorkomen op onderscheidene gedenksteenen, hetwelk ook met de *Niksen* te *Jupille* (aan de *Maas*) het geval is, waarover straks nader. In *Gelderland* (Overbetuwe) waarschuwt men er de kinderen voor om niet te digt aan den slootkant te gaan. Koornhert en Hooft kenden dezelve onder den naam van *Ikker*:

> Het twisten der partijen
> Dat werkt des *Ikkers* geest.

Dat de *Nikkers* zwart waren bewijst het spreekwoord "zoo zwart als een nikker"; hun aard schijnt ook boosaardig; die te *Gent* in de *Neckersbeek* vangt soms jonge dochters; die te *Sichem* bij *Diest* ving zelfs eenen man, en men hoorde daarbij eenen zwaren slag op het water, gelijk ook in *Gelderland* meermalen wordt gehoord, zonder echter den *Nikker* te zien.

De *Nechsen*, *Nichsen* (men denke aan de *Nichepook* (Niksen-spook) te *Ditmarsen*) of *Niksen*, hebben daarentegen een goedaardigen karakter: soms scharen zij zich meer bij een, schikken de haren naar de wijze der vrouwen, en zingen wonder schoon, of spreken met de menschen; de arme *Nix* te *Gent*, doet niemand leed; maar zucht veelal; zelfs de *Nichepook* te *Ditmarsen* is zeer goedaardig. — Het liefelijk gezang en de schitterende kleeding van de *Nixen* te *Jupille* aan de *Maas*, herinneren aan het tooverlied en de bekoorlijke kleeding der schoone *Lore* of *Lur-lei* (lei = water) in de Rijn-sagen; derzelver *drietal* aan de *Nehae*, die wij dezelfden wanen, en ons derhalve doen denken aan de *Ruma-nehae*, *Vacalli-nehae* en anderen aan den beneden-Rijn, insgelijks, even als *Lore* en onze *Nichsen*, watergeesten, die alleen des nachts verschijnen.

Dit bewijzen ook de ongedwongene overgangen der verschillende vormen: bijv. de *vacalli-nehae*, bij *Wachelendorf*, hebben ééne *l* gelijk in *Wachelen*; Vacali = is nom. *Vaca*-lo; dus *Vaca-nehae*, gelijk *Ruma-nehae* (dat aan ons *Rume*-lo, *Ruime*-lo, doet denken), *nehae* van het *loo*. — De overgang van *v* in *w*, die van *c* in *ch*, bewijst *Vaca* = *Wachen* pl. vorm; *h* = *ch*, in *neh* = *nech*; de *ae* drukt het num. gen. pl. uit, bij ons de *s*, *nehae* = *nechs*; zoo verkrijgen wij dus voor *Vaca-nehae*, — *nechs-wachen*, waaruit het niet moeijelijk zal wezen de *nachs-waken* (*nacht* = *nix*) te erkennen. De *Vacali-nehae* waren dus de *nacht-waaksters* of wel de *nachtwaken* der Germanen zelve, zoo wij vermoeden, bij heldere maan; in tegenoverstelling der *zwarte Nekkers*, en den *Nachker*, bij donkere maan, — en die voor het aanbreken van den dag, of bij het einde eener *nachtwake* (want men had *drie* nachtwaken) in het water terug trokken. — Kan ook ons *Nichte-vechten* daaraan doen denken?

Om hare namen uit te vorschen, zou men de *Ruma-nehae* (*Rumelo*, als daar *Nichsen* gezien zijn), en andere gedenksteenen moeten kennen. Men vergenoege zich hier met de algemeene opheldering onzer *Nichsen* (*Nichten* worden zij in *Gelderland* genoemd), en toetse daaraan de schoone Sage van de *Nixen* van *Jupille* (*Jubii-villa* = *Jubil*-lo?), die Wolf, *N. S.* 512, ons van het *jubelend* volkje mededeelt:

Eens op eenen herfstavond sprong en danste het vrolijke volkje van *Jupille*, na de geëindigde wijnlezing, lustig op den groenen akker voor die plaats rond, met lagchen op de frisch roode lippen, en liefde in het hart, toen op eenmaal drie schoone jonkvrouwen van de *Maas* hen naderden, en zich bij de vrolijke feestelingen schaarden. Zij droegen schitterend witte kleederen, en hare lange, blonde lokken waren gekroond met kransen van pas uitgebloeide water-leliën; of zij gingen, dan of zij slechts over den grond zweefden, dat kon men niet onderscheiden; nimmer hadden de jonge knapen van *Jupille* zoo vlugge danseressen gehad.

Toen men genoeg gedanst had, zette zich alles in den kring neder, en de jonkvrouwen begonnen een lied te zingen, en dat met eene zoo liefelijke stemme, dat aller oogen slechts op haar gevestigd waren, en niemand daaraan dacht, hoe verre de avond reeds verstreken was.

Daar sloeg het eensklaps middernacht, en de jonkvrouwen fluisterden elkander eenige woorden toe, groeteden vriendelijk in den kring rond, en waren weldra uit aller oog verdwenen.

Den volgenden avond, toen de maan was opgegaan, keerden zij weder, en spoedig liepen de jongelingen haar te gemoet, om haar tot den dans uit te noodigen. Naardien de avond zeer zoel was, had eene hare handschoenen uitgetrokken, en haar danser die opgenomen. Deze keer werd men minder vermoeid door den dans, en het sloeg twaalf ure en alles sprong nog. Verschrokken zagen de jonkvrouwen bij den slag op, en de eene vraagde allerwege: »waar zijn mijne handschoenen"? Maar de jongeling wilde ze als onderpand der liefde terughouden, en de jonkvrouwe snelde zonder dezelve met hare gezellinnen voort. Haar danser volgde haar spoedig na, want hij zou toch gaarne geweten hebben, waar het schoone meisje woonde, hij kwam al verder en verder tot aan de *Maas;* daar wierpen de jonkvrouwen zich in het water en verdwenen.

Toen de verliefde jongeling den volgenden morgen op de plaats terugkeerde, was het water daar ter plaatse bloedrood; en de jonkvrouwen verschenen sedert dien tijd nimmer weder.

Wij gissen, dat men op dezelfde wijze in elk water, inzonderheid der rivieren en Loo-en, zijne *Nehae* of *Nechsen* kende, en naar de plaats noemde, waar zij woonden; dat daaruit zich de Belgische *Gava-diae* (godinnen der *gau*), *Mairae* (der *mair, meer*) enz. laten ophelderen (zie MONE, l. c.), wij denken hierbij aan de *Gau*-en en vele *Mair-, Meer*-loën onzes lands.

Is de overgang van *n* in *h,* juist, (bijv. *Nertha, Hertha*) dan zien wij nog in de veelvuldige *neksen-* en *heksen-*dansen op de *Loo*-lanen, bijv. in het *Westland,* onder *Voorburg,* en elders, dezelfde vroeger goedaardige *Nechsen* of *Nichten* (Nixen), als de oude *Matronae* (Nachtwaaksters) onder het landvolk rondspringen. De *heksen* echter zijn meestal vrouwen, die steeds door de *lucht* vliegen, nimmer in het water verdwijnen, zoodat wij ze dan ook onder de luchtgeesten hebben opgenomen.

Tot welke soort van wezens, water-, lucht- of aardgeesten de *Wichten* (*Vehae* = *Vechs, Vichs, Wichs* onze *Wichten*) behooren, is moeijelijk te bepalen. Uit

6.

de *Hama-Vehae*, schijnt ons echter te blijken, dat zij niet onder de water-geesten behooren.

Intusschen schijnt men ook nog andere watergeesten gehad te hebben, doch die, zoo als wij vermoeden, achter den algemeenen naam van *Nikkers* en *Niksen* wegschuilen, als: de *Bomme* in Bommelo, de *Arme*, Armelo, *Rume*, in Rumelo, de *Bude* in Budilo, de *Poppe*, in Poppe-lo; behalve dat GRIMM, den *Bude* (Butzman), en den *Popel* (Popelman) kent, heeft men ook in *Delf* nog, schuinsch over de *Nikker-steeg*, eene *Popelsteeg*, die ons aan het *Alfs gepeupel* doet denken.

b) De *Mareminnen* en *Belewiten*.

De eersten, in de vroegere natuurleer, of waterdienst, zoo belangrijke wezens, hadden allen hun verblijf in het water, zonder dat wij echter durven bepalen, of de vele *Mar-loën: Maarlo, Meerlo, Mierlo,* enz. aan dezelve, of wel aan de Maren, (hd. Mahr) nacht-maren, herinneren, waarop wij terugkomen; of dat deze namen alleen slechts door *zee, meer, moerwater* te vertalen zijn; doch men had ook eene *Moer*. De Mareminnen bewoonden, zoo het schijnt, de zee-ën: in Denemarken onder den naam van »*Meri-mind*", in onze HSS. onder dien van *Mare-minnē* (zoo bij MAERLANT), ook *Maerminnē*". Het Duitsche »*merewif*", »*merewip*" en de *merfrouwe* schijnen haar geslacht te bepalen; doch wij hebben reden te gelooven, dat men ook »*meermannen*" bezat; of spelen onder de algemeene uitdrukking van *Meerminnen* de geslachten onder een? De meermin, die men in de XV[e] E. langen tijd in *Edam* bewaarde, was uit de Zuiderzee in het Purmermeer (het Purmer-ey) gedreven; zij sprak eene eigene taal, en was met mos en zeewier bedekt (SOETERBOOM, *soetstemm. zwaan van Waterl.* 98); en vroeger, toen de *Antwerpenaars* nog op de walvischvangst uitgingen, zwommen soms meerminnen de schepen vooruit, met den zang:

Scheppers, werpt de tonnekens uit,
De walvisch zal gaen komen.

Te *Muden* (Muiden) verscheen eertijds eene meerminne, die de navolgende voorspelling deed:

> Muden sal Muden bliven,
> Muden sal nooit bekliven

(WESTEND. 109) Een ander te *Schouwen* in Zeeland, voorspelde den ondergang der stad:

> Schouwen, Schouwen sal vergaen,
> 't Water boven den toren staan.

Hetzelfde deed eene andere in het rijke *Zevenbergen* (in N. Braband), wier voorspelling:

> Zevenbergen sal vergaen
> En Lobbetjens toren blyven staen,

ook letterlijk vervuld is, toen de weelde was ten top gestegen. (Zie WOLF, 507 en 508).

Steeds waren het zee-minnen, die verschenen. Slechts zelden vermeldt de sage eenen zeeman, gelijk evenwel ook de *Chronijk van Friesland*, doet kennen, die er van een tweetal gewaagt, welke, na eenigen tijd in *Friesland* te hebben rondgewandeld, te *Westerbierum* weder in zee gingen. (WESTEND. 109).

In hun element, het water, laten zij, even als de Sirenen, hare liefelijke stem hooren, en zijn schoone verleidelijke vrouwen, doch eindigen van het middellijf af, verder naar beneden in eenen grooten vischstaart met schubben bedekt: in het Koninklijk Museum te 's Gravenhage bewaart men een paar exemplaren.

Onze middeleeuwsche dichter VAN MAERLANT, die, hoezeer ook in vele opzigten boven de begrippen van zijnen tijd verheven, echter niet vrij was van alle vroeger heidensch bijgeloof, en, even als onze overige HS. Letterkunde nog te weinig voor onze voormalige Godenleer geraadpleegd is, doet ons in zijne *Nature Bloeme* (HS. op de Koninkl. Bibl. te 's Gravenhage), zoo wel de *Sirena* of *Mareminne*, als ook de *Silla* van zijnen tijd kennen. Zie hier zijn verhaal, hetwelk, voorzoo verre wij weten, nog nergens gedrukt voorkomt:

Sirene dats die mareminne.

Sirena dats marenminne;
Phisiologus die hevet inne,
Dat si draghen wyfsghelike
Toter naulen 1) sekerlike.
Groot syn si eñ hiselike 2) gedaen,
Met langhen hare 3), sond' waen

1) den navel.
2) ijsselijk, hatelijk, leelijk van gedaante.
3) ook de N. golven-maagden, en de Niksen hebben lange haren.

En dat lecht en groef 4) mede.
Met haren kinde es h' sede 5)
Die si in haren armen draghē,
Heeft mense 6) ghesien in somē dage;
Want si soghen als vrouwē plien 7).
Scipliede, als sise 8) sien,
Werpen si hem een ydel vat 9),
Ende die wile, dat si handelē dat 10)
Ontvlien si der mareminnen.
Adelius boec doet ons bekinne,
Dat si geclawet als aerne sȳ mede 11),
Eñ oec na ander vissche sede
Syn si ghescelpet eñ gestaert 12),
Daer si hem mede stieren ter vaert 13).
Een luud 14) hebsi so dor soete 15)
Als scipman met goeder moete
Cont horen, so nes gheen man 16)
Die des slapens ontwisschē 17) can,
So verdrincsise ende scūren; 18).
Men vint se ter somigh' uren
In seewen 19) eñ somwile in rivierē;
Some die kennē hare manierē:
Als si vor bi hem 20) sullen liden,
Stopsi hare oren in dien tiden,
So datsi haren sanc niet en horen,
En somē connē sise niet v' doren 21).
Vluxes 22) waent die menighe mede,
Dat eerst vant dese bendichede 23)

4) ligt en grof, *adjectiven* van hare.
5) haar gebruik, gewoonte.
6) men ze.
7) gewoon zijn, plegen.
8) zij ze, dezelve.
9) een ledig vat.
10) terwijl zij daarmede bezig zijn.
11) dat zij klaauwen hebben als arenden.
12) gelijk andere visschen hebben zij schubben en staart.
13) in de vaart, in het zwemmen sturen.
14) geluid, stemme.
15) zoo door en door zoet.
16) zoo is er niemand.
17) ontwijken
18) her- en derwaarts slingeren.
19) zee-ën.
20) haar voorbij zeilen,
21) zoo kunnen zij hen niet verleiden, nl. door haar gezang,
22) Ulysses.
23) behendigheid, list; nl. om de meerminnen door zich de ooren digt te stoppen te ontwijken.

Nopens de *Silla*, ontleenen wij van MAERLANT:

Silla dats een wonder mede
Alsment vint tere stede 1),
Seghet ons Adelyn,
D' twee lande v' schede syn 2),
Tlant van Ytalien eñ Sisile 3).
In der zee vintmense sond' gile 4).
Vp alle die liede syn si v' woet,
Want si vleesch minē eñ bloet.
Borst ghescepen en houet 5)
Na mareminnē, dies gelovet;
Mare den mont groot eñ wyt,
Tande vreselic talre tyt,
Gheliket 6) als ander diere syn.
En gestaerd als dat delfyn 7)
Starc in't water, cranc 8) op lant,
Oec singhen si soete als ic vant.

1) te eeniger plaatse, elders.
2) afgescheiden van elkander zijn.
3) Italië en Sicilië.
4) zonder leugen.

5) borst en hoofd geschapen, gesteld als meerminnen.

6) gelijk.
7) dolfijn.
8) ziek, zwak.

Men ziet uit deze opgaven, hoe van MAERLANT *Mareminnen*, *Sirenen* en *Silla* door elkander haalt, en hare, zekerlijk eerst verleidelijke gedaante, in hatelijke gedrochten herschept. De *golven-maagden* van het noorden (waarover zie mijne *Edda-leer*, 1837. 95) waren van meer goedaardigen aard.

Naast de *Meerminnen* worden in den *Lekenspiegel* (HS. van JOH. DEKENS) ook genoemd de *Beelwiten*, waarvan gezegd wordt: zoo zullen

> Meerminnen ende beelwiten
> So brieschen ende criten [1]),
> Dat dat anxstelic gescal
> Toten hemel climmen sal;

[1]) krijschen, schreeuwen.

nl. bij het naderen van den *doems-dach* (oordeels-dag).

Ook in de Germaansche Godenleer, zijn de *beelwiten* niet onbekend. GRIMM, (*D. Myth*. 265 etc.) geeft daarvoor *Pilwiz, pilewis, pilwith, pilbis, pelewys, bilwiz, bilwitz, bulwechs*, dat oorspronkelijk »goede geest" beteekent (van *bil*, in ons billijk, en *witan*, weten, dus: *bonum s. aequum sciens*), waardoor zij welligt de *golven-maagden* nader komen dan de Meerminnen. Onder gene toch was ook *Bylgia*, de geweldige (van *at bellia*, geweldig zijn). Houdt men nu »*Belewiten*" voor den algemeenen naam der golven-maagden, dan zoude dezelve ook kunnen beteekenen »*de geweldige* of *de schoone witten*", aan wie men naderhand, volgens KILIAAN, eenen boosaardigen aard toeschreef, als booze heksen. — VAN DER SCHUEREN, *Teuthonista*, kende ze nog, als »*guede, holde, witte vrouwen*"; doch KILIAAN vertaalt; *bele-wite*" door »*lamia, stryx*", wordende die naam door TEN KATE (II Dl. bl. 593) afgeleid van »*belen*" d. i. blaffen, welligt niet zoo geheel ongepast als golven-maagden. »Deze .... geesten voorspelden de toekomst, blijkens de woorden van GISB. VOETIUS, (*De Miraculis Disput*. II p. 1018): *quas nostrates appellant* beeldwit *et* blinde beliën, *a quibus nocturna visa videri, atque ex iis arcana revelari putant*". M. DE VRIES, (in DE JAGER's *Taalk. Magaz*. 89 enz.), schijnt geneigd den naam van het lat. *bellua* (*beluë*) af te leiden, waaraan wij echter twijfelen. Ook de Openbaring, zegt hij, heeft een gedrocht: *Bellua*, en VINCENTIUS geeft »*marinae beluae*": dezelfde die MAERLANT, *Nat. Bl*., IV B. p. 84 verv. leert kennen, zeggende:

> *Belua* heetet in Latyn
> Diere die groet ende wonderlyc syn-

> Ende van vreselik' maniere,
> Propeerst synt zee vische diere.
> PLINIUS spreekt, die meester sijn,
> Dat in die zee van India syn
> *Beluen* van liue so groet,
> Dat si der zee doen sulken stoet,
> Als oft grote zee stoerme waren;
> Ende vlieghen mede metten baren,
> Opwaert met groter moeghentichede;
> So dat hi seght, dat ALEXANDER,
> Die wonderliker was dan 1 ander,
> Daer ieghen voer mit sinen scip-heren
> Ende vachter ieghen met groter were.

(Zie DE VRIES, t. a. pl.). Al wat hier van de *Beluën* gezegd wordt, kan ook op de *golven-maagden* worden toegepast. Ook zij vlogen met de baren: *Bylgia*, met eene geweldige kracht, *Himingläffa*, ten hemel stijgende, *Dufa*, opgezwollen, *Raun*, stroomend, enz. Allen droegen witte hoeden, lange, witte, hangende haren, en witte sluijers; oorspronkelijk goed van aard legden zij dezulken, die zij niet redden konden op zee, zachtelijk neder in den schoot harer moeder *Rana*, wier negen dochters zij waren. Anderen boden zij de hand om hen gelukkiglijk aan het strand te brengen. (*Edda-leer*, Utr. 1837, bl. 95). Ongetwijfeld ontsproten deze wezens, even als *Bele-witen* en *Meerminnen*, uit de waterdienst der oude volkeren, waarin wij ook den oorsprong der *Sirena*, *Scilla* en *Belua* meenen te moeten zoeken.

22. Zwanenridders en Zwanenjonkvrouwen.

Waarvoor deze wezens der verbeelding te houden zijn, laat zich niet zoo voetstoots bepalen; zij wonen meestal op burgten, digt bij of aan eene rivier, uit welke zij, door eene *zwaan* geleid of voortgetrokken, opkomen. Hunne burgten zijn schoon en veelal door deze of gene *aventure* uit den riddertijd, vermaard. Sommige riddersagen klimmen op tot de oudste tijden der geschiedenis, waarvan zij de aanvangspunten uitmaken. Zijn zij uit het helden-leven der goden ontsproten? Of wonen deze ridders en jonkvrouwen, als zonen en dochteren, der vroegere waterdienst, daarom veelal op hunne burgten aan waterstroomen, waar de witte zwaan en de witte jonkvrouwen ons herinneren aan de *Urdr*-bron, en de bron-jonkvrouwen van het noorden. Hoedanig dit ook zijn moge, wij betrekken een en ander tot de waterdienst, en gelooven, dat het vervolg van dit werk onze aanwijzing van plaats regtvaardigen zal.

Zoodanige ridderburgten door de Sage vermaard, zijn die van *Nijmegen* (*Neo-magus*), van *Megen* (Oud-Megen) *Waardenburg*, het huis te *Merwede*; de eerste aan de *Waal*, de tweede aan de *Maas*, de derde aan den *Rijn*, de vierde aan de *Merwede*. Ook *Roozenburg* (in het Schakenbosch), *Heemskerk*, enz. en ongetwijfeld nog andere burgten en kasteelen onzes lands, hebben riddersagen, hoezeer men daarbij niet altijd aan zwanen-ridders en zwanen-jonkvrouwen te denken hebbe, die meer aan stroomen gehuwd zijn. De Brabandsche, als ook de Nijmeegsche zwanen-sagen, onder welke eerste die van vrouw *Schwana* (zie Wolf, 51), die van *Loheng-rin* en *Elsa*, *Loheng-rin* en *Bel-aije* (id. 61.) de voornaamsten zijn, schijnen onze gissing te bevestigen, dat zij uit de Loo-dienst ontsproten zijn of althans daarmede zamen hangen; wat is *Loheng-rin*, of *Lohenc-rin*? — *Telramunt*, dat in deze sage voorkomt, (Loheng. St. 40, 41), doet aan *Dendermonde* denken, dat »*seit 846 als Teneramunda vorkommt und seinen gutsherrlichen Adel hatte*, (Warnkönig, *Fland. Gesch.* I. 99) *und an* Tiremundi, *welches 1066 erwähnt wird*, (Miraei, *cod. donatt.* I. 157), *diese und das fransösische* Termonde *sind fast gleichlautend; aber* Dendermonde *liegt in* Flandern *und weil das Gedicht einen Brabäntischen Ort verlangt, so muss man* Tirlemont (Thienen) *für* Telramunt *erklären, woraus ebenfalls folgen würde, dass der* Loheng-rin *eine fransösische Quelle vor sich hatte, die* (s. 18) *ein Gedicht war*". Zoo oordeelt Mone, (*Niedl. Volksl.* s. 71, 72.) en wij ontvangen daardoor den sleutel om deze geheele sage, waarvan de hoofdpersonen en het hoofdtooneel op het stroomgebied van den *Rijn* (Rin), en *IJsel* (Lyzaboria) schijnen te spelen, en waarvan *Els-a* en *Bel-aije*, zoowel als *Telramunt*, (ook Montsalva) zoo veel mythisch verraden, als Loo-sage, dat is sage uit de Loo-dienst ontleend, te verklaren. Ook de Sage-cyclus van *Billoen* (Bouillon), welke in Neder-*Loth-ringen* (Lo-raine), in *Lillefort*, speelt, en namen als *Oriant*, — *Mata-bruna*, — *Beatrix*, — *Savari*

(Sauvari?) — *Esmeri*, enz. telt, is welligt met deze verwant. Soms treedt dezelve met de sage van den Zwanenridder in verband (zie WOLF 114—117.) Kan *Bil-loen* met *Bel-aije* verwant zijn; en *Mata-brun* aan het oude *Mati-lo*, (op de reiskaart van PEUTINGER) herinneren, of daaraan opheldering geven? Een opzettelijk onderzoek zal dat alles moeten ophelderen: *Mata-bruna* is hier eene boosaardige vrouw; en de zwaan, die van het bekende zevental het laatst in menschengedaante terugkeerde, heette *Es-meri*. Wij bekennen, dit alles is ons nog een doolhof, maar verdient de opmerkzaamheid onzer geleerden. Onder de Zwanen-jonkvrouwen, verdient althans ook vrouw *Schwana* op den burg te *Oud-Megen* aan de *Maas*, gelijk ook de Zwanen-ridder van *Nijmegen* bijzondere opmerkzaamheid. Deze laatste sage, die tevens door den riddernaam van *Grail van Zwanenburg*, aan de Sage van den *H. Grail* herinnert, en met die van zekeren *Elias de Grail* (*Helias Grajus* of *Gracilus*) kan zamenhangen, vindt men, hoezeer slecht bearbeid, medegedeeld door HELDRING (*Geld. Alm.* 1835), beter door KARL GEIB, in zijne *Sagen und Gesch. des Rheinlandes* (Marb. 1836. 514), gelijk door Mr. ROBIDÉ VAN DER AA, (*Volksverh. en Leg. aan de Rijnoevers.* Arnh. 1839. 19); door allen echter zonder genoegzame opheldering, en zonder te vermoeden, dat in deze en alle dergelijke sagen een diepe mythische grond en beteekenis verborgen ligt. MONE (*Gesch. d. Heidenth.* II. 124) schijnt met dien geheelen cyclus van Brabandsche zwanen- en water-sagen zelfs tot den *Frankischen* tijd op te klimmen. Nog in mijnen tijd (alzoo voor 1820), waren de verhalen van de ridders en jonkvrouwen met den zwaan, die door het aandoen van zwanen-gordels, zwanen-ringen, enz. in eene zwaan veranderden, in de Overbetuwe in zwang. Misschien staat daarmede ook in verband de *N. Brabandsche* Zwanen-broederschap, de zwanenmalen en daarbij gebruikelijke hanengevechten in *'s Hertogenbosch*, die de stelling van MONE zouden kunnen ondersteunen, dat dezelve tot den *Frankischen* tijd opklimmen. (Men kent den haan als het oude Frankische wapen, waaraan men den oorsprong der *hanen* op onze torenspitsen zou kunnen toeschrijven; terwijl ook de *zwanen* daarop niet zonder beteekenis zijn, evenmin als in de sage. (Zie over die Zwanen-broederschap

VAN ALKEMADE en VAN DER SCHELLING, *Dischpl.* I. 339. II. 10. enz.). Mogten wij toch eindelijk onze Nederlandsche sagen *volledig*, en meer systematisch bij elkander gebragt, ontvangen, dan de onvolledige verzamelingen, die Mr. VAN DEN BERGH, en nu ook WOLF ons leverden, dan zou het iemand mogelijk kunnen zijn, met practischen blik die onbekende landen van *Loheng-rin*, *Lyzaboria* en *Lillefort* binnen te treden, en over een en ander meer helder licht te verspreiden! *Ridders* achten wij inmiddels = *Ri-ders*.

Inzonderheid te *Valenciennes*, het zwanendal der sage, bleef het aandenken aan Zwanen-ridders, ook door het wapen der stad, nog langen tijd in zwang. In 1548, 13 Mei, schonk de Vorst, welke op het stadhuis zijn middagmaal hield, aan hen, die hem over tafel door hunne kluchten vermaakt hadden, eene *zilveren zwaan*, (vier stuivers troois) ter belooning. (WOLF, *Nied. s.* 681). En eenen dergelijken prijs vindt men ook reeds eene eeuw vroeger in *Rijssel* (*Lille* = *L'ɪle*). PHILIPS *de goede* schonk, namelijk in 1453, den 17 Febr. aan die stad een feest, en ADOLF van *Cleve* liet een *tournooi* uitroepen, waarop de dapperste ridder, door aanzienlijke vrouwen, aan wie de uitspraak over den verworven prijs was opgedragen, *eene gouden zwaan* ontving, die met eenen *gouden keten* was vastgemaakt, aan wier einde een robijn schitterde. De ridder ontving alsdan ook den naam van *Zwanen-ridder*. (Zie a. pl., vergel. MONE, *Anzeiger*, 1834. 149. ff.) Later komen wij op de vereering der *zwanen* terug.

23. Reuzen, (Riesen) of Giganten.

Zoo als wij boven zeiden, bij gelegenheid, dat wij over de rivier- en stroom-vergoding onzes lands spraken, verraadt het weinig, of althans zeer oppervlakkige kennis aan den aard en het wezen onzer vroegere Godenleer, wanneer men daarin het bestaan der reuzen zou willen ontkennen, welke bij onze Germaansche en voorchristelijke voorgeslachten, gelijk ook uit de sagen blijkt, zulk eene aanmerkelijke rol spelen. In de Noordsche Mythen komen zij al dadelijk voor in de Scheppings-geschiedenis, die bij ons nog schijnt verloren te zijn. Doch wanneer wij nu in de vele Loo-en onzes lands eene afspiegeling of voorstelling vinden van de *Urdr-bron der* Scandinaviërs, waarop de geheele Loo-dienst schijnt gegrond te wezen, dan behoeft het ons ook niet te bevreemden, dat met de Noordsche Scheppings-geschiedenis, ook de leer van reuzen en dwergen hier inheemsch geweest zij; dat ook wij onze water- en ijsreuzen bezitten. Onze *Riesen* en Roman-*giganten* zouden dit reeds kunnen bewijzen; doch bezien wij, wat daarvan zij. Volgens de Noordsche Scheppings-geschiedenis gingen *dwergen* en "*reuzen*" de schepping van den mensch vooraf, en spelen wijders, gelijk onze inheemsche reuzen en reuzinnen, eene belangrijke rol. Naar de Germaansche sage waren de dwergen bestemd om het woeste land en de bergen te bebouwen, de reuzen om de gedrochten en wormen te-dooden; terwijl de helden wederom bestemd waren om de eersten tegen de reuzen bij te staan.

Aan zoodanige water- en ijsreuzen nu zijn onze sagen niet arm; zij moesten door de rivier- en stroomvergoding als van zelven ontstaan. Wij denken hier in de eerste plaats, om slechts eenige voorbeelden te noemen, aan den *Heer* LEM, (de *Le*, *Lo* te Haarlem) gelijk aan ESELOOR (*Ese- Hese-lo*) te *Voorburg:* deze laten, bij weinig nadenken, omtrent het bestaan van water-reuzen, geenen twijfel over; deze *Har-* of *Heer* LEM was Koning van de "*Leke luden*", (HAMCONII, *Frisia*, 1585. c. 17). En die reuzen, welke volgens de sage, uit *Albion*, aan den Maasmond komende, van den reus of Kastelein *Rabon* van *Slavenburg* te *Vlaardingen* den raad verkregen, wegens het "woud zonder genade" niet verder in Holland door te dringen? (SCRIVERIUS, *het Goudsche Kronijcxken*, 1663) JUNIUS zegt, men wil dat zij *Rijswijk* zouden hebben gesticht, naar hen "de *rijsen, riesen*" (*giganten*) aldus *Rijswijk* geheeten (*Beschr. van Holl. enz.*, 1609, fol. 28). — Bezien wij nu deze *Albions-reuzen*, *Slavenburg* en dat *oude Vlaardingen* van nabij, dan komen er, onzes inziens, waterreuzen voor den dag, welke te *Lau-enburg*, in het verzonkene of door de zee verzwolgene *Utla, Vtla*, (het oude *Willam*), het eerst van hunne zeeschepen voet aan wal zetteden, en in weerwil van *Rabon's* raad, toch doordrongen in Zuid-Hollands wouden. Eene gebeurtenis als deze, de verzwelging eener geheele stad, was stof genoeg voor de overlevering of sage, die in den loop der eeuwen, door het verloren gaan der oude taal, de *lau-en* tot *slaven* (a), van het oude *Ut-la*, *Vtla* (het *tegenwoordige* Vlaardingen) en van *Lau-enburg*, een *Slavenburg* maakte. — Zoo zien wij ook in het reuzenwijf van Heer LEM, (men denke daarbij aan de *Tur-Lede*), *Wal-berech* geheeten, geene andere dan stroomreuzin. Niet verre van *Utla*, op het eil. *Voorn* in Z. Holland vindt men nog *Zwarte Waal* (naar den oude *Vahalis* dus genoemd), waarin de oude *Le*, *Lei*, *Leda*, *Thur-* of *Sciplede*, zich uitstort. Men neme dit in aanmerking en leze daarbij het verhaal van WACHTENDORP, *Holl. Gesch. of Rijmkron.*, 1645, f. 23.

„Toen Heer LEM Koning was, leefde er eene reuzin, *Wal-berech*, die omtrent *Haarlem* (haar *Lee*) haar vee weidde. Zij was zoo groot, dat zij, om van Holland naar Engeland te komen, slechts éénen stap deed. Als zij eens naar huis gegaan was en haar vee op de gewone plaats graasde, kwam er een schip met roovers aan de kust, die aan land kwamen, ongeveer waar thans *Scheveningen* ligt. Zij gingen verder naar de weide, namen al het vee weg en droegen het aan boord, waarop zij stilletjes wegzeilden. *Wal-berch* zocht des morgens te vergeefs naar hare kudde, totdat zij aan den oever kwam en van verre het roofschip bemerkte. Toen ging zij door de zee tot aan het vaartuig, greep het met eenen vinger en smakte het tot op den bodem der zee neder. Als nu allen, die zich op het schip bevonden, dood waren, at zij hun nog warm vleesch op en zoog hun bloed uit, daarop nam zij hare geheele kudde onder de armen en ging weder naar land. De runders droeg zij aan de eene zijde, de paarden aan de andere en de *schapen* liepen alle te zamen op haar hoofd rond".

Mij dunkt eene reuzin, die den noordschen reuzen niets toegeeft. Verander het woord *schapen* in *schepen* en de verklaring is gevonden. Doch de noordsche reuzen in de Scheppingsgeschiedenis nemen deel aan de vorming der aarde? Ook bij ons werpen zij bergen op, graven rivieren, en werpen hoogten op voor dorpen en steden, zoo bijv. de *Rijs-wijksche* reuzen uit *Albion* (zie JUNIUS, t. a. pl.); de Geldersche reuzen van den *Doornwerth* en den *Heesberg*, de een aan den *Rijn*, de andere aan

---

(a) Loo, Sloo, Sloot = La, Lau, *slau*, kan bewezen worden.

de *Waal*, die, luidens de sage te Driel en Valburg in de Overbuwe, den *Hoenderberg* gemaakt hebben nabij *Nijmegen*, met zand van den Wageningschen berg. In drie stappen wandelden zij van den eenen berg tot den anderen, en toen de reus van den *Doornwerth* eens zijne klompen uitschudde, of (volgens den variant) de modder van de klompen afschrapte, ontstond de hoogte, waarop *Val-burg* ligt. Nadat zij reeds zeven jaren, zonder spreken, waren bezig geweest, en een hunner zich een woord liet ontvallen, schold zijn makker hem voor babbelaar; en groef nu alleen de *Waal*, terwijl de andere het graven van den *Rijn* voortzette. (zie HELDRING, *Wandl.* 1 St.) Ook de *Lo-chemer* of *Lemeler* berg is, meen ik, het werk van reuzen, en de stad *Kampen*, is door »*twee groote reuzen*" gesticht. Vraagt men welke? De *monden* (muiden) van *Gene* en *IJsel*, zijn er in de nabijheid (WOLF, n°. 10). Ook de hoogte nabij *Rotterdam*, de *Hilde-gaerts*-berg, ontstond door het zand, dat de reusachtige HILDEGAERDE uit haren voorschoot liet vallen.

Men hoore wat SMIDS, in zijne *Rotte-stroom* (1 zang) nopens gemelde reuzinne zegt:

'T Grijze Hilgonsberg weleer
Der Romeinen welbehagen
Wijl ze van zijn schedel zagen
   Over 't ruim van 't *Hellemeer* (a)
Dat wij thans den *Maasstroom* heeten.
   Hoe die berg zijn naam verkreeg,
   Of tot deze hoogte steeg
Waent het bijgeloof te weten;
'k Heb de aloudheid in 't verschiet,
Op zijn kruin een slot zien stichten,
   Maer wat bouwlien dit verrigtten,
   Meldt mij mijn geheugen niet.
'k Zwijg van fabeltaal en droomen,
   Van Reuzinne *Hildegondt*,
   Die hier 't zandt stortte op den grondt,
Dat zij 't Zeestrandt hadt ontnomen.

(a) Doch St. HILDEGARDE was eene *Sanctinne*? Dit hindert evenwel niet, dat men haar den arbeid van de *hel-godin* (HELA) opdroeg, naar wie de Maasstroom *Helium*, later *Heldinne*-zee is genoemd geworden. Of is HILDEGAERDE de HELA? Men denke hier aan *Onze Lieve Vrouw te Vroonlo*, dezelfde als FRAU, FROWA (FREYA); in *Voorburg* heeft men wel Koning ESELOOR (*Hese-lo*) in een' *Sanct* LOWERENS veranderd.

> 'k Lach om 't geen men nog verdicht
> Hoe door *Enaks* woeste zonen
> Om op dezen berg te wonen,
> 't Slot voorhenen is gesticht. —
> Hoe 't moog' zijn, 'k heb *Nagel's* benden,
> Om *Jacoba's* wrok te voen,
> Aen mijn groene zoom zien woên,
> 't Overoud gevaerte schenden,
> Stout berooven van zijn kruin
> Dus, dus bouwt ge o *Tijd!* vermetel
> Staeg uw rusteloozen zetel
> Op geraemte en asch en puin.

Nog andere reuzen en reuzinnen kent misschien de sage, die thans nog slapen, gelijk wij vermoeden de *Ouwer* (Oude) IJSEL, die dan welligt dezelfde *Thrus*, (*Drus*) kan wezen, welke de *IJsel*gracht gegraven heeft; een ander, de *Hantwerpsche* reus DRUON (Thru-o), welke elken vreemdeling de handen afhieuw en in de *Schelde* wierp, leeren GUICCIARDIN, (*Besch. der Nederl.*) en VAERNEWIJK, (*Hist. van Belgis.* etc.) ons nader kennen.

Welk eene belangrijke rol overigens onze *Giganten* en de daartegen over staande *dwerchen* in onze Handschriftelijke Letterkunde spelen, kan ten volle blijken uit den roman *Lance-lot* (HS. op de Konl. Bibl., waarvan wij de uitgave zeer wenschen, bevattende de ridderdaden van *Artur's Tafelronde*), waaraan MONE, (*Gesch. der Heidth.* II. 518), althans eenen mythischen oorsprong toekent, en waarover de Loo-dienst welligt een nieuw licht verspreidt. Even als de noordsche *Hrijmthrusen*, roofden ook zij schoone jonkvrouwen. Twee hunner, tegen wie *Walewein*, een der tafelridders, als een regt noordsche reuzen-bestrijder, ten strijde toog, leeren wij uit deze woorden kennen:

> Si waren cone ende stout [1],   1) dapper.
> Eñ hadden verwoest mit gewoud [2]   2) geweld.
> Alt lant eñ dat coninckrike;
> Si hadde verslegen gemenelike
> Al die liede van den lande,
> Entie stede verbrant mit brande,
> Eñ die edele vrouwe en joncfrouwe
> Die scone warē int aanscouwē,
> Die vingen si eñ hildense daer. enz.

Zoodanige reuzen, en bijna dezelfde of dergelijke *aventuren*, waaruit deze versen genomen zijn, leefden in mijnen tijd nog in de Overbetuwe onder het landvolk voort. Wij deelen er daarom een onder de Bijlagen mede.

24. Aardgeesten, Dwergen, enz.

Dat ook de *Scandinaviër*, de *Germaan* en *Batavier*, even als de *Indiaan*, de *Persen*, *Grieken* en *Romeinen*, de *aarde* bevolkte met wezens der verbeelding, waarvan sommigen, door de afgeloopene eeuwen heen, nog tot ons zijn overgebragt, en in het volksbijgeloof voortleven, zal uit de bijeengebragte voorbeelden blijken.

Tot de *water-bewoners*, die daarmede in verband staan, behooren, de Watermannen: de *Nekkers* en *Neksen* (Nixen) (aant. 20), de *Meermannen*, *Meerminnen* en *Beelwiten* (21) en, zoo al niet de *Zwanen-ridders* (22), toch vermoedelijk ook de *Riesen* (reuzen) en *Giganten* (aant. 23), welke uit de water-dienst zijn ontstaan. Zoo telt de *Fries* en *Batavier* ook zijne aardbewoners of aardgeesten, veelal van het *dwergen*-geslacht, dat eene tegenstelling uitmaakt van de reuzen.

Onder deze gelooven wij te moeten rekenen: de *Dwergen*, *Guurkens*, de *Kabouterkens*, de *Kobolden*, de *Alven* of *Elfen*, de *Wichten*, de *Witte Wiven*, de *Trolden* of *Drolden*, enz. waarmede wij hier nader kennis zullen trachten te maken. Misschien was wel de *dwergen*-naam, in tegenstelling van de evengenoemde reuzen, de geslachtsnaam van deze geestensoort, die men met de Noordsche *Vanen* of *Wanen* zoude kunnen vergelijken.

»De *dwerchen*", ags. *dveorg*, ohd. *tuerc*, mdh. *tverc*, nhd. *zwerg*, in Thuringen, *querx*, (Grimm, 2e ed. 415), komen ook in onze, even als in de N. Sagen, voor, als kunstige *smeden*, die zich in de gebergten ophouden; zoo bijv. de *dwerchen* (nutons) in de dwergholen in Namen, waar men nog dikwijls de smederijen van het dwergvolk aantreft (Bouquet, *Legendes Namur.* p. 170); ook in de *trô des Sotai* (trou des nains = dwerghol) in *Luik*, lieten zij gedenkteekenen hunner kunstvaardigheid achter (Colson, *Souvenirs, etc. Revue belge* 1837, p. 373). De naakte dwerg in een dorp bij *Mechelen*, was van goedaardigen aard, en hielp 's nachts den molenaar zijn meel doorziften, waarvoor deze hem een broodje, een rokje en broekje nederlegde, dat de dwerg wegnam (Schayes, *Essai hist.* etc.). Soms hebben zij echter een zeer korselig en ligt geraakt karakter, als die in het slot *Caesar* te *Leuven*, (Wolf, *N. S.* n . 207).

Soms weder bewonen zij hunne onderaardsche, rijk van schatten voorziene burgten of putten, waarin zij schoone jonkvrouwen roofden en gevangen hielden. Toen *Melion* (in het H. S. van *Lancelot*) in eene zoodanige *caverne* of put nederdaalde, om eenen *dwerch* te bestrijden en 's konings dochter te verlossen,

> Sach hi omtrent hē eñ vernam
> Meer dan XL scoene ioncfrouwen,
> Dine te wonderne der anscouwe;
> Daer sach hi dattie dwerch groet
> Lach op des conincs dochter scoet
> En sliep mit sinē gemake, eñz.

Wij deelen deze *aventure* van *Melion* onder de bijlagen mede, om daardoor eenen dieperen blik in de onderaardsche dwergen-wereld te doen (*a*).

Kobolt, *Koubout*, is lat. *Cobalus*, fr. *Gobelin*. Of deze boosaardige berggeest aan het hoofd der *dwergen* en *kaboutermannekens* moet geplaatst worden, durven wij hier niet bepalen. Grimm plaatst hem onder de *huisgeesten;* doch Delrio (*Disquis. mag.*, p. 281), doet hem in bergholen wonen, en schrijft hem een zoo gevaarlijk karakter toe, dat hij zelfs door zijnen adem doodt, degenen, die metalen graven, of verborgene schatten zoeken. Onder hem schijnen meer bepaaldelijk te behooren de

Kaboutermannekens, van het dwergengeslacht, die, gelijk deze, bergen en heuvels bewonen. België telt zijnen *Kabouter-berg* te *Gelrode* (Schayes, *Ess. hist.* etc.). Bij ons is de *Schelle-Guurkens-Belt*, een heuvel bij *Lo-chem*, bekend (Staring, *Mnemos.* 1. 319). Gelijk de bovenvermelde *dwerchen*, schijnen ook de *Kaboutermannekens* van *Herselt*, veel van melkbroodjes en boter te houden, waarmede zij hunne oude vrouwtjes in een hol laten nederzinken. (Schayes, a. w.). Voor het *manneken* te *Turnhout*, rijk en behulpzaam gelijk de dwergen, is een duizendtal guldens, om eene liefdesgeschiedenis te voltrekken, eene kleinigheid. De bewoners echter van den *Kaboutermannekens*-berg, tusschen *Turnhout* en *Caster-le*, stelen in den omtrek

---

(*a*) Zie de Bijl.

allerlei; die in het *Kempenland* scheen arm, verrigt elken nacht het molenaars-werk, en wordt daarvoor *gekleed;* van groote dienstvaardigheid om iemand (den Hr. *Percy*) over den *Demer* te zetten, getuigen die van *Aerschot,* welke, zoo het ons voorkomt, hun geheele karakter kenmerken.

Als nl. de Hr. *Percy* van *Landorp,* laat uit de kroeg komende, nog de *Demer* moest overvaren, dan stonden deze goedaardige mannekens *hem* ten dienste: "Gewoonlijk bestelde hij hun dan nog, voor den volgenden morgen, vroegtijdig de koffij gereed te maken, de koeijen te melken, het huis te vegen, en dat deden zij alles ten stiptste; zelfs dronken zij geenen drop van de koffij of melk, maar lieten dat onaangeroerd, tot dat de Hr. *Percy* hun iets toevoegde. Dat deden zij en waren zoo getrouw, omdat de huisheer hun zoo goed was. Daarentegen moesten de buren duizenderlei trekken van hen verduren. Dan dronken zij de koeijen den melk af, dan bedierven zij de boter, of pleegden duizenderlei andere booze streken. Daarom waren de buren den Heer *Percy* vijandig; doch zij konden hem niets doen, want de kaboutermannekens beschermden hem, en waakten over hem; opdat hem geen leed geschiedde". (Zie WOLFF, n°. 476—480, enz.). — Van het *dwergen*geslacht zijn ook de

Guurkens, ook *Schelle-Guurkens,* door STARING, a. w. als *Uriskin* of *Urchin,* door BILDERDIJK als *Urken* of *Hurken* verklaard. Deze zijn almede aardmannetjes of berggeesten, die groote rijkdommen bezitten, zoo in den *Schelle-Gurkens-belt* nabij *Lo-chem,* waar zij eenen zilveren tafel, zilveren kandelaars, bekers, enz. hebben. Op mijne Rijn-reize (1840) leerde ik deze soort van *Gnomen* of bergmannekens kennen, in eene sage betreffende den *Kedrich*-berg en het *Wisperthal,* nabij *Asmann'shausen,* bij gelegenheid van het *Niederwaldfeest,* door mij bezocht. Wie hun bedrijvig huiselijk leven, hun wispelturig karakter en hunne rijkdommen wil leeren kennen, en weten wil, hoedanig het *schelletje* te pas komt, waarnaar de Lochemer *Guurkens* waarschijnlijk genoemd zijn, leze de fraaije, echt mythische sage van *Lorch* (die wij onder de Rijn-sagen van Mr. ROBIDÉ VAN DER AA missen) bij KARL GEIB, *Sagen u. Gesch. des Rl.,* S. 376. Eene tegenstelling tegen deze, en

de voorafgaande Kaboutermannekens, achten wij
De *Witte Wiven*, of *Witte Juffers*, die bij KEYSLER ook als "*grauwe wijfjes*" bekend staan, en door niemand beter beschreven zijn dan door Dr. HALBERTSMA (*Overijss. Alm.* 1837, 217). Deze bewonen de heuvelen *Wiven-belter* geheeten, in de Marke *Groot-Driene* ten oosten van *Hengelo*. Ook zij bezitten ongemeene rijkdommen aan gouden huisraad, zijn even ligt geraakt of beleedigd als de aardmannekens, komen soms met de menschen in aanraking, en verschijnen bij troepen als het er op aan komt eene aangedane beleediging te wreeken. Een boer van *Waarbeke*, benevens een knecht van *Borne* in *Twenthe*, werd eens door haar vervolgd: zij wierpen dezen met een handbijltje na, dat de splinters uit den deurpost vlogen.

Alven of *Elven* en *Alvinnen*, mdh. *alp* (genius) ags. *älf*, oudh. *älfr*, worden door GRIMM, (2e ed. s. 314) als tegenstelling tegen de *dwerchen* (dvergar), als oorspronkelijk goede geesten, als lichtgeesten (*Lios-alfar* = lat. *albus*) geacht. Intusschen had men ook *döck-alfar* (donker alven), zoo wel als *lios-alfar* (lichtelven), welke eerste ook *svart-alfar* en de laatste *hvit-alfar*, dat is: *zwart-* en *wit-*elven, genoemd worden. Over Elven- en Elfen-dansen in de weilanden in Gelderland, (Overbetuwe) zie mijne *Verh. over de N. Godenleer*, aant. bl. 77. Dat de *zwart-*alven van kwaadaardigen aard zijn, wijst reeds hunne kleur aan. Dikwijls geschiedt het, dat boeren, die laat uit de kroeg komen, hunne woning niet kunnen vinden en des nachts ronddwalen; dit doet in *Braband* de *alf*, (ongetwijfeld de *zwart-*alf); daar kent men ook nog het "nachtkruid der elven", — "wie het neemt moet sterven": daar heeft men ook nog menigen "*Alvinnen-heuvel*" (WOLF, n°. 484, 572). Dat ook bij ons nog menige plaatsnaam aan deze wezens kan herinneren, schijnt ons toe uit ALTING, *Germ. inf.*, waaruit wij aanteekenden: *Albiniana*, (*Alfna*, th. *Alphen* in Z. Holland) *Theolf*, *Alfinum* of *Elfinum* (Delf) (a). GRIMM geeft *olf* ook in den zin van "*ungeheure, geisterhafte wesen*", wat ook hier aan de *Elfen* (den tweeden vorm van den

---

(a) Dit verklaart ook de *Delfsche* Kalfschieters, oorspr. *Alfschyters*. Zie hier wat de Dichter JACOB WESTERBAEN, in zijn &c

7.

plaatsnaam) kan doen denken; voorts uit PICARDT, *Antiq.* etc. ontleenen wij: *Castra Alphegi* (Dalfsen)

soleo amicos satyra, ofte 't Noodsaeckelijck mal (1644), deswege zeide:

> Kalverschieters zyn maar boeren
> Alsse 's kermis komen uyt,
> En se passen aan haar roeren
> Als een Esel aen de Luyt.
>
> 'k Sag er eens een Vaendel trekken,
> Hoor AGNIETJEN, hoe ik voer,
> 'k Sag er soo veel lompe gecken
> Met de loopen op haer schoer:
> Ginder sou een vryer schieten,
> En — 't musquet was niet ghelaen;
> Water, water, help doch gieten
> Eer wy al te mael vergaen!
>
> **Herwaerts quamper drie marcheren**
> Die ghelyck'lyck leyden aen;
> Mit se trocken aan de veeren,
> Saghmen vlam noch roock opgaan;
> d'Een en d'ander had vergeeten
> 't Lonckt te setten op den haen,
> d'Ander scheen noch niet te weten
> Dat de pan moest open staen.
>
> MAERTJE, seyter weer een ander,
> Denckt wat ick een meester ben,
> 'k Leerde 't eerst by ALEXANDER,
> 'k Wed het niemand beter ken;
> 'k Weetje op een prick te seggen
> Hoe veel vinghers op een pan,
> Hoe een schutter aen moet leggen,
> 'k Sweerje dat, ick weter van;
>
> 'k Heb van ochtent wel verschooten
> Hondert vyftigh maten kruyt,
> 'k Wed myn borst is deur-ghestooten;
> Komter sulck een man wel uyt;
> 'k Had noch langher vyer ghegeven,
> Maer 't Musquet was heel vervoert,
> 'k Sou alleen een dorp doen beven
> Quam ick onder het gheboert.

Zoo sprak de snoever, legde aan en schoot. — Wat?.... Een *kalf!* — Dit was echter in de oorspr. beteekenis een *alf*, en de *Alfiners* zijn dus *Alf-schyters*; een ander om den spot nog scherper te maken, sprak de y als ij uit.

waarin, even als in *D-elf*, de voorgevoegde D als art. met het subst. is verbonden; van Mieris, *Chb.* I. 19. heeft: *Alfna*, *Alphen*, in Maas- en Waal. In middeleeuwsche romans komen zij, ongetwijfeld de *zwart-alfen*, als gedrochten voor: zoo in den bekenden *Karel en Elegast* »*Elfsgedrochten*". Onze van Maerlant zegt van deze:

»Elfs-gedrochte scuwet hane luud"; — de zwart-alf kan namelijk niet het *licht* verdragen, dat het hanengekraai aankondigt.

Onder de *Alvinnen* schijnt in Westvlaanderen de schoone »*Alvina*" boven aan te staan: als de wind huilt, heet het daar: »*hoor Alvina weent*". Misschien behoorde zij oorspronkelijk onder de *licht-alven* (waarover nader); doch de sage doet haar als konings-dochter, wegens een huwelijk met den ouderlijken vloek beladen, ronddwalen. Wolf, levert de navolgende strophen van een volkslied, waaruit dit blijkt:

    Ik voel dat ik moet gaen
    Vliegen in de winden,
    Zoo lang de wereld staet,
    En nooit geen troost meer vinden;
    Adieu kinders, lieve vruchten!
    Adieu man, die de oorzaek zyt,
    Uw moeder moet voor eeuwig zuchten.

De *Alvinnen* zingen uitstekend fraai:
    »So dat noyt meermynne badt (¹) en sanc"
zegt de roman *Melusine* (Antw. 1510 f. 1ᵇ), welke *Melusine* zelve, even als *Alvina*, met de Elven-leer te zamenhangt, blijkens hetgene Mone (*Nied. Volkslitt.* 75) daaruit mededeelt:

»Ende om des wille, dat die plaetse van Lusigne, dar dese meterie op rusten sal, gesticht is bi (door) eenre *Alvinne*, — so wil ic eerst vertellen eenen bitekene van eenen ridder gheheeten heer *Rocher van Ronsel-Casteele* in die provincie van Ary, hoe hy met aventuren vant in een velt opte riviere gheheeten dye Serayn een *alvinne*, die hi eensgaes hebben woude te wive, welke *alvinne* hare consent daer toe gaf op al sulken voorwaerde, dat hy se nemmermeer naket en soude sien. — Nu so sullen wy hier horen voert van den edelen ge-

---

(¹) Beter.

slachte, dat van deser alvinnen gecomen is, ende dat ewelyc totten eynde van der wereld regneren sal, ghelyc het tot noch toe ghedaen heeft, ende eerst van *Meluzinen*, derselver Alvinne dochtere".

Men ziet dus, de *Alvinnen* vermengden zich met het menschelijk geslacht; maar, even als de zwannen-ridders slechts op zekere voorwaarden, hier, dat de ridder de Alvinne: »*nemmermeer nakent soude sien*". Op gelijken rij met de Alven of Elven, staan, zoo het schijnt:

De Wichten, gelijk wij vermoeden de *Vehae*, die even als de bovenverklaarde *nehae* (zie aant. 20.) op eenen gedenksteen, te *Alldorf* bij *Gulik*, als *matronae Hama-vehae*, zijn gevonden geworden, en, die wij op dezelfde wijze als gene zouden verklaren. Bijv. *Vehae vech*, *vich*, *vicht*, (angs. *viht*), *wicht* (mdh. *wiht*). De overgang van *Nech* in *Nach* (nacht), wettigt ook hier, die van *Wicht* in *Wacht* (goth. *Vaihts*) en verwant met *Vaca*, in *Vaca-li-nehae*. »*Hama*" in de *Hama-vehae*, doet ons denken aan de *ham*, *hem*, *heim*-plaatsen. Waren de *Wichten* dus oorspronkelijk, zoo als zij hier voorkomen, die goedaardige geesten, aan wie de *wacht* over de *ham*- of *heim*-plaatsen, welke dikwijls ook als afzonderlijke *woningen* worden aangetroffen, was toevertrouwd; dan zouden de *Helle-wichten*, (*Wicht* = *veeg* in *Helle-veeg*) als heldere, licht-geesten, eene andere plaats dan hier moeten bekleeden. Dat ons hierbij steeds de *Vecht*, en het daaraan gelegene *Nichtevecht* in *Gooi*-land, (nacht-wacht? als wacht-huis) voor den geest zweeft, zij hier slechts in het voorbijgaan gezegd. Is onze verklaring juist, dan zouden de bovenvermelde *Nehae* (*Nichsen*) en de *Vehae* (*Wichten*) naast elkander kunnen gedacht worden, gelijk in *Nichtevecht*, en de »*Nikkers en Wichteren*", gelijk GRIMM aanhaalt, (*D. M.* 275). Intusschen zijn deze wezens in in den loop der middeleeuwen, zoo het schijnt, zeer veranderd. HUYDECOPER op M. STOKE (3. 6. 370) spreekt van »*quade wicht, clene wicht*" (kind): — elders vindt men *Boos-wicht*, *Hellewichten*, in den zwarten zin. Had men misschien ook hier het onderscheid als tusschen *svart*- en *lios*-alfar? nl. goede, heldere en zwarte of licht-*wichten*, of *wachten* bij heldere en donkere nachten? Tot de eerste behooren de zoogenoemde »goede kinder" tot de laatste, dan de *booswichten*, en de zoo even vermelde *hellewichten* in eenen kwaden zin, waarin het woord zelfs van eenen *man* voorkomt bij Mr. BILDERDIJK, (*N. T. en Dk. Versch.* IV. 164), in een' ouden Ridder-roman:

> De vrouwe es so wel geboren,
> Wat hebdi an 1 *wicht* vercoren.

Tot welke soort van wezens de *Molikken*, *Eunjers*, *Trolden* (*Drollen*) *Dreutels* en *Keutels* behooren is almede moeijelijk te bepalen. Misschien herinneren de *Molikken* en *Eunjers*, aan de Duitsche »*Molkentöverschen*", die de melk betoveren of de boter van de karnen stelen; die op *Rügen* met groote vuurvlammen verdreven worden, en, zoo als er een in Braband (gem. Lessinge bij Ostende) onder den naam van *Flerus*, op melk en *look* (uijen) onthaald, wegvloog met den uitroep:

> Melk en look!
> Flerus verhuist
> En 't geluk ook.

Zoodanig eene *Molik* (als oud toverwijf), stelde zich om eene koe te betoveren, met een mesje tegen den maneschijn, voor de woning van eenen boer, en sprak, (volg. DELRIO, p. 399) aldus:

> Hier snijd ik een spaen,
> In mollekens ghewaen,
> Ende een ander daer toe
> So neem ick het melk van deser koe.

Doch de boer, welke dit gehoord had, nam een dik touw in de hand, en sloeg haar godsjammerlijk, onder de woorden:

> Hier slaen ick een slach
> Ende eenen andern als ick mach,
> Ende den derden daer toe,
> So behoud ick d' melck metter koe.

Misschien zijn deze dezelfden, die in de Overbetuwe melk uit de *biesen* trekken.

Ook de *Trolden*, zijn toover-geesten, die in Drenthe, nabij het dorp *Aagerup* voorkomen. Een boerenknecht werd daar door eenen zwerm *Trollen* vervolgd, omdat hij haar eenen gouden beker ontstal, zij wierpen hem eenen steen na, die nog midden in het dorp ligt. (HALBERTSMA, O. A. 1837. 244).

Dat overigens zoowel de *Trollen* (Drollen) als de *Dreutels* en *Keutels*, mede tot de aardgeesten moeten betrokken worden, heeft ook Mr. VAN DEN BERGH gedacht, die daarbij de opmerking voegt, hoe de naam der oude heidensche *godheden* (geesten zouden wij liever zeggen) gebruikt zijn om het verworpenste en laagste uit te drukken.

25 Luchtgeesten.

Gelijk de *Svart-alfen*, de dwergen, enz. tot de aardgeesten behooren, zoo vermeenen wij wel in de eerste plaats de *Licht-alven*, wijders, de *Nachtridders*, *Varende vrouwen* (heksen), de *Maren* en welligt nog anderen, onder de Luchtgeesten te moeten rangschikken. Broeder GHERAERT, of wie ook de Schrijver van het HS., de *Natuurkunde van 't Heelal* zijn moge, vat deze en anderen allen te zamen onder den naam van »*Duuele*". Niet veel beter handelt daarin Ds. NIERMEIJER, die almede het *booze wezen*, meer op den hals laadt, dan hem toekomt. Misschien hebben een en ander deze kunstgreep Paus GREGORIUS afgeleerd, die in zijnen brief aan den Franschen abt MELLITUS, de vroegere goden, godessen en geesten met gelijken naam bestempelde (a), en daardoor het hunne toegebragt, om de verwarring nog grooter te maken, dan onder al die geesten, na den val van het vroegere *godenstelsel* reeds van zelf ontstaan moest. De rol welke Ds. NIERMEIJER, het *booze wezen in het bijgeloof* laat spelen (Rottd. 1840) is bekend, wat Broeder GHERAERT zegt, laten wij hier volgen:

Van duuelen, die syn in die lucht.

Nu sijn tusschē ons ent' mane
In die lucht duuele, dat ic wane,
Si weten wel alle nature,
Ende connen alle scrifturen.
Als si die lucht verstormt [1] sien
Ende dit wonder dan gescien
Die die luude seere ontsien [2],
So minghen si hem mittien,
Ende varen der blexeme met
Omdat si quat moghe doen het [3].
Want die viant [4] is bekent reet;

1) onstuimig.

2) vreezen, duchten.

3) te beter.
4) nl. de duivel.

(a) Zie dezen brief onder de Bijl.

Als die mensche niet en weet,
Hem te brenghen te vallen,
Des bescherme God ons allen.
Duuele die syn in die lucht,
Ende doen den mensche dicke vrucht 5).   5) verwekken dikwijls vrees.
Si comen ooc wel maken vier,
Dat ons vlamen dunct scinen hier,
Dat si scieten onderlinghen.
Nacht ridders heten si,
En syn duuele, ic seg di,
Hagedissen 6) en varende vrouwe 7),   6) Haag - hegge - godessen waarover nader, *dissen*, ond n. *disar*.
Goede kinder 8) in goede trouwe,
Couboulen 9). Alven 10), Nickers 11), Maren 12),   7) nl. heksen, die door de lucht vliegen.
Die hem smorgens openbaren   8) goede *wichten*. Zie aant. 24.
Ende comen halen vier;   9—11) zie boven, aant. 24.
Maren heten wise hier.   12) waarover nader.
Minne 13)! Het syn duuele alle,   13) Eilieve!
Die ons gherne brochten te valle.
Duuel penset 14) nacht eñ dach,   14) bepeinst, bedenkt.
Hoe hi over ons verlistighen mach,
En vut dien ghelove bringhen,
Eñ proeuet ons mit misselike dinge (*a*).

Men ziet hieruit, dat Broeder GHERAERT onder den naam van »*duuel*" nog al vrij wat onder elkander haspelt, als water-, aard-, lucht- en woudgeesten, welke behoorlijk te scheiden en rangschikken zeker geene gemakkelijke taak is.

De Alven, als luchtgeesten gedacht, zullen hier wel geene ander dan de *licht-alven* (Lios-*alfar*) zijn. Slechts één voorbeeld is mij uit mijne jeugd bekend, dat deze ook in de *Overbetuwe* (te *Driel*) gezien zijn. Een boeren-knecht kwam namelijk, vroeg in den morgenstond, toen de dauw nog op het veld lag, om het paard uit het land te halen. Daar zag hij een dier wezens in de opkomende zonne-stralen zich koesteren. Hare verrukkelijke schoonheid, haar lang golvend haar ging alle beschrijving te boven: hij nadert haar, verrukt over hetgene hij zag, doch in een' oogenblik is de schoone *alf*, in een zeef in de lucht verdwenen. — Vermoedelijk zijn

---

(*a*) Eenige dezer verzen zijn ook door Mr. H. VAN WIJN medegedeeld, *Hist. avondst.* I bl. 305. Het HS. over *de Natk. van het Heelal*, berust in de Academie-Bibliotheek te *Utrecht*, waarvan afschrift in 's Gravenhage, (Konkl. Bibl.) afkomstig van MEERMAN. Buitendien bestaan er nog andere HSS. van, zie het Verslag enz. door Mr. BILDERDIJK *Taal- en Dichtk. Versch.* 1823. IV. 73 enz.

het ook *licht-alven*, die hare rijen-dansen in de weivelden houden, daar echter zeer zelden gezien worden, en in de meerdere vruchtbaarheid van het gras sporen van hare verschijning achter laten. Op zulke ronde kringen van welig gras te trappen, wordt den kinderen verboden. (Zie mijne *Verh. o. de N. Godenleer*, 1836. 77 enz).

Nachtridders. Wat men door deze, en in het algemeen door *ridders* te verstaan hebbe, is niet moeijelijk te bepalen: van *rien, riden* (rijden) afgeleid, verkrijgt men *Nacht-riders;* geesten, die des nachts door de lucht *rijden*, in Gelderland ook *varen* geheeten, en dus, zoo het ons voorkomt, de ml. tegenstelling der *varende Vrouwen*, welke, almede als *heksen* (maar op bezemstokken) door de lucht rijden; terwijl de ridders op hun ros gezeten, zich nu en dan doen hooren of gezien zijn. Zij herinneren aan het *woedende Heer*, dat in Duitschland te huis, door GRIMM, *Deut. M.* 525 enz. uitvoerig is behandeld geworden. In *Gelderland* ontwaart men het aan het »*nachtelijk geklapper*" dat de paarden in de lucht maken; in *Pijnakker* (Zuid-Holland) schijnt hetzelve, onder de uitrusting van gewapende ruiterbenden gezien, even voor den *Belgischen* opstand; (volgens verhaal van Ds. DE JONG, aldaar). De omstandigheid, dat deze *nacht-ridders, rijders* of *ruiters* geregelde gevechten in de lucht leveren, doet ons aan de N. *val-kijrien*, of slag-godinnen denken, die onzigtbaar in den strijd voorop reden: of zijn het helden, *Einheriar*, die nog hunne strijd- en jagt-lust bot vieren? Tijdens de regering van JAN van *Henegouwen*, werd in Holland een wonderbaar teeken in de lucht gezien, nl. een man te paard gezeten, welke al het volk vermaande, de wapens op te nemen, en naar zee te snellen, om aldaar de vijanden te slaan en te verdrijven. Toen het krijsvolk aan zee kwam, zagen zij vele honderd schepen, die de zee bedekten, zoo verre men zien kon. Toen men echter daarop wilde lostrekken verdween de man in de lucht met alle schepen op zee. Een wijs man verklaarde dit als een voorteeken, dat de *Vlamingen*, Holland, Zeeland, Friesland en Utrecht, zouden veroveren; doch even spoedig als de schepen verdwenen, ook weder zouden verliezen; hetgeen ook geschied is. (*Oude-Divisie-Cronycke*, enz. 1585. f. 51ᶜ). En in 1304 hoorde men, naar het verhaal van Occa (uitg. van *Andr. Cornelius*, 1597. 36ª) tusschen *Scharl* en *Warns*, een geroep in de lucht: *helpt, helpt, helpt!* en men zag een paar strijders, omgeven door groote troepen volks. Een en ander verdwenen, zoodra een der kampvechters bezweek.

Ook levert *Belgie* (Braband) sporen van de wilde jagt: een *eeuwige* jager hoort men in de wouden (nabij het slot *Wijnendael*), waar het geraas en geblaf van honden, en het gedurig: *Jakko, Jakko, Jakko!* door de lucht weergalmt, dat sommigen aan eenen vervloekten jager in roofvogel-gedaante toeschrijven (Serrure, *Kunst- en Lettbl.* 1841. 68) en in het bosch *Soigné*, hoorden een paar boeren, des nachts plotseling geklapper der zweepen, geblaf van honden en getrappel van paarden in de lucht: *God behoede ons! de wilde jager!* sprak een der boeren, en sloeg een kruis. In de *Ardennen* hooren de houthakkers dikwijls des nachts een gruwelijk geraas: honden blaffen, horens schallen en paarden trappelen; zoodat het den koensten man doet vreezen. Den volgenden morgen vindt men dan *everzwijnen*, ree-en en ander wild dood op den grond liggen, zonder dat er echter een eenig spoor van verwonding draagt. (Wolf nº. 259 en 517, naar de *Emancipation* 1837. nº. 174). Het geval echter door Joan. Caesarius, (l. XII. c. 20), en Delrio (*Disq. mag.* 930), nopens de *wilde jagt* verhaald, doet hier denken, aan de *varende vrouwen*, welke misschien onder den wilden troep behoord hebben, en hare tooverkunsten als *heksen* plegen.

Heksen of *varende vrouwen*, bij broeder Gheraert, *Col-rysters*, *Kollen*, bij Heemskerk, houden wij althans voor dezelfden. Grimm, zegt, dat de lat. *Saga, Strix, Striga*, enz. onze *hexe* uitgedrukt, en schijnt dezelve naar den ouden vorm, *hazus, hazessa* = *hagazus*, of *hagazusa*, angs. *hägtesse*, enz. met de *hagedissen* verwant te achten. Wij onderscheiden echter deze laatsten van de *heksen*. Is in andere woordvormen de overgang van *n.* in *h.* gewettigd (bijv. *Nerthus* — *Hertha*), dan kunnen de bovenvermelde goedaardige *Nechsen, Nichsen* (aant. 20, 21.), in de kwaadaardige *heksen* eene tegenstelling vinden. Oudn. is *hägr, hägr* = *dexter, artificiosus*, en het verbum: *hechsnen*, oudfr. *hexna* i *fascinare*. De boosaardige *toover-heksen* (waarin *toover* het *heksen* verklaart) speelden steeds eene belangrijke rol in het volks-bijgeloof, en worden daarin niet zelden met de *Neksen* (*Nixen*) verward, gelijk onder de geleerden in de woordafleiding; waar de laatsten als *goeddoende* verschijnen, treden de *heksen* als boosaardig, listig en verraderlijk op. GRIMM geeft een aantal boosaardige trekken dezer wezens op, en onder het landvolk zijn er ligt nog veel meer in omloop. Ook spreekt hij van eene *heksen-koningin*, waarvoor in Belgie, volgens SNELLAERT (*Kunst- en Lettbl.* 1842. 39) *Wanne Thekla* wordt gehouden. Wanneer het weder zeer woest en onstuimig is dan speelt zij hare rol. Des nachts komt zij op aarde neder, vergezeld door eene lange rij van volgelingen, en danst, en zingt, en springt op den *Pottelberg*, waar vroeger eene galg stond. Op de rivier de *Leije*, die door *Gent* stroomt, houdt zij een schoon schip, waarop zij met haar gevolg, na geëindigd nachtelijk feest, onder het bevel van »*wind met vieren*" afzeilt. — In hoe verre nu deze *Wanne*, aan *Anneke* (in Gelderland *Jenneke*) tooverheks, en *Thekla* aan de Noordsche *Thok* herinnert, of als hetzelfde wezen is aan te merken, durven wij niet bepalen; ook PICARDT, (*Antiq.* 1731. 129) vermeldt een *Tecklaburg* (ook *Titne- Teuten-* en *Tekne-burg* geheeten) in *Friesland*, doch schrijft de bouwing daarvan aan de *Hunen* toe, — en in *Amsterdam*, waar zij, gelijk meestal overal elders, in de gedaante van *katten*, op den toren van de oude kerk zich verzamelden, zongen zij (volg. HAUBER, *Bibl. acta et scr. magica*, II. 17. 302):

> Wij willen van hier nimmer weggaen
> Tot dat wij *Bametje* in 't vuur zien staen.

Wie echter *Bametje* was wordt niet vermeld. De gedaante van *katten*, waarin zij ook op de *Loozer-laan* onder *Wateringen*, op de *Loo-laan* onder *Voorburg*, aan den kolk te *Driel* (*Overbetuwe*), en overal elders verschijnen, doet ons aan het voorspan der N. godin FREIJA denken. Deze katten zijn van verschillende kleur, die welligt betrekking heeft op den tijd harer verschijning, bijv. *grijs* zijn die ter genoemder plaatse, ligt omdat zij daar in den avond gezien worden; *wit* zijn die te *Leuven*, waarop wij terug komen; *zwart*, komen zij slechts zelden voor, misschien omdat *Alven* en *Nikkers* die kleur dragen. Dan weder vertoonen de *heksen* zich als *padden*, waarvan verscheidene voorbeelden kunnen worden bijgebragt; meestal in onbepaalde getallen in rijën-dansen; bijna in elk dorp treft men dezelve aan, tusschen *Gorcum* en *Thiel* wel een 70 tal aan den *waaldijk*, (HELDRING, *Wandel.* 2 St. 154), meestal echter op heilige plaatsen (*Loo*-lanen, enz.). Daarenboven hebben zij ook algemeene verzamelplaatsen, dan eens een' berg, gelijk in *Duitschland*, den algemeen bekenden *Brocken-* of *Blocksberg*, waar hare rijen-dansen in den *St. Walburgs-nacht* plaats grijpen; vooral uit ons land trekken zij derwaarts: van Belgie uit, zoo het schijnt, ook naar *Spanje*, en uit *Ferrara* varen zij meestal naar den *Jordaan*, gelijk WOLF (uit BARTHOLOMEUS DE SPINA, l. c.) aantoont; soms varen zij in mosselschulpen en eijerschalen over de zee naar Engeland (HEEMSKERK, *Arcadia* 1657. 61); anderen drijven op *gluy-schooven* in zee, (ERMERINS, *Bijdr.* 187). Dan weder verzamelen zij zich nabij eenen boom (WOLF n°. 382. 419), in een woud (189. 383), op eene marktplaats, rondom eenen boom (246, 247), ook wel in eenen kelder (244); in *Amsterdam* op den toren der oude kerk. — Hare vermakelijkheden zijn van verschillenden aard, sommigen *spelen*, anderen *dansen*, poot aan poot, en verlevendigen daarbij hare rijen-dansen, door *zingen* en *drinken*, door *bakken* van pannekoeken. Soms, gelijk te *Erendegen* (n°. 393) komen zij op den reuk dezer laatsten af, plaatsen zich bij het vuur, of springen daarom heen (*a*). In *Leuven* zijn het katten die dansen (246); bij *Flobeeke*

(*a*) Sprwd. Als *het regent en de zon schijnt bakken de heksen pannekoeken*, = *als het regent en de zon schijnt is het kermis in de hel*, worden uit de BALDR'S *mythe* opgehelderd. Ook in weerwil van hetgene Ds. NIERMEIJER, te *Hardinxveld*, daarover gebeuzeld heeft, komen wij op dit gevoelen terug. Men leze inmiddels *Konst- en Letth.* 1815. 48, 1816. 10, (N. WESTENDORP), *K. en Letth.* 1817. 14. mijne *Verh. v. d. N. Godenl.* 1836, bl. 91., en NIERMEIJER (*Verh. over het booze wezen*, enz. 1840, 98 in den noot) aan wien wij intusschen het genoegen laten, *la fille du Diable*, te verdedigen; zijn toon ziet er dan ook regt d......uit! — Onderrigt ZEw. zijne gemeente ook zoo minzaam op den predikstoel? Ook dat moge zijn: wij houden het met de *pannekoeken*, en laten hem *la fille du Diable*. zie WOLF, *Nied. S.* 1844. n°. 393.

maakt zelfs eene kat muzyk. Somtijds treft men op bergen, waar zij zich verzamelen, gelijk op den *Bloksberg*, een prachtig schitterend paleis aan.

In hare ware gedaante zijn de heksen veelal oude wijven, tooverwijven, of oude moedertjes, die zich door tooverzalf, tot deze gedaante-verwisseling in katten, in staat stellen, en dan onder zeker *tooverformule* den schoorsteen uitvliegen (zie mijne *Verh. over de N. G.* 1836. blz. 75). DELRIO levert het recept voor dergelijke tooverzalf (*Disq. mag.* I. II. *quaest.* 24). Zoo deden een boer en eene boerin van het dorp *Capelle* eene rit op twee kalveren; dit ging

> Over haeg en over steg
> Tot Keulen in den wijnkelder.

Onder de tooverkunsten door de *heksen* beoefend, behoort het veranderen van musschen in muizen, (HEEMSK. a. w. 61); doch onder de kwaadaardige trekken, die zij spelen, tellen wij vooral het betooveren van menschen, kinderen, koeijen, opdat deze geene melk of boter geven. Er bestaan echter ook middelen om te onttooveren, en de *heks* zelve te betrappen, te doen verschijnen, enz. Vooral is het gevaarlijk eenig snoepgoed, of wat ook van eene heks aan te nemen, of haar eene weldaad te bewijzen. »Twee kinderen van vrome lieden (zoo verhaalt PHIL. VON ZESEN, *Beschr. von Amsterd.* 1664, 182) in de St. Nikolaas-straat te *Amsterdam*, waren betooverd geworden. Een buurman gaf den ouders den raad, om *eikenspanen met water, dat zij van eene kruis-brug geschept hadden*, te kooken, dan zoude de tooverheks zich wel vertoonen en de kinderen weder gezond maken. Hoezeer de ouders dit eerst niet geloofden, zoo deden zij het echter uit medelijden met de kinderen, en wel met gesloten deuren en buiten iemands weten. Naauwelijks begon het water te kooken of eene van hunne buurvrouwen kwam achter op de plaats, en begon te schreeuwen: »*gij duivelbanners! duivelbanners*"! zij zette dit geroep ook in het huis zelf, onder heen en weder loopen, zoo lang voort, als de pot over het vuur stond, waaruit duidelijk bleek, dat zij de arme schepseltjes het leed berokkend had; maar ook, zoo het ons toeschijnt, dat zij onder den invloed des *duivels* of met dezen in verbond stond. Ligt is deze een plaats-vervanger van de oude Toovenaresse *Thok* of de Heksen-koningin *Wanne Teckka*, doch dan schijnt die invloed des boozen in weerwil van haar zelven.

»Een boeren-knecht te *Leuven*, die gewoon was 's avonds laat in de herberg te zitten, keerde eens omtrent middernacht naar zijne woning terug. Toen hij over de markt kwam, zag hij eene menigte *witte* katten, die, met de voorpoten in elkander geslagen, op de achterpooten rondom eene tafel sprongen, en overluid zongen:

> *Poot aan poot*
> *De Duivel is dood* (a).

Op de tafel stond een zilveren bokaal met wijn gevuld, waaruit de danzeressen, de eene na de andere dronken. Plotseling omringden honderden dezer katten den boeren-knecht, de eerste van haar bood hem den beker aan, en wilde, dat hij bescheid zoude drinken. De arme man was echter door het gezigt der wonderbare verschijning zoodanig getroffen, dat hij geruimen tijd zonder beweging en zonder een woord te spreken daar stond. Toen hij eindelijk een weinig tot zich zelven kwam, sprak hij met eene bevende stem: »Neen ik wil niet drinken"! en zocht zich tevens eenen weg te banen, door de hem omringende heksen. Toen hij op den hoek van de Thiener-straat kwam, begon hij te niezen, en zeide, gebruikelijkerwijze, tot zich zelven: »*God zegene u*"! En ziet, naauwelijks was dat woord uit zijnen mond, of alle katten vlogen over zijn hoofd weg, en nog lang hoorde hij het *miauwen* in de lucht weerkaatsen". (SERRURE, t. a. pl. 1842, 4).

De schromelijke afwijkingen en gruwelen, waartoe het geloof aan *Heksen*, *varende Vrouwen* of *Col-rijsters* in vorige eeuwen heeft aanleiding gegeven, spiegelen zich af in het Geldersche kinderspel van *Jenneke Tooverheks*, waarin de tooverheks, die 's morgens op den rook der schoorsteen af, vuur komt halen, wordt ge-

---

(a) Zoo sprak ook THOK bij den dood van BALDR:
> *Thok* zal rouwen
> Met traanlooze oogen
> Om *Baldrs* dood, enz.

grepen, en ten vure gedoemd. Elk der kinderen brengt dan zijn houtje of takkebosje aan om de tooverheks te verbranden (a).

Nemen wij nu dit een en ander, wat wij over de *heksen* en *col-rijsters*, *kollen* of *varende vrouwen* hebben medegedeeld, te zamen, dan kunnen wij niet instemmen met GRIMM (1e ed. 513, 514), die uit "*dem hüpfen der irlichter*" de *heksendansen* verklaart; veeleer denken wij haar te moeten verklaren als de verpersoonlijkte *winden*, die als *col-rijsters* of *kollen*, de koude aanbrengen, en daarbij het dartele spel der heksen-dansen drijven, door de lucht vliegen, enz. *Col-lo* = koud-water, *Col-ham* = kouden-ham, *Kolhorn* = kouden hoek, *Kol-* of *Kolden-hoven* enz., kunnen aan dezelfde *kollen* den naam verschuldigd zijn.

Niet zelden worden echter deze wezens verward, met:

<blockquote>
De Maren, die hem 's morgens openbaren,
Ende komen halen vier.
</blockquote>

Wie zijn echter de *Maren?* Dit is moeijelijk te bepalen, omdat zij met de *heksen*, dezelfde boodschappen van *vuur-halen* doen. Misschien helpt de woordbeteekenis en deze of gene karaktertrek teregt. Hetgeen GRIMM, bij de *heksendansen* dacht, nl. aan het huppelen der *dwaallichten*, die uit de *moeras* oprijzen, brengen wij hier op de *vuurhalende Maren* over. *Mar*, *mare*, *maer*, enz. hebben wij boven verklaard in *Mar*-lo, *Maer*-lo, enz. = *moer*, *moeras*. Vuur- of vuurdampen daaruit opgestegen, kunnen tot de verpersoonlijking van deze luchtgeesten hebben aanleiding gegeven; of hebben wij hierbij aan het water zelf te denken? In dat laatste geval zouden zij met de *mare-minnen* en de booze *Machuut* op gelijken rij kunnen staan; maar in de beide gevallen met de *heksen* kunnen verward, of in haar gezelschap kunnen aangetroffen worden, gelijk het geval was te *Haarlem*, waar eene heks

---

(a) Zie wijders BONDINUS, *Daemonomania*, — WIËRUS, *de praestigiis Daemonum*, D. JONCTIJS, vert. van SENNERT'S, *Tooversieckten*, BEKKER, *Betoverde wereld*, en anderen van vroeger tijd, benevens SCHELTEMA'S, *Heksen-processen* (Haarl. 1829) CANNAERT'S *Bijdr. tot het oude Strafregt in Belgie* (Bruss. 1829), en SCHAIJES, *Essai hist.* (Louv. 1834. 175. 202) uit onzen tijd.

gevangen werd, die aan Burgemeester en Schepen beleed, dat zij de menschen elken nacht, dan hier dan daar, gekweld had (Wolf, 563). In het jaar 1486, zeilde een schip van Engeland uit naar Vlaanderen; daar verhief zich een zoo verschrikkelijke storm, dat de mast met de zeilen en het roer brak en allen den zekersten dood voor oogen zagen. De schipper verwonderde zich over zulk een onweder in het midden van den zomer, en bespeurde weldra, dat hij niet met rigtige dingen te doen had: maar dat een booze geest in het spel moest wezen; dat riep hij ook met luid geschreeuw aan zijne togtgenooten toe. Toen hoorden zij op eenmaal een wijf uit het ruim van het schip zich erbarmelijk beklagen, dat zij door de *maar* bereden werd; met aandrang bad zij den schipper haar in zee te werpen, opdat door haren dood althans, de andere lieden, met Gods genade en barmhartigheid, mogten gered worden. De schipper evenwel riep eenen Priester, die zich bij hen bevond, toe, dat hij tot het wijf gaan, en haar troosten zou, hetwelk deze ook deed. Nadat het wijf hem gebiecht en van harte daarvoor boete gedaan had, dat zij reeds vele jaren met de *maar* geleefd, en hij haar voorgehouden had, dat Gods goedheid niet haren dood begeerde, en zij voorzeker genade zoude ontvangen, — ziet, als de Priester haar op deze wijze vermaand en toegesproken, en nadat zij met vele zuchten en tranen hare misdaad beleden had, — daar is op éénmaal eene groote zwarte *wolk* van den bodem van het schip opgevaren, en heeft zich met verschrikkelijk geraas, met *vuur* en *vlammen* en onuitsprekelijken stank, in zee geworpen, die in denzelfden oogenblik weder rustig werd, zoodat geen golfje zich meer verroerde. (Hect. Boethius, i. VIII, *Rer. scoticarum*). Wat hier door de *maar* te verstaan zij, is, dunkt mij, niet moeijelijk te bevatten. — Te *Alverdingen* kwam eene *maar* in eene kamer, doch de man nam zand, strooide het overal, onder tafel, stoelen, kasten, kortom in alle hoeken, en brak zoo hare magt (Wolf, 249). Te *Vilvoorden*, zagen eenige maaijers eene *maar*, in wijfs gedaante, rustig in het korenveld liggen (250); een jongman door eene *maar* gekweld, hield 's nachts een mes op de borst, waarmede hij haar wondde (251). Een algemeen behoedmiddel tegen de *maar*, is in eene flesch te wateren, die in de zon te zetten, en daarna achterwaarts over het hoofd in een *water* te werpen (253); zoodanig eene flesch vulde een Heer te *Sittard*, en daarna verscheen de gepijnigde *maar* zelve, in zijn vertrek; haar ontliep zoo veel *water*, dat het geheele vertrek vol werd. Nu dreef hij haar met vele slagen de deur uit, en zij kwam nooit weder (254). Wie uit al deze trekken nog niet de *maren* en ook niet de booze *Mare-chuut* (giet) heeft leeren kennen, laten wij het genoegen haar als eene *Sanctin* te blijven vereeren, die, als het op den 20 Aug. regent, naar het volksgeloof nog *zes weken lang blijft doorregenen*. Doch men heeft behalve de *maren* ook *nachtmerries*, waarop wij terugkomen. GRIMM, vertaalt (1e Ed. 595) *nacht-mar* door *nachtpaard*, en verstaat er door, eene in den slaap drukkende, rijdende *alvin*; onzes inziens verkeerd; men had ook *paarde-maren*. »Bij de grootmoeder mijner tante", (zoo verhaalde VAN SWIJGHOVEN aan WOLF n° 255,) was eens een paard door de *maar* bereden geworden. Dat hoorde de buurman, en kwam aangeloopen. Hij nam twee tegelsteenen, die hij over kruis legde, met een touw vastbond en boven het paard ophing. Weldra hield het dier op te *zweeten*, en onrustig te zijn, en de *maar* heeft het ook nooit weder kunnen berijden". In *Gelderland*, waar die *nachtmerrie* nu en dan ook paarden berijdt, legt men als voorbehoedmiddel tegen dezelve een paardenkop op de afdaken der stallen. (Zie mijne *Verh. o. d. N. Godenleer*, 1836, 76).

26. Woud- en Veldgeesten.

Tot de *Woud-* en *Veldgeesten*, die wij hier, om hunne naauwe betrekking tot elkander, onder eene rubriek laten volgen, behooren onzes erachtens, wel voornamelijk de algemeen bekende *weerwolf*, die onder verschillende namen van *kwade hond*, met vurige oogen, van *soksus*, omdat hij zacht als op sokken loopt, van *stoep*, omdat hij bij zijne ruige huid een' korten staart heeft, voorkomt. Over hem handelen wij afzonderlijk. Voorts tellen wij daaronder *Kludde*, (*Lodder*), *Osschaert*, de *Heggemoer*, de bovenvermelde *Hagedissen*, de *Droes*, *Basiliscus*, *Nachtmerrie* (in zoo verre dezelve zich in de velden ophoudt, die wij hier nader zullen trachten te doen kennen

Een paar vervaarlijke woud- en veldspoken, waarvan men menigen trek in den Gelderschen *Loeder* aantreft, leert ons WOLF kennen, namelijk *Kludde* of *Lodder* en *Osschaert*. WOLF vergelijkt dezelve bij den N. *Loke*, *Loki*, hetwelk misschien ook, vooral wat den eersten betreft, uit de overeenkomst van naam (*Kludde* (u = oe), *Lodder*, in Gelderland *Loeder*) zou kunnen worden afgeleid. Eenige trekken schijnen daarvoor almede te pleiten (s. 706) intusschen verdient deze meening nadere bevestiging.

Beide verschijnen vaak als *paard*, iets wat ons van *Oschaert* (aard van een *Os?*) het meest bevreemt; de Geldersche *Schumert* (schuimlooper) dikwijls als wolf of beer. Doch, bezien wij eerst het veranderlijke karakter van eerstgemelden, zoo als JULES DE ST. GENOIS (*Kunst en Lettbl.* 1840, 47) hem beschrijft.

Kludde, ook *Leure*, (en *Lodder*, *Loeder*) dan, is een booze geest, die in een groot gedeelte van Braband en Vlaanderen zijne rol speelt. Wat zijne gedaante betreft is hij een ware proteus. Daarom zijn de boeren ook zoo bevreesd voor hem, dat zij des avonds voor geen prijs, in een woud, op eene weide, eenen akker, of op straat zouden gaan, van welke het sprake is, dat *Kludde* zich aldaar ophoudt. Dikwijls ziet men hardnekkige en eigenzinnige kinderen, die zich alleen door de bedreiging van *Kludde* laten bedwingen. Ook jonge meiden beven voor hem, dewijl zij gelooven, dat hij ook als *Maar* rondgaat. En dit zou misschien op het spoor brengen, om hem te verklaren.

Dikwijls verandert deze geest zich in eenen boom, welke eerst geheel teer en klein daar staat, doch weldra tot eene onmetelijke hoogte zich verheft, en in de *wolken* verdwijnt, terwijl alles, wat denzelven op aarde omringt, links en regt door elkander wordt geworpen. Dan weder omhangt hij zich met de huid van eenen grooten zwarten hond, loopt aldus op zijne achterpoten, rammelt daarbij met eenen keten aan den hals, en springt den eersten, dien hij ontmoet, onvoorziens op den rug, en als hij hem dan op den grond heeft geworpen, verdwijnt hij zonder spoor. Meestal is *Kludde* een oud, afgemat paard, en als zoodanig werd hij de schrik

8.

van alle stalknechten. Deze verhalen, dat, wanneer zij soms des nachts hunne paarden uit de weide halen, het hun vaak gebeurt, dat zij, in plaats van zich op hunnen welbekenden hengst of hunne merrie te zetten, zich op den rug van *Kludde* plaatsen, die dan met de grootste snelheid met hen wegloopt, tot dat hij ergens aan een water komt, en daar zijnen verbaasden ruiter inwerpt. Terwijl de arme knaap zich nu tracht te redden, legt *Kludde* zich plat op den buik op den grond neder, en lacht hem op de afgrijsselijkste wijze uit, tot dat de gedoopte zich mismoedig of half woedend, uit het water gered heeft.

Nu en dan neemt *Kludde* ook de gedaante van eene kat, eenen kikvorsch, eene vledermuis of van een ander dier aan. Zijne komst kan men ligt erkennen, aan twee blaauwe vlammetjes, welke hem bevend en huppelend vooruit loopen. Deze vlammetjes, door de boeren ook stallichten geheeten, zijn, zoo veel men heeft kunnen ontdekken, de oogen van het spook. Ontloopen kan men *Kludde* bijna niet, al liep men ook in den snelsten galop; want hij zou, aan eene slang gelijk, even spoedig nasnellen.

Als deze geest vlugt, dan roept hij gedurig *Kludde Kludde*, daarvan heeft hij zijnen naam. Van twee vrijers zag een hem achtervolgens de gedaante van een' hond, eene kat, een schaap aannemen en op het dak springen, doch de andere zag niets (WOLF, No. 487). Zoo speelt hij allerlei trekken, dan eens van boosaardigen, of potsierlijken aard (488), dan van goedaardigen, (489) al naar dat de luim hem aanwaait. Soms hoort men hem met ketens rammelen, en in de verte *donderen*; voorts springt hij iemand tusschen de beenen en loopt met hem weg. Zoo toont hij het karakter van den vervaarlijken bergreus *Rübezahl* (in het *Bohemerwald* of de *Sudeten*), met wien *Kludde*, meer dan met den N. *Loke*, *Loki* overeenstemt.

Nagenoeg dezelfde rol speelt *Oschaert*, te Hamme bij Dendermonde, en voornamelijk in de gemeente *Doel*, waar hij dan als reus, dan als hond, als wolf, nu weder als ezel, maar meestal als paard verschijnt, veelal dezen of genen *op den rug springt*, en wat dies meer zij (WOLF, 493—494). Hem betreffende deelde JAK. VAN DE VELDE, (*K. en Lettb.*, 1840, 15) mede, dat dit inzonderheid het geval is, wanneer een vermetele, in den omtrek van het kerkje *Van twee bruggen*, hem durft toeroepen:

> Grijpke, grijpke graauw,
> Wilt gij mij grijpen,
> Grijpt mij nou.

Een ieder, dien hij bij nacht of ontijd nog in het veld of woud vindt, wordt door hem gekweld. Daarom spoedt zich de landman *voor* zonne-ondergang met snelle schreden huiswaarts, en de vertraagde reiziger zoekt angstig, *voor* den vallenden avond, een herbergzaam dak. Zoo spelen *hond*, *wolf*, enz. belangrijke rollen in de sage: *entre chien et loup*, zegt de franschman. Zou dit spreekwoord ons *grijpke graauw*, kunnen ophelderen?

Wat de *Heggemoer*, de *Hagemoer* of *Heggemoeder* is, komt ons niet zeer twijfelachtig voor. Zonder twijfel behoort zij tot de *Hage-disar*, (hage- of hegge-godessen) die broeder GHERAERT onder de luchtgeesten opnam, hetwelk wij evenzeer verkeerd achten als haar met de *Heksen-moeder* (de *Queen-mab*, de *Fairies midwife* van SCHAKESPEARE) gelijk te stellen, gelijk Mr. VAN DEN BERGH, in zijne *Voorr*. bl. VIII. De *Hage-moeder* bewoont in *Gelderland*, als eene ware boschgodes, de digte hagen of heggen, hazelaarstruiken, gelijk dit ook met de naauwverwante *Hagedisar* het geval is, die daar soms als fluitende groene kikkers in de struiken gezien worden. Misschien kan dus de *Hage-moer*, veeleer als Koningin dier heggodessen worden aangemerkt, even als de *Water-bullebak*, het hoofd der watergeesten, *Wanne Tekla*, de koningin der *heksen*, *Alvina*, het hoofd der elven, en *Ma-chuut* (*Maregriet*) de patronesse der *Maren* schijnt. In de N. Mythe heeft men onderscheidene soorten van *disar* of *disir*, die als beschermgeesten van algemeene natuur optreden. De *hage-dissen* schijnen meer bijzonder de hagen of heggen onder hare bescherming gehad te hebben: die, dan eens van eenen goeden, dan van eenen kwaden aard, gelijk de *Heggemoer*, de kraamvrouwen hebben kunnen lastig vallen. (STARING, *Mnem*. 324).

Wijders moet als boom- of woud-reus, onder deze zelfde rubriek gesteld worden de *Droes*, hgd. *Druss Truss*, (onze *Drud?*) zijnde de Noordsche *Thrudr*, die kracht aan de natuurvoortbrengsels verleenen; althans de afleiding van DRUSUS (den Rom. Veldheer), achten wij in de *Mythe* zonder eenigen grond en uit de lucht gegrepen, gelijk door Mr. VAN DEN BERGH, die daarin waarschijnlijk KILIAAN is nagevolgd. Deze geeft: »*gigas, homo valens, homo membris et mole valens, fortis bellator*".

Doch MONE, welke de verwantschap van onzen *Droes*, met den Saksischen *Dross*, den hgd. *Druos, Drüse* aangeeft (*Kunde der teutsch. Vorz.*, 1837, 358), klimt daarmede hooger op. Ds. NIERMEIJER, (a. w. 15), die zich op GRIMM beroept »welke hem hier zoo *doeltreffend* te hulp komt" maakt er een *wilde jager*, een Deensche *reus*, een *lompert* van. Wij achten dat nog niet zoo geheel »doeltreffend" — nog niet »zoo geheel alle onzekerheid weggenomen". ZEw. scheen den N. *Thrudr.* niet te kennen. De *Thrudr* (=onze *Drud?*) kan als *reus*, een *lompert* in het woud zijn, een bosch- of woudreus, waarvoor nog wel de eik wordt uitgescholden. Wat NIERMEIJER den *duivel* nog op zijnen hals had kunnen schuiven, is het navolgende, uit VAN DER VEEN's *Zinnebeelden en diens raadselen*, enz. Wij geven dit hier ten beste: »*loop voor den Droes*, = d. i. voor of *naar den duivel*, van wien men zelfs de *wapenen* moest ontleenen (MONE, a. w. 356).

Ten is niet weers genoegh, staal, stocken ofte steenen,
Men moet nog van den *Droes* de wapenen ontleenen.

Een *droes-bezweerder* = een duivelbanner; ze is verlokkelijk als de droes = *la fille du diable?* of de *duivel* zelf? (*a*). Bedelmonniken (*dorstige* langhalzen), worden door VAN DER VEEN, a. w. geheeten: *droesen*, »die gaan 't heele land door soesen". Is dit attribuut juist, dan onderscheiden wij *Drud* als woud-, en *Droes* als water-reus; de eerste als weldadig, de laatste als boos-kwaadaardig, die als »*Drus*" ook als de verpersoonlijkte ziekte, of pest kan geacht worden, waarvoor de woordafleiding van GRIMM pleit.

Meerdere woud- of veldspoken zijn de *ongeboren*

(*a*) Ds. NIERMEYER, welke met die familie bekend is, zal dit met zijnen fakkel wel ophelderen.

Roelf te *Winschoten*, *Stommelstart* te *Veendam*, de Geldersche *Loeder*, de *Schumert* (schuimlooper), de *Hulle Vulle* (hollend veulen?) tusschen Lienden en Kesteren in de Neerbetuwe, ijzeren paarden, enz. waarvan het wenschelijk is, dat de verschillende sagen worden aan het licht gebragt.

Algemeen bekend is nog de *Basiliscus*, vooral in de *Overbetuwe*, naardien wij hier weder onzen *Brielenaar*, VAN MAERLANT, (*Nature Bloeme*) kunnen laten spreken, die ons dat wezen in zijne gedaante en afkomst leert kennen. Over den *haan* (*gallus*, misschien verwant met *Gallie*, men denke aan den frankischen *haan*) sprekende, zegt hij:

Houde 1) boeke doen verstane,
Dat een hout hane hey legheth,
Daer men over waer of seghet,
Dat daer basiliscus of coemt:
Een dier dat die werelt verdoemt.
Maer tote dese creature
Moet vele ghenoeghes vā naturē 2).
In warmen drecke legt hyt 3),
Daer broeit nature te sire tyt,
Dan coemt dat dier vut na sine aert,
Ende heuet eens serpentes staert 4).
Die ghesien hebben sine ghedane 5),
Seggen: they 6) es sonder scale,
In een vel gheloken alle male,
Dicke eñ staerc eñ wel behoet 7).
Sulke 8) wane, dat die broet
Die padde iof serpent (*a*)

1) d. i.: *oude*, de *h* wordt hier doorgaans gebruikt als in *hout* (oud), *hey* (ei) enz.

2) moet de natuur veel toebrengen.
3) legt hij het, nl. het ei.

4) de staart van eene slang.
5) gedaante.
6) het ei.

7) wel beschouwd, bewaard.
8) sommigen.

De *Basiliscus* was dus in de middeleeuwen geen eigenlijk geestelijk wezen; maar veeleer een gedrocht, welks afkomst, ontstaan en gedaante in Gelderland nog bekend is. (Zie mijne *Verh. o. d. N. G.*, bl. 81).

Nopens de *Nachtmerrie*, waarover wij een enkel woord bij de Maren gesproken hebben, kunnen wij hier, in zoo verre men dezelve tot de *veldgeesten* zou willen betrekken, nog bijvoegen, dat dezelve ook in het bijgeloof in Denemarken en Duitschland onder den naam van »*Nachtmar*" voortleeft; ongetwijfeld omdat zij, inzonderheid des *nachts*, als plaaggeest van mensch

---

(*a*) Uit HS. op de Koninklijke Bibl. te 's Gravenhage.

of dier in de woning of op het *veld* verschijnt, waar zij de paarden, soms tot afmattens toe, berijdt, en hunne manen in onoplosbare knopen strikt. CANNEGIETER, (*Epist. de ara ad Noviomagum reperta*, 1766, 25) schijnt dezelve met den *Droes* te verwarren, ("*Droes equorum morbus est*") waartegen almede de Overijsselsche, Geldersche en N. Brabandsche landman, eenen paardenkop op het afdak der stal legt, hetwelk wij, ter gelegener plaatse, als eene vereering van het H. ros zullen aanmerken. Men vergelijke CANNEGIETER, t. a. pl. en hetgene Dr. HERMANS mededeelt, in zijne *Gesch. en Letterk. Mengelw.*, IV St. 343.

27. Huisgeesten.

Behalve de bovenvermelde *Aard- lucht- en woudgeesten* of wezens, behooren hier nog gedacht te worden de *Huisgeesten*, of huisgoden en godessen, waarvan het vroeger bestaan te minder zal kunnen betwijfeld worden, als wij in aanmerking nemen de bovenverklaarde *Nacht-waaksters* (*Vaca-li-nehae* en *Hama-vehae*), die misschien alleen daardoor onderscheiden waren, dat de eerste als *Loo*-godessen, de laatste als *Ham*- (*heim*-huis) godessen moeten worden aangemerkt, aan welke men zich des nachts, met huis en have, ter bescherming toevertrouwde. Het jaar had *drie* getijden, de nacht ook drie nachtwaken, waardoor de vermelde *matres*, *matronae* op de bekende gedenksteenen ook meestal in drietallen voorkomen. Maakte men daarvan ook in de woningen afbeeldingen of voorstellingen? Menig prentje van een of ander drie-tal Sancten, gelijk men dat in deze en gene boerenwoning ten platte lande aantreft, kunnen althans deze gissing regtvaardigen. De *Nichten* in Gelderland, de *Vichten* (th. *veeksen*, *feeksen*), zouden dus ook als *huis*-godessen kunnen worden voorgesteld, welke eersten vooral nog eenen zweem van haar goedaardig karakter onder het landvolk hebben nagelaten. Het Christendom echter, schijnt deze *waaksters* en troosteressen des Heidendoms (waarop wij bij de tijdgodinnen terugkomen) meer op den achtergrond en in vergetelheid terug gedrongen te hebben, omdat de leer des Evangelies de zorg, de nachtwake, toevertrouwt, aan ééne Voorzienigheid. Daarentegen zijn andere wezens als *huisgees*-

ten (of spoken), waarvoor men de kinderen verschrikt, meer in het geheugen gebleven, zoo bijv. *de Drommels*, de *Boldergeesten*, *Bullebakken*, *Bite-baauwen*, *Beuman* of Boe-man, *de Budde*, *Hiemken*, *Kaboutermannekens* (Coubouten, waarover het HS. van broeder GHERAERT) de *Pis-mannekens*, met hunne *wissel-daalders*, enz.

Van welken aard en beteekenis deze alle waren, laat zich wel niet volkomen meer bepalen: evenmin als of deze *allen* hier op de regte plaats gesteld zijn. De eerste, of *Drommel*, schijnt een booze *gast* of geest te zijn geweest; althans de verwensching: *loop naar den drommel*, en de vloek: *wat drommel!* schijnen dit aan te toonen.

Den *Bolder-* of *Plaaggeest*, in Gelderland wel bekend, en die ook nog voor weinig jaren de pastorij te Schipluiden (*Scipleda*) verontrustte, het thans afgebrokene *Ockenburg* onder Rijswijk, met een geweldig geraas, bezocht, en welligt nog op onderscheidene plaatsen, in oude gebouwen, burgten, kasteelen en zoogenoemde spookhuizen, voortraast, achten wij gelijk of denzelfden met den geweldmakenden *Polter-* of *Rumpel-geest* der Duitschers. Van dat *Polter = Bolder* (een dof geraas) leiden deze den *Polter-abend* af, die eenig feest, voorafgaat, bijv. der *Polter = Rummel-* of *Brautabend* voor een bruiloftsfeest: *rummel*, goth. *hramjan*, angs. *hraeman*, zw. *at rama*, is met gekraak, gestommel, geweld in vallen, kwellen, met klaauwen vatten, en schijnt alzoo den ouden kwaden *Bolder-* of *rompelgeest* (den *stommelstaart*) te karaktiseren; even als ook de *Bullebak* (a), de *Bite-baauw*, *Grijpke graauw*, door hunnen grooten stieren-muil, bijtlust en grijpklaauwen. Wij vermoeden, dat ook de Veendamsche *Boes-appert* (boos-happert) naar zijne haplust aldus geheeten wordt. Tegenover de bovengenoemde goede *Nichten* en *Vichten* of *Wichten*, (als deze mede tot de huisgeesten mogen gebragt worden) plaatste het heidendom dus ook kwade, geweldmakende, en andere wezens over, onder welke men ook nog schijnt te moeten rangschikken den *Boeman* of *Beu-man*, waarvoor men de kinderen bang maakt, *Budde* en *Hiemke*. Deze zijn dezelfde als de Duitsche *Bu-mann*,

---

(a) Onderscheiden van den Gelderschen *Water-bullebak*.

Buttemann, *Butke*, en de ohd. *Chiemken*, waarover men kan nazien, GRIMM, 1835. 287. Wat de *Kabouterkens* als huisgeesten waren, blijkt bij geen onzer Nederlandsche schrijvers: als berg- of aardmannetjes hebben wij hen boven beschouwd. (Aant. 24.) GRIMM, t. a. pl. denkt, dat *Kobold*, (onze *Coubout* of kaboutermannekens) kleine uit beuken gesneden huisgoden (*lares*) waren. Zou niet veeleer de *Beu- Boe-man = beuk-boekman*, (de man van beuken- boekenhout) daaraan kunnen doen denken? Met den *Kobold* klimt MONE, (*K. der Deuts. Vorz.* 1837. 359), ongemeen veel hooger op, en schijnt hem uit *Azië* (van *Kabul?*) afteleiden, daarbij denkende aan den oud-Duitschen handel met *Kobalt*. Ware het vermoeden dier beide geleerden gegrond, nl.: dat men uit hout gesnedene huisgoden had, en, dat de oud-Duitsche handel zich zoo verre uitstrekte, dan zoude het *Kobold*-manneke een ander zoogenoemd *Pis-manneke* kunnen wezen; insgelijks, zoo het ons voorkomt, een huisgod, die 's nachts geld aan zijnen bezitter bragt, en alzoo dezelfde diensten bewees, als de bekende *hek-* of *wisseldaalder*. In de Overbetuwe waren zoowel *Kabouterkens* als *Pis-mannekens* bekend; van deze laatsten zelfs nog de bijzonderheid, dat zij elken nacht zoo veel geld aanbragten, als men des avonds bij hen nederlegde, bijv. eenen driegulden, dan vond men er 's morgens twee.

Betreffende de *Assche-poesters* en *Chiemkens*, werd verhaald, dat zij des nachts in het vuur zitten; welligt behoorden zij, vooral de eersten, daarom meer bepaald onder de *vuurgeesten* gerangschikt te worden, waarover nader. Zie wijders de aanteekening op mijne *Verh. over de N. Godenleer* Utr. 1836. blz. 81.

28. **Tijdgodinnen**, **Woerd**. (Urdr.) Urne.

Even als zich bij de ouden, reeds bij de *Hindoes*, bij *Grieken* en *Romeinen*, door de beschouwing van den noodwendigen en onveranderlijken zamenhang der dingen, de leer des blinden noodlots (*fatum*) ontwikkeld had, en de onverbiddelijke, zoogenoemde schikgodinnen, daardoor ontstonden, zoo hadden ook de bewoners van het Noorden, zoo hadden Scandinaviërs en Germanen, hunne *Nornen* of tijdgodinnen, welke met de dochteren der *Nyx*, de *Moira* of *Moirai* der Grieken, de *Parcae* der Romeinen, zouden kunnen vergeleken worden. De ontdekking der boven behandelde *nachtwaaksters*, de *Nichten* en *Vichten* (*Nehae* en *Vehae*) zie aant. 20 en 24., welke op de gevondene gedenksteenen steeds in *drietallen* verschijnen, (zie bij Mone, *Gesch. der Heidenth.* II. 347. 349.), verheft dit gevoelen boven allen redelijken twijfel. Niet slechts echter de *nacht* had hare nacht-waken of tijdgodinnen, maar ook op ruimer schaal, had men zijne drie *hoofd*-getijden, ligt elk onder de bijzondere bescherming eener tijdgodin, even als in het Noorden, het groote wereldjaar, de boom *Ygdrasill*, aan de heilige bron des tijds, waarop bestendig *twee* witte zwanen zwommen, aan de verzorging, van drie bevallige tijdgodinnen, de *Nornen* of *Norni*, was opgedragen. Aan de *Urdr*-bron gezeten, waren zij het, die bestendig dezen heiligen esch begoten. Zij zijn, zoo als wij ook reeds in den tekst gezegd hebben, *Urdr*, *Verdandi* en *Skuld*, of *Urda*, *Werdandi* en *Sculda*. Beschouwen wij nu, gelijk wij blz. 17. enz. deden, onze *Loobronnen*, als afschaduwingen dier *Urdr*-bron, dan bevreemt ons al dadelijk minder de vereering van den H. *esch* of *eik*, en dan ontvangen onze vijver-*zwanen*, op welk een en ander wij later terug komen, opheldering en beteekenis.

Na al hetgene wij reeds hebben bijgebragt en opgehelderd, zal men de vereering dier tijdgodinnen vóór het Christendom, ook in ons land, niet meer betwijfelen; doch nieuwe bewijzen komen ons hier te stade. Bij de *Angelsaksers* en *Schotten* waren zij bekend onder den naam der »*three Vijrdsisters*" (dezelfde als de *Vierd-sisters* in Schakespeare's *Macbeth*) ook *Wierd-sisters* geheeten. En de oude *Saksers*, wier naauwe verbintenis met de *Friesen* men kent, vereerden haar insgelijks. Bij de Angelsaksers heette *Urdr*, zoo het schijnt, de voornaamste van het drietal, dewijl naar haar de *Urdr*-bron genoemd is, »*Vyrd*", bij de *Saksers* »*Wurdh*, *Wurth*", en komt voor als *doodsgodin*. In het Noorden weefden deze gezusters den levensdraad der helden, en, in het algemeen gedacht, den levensdraad en de lotgevalgen der menschen, onder haar vrolijk lied:

Wij weven, wij weven;
Want ons beschik
Gaat over dood en leven.

Merkwaardig is hetgene GRIMM, die haar als bij alle Duitsche volkeren inheemsch, beschouwt, ter woordverklaring der schik- of tijdgodinnen zegt; zijne woorden nemen wij hier over: »*Von den drei schicksals-göttinnen enthält die* Edda *einen abgeschlossenen tifsiennigen Mythus. Sie heissen gemeinschaftlich* nornir, *einzeln aber* Urdhr, Verdhandi, Skuld (*Saem.* 4ª. Sn. 18.) *der ausdruck norn* (parca) *hat sich bisher in keinen andern dialect aufgefunden* (a); *gehört jedoch ohne zweifel echtdeutscher wurzel an, und ist wie korn, harn u. s. w. gebildet, ahd. wurde man* norn, pl. norni, *gesagt haben, auch die Schwed., und Dän. sprache hat ihn verloren. In den drei eigennamen sind die formen abstracter verba unmöglich zu verkennen:* Urdhr *is aus dem pluralform von* Verdha (vardh, urdhum) *entnomen*, Verdhandi *is das fem. part-praes. des nämlichen worts,* Skuld *das part. praet, von skula, d. h. dem wort mit welchem die mangelnden flexionen des futurums umschrieben werden. es ist also sehr passend das* gewordene, werdende, *und* werden-sollende, *oder* vergangenheid, gegenwart *und* zukunft *bezeichnet und jede der drei parzen in einer dieser richtungen aufgestelt. Zugleich thun uns die namen dar, dass die lehre von den nornen ursprünglich unter allen deutschen völkern einheimisch war, eine gothische* Vaurths, Vairthandei, Skulds, *eine ahd.* Wurt, Werdandi, Scult, *u. s. w. müssen als persönliche wesen bekannt gewesen sein.* — Wat nu de eerste derzelver betreft, waarmede wij als »*doodsgodin*" voornamelijk te doen hebben, zoo wordt haar vroeger aanwezen door GRIMM (a. w. 1835. 288, 289) uit oud- Saksische en Angelsaksische gedichten volkomen bewezen. Door die bewijzen vervallen niet slechts de al te gekunstelde woordafleidingen en woordverklaringen, welke Dr. HERMANS (*N. Bbr. Mw.* II. 342) geeft; maar aangezien wij dezelfde oorspronkelijke vormen: *Vurd, Wurdh* = en *Vurdin Vurdam* = *Wurdu* (th. Woerden); — *Heri-Vurda* (972) th. Herwerden,

---

(a) Den noot laten wij hier weg.

Vursche (1085), th. Vursche, bezitten, waarover nader, zoo blijft ons geenen taalkundigen noch eenigen etymologischen twijfel over, of de Noordsche *Urdr* (Urda), de Saks. en Angs. *Vurth*, *Wurth*, *Wurdh* (onze *Woerd*) heeft ook met hare gezusters op onze dooden-akkers, aan de *Loo*-bron, welligt nabij eene heilige *esch*, als *doodsgodin* (godin van het *gewordene*, *verledene*), geheerscht; terwijl de *Woerd-akkers*, als dooden-akkers naar WOERD zelve, aldus zijn genoemd geworden, en, in verschillende vormen, naar verschillende dialecten gewijzigd, als: *Uurda*, *Vurda*, *Weurt*, *Woird*, *Woerd*, *Voert*, *Voort*, *Werth*, *Wirt*, *Wierda* enz. tot ons zijn overgebragt, waarvan echter, door onbekendheid met de doodsgodin zelve, de beteekenis voor ons was verloren gegaan (*a*). Van eene en andere dezer opgegevene vormen zullen wij voorbeelden trachten bij te brengen. De gelijkheid der *u*, in *Urdr*, *Urda*, *Wurdt*, met *oe* in onze *Woerd* zal men inmiddels wel niet betwijfelen: *u* ⇌ *oe*; en, nemen wij den geheelen lettergreep *Ur*, aanwezig in het ohd. *urlac*, mhd. *urlouc*, (voor het *noodlot* gebezigd), gelijk in *ur-rinnan* (opkomen, opstaan), dan ontvangen misschien daardoor ook onze *ur-nen* (de aschkruiken op onze *Woerd*-akkers) eenige opheldering. Wij laten het echter liefst aan anderen over, de beteekenis der *Urnen*, verder op te helderen. Uit alles echter, wat ons van de *Urdr*-bron, en de verrigting der *Nornen* bekend is geworden, blijkt ons ook hier weder, gelijk vroeger (aant. 31: *laugr* ⇌ *leigr*, water en vuur), de naauwe zamenhang van *water*- en *vuurdienst* der Germaansche voorgeslachten.

Zoo beteekent bijv. *brunnur*, angs. *byrna*, ons *bron*, *borne*, enz. zoowel *bron*, als *brand*, gelijk *bernen*, *brennen*. Het *bernen* der gevaren op zee; de *branding* aan de kusten, enz., schijnen daarom naar de begrippen der ouden zin en beteekenis te hebben; althans daaruit te zijn voortgesproten, gelijk de geheele leer der

---

(*a*) Van daar mankgaande gissingen et etymologiën als deze van Dr. HERMANS, voor wiens verdiensten wij overigens allen eerbied hebben: *Woerd*, zamengesteld uit *Wa* en *Oerd*, *Oird*, *Ord* of *Oord* = plaats, en *Wa*, *We*, *Gée*, dood? gelijk in *Wageburen*, *wakleed*? dus: dooden-oord. Op dood, gth. *dauthus*, oudn. *daudhi*, ohd. *tod*, ook *dad* in *dadsisas* (vid. *Indiculus Superstitionum* etc. 43) komen wij later terug.

der *Norni*, aan de *Urdr-bron*, en het bewaren der asch der gestorvenen in *Ur-nen*, aschkruiken, niet zonder diepen zin en beteekenis was, waarin wij echter te dezer plaatse niet verder kunnen doordringen.

Alleen voegen wij hier de gissing nog bij, dat men, even als men op de deksteenen der Hunebedden bij *Herrestrup* (Denemarken) *runische* opschriften ontmoet (Zie afb. en beschrijving, *Mem. de la S. R. des Antiq. du Nord*, 1840—1844), zoo ook het geval schijnt te wezen met sommige *Urn*-scherven door mij gevonden; hoewel hierop minder te vertrouwen is, kunnende enkele krassen daarop door den schop gestoten zijn. Meerdere waarde heeft in dit opzigt gelijke opmerking van den Heer CUYPERS, waaromtrent in Dr. HERMANS (*NBr. Mw.* III, 350 enz.) wordt gezegd: »Aan elk der zijden (eener urn) merkten wij eenige regelmatig ingekrabde lijntjes: dit wekte onze opmerkzaamheid (*a*) nog meer op, omdat wij ook in eene andere *Urne* een dergelijk stukje gevonden hebben. Zoo ook zien wij op deze urne eenige figuurtjes, die er met eenig werktuig op schijnen gesneden te zijn. In het kabinet van oudheden te Leiden merkte de Hr. CUYPERS op vele chocolade kleurige urnen dezelfde bijzonderheid op, die tot nog toe de opmerkzaamheid der Archaeologen ontsnapt was" (*b*).

29. Waard- of Woerdgeest.

(*Weerwolf.*)

Uit hetgene wij in de vorige aanteekening, nopens de tijdgodinnen, en inzonderheid nopens *Woerd* of *Vijrdh*, gezegd hebben, vermoeden wij, dat zich ook de zoogenoemde *Waard-geest* laat ophelderen, die men nog veelal op de *Woerd-plaatsen* aantreft, alwaar hij rusteloos rond-*waart* (zie WEILAND, *Ned. Taalk. Wb.* in voce). Is in *Dooden-waard*, de *Waard* = *Woerd*,

---

(*a*) Nl. der Heeren DE GEER en CUYPERS.
(*b*) Voorzeker zou de ontcijfering dier merk-teekens ons eenen aanmerkelijken stap digter kunnen brengen tot de kennis der voorgeslachten. Ook de merkteekenen op de urn-*dektegeltjes* te Nijmegen in den heidenschen tempel, verdienen, als *deze* echt zijn, de opmerkzaamheid onzer geleerden.

dan achten wij den *Waard-geest* geen anderen dan *Woerd-geest*. De plaatsen, waarop die waardgeest veelal gezien wordt, nl. op de oude woerd-plaatsen, schijnt deze opvatting te regtvaardigen; maar ook tevens de voorafgaande verklaring en opheldering dier oude doodenakkers te nader te bevestigen. Sommigen echter, zoo als de boeren in *Zwartewaal* (waar de *Oegst-* of *Helwagen* rijdt), ook sommige bewoners van *Driel* (Overbetuwe), in de *Lier* (Westland) en in het *Schakenbosch* (*Sacre nemus*) nabij Voor-schoten, houden daarvoor den geest van dezen of genen afgestorvene, wiens ziel geene rust vindt na den dood. Doch wat verwarde het volksbijgeloof niet al, nadat de oorsponkelijke beteekenis dier oude geesten-wezens der voorgeslachten was verloren gegaan? Schimmen, schijnsels, schaduwen en geesten, zoo als op de heide tusschen *Tilburg* en *Breda*, tusschen *Zeist* en *Amersfoort*, aan de *Weem* (te *Voorthuizen*, op de Veluwe), op het *Ellerts-veld* (prov. Drenthe) spelen als *vuur-water-* en *waard*-geesten, in verschillende gedaanten onder een. En geen wonder, de naauwe zamenhang van vuur- en waterdienst gaf daartoe als van zelve aanleiding.

Zoo wandelt de welligt oorspronkelijke Loo-bron-godesse van *bil-loen* (*bil* = schoon), althans als *waardgeest* rond, namelijk de schoone of mooije *Ann van Velp*, die op 18 jarigen ouderdom door den Jonker van *Velp* geschaakt, en op het kasteel *Bil-joen*, $\frac{1}{4}$ uurs t. n. van *Velp*, $\frac{1}{2}$ uur ten w. van *Rheden* (*Rhed* = rood?) opgesloten werd. De sage vermeldt nopens haar: »Op zekeren morgen, nu reeds eeuwen geleden (want dit aloude kasteel bestond reeds in 1075), zoude men haar lijk in den grooten *vijver* van *Bil-joen* hebben gezien; of hetzelve later begraven werd en de plaats waar, wist niemand. Hare ziel echter had geene rust; zij ademde wraak over het haar aangedane geweld en de schandelijke onteering, en verscheen nu en dan als de schoonste en bekoorlijkste maagd aan de *Velpsche* jongelingen, die onweerstaanbaar getrokken werden om dit hemelsche schepsel, een ideaal van nooit gedroomde schoonheid, bekoorlijk als de blos eener bruid, en heilig als biddend albast, te volgen, en die oogen, wier blaauw als de lucht boven Napels, door het lange ravenhaar der oogleden terug gekaatst, schaduwen gaf aan de ligte blos, die eene lente-zucht aan de agaatroos had ontstolen, en op het lelie-wit harer wangen had geworpen, van nabij te aanschouwen; zij werden door die fijne lippen, over lelie-witte tanden, en eene schat van bruine lokken, dartelend met den fieren hals, en spelende op den schoonen, zacht golvenden boezem, als betooverd, doch hij, die deze schoone volgde, keerde nimmer terug maar verdween in gemelden vijver", zoo als later, toen de Heer VAN SPAEN dezen vijver opgraven liet, uit eene groote hoeveelheid menschen-beenderen bewezen is, hebbende hij dezelve gebruikt tot fondamenten eener groote steenen-brug (*Arnh. Cour.* 1840. 16 Aug. n° 162.). Deze brug rustte op drie bogen, doch was, toen ik *Biloen* bezocht, door eene fraaije *Zwitsersche* brug vervangen; de eigenaar was de baron A. J. VAN SPAEN, heer van *Biljoen* en *Ringenberg* (= Rijn-en-berg?) (zie TEENSTRA, *Volksvh.* 1843. 141).

Hebben wij hier het beeld der *doods*-godin als *bron*-godesse (*Urdr*-bron), of teekenen ons deze trekken de bekoorlijke *Bil-lou*-godesse, als waternimf? — In de beide gevallen kan de voorstelling dezelfde wezen. (Merkwaardig zijn hierbij de gevondene menschen beenderen in den grooten vijver). Maar dan ook geeft haar beeld de *Grieksche* voorstelling des doods door HOMERUS (*a*) niets toe; zij overtreft verre, onzen akeligen beenderen-*schareminkel*, met zijn omgekeerde uurglas.

Meestal echter was zij, zoo het schijnt, als *Waard*- of *Woerd*-geest, een wezen, een spook van verschrikking, die rondsloop en belust was op *vleesch* en *bloed*. Gierig naar menschen-vleesch als een wolf, kent wel het volks-bijgeloof allerwege den gevreesden *Weer-wolf*, in Gelderland den *Wēr-wolf* (*Wēr = waar = man-wolf?*), hgd. *Vere-vulf*, *Wer-wulf*, (Lupus vorax), oudfr. *Gar-wal*, *Guar-wolf*, welken wij ter dezer gelegenheid nader moeten leeren kennen. Is onze opvatvatting van de *oorspronkelijk* bevallige doodsgodin juist, waaraan men zich, zelfs in het Oosten, in vuurvlammen, ter liefde eens afgestorvenen, (omdat men den *dood* niet vreesde) opofferde, en van welke verachting des doods ook genoegzame bewijzen onder den *Germaan* voorhanden zijn, — dan zien wij in die vroegere *liefde*, nader-

---

(*a*) BOSSCHA, in VAN KAMPEN's *Magazijn*, I Dl.

hand in *vrees* veranderd, een dieper begrip, van het oorspronkelijk zielen-leven, dan menigeen *thans* nog koestert. Als godinne der verschrikking verscheen de dood welligt als de gevreesde *Weer-wolf* = *Woerd-wolf*. Dat deze oud, en van volstrekt heidenschen oorsprong is, bewijst de *alliteratie* des woords zelf: maar wat is de beteekenis? GRIMM leidt tot de gissing, dat men een goth. *Vairavulf*, een ohd. *Werawolf* had, en dat de beteekenis van *man-wolf* hier van toepassing kan wezen, hetwelk bevestiging schijnt te vinden door het *weer-geld* (eene geldboete wegens *manslag* in het *Asegaboek*). Ook de bijzonderheid, dat hij vooral door de roode (de vuur-) kleur getergd wordt, kan hem als eenen schrikbode van *Woerd* bekend maken, die onder verschillende, dikwijls de meest verschrikkelijke gedaanten, verscheen. In *Driel* (Overbetuwe), zoo als wij reeds vroeger gezegd hebben, als zwarte *stoep*, wegens zijnen korten staart; te *Voorthuizen* (*Woerdhuizen*) op de Veluwe, schuift hij, zonder poten den wandelaar bij *avond* op het Weempad voorbij; elders, ook te *Driel*, loopt hij als *soksus*, wegens zijne ruige wolfsgedaante en zachte, ruige sokken-poten; op de oude Woerdlaan onder *Naaltwijk* is hij als zwarte kwade *hond*, met vurige oogen gezien, anderen verzekeren, ook als een groot *zwart kalf* met vurige oogen, dat soms plotseling bij eene brug met eenen slag in het water nederstortte; als *hommelstommel* of *paard zonder kop*, is hij gezien te *Oldersum* (Alders-hem? prov. Groningen); in het *Benthemsche*, inzonderheid te *Noordhoorn*, wandelt hij nog met *vurige* oogen op het kerkhof rond; doch op de nadering van eenen voorbijganger neemt hij daar de gedaante van een konijn of tortelduif aan. (*Dr. Volks-alm.* 1843, 181, *noot* 33). Buiten *Amersfoort* verschijnen de weerwolven, dikwijls onder aanvoering van eenen *rooden* kater (HELDRING, *Wandel. op de Veluwe*, bl. 75). Op de Settensche *Woerd*, waar ook een *zwarte* man dwars over den weg wandelt, loopt mede de weerwolf; in *Herveld* is in mijnen tijd, 1818 of daar omstreeks, de *verkeerde* zwarte hond gezien; te *Hemmen* verscheen almede de *weerwolf*, als groote, als *verkeerde* hond, en te *Heusden* verschijnt hij geregeld iederen *nacht*. (HELDRING, *Wandel.* II St. 154 enz.). Opmerkelijk is het, dat de weerwolf, in welke gedaante dan ook, meest altijd in de nabijheid van *woerden*, woerdlanen, of wegen, die derwaarts leiden, gezien wordt. Ook te *Wateringen*, loopt bij nacht en ontijde nog een wit paard over eene brug, gelijk tusschen Kesteren (*Castra?*) en Lienden, in de Nederbetuwe, een *ijzeren veulen* (*Hulle Vulle* geheeten), dat zich ook daar in eene waterkolk nederstort. Naar deze berigten alzoo, verschijnt hij, dan als *wolf* of *hond*, als *kalf*, of *paard*, alle voorstellingen, die op de woerdplaatsen niet oneigenaardig zijn. Men weet toch, door de berigten van TACITUS, hoe ook de Batavier dikwijls het *ros* des overledenen op den brandstapel bragt en aan de vlammen offerde. Kan dit ook met andere dieren, den *hond*, het geval zijn geweest? Het *ijzeren veulen*, te Kesteren althans, schijnt ons zeer merkwaardig. Steekt hier een vroeger gebruik achter verborgen, bijv. een *ijzeren koe* (of *veulen*), gelijk men te *Brits-wert* in Friesland, in vroeger eeuwen gewoon was, achter het lijk aan te slepen, en waarvan SCHOTANUS (*Beschr. van Friesl.*, fol. 208) meldt? Of moeten wij hier denken aan eene verkeerde vertaling door HELDRING, die ons (t. a. pl.) een *hollend veulen*, voor eene *huilende Vola* (hulle vulle) leverde? — Belangrijk zoude het wezen te weten in welke *gedaante* de *weerwolf*, vooral ter dier plaatse, kan verschenen zijn of nog verschijnt.

Behalve dat des *weerwolfs* verschijning, meest altijd op of in de nabijheid van *woerd*-plaatsen, onze opvatting, als *Waard-* of *Woerdwolf* kan bevestigen, schijnt echter ook de Noordsche godenleer eenen trek te bewaren, welke nog meerder licht over onze opvatting verspreidt. Ook daarin spelen de wolven, voornamelijk de *wereldwolf Fenrir*, benevens de *Menagarm*, *Skoll* en *Hate*, als vervolgers van zon en maan, hoogst belangrijke rollen. En aangezien nu, wij de lijkbrand en daarbij gebruikelijke plegtigheden uit de vuur- en zonne-dienst afleiden, en zon en maan door wolven vervolgd of verslonden worden, zoo kunnen wij ook onze Woerd-plaatsen niet wel zonder Waard- of Woerd-wolf denken. Zijne meestal vurige oogen, zijne ligt getergdheid bij het zien van roode of vuurkleur, zijn daarenboven trekken, die hem als zoodanig kenmerken.

En aangezien nu de vervolgers van zon en maan, onzes erachtens, de zwarte nachtkleur hebben, en *Fenrir* en *Menagarm*, zoo al niet beide, als eene verpersoonlijkte voorstelling der *zee* (waarin zon en maan nederdaalt), dan toch van den *nacht* moeten worden aangemerkt, zoo beschouwe men ook de *zwarte* weerwolf, als eene schrikverwekkende voorstelling van den nacht des doods, die dan als *zwarte wolf*, dan als *zwart kalf*, als *hond*, als *soksus* daarhenen sluipt, en zijne prooi nu en dan als loodzwaar, slechts zelden, als zoo ligt gelijk eene veer, op den rug springt.

Intusschen hangt het geloof aan den *weerwolf*, dat algemeen, niet slechts in ons land, maar door geheel Europa, ook in het Oosten verspreid is, even als wij van de *heksen* gezien hebben (Aant. 25. 108.), met het geloof aan *tooveren*, het aandoen van wolfshemden, wolfshuiden en gordels te zamen. Tot welke schromelijke doodvonnissen en straffen, ook dit bijgeloof in de middeleeuwen, door de beruchte bul van Paus INNOCENTIUS VIII, van 5 Dec. 1484, almede in ons land aanleiding gaf, daarover zie men, behalve de boven bij de heksen aangehaalde werken, (blz. 110.) vooral ook, het opstel over de »*weerwolven en het scheldwoord weerwolf*", in den *Dr. Volks-alm.* 1843, 158, en de vele bronnen aldaar in de aanteekeningen vermeld.

30. Woerd-plaatsen.

Dat de naam *Wurth, Woerd*, (angs. *Vyrd*, ofr. *Wierda*) in onderscheidene dialecten tot ons is overgekomen, hebben wij bij de vermelding der tijdgodinnen (en bepaaldelijk van *Woerd* als *doodsgodin*) reeds aangemerkt. Als zoodanige vormen merkten wij aan *Wurdam* (4 nv.) = *Wurda, Vurdin*, = *Vurda* (th. Woerden), *Heri-uurda* (972) th. Herwerden, misschien ook *Vursche, Vuursche* (1025), alwaar men eene heidensche aula of altaar, benevens eenige *tumuli* of grafheuvelen gevonden heeft; terwijl aldaar tevens nog volksoverleveringen moeten aanwezig zijn, waarvan de meerdere bekendmaking ons zeer gewenscht voorkomt. Verdere vormen, als: *Weurt, Woird, Voirt, Voort* (a), *Wierda, Wird, Werth, Uert*, enz., schijnen ons toe allen gelijk beteekenend met *Woerd, Vyrd*. Deze uitgangen nu vinden wij wederom in een aantal plaatsnamen onzes lands,

---

(a) Onderscheiden van *fiord, furd, fort, foort*, ijsl. *fiordr* = overvaart, waarover zie Dr. HALBERTSMA, *Avoort*, enz. Overijss. Alm. 1841.

welke daarom *in loco* zelven een nader onderzoek zouden behoeven, om met des te meer zekerheid te kunnen bepalen in hoe verre of welke aan de bovenvermelde *woerd-* of *dooden*-akkers haren naam ontleenen, en onze in den tekst gegevene verklaring nader bevestigen. Behalve de *Woerd*-plaatsen, door Ds. HELDRING in de Overbetuwe ontdekt en bezocht, en die, welke ik-zelf, op mijne wandelingen door het *Westland*, heb leeren kennen, teekende ik nog de navolgende aan:

In Groningen: *Adu-* of *Ade-wert, Sauwert, Garnwert, Dork-wert, Doorn-weert,* (dat elders terug komt), *Stitswert, Usq-uert* (Usc-wert) onl. *Uycwijrde Westerwijtwert, Uit-wierda, Jucq-uert* (Juk-wert), *Solwert, Weitwert, Opwierda, Witwierda, Dijtwiert, Tjerkwert, Ras-wert, Holwierda, Wierdum* (*Wijrdshem*).

In Friesland: *Lii-wert, Lie-wert, Bolswert, Bornwert, Aengwirden, Holwert, Wiewert, Wirdum, Jows-wier, Kimswert, Rauwert, Terwert, Murwert* (nabij Dokkum), *Doijinwier, Harwert, Harwerth, Jor-werth.*

In Drenthe en Overijssel: *Wijrden, Wierden*; ook *Bever-voerde, Bever-veurde;* doch *Hulsvoord*, bij Koevorden, heeft ook *Hulsfoort, Hulsfoorde,* hoezeer vroeger eene *bedevaart*-plaats, »wegens seeckere Reliquien, die aldaer bewaart en vertoont geweest syn" (PICARDT, *Chronyxken van Coverden, ad ann.* 1460, 70). Behooren die bedevaarten tot *Béver-voerde* (= bedevaart), of Co-*vorden* zelf, dat wij althans wegens de oude vormen *Co-verden, Co-vorden,* niet met Dr. HALBERTSMA onder de *fiorden* zouden durven stellen (*a*).

(*a*) Of kan *Hulsvoord* aan *Hulster*-loo herinneren, als eene *Voord, fiort, foorde,* waar men *heul* zocht? Ds. HEERSPINK teekent deswege nog uit PICARDT, *Ann. Drenth.* 207 aan, dat »Anno 1491 is in syne principaelste fleur geweest de Capelle tot *Hulsvoorde,* tusschen Covorden en Dalen, werwaarts vele *bedevaarten* plachten te geschieden" enz. *Montfoorde* (bij MELIS STOKE), th. Montfoort, *Amersfoort* (oude vorm: *Hamersfoort?*), laten wij, met Dr. HALBERTSMA, onder de *fiorden;* maar of dit van *Lichtenvoorde,* het dorp *Vorden* en *A-voort* zelf, mag geschieden, betwijfelen wij. *A-voort* kan ook wezen *Woort, Woerd* aan het water; — *voort* althans, kan in den zin van *fiord* niet worden toegepast op *Voort-husen* (Veluwe), waarover straks; hoezeer dus instemmende met Dr. HERMANS, dat men

In Gelderland: *Deugewert*, en *Blankwert* (nabij Borcu-lo), *Rijckerswoerd* (Overbetuwe), *Doode-weerd*, *Herwarden*, *Heerewarden*, (oude v. *Heri-uurda*) th. *Herwerden*, *Waardenburg*, *Oude-werth*, *Doorn-* of *Doore-werth*, *Gruns-voirt*; boven Beek een *Duifelwaart*, *Weurdt*, (nabij Nijmegen), *Voorst*, *Voerst*, en *Vorden* (Voerden) bij *Ruur*-lo, *Voort*-huizen; d. i. *Woerd*-huizen: zoo althans geeft ALTING, l. c. uit eenen giftbrief van Keizer OTTO: *Vort*-husen (970), uit een ander van LOTHARIUS: *Werd*-husen (1134): hier is dus overgang van *Vort*, *Werd* in *Voort* (*a*).

In N. Braband, vermeldt HERMANS, behalve andere *Germ.* begraafplaatsen aldaar ontdekt, (waarvan eene afbeelding door Jhr. Mr. DE GREZ en PR. CUYPERS, nl. van die te *Baarle-Nassau*), de navolgenden, als: de *Woerd*, te *Genderen*, de *Woerd* te Engelen, de *groote* en *kleine Woerd* te Heren (bij Megen) (*b*); voorts vindt men aldaar *Kromvoirt*, *Helvoirt*, ligt nog anderen.

In Zeeland, waar men opzigtelijk de *Woerden* nog alles te ontginnen heeft, ken ik alleen *Waarden*.

In Holland: *Hauwert*, *Huiswaard*, *Warden*, *Segward*, *Barboutswaarde*, *Werthen*, *Werdensem*, *Snelrewaard*, *Albrantswaarde*, *Onwaart*, *Santvoort* (kan wel niet *Sant-fiort* wezen), *Schoonre-woerd*, *Waardhuizen*, *Woerden* (in deszelfs oude vormen bovengenoemd), de *hooge* en *lage Woerd* in Leiden, benevens de *woerden* in het Westland.

In Utrecht: *Breukelerwaard*, *Oostwaard*, *Ameliswaard*, *Beverwoert*, de *Vuursche* (?), en ongetwijfeld nog anderen.

Bij dezen, die allen te onderzoeken zijn, voegen wij nog uit ALTING. *Germ. Inf.* etc.: *Bonswaart*, (Bonningswaart, ook bij M. STOKE en BEKA bekend), *Crewerth* (Frewerth?), *Holwijrda* (het bovenvermelde *Hol-*

---

foirt als *weg*, *overgang van een water*, »onmogelijk kan toepassen op alle plaatsen, waarin dit woord gevonden wordt", zoo kunnen wij nog minder instemmen met diens gevoelen, dat *foirt*, *voirt*, verwant is met *pfort*, ons *poirt*, *poort*, fr. *porte* (waarvan *poorters*, *poorterij* = stad, stedelingen, enz.) Zie *NBr. Mengelw.* II 84. Doch wij hebben hier hoofdzakelijk met *woerden* en *wierden* te doen.

(*a*) Nader aangetoond in mijne Brochure over *Voorthuizen* (1840) welke ik onder de Bijlagen voeg.

(*b*) Zie II Dl. en de afb. ald. 347. Zie ook NIJHOFF, *Bijdr.* IV. 181.

wert), *Feldwirth* (Felwert), *Menkeweer* (Werth?), *Sletiswerth* (Stitswerth): ook *Badevoort* (achter 't *Monterland*), *Walvoorde*, *Brevorde*, (indien althans de vorm van *fiort* hier niet kan bewezen worden).

Men ziet uit deze opgave, hoe dezelfde uitgang zich in verschillende vormen afwisselt, als *Werth*, *Wirth*, *Wijrda* (angs. *Vijrd*), meestal in Groningen en Friesland, ook in Overijssel en Gelderland; *Voort*, *Voirt*, *Werd*, *Weurdt*, *Waard*, en *Woerd* in Gelderland, Utrecht, Holland en Braband, waar buitendien de afzonderlijke naam van *Woerd*, veelmalen aan de schikgodin *Wurdh* herinnert. Wat ook inzonderheid nopens de Groninger en Friesche »Wierden" onze afleiding en daarop gegronde veronderstelling schijnt te bevestigen, zijn de woorden van Westerhoff en Stratingh (*Nat. Hist. van Gron.* 296), die wij hier laten volgen: »Vele der gevondene zaken en merkwaardigheden (in de *Woerden*), zoo als pot- (urn-) scherven, houtskool, asch, steenen, beenderen, ijzeren en beenen wapenen en werktuigen, treft men ook in de *Wierden* aan" enz. Dezulke, waarin dergelijke overblijfselen worden gevonden zijn dus ontwijfelbaar tot de »Woerden" of Germaansche doodenakkers te betrekken. — Onze afleiding *Wirth*, *Wierda* = *Vijrd* schijnt daardoor te nader bevestigd.

Wij kennen evenwel de geheel verschillende verklaringen, die, onder anderen, de Schrijver *over de Friesche eigennamen* (Franeker 1774) bl. 74; — veelal door Wassenbergh, doch oppervlakkig, nagevolgd (*Friesch. V. Alm.* 1840, 1841) — daaraan geeft. Veel, maar weinig haltbaars, levert deze over *Liou-werd*, *Liauwerd*, *Born-wert*, *Bols-* of *Boles-werd*, *Ter-werd*, *Hart-wert*, ten betooge, dat *wert* of *waard* = *wier*, (als in *Abbewier*, *Jouwswier*, *Doijin-wier*), eene *burgt* of *stins* zij, ter *verweering* of verdediging. Westerhoff en Stratingh, a. w. zijn echter, onzes erachtens, op een beter spoor, als zij de vraag doen of: *Uskwerd*, oudfr. *Uijsc-wijrde*, *Usqverth* geschreven, van *Uisge*, i. e. Iersch — *water*, kan afstammen; terwijl zij *Holwierde* als »Heilige wierde" en *Uitwierde* als *Wierden*, ver naar buiten gelegen, verklaren. Zij zoeken en geven alzoo oorspronkelijke vormen, waarop het vooral aankomt. — *Uskwerd* en *Helwerd* waren reeds ten tijde van LIUDGER (ALTFRIDI, *Vita Liudgeri*, in LEIBNITZ, *Rer. Brunsv. script.* T. I. 91) bekend. Wij kennen ook de verklaring, die Jhr. DE HAAN HETTEMA (*Oud en Nieuw Friesl.* 1840) van eenige »warden" geeft, als van *Leeuwarden*, *Bolsward*, *Aengwird*, *Hennawerd* (Hendawerd, Handawerd th. Hennaard). Geen hunner echter neemt deze uitgangen als verwant of overeenstemmende met het angs. *vijrd*, enz.

Toetsen wij evenwel eenige der bovengemelde plaatsnamen aan onze voormelde opvatting, en herinneren wij ons daarbij, dat ook *Fries* en *Batavier* ontwijfelbaar zijne dooden het liefst aan de heiligst geachte plaatsen, in de nabijheid van Loo-bronnen of stroomen, bij de kusten zelfs, aan de zee toevertrouwde, dan is *Lii-wert*, *Liewert*, of naar de varianten: *Leawerd*, *Liouwert*, ook *Liau-wird*, eene *vijrd*- of woerdplaats aan de I. Ie, Ea, Iou, Iauw, = water, zijnde I. Ie, Ea enz., met het voorgevoegde art. Li, Lee, Lea, Leeu, een bekend riviertje aldaar. Deze opvatting wordt, onzes erachtens, nader bevestigd door het »*Aed Leaward*" benevens de *Oldenhove* en *Nijhove*, waarvan DE HAAN HETTEMA, a. w. spreekt. Voor mijne opvatting schijnen ook te pleiten *Doijin-* (d. i. dooden) *wirth* in Friesland, gelijk *Dooden-werd* (waard) in Gelderland, en *Dijt-wirth* (*to dij* = sterven, *dijt* = dood), mede eene *vijrd* of woerd der dooden. Dat men naar dergelijke heilig geachte plaatsen, als de Woerden, even als naar de Loo-en, bedevaarten zal gedaan hebben, en doodenceremoniën of feesten zal hebben onderhouden, komt ons als waarschijnlijk voor uit *Bade-voort* achter *'t Monterlant* (Gelderland) uit *Bever-voirde*, *Beverveurde*, in Overijssel, en *Bever-woert* in Utrecht; zijnde *bever* = *bévert*, bedevaart, gelijk in Bevertwijk, Beverloo, en Bever-meer (boven vermeld, aant. 15. 69.). En zouden dan welligt die bedevaarten naar de dooden, niet het »*Sacrilegim super defunctos*" kunnen ophelderen, hetwelk de *Indiculus superstitionum* etc. onder den naam van *dăd-sisas* vermeldt (*a*). Is de zoo evenvermelde opvatting van bede-

---

(*a*) GRIMM geeft als wortel van *sisas* een goth. *seisa*, *sais*, *sisum?*, waarvan *sais* (dolor, luctus), ohd. *sĕr*, ags. *sar*, en het ags. *sarcvid*, zegt hij, is « carmen lugubre, elegia". Het oudfr. heeft ook *sissen*, *zeisen*, voor zeggen, men heeft ook een *Seg-ward*. — *Dăd* = dood, zie boven blz. **123** aant. *a*.

vaart-woerden juist, dan zoude daartoe misschien ook kunnen betrokken worden *Better-wird, Betters-wird* (bij de HAAN HETTEMA, in voce), en aan *béter*, bitter = precari, adorare) kunnen doen denken.

De godin van het *doodenrijk* heette oudn. HELA, oudfr. HOLLER, HOLLA; de grafkuil mnl. *helle*, (in "*ter helle dalen*"); nu heeft men in Friesland: *Holwijrda, Holwert;* in N. Braband: *Helvoirt*, benevens, *Hilvarenbeek;* kan dat alles aan HELA, HOLLER, doen denken, aan wie zelfs eene *Helrivier* (Helium) gewijd was, en aan wie buitendien een aantal andere namen schijnen te herinneren? (Zoo had men in Friesland ook een *Chimelofara, Hemelumer-farda* = Hemel-lo-vaart?)

Aan toewijding van woerden aan vroege heiden-goden, en wel aan HAR = *de Heer*, schijnen ook *Heri-uurda* (972) *Her-warden, Heeren-warden*, th. Herwarden in Gelderland, en *Harwerth* in Friesland, te herinneren: of is in dit laatste de vorm van *Hart* (ARDA, HERTHA) te verkiezen? — De helft der dooden ontving *Odin*, nl. den geest, de andere helft zijne Gemalin *Frigga*, de aardmoeder, in tegenstelling tot SOL (de Zon) bij ons ook *Hertha, Hartha* geheeten. Voor toewijding eener *vijrdplaats* aan SOL, schijnt dan ook *Sol-werd* in Groningen te pleiten: *Sol*, goth. *Sauil* = zon. Als tegenstelling der *aarde* tegen WARNS, GARNS, zoude het JORD in *Jorwerd* kunnen zijn (ook *Jord* heette ODINS Gemalin); terwijl dan WARNS, GARNS, weder in *Garns-werth* en in het dorp *Warns* (Friesland), zoude kunnen voorkomen. In allen gevalle, hoezeer ook slechts enkele vormen, en wel meer bepaald in Groningen en Friesland, aan SOL en HERTHA, of aan WARNS en JORD doen denken, schijnen zij ons te merkwaardig om er niet de aandacht op te vestigen; te meer nog in verband met *Ter-werth*, naar de varianten bij de HAAN HETTEMA, a. w. *Tonna-werd, Tona-werd, Tuna-werth* (th. *Tern-aard*), die, even als het veelmaals terug keerende *Doorn* – *Thorn* (d = th), in *Doorn-werth* (Groningen), *Doorn-werth* (Gelderland), aan hunnen zoon, den god TONAR, TUNAER, THOR, zouden kunnen herinneren; terwijl dan *Bols-ward*, den lichtgod BAL, die in alle vormen overgaat: *Bal, Baal, Bel, Bil* (Baldr, Belder enz.) zou opleveren. Buitendien bleek ons diens vereering uit meer dan eene Looplaats, ook uit het *Belder-woud*. — *Adu-wert* = Oude woerd, *Dork-wert* (*dörk* = donker), donkere woerd; *Uit-wierda*, *Wit-wierda* = *Uit*-wierd, *Ras-werth* (*ras* = *rast*, rust?), *Rust*-wierd; *Weil-wert*, *Wie-wert* = wijde, uitgestrekte wierd, *Born-wert*, = Bron-wierd (a), kunnen naar tijd, plaats en omgevingen aldus genoemd zijn; ten zij men bij *Wie-wert* aan *wiien*, wijden, zou moeten denken. Maar door wie dan gewijd: door Heidenen of Christenen? Dat men, bij het doordringen van de leer des Evangelies, van de oude *Woerdplaatsen*, zoowel als van de Loo-bronnen, trachtte afkeerig te maken, of dezelve door *wijding* tot Christelijke begraafplaatsen zal hervormd hebben, is ons waarschijnlijk voorgekomen uit zoo menige, sedert onheugchelijken tijd, verlatene Woerdplaats, als ook uit de benaming van *Duifel-waard* boven Beek; terwijl, zoo als wij in den tekst hebben aangemerkt, op onderscheidene plaatsen het gebeente van den Christen, tusschen de asch en urnscherven der voorgeslachten verstrooid ligt.

Die afkeer van anders denkende menschen en natuurgenooten, die, althans op de Duitsche *Friedhoven* heeft opgehouden, waar vrede en rust heerscht, wordt bij ons nog door het *Catholicisme*, meer dan ergens elders, onderhouden. Overigens gelooven wij het vroeger begraven aan de zonzijde, digt aan de kerkmuren, als de meest gewijde aarde, en de afscheiding van verworpelingen, drenkelingen of misdadigers, aan de noordzijde, te moeten toeschrijven aan regt heidensche begrippen, in den eigenlijken zin, waaraan ook onze tijd nog, met elke inwijding eener afzonderlijke begraafplaats, nieuw voedsel geeft.

Ten slotte gelooven wij nopens de bovenvermelde *Vijrd-* en *Woerdplaatsen*, hier nog de opmerking te mogen bijvoegen, dat, wat den naam betreft, hier een kenmerkend onderscheid schijnt te bestaan; trekkende het eerste, in Groningen en Friesland, zoo het schijnt, meer naar het Saksisch, de overige *woerden* in Gelderland, Utrecht, Holland en Braband, naar het oud Germaansch; terwijl er tot hiertoe in Zeeland nog geene bekend of ontdekt zijn.

(a) Men denke hier aan de verwantschap van bron en brand, water en vuur.

31. (32.) Fijr- Wier- of Wuurdienst.
(Vuur- en Waterdienst).

Op meer dan eene plaats hebben wij boven op den naauwen zamenhang van water- en vuurdienst, of met eigenaardige woorden van *Loo-* en *Fijr*-dienst, trachten opmerkzaam te maken; zoowel namelijk bij de verklaring van *laugr* en *leigr* (Logi), (aant. 13), als waar wij over de *Urdr*-brongodinnen, over *bornen* en *barnen*, *zeebranding*, enz. (aant. 28. 123.) spraken. Die vuurdienst was bereids in het Oosten bij den *Pers*, maar ook in het Noorden bij den *Scandinaviër* algemeen, en maakte een gedeelte, zoo het schijnt, een aanmerkelijk hoofdgedeelte, uit van de algemeene natuurdienst der voorgeslachten. Men kent het gebed des *Persischen* Priesters aan de gansche natuur, en daarin de aanroeping van het *vuur* en het *water* als zonen van *Ormusd* (a). Dat ook de vuurdienst zich tot in het verre noorden uitstrekte, blijkt ons uit de berigten van JORNANDES. Bij het aanbreken van den dag, na den langen winternacht, ontstaken reeds de oude bewoners van *Thule* (het latere Scandinavië, th. Zweden en Noorwegen), vreugde-vuren op hunne bergtoppen of hoogste kruinen, om het terugkeerende zonlicht te begroeten; (waarover men zie MARMIER, die het noorden bezocht, *Rev. de Par.* XXXIV, 1836. 246. enz.). Ook de grond-denkbeelden der *Frankische* natuurdienst hebben hoofdzakelijk op water- en vuurdienst betrekking. Nog ontbranden ook, gelijk bekend is, de Bergschotten, hunne feestvuren »*halloween bleezes*". Zelfs

---

(a) Volgens de vertaling van ANQUETIL DU PERRON, *Zend-avesta*. Par. 1771. I. p. 87:
» Je t' invoque et te célébre, toi feu, fils d' Ormusd, avec tous les feux".
«Je t' invoque et je célebre l' eau pure, toutes les eaux données d' Ormusd".

Zoo het schijnt stond echter in het oosten meer de *vuur-dienst*, in het westen, de *water-dienst* op den voorgrond. Het schijnt mij echter toe, dat wij als derde element daarbij ook nog de *lucht* te voegen hebben. Tusschen *licht* en *lucht* dacht men zich wellicht dezelfde naauwe verwantschap als tusschen *water* en *vuur*. Het geheele begrip zou dus zijn *water*, *vuur* en *lucht*, welke evenzeer verpersoonlijkt worden voorgesteld.

nopens de *Friesen* schreef mij wijlen Dr. WESTENDORP, aan wiens minzaamheid mijne oudheidkundige studiën de meeste verpligting hebben, »*dat hij sporen van den Indischen vuurdienst van Siva*" had aangetroffen. Mij dunkt, dat hieraan te minder twijfel zal bestaan, wanneer wij hier in het voorbijgaan, gelijk naderhand meer opzettelijk, in aanmerking nemen de algemeen verspreide vereering van den lichtgod BAL of BALDR, — en de boven aangetoonde SIB, SIBA, benevens de sage van de vuurbraking van het *roode-clif* of de *vurige put* nabij Stavoren (waarover HAMCONIUS, *Frisia*, 14, en OCCA, *Croniike*, 4^b enz.). Uit dezelve sloeg »*eene vurige vlam, die drie dagen duurde*"; »*en den vierden dag daarna kwam er een groote draak uit den grond vliegen, die zich zeer hoog in de lucht verhief*, tot eene verschrikkinge voor velen". Later »*brandde dezelve zeer vreeslijk acht dagen lang*", en ten derde male *vlamde dezelve zeer vreeslijk hoog;* weshalve men den god STAVO »*drie dagen* lang *brandoffer* bragt", om wetenschap en raad te vragen; »want het geheele omliggende land was zeer bevreesd en verschrikt". Uit gelijke bron, zoo het schijnt, aan de noordzijde van het bosch *Kreil*, namelijk de bron van *Yg-lo Tadema*, werd in later dagen eene luide stemme gehoord, »vlied uit het land"! — Daarna zag men het *water* langzaam uit de aarde opdringen; de *zoon*, die daarin nederdaalde schepte een weinig van het water, en het was zoo zout »*als of zij het uit de nabijzijnde Noordzee*" hadden geschept. Daarover nadenkende, vond men, dat de voorspelling van STAVO vervuld werd, namelijk: »*dat het vuur, hetwelk te voren uit het roode Clif was opgeslegen, na verloop van veel tijds met eene koude stof* (water) *verwisseld zoude worden.*" — *Vuur* (Yg) en *water* (Lo), schijnen dus ook hier in 't oude *Yg-lo* ten naauwste verwant. Vuur en water, kwam althans, zoo niet uit *dezelfde* bron, dan toch uit hetzelfde *Clif* te voorschijn. Wij vermoeden zelfs, dat de *roode* (de *vuur-*) kleur van het *Clif*, zoo wel als van het *roode vaandel* te Stavoren, benevens het *zilver* en *rood goud* van de schilden der Friesen, daarmede in verband kunnen staan. Voor deze verklaring pleit ook de adj. vorm van *Tadema*, zijnde *ma* de adjective uitgang van *tade*, dat is *t'ade* = *oude*, dus *het oude Yg*-lo (Yg = glans, vuur) of *vuur-water*, als bron de oude *vuur-water-bron* (*a*). Beschouwt men nu het *roode-clif* = *roodec-lif* (*lif*, *luf*, *luft*) als de *roode lucht*, dan verkrijgt men andermaal dezelfde *vuur-water*-bron, nl. de *Noordzee*, of om de *localiteit* misschien, het meer *Flevo*, (f = v) *Vlije*, waaruit men nog, als de *zoon* = *zon* in dezelve nederdaalt, nu eens water ziet opstijgen als uit de Noordzee, dan weder *vuur-vlammen*, zich als *draken* in de *lucht* ziet verheffen. Wat wijders het *roode vaandel* en het *zilveren* en *rood-gouden* schild der Friesen betreft, zoo kennen wij in de heraldie het *zilver* = water, *roodgoud* = vuur, en *azuur* = de lucht; een zamenhang met de mythe, waarop wij later terug komen. En, is dan deze opvatting juist, dan vinden wij, gelijk hier, dezelfde vereeniging van water- en vuurdienst in *Roderlo*, en menige *roode* plaats onzes lands zou daardoor opheldering ontvangen. Doch hoedanig dit ook zij, de denkbeelden van *bornen*, het opwellen van *water*, speelden met die van *bernen*, het branden, zoodanig onder een, dat wij boven reeds (aant. 28. 123.) de *branding der zee* daaruit verklaarden (*b*).

(*a*) *Tadema;* dat *ma* bij de Friesen, gelijk elders *nus* adj. vorm is, zie men door een aantal voorb. bevestigd, bij den schrijver *over de Fr. eigennamen* 1774.; blijft dus *tāde*, gewone zamentrekking, gelijk in *tfolk*, *tharnassche*, *terne* (te errene) ook in vele anderen bij MELIS STOKE, ook in *Twello* = t' Wel-lo, *Twicke-lo* = t' Wicke-lo, *Taarlo*, = t' *Aar-lo*, enz. dus = t' *ade* het oude, gelijk in *Ade-werth* (oude-wierd), *Ade geest* (oude-geest), en het geheel: t' *ade Yg-lo*, het *oude vuurwater*, gelijk boven. FINN MAGNUSEN, l. c. geeft: *eyg-lo* = *fulgor*, *splendor*.

(*b*) Gedurig spelen ons hierbij de brandstichtingen der *Noormannen* voor den geest, waardoor zoo *vele* steden en plaatsen onzes lands, aan het *water* gelegen, zijn verwoest geworden. — Als wij opzigtelijk de oudheidkundige Geschiedenis, eenen wensch mogten bevredigd zien, zou het wezen een nieuw, kritisch onderzoek nopens de *Geschiedenis* onzes lands van den aanvang af, tot en met de *Noormannen*, die, wij zouden bijna zeggen, bij duizend, duizend-tallen, zoo *vele* verwoestingen en *brand*-stichtingen door gansch westelijk Europa hebben aangerigt; die *Friesland*, *Holland*, *Zeeland*, *Vlaanderen*, *Normandie*, zelfs *Parijs*, de O. kusten van *Engeland*, onder den naam van *Oost*-mannen, wijders de N. en W. kusten ook van *Ierland*, van *Spanje*, *Portugal* en *Sicilië* hebben geteisterd. Zoo spuwt zelfs geen krater, als dit Noorden (Denemarken) deed, alleen eene *Noordzee* stort zoo vele *baren*, en werpt die uit over het vaste land. — Ook deze kunnen het land, steden en dorpen *in brand* hebben gestoken.

Dit alles echter den denker tot overweging aanbevolen hebbende, schijnt in *Friesland*, even als in het Oosten; bij den *Batavier*, even als langs de geheele kusten en stroom-provinciën des lands, een kenmerkend onderscheid tusschen *fijr-* en *loo*-dienst te bestaan. *Vuur*-bronnen onder de Friesen, *loo*-bronnen onder de Batavieren, achten wij kenmerkend, gelijk *Vijrd* = *Fijrd* en *Uurd*-plaatsen. Doch ook de laatsten hadden hunne vuur- of brandstapels voor hunne dooden, hunne feest- en vreugde-vuren, die menigvuldige sporen van vroegere ontsteking hebben nagelaten, die zelfs nog tot in den aanvang dezer eeuw zijn ontstoken en gewijd geworden.

Menigvuldig zijn daarvoor de bewijzen: wij herinneren slechts, om den kalender te volgen, aan de *licht-missen* en *Paasch*-vuren, oorspronkelijk de *Ostra-vuren* (de vuren der opstanding der zon of van het zonnelicht), in April; de *Pinkster*-lichten en *St. Jansvuren* in Junij; de St. Martens-lichten en *Kers-vuren* in December, invallende op de drie hoofd-feestgetijden des jaars bij de voorgeslachten, benevens het algemeene *nood-*vuur (*Nodfijr*) der Franken, dat, waarschijnlijk ook bij Fries en Batavier bekend, bij hen ontstoken werd. GRIMM, *D. M.* 1e ed. 340, handelt over dit laatste, het *Nodfijr*, werwaarts wij verwijzen, om een en ander nopens de drie hoofd-feestvuren hier nog bij te voegen.

Daaromtrent echter ontbreken nog genoegzame berigten en opgaven; wat men deswege heeft, komt voor bij MARTINET en VAN DEN BERG *Gesch. v. de Jeugd*, VI Dl. 222, gelijk ook een en ander in den *Drentschen Volks-alm.* 1843. Intusschen *paasch-bergen* en *paaschweijen* vindt men op onderscheidene plaatsen onzes lands, als daar zijn nabij *Wageningen* en *Arnhem;* een dergelijke berg (de *St. Agnieten*-berg?) achter *Zwol;* de *Loneker-berg* (bij Oldensael); de *Hericker-* en *Vreesenberg* bij Rijssen; de *Hellendoornsche* berg, de *Lochemer-berg*, *Brande-velt* achter Grol, *Monter-* of *Montferland* bij 's Herenberg, de *Heiligen-berg* onder *Roekel*, de *Sonnenberg* achter Oosterbeek, de *Blinckert* nabij Haarlem; de *Paaschberg* nabij Katwijk; de *Monsterduin, Staalduin* enz. in het Westland; de *Domburger duin* (in Zeeland), de *Lichtenberg* nabij Maastricht, enz. Althans van zoodanige hoogten, zoo ook al niet van alle deze opgenoemden, ontstak men vroeger het liefst zijne *Ostra-*, naderhand zijne *Paasch-*, *St. Jans-* en *Kersvuren*. Nog in mijnen tijd werden zoodanige feestvuren, dikwijls in grooten getale, gezien, van de meest uitstekende hoogten langs den geheelen *Veluw*-zoom, en dikwijls ook van den Nijmeegschen *Hoenerberg*. Inzonderheid muntten daaronder steeds de hoog en langbrandende pikof teertonnen uit van den *Dorenwerdschen*berg. (Thorenwerth.) Voor zoodanige feest- of vreugdevuren het hout en stroo, op den Paaschdag, langs de woningen der dorpelingen bijeen te gaan bedelen, gold voor de jeugd en jongelingen als een verdienstelijk werk, en geschiedde doorgaans met deze zang-regels:

> Hout en stroo is niet duur,
> Geeft ons wat aan 't Paaschvuur.

Had men op deze wijze genoegzamen voorraad van brandstof bijeen gebragt, dan werd de brandstapel op de meest uitstekende hoogten opgerigt, waaromheen zich dan des avonds, bij het zinken der duisternis, de inwoners schaarden, en onder een dikwijls luidruchtig gejuich en gejubel, onder rijendansen rondom den brandstapel, aangestoken. Sommigen liepen na het nederstorten van het brandend gevaarte door de vlammen, anderen sprongen dan door de gloeijende vuurkolen, en vooral was het de R. Catholijk, die een half verteerd brandhout mede nam. Waarom? — Gelijk aan den geheelen brandstapel, zoo hechtte men ook toen nog eene soort van wijding aan een stuk hout, dat aan het paaschvuur had gebrand. Dat de *St Jans-* en *Kersvuren*, almede uit de heidensche vuurdienst ontsproten, gelijke wijding als offervlammen van berg- of duinaltaren, zullen gehad hebben, is wel niet te betwijfelen. Nopens de *St. Jans-vuren* te *Delf*, berigt GERARD in HS. (*Usages, coutumes et droits dans les Pais-Bas*, Bibl. Regia, 338²); in *Maastricht* hielden dezelve nog voor weinig jaren stand. De naauwe zamenhang, die er, zoo als wij boven aantoonden, tusschen *loo-* en *fijr-*dienst, bestond, zal het, onzes erachtens, genoegzaam ophelderen, wat wij boven bij de loo-bronnen vermeld hebben, dat het volk bij zoodanige heilige *loo-*en zijne lichten ontstak: »*ad fontes luminaria facere, candelam deferre*". Zie bl. 60.

Welligt waren deze en soortgelijke vuren des heidendoms, waaronder vooral ook het *Nod-fijr* (noodvuur) moet betrokken worden, mede eene voorstelling van den eindelijken, grooten wereld*brand*, gelijk wij de *loobron* beschouwen als eene voorstelling van de groote wereld-*bron*. Beide waren in de schatting des heidendoms reinigend en beschermend tegen ziekten, kwalen, ongelukken, betooveringen en wat dies meer zij (*a*). Nopens het *Nod-fijr* (noodvuur), waarover wij zoo even spraken, en dat, onzes erachtens, almede op hoogten, zal zijn ontstoken geworden, verneemt men uit den *Indic. superst. et pag.* etc., dat hetzelve door wrijving van hout ontstoken werd: »*de igne, fricato de ligno, id est nod-fyr*". Over hetzelve zie men vooral den grooten geleerde Finn Magnusen, (*Tidskrift for Nordisk Oldkyndigheid*, II B. Kjöbenh. 1829) en hetgene Grimm, a. w. dienaangaande heeft bijeengebragt.

Benevens het aan den voet dezes vermelde *Vaghevuur*, achten wij ook de vuur-proeven (*Ordalia*) uit de algemeene vuurdienst ontsproten. Het eerste kan met den *lijkbrand*, als reinigend vuur, worden in verband gedacht, welk gebruik van lijken branden door het Christendom werd afgeschaft; doch waarvan het *Catholicisme* de leerbegrippen in zijne kerk opnam, en wegens het daaraan verbondene voordeel voor zielmissen, niet ligt genegen is, af te schaffen. Eene middeleeuwsche *type* der voorstelling van het *Vage-vuur* zag ik in 1841, aan den *Calvariën-berg* bij den ingang der St. Paulus-kerk, te Antwerpen; die geheele voorstelling mag als zeer merkwaardig geacht worden, omdat zij ons doet *zien*, wat men in de middeleeuwen omtrent het *Vage-vuur* dacht. Volgens eenen ouden Roman in HS., dien *van Walewein*,

---

(*a*) Hetzelfde herinnert ons aan een gebruik te *Petshire* in *Schotland*, waar, nog op allerheiligen dag, het volk zich rondom zijne feestvuren verzamelt, waarvan de asch met zorg verzameld en tot eene cirkel-vormige figuur gestrooid wordt. Daarom heen worden dan zoovele steenen gezet, als er personen aan het feestvuur deel namen. Wanneer men den volgenden dag eenen steen buiten den kring of van de plaats gebragt vindt, dan houdt men dien persoon, voor *faij* (veeg), d. i. *Faij*, IJsl. *feigr*, Noordsch: *feig*, Zw. *feg*, Beijersch: *faeg*, oudfr. *faai*, ons *veeg* = *vaag*, welligt met *feg-feur*, *vage-vuur* verwant, dat wij almede, ook om de *alliteratie*, uit de vuurdienst der voorgeslachten afleiden.

waarvan de Hoogl. MEIJER (in zijne *Nalez. op het leven van Jezus* enz.) verslag en uittreksels leverde, was het eene brandende rivier, die ontsproot »*ut der hellen*" en zich uitstortte in de »*lever-zee*" — eene ware *Styx*-rivier:

>. . . . . God weet,
>Waerwert so ghi iu wilt belenden,
>Ghine moghet niet comen ten enden,
>Al voerdi vijfhondert milen of mere.
>En al waerdi ten ende here,
>No dan ne leetdi twater niet,
>Dat verstaet wel en besiet;
>Teen ende spruet *vter hellen*,
>En *vallet in die leuer-zee* (a).

Ook de vuurproeven (*Ordalia*), het heksen- en ketterbranden der middeleeuwen, schijnen regt heidensche kinderen der oude vuurdienst te zijn, in het Catholicisme geboren en als troetelkinderen opgekweekt, tot dat hoogere begrippen van het Christendom dezelve over het hoofd groeiden. De vuurproef bestond namelijk daarin, dat de aangeklaagde, *of* door het vuur gaan, *of* over gloeijende kolen loopen, *of* wel dezelve op zijne borst dragen moest. Eene *andere* soort van vuurproef bestond daarin, dat de aangeklaagde, in een met wasch bestreken hemd, door het vuur moest gaan, om van zijne schuld of onschuld blijken te geven; bleef dan het hemd onverbrand, zoo werd de beschuldigde vrijgesproken. Nog eene derde soort bestond in het loopen over eene gloeijende ploegschaar. Vrouwen en geringe lieden namen ook zoodanig eene gloeijende ploegschaar in de hand; doch ridders of aanzienlijke personen moesten ook wel de hand in eenen gloeijenden handschoen steken. Voeg daarbij nog het *heksen-* en *ketter*-branden, wie zegent dan niet de hervorming, waarmede zoowel het *vagevuur*, voor een groot gedeelte, als de *heksen-* en *ketter*-brandstapels, in *Nederland*, werden uitgebluscht.

Dat overigens nog menige vuur- of lichtontsteking, bijv. onze gebruikelijke feestverlichtingen of *illumina*-

---

(*a*) De *Leuer-zee* werd in de middeleeuwen gedacht als aan de uiterste grenzen der wereld zich te bevinden, daar waar noch *lucht* noch zee (water) bestond; zij omsloot deze geheele aarde, — en komt voor in de *Reis van St. Brandaen*, welk dichtstuk op Bretonsche Mythen rust. (Zie uitg. door Jhr. BLOMMAERT, Gent. 1838. bl. 98.

tiën, benevens *lichtmissen*, *altaar-kaarsen*, en wat dies meer zij, uit de oude vuurdienst ontsproten zij, zal, na het bijgebragte, te minder betwijfeld worden; op den voorvaderlijken *lijkbrand*, dien wij daartoe betrekken, komen wij beneden terug. Intusschen spelen ook nu nog menige vuurvlammen op de Friesche *Vijrd-* en onze *Woerd-plaatsen*. Soms wandelen daar gloeijende *landmeters*, brandende *stalkaarsen* en *hip-* of *dwaallichtjes* (*ignes fatui*), zijnde de zieltjes van ongedoopte kindertjes; zoowel die gloeijende landmeters, moeten, wegens hunne onregtvaardige landverdeelingen, als de onnozele zieltjes, wegens het gemis van het *reinigend water*, thans in het reinigend *vuur* ronddwalen.

Op den *rooden-toren* (de *Rot-hem* toren) in de *Overbetuwe*, wandelt zelfs nu en dan een ridder in volle wapenrusting rond, en de blaauwe vuurvlammen spelen daar nog op de plaats van het nu afgebrokene slot (HELDRING, *Wandel*. I. 22). Andere vuurspoken, het *Rijpster-licht* aan den Woldijk onder de Zeerijp, de beruchte *Faanbrand*, op de voormalige geregtsplaats van *Oost-Langewold* (op den *Westergast*), benevens de *St. Pieters-* of *St. Elms-vuren*, vermeldt TEENSTRA, *Volksverh*. I. 133, die er tot opheldering bij voegt: "Deze namen hebben misschien hunnen oorsprong van de lichten, die men eertijds brandde op het feest van *St. Pietersbanden* (1 Aug.), voorheen *Gula Augusti* genoemd". — Dit moge waar zijn, wat de laatst vermelde vuren aanbetreft, doch de algemeene oorsprong van deze en anderen ligt dieper in het heidendom terug, ligt in de algemeene vuurdienst der voorgeslachten.

32. Lijkenbrand.

Dat de Germanen en Batavieren niet veel op hadden met begrafenissen, dat zij gewoon waren alleen de lijken van vermaarde mannen, met eene "zeker soort van hout" te verbranden, zonder die met kleeren of reukwerken te overladen; dat men bij elk zijne wapens, bij sommigen ook het paard op het vuur wierp, en eenen grafheuvel oprigtte van zoden, dit hebben wij bereids in den tekst aangehaald uit TACITUS, *Germ*. I. 27. wiens eigene woorden hier nog mogen volgen: "*funerum nulla ambitio. Id solum observatur, ut corpora clarorum vi-*

rorum certis lignis crementur. Struem rogi nec vestibus, nec odoribus cumulant; sua cuique arma, quorundam igni et equus adjicitur. Sepulcrum cespes erigit". Van dit een en ander nu leveren onze Woerdplaatsen nog de duidelijkste sporen en bewijzen. Die menigte van houtskolen, die den grond zwart maken, stukken van verbrande beenderen, *urn*-scherven, of geheele urnen met asch en beenderen gevuld, bevestigen volkomen, wat TACITUS berigtte. Vele reeds geopende grafheuvels, vooral op de *Veluwe*, bij het *Uddelermeer*; te *Alphen* in Noord-Braband, te *Baarle-Nassau*, ook elders nog aanwezig, strekken mede ten bewijze van hetgene dezelfde TACITUS mededeelt, nopens de grafheuvelen van zoden. — Intusschen laat het zich thans wel niet bepalen, welke soort van hout, men bij voorkeur tot den brandstapel voor de lijken zal gebezigd hebben. Maar hoeveel is er nog buitendien op te helderen! Dat de *lijkbrand* in het naauwste verband stond met de vuurdienst der *Germanen* achten wij wel weinig te betwijfelen; maar buitendien hadden de stamverwante *Scandinaviërs* een treffend voorbeeld in den lijkbrand van hunnen lichtgod BALDR, denzelfden, dien men ook hier onder den naam van BEL, BAL, BALDR, vereerd heeft, en omtrent *wien* waarschijnlijk de meermalen genoemde Romein berigt, dat men dien bij het *opkomen*, of *ondergaan* der zon in de zee, met stralen om het hoofd ziet. »Men meende namelijk het geluid te hooren als zij (de zon) uit de zee *opborrelt* en de gedaanten van goden, ja de stralen van het hoofd te zien": — *Sonum insuper* emergentis *audiri, formasque Deorum et radios capitis adspici, persuasio adjicit"*. (TACIT. Germ. I. 45) zie VAN WIJN, die evenwel met LIPSIUS en HEINSIUS liever leest: »*se mergentis*" als wanneer het ziet op het *ondergaan* der zon. — Dat men de *lijkbrand* van BALDR, uit het *ondergaan* der zon, op elken dag, maar inzonderheid op den langsten dag des jaars, als wanneer men *feestvuren, lijkvuren* (de bovenvermelde *St. Jansvuren*) ontstak, te verklaren hebbe, zal ook in den zamenhang van water- en vuurdienst niet als onwaarschijnlijk geacht worden. Men zie over BALDR's lijkbrand mijne *Eddaleer*, 1837. blz. 24. Wat nu zijn vereerder elken avond bij den ondergang, den dood van den lichtgod opmerkte, waarbij hij zelfs lijkvuren ontstak, dat bragt hij ook in toepassing en navolging met *zijne* dooden; werden de zonnerossen mede ten brandstapel gelegd, en zag men, (gelijk dikwijls bij ondergaande zon) hoog de vuurvlammen stijgen, dat volgde men ook bij zijne dooden, met wie men soms het ros en de wapenen ten brandstapel bragt.

Dat ook de bewoners der zeekusten, naar het verhaal van Procopius, hunne lijken, op welk eene wijze dan ook, hetzij in een vaartuig, dat men in brand stak, of door dezelve in zee neder te laten, aan de golven der zee zullen hebben toevertrouwd, is mede geenszins, noch met den lijkbrand van Baldr zelven, noch met de boven ontwikkelde denkbeelden van *water-* en *vuur*-brand in strijd. Baldr werd in een groot vaartuig in zee gestoten, zoodat de vuurvlammen door het schuren en wrijven van hetzelve opsloegen. De Hr. Ab Utrecht Dresselhuis, die deze wijze van begraven vermeldt, zegt: "Procopius, een schrijver uit de zesde eeuw, spreekt van een volk van visschers en akkerlieden, op de zeekust tegen over *Engeland* wonende, hetwelk de zielen der gestorvenen naar Brittanje overbragt, en alsdan, door hoogere magt gesterkt, den togt, waarvoor men anders een etmaal noodig had, in een uur aflegde". Toestemmende, dat dit verhaal *blijkbaar Zeeland en Holland* geldt, zoo kunnen wij evenwel het daarop gegronde gevoelen van Ab Utr. Dresselhuis (*Zeeuwsch. Volksalm.* 1837. 53) niet aannemen, dat het hieraan toe te schrijven zij, dat er in *Zeeland* nergens *grafplaatsen* der oudste bewoners zouden zijn aan te treffen. Zoo overwegend kon daar wel de waterdienst boven vuurdienst niet zijn; te meer naardien wij met Ab Utrecht Dresselhuis zelven (t. a. pl.) en van Oosterzee (*den Aardbol, Nederl.* 553), genegen zijn, het zoogenoemde *lijkstroo* voor de huizen der dooden, als zwakke overblijfsels van vroegeren lijkbrand te beschouwen. Waar namelijk een lijk in huis is, wordt, volgens beider berigt, een stapel stroo op de stoep geplaatst, gelijk ik meen in 1833 in het land van Goes, te *Heinkenszand*, of te *Baarland*, te hebben opgemerkt. Voor kinderen zet men slechts een, of althans weinige bossen stroo, waarop men een takje steekt. (Een eigenaardig beeld, waardoor men den voorbijganger aankondigt, dat er in dat gezin eene tak of takje van den boom des levens is afgebroken!). De meerdere of mindere hoogte van dat lijkstroo toont tevens het meerder of minder vermogen des overledenen aan. De bijzonderheid, dat zelfs nog in vorige eeuwen dit *lijkstroo*, na de begrafenis nog werd verbrand, doet ons ongetwijfeld denken aan den *vroegeren* lijkbrand der heidensche bewoners van dat gewest; wij zien in dat lijkstroo een' plaatsvervanger van den vroegeren houtstapel, waarop de doode, naar de begrippen der vuurdienst, en in navolging der goden, aan de vlammen werd opgeofferd. Wij kunnen diensvolgens ook niet in twijfel trekken, of *Zeeland* bevat ook nog, zoo dan al niet aan de zeekusten, dan toch op meer binnenwaarts gelegene dorpen van het eiland *Walcheren* zelf, alsmede van *Schouwen*, en in het land van *Goes* (*Gusaha*), bij eenig onderzoek, zijne woerd-plaatsen, die niet zelden door vuurvlammen of door den boven behandelden *Weerwolf* worden aangewezen.

Hoewel wij ook boven geene Woerdplaatsen in Zeeland hebben kunnen opgeven, hebben wij hier, behalve *Waarden*, de navolgende, ontwijfelbaar oude plaatsen op het oog, als: *West-* en *Oost-Souburg* (Zuidburg), *Rijthem*, *Soule-lande* (Zuid-land?) en anderen op Walcheren; *Haemstede*, *Nortgauw*, *Sonnemaer* en *Beldert* op Schouwen; *Ternisse*, *Gou-dorpe* en *Hans-wart* in het land van Goes; *Schakerlo* (Sacred-lo) en *Vossemaer*, op het eiland Tholen. Zoo ergens, dan vermoeden wij, dat deze plaatsen, door hunne woerden kenmerken van voor-christelijken oorsprong zouden kunnen bevatten.

Dat overigens nog menig gebruik van heidenschen oorsprong op onze begrafenissen kan overgegaan zijn, komt ons als waarschijnlijk voor. Zoo denken wij hier vooral weder aan het *Hulle Vulle*, of het *ijzeren veulen* te Kesteren, (*Castera*), benevens de *ijzeren koe*, te *Brits-werth* (in Friesland), waaromtrent de boven aangehaalde Schotanus (*Beschr. van Friesland*, fol. 208) aldus schrijft: »dat er in het huis der pastorij te *Brits-werth* eene *ijzeren koe* plagt bewaard te worden, die gewijd zijnde, bij de begrafenis voor of achter het lijk naar het kerkhof werd gesleept, wanneer de nagebleven eene levende koe aan den priester vereerd hadden om voor de ziel van den afgestorvenen te bidden". (Vgl. *Drentsche Volksalm*. 1842. 133). Moet men hier door

Koe, (Coc, Cou = Koude) den ijzeren dood, of *ijskoude* verstaan, die het zinnebeeld is des doods? Dan zoude men in den lijkbrand ook nog een dieper denkbeeld kunnen zien, als tegenstelling om de *koude* haren prooi weder te ontnemen. *Drentsche* volksgebruiken bij begrafenissen »*Groeven* of *Uitingen*" (in Groningen »*Uitigsten*") vindt men in gemelden *Volksalm*. 1840 en 1842. 138. Merkwaardig schijnt ons vooral aldaar het zoogenoemde *lijk-bier*, benevens de *buur*-diensten, dezelfde als die der *wagen-buren*, vroeger in de Overbetuwe nog in zwang; zijnde *wagen-buren* aldaar zoodanige naast bijwonende buren, die den lijkwagen bezorgden, of als dragers naast denzelven gingen; *wagen-kleed* (N. Brab. *wa-kleed?*) is het zwarte kleed, dat over den lijkwagen en de lijk-baar wordt gelegd (*a*).

Het heidendom schijnt echter een duidelijk onderscheid gemaakt te hebben tusschen dezulken, die aan eene ziekte, en anderen, die in den krijg of een gevecht overleden of gevallen waren. De eersten werden in het Noorden *Biör* (ons *Piers*) geheeten, waarschijnlijk met *berrie*, baar; — *bier*, lijk*bier* verwant. *Biör-salr* (bietzaal) was dus de plaats van onbloedig gestorvenen (Frankische glossen geven *Convivium* voor *biore*), en herinnert aan het bovenvermelde *lijk-bier*. Dat de onbloedigen, bij de »*uitingen*", van de bloedig gevallenen, van de strijders (*Viccar's*) werden afgescheiden, ligt geheel in het begrip des heidendoms, en heldert, onzes erachtens, twee merkwaardige plaatsen op het eiland *Voorne* op, namelijk *Piers-hil*, als de heuvel der onbloedig gestorvenen, en *Fikkers-hil* (Viccars-), in tegenoverstelling daarvan, als de heuvel der *strijders;* welk laatste door de overlevering wordt bevestigd, die er gesneuvelde *Franken*, of strijders tegen de Franken, laat begraven zijn.

Wat de genoemde *Lijkbieren* en begrafenismaaltijden onder het heidendom waren, schijnt ons toe te blijken door hetgene Aug. Schrader, *Germ. Myth*. 1843, (uit

---

(*a*) Dr. Hermans dwaalt dus, wanneer hij, (*N. Brab. Mengw*. II 322, 342) *wa*-, in *wa-geburen*, en *wa-kleed* door *lijk, dood* verklaart, en tot *ga, ge* in *Gemunde* reduceert. Dood is goth. *dauthus, tód*, ook *dâd* (in *dad-sisas*), ons *doed, dooije, dood;* en *lijk*, goth. *leik* (corpus, caro), hgd. *leiche* (cadaver), misschien verwant met het goth. *lékeis*, oudn. *loeknir*, oudh. *lâhhi*, angs. *loece* (chirurgus, medicus), slav. *ljek, lek* (remedium). Zie Grimm, 1835. 668.

Bolten's *Gesch. der alten Ditmarsen*, 1. 315 enz.) aanhaalt, welke laatste berigt, dat het heidendom gewoon was, na het ter aarde bestellen der asch, aan ieder die deze plegtigheid, hetzij uit bloedverwantschap of nabuurschap had bijgewoond, eenen *hoorn* of eene *houten* schaal met *bier*, of andere dranken gevuld, aan te bieden, die men dan, eerst ter eere der goden, daarna ook van den afgestorvene ledigde. Over zoodanig drinken ter eere der dooden, het vroegere *minni-drinken*, oulings ook in ons land gebruikelijk, waaraan ik zeer genegen ben, bij het in *Drenthe* nog in zwang zijnde *lijkbier* te denken, zie men uitvoeriger mijne *Oude en latere Drinkpl.*, 's Gravenh. 1843.

Dat men de lijken der gestorvenen, alvorens die op den brandstapel te leggen, gewoon was eerst te *wasschen* en te *reinigen*, vermeldt Stuhr, in zijne *Nordische Alterth.* Berl. 1817. 196, en kan misschien opheldering schenken aan de vele *Moord*-kuilen, die men allerwege aantreft; hetwelk te waarschijnlijker zou worden, wanneer *Mur-* in *Murwerth* (nabij Dokkum) door *moordwerth* zoude mogen verklaard worden. Zoodanige *moord*-kuilen, die wij in overweging geven, zijn die te *Herveld* (d. i.: leger-veld) in de Overbetuwe; die te *Voort-huizen* (*Woerd-huizen*) op de Veluwe; te *Ellertsloo*; benevens de *moord*-molen, nabij *Dort-mont* (omtrek van *Laer* in Drenthe), en die te *Loosduinen* (Westland). — In later tijd ging dit gebruik, den doode te wasschen, in een huisselijk gebruik bij sterfgevallen over. Dat ook menige *Loo*-bron aan zoodanig gebruik kan toegewijd zijn geweest, houden wij voor denkelijk.

Overigens schijnt in de *water-* en *vuurdienst*, zoo hier als elders, een gebruik bij *Uitingen* te hebben plaats gehad, waarvan wij meenen, dat ook ten onzent, nog, hoewel dan ook zwakke sporen aanwezig zijn: namelijk, dat men de dooden gaarne over een stroomend water, eene *helrivier*, een *meer* of zoo iets heen voerde; hetzij dan, naar het begrip der ouden, naar *Chimle* (den hemel) of naar het gebied der doodsgodin (*Hela*). Het verhaal van Procopius, zoo verre dit *Nederland* betreft, verkrijgt daardoor eenige bevestiging en opheldering; maar ook het oude *Chime-lofara* (Himelumer-vaart), benevens de *Hil-varen-beek*, van welk laatste wij den ouden woordvorm missen. En, zouden de gevondene doodsbeenderen in onderscheidene vijvers, wel overal van monniken en nonnen wezen? Voor zoodanige *moord-kuilen* kunnen wij toch wel moeijelijk overal de oorzaak in onze middeleeuwsche kloosters vinden? Veelal zijn aan deze *moord-kuilen* overleveringen verbonden, die tot nadere opheldering er van zouden kunnen leiden. Was zoodanig eene *overvaart* der dooden, het zinnebeeld, dat men den stroom des levens over was, dan was ook dit gebruik niet zonder diepe beteekenis.

Of bij dit alles, bij den lijkbrand en latere *uitingen* grafgezangen, gelijk elders, plaats gehad hebben, daaromtrent zwijgt de geschiedenis, en laat zich ook wel uit geene *Loo-bronnen*, of *Woerd*-namen ophelderen.

Dat zoodanige *Uitingen*, *Uitigsten* (Ui = oe) of *Uitvaarten*, met het *zwarte nachtkleed* kunnen in verband gedacht worden, en de lijkbrand dan veelal *'s avonds* zal hebben plaats gehad, is meer denkelijk, dan dat men het lijkvuur *bij dag* ontstoken hebbe. Niet slechts toch werden steeds alle feest-vuren of heilige vuren bij avond ontstoken; maar ook de vroeger gebruikelijke avond-begrafenissen »met lantaarnen of flambouwen", zouden wij, met Ab Utrecht Dresselhuis, uit voor-christelijke gebruiken afleiden. En is de uitdrukking van *Uiting*, *Uitvaart* (*Uttinc? Ut-fara?*) voor gemelde plegtigheid juist, dan zouden misschien daardoor *Usewert* (*Uit-werth*), *Witte-Wierden* (*Utte-Wierda*) *t'Uttinc-hem* (Doedec-hem), benevens het *Uddelermeer* nadere opheldering kunnen ontvangen (a). Zie ook Bolten, a. w. 1. 315 en Aug. Schrader, *Germ. Myth.* 1843. 52 enz.

33. Vuur-gedrochten en Lichtsteenen.

Dat de vroegere *Vuur-* (*Fijr- of Vier-*) dienst, even als de Loo-dienst, benevens de voorchristelijke *lijkbrand* en *feest-vuren*, tot menige overlevering van vuur- of lichtgeesten zal aanleiding gegeven hebben, die uit het algemeene begrip ontsproten zijn, is wel bijna niet te betwijfelen. Men denke aan de *gloeijende* landmeters, den *brandenden* ridder van den rooden toren (*Rod-hem*) in

---

(a) Misschien ook *Utti-loch*, dat evenwel ook kan beteekenen *uitwatering*.

de Overbetuwe, de *brandende* stalkaarsen en *hiplichtjes*, en wat niet al van die soort van vuurverschijningen, die, in het volksbijgeloof, nog worden aangetroffen.

Immers, dat men oulings ook het vuur met wezens of geesten bevolkte, die later de spokenwereld almede hebben helpen aanvullen, blijkt reeds uit den *Vuur-draak* van het *roode-clif* (*roodec-lif*), waarvan de sage vermeldt, dat dezelve op den vierden dag na de eerste vuurbraking »zich zeer hoog in de *lucht* verhief tot eene verschrikkinge voor velen. Nadat hij omtrent een half uur zich zoo hoog in de lucht vertoond had, is hij weder nedergedaald, vliegende in de aarde, daar hij uitgekomen was". — Ook zelfs, al wilde men hier aan eene vulkanische uitbarsting denken, dat wij wegens t'*Aede Yg-lo*, (zie aant. 31) niet kunnen aannemen, dan heeft men hier toch in de voorstelling een wezen, dat de vuurwereld bevolkte. Tegen zoodanige *Draken* of *Griffioenen*, *Monochiros*, enz. streden onze vroegere Roman-helden, maar vooral, zoo het ons voorkomt, *St. Joris*. — Kan *Fraijlema'sburg* (in Groningen) door *Faeyr-lo-*burg (*Faeyr* = *Fijr*) verklaard worden, dan vinden wij in het wapen dier plaats eene afbeelding van zoodanigen *vuur- en water-draak*, en op nieuw den zamenhang van vuur- en waterdienst bevestigd. Dit wapen is nl. »*een schild met drie golvende baren, van groen en zilver, afwisselende geplaatst tusschen drie roode dwarsbalken en een zwarte zeedraak over alles heen geplaatst.*» Alles geheel eigenaardig in Groningen te huis. (Later komen wij op de *wapens* terug.) Maar buitendien kent de Handschr. litteratuur eenen onverschroeibaren *vuur-vogel*, »*Cariste*", bij van Maerlant; benevens eenen »*Salamander*", die in het vuur niet verbrandt; om niet te gewagen van *Asschepoester*, als ook de »*duvels*", die in het helsche vuur niet verteren, waarvan ook de *Reis van St. Brandaen*, (reize door de *vuurwereld?*) uitgeg. door Bloemmaert, en andere middel-eeuwsche geschriften, inzonderheid de *Hortus deliciarum* van de Abtdis *van Lansberg*, XII E., zulke belangrijke berigten mededeelen.

De *Salamander*, dien wij zoo even noemden, kunnen wij hier met de woorden van Maerlant's, *Nat. Bloeme*, (HS.) nader doen kennen. In *Gelderland* leerde ik dit vuur-wezen uit den mond des volks als »*onverteerbaar*" kennen, als eene soort van tegenstelling van den »*Basiliscus*". Onze dichter beschrijft, zoowel zijne gedaante als andere bijzonderheden, zeggende:

Salamander es ene maniere [1])
Van Serpente, die inde viere [2])
Levet, daer het inne gaet,
Ja dat ooc tfier [3]) mede verlaet.
Plinius, Iacob' ende Adelijn,
Aristoteles ende Solijn [4]),
Seggen, ende doen verstaen,
Dat ye die lacerte es gedaen [5]).
Isidorus spreict, sine maniere,
Gaet vor alle gheueninjde [6]) diere.
Plinius spreict men siets niet,
Sonder alst sere te reine [7]) pliet.
Sijn spu [8]) dats utermate quaet,
Ist dattie een mensche in gaet,
Hem ontuallet al sijn haer.
Vp bome clemmet [9]), ende daer,
Veninet dapple [10]), soo wiere [11]) of bijt,
Dat hij steruet in corten tijt.
Vallet iut water, hi es emmer doet.
Diere [12]) af nut, clene of groet.
Men vint erande maniere [13]),
Van Salamandre, die leve in viere,
En hebbe wulle [14]) ofte haer,
Daer men of seghet ouer waer [15])
Men gordel ende cleder maect,
Die nemermee gheen brant genaekt [16]).
Men seghet vande paus Alexandre,
Dat hi van ere Salamandre,
Hadde een cleet, alst lelie was,
Werpment [17]) int vier, en als ic las,
So coemt vte scone en claer.
Broeder Aelbrecht [18]) seghet ouer waer,
Dat hi daer of een gordel sach,
En dat vor hem int vier lach,
Alst gloeide so dede ment vut [19]),
Onghescaedt haer ende huut.
Solinus die seghet daer toe,
Salamandre ne heuet ye no suwe [20]),
Alle draghen si, als wi kennen,
Ende hebben eijere ghelije henne.

[1]) soort.
[2]) viere (*tfier, fijr, faeyr, feuer*), vuur.
[3]) *tfier*, het vuur.
[4]) vijf auteuren waarop MAERLANT zich beroept.
[5]) dat hij van leelijke gedaante is?
[6]) venijnige, vergiftige.
[7]) dan als 't ... te regenen.
[8]) spuw, spog.
[9]) klimt het.
[10]) de appelen, vruchten.
[11]) wie er.
[12]) die er.
[13]) verlerhande soorten.
[14]) wol.
[15]) voorwaar.
[16]) derhalve onverteerbaar zijn in het vuur, gelijk de *Salamander* zelf.
[17]) wierp men het.
[18]) nl. *Albertus magnus.*
[19]) zoo deed, zoo nam men het er uit.
[20]) nimmer jongen.

Onder de onverteerbare *vuurvogels*, die den *Salamander* niets toegeven, vermeldt ons hetzelfde HS. van VAN MAERLANT, nopens den bovengenoemden vogel »*Cariste*" het volgende:

> *Cariste*, seghet ons Solijn,
> Dat erande 1) vogle sijn,
> Die vlieghen moegē dor een vier,
> Dat hē die vlamme ongehier 2),
> Nochan vedre, noch an stume 3),
> Ghescaden mach, niet 1 scume 4).

1) eene soort, sommige.
2) onthier?, tot aan, ongeveer.
3) vlerk.
4) niet eene schuim, een zier, niets.

Tot deze zelfde rubriek van middeleeuwsche vuurgedrochten, uit de vuurdienst ontsproten, gelooven wij te moeten betrekken de verwonderlijke kracht, die men aan sommige steenen, bijv. den *H. Grael*, den *Karbonkelsteen* en *Ostalanus*, toekende.

De eerste, de *H. Grael*, was, zoo het schijnt, een schotel of beker uit eenen lichtsteen, uit *Lucifers* (*Lux* = licht, *fer* = maker) kroon geslagen, om welke te vinden inzonderheid de ridders van *Arturs* ronde tafel, de geheele wereld door, op *aventuren* uittrokken. Nopens den *Karbonkelsteen* leest men in VAN MAERLANT's, *Nat. Bl. HS.*

> Hi maket dien dach in den nacht;
> Daghes es hie als die cole rood,
> Nachts so gevet hi claereit groot. (*a*).

Grooter nog schijnt in de schatting der middeleeuwen de werking of invloed van eenen anderen wonderdoenden steen "den *Ostalmus, Ostalanus*" geheeten, die almede weder door VAN MAERLANT beschreven wordt, en, zoo het schijnt, nog veel van zijne vroegere waarde behoudt in het volks-bijgeloof in *Z. Holland* en *Gelderland*.

> *Ostalanus* of Ostalmus,
> Es 1 steen, die heet aldus.
> Desen heten alle brieue 1),
> Patroen ende beschermere der dieuē,
> Want diene 2) draghet, hi bedect dien,
> Dat menne 3) niet ne can ghesien:
> Also verdonkert hi hare siene 4).
> Dit es wonder van gheschiene,
> Des draghers oghen maket hi claer,
> Dat hi siet verre ende naer 5),
> Sine varewe swighet 't gedichte 6),
> Omme dat menne 7) niet vinde licht (*b*).

1) geschriften.
2) die hem.
3) dat men hem.
4) hun gezigt.
5) in de verte en van nabij.
6) nopens zijne kleur zwijgt het gedicht. (geschrift).
7) men hem.

(*a*) *Lucet in tenebris*, zijn de woorden van ALB. MAGNUS, die hier schijnen uitgebreid te zijn.

(*b*) VAN WIJN, *Huisz. Lev.* IV. 607, uit het HS. van VISSER, thans op de Koninkl. Bibl. te 's Gravenhage.

In den *Karel en Elegast* (uitg. *Hor. Belgic.* IV. door Hoffmann van Fallersleben, 1836.) verrigt een zekere wortel »een *kruid*" in den mond gestoken, waardoor de dief het *hanen*-gekraai verstaat, een dergelijk wonder. Daarop komen wij echter terug bij de plantendienst.

Wat echter van Maerlant omtrent de kleur »*de varewe*" van den *Ostalmus* verzwijgt, omdat zijne bron, »*'t gedichte*" daarvan geene melding maakt, dat wordt nopens den wonderbaren *steen* berigt, die een dankbare Ooijevaar voor een oud vrouwtje in *Egmond* (*Haecmond*) had medegebragt, welke het dier van eene beenbreuk genezen en verzorgd had. Deze steen kwam in handen van den Abt aldaar, en werd bevonden te zijn een zeer kostelijke *Karbonkelsteen*, waarna men denzelven in eene gouden plaat gezet, gesteld heeft op het *hoogautaer*, »ter eere Gods ende alle lieve Heyligen". Deze steen nu, zoo dik als een *rosen-nobel* »*gaf des nachts licht en scheen als de mane, welke schijnsel een weynigh uit den groenen was*". (*Chronyck van Egmond*, Haarl. bij van Leeuwen, blz. 52, 53). Merkwaardig is deze trek vooral in *Haec-*, *Eghe* = *Egmond*, wegens de vroegere maandienst, waarop wij mede later terug komen.

34. Hem- Heem- of Heim-plaatsen.

Een aantal plaatsnamen onzes lands met den uitgang *hem*, *heem*, *heim*, *hiem* of enkel *ham* geheeten, verdienen opmerking, zoowel in opzigt tot de oude Aardrijkskunde des lands, als der Godenleer en Oudheidkunde in het algemeen. De meest gebruikelijke oude vorm schijnt *hem*, *ham*, soms met de voorafgaande *sylbe* zamengetrokken in *em*, *um*. In hoe verre zij tot eene welingerigte woerd-plaats behoord hebben, of door onze middeleeuwsche *Weem*, veelal aan een kerkhof, kunnen zijn vervangen geworden, dat alles laat zich nog niet ten volle beantwoorden. Het goth. heeft *haim*, oudn. *heimr*, voor een zetel, huis, ons *hem*, hgd. *heim*, dat met uitdrukkingen als: »*der Tod* (nl. Wurdh) *braht ihn hin* (heim); *heim in sin gemiure*" (binnen *zijne* muren) en anderen, zeer wel in verband kan gedacht worden. Volgen dus hier de opgeteekende namen, als: *Puthem* (855) (th. Putten), *Hostenpinhem* (866),

Hosterburgem of *Osterburghem* (866), *Muadhem* (866), *Hrothalnashem* en *Rotelnashem* (866), *Waldricheshem* (866), *Ruminge-hem* (981), *Duttinghem* (838), *Vabbinghem* (866), *Pillinghem* (866), *Wadinghem* (866), *Bunichem*, *Bunninchem* (866), *Gorinchem*, *Kinhem*, *Kinnem* (922), *Medema-hem* (in Anscarii *Vita S. Willehadi*, ad ann. 860) *Medanheim*, in de gouw *Hrittiga*, ten jare 972) vermeld bij Falcke (*Cod. traditt. Corb.*) en *Medemelacha* (866), th. Medenblik; *Saxnem* (1083), th. Sassen-heim, *Bosenchem*, *Buosinhem* (1131), *Ellenc-hem* (1131). Wij ontleenen deze opgave van Mr. van den Bergh (De J. Taalk. M. IV. 1 st.), en voegen daarbij, uit van Mieris, (*Gr. Chb.* 1 Dl. uit den *Catalogus Bonorum Eccles. Ultrajectinae* etc.) de navolgenden, waarvan sommigen varianten der voorgaande, als: *Leccham*, *Buosinhem* (Beusecum) *Tregrimahusenham*, *Tregermahusenhem* (waarbij merkwaardig genoeg een *Holanwegh*), *Hasenhem*, *Torhem*, *Lanthem*, *Iodichem*, *Bunninchem*, *Merchishem*, *Walricheshem* (Woudricum), *Vilishem* (Wilischem), *Macteshem*, (Martischem), *Leithen* (Leiden?), *Upuuitcanhem* (Willighen), *Legihan* (Leghan), *Lopishem*, *Loppishem* (Lopsen bij Leiden), *Watdinchem*, (Waddingen buiten de Witten-Vrouwen-poort aldaar), *Vabbinghem* (Wabbingem), *Pellinghem*, *Wirthum* (of hem), *Rufinghem* (Rufingen), *Ruthulfnashem* (Rhotusc-hem), *Hels-em* (hem), *Osbragtashem* (Ostrataschem), *Offrithem* (Offrichem), *Wilkenhem* (Wilkenheim), *Lethem*, *Bredhem*, *Batchem* (Baccum), *Beinhem* (Benthem), *Westerburghem* (Westburghem), *Osterburghem* (Hosterburgem), *Brochem* (Broekhem), *Cunulfhem* (Cumulshem), *Godolfhem*, *Pischem*, *Wintmundhem*, *Padhem* (Padhen) th. Petten, *Plectinghem* (Plechtingen), *Amuthen* (Muiden: *A* = water, *Muth* = mond, kan dus niet eigenlijk als *hem*-plaats worden beschouwd, tenzij het heette: *Amuth-hem*), *Wihtmuadhem* (Wihemundhem), *Ellunhthem*, *Elinthem*, *Bever-hem*, *Hlithem* (Litum), *Gislehem* (Gileshem), *Rhothalnashem* (Rinasburg) en *Schupildhem*. Zoo verre de aangehaalde lijst bij van Mieris t. g. pl. met de varianten. Ook Alting, *Germ. Inf.*, verklaart *hem* door *heem*, *heim*, en geeft de navolgende op: *Arnhem*, *Borchem* (eil. Borkum), *Bathem* (Batchem), in Kennemerland; *Bedehem*, th.

Bedum, in Friesland; *Chimelum* (i. e. Chimel-hem), *Cot-hen* (Got-hem?), *Daelhem*, *Diepenhem* (heim), *Doc-hem* (Doc-kinga), *Fermes-hem*, *Gorinchem* (Gorkum), *Haral-hem* (Heerlhem) th. Haarlem, *Kinhem* (Chinheijm), *Marcheshem* (Markshem) th. Marken; *Omershem* (Omersem, Omersheim), *Osterhem*, *Redinchem* (Renkum), *Saxnem* (zie boven: *Zassenem* bij M. STOKE), *Sprundelhem*, *Sturna-hem*, *Sluerhem* of *Steerhem* »i. e.: *Sturiorum oppidum*"; *IJsel-ham*, *Blankenham*, niet verre van het *Lucus Baduhennae*, *Walthershem* (Wolthersum), *Werfhem* (Warfum), *Wirthum* (Wirthem), *Woerdensem* (hem) th. Woerden en *Zelhem*. Wij voegen hier nog bij *Hemmen*, *Kolham* en *Foxham* in Groningen, *Windesheim*, in Overijssel.

Men ziet uit deze opgave, hoe onzeker ook sommige varianten mogen voorkomen, dat de genoemde terminatie's: *hem*, *ham*, *heim*, zelfs *em* en *um*, hier door elkander spelen en dezelfde beteekenis hebben. In ons gevoelen, dat men die *hem*-plaatsen veelal op de bovenvermelde woerden of in de nabijheid hebbe aangetroffen, versterkt ons de Schrijver: *Over de Eigennamen der Friesen* 1774, in de bijlage bl. 77, alwaar hij ter verklaring eener heem of heim zegt, dat daardoor »doorgaans verstaan wordt een *stuk lands* waarop een huis gebouwd is" enz. Nopens de verklaring van *um*, door heem, heim = huis, zie men wijders WESTERHOFF en STRATINGH, (*Nat. Hist.* enz. 242, welke aldaar het gezag van HALTAUS, *Gloss. Germ. med. aevi*, p. 856, en IJPEIJ, *Gesch. v. h. patroonregt*, II. 92 aanhalen): *Oldersum*, *Aldersum*, *Aldesum*, ald. is dus: *Oldershem*, enz.; *Warfum*, oul. Warfhem; *Uerthen* = Wertheim; *Loppersum* = Loppers-hem, heem. Aan deze herstelling der oude vormen toetse men verder *Watum*, *Ewsum* of *Ewesum*, *Farmsum*, *Middelstum*, *Rottum*, *Donjum*, *Deuticum* (Doedeghem), *Workum* en anderen; benevens dezulken, waarin *um* in *em* is overgegaan, of de *h* in *hem* is weggesmolten, als: *Doijem*, *Goijem*, enz.

Beproeven wij nu of deze verzameling van hem-plaatsen, van welke de meesten, zoowel wat de beteekenis als de ligging betreft, onbekend zijn geworden, bij nadere beschouwing, eenige bewijzen voor ons vermoeden in den tekst zou kunnen opleveren, nl. dat zij op of aan woerdplaatsen worden aangetroffen, dan valt ons wel in de eerste plaats in het oog het bovengenoemde *Uerthen* (bij VAN MIERIS, l. c.), misschien hetzelfde als *Wirthum*, bij ALTING, l. c. en *Woerdensem:* zoowel de eene als andere vorm geeft bij de ontleding *Wirth- Woerdhem*, d. i. Vijrd- Woerd-huis, hetwelk ons tevens aan *Voirt- Werthusen* (Voorthuizen op de Veluwe), in dezelfde beteekenis, doet denken. Is *Doijem* = *Doije-hem* in Friesland, gelijk *Doedeg* — *Doedec-hem* (Deutechem), in Gelderland, wat de oude vormen aangaat, zeker genoeg, alsmede *Don* — *doonjum* (Doôn-hem) gewettigd, dan zouden een en ander aan een *dooden-huis* kunnen doen denken, en de voorgaande *Woerd-huizen* ondersteunen. *Dullinc-hem* (838) weêrspreekt zulks niet (*u* = *oe* = *oo* zelfs in *eu* is gebruikelijke overgang). Dat de voorgeslachten bij de asch hunner dooden gaarne hunne gebeden bragten, derwaarts bedevaarten deden, enz. hebben wij boven, zoo wij meenen genoegzaam aangetoond; hier vinden wij weder: *Pat-chem (Baccum)*, *Pathem* of *Pad-hem*, het eene in Kennemerland, het andere in N. Holland, th. Petten, ook in de nabijheid van een *Pithe-loo*. ALTING, l. c. verklaart hier *Pad, Bad, Bede, Pithen*, door *precarium*, en *hem* door *locus*; alzoo in de beide plaatsen eene *bid-plaats, bede-huis*, dat overeenstemt met *Bede-hem*, (th. Bēdum) in Friesland, ook door WESTERHOFF en STRATINGH, a. w. als *bedehuis*, *bid*-plaats aangemerkt; welke opvatting mede duidelijk blijkt uit *Pedec-hem* in Vlaanderen (smeltende *ch, gh* in één); voorts vermeldt VAN MIERIS een *Béverhem*, d. i.: bedevaarthuis, gelijk boven in *Beverwoerd*, (*bedevaart*-woerd), *Béver-loo* (bedevaart-loo), *Beverwijk* (bedevaart-wijk) en *Bevermeer* (bedevaart-meer), *Beveland* (bedevaartland). Bragt men den dooden of den goden bij zoodanige bedevaarten derwaarts zijne offers, of dezen zijne gebeden en offers voor de afgestorvenen? Wij vermoeden dit uit *Offrithem, Offrichem*, dat is: een offerhuis, gelijk men, zoo als wij naderhand zien zullen, eene *Offer-wijk-* (*Offer-wicheij*, *Wich-eij* = wijk- water) bezat op de Veluwe. Nog onderhoudt de R. Kerk zoodanige offergaven wegens zielmissen voor afgestorvenen. — Bij de invoering des Christendoms, hoe wars men zich ook in andere opzigten van Heidensche instellingen toonde, bleven vooral deze als winstgevend voordeel voor de geestelijken geëerbiedigd. Ook handelt de *Indic. paganorum* etc. »*de sacrificio quod fit alicui sanctorum*", hetwelk onze meening van *offergaven*, aan wie dan ook, schijnt te bekrachtigen.

Gelijk men Loobronnen aan *Asen* schijnt te hebben toegewijd, zoo doet ons *Hasen-hem*, of *Asenhem*, insgelijks aan dezen algemeenen godennaam denken. Elders had men een merkwaardig *Asciburgium*, naar Mone, (*G. d. H.* II. 9. 122) »*gleichbedeutend mit Asgard*"; daarop komen wij echter later terug; in *Hlit-hem*, treft men hetzelfde *Hlit* aan, als in *Hlitskialf*, den zetel der Asen. Verdere opmerking verdienen, onzes erachtens: *Cothem*, d. i. *God-hem*, *Godhuis*. Ook de Saksen kenden »*Godes-hus*" (Grimm, l. c. 1835. 40); *God-olf-hem* (olf = oud), hem of huis van *den ouden God*; *Tor-hem*, kan *Tor*, *Thor-heim*, wezen, en dus aan Thor (Donar) herinneren; doch overigens geene toewijding, of herinnering aan andere goden; alleen, zoo het schijnt, aan Medea, Meda, die wij later, als vermoedelijke godin der maagdelijke reinheid, zullen leeren kennen, in *Medemahem* (860), *Medan-heim* (972) in de gouw *Hrittiga*, gelijk in *Meden*-blik (*Medema*-lacha), waar men wil, dat zij haren zetel had. Ook Mr. van den Bergh, l. c. maakte deze opmerking.

Andere voorvoegsels, die toch ook waarschijnlijk niet uit de lucht gegrepen mogen heeten, moeten wij hier onverklaard laten, en sluiten ook wederom dit overzigt, met de opmerking, dat enkele *Hammen*, *Hemmen*, als plaatsnamen zonder voorvoegsel voorkomen, als: *Hemmen* in Gelderland, waar Heldring de eerste woerd- of Batavische begraafplaats ontdekte, *Cham*, *Chaam*, dat wij wenschten dat Dr. Schotel wilde onderzoeken, (N. Braband), *Hamma* (dezelfde vorm als in *Hamma-vehae*), *Hemmenis* (Emmenes?), *Hamarithi* (th. Hemert), *Hame-land*, (Ameland, Emeland), meer dan een *Haemstede*, als in Zeeland, N. Holland; de *Heimen-berg*, alwaar ook *Heimerstein* aan den voet des bergs, waar vermoedelijk, even als op deze en andere der genoemde plaatsen, bij locaal onderzoek nog sporen der voorgeslachten zouden kunnen gevonden worden, die ook het ontbrekende in dezen mogen aanvullen.

35. Hlara, Laeren, (Fana).

Wat *Hlaren*, *Laeren* zijn, en of daarvan nog grondslagen op sommige onzer *Woerd*-plaatsen gevonden worden, is tot hiertoe, voor zoo verre wij weten, met zoo veel daarenboven, nog door niemand onderzocht en opgehelderd geworden. Beproeven wij dus derzelver beteekenis op te helderen; misschien zijn anderen gelukkiger dan wij, nieuwe en meerdere ontdekkingen, ten dien opzigte, in het licht te stellen. In het Noorden gold de uitdrukking *Hlader*, *Hledra* voor heilige plaatsen, tempels; wij achten ons *Hlara*, *Laer*, daarmede verwant, gelijkbeteekenend. De tempel *Hlader* (in Noorwegen), ook *Hledra*, *Lethra*, alsmede *Hleidra* en andere daarmede zamengestelde plaatsnamen, zijn als heiligdommen bekend. Over deze zie men MONE, (*G. d. H.* 1. 263 en zijne afleiding ald.). Ook in ons land treft men nog verscheidene *Hlaren*, *Laeren* aan, welke onze gissing schijnen te wettigen, dat men op of in de nabijheid der Batavische, althans voor-christelijke woerdplaatsen, dergelijke heiligdommen aantrof, op wier grondslagen, (of op die der *Hem-men?*) wellig nu en dan de landman met zijne spade stoot. In den tekst noemden wij een *villa Hlara*, dat hier als zeer merkwaardig kan worden aangemerkt, en, zoo wij vermoeden, den oorspronkelijken vorm bewaart, die naderhand in *Lauri*, *Laer*, *Lar*, *Leur*, ook *Leer*, hoogd. *Lahr* is overgegaan. In deze afleiding worden wij versterkt door hetgene de Heer Mr. HOEUFFT, *Taalk. Bijdr.* 69 mededeelt uit DE GRAVE's *Republ. des Champs Elyssées*, T. I. 96, welke *Laer* verwant acht met het angs. »*Ler*" dat »*Leer: doctrina*" beteekent, waarvan *leren*, *leeren* = onderwijzen; terwijl, volgens Mr. HOEUFFT *Llawr* in het Wallisch: *sermo*, *concio* beteekent, waarbij men tevens aan eene plaats van zamenkomst kan denken. In Engeland en Ierland vindt men nog onderscheidene plaatsnamen, met den uitgang *Lair*. Ook Mr. VAN DEN BERGH (*Volksoverl.* 149) houdt »*Leer*" voor tempel, zonder echter te vermelden van waar hij die verklaring ontleent (*a*).

(*a*) Dr. HERMANS, (*N. Br. Mengelw.* II. 38) brengt deswege geen nieuw gevoelen voort, maar citeert alleen Mr. HOEUFFT, die *Laar* = *solum*,

Vermelden wij na deze opheldering de door ons opgeteekende *Hlara, Laeren*: dan vindt men de vermelde *Villa Hlara*, nabij Rhenen, waarvan ons wijders geene bijzonderheden bekend zijn; het oude *Lauri*, dat op de *Tab. itiner. Peutingeriana* voorkomt, en door VAN LOON, *Aloude Hist.*, verondersteld wordt te *Woerden* te zijn; een ander *Hleri, Leri*, komt voor in de 9e eeuw. Misschien stond daar ook een zoodanig *Laer* of *Leer* (fanum) ter plaatse, waar men op dezelfde reistafelen het *Levae fanum* (d. i. een heiligdom van LEVA) aantrof. Voor deze heiligdommen toch, die wij als tempelhutten aanmerken, gold de Lat. naam van *fanum*, (pl. *fana*) gelijk Mr. J. DE WAL, (*Bijdr. tot de Gesch. van Drenthe*, blz. 137 enz.) ook uit de *Lex Frisionum*, voldingend bewezen heeft: *Qui fanum effregerit — immolatur diis, quorum templa violavit*. Daaruit nu blijkt tevens, dat die *fana* (Laeren) aan verschillende goden geheiligd waren, en hij, die tempelroof pleegde »ten zoenoffer moest sterven voor die goden, wier heiligdom hij geschonden had" (bl. 147.). Die *Laeren* waren, zoo het schijnt hutten, of tempelhutten, en vervingen misschien de vroegere tempelwouden, waarover TACIT. *Germ.* 9. en waarover nader. In den *Indiculus superst. et pagan.* wordt van die tempel-hutten gewaagd: »*De casulis, id est fanis*". Toen WILEHAD, als zendeling voor de Evangelieleer in Friesland (dat toen ook *Thrianta* (Drenthe) omvatte) werkzaam was, waagden eenige zijner leerlingen door goddelijken ijver gedreven, de hier en daar, naar heidensch gebruik, gestichte *fana* (Laeren) omverre te werpen, en waar zij konden, die te vernietigen. »*Unde contigit, ut quidam discipulorum eius, divino compuncti ardore, circumquacumque fana, in morem gentilium erecta, coepissent evertere, et ad nihilum, prout poterant, redigere*". (ANSGAR. in *Vita* WILEHADI). Welke *Laeren* of *fana* hier kunnen bedoeld worden giste Mr. DE WAL, a. w., die daarbij aan *Rolde Anlo*, en *Zuid-laren*, als de *oudste* plaatsen van *Drenthe*,

---

fundus, area verklaart, en het gevoelen van den Hoogl. VISSCHER, (*Utr. Alm.* 1888. 96) *Laar, Leer* = »schrale gronden" achten wij beneden alle kritiek, gelijk zijn geheele opstel over *plaatsel. benamingen* aldaar.

dacht, en in de *Drents. V. Alm.* 1838, 47. wordt mede aan *Anlo*, *Rolde*, *Vries*, *de drie Laeren*, enz. gedacht. In zoo verre nu de vertaling van *Laer* door *fanum* als geldig mag geacht worden, gelooven wij dat de *drie Laren: Noord- Mid-* en *Zuid-laren*, (in 1827 door mij bezocht), ook wat den naam betreft, die gissing genoegzaam bewijzen; terwijl deze geschiedkundige daadzaak onze opvatting van *Laer* nader bevestigt. Zoo vond ook, om nog een nieuw bewijs hier bij te voegen, WILEHAD's opvolger, de beroemde LUDGER, op zijne bekeeringstogten in *Friesland*, zijn Vaderland, te *Uscwerth*, een kerkje, en hij zelf vestigde een ander te *Leer* aan den vloed *Leda* (ALTFRIDI *Vita Liudgeri*); ontwijfelbaar, omdat daar vroegere heidensche heiligdommen gevonden werden; terwijl RADBOUD zijn koninklijke hof en "tempel" binnen *Medenblik*, door den priester WIGBERT had zien verwoesten (VAN GOUDHOEVEN, *Cronyck*. 39). Derhalve verscheidene heiligdommen: doch geld nu van die te *Uscwerth* en te *Medenblik* ook de uitdrukking: *Laer*, *Laar*, *Leer*? Wij betwijfelen dit te minder, omdat men ook, volgens PICARDT, (*Antiq.* 99) eene landgodin *Lahra* bezat, waarvan wij deze algemeene benaming zouden afleiden. Op haar komen wij later terug. Inmiddels voegen wij hier nog de door ons opgeteekende *Laeren* bij, als van onderscheidene kaarten uit GERHARD MERCATOR's, *Atlas Minor.* etc. 1628, als f. 405. van de kaart van

Groningen (*Groninga Dominium*): *Laer* (aan de Eems) en *Larelt*, beide in Oost-friesland; het gemelde *Noord-laren*, *Lermons* (th. Leermens.); waarbij wij voegen *Midlaren* en *Zuid-laren* boven genoemd.

Gelderland (*Geldria ducatus*, f. 379): *Arlar*, tusschen Niekerken en Harderwijk, alwaar ook een *'s Heerenloo*, *A-lar* aan eene beek, (de *A* = water) tegenover Kemna; *Laer* (nabij Lochem).

Utrecht, (*Ultraj.* f. 401): *Laer* (nabij Rhenen) waarschijnlijk het bovengenoemde *villa Hlara*, aldaar ook *Lievendaal* (*Levae fanum?*) nabij Amerongen, *Leersum*; (Leershem?) *Laren*, bij Hilversum en *Laren* bij Blaricom (*B-laerichem?*), beide in het *Gooiland*.

Holland (N. en Z. *Comit. Holl.* f. 369): *Leerdam*, *Leerbroek*, misschien ook *Vlaardingen*, even als *A-lar*, een Laar aan het water, *V-laar*, was echter ook eene *thing* = *ding*-plaats.

Braband (*Ducatus Brab.* f. 367): *Vosselaer*, bij Turnhout, *Hal-lar* en *Bal-lar*, boven Liere, aan de rivier; *Ril-lar*, boven Aerschot, *Rotse-lar*, beneden Loven, (Leuven) aan de Demer; *Vileer*, tusschen *Hoey* (*Oey* = water) en Landen; *Lare*, tusschen Landen en Tienen, *Ho-laer* aan het Soigne-bosch, en *Leer*-beke, nabij Halle.

Vlaanderen (*Comit. Flandriae.* f. 361): *Boe-lare*, nabij Aelst, *Béer-lere*, boven Dendermonde, aan de Schelde, waaraan ook *Laerne*, meer in de rigting naar Gent; *Leers*, tusschen Doornik (*Torn-acum*) en Kortrijk, en *Rousselare*, tusschen Rumbeke en *Bé-veren*, eene bedevaart-plaats. Ook Artois leverde ons zelfs een *Laire*, nabij *Lisbourg* (f. 383) aan den oorsprong der *Lijs*, en *Wal-lers* nabij Valenchinis (th. *Valenciennes*), waarschijnlijk in het Woud *St. A-mand*. Op eene kaart van Cleef, (f. 453): *Hontse-lar* nabij Sonsbeek,

Behalve deze bovenstaande Laren, die wij uit den gemelden *Atlas minor* van MERCATOR verzamelden, teekenden wij ook nog aan: *Laer-wolde* in Drenthe, *Gelselaer* nabij Borkulo en Haarlo, *Leur* (in Gelderland) *Dunkelaer*, *Draetselaer*, *Droffelaer*, onder Renswoude, *Emic-laer*. Elders ook het oude *Laer* aan de *Imschara*, waar men wil, dat de beide EWALDEN vermoord zijn, wier lijken werden in het water geworpen, (Vid. VAN HEUSSEN en VAN RIJN, *Kerkel. Oudh.* 1. 37); *Rume-laer*, bij Wouden-berg (VISSCHER, *Utr. Alm.* 1838); *Nobelaer* onder Etten; *Tongelaer* nabij Grave; *Opoetelaer*, gem. Schijndel, in N. Braband, (Dr. HERMANS, *Mengw.* II. 104). Wijders vermeldt MOLHUYZEN (*Overijss. Alm.* 1838. 38), behalve *Laer*, aan de *Imschara* (*Emic-laer?*), *Laren* bij Lochem, *Laer* bij Koevorden, ook een *Laer* bij Bochum, en *den berg Lare* bij den Heimenberg, de *Laer* bij *Otterloo* op de Veluwe, (*Geld. Alm.* 1842. 120), *Kevelaer*; ongetwijfeld eene oude heidensche offerplaats, waar men, misschien nog, wassen beenen, armen of andere leden ten offer brengt. Zie daarover. *Tegenw. Staat der Volken*, X Dl. 2 St. 194, en VAN ALKEMADE, *Kampregt*, 489.

Ligt kan deze opgave door nog menige andere *Laer*-plaats worden vermeerderd; doch wij gaven, wat wij vonden, en zochten niet verder. Nu zoude het belangrijk wezen alle gemelde voorvoegsels te kennen, die, zoo als wij bij de Loo-en en Woerden gezien hebben, niet zonder beteekenis zijn. Eenigen slechts laten zich verklaren, anderen laten wij onverklaard, of geven dezelve aan anderen ten beste, die er toch wel moeijelijk eigennamen van kunnen maken, gelijk Dr. HERMANS in de beide laatstgenoemden. *A-lar* aan eene beek, is *Water-laer*, en bewijst tevens, dat *Laer* volstrekt niet door *water* mag verklaard worden, hoewel wij vele *Laeren*, aan eene rivier of beek ontmoeten, dat wij veeleer met de Loo-dienst in verband brengen; dit bewijst, onzes erachtens, ook *U-Laar-dingen*, zijnde *U-laer*, (in *Vlaar* verbasterd): een *Laer* aan het water; daar was ook eene *thing*-plaats, waardoor het werd *U-Laer-thing*, verbasterd in *Vlaerdingen*; *Ui* = *Vi-laer* (nabij Hoeij, Oei = water), schijnt mede *Water-Laer*; *Ho-laer* schijnt *Hoog-laer*; *Leer-beke*, eene *Laer* aan eene beek gelegen; *Beerlere*, = *Bé-er-Laer*, d. i. *Bede-Laer*, waar men gebeden verrigt. *Wal-lers*, schijnt dezelfde onbekende naamsoorsprong te hebben als *Val-enciennes*. Evenwel zou de ligging van *Wal-lers*, in een woud, *Wald*, tot opheldering kunnen strekken; even als *Dunkel* (donker) in *Dunke-laer*, en dan zou men daaruit het besluit kunnen opmaken, dat men zoodanige *Laeren*, hoezeer bij voorkeur, ook in verband met de Loo-dienst, aan het water, (ook het *Levae fanum* schijnt aldus gelegen, gelijk ook *Ar-laer* en anderen), toch ook nu en dan in een woud of in het donker verschool; hetwelk uit de vroegere, als heilig vereerde wouden, de tempelwouden der *Germanen*, gelijk TACITUS die kende, kan zijn voortgesproten. Een paar heiligdommen of *Laeren* schijnen ons slechts aan *toewijding* te doen denken, en derhalve de boven aangehaalde woorden uit de *Lex Frisiorum* te bevestigen, namelijk, dat deze heiligdommen aan bijzondere of verschillende goden geheiligd waren; wij bedoelen namelijk de toewijding van een *Laer*, *Hasse-laer*, nabij Barneveld, zoo het schijnt, aan de *Asen* = goden der voorgeslachten. In *Keve-laer* wordt *Onze L. Vrouwe* vereerd: kan dat op eene vroegere priesteresse terug zien, die men later den schimpnaam *Keves*, en daardoor de *Laer* den naam van *Keves-laer* gaf? *Keves*, in *Keves*-kind, *Kevisse*, ons *Keviet* is concubina (hoer). Zie VAN ALKEMADE, *Kampr.* in *voce*. Een

Laer aan den Licht-god BAL, (den Noordschen BALDR), namelijk *Bal-laer*, gelijk in *Ballo*, *Bols-vyrd*, de *Baller-kule*, *Belder-bosch*, enz., benevens de godin ARDA, HERTHA, (waarvan de verkorte vorm bij GRIMM: *Ar*, *Er*, *Ear*, *Arc*, enz.) in *Ar-laer*, misschien ook in *Her-laer*, hetwelk dan de »*Herdganghe van Her-laer*", door Mr. VAN ACKERSDIJK aangehaald, (in DE J. Taalk. M. III. 307) zoude verklaren, als *Erda-gange*; hetzij men daardoor te verstaan hebbe, de *gangen* naar ERDA te *Herlaer*, of de rondgangen van de godin van *Herlaer* (gelijk TACITUS, *Germ.* I. 40. vermeldt). Dat zoodanige toewijding van dergelijke heiligdommen almede uit de toewijding van vroegere tempelwouden aan goden en godinnen is voortgesproten, zullen wij later, waar wij over de boomen- en woudendienst handelen, trachten aan te toonen. Intusschen vermeenen wij hier, dat het niet slechts voldingend blijkt uit de levens van WILLEHAD en LUDGER, maar ook uit het hier bijgebragte, dat men te hunnen tijde reeds onderscheidene heiligdommen *fana* (*Laeren*) bezat, welke, bij het nederstorten dier wouden in den loop der eeuwen, deze gewijde tempelwouden deels reeds vervangen hadden, toen het Christendom hier doordrong. Dat deze *Laeren* eerst tempelhutten (*casulae*) zullen geweest zijn, hebben wij boven reeds opgemerkt; doch ook later verving een meer stevige bouwtrant, in steenen, de vroegere, denkelijk houten tempel-hut: de Heidensche tempel te *Nijmegen*, en de *Nehalennia*-kapel te *Domburg*, laten in dezen geenen twijfel over, en stemmen, althans die te Nijmegen, op eene merkwaardige wijze met andere dergelijke heiligdommen van het Noorden overeen.

Aanmerking. Nopens *Lievendaal*, *Leefdale*, *Leefdaal* (naar ALTING, l. c. het oude *Levae fanum*) nabij Rhenen, dat, merkwaardig genoeg, ook wel *Laer* genoemd wordt, even als het *Laer*, in *Laerwolde* in Drenthe, kan hier nog worden bijgevoegd, dat beiden Stamhuizen zijn geworden van aanzienlijke of adellijke geslachten; het laatste namelijk des Graven VAN DER HEIDEN (zoo wij meenen in 1773 in 's Gravenhage geboren) thans in Russische dienst: in eene der *Drentsche Volksalmanakken* vindt men diens afbeelding en levensschets. — Zou dit ook niet met andere *Laeren* het geval kunnen wezen, die naderhand in adellijke sloten zijn veranderd?

36. Hemelstreken.

Over de gewigtige beteekenis der Hemelstreken in de natuurleer der Ouden, of de bekende Mythologiën, en vooral ook in die van het Noorden, waarin het hemelgewelf door vier *dwergen* wordt geschraagd, als *Noord, Oost, Zuid* en *West*, gelijk mede over derzelver gewigt in het oude Friesche Landregt, handelt wijlen Dr. Westendorp, *Over de Heidensche tempels*, bl. 64 enz. Wij vermoeden, dat ook bij onze voorgeslachten deze hemelstreken niet zonder beteekenis waren, en dat men, ook in dat opzigt, bij verder onderzoek nopens onze *Haren* en *Woerden*, tot nieuwe niet onbelangrijke ontdekkingen zoude kunnen geraken. Het *koepel*-gewelf van den Heidenschen tempel of kapel te *Nijmegen*, gelijk die der oude kapellen, welke men op *Rhode-Island* (het oude *Vinland* der *Scandinaviërs*) (a) ontdekt heeft, alsmede de bouworde der *Bjernede Kirke ved Sorö* en der *Mellifont Abey* (b), gelijk de kolommen of pilaren, waarop dergelijke oude gedenkteekenen der Scandinavische en andere volkeren rustten, waren, onzes erachtens, niet zonder beteekenis. Was ook hier afschaduwing der natuur, van het ronde hemelgewelf, dan hadden ook voorzeker de kolommen of steunpilaren, dan had ook de rigting van den ingang dier heiligdommen hare beteekenis. Wij mogen zelfs vermoeden, dat dit ook het geval geweest zij, zoowel met de rigting der *Hunebedden*, als met de grafheuvels en woerdplaatsen. De eersten, waarschijnlijk de *oudste* begraafplaatsen der voorgeslachten, waren tegelijk, zoo het schijnt, en zooals uit den deksteen is af te leiden, offer-altaren der voorgeslachten in de vrije natuur. Men vindt er in ons land te *Odoorn* 3, te *Borger* 6, te *Havelte* 1 of meer, *Emmen* 8, *Zuid-laren* 1, *Steen* 3, *Rolden* 3 of meer, *Roden* 1, *Vries* 2, het merkwaardigste te *Tinaerloo* (*Tunaerloo*). Maar heeft men wel tot hiertoe nog derzelver rigting in behoorlijke aanmerking genomen? Dr. Westendorp's *Verh.* over de *Hunebedden*, hebben

---

(a) Zie over Vinland enz. Rafn, *Antiq. Americ.*, benevens mijne *Ontdekk. van Amerika*, enz. in de Xe E., 's Grav. 1838.
(b) Afgeteekend vindt men deze in de *Memoires de la Soc. des Antiq. du Nord*, 1840, 1843.

wij, dit schrijvende, niet bij de hand. Zoo ook achten wij, dat die *ronde* grafheuvelen der voorgeslachten, in hunne schatting niet zonder beteekenis geweest zijn, evenmin als de eironde *urnen* zelven, waarin men de asch der dooden aan de moederaarde toevertrouwde, en waaromtrent nog geene genoegzame berigten zijn aan het licht gebragt. — Ook de rigting der *Woerd*-plaatsen was, onzes erachtens, niet onverschillig in het Heidendom, evenmin als de rigting, waarin men in de eerste Christen-tijden de onverbrande lijken ter aarde stelde, waarop wij terug komen. Toen *Odin*, wegens BALDR's dood, de oude *Völa* uit het graf wekte, zag zij *noordwaarts* bij hare orakeltaal, en HERMODE, het doodenrijk bezoekende, reed noordwaarts, denzelfden weg, dien ook zijn broeder BALDR gegaan was. Het noorden schijnt derhalve eene bijzondere beteekenis gehad te hebben bij de *Scandinaviërs*, zoo ook bij de *Friesen*. Bij regtspleging onder dezen, geschiedde dit aan het noorderstrand »*thet northeff*"; de galg heette ook »*thet northalde thre*", »*Northalda bam*" (Dr. WESTENDORP a. w.). En Jhr. DE HAAN HETTEMA, deelt ons, opzigtelijk het noorden, nog het navolgende in vereerend schrijven mede: »LEO, in zijne *Rectitudines singularum personarum*, bl. 156, Halle 1842, eene plaats uit het *Rigsmal* aanhalende, zegt: »dat *Rigr*, nadat hij bij de slaven en vrijen vertoefd had, ook naar de edelen ging, alwaar de deur in het zuiden was". Zou dit ons niet op het spoor brengen om den noordschen hoek voor *ongunstig* te houden? Hieruit schijnt te blijken, dat de aanzienlijken alleen de zuid-deur hadden; dit schijnt met de *vuurdienst* in verband, en verklaart ook de slavernij der *Friesen* onder het noordsche juk, als wanneer zij hunne deuren, naar het noorden moesten hebben; niet om den Koning van het Noorden te vereeren, maar omdat zulks in het noorden gebruik was voor slaven".

Uit deze opvatting van het *Noorden*, als den ongunstigen hoek, moet men waarschijnlijkst ook tevens verklaren het vooroordeel van het landvolk, om aan de noordzijde eener kerk begraven te worden; terwijl de ligging van onderscheidene door mij bezochte woerdplaatsen ten noorden des dorps, vermoedelijk mede met dien ongunstigen hoek moet in verband gedacht worden. BOLTEN, g. w. haalt eene plaats aan uit *die Voigdemans-*

Chronyk, waaruit blijkt, dat »elke grafheuvel (in *Ditmarsen*) twee openingen of ingangen had, eene naar het *zuiden*, de andere naar het *noorden* gekeerd. Het lijk werd, gebruikelijker wijze, in den noorder ingang ingedragen, zoodat het aangezigt des dooden naar het zuiden gekeerd was, om daardoor aan te toonen, »*wie er ein Kind der Sonne wäre*". Ook onze voorgeslachten schijnen hunne asch-kruiken het liefst aan de zuid- of zon-zijde, hetzij van eenen berg, heuvel of in eenen grafheuvel, te hebben neder gezet, hetwelk ongetwijfeld uit de gevondene urnen, aan de zonzijde eens heuvels nabij *Oosterbeek*, en andere grafheuvelen zoude kunnen blijken. Eene volledige opgave der bereids ontdekte grafheuvelen, zoo in *Gelderland* als *Noord-Braband*, van derzelver ligging en rigting, zoude als eene belangrijke bijdrage tot JANSSEN'S *Germaansche Grafheuvelen*, kunnen geacht worden, en ons, in allen gevalle, nader brengen tot de kennis der denkbeelden onzer voorgeslachten, opzigtelijk hunne dooden, in verband met hunne vuurdienst.

De grafheuvelen te *Baarle-Nassau* schijnen, naar de teekening daarvan in Dr. HERMANS, *N. Brab. Mengelwerk*, 11. 347. in eene rigting van het Oosten naar het Westen geplaatst te zijn, in geval namelijk de groote *tumulus* mag geacht worden aan het hoofd-einde der woerdplaats zich te bevinden. De geheele omtrek in het vierkant was omplant met mast-hout; de door mij bezochte in het *Westland*, die nog het meest in ongeschonden aanwezen zich bevonden, zijn daarentegen, door diepe grachten omgeven; — doch deze vertoonden geene grafheuvels meer. Men vergelijke met dit een en ander, wat de graaf VAN BIJLANDT (van *Wierden*) berigt, omtrent een bezoek van de *Heriker-bergen* en *Vriezenberg*, in Twente, alwaar mede tumuli of grafheuvelen gevonden zijn: »Men kon duidelijk zien, zegt deze, dat hetzelve (een gevonden geraamte) ter aarde gesteld was in de rigting van het Oosten naar het Westen" — Dat men de wapenen bij de beaarding van den overledene mede in den grafheuvel legde, blijkt ook weder uit het gevondene te dezer plaatse. Zie de afbeelding eener oude spits van eene lans, in de gemelde grafheuvelen onder de marke *Stokkum*, (gem. *Markelo*) gevonden, in Dr. HALBERTSMA, *Overijs. Alm.* 1840. Ook VAN

Bijlandt, maakt t. a. pl. de opmerking, dat die grafheuvels »altoos op de hoogste gedeelten der toen bewoonde streken waren". Inzonderheid treft men zoodanige heuvelen aan in de omstreken van *Ootmarsum* (Oth = *Uthmars-heim?*), te *Hesingen, Nielingen*, en tusschen het dorp *Wierden* (*Vijrden*) en de buurschap *het Hexel* (*Exelo?*). Uit Janssen (*Germ. Grafh.*), voegen wij hier nog bij: »dat men voor zijne afgestorvenen de liefelijkste streken der natuur uitkoos".

Hoedanig men den vroegeren lijkbrand noemde, blijkt wel uit geene woerd- of wierd-plaats meer. Het is dus slechts loutere gissing, dat men het bij de Saksers en Friesen *Fegfijr*, bij de meer Germaansche Batavieren *Vage-vuur* zal genoemd hebben, waarvan wij boven den oorsprong, als uit het heidendom ontsproten, hebben aangetoond. *Vagen, vegen* is nog reinigen, schoonmaken; het kan dus als een zoodanig reinigend vuur zijn beschouwd geworden, gelijk het Catholicisme naderhand in zijne kerkleer opnam. — (Zie aant. 32). Doch hoedanig die naam ook geweest zij: alle gevondene grafheuvelen dragen kenmerken van lijkbrand, en behooren dus in ouderdom, *na* de Hunebedden gedacht te worden; terwijl die, welke geraamten van vermolmde beenderen bevatten, zoo het ons voorkomt, van later oorsprong zijn, toen, tijdens of na de invoering des Christendoms, de lijkbrand ook in deze gewesten is afgeschaft geworden.

37. Hlara of Laeren in Kirika,
Kerken, veranderd.

Dat met de invoering van het Christendom menig heiligdom van Heidenschen oorsprong, menig *Hlara* of *fanum* voor Christelijk gebruik zal zijn ingerigt geworden, is reeds vooraf te vermoeden. Of zoude men alle die heiligdommen gesloopt, zoo de bevolking nutteloos tegen zich in het harnas gedreven, en weder nieuwe tempels op de plaats der vroegere Heidensche *Hlara* opgebouwd hebben? Hoezeer ook vele dier *Laeren*, als tempel-hutten, van hout mogen zijn geweest, zoo waren er echter ook, toen Willebrord, Vulfram, Bonifacius en anderen het Evangelie hier verkondigden, zoo het ons voorkomt, verscheidene van steen, of althans in eene hechtere bouworde opgetrokken, waarvan de vernieling als nutteloos had kunnen beschouwd worden. En met die doldriftigheid handelden toch ook de eerste Evangelie-verkondigers niet, hoezeer zij hier en daar door hunnen ijver ook al te verre mogen gedreven zijn geworden; en menig hunner, gelijk de werkzame BONIFACIUS, te *Murwert*, en de beide EWALDEN, te *Laer*, aan de rivier de *Imschara*, de slagtoffers werden van hunnen geloofs-ijver. (Over dezen en anderen, zie ROIJAARDS en DIEST LORGION's verhandelingen: *Over de Invoering van het Christendom in Nederland*, 1842.) Uit het schrijven van Paus GREGORIUS den groote aan den Abt MELLITUS (601) en het voorschrift, dat hij nopens deze heiden-tempels, daarin, ook aan den Engelschen Aarts-bisschop AUGUSTINUS mededeelt, blijkt volkomen, dat men, bij de invoering en uitbreiding der Evangelieleer, de heidensche tempels der afgoden (*fana idolorum*) in geenen deele mogt vernielen, maar wel de afgodsbeelden, die zich in dezelve bevonden. Zij werden door besprenkeling met *wij-water*, door het plaatsen van altaren en reliquien, in dezelve, tot Christen-gebruik ingerigt en gewijd. Het volk dus, eenmaal gewoon daar zijne goden te vereeren, bleef denzelfden tempelgang behouden, en werd daardoor te ligter voor de nieuwe leer, voor »*de misse der kerstinede*" gewonnen. Zie hier de bedoelde woorden van Paus GREGORIUS aan MELLITUS. »*Dicite ei* (videl. AUGUSTINO), *quid diu mecum de causa Anglorum cogitans tractavi, videlicet, quia fana idolorum destrui in eadem gente minime debeant, sed ipsa, quae in eis sunt, idola destruantur. Aqua benedicta fiat, in eisdem fanis aspergatur, altaria construantur, reliquiae ponantur: quia si fana eadem bene constructa sunt, necesse est, ut a cultu daemonum in obsequium veri Dei debeant commutari: ut, dum gens ipsa eadem fana non videt destrui, de corde errorem deponat, et, Deum verum cognoscens ac adorans, ad loca, quae consuevit, familiarius concurrat*". (GREGORII *M. Opera. Par.* 1705. II. 1176 etc.). Deze voorzigtigheid echter, den Evangelie-predikers aangeprezen, kwamen niet allen na. Zoo werd, ligt uit weêrwraak wegens het vernielen der eerste Christen-kapel, de *Thomas*-kapel in *Utrecht* (naderhand *Wiltenburg*) door RADBOUD, zoo men wil, ook diens tempel te *Medemelacha* (Medemblik) vernield; en de Leerlingen of medezendelingen van WILLEHAD, schijnen hetzelfde gedaan te hebben in *Trianta* (Drenthe) »*Unde contigit, ut quidam discipulorum eius, Divino compuncti ardore, circumquacumque* fana, *in morem gentilium erecta, coepissent evertere, et ad nihil, prout poterant, redigere*" (a). (ANSGARII *Vita* WILLEHADI). — Dat men thans ook in plaats der heidensche afgoden (*Idola*), relieken (reliquiae) stelde, schijnt mede uit gemelden brief van GREGORIUS duidelijk. Maar ook de beteekenis van *Hlara* ging met der tijd verloren, en schijnt door de uitdrukking van *Cyrica, Kyrica, Charica,* oud Twentsch: *karke*, oudfr. *cherke, tsjerke,* ons *kerk*, vervangen te zijn geworden. Welke beteekenis men aan de vroegere *Laeren* gehecht hebbe, hebben wij getracht boven op te helderen; het kan van belang geacht worden ook te weten, welke de woord-beteekenis van ons *kerk* moge zijn.

Wij kennen de afleiding van dat woord door den Heer WEELING (in Dr. HALBERTSMA'S *Overijss. Alm.* 1840), doch kunnen ons daarmede niet vereenigen, omdat dezelve, hoezeer ook met geleerden tooi, gelijk de meeste woord-afleidingen van Mr. HOEUFFT (in zijne *Bijdr.* 1816.) niet genoegzaam uit de eigene taal zelve en de omgevingen opgedolven, niet het eigen denkbeeld terug geven, dat men aan dat woord kan gehecht hebben. Zoo kunnen wij bijv. niet aannemen, dat het woord *kerk* met het persisch: *kuros*, de zon, het Sanscr. *suryah* (zon), of wel met *ara* (altaar) en *area* (vlakte) en het *ar* of *are*, (als gewijde offerplaats) zoude verwant zijn. Het Saksisch, dat ook in ons land, Groningen, Friesland, op de Veluwe, enz. schijnt heerschend te zijn geweest, en met het angs. verwant is, kent *kyran, cyran,* zw *kära*, voor kiezen: het hgd. *Char-feest*, (kers-feest) is diensvolgens het feest der gekozenen of *kerstenen;* leidt men nu ons *kerk*, als de plaats der *kerstenen*, daarvan af, dan verkrijgt men het denkbeeld van verzamelplaats der gekozenen, eene letterlijke vertaling van »*ecclesia*" fr. *église*. Ook CHRIST. KÖRBER be-

---

(a) Dat CARSTEN MISEGAES, *Leben des S. Willehad's und St. Angar's*, blz. 11. dit *fana* verkeerdelijk door *Götzenbilder* vertaalt, heeft Mr. DE WAL. Gesch. en Oudh. van Drenthe, overtuigend aangetoond.

vestigt ons deze ongedwongene afleiding, denkende, dat *kerk* van *kären*, *keuren*, *kiezen* afstamt, als zijnde eene uitgekozene menigte (WEILAND'S *Woordb.* in voce). Het denkbeeld van *kiezen*, *uitkiezen* dergenen, die verwaardigd werden bijv. in *Val-halla* te komen, was ook reeds bij heidensche voorgeslachten aanwezig; daarop steunt de leer der *Val-kyriur*, (strijdgodinnen, die in den strijd onzigtbaar voorop reden, en de helden kozen, die vallen zouden); voor ons geene bevreemding derhalve, dat ook dit *denkbeeld* behouden bleef bij de invoering der *kerk*, waarin uit het heidendom de zoodanigen werden *gekozen*, die vroegere begrippen van *Hlara* (= leeren) voor de meer ontwikkelde *leer* van het Evangelie lieten varen: dezulken werden *kerstenen* (gekozenen) de kies-week, hgd. *Charwoche*, de plaats zelve, waar zij zich verzamelden, *Kyrica*, *Charca* enz. genoemd (*a*). Dezulken zworen dan het heidendom en hunne goden af.

Oude *kerken* in ons land, waarop dus het denkbeeld van plaats der verkozenen uit het Heidendom kan zijn overgedragen geworden, zijn: *Kirika* (780), bij MIRAEUS het woord *Cyrca*, *Chirica* (IXe E.) in *Vita Willehadi*; *Kyreca* (1063), *Kirck* (1063), *Kirc* (1064), *Kercha* (1094). Bij name worden vermeld: *Upkirica* (780), *Dockyn-chirica*, *Docijn-cyrca*, *Agathen-kirica* (1063). Ongetwijfeld nog verscheidene anderen, die wij missen. Zoo vinden wij onder anderen, dat WILLEBROLD als kerken zoude gewijd hebben, die van *Flardinge* (*U-laerthing*), *Kirchwerve*, (in Holland?) *Velsereburg*, *Heiligelo*, en *Pethem*: »*Recognovi mediam partem Ecclesiarum earum, quae infra nominatae sunt, quarum matres, videlicet hae:* Flardinge, Kirchwerve, Velsereburg, Heiligelo, Pethem, *aliquando a Carolo et orthodoxis patribus aliis, beato* WILLEBRORDO, *patrono nostro ac primo sedis nostrae Archiëpiscopo ad eandem Ecclesiam Epternacensem traditae fuerant*". Zoo althans bij HEDA, *Hist. Eccl.* p. 132.; — en JOANN. à LEYDIS, *Chron. Holl.* etc. II. 23, vermeldt dienaangaande zelfs: »*Consecravit autem in* propria persona, *ut fertur*, *Ec-*

(*a*) Eerst later ontwikkelde zich het denkbeeld van *voor*-verkiezen tot een leerstelsel der *praedestinatie*. De *afzwerings-formule* (*abrenuntiatio*) bij de opname in de kerk, bij ECKART, DESROCHES, IJPEIJ en WILLEMS te vinden, deelen wij later mede.

clesiam in *Vlaardinge*, *Kirckwerf*, *Welsereburg*, *Heiligerloe et Petten*". — Dat de Evangelie-prediker (WILLEBRORD) op zijnen bekeeringstogt in de Nederlanden de meest heilig geachte plaatsen tot zoodanige inwijding van kerken zal gekozen hebben, als *U-laer-dingen*, (d. i. = *Water-laer-thing*), *Heilige-loo* (Heil-loo) en *Pethem* (bede-hem) zal niemand bevreemden, en bewijst, onzes erachtens, dat men, bij dit bekeeringswerk, juist de meest heilige plaatsen des Heidendoms uitkoos, waartoe wij ook *Bever-wijck* (bedevaartwijk = Kirchwerve?) en *Velsen* (oul. *Bevert-voort* = *Bévert-werd*) betrekken (zie *Chron. v. Egm.* 18.), die allen op zijnen togt onder de *West-friesen* lagen.

Ook WILLIHAD en zijne leerlingen hielden zich op de heiligste plaatsen in *Thrianta* op, (zie boven), en wel in den omtrek der *Laer*-plaatsen of in deze zelven.

Bij den overgang van Heidensche *Laeren* in Christelijke kerken, ging ook de vroegere toewijding aan Heidensche goden op *Sancten* en *Sanctinnen* over, en wordt nog door het Catholicisme onderhouden. Hetzelfde, wat wij boven zagen, dat bij de *Loo*-bronnen plaats had, was ook hier het geval; zoo bijv. ontving *Stavoren*, in plaats van den *Stavo-tempel*, eene *St. Nicolaas-kerk*; Nijmegen voor de *Wodans-kapel*, eene *St. Stephanus-kerk*; Domburg voor de *Nehalennia-kapel* eene *St. Lau-rens kerk* (zie mijne *Oude en Latere Drinkpl.* 1843, bl. 23). Inzonderheid schijnt die eer van toewijding aan WILLEBRORD te zijn te beurt gevallen (a).

(a) Behalve de bovenvermelde WILLEBRORDS-putten in *N. Holland* en *N. Braband*, (het oude *Toxandrie*) waren hem de navolgende kerken gewijd: *Esch*, *Heeswijk*, *Diessen*, *Eersel* (Eerseloo), *Middelburg*, *Kasteren* (Castera?) *Windtelre*, *Rijthoven*, *Waarle*, *Hulst*, (waar Hulsterloo), *Berc-hem*, *Oss*, *Bakel* (Bake-lo), *Deurne*, *Gemert*, *Vlierden* (U-laeren?), *Demen*, allen in het kwartier van 's Hertogenbosch, benevens *Teteringen*, *Zwaluwe* en anderen in de nabijheid van *Breda* (Breede water). (Zie KIST, *Leerrede ter viering van het elfde eeuwfeest*, enz. Leid. 1839. 46 enz.). Moet men hieruit, en uit het bovenstaande besluiten, dat WILLEBRORD, vooral onder de *Westfriesen* en *Toxandriërs*, en, zoo het ons voorkomt, daar op de meest belangrijke plaatsen, zich hebbe bezig gehouden? — *Wijken*, *Looën*, *Laeren*, **hemen** en *hoven*, dragen kenmerk van oudheid.

Oude kerken onzes lands, zijn dus de bovenvermelde, die WILLEBROD "*in propria persona*" wijdde, *Ubkirika* (780, nabij Wijk of Rhenen?), *Agathen-Kirica* (1063), *Dockijnchirika, Docijncijrca* (Dokkum?), Dat overigens *West-Kapelle*, gelijk ook *Utrecht*, heidensche kapellen of *Laeren* bezaten, is denkelijk, reeds uit den naam der *eerste* plaats, en omtrent *Utrecht*, als zetel van heidensche koningen (bijv. RADBOUD); terwijl MELIS STOKE, van het nederwerpen van het afgodsbeeld, ter eerstgemelder plaatse gewaagt (uitg. HUYDECOPER, I Dl. I B. bl. 18). Volgens VAN GOUDHOEVEN, (*Oude Chronijcke ende Hist. van Hollandt*, 3 div. fol. 37b), schijnen inzonderheid de heidensche tempels in het Graafschap *Tysterbant* tot Christen-kerken te zijn ingerigt geworden, als: te *Sandwijk* bij Thiel (Thy-lo), te *Arkel* (Arkelo), *Honaert, Schoonrewaerd* (woerd), *Oud-heusden, Aalburg, Woudrichem, Ghijsen, Rijswijk, Alm-kerk, Malsen* (hem), *Ankum* (Anc-hem?) *Avelsaet* (Avezaete) enz., welke allen meer of min kenmerken van oudheid in zich bevatten. Dr. WESTENDORP, die insgelijks deze plaatsen aanhaalt, voegt er bij: "Men zoude door de oudste Christelijke kerken, bijv. het *Sunt Walburgs-kerkje* te *Groningen*, het kerkje door LUDGER te *Usc-werth* gevonden, de kerk van LUDGER te *Leer* aan den vloed *Leda*, door ALTFRIED vermeld, de kerk van *Spankeren* op de Veluwe, van *Westervoort* bij de Kleefsche grenzen, en van meer anderen, voor zoo verre dezelve van heidensche afkomst zijn, wel, geregeld en oordeelkundig na te sporen, die plaatsen waar men eertijds de goden vereerde, beter kunnen leeren kennen". — Wij kunnen niet slechts ten volle met deze meening instemmen, maar verwijzen daarenboven naar hetgene Ds. HELDRING (*Wandel*. 2 St. 117) ons nopens den zonderlingen bouwtrant van eenige kerken in de Over- en Neder-Betuwe zegt, als nopens *Setten, Andelst, Hien* en *Dodewaard*, waarbij wij ook zouden kunnen voegen, die van *Driel* (O. b.). Ook VAN GILS wijst in zijn *Cathol. Meijersch Memorieboek*, in Noord-Braband eenige kerkgebouwen aan, die vroeger tot heidensche tempels strekten (Dr. HERMANS, *Mengw*. 1 St. 80). Inzonderheid zoude het van belang kunnen geacht worden te weten, of aan deze en andere kerken, die men voor vermoedelijk vroeger heidensche

Laeren te houden hebbe, de opmerking bevestigd wordt, die wij omtrent het middelstuk, of het schip der *Drielsche* kerk, gelijk die te *Oosterbeek*, maakten, dat de vroegere of nog tegenwoordige ingang aan de noordzijde gevonden wordt, en alzoo ook hier de opmerking geldend kan geacht worden, die wij boven omtrent de *Hemelstreken* maakten, en die Bolten nopens de grafheuvelen te *Ditmarsen* mededeelt. Als vereerders van het *Zon-licht* ging men dan van de *noorzijde* den tempel binnen, met het aangezigt naar het hemellicht gekeerd, waarvan men zegen en voorspoed wachtte; gelijk de Christen naderhand meestal in het westen binnen trad, of althans met het aangezigt naar het hoofdaltaar gekeerd was, dat, in het Oosten van het kerk-koor geplaatst, aantoont, dat *zijne* leer uit het *Oosten* afstamt, waarop de plaatsing der altaren in de middeleeuwsche kerken schijnt terug te wijzen. Dat de *Rijswijksche* kerk nabij 's Gravenhage, in hare grondslagen bewijzen bevat, van op eenen vermoedelijk vroegeren heidenschen grond te zijn opgetrokken, geloof ik hier te mogen bijvoegen. Doch hieromtrent, en nopens eenige andere kerken in het *Westland*, stel ik mij, bij leven en welzijn, een nader onderzoek voor. Mogt dit intusschen ook elders, vooral ook in Zeeland geschieden, waar ik in 1833 op Walcheren, zoo vele ruïnen van *kerk*dorpen zag, als: behalve misschien het bovengenoemde *Kerkwerve*, *Meijrskerke*, *Serooskerke*, *Koudekerke* op Schouwen; benevens *Cleverskerke*, *Koudekerk*, *Marteskerk*, *St. Janskerk*, de beide *Poppekerken* (nabij *West-kapel*), *St. Aechtekerke*, *Oost-kapel*, *Serooskerke*, *Grijpskerke* op Walcheren. Merkwaardig is het, dat men in geen gewest zoovele eigenlijk dusgenoemde kerkdorpen vindt, als in Zeeland, waar de Evangelie-verkondiger het eerste voet op het vaste land zette. — Maar klimmen al deze kerken, waarvan ik vele in ruïnen, of door ouderdom in vervallen toestand zag, tot den *eersten* Christentijd, of als vroegere heidenkapellen of *Laeren* tot vóór dien tijd op? Locaal onderzoek zoude dit moeten ophelderen. Intusschen schrijven wij den trek der *Deenen* naar het zuiden, gelijk later die der Christenen naar het het Oosten (de kruistogten), voor een gedeelte toe, aan de hoogschatting der hemelstreken, welke de *Laeren* en eerste kerken aanwijzen.

38. Uitingen, Utigsten (Uitvaarten)

Steenen-doodkisten.

Is onze gissing gegrond, dat men de lijkplegtigheden bij den lijkbrand »*Uttinc*", *Ut-fara*, den lijkbrand zelven »*Vage-vuur*" (saks. *fegfijr*) noemde, dan gingen ook wel vroegere lijkplegtigheden op de Christelijke begravenissen over; men behield het *lijkbier*, de wagen- of buurdiensten, het bidden op de *Woerd*-plaatsen (*Bevert-woerd* (Velsen), *Bevervoorde*) en de bedevaarten, later naar de kerkhoven; gelijk naar *Eikenduinen* tusschen 's Gravenhage en Loosduinen, waarover men zie DE RIEMER, *Beschr. van 's Gravenh.* 1 Dl. 26. In den loop der eeuwen verkreeg een en ander meer Christelijken tint, en werd de oorsprong vergeten.

En, als mijne opmerking, nopens de rigting der vroegere *laeren* en latere *kerken*, juist is, dan werden de lijken nu ook niet meer van het noorden naar het zuiden, maar van het westen naar het oosten gelegd, zoodanig dat, even als het koor der kerken, het hoofd van den afgestorvene naar het oosten gekeerd was. Zoodanige begravenissen hielden nog in deze eeuw in Gelderland op oude kerkhoven stand. De *zwarte Helwagens* en wagen-kleeden duurden voort, of werden, waar eene misschien gewijzigde lijkwagen de plaats verving, in het bijgeloof overgebragt; en daaraan vooral schrijven wij de vele *Helwagens* of *zwarte lijkwagens* toe, welke nog, in het volks-bijgeloof, op zoo vele plaatsen onzes lands, als voorteekens van een nabijzijnd sterfgeval, of hoedanig dan ook, blijven voortrijden; zoo bijv. te *Driel* (Overbetuwe), *Zwarte-waal* (eil. Voorne), vroeger op den *Delfweg*, nabij de Hoornbrug, en waar niet al? — Dat men bij begravenissen ook steeds hoogen prijs stelde (vroeger en ten platten lande, meer dan thans in de steden) op het *beijeren*, op het *bom-bam* van gedoopte klokken, ten einde daardoor den *Booze* te verschrikken, of van het lijk te houden, schijnt wel eenigzins ons vermoeden té bevestigen, dat men ook in het heidendom dat *bom-bam-beijeren*, hetzij dan van klokken of hoedanig ook, gekend hebbe. Ook dit woord heeft wederom *alliteratie*, even als *Wij-water*, waarmede men bij het beaarden de lijken besprenkelt. Wat dan ook uit het heidendom moge zijn behouden gebleven, *lijkbrand*, en ten gevolge daarvan ook de *urnen*, werden afgeschaft, en deze door lijkkisten vervangen. Gelijk wij den lijkbrand als eene navolging van BALDR's lijkbrand aanmerkten, (aant. 32), zoo gelooven wij het begraven, en wel bepaald het begraven in *Steenen doodkisten*, ook als eene navolging van de begraving des Goddelijken Instellers van het Christendom te mogen achten. Is dit zoo: dan heldert ons dit de gevondene steenen doodkisten op, die men meent, dat uit de eerste Christen-tijden afstammen, en, de lijken zouden hebben bevat der eerste Evangelie-verkondigers, van Bisschoppen, Abten, kloostergeestelijken, enz.

Zoodanige steenen lijkkisten zijn gevonden geworden, zoo ik meen, te *Egmond*, over welk beroemde klooster men zie JOH. A LEIJDIS, aangehaald door Mr. VAN WIJN, *Huisz. leven;* voorts te *Katwijk* (PARS, *Katw. Oudh.*). De Eerw. Heer DELPRAT maakte mij op eene steenen doodkist, of althans een stuk daarvan, opmerkzaam, vroeger aan het huis ten *Dijl* (tusschen 's Gravenhage en Leiden) aanwezig, en misschien te *Wassenaar* gevonden; anderen, waarvan ik kennis draag, zijn die, door Ds. HELDRING vermeld, als die op het kerkhof te *Hemmen* opgedolven, en wel aan de noordzijde. In de omstandige beschrijving, welke gemelde Schrijver van de opdelving, de kist zelve en eenige bijzonderheden geeft, en waarbij hij VAN ALKEMADE, *begrafenis-ceremoniëel*, aanhaalt, zegt hij onder anderen: »De geleerde PALUDANUS vond eene soortgelijke kist op het eiland *Wieringen*, ook ten noorden van den kerktoren. Anderen hebben mij vermeld, dat er in *Groningen* en *Friesland* dergelijke gevonden zijn; sommige in Holland, eene aan den *IJsel*, enz. (ubi?) Zie zijne *Wandel.* II St. 106". En elders vermeldt ons dezelfde Schrijver eene steenen doodkist, gevonden op het kerkhof van het vroegere klooster *Huls-bergen*, oul. *Ellenheurne*, ook *Holz-bergen* genoemd (zoo bij HALMA), aan de Grift, een uur boven *Hattem.* »Deze steenen doodkist was met eenige geprepareerde doodshoofden, waarvan de tanden aan koperdraad geregen, en met looden plaatjes aan het bakkeneel bevestigd waren, op gemelde kerkhof opgedolven, en was voor eenen varkenstrog gebruikt". — Eene andere, van aanmerkelijke grootte en zwaarte, zag ik in het *Westland* nabij *Monster*, te *Polanen*, waar dezelve, volgens zeggen van den eigenaar, in het boschje nabij het huis was opgegraven. Volgens zijne meening moest daarin een Bisschop begraven zijn geweest: nu diende hem de kist, die hij echter wel aan een oudheidkundig kabinet verkoopen wilde, tot eene voerbak voor zijn rundvee, — en die van *Hulsbergen* tot een varkenstrog! Hoe geheel verschillend van deszelfs oorspronkelijk gebruik, mogen wij ook hier zeggen.

39—41. Hoven, Konings-hoven

Om opzigtelijk de Hoven, en door wie dezelve vermoedelijk onder het heidendom zijn bewoond geworden, tot meerdere zekerheid te geraken, zoude ook het onderzoek van andere hoven, inzonderheid der zoogenoemde *Oldenhoven*, in ons land mogen worden aanbevolen. Bij de Scandinaviërs en Germanen waren de hoven ontwijfelbaar de woonplaatsen der priesters en koningen. Genoegzame bewijzen daarvoor vindt men in MONE'S *Gesch. d. Heidenth.*, en GRIMM'S meermalen aangehaalde werk. Dat wij in ons land, bij *Friesen* en *Batavieren*, waarvan de eerste zich meer aan de *Saksers* en *Scandinaviërs*, de laatste aan de *Germanen* aansloten, in zeden en gebruiken, dezelfde inrigting aantreffen, bevat, onzes erachtens, niets onwaarschijnlijks. Nog tot in de IX eeuw hechtte *Friesland*, en tot in de X eeuw hechtten de *Saksers*, die men wil, dat zich over de *Veluwe* hebben uitgestrekt, aan vroegere heidensche instellingen. »*Die Friesen bilden in jedem betracht den übergang zu den Scandinaviërn; bei dem vielfachen verkehr dieser beiden an einander grenzender völker ist nichts natürlicher als die annahme, dass den heidnischen Friesen auch die gewohnheit des tempel- und bilderdienstes mit jenen gemein war*". (GRIMM, *D. M.* 1e Ed. 79). Waarom zouden wij dit almede niet op de *hoven* mogen toepassen? — Somtijds gold de uitdrukking van »*hof*", althans in het noorden, voor »*aula*" — »*Das asyl, welches tempel in ihrem umkreis gewähren hiess*, ahd. *frithof*, alts. *fridhob*, mhd. *vrône, vrithof*" (GRIMM, a. w. 56. in den noot). — Somtijds vindt men ook »*hörgr en hof*" (fanum tectum) verbonden met eenig ander woord. — In dat geval schijnt het eerste »*hörgr*" de heilige plaats in het woud, en »*hof*" wederom als heiligdom de »*aula*" te zijn. — Dat de uitdrukking »*hamr*", ons *hem*, *ham*, *heem*, benevens de plaatsing der *Laeren*, in derzelver nabijheid, hierbij in aanmerking komt, is ons als meer dan waarschijnlijk voorgekomen. Eene *aula Dei* op den *Oldenhove* te Leeuwarden (*Leawerth*) wordt door Friesche Chronijkschrijvers vermeld; eene andere *aula Dei* bij *Scharnegoutum* kan welligt hiertoe niet betrokken worden, ten ware men hetzelve als zoodanig reeds vermeld vond, vóórdat het *Nye-klooster* aldaar is gesticht geworden; doch *Austerhaule* (*Ouwster-haule*, misschien eene *Aula* aan *Austra*, *Ostra* gewijd) ten noorden van het *Tjeukermeer* (zie Mr. DE HAAN HETTEMA, a. w. in voce) verdient meerdere opmerkzaamheid. Ook onze middeleeuwsche uitdrukking »*fran*, *frôn*, *vrone*" mag hier niet onopgemerkt worden voorbij gegaan; men vindt het eerste in *Franeker* (waaromtrent de sage, bij HETTEMA, a. w. 111), het laatste onder de loo-plaatsen in N. Holland (West-friesland), nl. *Vron-lo*, ook *Vranlo*, th. *Vroonen*. *Vrithoven*, *Vrijthoven* heeft men, een in *Harderwijk*, als wijkplaats ongetwijfeld oud (Arda-wich?), een ander, *Vrijhoven*, in Noord-Braband. Een en ander kan, zoo het ons toeschijnt, ter bevestiging strekken van de aangehaalde woorden van GRIMM. De Hoogleeraar CLARISSE (in DE J. *Taalk. Mag.* 111. 602) teekent op *Frithouon* (Ps. LXIV. 5) aan: *Vredehof* »plaats van rust, vrede, veiligheid"; elders wordt het van »tempel, kerkhof" enz. gebezigd, — in welken eersten zin het ook niet kwalijk van de woonplaatsen der priesters, van *aulae Dei*, enz. zoude gebezigd worden. Inzonderheid trekt als zoodanig *Vollenhoven* steeds onze aandacht, waarvan de oude vorm *Vollenho* (Volen-*ho* – hoogte), aan eene hoogte of toorn der *Völa* (priesteres) zoude kunnen doen denken. »Er zijn er, die aan *Genemuiden* eene hooge oudheid toeschrijven (*a*), en het zelfs tot den zetel maken van de *Bructersche* maagd of waarzegster VELLEDA, die op eenen hoogen toren woonde, en hare

---

(*a*) Dit schijnt ook te blijken uit den naam, zijnde «*muiden*" (de mond) der *Gene*, *Genne*, waarschijnlijk de oude *Gannita*, *Ganne-a*; het *Ganni-water*.

orakels mededeelde." (*Overijss. Alm.* 1836). Dit echter kan niet bewezen worden, en in geval de namen niet misleiden, zouden wij *haar* eerder te *Vollen-hoven*, en in *Gene-muiden* eene plaats aan GANNA (mede eene priesteresse of Bructersche maagd) aanwijzen, waarnaar de *Ganne* = *Gene*, zoude kunnen genoemd zijn. Op beiden echter komen wij terug. Inmiddels verkrijgt ons vermoeden, dat de *hoven* door priesters en priesteressen kunnen zijn bewoond geweest, eenige meerdere waarschijnlijkheid door de opmerking, dat vele dier hoven, in later tijd, zoowel in monniken-, als nonnen-kloosters zijn veranderd geworden; gelijk inzonderheid in de bouwlustige middeleeuwen het geval was. Bij andere hoven, waarmede dit niet het geval was, schijnen kloosters of abdijen in den omtrek geplaatst te zijn geworden. Gelijk VELLEDA, wegens hare heiligheid, niet mogt gezien of genaderd worden, zoo ook de latere nonnen niet.

Zoodanige hoven, waarvan mij de verandering in kloosters bekend is, of die kloosters in de nabijheid hadden, zijn de *Oldenhof* te *Driel* (Overbetuwe), waarbij het *Hemelrick*, een vroeger klooster, — het hof te *Wateringen*, — dat in het *Schakerbosch*, waarbij ook tevens een *Hemelrick*; — dat te *Loosduinen*, het hof te *Hennenberg*, waarbij een *Agathen*-klooster, het hof te *'s Gravesande;* te *Oud-Megen*, waar thans nog een monniken- en nonnen-klooster, beide in 1837 door mij bezocht.

Konings-hoven. Dat andere hoven tot woningen of burgten van *Grauen*, *Vorsten* of Koningen kunnen gestrekt hebben, leiden wij af uit de benaming zelve. Die *Grauen* (waarvan *Graaf* schijnt afgeleid) waren steeds de ouden (*olden*) des volks. En de vele oude graafschappen en volkstammen onzes lands schijnen het vermoeden te billijken, dat elk derzelver door zoodanig eenen *Graue* bestuurd zij geworden. Bij eenen blik op de oudste bevolking en volkstammen dezer landen, vinden wij de *Friesen*, reeds bij TACITUS, in groote en kleine *Friesen* verdeeld (*De M. Germ* c. 34), tot welke laatsten, zoo het ons toeschijnt, de *Frisi-a-bonen* (friesche water-bewoners) behoorden. Het eigenlijke *Friesland* bevatte, zoo het schijnt, toen of later drie Gö-en: *Hunsingo*, *Osterga* en *Westergau*. — De *Bructeren* (waarvan TACIT., c. 33. gewaagt), door de *Chamaven*, en, later, door de *Saksers* overheerscht, schijnen in *Tenkteren*, (in Drenthe), *Usipeten* (in Overijsel) en *Tubanten* (in Twenthe) verdeeld te zijn geworden; terwijl het graafschap *Zutphen*, misschien vroeger door *Sicambren* bewoond, doch almede door de *Saksers* overheerd, de pagus *Valua* (Veluwe), het graafschap *Hameland* (Hamarithi?), gelijk MOLHUYZEN (*Overijss. Alm.* 1838), althans opzigtelijk de beide laatsten, heeft waarschijnlijk gemaakt, later behoord hebben onder de *Anglo-Saksers*, die aldaar onderscheidene sporen van hun bestaan schijnen te hebben nagelaten. — Dat het gemelde *Hameland* een aanmerkelijk gebied moet geweest zijn, schijnt ook daaruit te blijken, dat hetzelve vóór de *Betuwe* en *Tysterbant* wordt genoemd, namelijk in eene Rijksverdeeling van het jaar 830, waarin het Rijk der *Saksen* met zijne marken, benevens het Hertogdom *Friesland* tot aan de *Maas* genoemd wordt: » *Regnum Saxoniae cum marchis suis, Ducatus Frisiae usque Mosam, Comitatus Hamarlant, Comitatus Batavorum, Comitatus Testrabenticus*" (BONDAM, I. n. 22. en bij PERTZ. *Mon.* I. 435). Over *Amuthen* (Amuide), zie VAN LOON, *Aloude Hist. Voorberigt*. — Ook de *Batavieren*, waartoe de vroegere *Kaninef-aten*, en *Maresaten* schijnen te hebben behoord, hadden hunne graafschappen, waaronder, zoo het ons voorkomt, het Comitatus *Batavorum* (de Betuwe), Comit. *Testrabant*. (Tysterbant) en *Holland*, dat der *Kanifaten* (vermoedelijk de oorsprong van het graafschap *Holland*) behoorden. *Bodengrave* (Bodokenlo), *Kennemerland*, (*Kinnim*), en de *West-friesen*, waaronder de vroegere Frisi-a-bonen, kunnen als graafschappen het overige gedeelte des lands, tot *Texel* hebben uitgemaakt.

Wat wij hier van de verdeeling der *Friesen*, der *Saksers* en *Batavieren* vermelden, gelooven wij mede opzigtelijk de *Toxandriërs* (in Zeeland), benevens de meer Frankische *Menapiërs* in Braband, en *Morinen* in Vlaanderen te mogen veronderstellen. Zoude de stad *Grave* in het graafschap *Megen*, het graafschap *Bokhoven* (in het land van Heusden) en *Reckhem*, tot de oude lands-verdeeling kunnen opklimmen? — Ook hier doet zich wederom het gebrek aan eene goede *oude Aardrijkskunde* onzes lands gevoelen, waardoor men niet slechts opzigtelijk den vroegeren toestand des lands, maar ook omtrent de *burgerlijke* instellingen der voorgeslachten, die ontwijfelbaar met hunne godsdienstige begrippen in een naauw verband stonden, nog zoo zeer in het blinde rondtast. Dat intusschen ook deze graafschappen (*Comitatus*), die ligt nog met *Mark-* of grens-graafschappen, als *Marken* (Overrijsel), dat van *Vlaardingen* (Zuid Holland), van *Bergen-op-zoom*, enz. kunnen vermeerderd, en nog met andere *pagi* of landstreken kunnen aangevuld worden, hunne *Hoven* bezaten, waarvan deze en gene den naam van *Konings-hof*, *Oldenhof*, enz. kan ontvangen hebben, heeft ook MOLHUYSEN (t. a. pl.) aangestipt. "In elke *mark*, zegt hij (wij voegen er *graafschap* bij), was ééne hoofdhoeve (of meer, *Hof* genaamd) dikwijls door eenen Edele bewoond (*a*), op wier grond later menig kasteel van den Heer eener heerlijkheid gesticht werd." (bl. 55). En verder: "Rondom die *Hoven* of *Curtes* bouwden sommigen van het gevolg van den graaf of den Edelman, en zijne eigene of hoorige lieden hunne woningen."

Twee dusgenoemde *Konings-hoven* zijn mij slechts bekend, namelijk het *Hof* te *'s Gravensande*, waarbij eene *Konings-laan*, welke deszelfs naam zoowel van BRINIO, Koning der Kaninefaten, als van den Roomschen Koning WILLEM II, graaf van Holland, kan ontleend hebben. In elk geval kan men dit *Hof* als graven-zetel beschouwen, waaraan overigens ook de naam van *'s Graven*-sande zelf geenen twijfel overlaat. Maar ook *Schipluiden* (Scipleda) heeft een *Keen-en-burg*. Is bij dit *Keen* aan het Angs. *Queen* te denken, of herinnert dit *Keenen* aan *Kanine* in *Kaninef-aten*? Wij laten dit te bepalen aan anderen over; doch de afleiding van *Keen*, van eene moddersloot "de Keen" geheeten, bevalt ons niet. Het tweede *Konings-hof*, door mij bedoeld, is te *Herveld* (Heer = leger-veld), waaraan, behalve de gewone tienden van *hoevige* landen, zelfs eene "bloedtiend" verbonden is; iets, dat wij ook van het *hof* te *Maasland* vernamen, en misschien eenen draad kan opleveren langs welken

---

(*a*) De standen onder de *Saksen* waren die der *Edelen*, der *Vrijen* en der *Hoorigen*, die tot de verschillende diensten verpligt waren. MOLH. t. a. pl. Misschien komen hier ook de *Have-zaten*, de *Havene*, *Hevene*, onzes lands in aanmerking, gelijk ook de *hoevige* landen.

dit onderzoek verder is voort te zetten. Zoowel aan *Grauen* als aan *Priester*-hoven kunnen zoodanige tienden zijn verbonden geweest, en de akkerlanden, die daartoe verpligt waren, *hoevige* landen genoemd zijn (waarover zie Mr. BROUWER, *Brief betr. Dijk- en Polderzaken*, Gor. 1843. 97). Nopens het *Prinsenhof*, in het *Schaker*-bosch, kunnen wij hier geene bijzonderheden mededeelen.

Inmiddels gelooven wij, dat, bij een voortgezet onderzoek nopens de hoven, de *Vrit-hoven*, *Konings-hoven*, enz. inzonderheid de *Olden-hoven* in aanmerking komen; wij stellen die daarom in de volgende aanteekening op den voorgrond.

42. Oldenhoven, Hoven en Höfkens.

Wanneer men uit de voorafgaande aanteekening het belang van een nader onderzoek der hoven erkent, dan zal men ligt toegeven, dat de *Oldenhoven*, hetzij men dien naam »*Olden*" aan de bewoners, of stichtinge er van ontleend acht, in elk geval, het eerst in aanmerking komen; weshalve wij die, bij de opgave der ons bekende *hoven*, laten voorafgaan, als: de vermelde *Oldenhove*, als *aula Dei*, in Leeuwarden of Friesland; *Oldenhoff* bij *Voorst*, *Oldenhof* (te Driel), Overbetuwe; *Oldenhove*, aan den IJsel, ook *Agast-alda-burg* genoemd (MOLHUYSEN, t. a. pl.), *Oldenhof* bij Markelo, — en *Hoffla* (970), *Hoflake* (1132) th. *Hoevelaken* op de Veluwe.

Wijders teekenen wij nog de navolgende hoven aan, als *Nije-hove* te Leeuwarden; in *Overijssel* behalve het bovenvermelde *Vollenhove* (*Fullenho*, *Vollenho* in eene oorkonde van 943 bij HEDA, p. 83 vermeld), *Bonkenhove*, *Pothoff*, *Bellinchof*, *Oosterhof*, *Dingshof* (*Thinghof*), '*t Hof Boekholt*, *Boedelhof*, misschien ook *Heernikhave* (hove) en anderen.

In Gelderland, behalve de door HELDRING bezochte hoven en höfkens, waarbij ook *Nijen-hof* te Driel, de *Hoogenhof* aan den IJsel, *Berkhove*, *Koldenhove* (Kouden hof).

In Utrecht: *Thienhoven*, *Werckhoven*, *Agtienhoven* (vroeger *Axtenhoven?*) *Zevenhoven*, *Achthoven*, en welligt nog anderen.

In Holland, zuidelijk gedeelte: *Schoonhoven*, *Hof-*

wegen (waarschijnlijk naar een *hof* aldus genoemd), *Emminckhoven*; zijnde het mij wijders gebleken, dat elke plaats in het Westland, die eene woerd bevat, ook een *hof* heeft, als daar zijn, behalve het reeds vermelde hof te *'s Gravesande*: het hof van *Pollanen*, onder Monster, dat te *Wateringen*, beiden door JUNIUS (*Beschr. van Holl.* enz. 1609. 40b) onder de adellijke huizen geteld, het *hof Hennenberg*, te *Loosduinen*. Is gelijk hier, bij JUNIUS, de naam van *huis* voor *hof* gangbaar, dan heeft men in Holland en het vroegere *West-Friesland*, bij denzelfden Schrijver nog de navolgende *hoven* of *huizen*, allen door adellijke geslachten vermaard, als: dat van *Wassenaar*, het oudste; van *Egmond*, het rijkste; van *Brederode* het edelste; voorts het huis of hof van *Teijlingen*, *Merwede*, *Arkel*, *Cralingen*, *Assendelf* (ook *Assenburg*, *Ascmannedilf* genoemd), *Warmond*, (*Waramundum*), te *Oest-geest* (eertijds *Kerkwerve* geheeten?), *Hoochwoude* (en *Aerts-woude*), *Hamstede*, en onderscheiden anderen.

Inzonderheid in Zeeland is het getal van hoven nog aanmerkelijk: van eene kaart van Walcheren enz. bij TIRION 1753, teekenden wij de navolgende op, als: dat bij *Renesse*, het hof *Moermond*, de *Helle*, het hof of slot te *Dreijschor*, te *Heemskerk*, door mij in 1833 bezocht, *Torenhof*, *Rosengaard*, nabij Noordgouwe, *Bruinisse*, *IJpenhove* nabij Ziericzee, *Duinhove*, *Elsenoord* en *Westhove* in 't noordelijk gedeelte van Schouwen; het hof te *Domburg*, insgelijks door mij bezocht, *Soetendalen*, *Karsenhof*, *Prelaatshof*, dat te *Cleverskerke*, het *Schotse hof* te *West-Kapelle*, *Nieuwenhove*, *Clarebeek*, *Grijpskerke*, *Dolfijn*, *Steenhoven*, gelijk ook te *Martensdijk*, *Baarland*, en ongetwijfeld nog anderen op het eiland *Tholen*.

In Noord-Braband, behalve het reeds vermelde *Vrij-* of *Vrijthove*, dat ons aan de »*Vrithofe*" herinnert, *Broekhove*, *Lindhoven*, *Ophoven*, *Westerhoven*, *Rijthoven*, *Velthoven*, *Meer-veldhoven*, en waarschijnlijk nog anderen.

Zonder nu te bepalen of alle deze, dan of de meeste, en welke dezer hoven tot voor de invoering van het Christendom opklimmen, en alzoo, gelijk wij in de vorige aanteekening gegist hebben, door priesters, priesteressen of hoofden van eenige *gau* of *graafschap* (pagus

v. comitatus) kunnen zijn bewoond geweest, of alleen door *Edelen* en *Vrijen*, bewoond zijn geworden, zoo vertrouwen wij toch, dat een opzettelijk onderzoek omtrent dezelve tot belangrijke uitkomsten zoude kunnen leiden, die niet alleen onze kennis aan de oude aardrijkskundige gesteldheid des lands zouden kunnen verrijken, maar ook eenen dieperen blik schenken in de *locale* inrigtingen der graafschappen, gouwen, marken en plaatsen, (of *comitatus*, *pagi* en *villae*), zoo als die ten tijde onzer voorgeslachten waren, en, gelijk wij vermoeden, als burgerlijke instellingen, met hunne godsdienstige denkbeelden in verband stonden. Mogt zich daarom een onzer geleerde genootschappen het gemis eener goede oude Aardrijkskunde onzes lands willen aantrekken. ALTING, *Germ. infer.*, VAN LOON, *Aloude Hist.* (Voorberigt), het door MOLHUYSEN genoemde werk: LEOPOLD VON LEDEBUR, *die fünf Munster-gaue und die Sieben Seelande Frieslands* (Berl. 1836), gelijk ook het meermalen aangehaalde door MOLHUYSEN zelven: *Vroegere toestand aan den IJssel* (Overijss. Alm. 1838), benevens onderscheidene oude oorkonden, zouden daartoe belangrijke bijdragen kunnen leveren.

43. Priesters en Priesteressen.
(*Wigchelarijen*).

Is onze opmerking juist, dan waren de *Koningen* (*Reges*) en Vorsten (*Principes*) waarvan TACITUS, *de M. G.* c. 7, 10, 11 enz. gewaagt, geene anderen dan de *voornaamsten*, de *oudsten* des volks, de *grauen*, naar hunne grijze haren zoo genoemd, gelijk GRIMM (*Deutsche Rechtsalterthümer*, 752, u. f.) overtuigend aantoont; en die misschien ééne of meer *gauen* of *gooijen* (pagi) onder hun gebied hadden. Van daar dan ook het boven vermelde aantal graafschappen onzes lands, waarvan de geschiedenis, althans van dat van *Zutphen*, de *Veluwe*, *Hamerland*, de *Betuwe*, *Tysterbant*, enz. zoo zeer in het duister ligt, dat men daarvan naauwelijks een' enkelen *grauwe* bij naam kent (*a*).

(*a*) Eerst door de lieverlede uitbreiding en verheffing van het graafschap Holland, (waarschijnlijk vroeger de pagus der *Kaninefaten*) komen de meer zekere namen en stamhuizen voor den dag.

Dit zelfde is ook het geval met de Priesters en Priesteressen des lands. In aanzien en vereering naast deze *Vorsten* (*Voorsten*) geplaatst, had inzonderheid de *Opperpriester*, gelijk ook de *priesteressen*, hoog aanzien onder de burgerije; doch naauwelijks zijn slechts een drietal namen van deze laatsten tot ons overgekomen. De algemeene naam der eersten, zoowel als die der laatsten zelfs, schijnt verloren te zijn geraakt. Mogten wij hier op VAN LOON (*Aloude Hist.* I. 4ᵇ) kunnen vertrouwen, dan waren de priesters, de *Godschalken*, en *Goidschalxoort*, in Z. Holland, zou dan aan deze *godsknechten* kunnen herinneren; doch deze opvatting steunt op den valschen KLAAS KOLIJN (*a*); terwijl daarenboven die naam blijkt strijdig te zijn, gelijk wij later zullen aantoonen, met den algemeenen goden-naam »*As, Ase*", zoowel in het noorden, als onder de *Germanen* in zwang. Daarom geven wij hier den inheemschen naam van *Ascumann* (d. i. *man der Asen*, of goden) in overweging; terwijl wij voor die der priesteressen, insgelijks den Germaanschen en oudn. naam van *Völa*, (*Vaula*), *Velle*, *Vulle*, gelooven te mogen aannemen. In het Noordsche *Asenstelsel*, dat, zekerlijk met wijziging naar natuur en omgeving, ten onzent inheemsch was, zijn beide namen, evenzeer als in de oud Germaansche taal der voorgeslachten gegrond. *Asmans-hausen*, aan den Rijn, alwaar ook een *Osstein* (*As-stein*) op den kruin des bergs, schijnt dien naam te bewaren; terwijl ook in ons land een *Ascumanne*-dilf (nabij *Os-dam*, *Asdam*?) denzelfden naam van *Ascu-mann*, in zijnen oorspronkelijken vorm in zich bevat (*b*) (JUNIUS, a. w. 39ᵇ); terwijl de naam eener *Völa*, de Bructersche priesteresse = VELLEDA, niet slechts nog in Overijsel schijnt voort te leven, maar hare woonplaats op een' hoogen toren schijnt te moeten gezocht worden in, of althans in den omtrek van *Vollen-ho* (Vollenhoven) Zie aant. 29 (*c*). Bezien wij echter, wat er van deze en andere priesteressen zij. »Vroe-

---

(*a*) Nl. in diens Kronijk, vs. 29:
   Bij rade der bande Papen,
   Ende goidschalken waren, enz.
(*b*) Ook uit het geslachts-wapen der *Assen-delvers* zullen wij later bewijzen voor die opvatting trachten te leveren.
(*c*) Ook hiervan zullen wij later het wapen raadplegen.

ger, zegt TACITUS, hebben zij AURINIA, en zeer vele anderen, geëerbiedigd, zonder ze te aanbidden, noch er godinnen van te willen maken". — *Sed et olim Auriniam et complureis alias venerati sunt, non adulatione, nec tanquam facerent Deas.* —*De Mor. Germ.* c. 8.

Te regt merkt Dr. HALBERTSMA (*Overijss. Alm.* 1837. 217) ook betrekkelijk deze plaats aan, dat hetgene TACITUS en CAESAR ons overbragten »zoo schaarsch en zoo onvolledig is, dat zij onze nieuwsgierigheid eerder gesard dan bevredigd hebben". Wat is AURINIA? — Dr. HALBERTSMA, die hier (l. c. 240) dieper in den aard en het wezen dier profetesse tracht in te dringen, leidt den naam af van *alio-runa*, en zegt te haren opzigte: »de profetesse AURINIA, die als eene godinne van de Germanen geëerd werd, is hoogst waarschijnlijk een onder de handen der Romeinen tot goud, *aurum*, omgesmeede naam, omdat zij *alio-runa* niet verstonden. *Alian* is eigenlijk opbruisen, zieden, eerst in eenen stoffelijken en dan in eenen zedelijken zin; zoo spreken wij van gistend bier en gistende gemoederen, van opbruisende Champagne en opbruisende drift. Vinden wij dus aan den eenen kant het eng. *ale*, angs. *eale*, noordsch *aul*, ijsl. *öl*, hetzij als gistende, hetzij als dronken makenden drank, in het bijzonder bier, ijsl. *ölldr*, dronkenschap; wij verwonderen ons niet, aan den anderen kant te vinden het gothische *aljanon* (*āli-an*, *ali-an-on*) voor ζηλεῖν, *fervere, concitari odio et invidia* (1 Cor. 13 vs. 4). En tot dit laatste behoort ook *alian*, door goddelijke ingevingen vervoerd worden, als *Pythia* op den Delphischen drievoet, *rapi afflatu Divino et corpore tremere toto*: hetwelk zamengesteld met *runa*, eene magische vrouw, geeft *alio-runa*, eene vrouw, die van eenen hoogeren geest aangeblazen is, in wie eene goddelijke aandrift gist en bruist, en dus *Pythonissa*. Deze dronkenschap der ziel komt van God, gelijk die des ligchaams van sterken drank". Voorzeker zullen velen onzen Schrijver dank zeggen, voor eene zoo diepe opdelving van het wezen en de beteekenis der AURINIA. Of intusschen deze afleiding van *alio-runa* zoo geheel juist is, betwijfelen wij daarom, omdat men in het noorden ook *eijra-runa* had, dat onze *Aurinia* zeker nader komt; *eijra*, gth. *auro*, eng. *ear*, alem. *ora*, *aura*, lat. *auris*, is naar de woord-vertaling *oor*, en dus *Eijra-runa* eene *Oor-rinia*, of vrouw, die, zoo als het ons voorkomt, niet zoo zeer *op*bruist, *gist*, door goddelijke *aanblazingen;* maar wier *ooren* suisen door goddelijke oorblazingen. Evenwel in de beide gevallen, eene magische, of liever runische vrouw, wier *orakel-taal* hoog vereerd werd onder den volke, — en wel naar ouder gewoonte der Germanen, die vele vrouwen als lot-verklaarsters (*fatidicae*), en bij toeneming van het wangeloof zelfs als godinnen vereerden (*a*).

Eene andere Profetesse, (Wigchelaresse) van hoog aanzien was de bovengemelde VELLEDA of VÉLEDA (gelijk GRIMM geeft, 1e ed. 63). Zij was eene tijdgenoote van CIVILIS, van het geslacht of volk (*nationes*) der *Bructeren*, welke bij velen de plaats eener godheid bekleedde, of als eene godheid werd vereerd (*b*). Zij had den *Germanen* hunnen voorspoed en het uitroeijen (veroveren) der legioenen voorspeld (*c*), en schijnt daardoor niet weinig in aanzien te zijn toegenomen; zoodat men haar, bij de gelukkige uitkomst dier voorspelling, den gevangenen Hoofdman MUMMIUS LUPERCUS, later, zoo het schijnt, eene veroverde admiraal-galei (*praetoria navis*) ten geschenke zond (*d*). Toen de *Tencteren* en *Agrippensen* (Keulenaars) een verbond met elkander zouden sluiten, verlangden dezen tot scheidsmannen of bemiddelaars CIVILIS en VELLEDA, ten einde het verdrag te vestigen (*e*). Deze laatste echter schijnt haar aanzien en waardigheid van betrekking door zekeren sluijer des geheims bewaard te hebben. Toen de gezanten naar den wil der Agrippensen tot haar kwamen, werd het dezen althans niet vergund VELLEDA in persoon te spreken. Zij werden geweerd van het aanschouwen, ten einde de eerbied te grooter ware; zij zelve hield zich op een' hoogen to-

---

(*a*) *Vetere apud Germanos more, quo plerasque feminarum fatidicas, et, augescente superstitione, arbitrantur deas.* TAC. Hist. IV. c. 61.

(*b*) *Diu apud plerosque Numinis loco habitam.* Hist. IV. 61. Zie ook *de Mor. Germ.* c. 8.

(*c*) *Nam prosperas Germanis res et excidium legionum praedixerat.* Hist. IV. c. 61.

(*d*) Hist. IV. 61. V. 22.

(*e*) *Arbitrum habebimus Civilem et Velledam, apud quos pacta sancientur.* Hist. IV. 65.

ren op: iemand uit hare naasten gekozen, droeg, als tusschen-bode der godheid (*internuntius Numinis*), hare raadgevingen en antwoorden over (*a*). Dit toppunt van grootheid schijnt echter ook, even als in den oorlogskans, een keerpunt van haar geluk te zijn geweest. CERIALIS, wien de krijgskans gunstig was, bood het volk vrede, CIVILIS vergiffenis aan, en vermaande VELLEDA en hare naasten (*propinqui*), zich bij tijds verdienstelijk te maken bij het Romeinsche volk (*b*).

Verder zwijgt de geschiedenis, door het afbreken of verloren gegaan zijn van het *vijfde* boek van TACITUS; doch VAN LOON, *Aloude Hist.* beschouwde eenen gevondenen rooden tegel te *Brittenburg*, in navolging van CANNEGIETER, (*Dissert. de Brittenburgo*, etc. 143) als gedenksteen op hare gevangenneming, eene meening die evenwel, wat den steen als *gedenksteen* betreft, door VAN WIJN, (*Nalez. op* WAGENAAR I. 49, en naderhand in zijn *Huisz. leven* 1. 614), naar het oordeel van Oudheidkundigen, op voldoende gronden, is wederlegd geworden. Hare gevangenneming echter schijnt eene meer zekere daadzaak; men wil, dat zij daarna naar *Rome* zoude zijn overgevoerd, waardoor dan de woorden van TACITUS: »*Vidimus sub divo Vespasiano Velledam*" (*Germ*. c. 8) opheldering ontvangen. Hoedanig dit echter ook zijn moge, de woorden van gemelden geschiedschrijver »dat zij *langen tijd*, bij de meesten, gehouden werd de plaats eener godheid te bekleeden", schijnen ook daardoor nog bevestigd te worden, dat haar aandenken in Gelderland, Overijsel, zelfs in Groningen, nog voortleeft in de smaadwoorden van: *Oude Vel;* — terwijl een slimme een *Voel*, een doortrapte een *Volik* wordt genoemd. Geeft ons dit *Vel*, *Voel*, hier regt aan den algemeenen naam van *Völa*, oudn. *Vaulu* (in *Vaulu-spa*) te denken? Dan zoude onze boven gewaag-

---

(*a*) *Sic lenitis Tencteris, legati ad Civilem et Velledam missi cum donis, cuncta ex voluntate Agrippinensium perpetravere. Sed eorum adire, alloquique Velledam negatum. Arcebantur adspectu, quo venerationis plus inesset. Ipsa edita in turre; delectus e propinquis consulta responsaque, ut internuntius Numinis, portabat.* (Hist. l. c.)

(*b*) *Velledam propinquosque monebat, fortunam belli, tot cladibus adversam, opportuno erga populum Romanum merito mutare.* (Hist. V. 24).

de gissing, dat *Vollen-ho*, (ook *Fullan-ho* dat is: *Volenhoogte*) als haar vroegere zetel moet gedacht worden, te meerderen grond verkrijgen; maar ook de bijzonderheid aan de eene zijde, dat zij was van het geslacht der *Bructeren;* de waarschijnlijkheid, dat zij onder de *Loo*-dienst der Batavieren, aan een beroemd *Loo* (het meer *Flevo*), in den omtrek van heilige plaatsen (*Pades-lo, Badu-hennae-woud*) zal gewoond hebben, zetten dit vermoeden te meerdere waarschijnlijkheid bij; terwijl aan den anderen kant, de bijzonderheid, dat Civilis haar eene veroverde galei of een *schip* ten geschenke zond, voorzeker doet denken, dat zij, althans niet geheel, in eene afgelegene *land*-plaats, maar veeleer aan het *water* gewoond hebbe, waar zij gebruik van hetzelve konde maken; terwijl de vaart naar *Vollen-ho* en het meer *Flevo* de Lipstroom (*flumen Luppia*) af, regtstreeks derwaarts kon leiden. Althans zouden wij veeleer dáár hare woonplaats zoeken, waar de naam nog een spoor van haar vroeger verblijf schijnt te hebben nagelaten, dan haar in het naburige *Genemuiden* te doen wonen. (Zie aant. 39). Is daarenboven onze vermelde ontbinding *Vel-leda* en de afleiding van, of verwantschap met *Völa* juist, dan zouden wij in *onze* taal haren naam aldus stellen »de *Vel* of *Völa* Leda geheeten, (misschien met *lae, laeti, at lata:* = hooren, spreken verwant). *Vel*, (even als *Völa, Vaulu*) doet hier denken aan *at velia* (van *vel* — raad) raden, raad geven; *vel-spa* en *vaulu-spa* is raad spreken: en *Vel-leda*, geeft dus ook hier weder eene vrouw, die gelijk Aurinia, door goddelijke inblazing, oorblazing, door hooren (*at leda*), tot raad, raadgeving gedreven wordt, en daarom als *pythonissa* den regten naam *Vel*-Leda, niet *Veleda*, draagt.

Eene opvolgster in dezen schijnt Ganna, door Dio Cassius (Hist. 67. 5.) vermeld, die ten tijde van Domitianus, wegens hare orakel-taal, zoo zeer in aanzien stond, dat deze keizer haar zelfs eenige geschenken zond (*a*). Haar naam, misschien met *gan*, tooverij, *gandi*, voorgevoelen (hgd. *ahnen*) verwant, herinnert

---

(*a*) Masysis *rex Semnonum et* Ganna *virgo, quae, post Veledam, in Germania divina et vates oracula reddebat, Domitianum adierunt, et, honorifice ab eo tractati, domum redierunt.* Dio. Cass. l. c.

GRIMM aan den Bructerschen mansnaam *Gannascus*, ons aan den rivier-naam *Gannita* (*a*), (waarvan *Gene* = *Ganne-muiden*, de mond schijnt). Wij weten niet op welke gronden de boven aangehaalde gissing kan steunen, die *Gene-muiden* tot zetel van VELLEDA maakte (zie *Overijss. alm.* 1836, 55.); doch veeleer zouden wij hier aan hare opvolgster, GANNA, denken, waardoor dan ook in de loo-dienst der voorgeslachten de *ganni-ta*, zelve als water (= *a*) van *Ganna*, en *Gene-muiden* als de mond, (*muiden*) der *Ganne-rivier*, opheldering zouden ontvangen. Werd VELLEDA als gevangene naar *Rome* gevoerd, welligt haar *toren*, bij hare gevangenneming, door het krijgsvolk vernield, dan kan het niet als onwaarschijnlijk voorkomen, dat de maagd GANNA, als hare opvolgster, zich eenen anderen zetel in de nabijheid koos. — Zoo wel de naam van AURINIA als VELLEDA en GANNA, schijnen overigens hare *runische* of *völen*-waardigheid, de wijze harer voorspellingen en raadgevingen aan te duiden; de eerste door goddelijke oorblazingen, de tweede door goddelijke raadgevingen, de derde door voorgevoelen. Eene andere, TANFANA, wier *tempel*, zoo als men vermeld vindt, onder de *Marsen*, door CAESAR's krijgsbenden is vernield geworden, toen deze over den *Rijn* trokken (*a*), doet daarentegen meer aan de *wigchelarijen* denken, die door het opwerpen van *rijsjes*, takjes of *teentjes* geschiedde. SMIDS, *Schatk.* bl. 107. verklaart *Tanfana*, door "*t' anfana*, aanvang aller zaken". VULPIUS, (*Wortb.* in voce), daarentegen, verstaat door *tan*, het noodlot, *fana*, magtig, derhalve het noodlot magtig, en houdt diensvolgens *Tanfana*, voor eene godin, die het lot bestuurt. De moeijelijkheid echter in hare woordverklaring, schijnt daarin gelegen, dat het niet uitgemaakt is of men hier aan eene *godin*, dan wel aan eene *priesteresse* te denken hebbe. Merken wij echter deze

---

(*a*) *Fluvii Wal et Gannita*, door MOLHUYSEN (uit BONDAM, *Chartb.*) aangehaald, ter gelegenheid, dat hij over *Urk* en het *Urker kerkhof*, in de Zuiderzee, gewaagt. Het *Ganne*-water stortte zich ongetwijfeld in het meer *Flevo* (Zuider-zee) uit. Immers bij *Gannita* aan *Gent* bij *Nijmegen* te denken, daar wij bij de gemelde plaatsen eene *Gene-muiden* (muiden = mond) hebben, kunnen wij niet beamen.

(*b*) *Profana simul et sacra, et celeberrimum illis gentilibus templum, quod* Tanfanae *vocabant, solo aequantur.*

laatsten als plaatsbekleedsters der godheid, misschien bij voorkeur van *godinnen* aan, en nemen wij daarbij de hooge achting en vereering in aanmerking, welke onderscheidene *Germaansche* volksstammen, en daaronder de *Marsen*, aan hare priesteressen toedroegen, dan kunnen wij ook hier gevoegelijkst aan eene priesteresse, aan eene *zienster* (fana) denken, die het lot of de toekomst uit twijgen, teenen (goth. *tains*, oudn. *teinn*, hgd. *tan*, ons *teen*) voorspelde, en derhalve den naam van *Tanfana*, (ook wel *Tamfana*) voerde, hetwelk letterlijk vertaald »*teenen-zienster*" beteekent (a).

44. Hoedanig zulke *wigchelarijen* geschiedden leert ons TACITUS (c. 10.). Dezelve stonden naar zijne berigten in hooge achting onder het volk. Geen wonder derhalve, dat ook gemelde tempel van TANFANA in zoo hooge achting stond bij de *Marsen*. De wijze van het lot te beproeven was intusschen eenvoudig, en bepaalde zich tot het *teenen-zien*, het *vogelgeschrei* en het *hinneken* en *briesschen* van heilige rossen; op welke laatste manier van wigchelarijen, wij nader terug komen. »Een tak van eenen vrucht-boom kappen zij tot rijzen, onderscheiden elk derzelve met een teeken (een *rune-teeken*?), en strooijen die los weg, en zoo als 't valt, op een wit kleed. Hierop doet de Opperpriester, indien er over staatszaken moet worden geraadpleegd, of de vader van het huisgezin, indien het een bijzonder geval raakt, een gebed tot de goden, slaat de oogen ten hemel, neemt ieder teentje driemaal op en verklaart den zin der opgenomene naar de ingedrukte teekenen. Vallen zij tegen, dan stelt men dien ganschen dag het verder raadplegen uit. Zijn zij gunstig, dan meent men zich door vogelgeschrei, nog nader gerust te stellen (b)". Zoo een-

---

(a) *Tam*, in *Tamfana*, misschien nog aanwezig in *Tama-rinde*.
(b) *Auspicia, sortesque, ut qui maxime, observant. Sortium consuetudo simplex. Virgam, frugiferae arbori decisam, in surculos amputant, eosque, notis quibusdam discretos, super candidam vestem temere ac fortuito spargunt; mox, si publice consuletur, sacerdos civitatis, sin privatim, ipse pater familiae, precatus Deos, coelumque suspiciens, ter singulos tollit; sublatos, secundum impressam ante notam, interpretatur. Si prohibuerunt, nulla de eadem re in eundem diem consultatio: sin permissum, auspiciorum adhuc fides exigitur.* l. c. cap. 10.

voudig echter deze wigchelarijen nog ten tijde van gemelden geschiedschrijver waren, zoo schijnen dezelve zich in later tijd en eeuwen aanmerkelijk ontwikkeld, en tot onderscheidene soorten uitgebreid te hebben, waarvan ook de *Indic. Superst.* etc. de bewijzen levert c. XIII handelt »*de auguriis vel avium, vel equorum, vel bovum stercore, vel sternutatione*". Dezelfde *Indiculus* noemt ook de *Tempestarii* (weerbezweerders?), die wij hiertoe betrekken, en in andere bronnen, zegt EGB. ROELANTS", worden de *Nuntiatores* (lotvoorspellers), *Somniatores* (droomuitleggers), *Conjectores*, *Harioli*, *Obligatores*, *Veneflci*, *Vaticinatores*, *Divini*, *Mathematici*, *Magi* (toovenaars?) en *Stryae* (tooverheksen?) opgeteld". (*Verh.* bl. 80, 81.). De verdienstelijke jonge man noemde hier niet de bronnen; maar men ziet er uit, hoezeer het eenvoudig begrip van *augures* bij den Germaan zich naderhand in allerlei rigtingen openbaarde en ontwikkelde, en na den bloei-tijd, als zoovele bladeren afvielen. — Nog menige trek van dit oude wangeloof houdt echter ook nu nog onder het landvolk stand: het *knoopen*-tellen der landlieden, het *koffij*- en *ei-wit*-kijken, het *kaarten*-leggen, *planeet*-lezen, en wat niet al van dien aard, het *sterrenkijken*, houden wij voor ontwikkeling van de *eenvoudige* wigchelarij, waarvan TACITUS (l. c.) gewaagt. — Dat dit alles het werk van de vroegere priesters en der priesteressen was, en als ernstige zaak werd beschouwd, betwijfelt geen geschiedkundige; later werd het het werk van dorps-geestelijken in het Catholicisme, en nu is dat alles nedergedaald tot bedelwijven, landloopers, en het landvolk, — waaronder *Chiromantie* (handen-kijken) en *Zwarte kunst* nog geëerbiedigde namen zijn.

45. Vogel-vereering of- dienst.
a) Geluksvogels.

De vogel-dienst, of vereering van vogels, waarover wij in den tekst spraken, blijkt ons reeds uit hetgene TACITUS (*Germ.* c. 10.) vermeldt nopens de *wigchelarijen*. Wanneer de voorteekens der *teentjes* gunstig waren, dan trachtte men zich nog nader gerust te stellen, door vogelgeschrei; want, zegt gemelde geschiedschrijver, het beproeven van het geluid en de vlugt der vogelen is ook hier bekend (a). De *Leptinische* kerkvergadering (743), levert daarvan mede bewijzen, dat gemelde vogel-wigchelarijen (*auguria avium*) destijds nog moesten geweerd worden.

Uit hetgene, zoowel de sage, als het volks-bijgeloof, betrekkelijk de vogelendienst tot ons heeft overgebragt, schijnt ook nog te blijken, dat men *geluks*-vogels en *ongeluks*-vogels had, waarvan de eersten vereerd en met zorg onderhouden, de laatsten gevreesd werden. Het navolgende levert slechts eene proef op om een en ander te leeren kennen.

Tot de eersten, de *geluks-vogels* of heil-aanbrengers, meenen wij in de eerste plaats te mogen rekenen, *de Zwanen*. In de N. Mythe treft men dezelve aan op de Urdr-bron, de bron des tijds; boven, bij de Zwanenridders (*riders*), leidden wij er de beteekenis onzer vijverzwanen uit af, en denken daarbij aan het spreekw. »*de tijd is een vogel*". Welke vogel? Wij denken eene zwaan. De beide *Urdr*-zwanen werden door hunne witte kleur gekenmerkt als heilig. In de sage treedt de zwaan op als een geluksvogel. Toen *Germana* met *Karel Ynach* door *Gallië* vlugtte, kwam zij nabij Kamerrijk (*Cambrai*) in een schoon dal, waardoor een liefelijk beekje stroomde, waarop eene menigte zwanen. Toen dit de knechten zagen, welke beiden vergezelden, nam een hunner, die een schutter was, zijnen boog en schoot eenen pijl op eene der zwanen af. Doch de vogel ontweek het schot, vloog verschrikt op, en vlugtte toen in den schoot der schoone *Germana*, die dit als een *zeer gelukkig voorteeken* aanmerkte, en zich deswege zeer verblijdde; want de zwaan was der godin *Venus* (b) gewijd. — Zij vraagde aan *Karel Ynach*, hoe de vogel in de landtaal van *Tongeren* heette; hij antwoordde, dat dezelve *zwaan* genoemd werd. Toen sprak *Germana:* » dan wil ik voortaan ook niet meer *Germana*, maar *Zwana* (*Schwana*) genoemd worden". Zoo als zij wilde geschiedde het. Van de menigte der zwanen nu werd de plaats *Zwanen-dal* (*val des cygnes*), en de stad, die nog hedendaags daar staat, *Val-enciennes* ge-

---

(a) *Et illud quidem etiam hic notum, avium voces volatusque interrogare* l. c.

(b) Aan FREIJA of HERTHA?

noemd. Vrouw *Zwana* nam den vogel mede, voedde en verzorgde hem zorgvuldig. Hoe zeer deze nu een geluksvogel was, blijkt ook later uit dezelfde sage, waar hij genoemd wordt »*een vogel van zeer edele natuur en bemind door de goden*". Zij onderhield hem daarom op de grachten van haar slot te Megen. (Zie deze sage bij JEAN LE MAIRE, *Illustr. de Gaule*, Lyon 1593, benevens: *Alderexcellentste Chronyke van Brabant*). Dat de vereering der *zwaan* als geluksvogel tot onderscheidene zwanen-sagen, en sagen van zwanen-ridders aanleiding gaf, bleek ons ook boven, waar wij over zwanen-ridders en zwanen-jonkvrouwen spraken, en deze met de Loo-dienst in verband, of daaruit ontsproten, achtten. (Zie aant. 22). Behalve de daar genoemde sagen, dient hier ook gedacht te worden aan de »*Historie van de wonderlyke avonturen van den Ridder met de zwaen, genaemt Helias*, (uitg. Gent, en Antw.) welke nog tot in de 18ᵉ Eeuw een geliefkoosd volksboek is gebleven. VAN MAERLANT, die meermalen als bestrijder van de wanbegrippen van zijnen tijd optrad, trok ook hier, tegen de zwanen-ridders, te velde. *Spieg. hist.* 4.1.29.

> . . . Logenaers mesdaet an doen,
> Dat si hem willen tien 1) ane,
> Dat tie ridder met ter swane,
> Siere moeder vader was. — —
> No wijf no man, als ict vernam,
> Ne was noint swane, daer hi af quam,
> Al eist dat hem Brabanters beroemen,
> Dat si van der swane syn coemen.

1) aanwrijven.

En JAN DE CLERC, aan wien men de *Brabantsche Jeesten* toeschrijft, gaat op dienzelfden voet voort:

> Omdat vut Brabant die hertoghen,
> Voormaels dicwile syn beloghen,
> Als dat si quamen met ten swane:
> Daer bi hebbic my ghenomen ane,
> Dat ik die waerheid wil ontdecken.

(Zie I. b. MONE, *Nied. V. Litt.* 170. 114). Niet slechts echter de Brabandsche Hertogen (waaronder vooral *Godfried van Bouillon*) behoorden tot de zwanen-ridders, of stammen in de sage daarvan af; maar ook de Heer van *Arkel*, wiens geslacht tot den duitschen *Hercules* (eene woordspeling) opklimt, werd van *Pierlepont* uit, waar hij zich op de *Alm* inscheepte, door eene zwaan (eene bode Gods) geleid, ter plaatse waar het slot *Arkel* (Arke-lo), in een woud lag. (ABR. KEMPS, *Leven der heeren van Arkel*, enz. Gorinch. 1656). De gissing, die wij uit de toewijding der zwaan aan *Venus* afleiden, dat zij *Freija's* of *Hertha's* (*Arda's*) vogel geweest zij, schijnt ook hier in *Arke-lo*, (*Arcu-lo*) d. i. het Loo van ARC, ARDA, ARTHA, enz. geregtvaardigd te worden. Te regt merkt WOLF (s. 680) aan, dat eene ongemeene groote menigte plaats- en familie-namen de algemeene verbreiding bewijzen der zwanen-sagen. Zoo noemt hij *Zwanenburg, zwanen-poel, zwane-beke, zwanevliet*, benevens onderscheidene *zwanenstraten* en *zwanenstegen, zwanen-wapens* en uithangborden in onze steden, waarover later.

Een tweede vogel, niet minder beroemd als geluks-vogel in de sage, is *de Ooije-vaer* (Oude Vader?); in Overijsel, de *Heil-leuver* (heil-belover), in Gelderland, de *Heil-uiver*, en in Groningen, *aiber, eiber*, genoemd. Zijne terugkomst kondigt de terugkeer van het schoone jaargetijde aan; reeds daarom kon hij als *heil-leuver* vereerd worden, en gaf almede als zoodanig tot onderscheidene sagen aanleiding. De dankbare *Ooije-vaar*, die in *Egmond*, door eene arme vrouw, van eene poot-breuk genezen werd, bragt zijne verzorgster in het naastvolgende voorjaar eenen Karbonkel-steen (zie aant. 33. 153.); uit moederliefde liet een andere ooijevaar, in den brand van de oude kerk in *Delf*, met de vlerken over haar kroost uitgestrekt, zich door de vlammen verteeren. Zoowel in Braband als Gelderland en het Westland ziet nog de landman den ooijevaar gaarne op zijn herbergzaam dak nestelen. Wie in Gelderland bij de terugkomst des *heil-uivers* dien vogel het eerst *vliegend*, en niet in zittende houding ziet, heeft daarin een gunstig voorteeken voor het geheele jaar waarop nog menige boeren-knaap prijs stelt; wie hem *zittend* ziet, zal het gansche jaar een *luilak* wezen. Volgens Dr. HERMANS, (*Aardbol*. 584) verzamelen zich den 1 Aug. in Braband de *Oivers* op den St. Janstoren in 's Hertogenbosch, en dan:

    Op St. Pieters banden
    Trekken de Oivers naer der landen.

Eene *Drielsche* sage (Overbetuwe) telt, omtrent denzelfden tijd, twaalf *heil-uivers* op een veld bijeen. Zij scharen zich in eenen ronden kring, rondom eenen anderen *uiver*, als hielden zij raad; maken een herhaald geklepper, vallen daarop gezamenlijk op den middelsten aan, ontrooven hem van zijne vederen, en laten hem dood op het veld liggen. Misschien leeft deze sage ook elders voort, althans, zoo wij meenen, ook in het *Zutphensche*. Eene andere volks-sage, in de Overbetuwe nog gangbaar, en mij door denzelfden zegsman medegedeeld, aan wien ik de voorgaande verschuldigd ben, wordt ook door HELDRING (*Geld. Alm.* 1837) verhaald. Onderscheidene vogels vingen eene weddingschap aan: wie hunner het hoogste vliegen kon, die zou aller koning zijn. De *uiver* zweeft reeds boven de wolken; te vergeefs trachten alle anderen die hoogte te bereiken; doch de list overwint hem. Het *winter*-koninkje had zich ongemerkt in zijne vederen verborgen. Toen nu de *uiver* niet hooger vliegen kon, verlaat deze zijne schuilplaats en stijgt nog veel hooger. Zoo behaalt hij de overwinning en verwerft zich den naam van *koning*, dien hij nog draagt. Doch de andere vogels, die den uiver, als grootsten en schoonsten van allen, alleen de overwinning gunnen, daardoor op den listigen kleine vertoornd, zoeken zich op hem te wreken en zetten hem na; doch deze, om de wraak der anderen te ontgaan, vlugt in een mols-gat, waar niemand hem volgen kan. Daar plaatsen de andere vogels den *nacht-uil* aan de opening, om den vlugteling op te passen. Deze echter, het zonlicht niet kunnende verdragen, sloot des daags zijne oogen en de overwinnaar ontsnapte hem en blijft *winter*-koning; terwijl de *uil* zich, wegens zijne achteloosheid, de gramschap van alle anderen op den hals haalt; zoo zelfs, dat hij ook nu nog des daags niet durft of kan uitvliegen, zonder eene zwerm mossen en ander vervolgend gevogelte achter zich te hebben, die hem noodzaken alleen des nachts, als een *Scuvuut*, op roof uit te gaan. Daarom heet hij nog *nacht-uil*.

Dat de Ooijevaar in de sagen steeds als geluks-vogel optreedt, die ook door zijne mede-vogels het meest geacht wordt, heeft hij ligt, even als de zwaan, aan zijne witte kleur te danken. Was hij daarom aan den lichtgod BALDR gewijd? Zoowel uit den raad der twaalven (een raad der *schieve*), als uit hunne weddingschap, leiden wij dit af. Men leze hier de *Baldr's*-mythe.

Dat ook de *haan* en *zwaluwe*, de eerste als verkondiger van den aanbrekenden dag, de laatste als voorbode der lente, vereerd werden, kan ook op christelijke begrippen steunen. Doch in de Noordsche mythen spelen de hanen eene belangrijke rol: daar kondigt de *vuurroode* haan bij de Trolden, de *goud-geele* bij de Asen of goden, en de *roetkleurige*, die elkander antwoorden, in de onderaardsche rijken, het aanbreken van den laatsten dag der dagen aan.

Het hanengekraai (*hane-luud* zou VAN MAERLANT zeggen) openbaarde, in den Roman: *Karel en Elegast*, den zwarten ridder *Elegast*, wien hij bij zich had, toen deze met *Keizer Karel* uit stelen ging. (Zie de uitgave van HOFFMANN von Fallersleben, Hor. Belg. p. 111); »voor hane-luud scuwet elfs-gedrochte" (VAN MAERLANT, zie aant. 24, bl. 99); en een »oude hanen-ei brengt den Basiliscus voort" (aant. 26. 117.). De *hanen*-gevechten, het *hanen*-sabelen, gelijk voor weinige jaren nog in Braband; de *hanen* op onze toren-spitsen, kunnen, wanneer men bij deze laatsten niet aan de *Franken* wil denken, gelijken oorsprong vinden in de mythe. Gelijk de haan 's morgens het aanbreken van den dag aankondigt, zoo des avonds weersverandering. Zoo voorspelt ook de *specht*, door zijn gelach, op handen zijnden regen. Overigens wordt ook door GRIMM de *koekoek* onder de voorspellende vogels gerekend: zoo dikwijls men hem voor het eerst in het voorjaar hoort roepen, zoo vele jaren levens kan men nog tellen. Dat almede de bekende *vogelspraak*, onder het landvolk, uit vroegere vogel-vereering zij voortgesproten, gelooven wij hier te mogen veronderstellen. Zoo verstaat men in de Overbetuwe nog den *leeuwerik*, en vertaalt men zijn gezang aldus: onder het opwaarts-vliegen, zingt hij:

>Mijn vader is in den hemel,
>Ik wou (wilde) er ook zijn;

onder het nederdalen:

>Maar 't is zoo wīt, wīt, wīt! (zoo wijd, verre).

b.) *Ongeluksvogels.*

Onder deze rekenen wij in de eerste plaats den bovenvermelden »*scuvuut*" of nacht-uil, als representant van den nacht, als tegenstelling van den *uiver*, een lichtvogel; ook van den zwarten nacht des doods is hij de bode, waarvan zijn *hoo-uut*, *hoo-uut*, de aankondiging is (*a*). Waar hij, onder het landvolk zijne stem laat hooren, volgt weldra een sterfgeval: daarom heet hij misschien *scuv-uut* (waar*schuwer* der *uiting*, *utigste*). De *nachtuil* (strix) in de Grouden, nabij de Zoltkamp, boezemt velen angst in. Op afgelegene, eenzame plaatsen, houdt hij zijn verblijf; zoo aan de *borne* in eene *wildernis* te *Hulster-loo*, waarvan bekend is:

> Dat somwilen es een half jaer
> Dat toten *borne* comet daer,
> No weder man no wijf,
> Sonder die *Ule* entie *Scuv-uut*.

(zie aant. 15 69). Andere onheil-vogels schijnen de *roode haan*, de *raaf*, en misschien ook de *ekster*. Wij noemen hier vooral den *rooden haan*, omdat men den gewonen dag-verkondiger, onzes erachtens, niet wel onder de onheil-spellende kan rekenen. Gelijk wij bij den *scuv-uut* of nacht-uil aan den zwarten nacht dachten, zoo bij den *rooden* haan aan de vuurvlammen. Dat de *vuur-roode haan*, die in het Noorden bij de *Trolden* kraait, ook ten onzent nog vrees heeft nagelaten, blijkt uit een geval op het eil. *Schiermonnikoog*. Daar liep voor weinig jaren een visscherman, met eenen grooten korenzak onder den arm, naar zijne haringnetten. Op zijnen terug-gang zag hij een' *rooden haan* op het eenzame strand loopen, die zoo tam was, dat hij denzelven ving en in den zak stopte: dan, voortgaande, werd de zak zoo zwaar, dat hij zijnen buit vallen, en den zak in de steek liet. De haan verdween en liet niets dan eenen blaauwen, lichtenden damp en eenen geweldigen stank achter. (TEENSTRA, *Volksvh.* 24). Overigens is de *roode haan* in brandbrieven, en de bedreiging, dat, bij niet voldoening, anders "*de roode haan spoedig op het dak zal kraaijen*" niet zonder beteekenis. En de profecye van JARFKE (op het *Catharinahuis*, in den nu verdronken *Dollart*), vermeldt, dat er in Oost-Friesland

---

(*a*) TEENSTRA, *Volksvh.* 23, laat hem dus latijn spreken: *hora-ruit*. (de tijd vervliegt); zeker meer eene aardigheid; want de boeren verstaan dat *uut*, *hoo-uut* door *uit*, (dood) in *Uitingen*, *Utigsten*, zie aant. 38.

zoo veel krijgsvolk zal komen, en het er "zoo zal toegaan, dat er niet meer overblijven zal, dan een *bul* en een *haan*, en daar zullen wel honderd schoten na geschoten worden, doch niet krijgen". (TEENST. t. a. pl.).

Ook *raven*, *kraaijen* en *kraanvogels* schijnen mede tot de onheil-vogels te behooren. *Raven* waren *Odin's* vogels. Hunne zwarte kleur verraadt misschien reeds dezen trek des heidendoms, en doet hen als tegenstelling tegen de eerstvermelde geluksvogels voorkomen. Aan eene vrouw op de *Weem* te *Driel* werd in mijnen tijd gevraagd, wat haar bewoog te schreijen? Omdat onheilspellende raven en krassende kraaijen over haar huis waren gevlogen (zie mijne Verh. *Over de N. G.* 75). *Raven*, *kraaijen* en *kraanvogels* brengen, overigens, dikwijls verborgene misdaden, moord en doodslag, aan het licht. Over *Grifs* of *Griffioenen* spreken wij in eene volgende aanteekening, ook als wij over de *wapens* handelen.

46. Dierendienst.
a) Heilige-dieren.

Gelijk boven bij de vogeldienst, kunnen wij ook hier weder nopens de dierendienst, het eerst den meermalen gemelden geschiedschrijver TACITUS laten spreken. "In het bijzonder is het dit volk (den *Germanen*) eigen, zegt hij, om uit paarden voorzeggingen en vermaningen uit te vorschen. In heilige bosschen en wouden worden eenigen derzelver, die glanzig wit, en nooit door menschelijken arbeid besmet zijn, op algemeene kosten onderhouden. Men spant ze voor den heiligen wagen, dien de priester, of voornaamste des volks begeleiden en acht geven op het hinniken en briesschen. Men vertrouwt op geene voorzegging meer, dan op deze: niet slechts bij het volk, maar ook bij de overheden en de priesters. Want zich zelven houden zij voor dienaren, de paarden voor medewustigen (*conscios*) der goden". (*a*).

(*a*) TACIT. *Germ.* 9. 10. Nadat hij gezegd heeft "*lucos ac nemora consecrant*" voegt hij er c. 10 bij: "*proprium gentis, equorum quoque praesagia ac monitus experiri. Publice aluntur, iisdem nemoribus ac lucis, candidi et nullo mortali opere contacti; quos pressos sacro curru Sacerdos ac Rex vel Princeps civitatis comitantur, hinnitusque ac fremitus observant. Nec ulli auspicio ma-*

Vele plaatsen nopens de *ros-* of *paard*-vereering heeft wijders GRIMM verzameld (1e ed. 376), alsmede over paarden-offers (ald. 383). Ook bij den Batavier werd het ros bij den doode ten brandstapel gebragt, en *Auguria equorum* vermeldt ook de *Indic. Superst.* etc. 743. Menigvuldige sporen van rosvereering leveren ook nu nog Overijsel, Gelderland, Noordbraband en het Westland, die wij hier te verzamelen hebben. Inzonderheid het *witte ros* of paard, dat nog te Wateringen over eene brug loopt, betrekken wij daartoe; gelijk wij ook de paardenkoppen, die men, vrij algemeen onder het landvolk, op de afdaken der paarden legt, om hen voor den *paarden merrie* te behoeden (aant. 26), daaruit ontsproten achten. Zoodanige heilige paarden »op algemeene kosten onderhouden" (*publice aluntur*), droegen in het noorden den naam van *Hross* (bijv. in *Hrossharsgrani, Hrossthiofr*, enz.). Ook bij den Germaan en Batavier is *Hros*, ons *ros*, of door letter-verplaatsing *horst, orst* = *ors*, gelijk menigvuldig in HSS. voorkomt, hetzelfde. *Hengist* en *Horsa*, twee friesche helden, met paardennamen, (waarover men zie OCCA, fol. 8a; WINSEMIUS, f. 42; BEDA, *hist. eccles.* I. 14 en anderen), zijn in de sage vermaard (*a*). In het noorden droegen sommige H. *rossen* of *horsten*, bijzondere eigen-namen, waaronder zij in de mythe voorkomen; bijv. *Odins* ros heet *Sleipner* (*b*). Andere rossen, zijn:

---

jor fides, non solum apud plebem, sed apud proceres, apud sacerdotes: se enim ministros deorum, illos conscios putant.

(*a*) Zoodanige letterverplaatsing als *Hross* = *Horst, Ors*, heeft in onze HSS. meermalen plaats: zoo bijv. het »*Swarte ors*" in den *Karel en Elegast* (uitg. van HOFFMANN v. F. 1836); het *ors* = *ros*, in de *Oud-Vlaemsche ged.* uitg. door BLOEMAERT 1838; »*het ors Bajaerde*" in den *Renout van Montalbaen* (uitg. van HOFFMANN, 1837); »*de groote orsse*" waarvan HEELU spreekt, in den *Sl. van Woeronc* 1288. (VAN WIJN *aant.* 1. uitg. door JONCKBLOET en KROON, 1840. 174). Dergelijke letteromzetting komt ook voor in *gerst*-maand, = *gras*-maand (VAN MAERLANT, *Nat. Bl.*); waarin st = s., *gars* = *gras* (bij KILIAAN). *Fortrape* = *Fortarpe* (dorp), verklaart VAN LOON, *Al. Hist.* II. 150. Ook WESTERHOFF en STRATINGH, *Nat. Hist.* 159, leveren voorbeelden: *born* = *bron*, *vorst* = *vrost*, *gors* =, *gros* (gras); voeg hier nog bij: *bernen* = *brennen*, *barnd* = *brand*, enz. Een *horsel* heet daarenboven eene paardenvlieg.

(*b*) »*Primus ac optimus inter Asarum equos et Odino proprius.* FINN MAGNUSEN, *Vet. Bor. Myth. Lexicon*, f. 436, in voce.

. . . . *Hofwarpnir*,
Dat *Ham* verwekte bij *Gardrosa.*

Rossen door de Asen bereden, als zij tot het geregt trekken, worden aldus vermeld:

> De rossen Gladr en Gijllir,
> Glär en Skeidbrimir,
> Silfrintoppur en Sinir,
> Gisl en Falhofnir,
> Gulltoppur en Lettfeti,
> Worden door de Asen bereden,
> Als tot het geregt zij trekken
> Onder Ygdrasills esch (c).

Ook onze middeleeuwsche, oud-Nederlandsche Romans kennen nog dergelijke ros-namen, die wij hier laten volgen: bijv. *Glorifier* (in den *Seghelijn van Jerusalem*, Antw. 1517), *Gringalette*, het *ros Gringalet*, waarop *Walewein* wonderen verrigt, in zijnen strijd tegen de Giganten of resen = reusen (HS. *Lancelot*, op de Konl. Bibl. 's Gravenhage; ook Meijer, *Versl. van den Rom. Walewein*. Gr. 1838). En wie kent niet het "*vervaerlijke ros Baijard*" van den Ridder *Malagis?* — "*Das wunderbare ros* Baijart, *das die Edda noch als Grani kennt, die teutschen Lieder vom Sigfrit aber vergessen haben, tritt im Malagis und Reinolt wieder in seiner alten Wichtigkeit auf*" (Mone, *Niedl. Volksl.* 45). En voorzeker, roerender en treffender geschiedenis is er, in opzigt tot de rossen in de middeleeuwen, wel niet gedicht geworden, dan die passage van genoemde HS., waar aan *Baijart* de molensteen aan den hals gebonden wordt, om in den Rijn te verzinken; — maar het toch nog altijd boven komt, als met smekende oogen zijnen Heer aanschouwt, tot dat deze eindelijk, en om een einde aan het treffende van dit tooneel te maken, zijne *blikken* van het ros afwendt, waarna het edele ros onderzinkt. — Zoo hing het nog aan de laatste blikken zijns meesters. En juist daarin bereikte de verdichting, die uit de ros-vereering, waarvan Tacitus (l. c.) gewaagt, voortsproot, haar toppunt. Menigvuldige sporen heeft *Baijart* in ons land, vooral in *Belgie*, nagelaten, en zijn door Wolf (a. w. 71—75) verzameld. Gelijk het achtpootig ros *Sleipner* in de N. mythe eene bron sloeg door eenen hoefslag,

---

(a) *Grimnismal*, XXX.

zoo ook het ros van BONIFACIUS, de *Bonifacius-put* nabij Dockum, (aant. 15. bl. 59), en het ros *Baijart* liet, vooral in *België*, op meer dan eene plaats, het merk van den ingedrukten paardenhoef na; zoo te *Luik* op eene rots, waar men eene kale plek vindt met eenen ingedrukten paardenhoef. »Deze is van het ros *Baijart*, dat oudtijds de *vier Heemskinderen* bereden hebben" (WOLF, a. w. 71). Boven het dorp *Couillet*, bij *Charleroi*, wijst men nog heden eene plaats aan, waar een groote paardenhoef is ingedrukt. Ook deze is van het ros *Baijard* (a. w. 72. naar de *Itinéraire de l'abbé* DE FELLIER. 1254., en DE REIFFENBERG, *Chron. de Ph. Mouskes*, II. intr. CCVI). Te Hoey, in het graafschap *Namen*, staat een slot *Baijard*, werwaarts de vier *Haimonskinderen* weken, toen zij de vlugt namen uit de Ardennen, (a. w. 73, naar PAQUOT, *Mem. litt.* III. 433. GRAMMAYE, *Antiq. Comit. Namurcensis* 4. 11. enz.). De *Baijard*-rots, nabij *Dinant*, heeft vele kuilen en afgronden. Uit eene derzelver redde zich het ros *Baijart* in de wouden, die het slot *Beaufort* omgeven; waardoor die rots zijnen naam heeft (a. w. naar *Collect. hist. des princip. vues des Bays-bas*, 2 livr. en DE REIFFENBERG a. g. *Chron.* II. CCV.). — Veelvuldig zijn derhalve de sporen van ros-vereering, en inzonderheid de blijken van aandenken aan het beroemde »*Ors Baijarde*", een strijdros zonder wederga.

Wij vermoeden, dat de ongemeene duurte der strijdrossen, der zoogenoemde »*palefroids*" en »*dextriers*" in den riddertijd, gelijk ook derzelver grootte, waarover VAN WIJN, in zijne *Aant. op* HEELU spreekt (zie uitg. van JONCKBLOET en KROON, 1840. 174), almede met de vroegere rosvereering zamenhangen. Nopens de duurte voert VAN WIJN (t. a. pl. naar LEGRAND, *Hist. des fabl.*) aan, dat een ridderpaard, ten tijde van ST. LOUIS, op 80 à 100 *livres* werd geschat. Hij haalt zelfs een voorbeeld aan van 500 *liv.* (»*3000 environ de notre monnaie*"). LEGRAND laat er op volgen: »*Si ce dernier prix est énorme, même relativement à nos jours, qu' était ce donc pour un temps où un boeuf de charrue valait 20 sous! Je n'ai pu deviner la raison d'une disproportion pareille et la laisse à trouver à ceux, qui sont plus instruits que moi*" Ik ben niet wijzer dan die Heer, zegt VAN WIJN, t. a. pl. maar gis, dat de schaarschheid der hengsten, die toen veel gebruikt werden, een der redenen van de algemeene duurte der paarden zij". En mogen wij hier onze gissing bijvoegen, dan ligt de oorzaak dezer duurte van de ridderpaarden of strijd-rossen in de vroegere ros-vereering, of wijst althans daarop terug.

Gelijk wij zagen, dat het ros *Baijart* zijnen naam aan meer dan ééne plaats heeft nagelaten, zoo meenen wij, dat ook nog een aantal plaatsnamen in de *Nederlanden*, daaruit, in den loop der eeuwen, vooral in den bloeitijd der ros-vereering, kunnen ontsproten zijn. Zoo teekenden wij aan.

In Overijsel: *Havixhorst, Yhorst, Raephorst, Staphorst, Arenshorst, Breenhorst, Ravenhort, Neielhort, Bokhorst* en *Grashorst*.

In Gelderland: *Huls-horst*, het huis *ter Horst* (nabij Harderwijk), *Bokhorst*, *Horst* (nabij Hal op de Veluwe), *Bruine-horst* (nabij Kernhem), *Bronk-horst* (aan den IJsel), *Horst* (nabij Loenen), *Horstwijk*, *Winkel-horst*, *Welpen-horst*, *Travenhorst*, *Storckhorst*, *Witten-horst*, *Nevelhorst* (bij Zeventer), *Wesenhorst*, *Horstwijk* (bij Grollo), *Glint-horst* (nabij Barneveld), de *Bruine-horst*, nabij Renswoude), *Loo-horst*, waarbij *Lun-horst;* — *Män-horst*, *Lunen-horst*, en *Nevel-horst* onder Didam (oul. *Theodan*), *Bronkhorst* (in de Betuwe), elders *Horst*, en *Horsen* (in Maas en Waal), gelijk een *Lijn-horst*, ook *Hlijnhorst*.

Op de grenzen van Gelderland, in het *Pruissische*, heeft men: *Witten-horst*, *Roohorst*, *Hulshorst* (nabij Wezel, Weze-lo?), *Traan-horst*, en *Ravenhorst* (nabij Benthem).

In Utrecht: *Ziel-horst, Hooge-horst, Keul-horst* (waarbij de Ham), *Horster-meer, Neder-horst, Horst* nabij Rhenen, *de Horst* (aan de Vecht), *Loc-horst* bij Amersfoort, aan den Heiligen berg.

In Zuid-Holland: het *huis ter Horst*, en *Brinkhorst*, nabij 's Gravenhage; misschien ook nog anderen, gelijk in Zeeland en Noord-braband. Ons zijn zij echter niet voorgekomen, hetwelk ons te meer verwondert, aangezien het gebruik om, »het gheraemte van een peertshooft boven op den stal te leggen, opdat de beesten niet en souden betoovert worden", gelijk Dr. HERMANS (uit VAN DEN BOSSCHE, *Cathol. Paedagoge*) *NBr. Meng.* 1 st.

88., mededeelt, vooral ook nog in Braband stand houdt.

Zoo ook al niet alle deze *Horst*-plaatsen, waar welligt eenig *ros* op algemeene kosten werd onderhouden, tot het heidendom opklimmen, dan kunnen zij toch uit de ros-vereering, ligt nog uit den riddertijd, ontsproten zijn. In allen gevalle schijnt het ons toe, dat zoo vele *Horsen* in *Overijsel* en *Gelderland*, eene merkwaardige herinnering aan vroegere ros-dienst kunnen bevatten; te merkwaardig althans, om daarop niet de aandacht onzer geleerden te vestigen, naardien een aantal voorvoegsels niet slechts onze verklaring schijnen te bevestigen, maar ook inderdaad uit de mythe zich laten opphelderen. *Witten-horst*, in Gelderland, *Wittenhorst*, op Pruissisch grondgebied, *Bruine-horst*, bij Renswoude en Kernhem, en *Roo-horst*, bevatten alle adjectiva, die niet kwalijk aan een *ors* = *orst* voegen. *Witte-horst* herinnert daarenboven aan de *witte* kleur, waarvan TACITUS (l. c.), gewaagt; — *Graf-horst*, kan *gräf*, *graafhorst*, wezen, zoowel in den zin van *grau* (grijs), als omdat zoodanig *ros* door eenen Graaf bereden werd. *Havix-horst*, *Arens-horst* en *Ravenhorst*, in Over-ijsel, *Traven-horst* (i. e. 't ravenhorst), en *Storck-horst*, in Gelderland, gelijk *Ravenhorst*, bij Benthem, kunnen zoowel naar de kleur dier vogels genoemd zijn, als aan drie mythische vogels: *arend* of *adelaar*, waarover nader, *storck* = ooijevaar, en raven, (zie boven aant. 45) herinneren. Zoo kan ook *Bok-horst*, in Overijsel, *Buc-horst* (bij HEDA, p. 192), *Bokhorst*, in Gelderland, aan het wagengespan van *Thor* (Donar) herinneren, en *Bron-horst*, aan den IJsel, *Bronk-horst* in de Betuwe, en *Breen-horst*, met het *Brandk-rossi* verwant zijn, waarover FINN MAGNUSEN, *Myth. Lex.* in voce *Thor* p. 675) handelt. Dat wij hier althans meerdere zinspelingen op noordsche mythen aantreffen, die onze verklaring schijnen te ondersteunen, blijkt, onzes erachtens, uit *Man-horst* en *Lunen-horst*, bij Didam (*Theodan*), *Lun-horst* elders, benevens *Lijn-* of *Hlijn-horst* in Gelderland, (misschien ook *Glint-horst* bij Barneveld) die allen aan de vereering der *maan* = *män*, ook *Lun*, in het noorden *Lijn*, *Hlijn* geheeten, aan eene der gezelschaps-juffers van FREIJA (zie *Edda-leer*, bl. 52) schijnen te herinneren. De andere gezelschaps-juffer was *Gna*: beide bezaten rossen »die zelfs luchtstroom en vuur doorrenden". (*Edda-leer*, bl. 51). *Loo-horst*, misschien ook *Loc-horst*, kan ons tevens aan de Loo-dienst herinneren: andere voorvoegsels laten wij onbeproefd, of ter verklaring aan anderen over (*a*).

Ook andere dierendienst schijnt, zoowel onder den Germaan, als in het noorden, te hebben plaats gevonden. Wij denken hier aan den noordschen koe *Audhumbla*, en de *heilige koe*, welke koning Ogvaldr overal met zich rondvoerde, wier melk hij dronk; benevens den *ever* en *bok*, beiden als offerdieren aan *Freijr* en *Thor* bekend. (Finn Magnusen, *Myth. Lex. in voce*). Inzonderheid schijnt den Os, meer bepaald den *Auer-os* (oul. *Urus*, ook wel *Bubalus* geheeten), eene bijzondere onderscheiding te beurt te zijn gevallen. Van de lange horens van den *Ur-us* (aur-os) zegt Plinius (XI. 37), dat de noordsche volkeren, "*barbari Septentrionales*", die tot drinkhorens bezigden. Caesar (*de Bell. Gall.* VI. 28) en Plinius (VIII. 5.15.) roemen beiden derzelver *grootte* en *snelheid*. "De Uri zegt de eerste, zijn in groote weinig minder dan de elephanten; in soort, kleur en gestalte, stieren. Groot is hunne kracht en snelheid. Zij kunnen niet aan menschen gewend en getemd worden, zelfs niet de jongen" (*b*). Dat deze soort van *ossen* oudtijds in de Friesche en Drentsche wouden aanwezig was, heeft Mr. de Wal, (*Bijdr.* 1842. 9 enz.) met scherpzinnigheid aangetoond, en, dat men drinkhorens, van dezelve vervaardigd, bezat, schijnt te blijken uit den drinkhoren, die reeds van voor menschen geheugen werd bewaard in het raadsheerlijk geslacht der Kinschotten, waarvan de afbeelding bij van Alkemade en van der Schelling (*Displ.*

(*a*) Wij kennen de verklaring die Mr. Hoeufft, *Taalk. Bijdr.* 60. van *horst* geeft: "wil iemand het woord *horst*, met Wachter, van *hors*, paard, afleiden, hij doe het". Behalve dat men in Gelderland ook *horsen* heeft, gelooven wij dat *Mân, Lun, Lijn, Hlijn-* (Lin, Len) *horst* het meest voor Wachter pleiten; of welken zin anders ook te hechten aan *Stap-horst; t'raan, ran, ren-horst.* — Nog in de XIV eeuw heette *hors* een paard "*Wael ge-orst ende gehenst*" (1338), wel van paard en hengst voorzien, of wat tot de ridderlijke wapenrusting behoort, Nijhoff, *Gedenkw.* I. 377. *Bijdr.* IV. 207.

(*b*) *Uri sunt magnitudine paulo infra Elephantos, specie et colore et figura tauri. Magna vis eorum et magna velocitas. Adsuescere ad homines ac mansuefieri, ne parvuli quidem excepti, possunt.* — Caes. de Bell. Gall., l. c.

II. 453), en die men acht uit den horen van eenen *Ur-us* (Auer-os), vervaardigd: een andere horen, misschien eene navolging van dezen, is die van de stad *Kampen* (I. 369), waarvan beschrijving en afbeelding bij Dr. HALBERTSMA *Overijss. Alm.* 1842.; terwijl ook de stad *Hoorn* eenen drinkhoren in haar wapen heeft. (Zie over de drink- en jagthorens wijders mijne *oude drinkpl.* 's Gr. 1843). In hoe verre men nu ook den ruigharigen *Bison* of *Wisent*, met zijne vreesselijke manen, en die men voor de vrouwelijke *Auer-os* houdt, benevens andere dier-soorten, vroeger waarschijnlijk in de Drentsche wouden aanwezig, als de *Alces*, (*Alch*, *Elah*, en *Schelch*, *She-elch?*) de *evers* of *wilde zwijnen*, tot de dierendienst, te betrekken hebbe, waarop men jagt maakte, is niet wel ten volle meer te bepalen. (Zie over deze dieren Mr. DE WAL, a. w.). Intusschen zoude *Wesen-horst*, aan den *Wisent* kunnen doen denken; en de bekende *Helder-om*, benevens de *öskeskermis* op de Veluwe, uit de vroegere vereering van den *Auer-os* kunnen ontsproten zijn. De *Helderom* was namelijk een zware *Os*, steeds van de zwaarste soort, die men met bloemen en groen omkransd, rondleidde, alvorens denzelven te slagten. Men vindt hem afgebeeld voor onze hallen, gelijk in *'s Gravenhage*, Leiden, enz. In *Brussel* had dit gebruik nog plaats in 1810 (blijkens HS. van GERARD, op de Konl. Bib. te 's Gravenhage) (*a*); terwijl de *öskes-kermis* op de Veluwe in den ouden *Blod-manoth* (Slagtmaand), door derzelver *vet-priesters* en *keunink*, wier namen bij die gelegenheid »*tegen en kruushold, beint of balk 'eschreven wordt, die daor op staon blieft*", enz. (HELDRING, *Geld. Alm.* 1836), onzes erachtens, eene heidensche afkomst verradende, ons herinneren aan de *ossen*, die het Heidendom gewoon was ter eere zijner goden (*duivelen*, *daemonum*, schrijft paus GREGORIUS aan den Abt MELLITUS) te slagten. — Bewijzen of liever zwakke afschaduwing van de vereering van den *everzwijn*, gelooven

---

(*a*) Op den 13, 14 April 1835 werd nog een dergelijke *Helderom* door 's Gravenhage rondgeleid, zijnde een zware *lakenveldsche* Os van Jhr. Mr. CAAN, en te *Delft* publiek verkocht. Misschien stamt, van dit gebruik af een lied, welks aanvang of refrain:

Helderom, Belderom,
Hoep-sa, sa.

wij aan te treffen in den gelderschen *D'erk* met den *beer* (het everzwijn). STARINGH doet in zijne berigten dienaangaande aan het onde *jule*-offer en *jule*-feest denken, waarover nader (zie *Mnemos.* t. a. pl.); terwijl de gevondene *bokken*-beenderen te *Wijk bij Duurstede*, en de *bokken* voor de bokken-wagens der kinderen aan het wagengespan van den dondergod herinneren, even als de *katten* (als heksen) en de *katten*-liefde, aan het voorspan der liefdes-godin.

b) Monsters of Gedrochten.

Dat de oude Friesen en Batavieren ook *monsters* en *gedrochten* onder de dieren gekend hebben, blijkt ontwijfelbaar uit den *grifis* of *griffioen*, den *draek*, den *lintworm*, den *monochyros*, den *helhond*. (Garmr), die wij geene betere plaats dan onder de dierendienst weten aan te wijzen, en waarvan, zoowel in HSS. als op wapens, althans van de beide eersten, nog afbeeldingen worden aangetroffen.

De eerste, de vogel *grifes* of *griffioen* vindt men afgebeeld bij VAN MAERLANT, *Natuere Bloeme*, (HS. Koninkl. Bibl.) en wordt aldaar beschreven, als half *leeuw* of *lijoene* (over welken *leeuw* en *adelaar* wij nader zullen handelen) en half vogel, met ongemeene roof-klaauwen, waarvan hij welligt den naam ontleent, naardien zij zijne grijp- of roofzucht kenmerken. Even als dit tweeslachtig wezen der verbeelding dier en vogel gelijktijdig is, zoo komt ook de *draek* als vliegende serpent op onderscheidene wapens voor, waarop *St. Joris* hem bestrijdt en nedervelt. Toen *St. Brandaen* kwam ter *Bester eerden* (multum bona terra), aan den berg *Sijoen*, zag hij daar:

> Draken groet gruwelyc,
> Ende lyntworme vreselyc,
> Die worpen 't allen stonden,
> Dat vier uten monden,
> Die hoeden [1]) die porten (*a*).   1) bewaakten.

Gelijk *St. Joris* tegen den draak streed, zoo strijdt ook *Walewein* tegen den *lintworm*, een monster, dat een geheel rijk land verwoest, of liever verbrandt; volgens den *Lancelot* (HS.) was de *lintworm*

(*a*) Zie uitg. van BLOMMAERT.

> — So vtermate groet.
> Hi heeft vele des volcs doet [1])   [1]) gedood.
> En dit lant verwoestet serc.

Toen onze held, die vruchteloos menige speer op hem brak, hem aanviel, rigtte het monster zich op, zoo groot als eene scheepsmast:

> Die worm begon hem op te rechten,
> Gelyk enē grotē maste. enz.

Zoo als *St. Joris* tegen den draak, en *Walewein* tegen den lintworm, zoo streed ook de noordsche *Thor* tegen den *Midgardslang*. »Hoe Walewein den lintworm doetsloech" deelen wij later mede (*a*).

Den *Lintworm* hebben onderscheidene geleerden getracht te verklaren. MONE, (*Gesch. des Heidenth.* 35) en ETTMULLER (*Vaulu-spa*, s. 139) verschillen echter nopens de woordbeteekenis. De laatste, die den lintworm van *Siegfried* en *St. Joris* met den *Jörmungandr* (wereldslang) der Edda vergelijkt, welke in zee ligt, meent dat *lint* moet worden opgevat in de beteekenis van *golf*, *baar* (gelijk nog in de XV⁰ E. bij MASSMANN, *Denkw. der Deutsche Spr.* 1. 125); waardoor men aan eene waterslang, een' linddraak, zoude te denken hebben. MONE (a. pl.) daarentegen zegt: »*Lint heisst altfränkisch der Basilic* (NYRUP. *Symb.*). *Drache und Koenig stehen hier in enger Beziehung. Lintwurm ist in so fern eine Tautologie. Wurm hatte schon bei den Alten doppelte Bedeutung; das beweisen Mannsnamen Wurmhari (ein Franke) v.* 774. (*Neug. Cod.* I. 58), *und Wurmanheri v.* 788 (*das.* 1. 93), *die nicht von Regenwurm sondern von Drachen herrühren; denn die Thiernamen der Alten sind nicht von so kleinlichen Gegenständen entlehnt, sondern von grössern Thieren, wie Rabe, Wolf, Ar, Bär, Eber, Elch, Grief, Schwan, Ur und dergleiche*". Wij wagen het niet dit verschil hier te beslissen; doch wij voegen hier eene gissing bij, ons door Mr. DE HAAN HETTEMA medegedeeld, welke zegt: »*Lintworm*, mischien uit het Deensch genomen, waar *orme* slang beteekent. IJsl. *ormr*, Ormakongr = Basiliscus; het komt mij voor, dat

---

(*a*) Onder de Bijl.

Lintworm mede verwant is aan *lijn*, licht, helderheid, glans, en *orme* slang": de bijzonderheid, dat de lintworm zich gaarne in het *licht* ophoudt, zoude deze afleiding kunnen bevestigen. — Daarentegen doet de *griffioen*, door zijne *lijoene*-gedaante, aan het *water*, de draak, gelijk hij zich uit het roode *Clif* ophief, en eenigen tijd in de lucht zich ophield, aan een *vuurgedrocht* denken. Zoo als het ons uit deze monsters toeschijnt, vereenigde men echter twee tegenstrijdige elementen onder dezelfde voorstelling.

Een ander *monster*, hetwelk eene Westlandsche sage aan het dorp van dien naam hecht, en die, zoo wij meenen, van het hoogste belang is voor onze verklaring van den naam van dat dorp, heet de *Mono-chyros*. Dit wezen nog in zijn geheel te herstellen, zal ons wel niet gelukken; doch wij kunnen door de woordverklaring en sage gissen, wie het geweest zij, waarvoor de voorgeslachten vreesden. De sage in het Westland, leidt van dien *mono-chyros* den naam der plaats af, dien wij met de maandienst in verband bragten (blz. 35.). De Hr. Molhuysen, (in Nijhoff *Bijdr*. IV. 206) dacht aan *mond* = eene sterkte, *versterking*, waarvan echter t. pl. zelve geen spoor, noch zweem bestaat, en ons later ook bij *Helmond*, *Warmond*, *Soelmond*, *Tirlemond*, enz. zal blijken geheel ongegrond te zijn; anderen denken aan *Monasterium* en *Monster-kerk*, doch vergeten, dat de invoering van het Christendom geene vroegere plaatsnamen veranderde, en dat de oudste namen ook nu nog gewijzigd voortduren (*a*). Verklaren wij nu dien *Monochyros*, in verband tot de *maan-dienst*, waartoe al die plaatsen behooren, dan verkrijgen wij in den letterlijken zin uit dat monster-dier, eenen *maanverzwelger* (mona = maan, *chyros*, fr. *chirer*, verscheuren, verzwelgen), die ons dan den noordschen *managarmr* ("i. e. *Lunam devastans sive devorans*" zegt Finn Magnusen, l. c. 110) teruggeeft; *garm*, *gar*, *ger*, *gir* = ons *chyros*, is gierig, begeerig. — In den *Helhond* »*Garmr*" heeft men denzelfden gierigaard naar lijken, die als *Guar*, *War*, *Wēr-wolf*, zoo als wij boven zagen, nog op de

---

(*a*) Bijv. *Losdunum*, Loosduinen, *Liora*, Lier, *Scipleda*, Schipluiden, *Theolf*, *Alfinum*, Delf, *V-laer-thing*, Vlaardingen, '*s Grauen sande*, *Hagham*, 's Hage, allen in den omtrek van *Monster*.

woerdplaatsen rondspookt, en, zoo deze, als schrikbode van *Woerd*, ook al niet dezelfde *Waard-* of *Woerd-geest* is, die nog in de gedaante van eenen *verkeerden* hond op de oude dooden-akkers rondwaart, dan is hij toch zeer naauw met dien *garmr* of helhond verwant, van welks vroeger aanwezen wij almede later bewijzen zullen bijbrengen. — De eerste, *mana-garmr*, was het, die de maan vervolgde en verslond; waartegen men elders, ligt ook op de *Monster*-duin, een vervaarlijk geraas, ketelmuzyk of *chari-vari* (*gari-vari*, van *var*, *faer* = *vrees*, verschrikking) aanhief. De *garmr* was de vervaarlijke helhond, die de wacht hield aan de helrivier, en door zijn verschrikkelijk geblaf en gehuil angst en vrees verspreidde. Ook bij ons is de vrees voor het *gehuil des honds*, als voorbode van een nabijzijnd sterfgeval, onder het landvolk nog niet geheel geweken.

Dat intusschen ook dezen beide *natuur*-monsters waren, verklaart FINN MAGNUSEN, l. c. in *voce*.

47. Plantendienst.

Van de algemeene natuurvergoding, waaruit boven vermelde water- aard- en woudgeesten ontsproten, was ook het plantenrijk niet uitgesloten. Nopens den Indiaan, Griek en Romein, weet men, dat zij hunne heilige planten hadden; ook de Scandinaviër, Germaan, Fries en Batavier stonden hun daarin gelijk. Sommige planten en kruiden zijn dien vroegeren dunk van heiligheid nog niet ontgroeid.

De *Baldrs-bra* (*matricaria maritima*), nog op IJsland en de Ferro-eilanden, aldus geheeten, was bij de Scandinaviërs den lichtgod BALDR gewijd, en wordt in de *Edda* genoemd, »het schoonste aller kruiden". Het munt uit door witheid, een kenmerk van heiligheid. Ook de *Misteltein* (*viscum album*, LINN.), waarmede BALDR, de beste der goden, door den ongelukkigen worp van HÖDR (*Hodi*)) werd gedood, werd vereerd. (Zie mijne *Verh. o. d. N. Godenl.* 1837, 54). In hoe verre onze *witte water-lelie* eene gelijke onderscheiding, als de eerstvermelde bloem of plant, kan zijn te beurt gevallen, is ons niet gebleken, evenmin als van de zoogenoemde water *Pompoenen*. Als plaatsvervanger der *Baldrs-bra*, staat misschien daarom het *St. Jans-kruid* bij velen hoog aan-

14.

geschreven. Om de bijzondere krachten, die men er aan toekent, wordt het nog door dezen en genen, in den St. Jans-nacht, of althans vóór het opgaan der zon, afgesneden, en als voorbehoedmiddel tegen ziekten, als anderzins, in de huizen opgehangen. Omtrent den *Mistel*, eene woekerplant, die op oude wilgen-boomen groeit, gelooven wij hier te mogen bijvoegen, dat deze waarschijnlijk dezelfde plant is, waarvoor men in Gelderland de kinderen waarschuwt, dezelve af te breken; doch welke reden men daarvoor aangeeft, herinner ik mij, uit mijne jeugd, niet meer. Eene andere plant, welker vereering vermoedelijkst uit het heidendom ontspruit, is de *al-ruin;* zijnde een wortel, die, zoo men wil, min of meer de gedaante van een mensch heeft. Omtrent deze plant meent het wangeloof, dat zij kermt, als men haar uittrekt, en dat zulks voor den dader zelfs doodelijk is (Mr. van den Bergh, *Volksov.* 73.). Kan deze *al-ruin*, als *wigchel*-plant, met het bovenvermelde *alio-runa* in verwantschap staan? De overeenkomst van naam geeft aanleiding het te denken. Naast deze *al-ruin* of *alio-runa* zal het hier wel de geschiktste plaats wezen, eene dwaling op te helderen, van wijlen mijnen vriend Egb. Roelants, die, op grond van het werk van Des Roches (*Mem. de l'ac. de Brux.* p. 456), ook de *Lim-runar*, onder de gewijde boomsoorten telde. *Lim-runar* is, namelijk, geene boomsoort (zie zijne *Verh.* 55.); maar *Lim-runar* beteekent »*wond-rune*"; eene rune ter genezing van wonden, zoo als men die misschien op eene twijg of een takje sneed. Zoo had men ook *Sig-runar*, ter verkrijging van overwinning, *Ol-runar* of *Bier-runar*, ter verwerving van vrouwen-trouw, *Biarg-runar*, hulprunen, *Brim-runar*, zee-runen, voor de veiligheid der schepen. Wel kunnen wij aannemen, dat, zoo men voor dat alles geene bijzondere planten of kruiden kende, deze runen op de twijgen van bijzondere boomsoorten werden gesneden, waarover nader (Ettmuller, *Vauluspa*, 1830. XV.). Dat evenwel sommige planten, als *heilig* (d. i. heilend), anderen als *gewijd*, aan dezen of genen god of godin *toegewijd*, vereerd werden, gelooven wij te mogen veronderstellen; doch wie zal dezelve onderscheiden? Dat de *pinksterbloem* onder het getal der gewijde bloemen behoord hebbe, leiden wij daaruit af, dat jonge dochters in Gelderland zich daarmede sieren op den pinkster-dag. In Gelderland noemt men die *uivers-* (ooijevaars) bloem. Waarom? Was zij aan den *heil-leuver* gewijd? Deze laatste naam schijnt het aan te duiden. In *N. Braband*, waar zich insgelijks enkele meisjes daarmede sieren, zingt men daarbij al dansende een liedje, waarvan Dr. HERMANS, (*Aardb.* 381), den aanvang mededeelt,

>Pinkster-blom,
>Keer ou reis om, enz.

Wij wenschten het geheel te bezitten, omdat het in belangrijkheid, althans in oorsprong en ouderdom, met andere deuntjes van dien aard gelijk kan staan. Omtrent de *pinksterbloem* zie men wijders: MARTINET en VAN DEN BERGH, *Gesch. v. d. jeugd*, VI 224, en den Hr. SCHOTEL, in den *Vriend des Vaderlands*, VIII. X. 1834. Als gewijd zouden wij denken, dat ook de zoo genoemde voorbehoed-planten (*phylacteria*) golden, zoo als het bekende *huislook* (hgd. *donnerwurz*), dat men op de afdaken der huizen of hutten plant, tot bescherming tegen het onweder, en het inslaan van den bliksem in de daken. Was deze plant misschien aan den god des *donders* gewijd? De gewijde *palm* schijnt als zoodanig een plaatsvervanger tegen onweder te zijn. Tot wondverbinding (*ligatura*) en genezing, gelijk door de bovenvermelde *Lim-runar*, schijnt daarentegen het *Allemansharnas* op prijs gesteld te zijn, althans onder het landvolk nog. Voorts noemt EGB. ROELANTS nog de *Elf-rank* (het *Solanum dulcamare* van LINNAEUS), misschien met de leer der *Elven* of *Alven* in verband staande; het *Belenuntia* (Bilzen-kruid) welligt naar *Bil*, *Bel*, *Bal*, BALDR. (den Celtischen *Belen*) aldus genoemd.

Dat de heel- en geneeskunde zich uit vroegere heidensche begrippen, uit de zoogenoemde *arcana*, in wier bezit alleen de priesters waren, is voortgesproten, zou, bij opzettelijk onderzoek, welligt uit nog menig HS. kunnen blijken. Zoo denken wij hier bijv. aan het *Crudenboek*, (naar het latijn van PLATEARIUS), uitmakende het Xe boek, *der Nature-bloemen* van onzen VAN MAERLANT. Den inhoud vermeldende, heet het daar:

>De X sal beduden dat cruut,
>Dat heeft menigherhande virtuut [1])   1) deugd.

Zoodanige *virtuten* kunnen met vroegere natuurvergoding, ook met *kwik-* of *kwak-salverij* (a), zamen hangen. Tegen zoodanige *kwak-salverij* althans, die wij hier met de plantendienst in verband achten, waarschuwt Eligius »dat men niet eenig ding aan den hals van mensch of dier mogt vasthechten, tot genezing of verhoeding van ziekten, al ware het ook, dat dit door eenen geestelijke geschiedde; men mogt dit niet als eene heilige zaak beschouwen, naardien daarin geen geneesmiddel van Christus, maar eene gift des duivels was besloten". (Des Roches, *Mem. de l'Ac. de Brux.* 458.). Evenwel schijnt zulks nog ten tijde van Le Francq van Berkhey, (zie *Nat. Hist. v. Holl.* III. 1270.), het geval te zijn geweest met kettingjes of gesneden kruisjes, die men den kinderen om den hals deed dragen; met brazeletjes of armringen, ter bevording van tanden krijgen, en tegen de Engelsche ziekte, of als tegen-toovermiddelen, en wat dies meer zij. Tot die kettingskens gebruikten toenmalige kwakzalvers het zwarte zaad der *stinkrozen* of *poeonie-plant;* terwijl men om den zoogenoemden *nestelknoop* te ontbinden het *kullekens-kruid* (*orchis*) als zeer vermogend, aan den hals of op de borst deed dragen. »Het dragen van kruisjes op de borst tegen eenig ongeval, onder de Roomschen, is er al een vrij zigtbaar bewijs (overblijfsel) van". (Zie a. w. 1271.). Dat de vroegere kinderdieverij mede tot dergelijke herkenningsmiddelen aanleiding kan hebben gegeven, is niet onwaarschijnlijk. Dat ook de *zonnebloem* gewijd zij geweest, zou men zoowel uit den naam, als uit de bijzondere eigenschap kunnen gissen, dat zij hare kroon steeds naar de zon gekeerd houdt. Wordt zij daarom in Gelderland en Zuid-Holland zoo menigvuldig onder het landvolk in tuinen aangekweekt? Uit de *passie-bloem* (*Lychnis Coronaria*), verklaart men het geheele lijden des Verlossers. Omdat ook dezen, bij den overgang tot het Christendom als eene eigenaardige bloem gewijd was? De zoogenoemde *Bloemspelen* (*jeux floraux*) bij de Franschen, waaraan zich de Rede-rijkers-kamers aansluiten, kunnen uit de plantendienst ontsproten zijn. Wij

---

(a) Angs. *kwikborn* = levensbron, zegt de Hr. Molhuysen; heldert dit *kwik* = *kwak*, de *kwak-salverij* op als *kwak* = leven, *salverij*, *sauveri*, redden, dus *levens-redding?* In mnl. HS. heet de geneesheer *visiker*.

vermoeden zelfs ook deze en gene middel-eeuwsche bloemromannen. Sommige dier Rede-rijkers-kamers waren, vooral in de oudste tijden, aan heiligen gewijd; anderen kozen eene *bloem* of *plant* tot blasoen, bijv. *Christus-oogen* te Diest (1302), (GRAMMAYE *Antiq. Brab.* in fol. 67.), het *bloemje Jessen* te Middelburg, (VAN WIJN *Hist. Avondst.* 346), de *Witte Lavendel*, te Amsterdam, de *Gouds-bloem* te Gouda, (KOPS. *Gesch. der Rederr.* 1774), de *Korenbloem* en de *groene Laurier-spruit* te 's Gravenhage, de *Meerbloem* te Wateringen (Westland), de *Witte Violieren* te Voorschoten, de *Oranje-spruit* te Loosduinen, en vele anderen (PARS. *Katw. Oudh.* 221). Wie met den verren oorsprong dezer kamers tot de *Barden* en *Barden*-zangen der Batavieren opklimmen, zoo als KOPS vermeldt, zouden misschien uit zoovele bloemen een nieuw bewijs kunnen ontleenen. Aan sommige bloemen werd, gelijk blijkt, ook nog in de middeleeuwen eene mysterieuse beteekenis gehecht: daaronder rekenen wij inzonderheid de *klaver*, *roos* en *lelie*. Dat de *klaver* reeds bij de Celten zoodanige beteekenis had, is ons gebleken, doch kan ook, met betrekking tot derzelver *drie* bladeren, Christelijke wijziging hebben ondergaan. *Drie* is overal een hoog vereerd heilig getal, zoowel heidensch, wegens de *trilogie*, als christelijk, wegens de *triniteit*. Wat het Geldersch bijgeloof aan het *klaverblad* hechtte, weet ik niet meer; maar zeker, dat het vinden van zeker klaverblad, (waarin 2×3 bladen aanwezig waren), een groot geluk voorspelde. Ook de *lelie*, bij onderscheidene volken het zinnebeeld der reinheid, kan, zoowel in verband tot de witte *water-lelie* (boven vermeld), als tot de *lelie des Evangelies*, het denkbeeld van reinheid en heiligheid uit de witte kleur ontleenen; in elk geval echter, als gewijde bloem beschouwd worden. De *roos* daarenboven, wordt ook nog als het zinnebeeld der *liefde* vereerd, waarvoor zij, zoowel door kleur als doornen, bijzonder geschikt is; zij drukt, zoowel, door de eerste den blos der liefde, als, door de laatsten, de smart van het verlangen uit. In de middeleeuwen, ongetwijfeld, nog meer dan thans vereerd, gaf zij aanleiding tot eenen Roman »*van de Roos*" (a),

---

(a) *Roman van de Roos* door GUILL. DE LORRIS en JEAN DE MEUNG,

en heeft daardoor onderscheidene spreekwoorden en spreekwoordelijke gezegden in omloop gebragt. Waarschijnlijk ook in dien zelfden tijd, ontving de taal der bloemen haren hoogsten bloei, die vooral in de schoone riddereeuw, door jonkvrouwen beoefend, tot zoo aanmerkelijke ontwikkeling klom, dat men door beeldspraak der bloemen zelfs de geheimste wenschen en gewaarwordingen des harten uitdrukte. Dr. SNELLAERT (*Verh. o. de Ned. Dichtk. in Belgie*, 1838. 16) is daar uitvoerig over. Als zonderling misgewas in den loop der eeuwen uit de planten- en bloemen-dienst der voorgeslachten voortgesproten, zal misschien deze of gene den dwazen wind- of *tulpen*-handel beschouwen, die ook nog, in den omtrek van Haarlem, Bloemendaal en Hillegom, eenige sporen heeft nagelaten.

48. Boomen- en Wouden-dienst.

a) Heilige boomen.

Met de vereering van heilige en gewijde planten achten wij de boomen-dienst bij de voorgeslachten ten naauwste verbonden. Of men ook hier boomen door toewijding als heilig, en anderen wegens geneeskracht vereerd, onderscheiden hebbe, gelijk ons bij de plantendienst als waarschijnlijk is voorgekomen, durven wij niet zoo stellig bepalen; aangezien de oude geneeskunde nog altijd een punt blijft, dat zoo vele toelichting behoeft. Aan den *wilgen-* en *vlierboom*, zijn intusschen *kwaksalverijen* verbonden, die ons vermoeden deswege ondersteunen. Aan den *wilgenboom* bond men vroeger de koorts af; volgens STARINGH, (*Mnem.* 1829) op navolgende wijze: men begaf zich in het Zutphensche naar eenen wilgenboom, legde drie knoopen in een takje van denzelven, en sprak daarbij het navolgend drie-regelig formulier uit:

Goe morgen *Olde!*
Ic geef oe de kolde [1])   1) koorts.
Goe morgen Olde!

waarna men zich omkeerde en spoedig wegliep. En in

---

in het fr. 22. 073 versen, in het Nederd., volgens MONE (*N. V.* 272), 14,098, naar HOFFMANN (*H. B.* I. 65) 14.200 versen. Zie de HSS. daarvan opgegeven door MONE, a. w. n°. 376.

de Overbetuwe bond men kies- of tandpijn af aan eenen *vlierboom* of struik; (de wijze waarop, heb ik medegedeeld in mijne *Verh. over de N. Godenleer*, bl. 73); en met eenen *vlierstok* kan men den *weer-wolf* slaan. Misschien steunt beide op vroegere heiligheid, waarvan de kracht zich, door de middeleeuwen heen, onder het landvolk heeft stand gehouden.

In hoe verre wij bij andere boomen aan toewijding, bijv. aan WODAN, DONAR of FREYA te denken hebben, laat zich niet bepalen; doch als gewijde boomen gelooven wij hier den *eik*, den *nootenboom*, de *linde*, misschien ook den *esch* te mogen onderscheiden. Aan den gewijden *eik*, dien reus der wouden, legden de eerste Evangeliepredikers den bijl; zoo bijv. WILLEBRORD en BONIFACIUS, die zich daardoor in hunnen geloofsijver, wel eens moeijelijkheden berokkenden; doch hoezeer ook de gewijde eiken vielen, de vereering, de aanbidding zelfs, hield hier en elders nog tot in de middeleeuwen stand. Een merkwaardig voorbeeld daarvan, verhaalt LODEWIJK VAN VELTHEM (*Spieg. hist.* IV. c. 57), dat wij hier, naar de uitgave van LE LONG, mededeelen. Zoo lezen wij (fol. 287, 288):

Van ere eyken, die men anebede.

In desen tiden was ganginge [1] mede,   1) veel geloops.
Tuschen Zichgen [2] ende Diest ter stede,   2) Sich-hem of Sig-hem? - (th. Sichem).
Rechte bi na te midden werde [3];   3) omstreeks halver-wege.
Daer dede menich sine bedeverde,
Tot ere eyken, dat si v cont,
Die alse een cruse [4] gewassen stont,   4) als een kruis, kruislings over een.
Met twee rayen gaende wt [5];   5) met twee uitstekende takken.
Daer menich quam overluut,
Die daer ane hinc scerpe, ende staf,
En seide, dat hi genesen wer daer af.
Som [6] liepense onder den boem;   6) sommigen.
Dus quam hem voren in haren droem,
Dat si van den boem genasen.
Aldus so quamen daer die dwasen;
Ende die waren meest siec van den rede [7]   7) ziek door koorts. (CLIGN. *Bijdr.*).
Ende vele verlor ne daer op tie stede.
Dit duerde wel een half iaer;
So dat menige scerpe hinc daer,
Ende menich staf aen die boem.

Selc [8] quam daer, die des nam goem [9],   8) zeker iemand.
Alsoe alsi [10] droncken van Diest quam,   9) die dit vernam, opmerkte.
Ende trac syn swerd, ende werd gram,   10) als hij.

Ende sloech 't al af, datt' er ane hinc.
So quam een ander na dese dinc 11),
Dien dit dochte herde 12) quaet gedaen;
Ende ginc 13) gene futselinge weder saen.
Int leste, also alst soude wesen,
So quam een cnape onder desen,
Boem liggen, met ten reden 13*).
Ende heeft aan den boem gebeden,
Om genesen daer ter stat 14),
Ende recht in d'ander stonde na dat 15).
Quam hem aen een groet drost;
Ende hiet sinen wive, sonder vorst 16),
Dat si hem drinken soude halen.
Si liep an wech, al sonder talen 17),
In een hus, dat stoet daer an 18).
Binnen dat die wijf dus ran 19),
Om borne 20), quam een wint,
Ende hief den man op omtrent;
Ende vorde ne 21) wech, men wiste waer.
Also dat wijf quam weder daer,
Hadsi haren man verloren.
Si liep achter, besiden, ende voren,
Ende riep lude haren man;
Ende bescoet niet, wat si ran 22).
Die man dede noyt sint keer 23),
Ende bleef verloren emmermeer 24),
Ende noyt sint, ter gere ure 25),
So ne dorste niemen aventueren 26),
Dat hi daer onder meer wilde slapen.
Sint dat geuel den cnape.

11) na dit bedrijf.
12) zeer.
13) misschien *hinc*, dus: hing die beuzelingen weder spoedig op.
13*) koorts.
14) aldaar; ter dier plaatse.
15) in het ander uur daarna.
16) zonder uitstel (*in Loxe*).
17) zonder dralen, vertoeven.
18) dat daar bij stond.
19) zich haastte, rende.
20) bron, put, hier water.
21) hem.
22) doch kon hem door haar loopen niet weder treffen, inhalen.
23) keerde nooit weder.
24) altijd.
25) op geen uur.
26) durfde wagen, ondernemen.

Niemand zal, dunkt ons, in de aanbidding en vereering van dezen eik, den heidenschen oorsprong ontkennen. Ook hetgene Mr. VAN DEN BERGH, (*N. Volksoverl.* 69) omtrent de ontzagchelijke eiken van het *kraantje lek*, nabij Haarlem, zegt, zouden wij tot de vereering van boomen, en wel der H. eiken betrekken.

Of den *nooten-boom*, ook ten onzent, dergelijke onderscheiding van toewijding, bijv. aan den *wagen-god* (*Ocku-thor*) te beurt zij gevallen, kunnen wij niet ten volle ophelderen. Intusschen, elders werd dezelve aan den dondergod geheiligd, bijv. bij de Romeinen; terwijl de naam van *Ocker-nooten*-boom wel aan den dondergod doet denken. Onder eenen *nootenboom*, op het kerkhof bij de kerk te Kesteren, hield nog, in het laatst der voorgaande eeuw, de regter der Neder-betuwe »*syn hemsteden condichen*", (NIJHOFF, *Bijdr.* 11. 208 *in den noot*). En in de Overbetuwe ken ik te Driel een' nooten-boom als spookboom, d. i. als boom, waaraan het, bij avond en ontijd, niet regt toeging. De *Hazelaar* (asen-laar) leverde daarenboven, zoo als ik bij Mr. van den Bergh, (a. w.) vind, het hout voor *tooverroeden* en *wigchelstokken*, *vonderhouten* genoemd.

Dat ook de *linde*-boom onder de heilige of toegewijde boomen behoord hebbe, heeft reeds Westendorp aangemerkt. *Hlijn*, *Lina* was eene van *Freija's* gezelschapsjuffers; is de *Linde*, als boom der liefde, haren naam aan deze verschuldigd? Wat Dr. Rosenkranz, (*Gesch. d. Deutsche Poesie*, 56), nopens denzelven zegt, achten wij te belangrijk, dan dat wij het hier niet zouden overnemen: »*Als die heidnische Natur-religion und mit ihr ein ganzer Kreis symbolischer Vorstellungen immermehr verblasste, stellte sich bei Deutschen hauptsächlich die* Linde *als Baum der Liebe heraus, wozu die schöne Gestalt des Baumes, sein süsser Duft und die wonnige Zeit seiner Blüthe ihn von selbst erhoben; mit merkwürdigen Brunnen und Jungfrauen verknüpft, wurde er in weiterm Sinne der eigentliche Baum der Abenteuer. Die Minnelieder singen unendlich viel von den Linden*". Voorbeelden hiervan leveren ook verscheidene Nederlandsche Volksliederen op. De jonge maagd in »*het daghet uit den Oosten*" vindt haar lief verslagen onder de »*linde groene*".

cpl. 5. Licht ghy in uw liefs armen?
Bylo (*a*) dat is niet waer!
Gaet onder de linde groene,
Verslaghen so leit hy daer".

In het »*Wachterlied*" plaatst zich de »*maghet*" op eenen steen:

»Aldaer dat clare water spranc
Daer by so stont een linde,
Daer de nachtegael sat en sanc".

(*a*) *By lo* verklaart Hoffm. v. Fall., in navolging van Grimm, *Gr.* 111. 288. 292 uit de oude interj. *we* en *la*, ohd. *wela*, angs. *vala*, als tusschenwerpsel van verbazing en smart. Wij denken eenvoudig aan ons *lo*, *loo*: bij-lo! gelijk wij ook wel hooren zeggen: bij God! bij al wat heilig is! enz. In de »*drie gesellen uit Rosendael*" leest men:

Si ginghen by loo by nachte niet,
Maer si ginghen op avonture, enz.

En met deze woorden neemt eene der »*drie ghespeel-kens*" afscheid:

> Adieu mijn vader en moeder,
> Ende myn jongste susterkyn,
> Ic wil gaen ter linden groene,
> Daer leit die alderliefste myn, enz.

Sierde welligt eenmaal, even als nog te *Oosterbeek*, de *linde* onze vroegere begraafplaatsen, gelijk de *esch*, waarover nader, aan de loo-bron de oudere woerd-akkers? In Driel heb ik nog eenen *esch* op den woerd-akker gekend.

Nopens de vroegere *linden* te Oosterhout, Oosterwijk en Tilburg op de markt, zijn ons geene bijzonderheden bekend. Doch bij eene opmerkzame lezing onzer volksliederen is men geneigd te gelooven, dat zij den *esch* verdrongen heeft, en thans zelve op onze begraafplaatsen, veelal door den treurwilg is vervangen. (Men zie de verzamelingen van Mr. LE JEUNE, HOFFMANN VON FALLERSLEBEN, enz.). Eene linde, waaraan men bijna dergelijke wonderkracht toekende, als aanden bovenvermelden eik van LODEWIJK VAN VELTHEM, stond weleer te Burgharen nabij Nijmegen, (zie HELDRING, *Geld. Alman.* 1839. 93), en op eene andere, in het Westland, tusschen Naaltwijk en de Lier, »*den wonderboom*" geheeten, werd ik, na de voordragt mijner verhandeling te *Hondsholredijk*, opmerkzaam gemaakt, door minzaam schrijven. Deze wonderboom stond, vóór dat hij door ouderdom gevallen is, op eenen heuvel, »de rustplaats der Duitschers uit het Oosten" genoemd. Als merkwaardige trek uit het heidendom, acht ik de wonderkracht, die men aan deze boomen toekende.

Wat den *esch* betreft, waarvan wij zoo even spraken, nopens denzelven wordt, in het oude *Angelsaksische Alphabet*, volgens Dr. ROSENKRANZ (a. w. s. 66), gezegd:

> *Esche ist überhoch,*
> *Den Menschen werth,*
> *Fest im Grund,*
> *Hält recht Stand*
> *Wenn gleich sie anfallen,*
> *Viele Männer.* enz.

Dat wij hier trekken en eigenschappen van den noordschen Esch = den boom *Ygdrasill*, aantreffen, is, dunkt ons, duidelijk. Deze stond aan de *Urdr-bron*, en zoo vermoeden wij, dat ook menige *loo*-bron en woerdplaats, in den *esch* het zinnebeeld des grooten wereldbooms bezeten hebbe. Gelijk wij zeiden, op de woerdplaats te Driel hebben wij nog eenen esch gekend. *Ask* (Esch) heet in de N. Scheppings-mythe de eerste man, *Embla* (Els) de eerste vrouw. Nu vinden wij bij ALTING, *Germ. Infer.* een *Aske* in het Westland, misschien door den lateren *wonderboom* vervangen; wijders *Eschwege, Eschterhuis, Eschterhof, Esscherbrugge, Keijsersesch, Konings-esch, Bokel-esch* (*Boke-loo esch?*) en anderen, die ons voorkomen, dat de vroegere esch-vereering in ons land, en wel, gelijk de laatste naam schijnt aan te toonen, aan eene loo, bevestigen. Men denke daarbij aan den invloed der *Angel-Saksers* in onze gewesten.

Omtrent de *mei-boomen*, het planten en opsieren van meiboomen, dat wij almede het liefst uit de boomendienst der voorgeslachten afleiden, zijn verscheidene berigten gegeven, werwaarts wij verwijzen, door WESTREENEN VAN THIELLANDT, in de *Vaderl. letteroef.* 1831. n°. 14, en 1832. IV. 162. Omtrent dit gebruik in 's Gravenhage, waar hetzelve nog tot in het laatst der vorige eeuw heeft stand gehouden, kan men ook raadplegen: *Tegenw. Staat van Holl.*, XVI Dl. bl 100, benevens DE RIEMER, *Beschr. van 's Gravenhage*. Dit gebruik had aldaar plaats op den 1en Mei-dag. In den jare 1734 werd daarvan zelfs een penning geslagen, waarover men zie: VAN LOON, *Nederl. Hist. penn.* II. 225. Ligt stonden deze mei-boomen met andere *meifeesten*, *mei-dranken*, en wat dies meer zij, in verband; doch juist dit bewijst te sterker deszelfs oorsprong uit het heidendom. Intusschen, ook hier ging vroegere heidensche beteekenis later in Christelijke wijziging over. Zoo vindt men in de middeleeuwen (vooral bij den *mystiek* HENR. SUSO, XIII E.) menigvuldige vergelijkingen van Christus met den Mei-boom, of van Maria met den Meiboom; ook wel van dezen met het kruis. Wij ontleenen eenige dier vergelijkingen uit medegedeelde liederen bij HOFFMAN VON FALLERSLEBEN, (*Holl. Volksl.* 24. 25), waarin het onder anderen heet:

> Die meien wil, die meie,
> Die ga aan Christus hand,
> Hi henct daer aen den cruce,
> Daer hem die minne toe dwanc.

Een ander, t. a pl.

> Die meie, die is al bi den wegh gheset,
> Op eenen berch die staet also hoghe,
> Omdat een ieghelyc soude, sonder let,
> Den soeten crucen mei aenschouwen moghen.
>
> Nu staen des meien tacken uitghespreit,
> Ende bloeijen schoon ghelyc rode rosen,
> So wie syn sonden hier beschreit,
> Onder desen boem sal hi hem verposen.
>
> Recht op ghewassen is dat edel grein,
> Ende is gheplant in also diepen dale,
> Dat is Maria die suiver maghet rein;
> Van minne so starf die fiere nachtegale. enz.

Men zie ook *Geld. Alm.* 1835. Dat met het planten der mei-boomen, gelijk hier blijkt, bij eenen weg, op eenen berg, of waarschijnlijk op eene andere heilige plaats, ook het planten van *vrijheidsboomen* in verband kan staan, en dat uit wonderboomen en wonderhout mystieke sagen, gelijk VAN MAERLANT's *Boexken van den Houte*, (Antw.), kunnen zijn voortgesproten, (welk *Houte* door wonderen en mirakel kracht is vermaard geworden), is niet onwaarschijnlijk.

Onder heilige boomen werd bij de voorgeslachten geregt of *thing* (regtsgedingen) gehouden, gelijk onder anderen onder den vermaarden *Upstal-boom* te *Aurich* het geval was, onder welken de regters (*Asegan*) hunne *godingen* spraken. Eene tweede dergelijke plaats, een boom of holt, waar »*vonnissen werden geklaard*", was in Gelderland het Engelander holt, gelijk MOLHUYSEN, (in NYH. *Bijdr.* III. 57), uit BONDAM, SLICHTENHORST en VAN HASSELT, heeft aangetoond; eene derde plaats, waar, naar oud Bataafsch gebruik, de regtspraak onder eenen heiligen *eik* (later eenen olm-boom) onder vrijen hemel geschiedde, was te Kesteren in de *Neder-Betuwe*. Daar spanden ambtsjonkeren hunne vierschaar; zelfs het regt van klaring, waarop men zich bij elders gewezene vonnissen, bij name, die der Over-betuwe beroepen konde, werd daar ter plaatse gewezen. (HELDRING, *Wandel*. 2e St. 178). Ontwijfelbaar had men ook elders zoodanige *thing-plaatsen*, waar het regt onder heilige boomen werd uitgeoefend: wij denken hier vooral ook aan *V-laer-thing* (Vlaardingen) in Zuid-Holland.

Hoezeer nu ook al, gelijk boven gezegd is, de eerste

Evangelie-verkondigers, gelijk ook KAREL de Groote en eenige Pausen, zich tegen boomendienst verzetteden, en WINFRIED den grooten eik onder de Hessen liet omverre halen, om van het hout eene kapel, aan den heiligen PETRUS gewijd, te bouwen; zoo was toch de boomendienst, met den heiligen eik zelven, niet geveld. KAREL de Groote vond goed, zich in het *Capitulare* (bij LABBAEUS, VII. 1133) daar tegen te kanten; dit deden ook Paus GREGORIUS III, gelijk de kerkvergaderingen te *Arles*, *Nantes*, *Rouen* en andere, benevens de H. GREGORIUS in een' zijner Brieven (*Epist*. VII. 5), waarin hij de Koningin BRUNIHILDE vermaande, dat zij niet zoude dulden, dat hare onderdanen *boomvereerders* waren. (EGB. ROELANTS, *Verh*. 56). Om het diepgewortelde gebruik van boomendienst, van den *boom* zelven af te leiden, vond men noodig, beeldjes en popjes, aan de H. Maagd gewijd, aan zoodanige boomen te hangen, waarop nu de vereering overging. Hieromtrent prijst Dr. HERMANS, ter lezing aan, WICHMAN's *Brabantia Mariana*, Cap. XV. 210—223, »*Idolatricam superstitionem arboribus*, etc." Wij voegen hier nog bij, wat gemelde Schrijver (in zijn *Brab. Mengw.* I. 81) nopens vroegere boomendienst zegt: »Bij zoodanige H. boomen, hetzij eik of linde, werd een Christus-beeld, van de H. Maagd, of van eenen bijzonderen Heiligen gesteld, waardoor de afgodische vereering ongevoelig overging in eene *dulia* of *hyperdulia*, niet *latria*, zoo als de godgeleerden spreken; in eene vereering der heiligen, geheel bestaanbaar met de leer van het toenmalige Christendom. Christus-beelden en beelden in zoogenoemde heilige huisjes, tegen of bij linden en andere boomen geplaatst, ontmoet men nog op vele plaatsen in het land van Megen en Ravenstein, en de geheugenis van onnoemelijke andere, in de overige deelen van Noord-Braband, voor den vrede van Munster bestaan hebbende, is nog bewaard gebleven".

Zoodanige Sancten-beeldjes, zag ik, onder anderen, nog in 1840, op mijne wandeling van Bonn over Poppelsdorf naar den vermaarden Kruisberg; en eene menigte andere, tegen boomen aan den weg geplaatst, ontmoette ik, in 1841, op mijne reizen door Belgie, als van Kortrijk af over *Risquous-tout*, gelijk ook van Doornik door het Noordelijk gedeelte van Frankrijk, naar Rijssel (*Lille*), en van daar terug over Meenen. Velen dier heilige kooitjes, waarin een popje, aan den boom, bijv. eenen wilg, gehangen, zijn echter hier en daar in meer aanzienlijke kapelletjes veranderd, en het daarin zich bevindende beeld ook, in evenredigheid, mooijer opgesierd. Geen Priester of geestelijke zag ik deze heiligjes voorbij trekken, die niet zijnen grooten steek eerbiediglijk voor hetzelve afnam of een kruisje sloeg, en daarbij eenige woorden prevelde. Minder eerbied vertoonden anderen op den weg, en op mij maakte dit geenen anderen dan weemoedigen of onwilligen indruk. Hoe diep in het heidendom en bijgeloof verzonken, dacht ik, wordt nog dit volk door zijne geestelijken terug gehouden! En terwijl ik zoo de verschillende boomsoorten, die niet overal dezelfde zijn, opmerkte, werden mij de verschillende trappen duidelijk, waarlangs men van boomendienst tot heilige huisjes en beeldjes, aan de boomen zelven gehangen, naderhand in kapelletjes of bedehuisjes geplaatst, waarvan sommigen nog een geheel nieuw aanzien hadden, is overgegaan.

b) Heilige wouden.

Dat ook, in verband met de boomendienst, bij *Fries* en *Batavier*, in de oudste tijden, menig *Holt*, *Wold* of woud als heilig, als tempelwoud, zal zijn vereerd geworden, alvorens nog de tempel-hutten (Casulae v. fana) of *Hlara*, *Laeren*, op onzen vaderlandschen bodem verrezen, (zie aant. 35), blijkt bereids uit onderscheidene plaatsen bij TACITUS. Dit gebruik, om wouden te heiligen, omdat men de goden niet tusschen muren besluiten, of in eenige menschen-gedaante voorstellen mogt, scheen te zijnen tijde nog algemeen onder de Germanen: »zij wijden bosschen en wouden, en noemen dat verborgene, 't geen zij niet zien, dan door eerbied alleen, met de namen der goden" (*a*). Van het H. woud der *Semnonen* (volksstam der Sueven) sprekende, heet het: »Op een' en denzelfden tijd, komen alle volkeren van 't zelfde bloed, door gezantschappen bij een, in een door wigchelarij der voorvaderen en oud gezag geheiligd woud, alwaar zij, van staatswege, met het slagten van

---

(*a*) *Lucos ac nemora consecrant, Deorumque nominibus adpellant secretum illud, quod sola reverentia vident.* TAC. Germ. 9.

eenen mensch, de ijsselijkheden der barbaarsche godsdienst plegtiglijk inwijden. Men betoont voor dit woud, nog op eene andere wijze zijnen eerbied. Niemand treedt er in, zonder met eenen band gebonden, ten bewijze zijner minderheid en van de overmagt der godheid" (*a*). Wijders: » In een eiland des Oceaans (veelal voor *Rugen* gehouden), is een nooit ontheiligd woud, en daarin een, met een kleed overdekte, wagen" (*b*). Nopens de *Naharvalen*, wordt gezegd: » Bij de *Naharvalen* wordt een van ouds godsdienstig woud aangewezen" (*c*), van het *Teutoburger*-woud gewagende, zegt hij: » In de naaste bosschen vond men de *gruwelijke* altaren, waarbij zij de hoofdmannen geslacht hadden" (*d*); voorts spreekt hij van een woud aan *Hercules* gewijd: » CAESAR, den Weser overgetrokken zijnde, vernam door de opgave van eenen overlooper, dat ARMINIUS eene plaats had gekozen voor het gevecht, en dat er nog andere volken zamen gekomen waren in het *bosch aan Hercules gewijd*" (*e*); — van den opstand der Friesen gewagende noemt hij het *Baduhennae woud* (» lucum Baduhennae vocant"). TAC. *Ann.* IV. 73. CIVILIS riep de voornaamsten des volks in een *heilig woud* bij een (*f*), — en bij diens optogt tegen de Romeinen, » haalde men de beelden van wilde beesten uit de bosschen en wouden te voorschijn, gelijk elk volk gewoon was ten strijde te trekken" (*g*). — Uit al deze berigten blijkt alzoo, dat de Germanen hunne gewijde of heilige wouden (*sacra nemora*)

(*a*) *Stato tempore in silvam, auguriis patrum et prisca formidine sacram, omnes ejusdem sanguinis populi legationibus coëunt. — Est et alia luco reverentia: nemo nisi vinculo ligatus ingreditur, ut minor, et potestatem numinis prae se ferens.* Germ. 39.
(*b*) *Est in insula Oceani castum nemus, dicatumque in eo vehiculum, veste contectum.* Germ. 40.
(*c*) *Apud Naharvalos antiquae religionis lucus ostenditur.* Germ. 43.
(*d*) *Lucis propinquis barbarae arae, apud quas tribunos mactaverant.* TACIT. Ann. I. 61.
(*e*) Caesar, *transgressus Visurgim, indicio perfugae cognoscit, delectum ab* Arminio *locum pugnae; convenisse et alias nationes in silvam Herculi sacram.* Ann. II. 12.
(*f*) CIVILIS *primores gentis sacrum in nemus vocatos* etc. TAC. Hist. IV. 14.
(*g*) *Inde depromtae silvis lucisve ferarum imagines, ut cuique genti inire praelium mos est.* Hist. IV. 22. Conf. Germ. 7.

hadden, waarin zelfs menschen-offers werden gebragt, waarin ook de heilige wagen, altaren, de vaandels (beelden van wilde beesten), enz. werden bewaard, waarin zij beraadslaagden, wigchelarij pleegden, en geloofden, dat de Godheid woonde; een woud aan *Hercules* gewijd wordt uitdrukkelijk genoemd; zoo ook het *Baduhennae*-woud, waarbij de *hoeve van* CRUPTORIX. Hierbij trekt ook inzonderheid het beroemde *Arduenna*-woud onze aandacht. Een en ander zullen wij beproeven te verklaren, en tevens eenen blik werpen op de vroeger opgegevene *holten*, *wolden* of *wouden* (aant. 3.). Nopens de plaatsing van het *Baduhennae*-woud in het Z. O. van *Friesland*, (alwaar ALTING, *Germ. Inf.* ook een *Pades-lo* doet voorkomen), welligt in de rigting van het meer *Flevo* af naar *Crops-wolde* (Cruptorix?), en omtrent de rigting van het *Arduenna*-woud in Zuid-Holland, waarvan het *Aardenhout* bij Haarlem, even als het *Schakerbosch*, het 's Gravenhaagsche bosch ('s Grave-holt?), nog overblijfsels opleveren, schijnt men het meer eens te zijn, dan omtrent de naamsbeteekenis van *Baduhenna* en *Arduenna*. — Daarlatende de verschillende woordverklaringen en onderscheidene gissingen deswege te weêrleggen, zal het, zoo wij meenen, genoeg zijn te vermelden, wat deze en gene dienaangaande gedacht heeft. GRIMM, a. w. (42 noot) zegt: »*Baduhenna*, *vielleicht ortsname*, *wie Arduenna*". Mr. VAN DEN BERGH (*Volksoverl.* 124. noot), vraagt: »*Kan men den uitgang van Baduhennae vergelijken met dien van Arduennae*"? enz. Mr. DE WAL, (*Bijdr.* 1842. 135), neemt aan, dat *Baduhennae* »de naam eener godinne is geweest", en steunt daarin op WAGENAAR, VAN WIJN, WESSELING, ALTING, l. c. en ADAM VAN BREMEN (*Hist. Eccles.* I. II. c. 6.), welke laatste berigt, »dat de Saksen de bosschen aan de goden toewijdden, en aan dezelve de namen der goden gaven". Ook uit de toewijding van een woud aan *Hercules* blijkt dit opzigtelijk de Germanen, bij TACITUS, l. c. Evenwel kunnen wij omtrent *Baduhenna* en *Arduenna*, niet zoo geheel met gemelde geleerden instemmen, en zullen reden geven van onze meening. Gelijk wij later bij de *Dea Nehalennia* zullen trachten duidelijk te maken, is zoowel in het eene als andere dezer woorden, *na*, *nia* adjective uitgang; zoodat wij de vertaling van ALTING, (*Germ. Inf.*), die *Baduhenna-*

woud in *Baduwen-hout*" overbrengt, gaaf aannemen. De wortel van *Badu-wen* = *Badu-en*, (oul. *Badu, Bade*), vinden wij terug in het bovengenoemde *Pades-lo*, *Bade-loo*, ook in *Badeg-hem* = *Bede-hem*; zoodat wij hier, bij de overbrenging van *Baduhenna-woud* = *Baduwen-hout*, in onze tegenwoordige taal, verkrijgen een *Bede-woud*, dat zich noordwaarts uitstrekte, en tevens een gedeelte van Drenthe besloeg. Naar deze verklaring zoude hier alleen aan *Pithen*, *Paden*, *Baduen* (d. i.: beden, bidden), niet aan eene godin van dien naam, te denken zijn; terwijl in de Friesche dorpen *Olde* en *Nye Holtpade* (wat den naam aanbetreft), nog overblijfsels van het gemelde bede-woud kunnen worden aangetroffen (*a*). Zoo is ook *Beddere-walda* = *Paterwolde*, een bede-woud.

Van toewijding aan eene Godheid, eene algemeen vereerde godin, schijnt daarentegen het *Arduenna*-woud (of *Ardu-henna-woud*) bij PAUL. MERULA *Over de Wildernissen*) blijken te dragen. Hetzelve schijnt zich te hebben uitgestrekt door geheel Zuid-Holland, wellicht van den mond van het oude *Helium* (den Maasmond) af, langs de Noordzee, tot in Noord-Holland voorbij Alkmaar; zoodat het oude *Holt-Sole* in het Westland, het »*Woud zonder genade*, het *Schaker-bosch* (Sacrum nemus), het *Aardenhout* nabij Haarlem, dat nog den naam daarvan schijnt te dragen, benevens *Zwt-herdechage* (863), of *Suit-hardes-hage* (889), bij VAN MIERIS, (ook bij MELIS STOKE) gedeelten uitmaakten, van het gemelde uitgestrekte *Arduenna-woud*: zoo vermeldt VAN MIERIS, (*Gr. Chb.* 33), het genoemde *Suit-hardec-hage* (863), in eenen giftbrief van Koning ARNULF aan Graaf GEROLF, en *Zwtherdes-hage* (d. i.: Zuid-Hardes-woud) in eenen dergelijken giftbrief van KAREL den Eenvoudige aan Graaf DIRK (889). MELIS STOKE van dien giftbrief gewagende, zegt:

Dats van Suut-hardes-haghe voert,
Tote Voertrappen en Kinnem.

Het schijnt dus, dat dit *Suut-Hardes-hage* zich voor-

(*a*) *Paderborn* of *bron van Pada*, bij Mr. DE WAL, l. c. zouden wij dus ook door *bede-bron* vertalen, en daarbij denken aan de *Loo-dienst* der Germanen, die ook vooral in Munsterland, Westfalen en Holstein, vele sporen heeft nagelaten.

15.

namelijk in het Westland, althans in Zuid-Holland, uitgestrekt hebbe, van *Voertrappen* (d. i. Voor-tarp — Veur) tot *Kinnem* (Kin-hem) of Kennemerland. Ontwijfelbaar strekte zich een *Nort-Hardes-hage*, (waarvan het Aerdenhout bij Haarlem een overblijfsel is), verder noordwaarts uit in West-Friesland. BRUINING nu geeft (in *Descript. de la Haye*, p.111.) voor *Hardes-hage*, *Hardes-harec*, ook *Suit-Harec*, in tegenoverstelling van *Noort-harec* (als oude benaming van Scheveningen, waaraan wij zeer twijfelen), en plaatst hetzelve aan de *Thier-leda* (door hem ook *Hargha* genoemd), waaraan een *Harago*, als oorsprong van *Haragham*, *Hagam*, *Haghe*, naderhand *'s Gravenhage*. (Men had ook een *Schrave-holt*, 866). Nemen wij nu dit Suit- en Noord-*Harec*, benevens *Harago*, *Hargha*, in deszelfs oude beteekenis, dan leeren wij van GRIMM, (*D. M.* 1^e ed. 40), dat *Harec*, *Haruc* een tempel of tempelwoud te kennen geeft: terwijl volgens MONE, (*Gesch. des Heidenth.* II. 125), *Haragho*, *Hargha*, enz. dezelfde beteekenis hebben bij de Franken. Wij verkrijgen alzoo hier een tempel-woud in Zuid-Holland. Misschien heeft het oude *Hareg-hem*, of *Harec-hen* in Noord-Holland, geene andere beteekenis. Doch wij spraken boven van toewijding, zoo het ons voorkomt, uit den algemeenen naam *Ardu-henna* (*Arduenna*), *Hardes-hage* (of *harec*), *Aerdenhout*, *Aards-woud*, zelven af te leiden; doende *Ardu*, *Hardec*, *Aerden*, ons hier denken aan de godin ARDA, HERTHA, (de Aardmoeder) bij TACITUS, (c. 40) genoemd. Een penning onder Voorburg gevonden, aan de »*Dea Arduinna*" toegewijd, (en door Mr. VAN DEN BERGH, a. w. naar de *Ardennen* in Luxemburg verwezen) versterkt, of liever bevestigt, dit gevoelen. — Aan haar was dan waarschijnlijk ook de oude *Hardjes-dag* (d. i. *Arda* of *Hertha-dag*) te Haarlem gewijd. Nopens het »*woud zonder genade*" of »*dat wilde wout sonder ghenade*", ongetwijfeld een gedeelte van het voormalige Zuid-Hollandsche tempel-woud »daer nu Leyden staet", volgens de *Chronike van Holl.* (bij Gheraert Leeu. 1478), vermeldt de *Goudsche Kronijk:* »dat het was een groot wout; daer hoorde men dat vreeselyck geluyt van den wilden beesten, die in dat bosch waren, van beyren, leeuwen, van everzwijn, van wilde stieren, die so vreesselick gebaerden, dat een mensche gruwen mochte". — Sommigen hebben daarvoor het *Schaker-bosch* aangezien; wij vermoeden, dat het zich over het Westland hebbe uitgestrekt; en de bijzonderheid »*dat daer de wilde Sassen woonden*", die in *Sassenheim* sporen van hun vroeger bestaan hebben nagelaten, geeft ons te meer regt, om het *Schaker-bosch*, (angels. *sacred* = gewijd), als een *Sacrum nemus*, daartoe mede te betrekken. Hetzelfde waarvan Tacitus, l. c. gewaagt? Waarin Civilis tot den opstand besloot? Sommigen hebben dit gemeend; anderen betwijfelen zulks. Men had meer heilige bosschen en wouden.

Inzonderheid gelooven wij daaronder te mogen rekenen, de *Vier holten* (Quatuor Foreste), op de Veluwe, als: het *Sternewald*, *Offerwichey*, *Muffbosch* (waarbij een Mu-Mur-lo) en *Sub-ort* of het *Sourensche* bosch; een van welke wel waarschijnlijk van derzelver vroegere *offer-plaats* aldaar, den naam van *Offer-wijk* ontleent, terwijl het *Souren-sche* bosch, verwant met *souren, saudr, soudr* (even als in *Holt-sole*, Westland), aan het *soudr, solen* enz. der offerspijs schijnt te herinneren, waaraan ook *Sub-ort*, onzes erachtens, doet denken (a). Heldring, die deze streken bezocht, meen ik, dat ons zelfs elders mededeelt, dat de *drie* kenbare offerheuvels, te dier plaatse nog aanwezig zijn.

Dat men dusdanige heilige wouden tot tempels en offerplaatsen, en tevens tot geregts- en raadsvergaderingen koos, blijkt ook gedeeltelijk uit hetgene Molhuysen (in Nyhoff, *Bijdr*. III. 57) ons nopens een ander heilig woud, het *Engelander-holt* (bij Beekbergen) mededeelt. Wij nemen zijn berigt hier over: » Op dezen hoogen grond, waar men de IJselboorden diep beneden zich ziet liggen, steken weder heuveltoppen, als zoo vele koepels uit. Ik heb mij voor eenigen tijd opzettelijk naar dit schaars bezochte en eenzame oord begeven, en er den diepen indruk verkregen, dat er geene betere plaats kon gekozen worden, om voor eenen Germaanschen volksstam tot tempel en raadzaal te dienen, dan deze. Immers in bosschen, het liefst op hoogten gelegen, verrigtten de oude Germanen hunne godsdienstige plegtigheden; hielden zij hunne volksvergaderingen, om over vrede of krijg te beslissen, deden zij hunne geschillen af, gaven de

---

(a) *Mu-lo*, *Mur-lo*, gelijk in *Mur-werth*, moord-water, doet hier weder aan de vele moord-kuilen denken; zie bl. 148.

oudsten des volks hunne gewijsden, en spraken zij regt. Welk eene statige plek moet het geweest zijn, toen het eiken kreupelhout, dat thans laag opschiet, zich in hooge boomstammen verhief, en de vergaderplaats, tot welke men door een digt bosch moest doordringen, van alle zijden beschaduwde. De naam *holt* drukt het toch uit, dat er een bosch geweest is, en, zoo de overlevering het niet meldde, zou de gesteldheid van den grond het reeds aanduiden". — Dat in het *Engelander-holt*, oulings inderdaad »vonnissen werden geklaard", toont gemelde Schrijver wijders uit BONDAM, afd. II. n°. 132. 359, voorts uit SLICHTENHORST, (*Toon. des lands van Gelderl.* bl. 111), en VAN HASSELT, (*Twee schetsen van Geldersche Klaarbanken*, enz. Arnh. 1805) overtuigend aan; zoodat wij ook dit *holt* veilig onder de vroeger heilig geachte wouden mogen tellen.

In zoodanige H. wouden werden tevens de vroegere landsheeren gehuldigd, geheel in overeenstemming met de oude gewoonte in Overijsel, waar de landsheeren van Twenthe op den *Markeberg* gehuldigd werden; dezelfde merkwaardige plaats, waar eens de *Saksen* hunne volksvergaderingen hielden, toen LEBUINUS aldaar het Christendom predikte. (Zie MOLHUYSEN, t. a. pl.). Doet ook het *Ruiner*, *Runer-wold*, aan *runen*-heiligheid, of zoo iets denken? Dat het aan een vroeger, misschien uitgestrekt woud herinnert, is minder onzeker. *Buddingerwolde* en *Haeks-wolde* (Haeker-wolde), twee gehuchten onder het eerste, die beiden nog de geheugenis der vroegere woudrijkheid bewaren, hebben in taal, misdrijven en straffen nog al iets bijzonder eigenaardigs, misschien hier ter vermelding niet ten onpas: »manspersonen, die malkanderen in haeste moede met bier begieten, ofte vuiste slaen, breken den Heer een hoen, en den *Atten* (Vrouwe?) eene plakke" (omtr. 2 centen). *Dr. Alm.* 1842, *in den noot.* Wijst dit op vroegere regtspraken in deze wouden terug?

Immers, schijnt het, dat men in den loop der eeuwen, voor de invoering des Christendoms, nog andere wouden gehad hebbe, die kenmerken van toewijding dragen. Bij eenen blik op de bovengenoemde wouden (aant. 3.) schijnt het, dat de navolgenden zich laten verklaren, als: *Finster-walda* (donker woud), *Lux-wolde*, (lichtwoud), *Lytke-woude*, schijnt klein woud; *Aver-wolde* (*Aver* = *Ever*) kan aan de *Evers*, het gewijde dier van den dondergod, doen denken, vroeger in de Drentsche wouden aanwezig; *Sigers-wolde*, kan aan den *Siger*, *Syger*, of aan eene daar plaats gehad hebbende overwinning, en alzoo aan de toewijding van het woud aan den *Sigfadr*, of den *Sigtir* (ODIN als strijdgod) herinneren; merkwaardig is aldaar ook *Murmirwoude*: moeten wij hier aan eene *Murmir-bron* (mimir) denken, of wijst de naam op een ander *Mur-loo* terug? In beide gevallen belangrijk. Het oudn. *Sil*, *Sol*, is zon; was dus *Sil-wolde* aan den *zonne*-god gewijd? Wij vermoeden het; want men had ook een *Monema-walda*, d. i. *Mone*=maanwoud. In de omstreken van Stavoren, zegt Mr. VAN DEN BERGH, a. w., bevond zich een heiligdom *Hymeleferda* (het bovengenoemde *Chime-lofarda*), benevens het heilige woud *Fre-wolda*, (het door ons genoemde *Freda-walda*, (Froda-silvia); hier werd de godin der liefde gediend, »en wel door de gehuwden, onder den naam van FREDA of FERDA (Freya)". — Zoo kan ook meer dan één *Oost-woude* (Asta, Astra-wolda), *Ooster-wolde*, *Oosterholt* (in de Overbetuwe), *Ooster-hout* in Braband, aan de godin *Ostra*, *Astra* doen denken, aan wie wij boven zagen, dat meer dan een loo scheen toegewijd.

Bij zoo vele herinnering aan *Hertha* (de aarde) *Sil*, *Sol*, (de zon) en *Mona* (de maan), voorts aan *Odin* (Wodan) en *Freya*, wint ook het vermoeden te meer veld, dat men bij *Ter-woude*, *Duurs* = *Thurs-wolde*, inzonderheid bij *Turn- Thorn-hout* in N. Braband, aan den donderdod, *Tor*, *Thur*, *Thurn*, *Thorn* (DONAR) te denken hebbe, die overigens, als wagengod, nog den donderwagen, donderkeilen, enz. in het volksbijgeloof heeft nagelaten.

Aan de voornaamste goden en godinnen schijnen dus ook hier, gelijk elders, in den loop der eeuwen, heilige wouden, als tempelwouden te zijn toegewijd; de *Indic. Superst.* etc. herinnert er mede aan, onder den naam *nimidas*, §. VI. »*De sacris silvarum, quae nimidas vocant*". Later ontstonden, welligt in dezelfde wouden *Hlaren*, *Laeren*, als tempel-hutten, waarvan *Laer-woude* in Drenthe geheugenis schijnt te dragen. Doch Wouden en Laeren verdwenen, na en door de invoering des Christendoms, van den Vaderlandschen grond, of men bragt althans de vroegere, goden en wouden aan hen geheiligd, in verachting: zoo vinden wij elders het *Gotse-wald*, waarin, (volgens van Mieris, *Chb.* I. 21), de rivier *Fennapa* vloeide, door *afgoden*-woud vertaald (afgoden, Hgd. *Götze*). Ook Paulus Merula, (*Over de Wildernissen*, fol. 50), bevestigt dit gevoelen. Over eenen storm sprekende, die vele wouden zoude vernield hebben, zegt hij: »Velen achten, dat sulckx gheheurt is, oft omtrent den jare IƆCCCLX, drie jaren voor de oprechtinghe deses landts tot een graefschap, oft CLX jaren voor deselve tydt, als Wilebrordus Bisschop was van Vtrecht, deur welckers vuyrighe gebeden sommigen schrijven, dat *Godt de Bosschen, den afgoden toeghewydet, ter aerden heeft doen storten*". — Wanneer ook al deze »*vuyrighe ghebeden*" niet dadelijk en eenslags door eenen storm zijn verhoord geworden, dan heeft toch de tand des tijds deze wouden vernietigd, en alleen nog geringe overblijfsels, als getuigenissen van hetgene vroeger was, gespaard. Onder deze overblijfsels tellen wij ook het *Kalverbosch* bij Nijmegen, het *'s Gravenhaagsche*, en anderen.

49—51. Latijnsche Godennamen.

Dat de Romeinen, bij hunne komst hier te lande, gewoon waren Gallische en Germaansche eigennamen, door min of meer passende Latijnsche namen te vertalen, daarover hebben reeds onderscheidene geleerden opzettelijk gehandeld. Dikwijls echter geschiedde die vertaling ten koste der eigenaardige kracht en beteekenis der oorspronkelijke namen. »*Habent insuper barbara nomina multa emphasim, id est, insinuationis demonstrationisque efficaciam; habent et concisam brevitatem. Si significationum proprietates per aliam linguam interpretari possimus, non tamen eandem conservant permutata potentiam*". (Jamblich. *De Mysteriis*). Zoodanig nu was ook het geval met de Germaansche Asen- of godennamen, door Caesar en Tacitus in Latijnsche godennamen overgebragt. De laatste, dien wij meermalen hebben aangehaald, noemt ons als goden der Germanen: *Mercurius*, die in de hoogste achting stond, zoodat zij hem zelfs menschen-offer bragten; wijders *Hercules* en *Mars*', die zij daarentegen met dieren-offer verzoenden (a). Bij de *Naharvalen* noemt hij de goden,

---

(a) *Deorum maxime* Mercurium *colunt, cui, certis diebus huma-*

die, op zijn Romeinsch, *Castor* en *Pollux* aanduiden. Hun naam is *Alcis* (a). Van de godinnen noemt hij (Germ. 9.) *Isis*, bij de Suéven, »*pars Suevorum et Isidi sacrificat*"; (Germ. 40.) de *terra mater*, met den Duitschen naam HERTHA; benevens (Germ. 45.) de *mater deûm*, doch zonder naam. Dit gebruik nu om Germaansche namen in Latijnsche over te brengen, bleef ook nog lang daarna stand houden, en ging, zoo als wij straks zullen aantoonen, ook in de sage over.

Dat onder bovengenoemde namen evenwel geen *Jupiter* voorkomt, heeft reeds GRIMM (1e ed. 85) aangemerkt, welke deswege zegt: »*Die auslassung Jupiters hat augenscheinlich ihren grund darin, dass sein Cultus bei den völkern, die* TACITUS *zunächst kannte, dem des Mercurs nachstand*". — Intusschen werd ook zijn naam, gelijk uit gevondene gedenksteenen blijkt, benevens anderen, in ons land bekend. Zoo bijv. leest men op eenen gedenksteen, op den *Hunerberg* of *Hoenderberg*, op eenen afstand van 1900 schreden van Nijmegen, onder *Ubbergen*, gevonden: (waarover zie SMETII *Oppid. Batavorum*, 33. 34.)

J. O. M.
c. ianv.
Arivs. ve.
L. x. . . p.
V. S. M.

Volgens Dr. LEEMANS (in NIJH. *Bijdr.* III. 255.): *J*(*ovi*) *O*(*ptimo*) *M*(*aximo*) *C*(*ajus*) *Januarius Ve*(*teranus*) *L*(*egionis*) *X*(*geminae*) *P*(*iae fidelis*) *V*(*otum*) *S*(*olvit*) *M*(*erito*).

Een andere altaar-steen, door IN DE BETOUW (*Bijdr. tot de lotgevall. van den Burgt*, 7. no 1.) vermeld, heeft dit dubbele opschrift:

Jovi
Sacrum,
en
Marti
Sacrum.

---

nis quoque hostiis litare fas habent. Herculem ac Martem concessis animalibus placant. Germ. c. 9. Cf. Ann. XIII. 57. Hist. IV. 64.

(a) *Sed deos, interpretatione Romana, Castorem Pollucemque memorant. Ea vis Numini: nomen* Alcis. Germ. c. 43.

Een tweede altaar-steen was aan **Mars** en **Mercurius** gewijd: (In de Betouw, *Nijm. in wijken*, bl. 44)

Marti
Sacrum.

en

Mercurio
Sacrum.

Hierbij voegt Dr. Leemans, t. a. pl., nog eenen anderen gedenksteen, insgelijks op den *Hoenerberg* of *Hunerberg* gevonden, met het navolgende opschrift:

Mer. et Svi
C. Miti.
varia
Mil. . . Leg.
vi. vict.
V. S. L. M.

d.i. *Mer(curio) et Svi C(ajus) Miti(us) varia Mil(es) Leg(ionis)* vi. *vict(ricis) V(otum) S(olvit) L(ibens) M(erito)*.

Ook eene *Minerva* van koper, ruw bewerkt, draagt een Romeinsch karakter, en werd, onder andere beeldjes, te Wijk bij Duurstede gevonden (volg. Janssen, *Oudhk. mededeelingen*, Leid. 1842). Een ring »daar 't hoofd van *Minerva* of *Pallas*, op stond", zoude in 1618 ter plaatse van »de oude wereld", op het eiland Voorne, gevonden zijn, en wordt aangehaald door Boers, *Beschr. van het eil. Goedereede*, enz. blz. 64. — Zoo zijn ook op het huis te Britten of Brittenburg, even als te Domburg en Voorburg, volgens van Loon (*A. Hist.* I. 56 en 296.), gedenksteenen, aan *Jupiter*, *Minerva* en den zee-god *Neptunus* gewijd, gevonden geworden. (Zie de afbeelding van dezen laatsten, II. 297.) Vermoedelijk ware deze opgave door nog andere bewijzen voor de vereering van Romeinsche goden hier te lande aan te vullen, welke te *Nijmegen* (*Neo-magus*), Wijk bij Duurstede (*Dorostadus*) te *Brittenburg*, te *Voorburg* (*Forum Hadriani*), t. pl. van *de oude wereld*, te *Domburg*, of elders, waar de Romeinen zich in ons land hebben opgehouden, kunnen gevonden zijn. Wij achten deze echter voldoende voor ons oogmerk, om aan te toonen, dat de Romeinen niet slechts hier inheemsche goden-namen, in hunne taal poogden aan te duiden, maar ook daarenboven de vereering *hunner* goden, *Jupiter*, *Neptunus*, *Mars*, *Mercurius*, benevens der godin *Minerva*, alhier overbragten. In hoe verre evenwel de landzaat deze hunne vereering zij nagevolgd, laat zich thans wel niet meer bepalen. Wij vermoeden echter, dat zij, die ten tijde van Tacitus, en ook nog lang daarna, het beneden de grootheid der Hemelingen achtten, »dat men de goden tusschen muren besluiten, of hen in eenige menschelijke gedaante afbeelden zoude", van de Romeinen geleerd hebben, niet slechts heiligdommen (*fana*) te bouwen, maar ook afbeeldingen (*simulacra*) van hunne goden te maken, gedenksteenen aan dezelve te wijden, en wat dies meer zij.

Uit de sage, die meermalen Romeinsche godennamen, zoowel als Germaansche vermeldt, kan men evenwel niet besluiten, dat ook de landzaat, bijv. den *Jupiter, Neptunus, Mars*, — of godinnen als *Minerva, Venus, Diana*, als zoodanig, als uitheemsche goden en godinnen, vereerd hebbe. Hetgene wij derhalve bij Melis Stoke lezen, nopens de vereering van *Mercurius* te *Westkapelle*, of wat wij elders in de sage berigt vinden met Romeinsche goden-namen, achten wij veeleer eene navolging van de vertaling van inheemsche namen, hetgene wij zagen, dat ook Tacitus deed. Achter deze Latijnsche namen achten wij den wezenlijken landgod verborgen. Zoo zoude door den genoemden *Mercurius*, reeds volgens Paulus Diaconus (door Grimm aangehaald), en naar het algemeene gevoelen der geleerden, de Germaansche Wodan bedoeld zijn. Wij rekenen het daarom van belang de berigten hier te verzamelen; zoo vermeldt Melis Stoke, dat Willebrord, het eerst voet op Zeeuwschen bodem zettende, al dadelijk zich te verzetten had tegen de aanbidding van *Mercurius*:

> Tot westcappelen dat hij kwam,
> Daer hi aanbedende vernam,
> *Mercuriose* over 1) enen God,
> Dat beelde, doer ons heren gebod.
> Brac hi, ende hevet 't folc geschouden,
> Maer dat hevet hy swaer ontgouden.
> Want een die *Mercuruse* wachte,
> Sloeghen in syn hoeft onsachte,
> Dat hy storte daer zyn bloet.

1) voor.

Huydecoper (I. 16. V. 105.) teekent hier aan: »*wachte* = *tempelwachter;* zoo noemt hem Molanus, *Custos templi;* de abt Theofridus, *Custos delubri;* Jo. a Leijdis, *Custos idoli*". Is deze aanteekening juist, waaraan wij niet twijfelen, dan zoude hieruit blijken, dat ook *West-capelle* destijds (694) zijnen tempel of kapel bezat. — *Mercurius* vinden wij ook vermeld in de *alderexcellenste Cronijke van Brabant*, en in die *van Vlaanderen* (1 Boek): daar wordt namelijk berigt, dat Julius Caesar twee tempels had, aan den heidenschen afgod *Mercurius* gewijd, welke daar veel *lof*, *love* ontving, waarvan *Lo-ven* (Leuven), volgens de Chronyk, zijnen naam zoude ontleenen. Ook in *Gent*, (zoo berigt *die schoone Historie van Julius Caesar*, Ned. Volksb. 33), werd voor tijden de heidensche afgod *Mercurius* in groote eer gehouden, totdat Sanct Amandus zijnen *tempel* vernielde, en een einde maakte aan zijne vereering. Het beeld van dezen god was echter van louter zilver; daarom heette het bij de Gentenaren de »*witte god*", waarover wij handelen zullen bij Baldr; deze werd elders ook *Belus* genoemd. — Ook in het merkwaardige verhaal van Vaernewijck, (*Hist. van Belgis* II. 51), wordt een tempel van *Bel* en van *Mars* genoemd. »Toen namelijk koning *Geomer*, in de stad *Belgis* met zijne Hertogen in veete leefde, en deze zich elders in naburige steden als Koningen vestigden, toen zond de Koning van Belgis naar den tempel van *Mars*, om aldaar het orakel te raadplegen; maar *Mars* gaf geen antwoord. Daardoor vertoornde de Koning, en zocht middel, om de stad en den tempel met de priesters te verbranden en den tempel-schat te rooven. Dat vernamen de priesters en begaven zich met hunnen god, en hunne schatten, onder bescherming der Nerviërs, en bouwden aldaar eenen tempel, die nog den tempel van *Mars* genoemd wordt. (*Fa-mars?*) De koning nam de stad en den tempel van *Mars* in; deze werd verbrand, maar de priesters waren nog tijdig ontvlugt". Elders laat dezelfde Vaernewijck »een *fanum Martis*" door eenen reus *Gordon* bewonen, die het even zoo maakte met *handen kappen* als de Antwerpener reus. (a. w. f. 70).

De *tooverdegen* door de Vries, (*de Satan in zijn wezen*, enz. Utr. 1692. II. 491) beschreven, was vervaardigd in het uur, dat *Mars* regeerde. »Het kruis daarvan was op eenen *Dingsdag* (a) gesmeed, op geenen

---

(a) *Diensdag*, *Dijsendag*, dag van *Dijs*, *Tijs*, *Tijr*, den noordschen strijdgod, misschien met *Mars* te vergelijken.

anderen dag, en op dien dag zelven geheel afgemaakt. In het heft was een stukje hout ingesloten, waarin de *Donder* geslagen had: bij gebreke daarvan, had men ook een stuk van een rad (wiel) kunnen nemen, waarop een misdadiger was gerigt geworden. Dit alles laat men verrigten in het uur van *Mars*. Op zoodanig ingerigten degen springen alle andere degens aan stukken".

In de sage van vrouw *Schwana* (even als de bovenstaande, door WOLF, a. w. n°. 51 medegedeeld), worden *Jupiter*, *Mars*, en *Pluto*, gelijk ook de godin *Venus* vermeld; terwijl elders (*Vita Sti Romualdi*) ook de godin *Diana* voorkomt. Toen namelijk de heilige ROMULD (710) te *Mechelen* kwam, vond hij, dat het volk aldaar de afgodinne *Diana* vereerde. Hij vertoornde daarover zoo zeer, dat hij het beeld der godin omverre, en in het riviertje wierp, dat voorbij de stad vloeit. Bij *Haeswijck* verdween het beeld in het water. (WOLF, a. w. n° 142).

Uit eene en andere opgave, zal de invloed der Romeinen, zoowel als de vertaling van inlandsche godennamen, genoegzaam gebleken zijn. Indien wij voor *Mars*, even als boven voor *Mercurius*, nog eenen passenden Germaanschen naam zouden moeten teruggeven, dan denken wij het naast aan den noordschen dondergod, THOR, dien wij, hoezeer gemoduleerd, voor denzelfden houden als den strijdgod *Tijr*, *Tijs*, *Tij;* terwijl de vereering van *Venus*, de godin der liefde, en *Diana*, de godin der jagt, ons doen denken aan *Freija* (a) en eene harer gezelschaps-juffers *Hlin*, *Linia*. — WODAN, THOR (*Donar*) en FREIJA, benevens hunne »*Abstufungen*" zouden de Duitschers zeggen, schijnt overal het *drietal* te wezen, dat te voorschijn treedt. Immers THOR, als *dondergod*, TIJR, TIJS, als strijdgod, schijnen uit één hoofddenkbeeld geboren. — *Castor* en *Pollux*, onder de Germanen, boven vermeld, zullen wij later trachten te verklaren; terwijl wij den vermelden *Hercules* (als *Hercules Magusanus*), als echt Germaansche benaming, gelijk mede *Hertha* en *Nehalennia*, en anderen, nader zullen leeren kennen.

Veelvuldig zijn nog de bewijzen, dat een en ander, onder den vroegeren landzaat, onder *Fries* en *Batavier*,

---

(a) ISIS, bij TACITUS, Germ. c. 9.

hetzij dan als Wodan, Donar en Freija, — of als *Zon* (het zonlicht), *Donder*, *Aarde* en *Maan* (maanlicht), als H. drietallen zijn vereerd geworden. Wij zullen hen, en de sporen van vroegere vereering, afzonderlijk onder hunne namen pogen te verzamelen.

52. Asen en Asenstelsel.

Dat het N. *Asen-stelsel*, zoo als de oudere en jongere *Edda* dat bevatten, in al zijne deelen en onderdeelen in ons land bekend geweest zij, dit uit het voorgaande te willen afleiden, zoude voorzeker te gewaagd zijn. Dit *Asen-stelsel*, met de daarin voorkomende *Asen* of goden, bevat, zoo als mannen gelijk Finn Magnusen, Grimm, Mone en anderen, genoegzaam hebben doen opmerken, eene voorstelling der toenmalige natuur-beschouwing, en daaruit ontwikkelde goden, veelal verpersoonlijkte natuur-krachten, natuur-gewrochten en verschijnsels. Daarin alleen stemden Oostersche, bijv. Indische en Persische mythologiën, niet slechts met die der Grieken en Romeinen, maar ook met die der Scandinaviërs en Germanen overeen, dat dezelve uit één algemeen hoofddenkbeeld, *natuurvergoding*, voortsproten. Van daar ook zoo vele punten van overeenkomst en vergelijking, als men in de mythen, dezer ver van elkander verwijderde volkeren aantreft, gelijk onderscheidene geleerden, als, behalve de bovengenoemden, Jens Möller, Dr. Legis, Ettmüller, onlangs ook nog Aug. Schrader, hebben opgegeven, welke punten van overeenkomst dikwijls zeer treffend zijn. »Die overeenstemmingen van alle kanten en dezelfde eeredienst, die gelijkheid aan de oevers van den *Ganges*, den *Styx* en den *Rhijnschen* hel-mond, — zoo schreef mij een mijner vrienden, wijlen de Heer de Clercq, — toont, dat het niet het willekeurig spel van de verbeelding der volkeren was, maar dat de grond voor dit heidendom dieper lag". En te regt; een meer of min ontwikkeld stelsel van natuurvergoding bestond ook bij Germaan, bij Fries en Batavier. — Doch, zoo zeer als het uiterlijk aanzien der natuur, en de natuur-verschijnsels in *ons* land, van die van Scandinavie, en het hooger gelegene Germanie verschillen, zoo zeer moesten ook de voorstellingen zelven, die men uit de omgevingen der natuur, hare gewrochten en verschijnsels ontleende, *verschillen*. Geheel anders toch, is de heldere hemel en de balsemgeurige lucht van het oosten, dan de bestendig met ijskorst omgevene natuur van het noorden; geheel anders die van het bergrijke en drooge Germanie, het woud- en bergrijke Scandinavie, dan die van het vroeger woudrijke, vlakke en waterrijke Nederland. — Evenwel het *Asenstelsel* van het noorden, bewaart eenen toetssteen, waaraan *Germanie* en *Batavie* de overblijfsels zijner vroegere mythen kan ter toetse brengen, als het naauwst met elkander verwant. Gelijk in de voorgaande, zoo zullen wij dit ook in volgende aanteekeningen meermalen kunnen aantoonen; want, dat het *N. Asenstelsel*, dat naar FINN MAGNUSEN alleen op natuurbeschouwing steunt, ook hier, met wijziging naar de verschillende natuur, inheemsch geweest zij, is ons uit meer dan *één* fragment, daarvan nog aanwezig, gebleken: — inzonderheid blijkt dit ook uit den algemeen verspreiden naam van *Asen*, (de N. Goden), waarvan in ons land nog menigvuldige sporen worden aangetroffen, die wij hier zullen trachten op te geven.

Nopens de algemeene verspreiding van dezen naam, kunnen wij hier bijvoegen, dat *As*, *Ass* (Deus) in den plur- vorm heeft *Aesir*; terwijl *Asynia*, *Asinia*, (Dea) in den plur. vorm heeft *Asynior*, *Asiniur* (FINN MAGNUSEN, *Lex.* in voce). Hiermede is te vergelijken het Ind. *Isha*, masc. en *Ishani* (Domina). Bij de Hongaren had men *Isten*, de Tartaren: *Ejs*; in Etrurie: *Aesar*; de Kelten: *Esar*, Goth.: *Esch*; elders had men daarvoor *Ess*, *Oss*, *ösch*, (GRIMM, 1e ed. 17. en ETTMÜLLER, *Vaulu-spa*, in voce). Bij Indianen, Scandinaviërs, Etruriërs, Kelten, Gothen, Germanen, vermoedelijkst ook bij Fries en Batavier, gold derhalve deze algemeene naam in de opgegevene beteekenis. De verhooging van *Ass*, *Ase*, met de aspiratie tot *Hase*, *Hasse*, is even natuurlijk als de verzachting of verscherping tot *Es*, *Ese*, *Esch*, en de overgang van *Hase*, in *Hese*, *Hees*, *Hesus*, of in *Os*, *öss*. — MALLET, (in zijne *Monumens de la Myth. etc. des Celtes et Scandinaves*, Coppenh. 1756. f. 45) bevestigt deze overgangen, zeggende; dat ook de Galliërs *Aes*, of met den lat. woordvorm *Esus*, = *Hesus*, bezaten. — *Asgard* was dus in het N. de hof, de burg der goden »*signifie mot à mot cour des dieux*"; zoo ook bij FINN MAGNUSEN »*Asarum urbs s. regio*". Niet slechts bezit Germanië in het zeer oude *Asciburgium*, nabij *Gelduba*, maar ook Nederland in een dergelijk *Asciburgium* bij Arenacum, (ALTING, *Germ. Inf.*), zoo het ons voorkomt, thans *Wester-fuert*, *Westervoord*, eene herinnering aan *Asgard*. MONE (*Gesch. d. H.* II. 9. 122), van het eerste gewagende, verklaart hetzelve voor »*gleichbedeutend mit Asgard*" zie bl. 157. — Merkwaardig komt ons ook voor het oude *Caspingium* (i. e. *Casperen, Chasperen, Hasperen*), th. *Asperen* aan de Linge (ALTING, l. c.). Doch buitendien leveren onze plaatsnamen herinneringen aan alle boven opgegevene woordvormen op, als daar zijn:

Ass, Ase, bij ALTING: *As-burg, Assche-burg, Assen-berg, Asc-hoven, Assinc-huysen, Asschendorp, Aswin, Asbeek, Asfelt, Assche, Assen, Assum, Ascolen, Aske* (Westland), *Asc-loha* (bij VAN LOON, II. 113), en *Assendelft* (zie bl. 182, 184.) misschien bij verder onderzoek nog anderen; — zoo bijv. onder de Loo-plaatsen: *Asse-loo*, (Loo der *Asen*).

HASE, HASSE: in *Hasges-huel, Hascha*, (*Hasscherdijk*), *Has-lau, Haeswyk, Hasselt, Hazenberg*(i. e.: *Asenberg*), in Zeeland, waaromtrent Mr. SIFFLÉ, *Vaderl. Letteroef.* 1838. 405, zegt: »de *Asen* werden hier te lande vereerd op zekere hoogte, de *Asenberg*, waar naderhand het landgoed *Hazenberg* gelegen was, zijnde die naam eene echt Zeeuwsche verbastering, door nadruks halve voorzetting der letter h" — en *Hase-lo, Haserts-woude*.

Es, Ese, Esch, bij ALTING, l. c.: in *Essen, Essel*, (*Esse-lo*), *Es-beek, Esc-wege, Eschterhuis, Eschterhof*; hoewel dit *esch* ook aan den H. boom *esch* kan herinneren: zoo geeft MONE a. w. voor *Asci-burgium* ook *Eschen-burg*, en denkt bij dien naam, zoo wel aan *Asgard*, als aan den *Esch Yg-dra-sill*; — voorts: *Esschede* (*Ascete*), *Eska-thorp*, (*Asschendorp*), *Eese*, benevens de vrouwennaam *Essa*, bij de Friesen; *Ex-lo, Eext*, gelijk *Axem* — *Assum*.

HEES, HESUS: in *Hees* bij Nijmegen, alwaar men wil, dat de god *Hesus* »een heiligdom zou gehad hebben" (Mr. VAN DEN BERGH, a. w. 70. 194), *Hezel-berg, Wolf-hees, Hesus* (*Eese*), *Hees-wijk, Heso-la, Heselo*, en ligt nog anderen. Dat wij, overeenkomstig deze verklaring, geene afzonderlijke plaats inruimen aan eenen god *Hees* of *Hesus*, gelijk Mr. VAN DEN BERGH en anderen, behoeven wij hier naauwelijks te herinneren.

Os, Oss: daaraan zou *Osdam* in N. Holland kunnen herinneren, (alwaar ook *Ascu-mannedilf*): ook in den Niederwald in Duitschland (tegenover Bingen), leerde ik op de kruin des bergs een *Os-stein* en aan den voet des bergs *As-mans-hausen* kennen. Helderen die plaatsen elkanderen op, waarvoor heeft men dan *Oss* in N. Br. en den bovenvermelden *Os-schaert* (aant. 26) te houden? Loopen de *asen* thans als woudgeesten rond, dan zou ons de gedaante van *paard* minder bevreemden. — Zoo dom als *ossen* waren ook de *Assendelvenaars* en verkregen daardoor een' hengst in hun wapen.

Bij deze *Ass-*, *Ase-*, *Hase-*, *Es-*, *Ese-*, *Hees-* en *Os*-plaatsen, die nog het aandenken aan der Heidenen goden schijnen te bewaren, voegen wij nog *Ruk-aas*, zoo men wil, in oude tijden een dorp nabij Haarlem, alwaar ook *Backen-esse* (bachen-esse), hetzelfde als *As-beek*. Loo-en en beeken, zoowel als wouden, bergen, therpen, wijken en hoven kunnen aan de *Asen* zijn toegewijd geweest, waarvoor dan het bovenstaande bewijzen genoeg oplevert. Zij toch waren de hoogste magten (*regin*), aan wie men zijne eerbiedige hulde bragt, en in wier bescherming men zich stelde, door de toewijding van den therp, de wijk, het hof, den burgt, dien men bewoonde; of het loo, den berg en het woud, waar men hen diende. Zoo bekleeden bij ons en elders ook de *Asen* nog den hoogsten rang in het kaartspel, dat misschien daarom ook als *godenspel* hooger opklimt, dan men gemeend heeft. Hoedanig dit echter ook wezen moge, behalve de aangevoerde plaatsnamen, pleiten ook voor het inheemsch zijn van het *Asenstelsel*, de navolgende asennamen zelven, als: WODAN, (*Woens*), FREIJA, (*Frau*), DONAR (*Tinaer*, *Tunaer*), BALDR (*Bal*, *Bel*) en anderen onder de loo-bronnen; dezelfden onder de Werthof Woerd-plaatsen, benevens herinneringen aan dezen en genen onder de heilige wouden.

Daarbij voege men nog SOL (*Sunan*), MOND (*Mona*), ERDA, HERTHA (*Jörd*), welke mede in het noordsche Asenstelsel, als vereerde goden en godinnen, voorkomen, benevens: BÖRI, BURI, OSTRA, WESTRA, SIBA en anderen, die wij bij verder onderzoek zullen leeren kennen; en men zal het niet kunnen misduiden, dat wij, bij de afzonderlijke beschouwing dezer *Asen* en *Asijnen*, de gevondene overblijfsels aan het noordsche mythenstelsel ter toetse brengen. Eerst later echter zullen wij kunnen zamentrekken, wat er van het gemelde natuurstelsel nog op vaderlandschen bodem aanwezig is. Wanneer wij hierbij den rij der dagen volgen, is het, zoowel om de orde der behandeling, als omdat zich bij die beschouwing nog nieuwe Asen- en Asijnen-namen zullen voordoen, die ons gevoelen te meerdere bewijzen zullen bijzetten. Deze dagen, met noordsche karakters aangeteekend, waren toegewijd aan ♄ *Sol* (*Sunan*), de zon, ☽ *Mani* (*Mond*), de maan, ↑ *Tijr*, *Dijs*, Disen, ⩕ *Odin* (*Woens*, *Wodan*), T of ⱷ, *Thor* (*Donar*), ⱷ *Freya* (*Frey*), ⱷ *Loke* (*Satur*). Ook de toewijding dier dagen aan geheel of genoegzaam dezelfde goden, schijnt ons een nieuw bewijs voor het noordsche Asenstelsel, hoezeer dan ook naar de verschillende natuur des lands gewijzigd, op te leveren (a). Bezien wij derhalve wat omtrent hunne vereering nog is op te delven.

53. **Sol**, **Sunan**, (*de Zon*).

Dat de oude Germanen de Hemellichten vereerd hebben, waaronder de *zon* de eerste plaats bekleedt, schijnt reeds te blijken uit hetgene Tacitus, *Germ.* 45 zegt, dat men het geluid hoort als zij opborrelt uit de zee; of, naar eene betere lezing, »het sissen als zij daarin nedervalt", terwijl het geloof daar nog bijvoegt, »dat men de gedaante van den god, zelfs de stralen van het hoofd ziet" — Grimm, 1ᵉ ed. heeft nopens de vereering der zon belangrijke plaatsen verzameld. In de Scandinavische natuur-mythen waren *Sunan* en *Munni* (zon en maan) zoon en dochter van den mythischen *mundilföri* of *mundilfara*. Even als *Nott* en *Dagur* (nacht en dag), zoo verschijnen *Sunan* en *Munni*, (*Sol* en *Mond*), steeds naast elkander, en maken met *Hertha* (de aarde) het eerste drietal vol;

(a) De op blz. 32 in den tekst gestelde volgorde gelieve men wegens deze noodzakelijke wijze van ontwikkeling aldus te veranderen: *Sol*, *Sunan* (53.), *Mond*, *Mona* (54.) *Arda*, *Hertha* (55.): *Wodan* (56.), *Donar*, (57.) *Freija* (58.); wij zullen daardoor deze laatste *trilogie* als het hoogere denkbeeld der eerst genoemde natuur-goden te beter leeren kennen.

voor welke laatste echter in den kalender *Dijs* (Tijs, Tijr) optreedt, van wiens vereering mede sporen in ons land worden aangetroffen. *Mundilföri* (*mundil* = axis, *föri*, *fari*: ire, movere, de *Hemel*) had namelijk twee kinderen, eenen zoon, *Mani*, en eene dochter, *Sol* (a) geheeten, welke laatste, met *Glanur* (Glans) gehuwd, de rossen van den zonnewagen ment. Deze rossen waren *arwakur* (vroegwaker) en *alsvithr* (alles wetend of al verzengend). Ware nu de lezing van sommigen gegrond, dan zou TACITUS, *Germ.* 45, in plaats van *formae Deorum, Equorum*, "zonne-paarden," hebben (zie VAN WIJN, *Hist. Avondst.* 96, 97 in den noot); doch dit daargelaten, schijnen verpersoonlijkte voorstellingen en uitdrukkingen, in onze taal nog aanwezig, als: *de zon, de maan komt op, gaat onder;* — *N. is niet waard, dat de zon hem beschijne; de dag, de nacht breekt aan, valt in,* enz. onzes erachtens, genoegzame bewijzen, dat de beide hemelligchamen, zoowel als dag en nacht, voor iets hoogers dan louter natuur-gewrochten werden gehouden. Inzonderheid is dit blijkbaar door de uitdrukking: *de zon verbergt haar aanschijn.* Ook het bijgeloof, aan zons- en maans-verduisteringen gehecht, schijnt almede uit de zonne- en maandienst ontsproten. Zon en maan snellen daarom zoo haastig voort, omdat zij door twee reuzen-wolven vervolgd worden: namelijk de zon door *Skoll*, en de maan door *Menagarm*. Dat de zon, onder den naam van *Snein*, voornamelijk te *Sneek* (in het Friesch *Snits*) zoude gediend zijn, en deze plaats naar haar den naam zoude ontvangen hebben, lezen wij bij Mr. VAN DEN BERGH, *Volksoverl.* 75. Wij weten echter niet op welke degelijke gronden dat berigt steunt, doch trekken het zeer in twijfel (b); veeleer zouden wij vermoeden dat *Sil-* of *Solwolden*, misschien ook *Skel-wol-*

(a) Het zal hier de regte plaats wezen op te merken, dat het heidendom, waarin zoowel het *dualisme* als de *trilogie*, overal te voorschijn treedt, steeds de beide geslachten naast elkander plaatst; zoo bijv. in den twee-slachtigen *Mundilföri*; voorts de *zon* (vr.) en *maan* (m); *nacht* (oorspr. vr.) en *dag* (m); — zoo ook weder in *maan* en *nacht*, *zon* en *dag*, gelijk ook op gedenksteenen: *Hercules*, en *Nehalennia*.

(b) Noch *Snein*, noch *Snits* (waarover men zie DE HAAN HETTEMA, *Friesl.* in voce), doen hier aan de zonne-dienst denken; *Snior*, *Snaer* is veeleer een *Nivis daemon*.

da, onder de wouden, *Sel* = *Zel-loo*, en *Sint* = *Zint-loe* onder de loo-en, benevens het *Solle-veld* te Loos-duinen, daaraan zouden kunnen herinneren. Ook in het noorden was *Sil* = *Sol*, goth. *Sauil*, de zon, even als *Skol*, *Sköll*, *Skavll*, de zonne-wolf. Latere woordvormen, of woorden van meer Germaanschen oorsprong, schijnen mij toe *Sonne*, *Zonne*, waarop welligt *Sonne-ga* kan terug zien; terwijl de heilige heuvel bij *Vorden*, in het graafschap Zutphen, "*de Zonne-belt*" geheeten, wel waarschijnlijk, even als de *Zonne-berg* nabij Oosterbeek, aan de zon en zonnedienst was toegewijd. Misschien dient hier nog bijgevoegd te worden, de *Lichtenberg* nabij Maastricht, de *Blinckert* nabij Haarlem, en anderen. Dat men op zoodanige hoogten of bergen zonne-feesten gehouden en zonne-vuren ontstoken hebbe, gelijk bijv. Ostra- of Oostervuren, Midsommer- en Midwinter of *Juel*-vuren, is ons waarschijnlijk voorgekomen. *Juel*, *Huul*, *Houl*, beteekende bij de Angelsaksers en Wenden, een *wiel*, misschien een *zonne*-wiel, vandaar ook wel overgebragt op de zon zelve; zoodanig zonne-wiel droeg der Saksen zonnegod op de borst. Van een en ander treffen wij sporen in ons land aan. *Quintshuel*, ook *Huul*, in het Westland, kunnen aan het *Juel*, *Houlfeest* herrinneren; doch meer duidelijk schijnt het zonne-wiel te *Heusden* (Hiousda, Huesda?) in N. Braband, gelijk ook het *wiel* te Wageningen, zoo wij vermoeden, aan den zonnewagen te herinneren. De wielen der zon, zeide men op het Juel- of zonnefeest, hadden zich gewend; doch over dit *julen*, *jolen*, *heulen*, als feest-vreugde, handelen wij later.

Sons-beek bij Arnhem, *Sonne-mare* in Zeeland, willen wij hier niet onvermeld voorbij gaan. Maar inzonderheid komt hier de toewijding van eenen *nacht* en *dag* aan de zon in aanmerking; van Maerlant noemde dien nog *Son-nacht* (omdat de ouden bij nachten telden) in het Hoogd. heeft men den *Son-abend* (zaturdag), oudfr. *Sonna-dai*, onze Zondag.

54. **Mond, Mona**, (de Maan).

Geheel in de boven vermelde natuur-mythe van *Mundilföri*, lag ook het begrip der vergoding van de maan als *god*. Evenwel schijnt het, dat dezelve onder verschillende namen, bij de meer Germaansche dan Scandinavische volkeren, onder de namen van *Mond*, *Muni*, *Mona*, *Monan*, is vereerd geworden. Hooger echter schijnt het begrip te staan, waar dezelve onder den naam van *Hlin*, *Lyna*, *Lun*, *Luna*, is vereerd geworden; van eene en andere wijze van voorstelling zullen wij menigvuldige sporen in ons land aantreffen. Volgens Caesar, *Bell. Germ.* 1, wachtedcn de *Germanen* de nieuwe maan af, om den strijd aan te vangen. Conr. Berthon (in Leibn. *Coll.* II. 282), van de Germanen gewagende, berigt: »*Sie richten sick na dem mane, dar hadden sie sunderlike gesichte na, wan si striden wolden*". Naar de maan rekende men bij nachten, en hield de landdagen bij nieuwe of volle maan. (Leibnitz, l. c.). Reeds hieruit schijnt de hooge vereering der maan te blijken; maar meer nog uit hetgene Konr. Bode, (in zijne *Chron. Brunswic.*, Maintz 1492, aangehaald bij Ettmuller, *Vsp.* 132), deswege zegt: »*Koningh Karle tóch vórt up de borch to Lunenborch*, (Lune-burg), *unde verstórde dár ók den afgode, de heit* Luna. *It was ein súle, dár uppe stonde ein bilde mit hogen óren, dat hadde vor sik einen vergolden mán* (maan)". Dat wij hier aan eene Saksische maan-godin, in een meer ontwikkeld tijdvak der maandienst, te denken hebben, zal ieder ligtelijk opmerken. Bezien wij wat er van de maan-vereering in ons land zij. De sage van den *man in de maan*, benevens de mythe van een monster, waarvoor zij zoo snel de vlugt nam, den Noordschen *Mena-garm*, den Westlandschen *Mono-chyros*, maanverzwelver (zie boven bl. 208 enz.), waren nog in mijne jeugd in de *Overbetuwe* in zwang. Het vervaarlijke *chari-vari*, geraas, ketelmuzijk en geschreeuw, om dit monster bij verduisteringen te verschrikken, wordt misschien bedoeld in den *Indic. Superst.* §. XXI: »*De lunae defectione, quod dicunt Vincelunia.*" Uit de vereering der *maan* (Mond) laten zich ook nog, onder het volk in zwang zijnde, bijgeloovige gebruiken afleiden, als het *zaad-zaaijen*, *haar snijden*, *nagels knippen*, en wat dies meer zij, bij wassende maan (*a*). Aan den invloed der maan kende men

---

(*a*) Zie ook Dr. Westendorp, *Verh.* 129. met wien ik echter in

in de middeleeuwen nog zoo veel kracht toe, dat dezelve zich tot *ziekten* en *huwelijken* uitstrekte. Dit laatste ongetwijfeld, omdat zij ook als huwelijks-godin vereerd werd. Een HS. der XIV Eeuw handelt over de „*Craft der mane*" ('s Gravenhage en Utrecht). Wij zijn in de gelegenheid daaruit het navolgende mede te deelen, waaruit hare invloed, en zamenwerking met de *zon*, op de ziekten blijken moge.

Blivet iemen siec, des syt gewes,
Alse die mane comt in aries,
En die sonne mit hare mede,
Hi moet hebben een heten rede 1),
Of swere, ende sine adren snel,
Ende in gheenen leden wel;
Hem sal die lufter 2) side sweren.
Laet hi bloet, hem mach niet deren 3),
Van der herte adre, en nutte al cout,
Of hine bliuet niet in sine gewout 4),
Ende vallet thans in frenesien 5).
Ist mett' mane oec, wilic ic lien,
Mars of Saturnus, des syt vroet 6),
Dat hi binnen VII daghē sterue moet.
Ist dat die mane wassende es,
Int vierde aspec 7), des syt gewes,
Alse in ariete die mane baert,
Eñ Saturnus siet derwaert 8),
Van enen quade anschine,
Al sine siecheit eñ sine pine,
Comt hem van dē hooftsware 9)
Hi moet vut sinē sinne varen 10);
Ist dat hare anschyn dan begeuet,
Ic segge, dat hi dan leuet,
Dat Saturnus een ander aspect,
Vp die mane heuet ghemect 11),
Dan moet varē alst varē soude 12)
Sterue of genesen soude;
Maar comt si in Iupiters ghemoet 13),
Of Venus, eer si ter sonne doet,
Soe moet die sieke beiden 14) der tyt,
Des die mane vor die sonne lyt,
Ende weder comt in opposito,
Eer si weder werdet vro 15),
Eñ vintsi der vorghenoemde niet,
Iupiter, Venus, des besiet 16),

1) koorts (*febris*) Mr.Clie-nett, Bijdr. 46.

2) linker zijde; elders vindt men *luchter*, als in „luchterhant" bij Clarisse, Heiml. 302. Clign. 316.
3) deeren, schaden.
4) magt, geweld.
5) ijlhoofdigheden.
6) zeker, verzekerd, „*vroet*" is ook wijs.

7) de vierde stand, kwartier.

8) derwaarts, daarheen.

9) zwaarte, pijnen in 't hoofd.
10) zinneloos worden, zijn verstand verliezen.

11) een ander stand, betrekking, tot de naam heeft aangenomen.
12) gaan, loopen zoo als het kan.
13) ontmoeting. Ontmoet zij (de maan) Jupiter.
14) afwachten.

15) vrolijk. Clarisse *Heiml.* 154, hier door herstel der gezondheid.
16) let daarop.

---

deze opgave verschil, geschiedende het boven vermelde in Gelderland bij wassende maan; zie mijne *Verh. v. de N. Godenl.* bl. 90.

Ende comtse tot Mercurius eer,
Hine geneset nemmermeer:
Ten ware dat Mercurius stoede 17),
Onder die sonne, so ware des hoede 18);
Comen in ariete dese drie,
Sonne, mane, Jupiter daerbie 19),
Ende Saturnus niet en es,
Int achtende huus 20, hi geneset des.

17) stond.
18) zorg.
19) daarbij.
20) *achten*, zorgen, dus zorgende huis, of huis der zorge, zoo bijv Clign. *Bijdr.* 397.

Wij zien hieruit, welken invloed men der mane, ook nog in de XIV Eeuw, toekende op de *ziekten*. Een ander HS. in proza, strekt haren invloed zelfs uit tot de huwelijken, en wij denken daarbij aan de maan als huwelijks-godin. »*Het is quaet huwelic te doene alse die mane es in tauro of virgine, ten si met weduwen*". — Reeds uit dezen algemeenen en uitgebreiden invloed der maan op het leven en levensbetrekkingen, laat zich besluiten, dat zij bij de voorgeslachten, onder welken naam dan ook, hare heiligdommen moet gehad hebben. Een heiligdom van *Mona* te *Dockum*, en, naar vele waarschijnlijkheid, een ander op *Ameland* vermeldt Mr. van den Bergh, a. w., die haar evenwel als een' »*zeegod*" aanmerkte. Dat zij ook elders, bijv. te *Vorden*, hare heiligdommen kan gehad hebben, zoude men uit de zonnedienst aldaar kunnen besluiten. Doch buitendien levert ons land een aantal herinneringspunten en plaatsen op, waar het aandenken aan de *Maan-* of *Mond-*vereering schijnt bewaard te zijn gebleven: als, behalve het in den tekst genoemde *Mon-ster*, ook *War-mond*, *Hegha = Egmond*, *IJselmond* in Holland, *Soel-mond* en *Lakemond*, den *Monterberg* in Gelderland; *Ler-mond* of *mens* in Groningen, *Helmond* in N. Braband, *Hodi-mond* en *Franche-mont* in Luik, *Tir-le-mont* in Vlaanderen, benevens *Clair-mont*, *Clermont* in Frankrijk.

Beproeven wij deze opgegevene plaatsen in verband tot de maandienst en sommige sagen te verklaren: dan schijnt uit *IJsel-mond* (onderscheiden van *mudh*, *muide*, uitwatering), misschien ook uit *Lake-mond* te blijken, dat men zoowel *Loo-* als *Mond*-dienst op ééne plaats te zamen vatte, *IJsel-mond* is *Isola-mond*, en *Lake-mond*, zou mede, wat het voorvoegsel betreft, uit de waterdienst (*Lake = Lek?*) kunnen genomen zijn. Is *Ler = Laer*, of wel *Ler = Lae, Hle?* In het eerste geval zou *Ler-mens* of *mond* ons aan eene *Lara* aan de maan gewijd, in het laatste geval aan de *Lucht*, *aether*-maan doen denken. Wij laten dit in het midden. Inzonderheid schijnt men de *Heldere maan* in *Helmond*, gelijk ook in *Clermont*, vereerd te hebben; welke laatste plaats door het ongelukkige steekspel, hetwelk den Hollandschen Graaf Floris het leven kostte, is vermaard geworden. Dat men wouden, aan zon en maan gewijd, bezeten hebbe, hebben wij reeds boven, bij de heilige wouden, als waarschijnlijk trachten voor te stellen. *Monema-woude* en *Mentera-walda* schijnen aan Mona, Ment = Mond, te herinneren. Doch niet slechts wouden, ook heuvels en bergtoppen schijnen aan *Mond*, *Mont*, *Munna*, of welken naam zij dragen mogt, gewijd te zijn geweest. De berigten althans, die Janssen nopens den *Montferlandschen* berg, ook *Monterberg* geheeten, mededeelt, (*Geld. Volksalm.* 1842. 176), leiden ons tot het zeer ongezochte vermoeden, dat deze berg, dien de sage door eenen *mondvol* land van een paar reuzen laat ontstaan, en die door grafheuvels als heilige grond gekenmerkt is, aan de vroegere *Mond*-vereering is toegewijd geweest. De noordsche mythe, waarin *Munna* met groote haast door de lucht *vaart*, maar ook de bijzonderheid, dat de voet des bergs door grachten omgeven is, kan den naam van *Mont-ver* (veer, vaart) verklaren. Niet slechts als offerplaats, maar ook als bewaarplaats der dooden, wordt de geschiktheid des bergs door eene natuurlijke bron vermeerderd. Te regt stipte Janssen t. a. pl. aan, "dat het mogelijk opmerking verdient, dat de Zeeuwsche godin *Nehalennia* (die wij straks zullen verklaren), even als de juffer van *Monferland*, met een mandje wordt afgebeeld, hetwelk op haren schoot of naast haar staat, doch van vruchten voorzien is". Als karaktertrekken vinden wij omtrent haar aangeteekend: "deelneming aan menschelijke bedrijven, regtvaardigheid in beloonen en straffen". Voor ons bestaat er weinig twijfel, dat wij deze juffer als het beeld der *maan-godin* zelve te begroeten hebben, te meer, omdat men ook elders in Duitschland bergtoppen aan dezelfde godin toegewijd, gehad heeft, waaronder de *Monterberg* bij Kalkar, waarop eertijds een slot, *Munna* geheeten, werd aangetroffen; terwijl zelfs de N. Sage, dat *Munni* (de maan) eenmaal twee kinderen, zonen van *Vidfinur*, namelijk *Bil* en *Hviki*, van de aarde opnam, die op hunne schouders den emmer, *saegr*, en den emmerslang, *simöl*, dragen, zeer waarschijnlijk in dien zelfden omtrek te Emmerik, bestaan hebbe, alwaar men, naast het Saksische *zonnewiel*, op een tweede wapen der stad, eenen *emmer* (*saegr*) heeft.

Nopens onzen *Montfer-* ook *Montfranderberg*, wordt onze opvatting nog meer bevestigd, door hetgene Dr. WESTENDORP (*N. Myth.* 293), waarschijnlijk van STRATINGH, vernomen had: namelijk, dat de ingezetenen aldaar de gewoonte hadden, om in het 's Heerenberger bosch, op den met boomen beplanten heuvel *Montferland* te vergaderen. Met JANSSEN (a. p. 192) achten wij dit vergaderen aldaar der omwonende lieden op vroeger godsdienstig gebruik gegrond. Ook elders vindt men nog oude feestgebruiken.

Zoo het ons voorkomt trekt de *Mond-* of maan-dienst van hier wijders door Gelderland, waar men nabij *Didam* (Theodan), gelijk wij boven vermeld hebben, een *Lun-horst*, een *Lunen-horst* en een *Mân-horst*, benevens *Lijn-horst* of *Hlijn-horst*, aantreffen. Onder den naam van *Hlyn*, *Lin*, *Linia*, werd de maan in het noorden, onder dien van *Lun*, *Lunia* bij de Saksers vereerd, waarop wij beneden terugkomen. — Gelijk bij de Saksers, zoo schijnt men ook in Gelderland zijne *maan-zuilen* bezeten te hebben, in *Soel* = *Sulmond*; een vermoeden, waarin de bovenaangehaalde *Chronijk* van KONR. BODE, 1492, ons niet slechts versterkt, door de medegedeelde woorden, betreffende »*ein Sûle dâr uppe stonde ein bilde*" enz.; maar ook het nabij gelegene *Soelen* = *Sûlen*, benevens *Suilinc-hem*, en *Suelna* (866), nu *Zuilen*, in Utrecht, doen ons aan dergelijke *zuilen* denken, hoewel het ten opzigte van *Soelen*, *Zuilinchem* en *Zuilen*, onzeker is, aan wie deze kunnen zijn gewijd geweest. *Soel-mond* alleen laat bij de letterlijke vertaling in *maan-zuil* of *zuil-maan* geenen twijfel over (*a*).

(*a*) Elders had men ook *Irmin-sûl;* doch om mij te meer van deze opvatting te vergewissen, heb ik mij gewend tot de Hrn. Mr. A. G. BROUWER te *Zuilinc-hem*, en den Eerw. Hr. VAN VEUR te *Soel-mond*. Een en ander bevestigen mij door verpligtend antwoord, dat beide plaatsen tot den Germaanschen tijd opklimmen. Dit blijkt niet slechts uit de aanwezige *woerden*, maar ook uit de gevondene oudheden aldaar. Zelfs gissen wij, dat de grondslagen van het *Zuilen-hem* (*Sulincheym*

Gelijk men inzonderheid de volle maan vereerde, zoo schijnen ook de verschillende standen, bijvoorbeeld de wassende, de halve, en afnemende maan, onder bijzondere namen, de hulde des landzaats ontvangen te hebben, hetzij als liefdes-godin, of als strijd-god. Aan de eerste herinnert, *War*, *Wara*, in *Warmond*, waarmede welligt ook *Heghe*, *Ege-mond* in verband staat, aan den laatsten *Tir*, *Tyr* in *Tir-le-mont*, — aan wien wij eene afzonderlijke beschouwing dienen toe te wijden.

WAR, WARA, was in de N. mythe eene der *liefdes-godinnen*, waarvan de *Edda* eene bevallig ontwikkelde voorstelling bezit. Eigenlijk is zij de godin der verloovingen en der eedzweringen. Zij hoort de geheimste geloften der minnenden, gelijk ook hunne eeden, wijdt hen tot hunne verbindtenissen in (a), en is hunne vriendin, als zij niet hunnen eed verbreken. Zij is wijs en vorscht alles uit, zoodat haar niets verborgen kan blijven; zij dringt door tot in het binnenste des harten. In den eigenlijken zin des woords, bemint zij echtelijke trouw en kuischheid. (Zie mijne *Edda-leer*, blz. 57). Voor deze opvatting en woord-verklaring van *War-mond* pleit niet slechts het wapen der plaats, drie *manen*, waarop wij terug komen, maar vooral ook de sage van Warmond, betreffende den trouweloozen *Radiger*, (ko-

---

1294, *Sulinchem* 1316) aldaar nog aanwezig zijn in den geheel onderkelderden akker met groote kruiswelven, waar ook een penning van *Justinus Junior*, 3e grootte, tot voor-christelijken tijd terug wijst; terwijl ook de *woerden*, een *zandhof* en *werf* te *Sul-mond*, op denzelfden tijd terugwijzen, waarin de aanmerkelijke hoogten, zoo te *Sul-mond*, als te *Sulen* eenmaal *zuilen* gedragen hebben, ter eerstgemelder plaatse aan de maan (mond) gewijd. Het aanwezen eener groote waterkom bij deze heuvelen, zal men uit boven beschrevene Loo-dienst ligtelijk verklaren. Minder gelukkig slaagde ik in het inwinnen van *schriftelijke* berigten nopens Tri- of *Termunten* in Groningen, bij den Eerw. Heer CRAMER aldaar, naar wiens mondelinge mededeelingen ik echter genegen ben te gelooven, dat aldaar *drie-bergen* (trium montium) moeten gezocht worden, even als in Utrecht. Dit *Termunten* verdient echter, even als het nabij gelegene *Grise vrouwen*, nader onderzoek.

(a) Van die inwijding gewaagt de *Thrymsq.* str. 30,
 Vigit ockr saman
 Varar hendi.
i. e.: Initiate nos ad conjugium. FINN. MAGN. *Lex. in voce.*

nings zoon aldaar), die, wegens zijn woordverbreken, door zijne *bruid*, eene Engelsche prinses, gevangen genomen, op de edelaardigste wijze daardoor werd gestraft »dat hij aanstonds hare mededingster moest wegjagen en aan haar de plaats in zijn hart, die haar, wegens vroegere *trouw-gelofte* toekwam, weder terug schonk". — Deze schoone sage, die eene sierlijke dichterlijke behandeling waardig is, door Procopius, *de Bell. Goth.* IV. c. 20. medegedeeld, werd door van Loon, *Aloude Hist.* I. 249. en Wagenaar, *Hist.* I. 313, als *geschiedenis* overgenomen; en door Mr. van den Bergh, a. w. 222. »als *volkssage* verworpen". Wij vermoeden, dat een overoud plaatselijk gebruik van den Heer en Vrouwe te *Warmond*, om, op zekeren dag des jaars (welken, is ons onbekend), hunne dienstbare huisgenooten zelven als *knecht* en *meid* te bedienen, tevens met het voorafgaande in verband kan staan. En, aangezien men de maan, als Wara, bij verloovingen vereerde, is het ons ook als waarschijnlijk voorgekomen, dat men haar als *Egt-godin* zal vereerd hebben. Dit heeft ons meermalen aan *Eg-Heghe-mond* doen denken, alwaar mede, blijkens den, op blz. 153. vermelden, groen-achtigen karbonkelsteen, de maan schijnt vereerd te zijn geworden.

Vroegere vermoedens omtrent *Hodi-mond* en *Franchi-mond*, dat *Hodi* de donkere maan, of in tegenoverstelling van *Franchi-mond* (als *vrijgelatene*) de *gevangene*, verborgene maan, konde wezen, zien wij niet slechts door Finn Magnusens, woord-afleidingen van *Hódi*, *Hodi*, *Hödr*, maar ook door de sage bevestigd. *Haudr* (*Vincelunia*) was in de N. mythe, eene voorstelling van den donkeren nacht, de ongelukkige moordenaar van zijnen broeder, den lichtgod Baldr. Nu loopt volgens Bovy, (*Promen. Hist. dans le pays de Liege* II. 65.) boven op het slot *Franchi-mond* eene *balu-strade* zonder leuning rond. Daarop hebben *twee broeders* elkander gedood, de laatsten van hunnen stam. In elken middernacht wandelen zij daarop rond, rammelen met hunne wapenrustingen, en verdwijnen met het eerste hanen-gekraai. Deze merkwaardige sage uit de *Baldr's*-mythe, is ook in Gelderland, *Heteren* op den *Juffers-werth*, te huis (Heldring, *Wandel.* II. 124). (*a*). Wij komen er op terug.

(*a*) Kan daarom ook *Heteren* aan *Hördr*, *Haudr*, *Heidr* herin-

Tot de maan- of *Mond*-vereering, zoo het ons voorkomt, een overwegend, of liever een meer ontwikkeld beginsel der mythische natuur-vergoding *dezer* gewesten, boven de *Sol-* of Zonnedienst, althans onder dien naam, achten wij ook te behooren, behalve den man in de maan, het spreekwoordelijk gezegde:

> Een oud wijf valt in de maneschijn,
> De maan moet daarvan de oorzaak zijn.

(zie ook den *Ind. Superst. et pag*, § XXX). Doch hoedanig dit ook zijn moge, haar vriendelijk licht gaf in het noorden tot nog andere mythen, die van *Hlijn*, *Lijna*, *Lina* aanleiding. — Verwant met *Lina*, is *Luna*, in *Lunenburg; Lun* in *Lun-horst*, *Lunteren* (op de Veluwe), en de overgang van *Lun*, *Lin*, in *Len*. Zoo wij vermoeden behooren deze echter tot een meer ontwikkeld tijdvak der maan- of *Mond*-dienst, naardien men aan deze zuilen, aan de laatste standbeelden wijdde; — althans de *Neha-lennia* te Domburg achten wij geene andere dan de *nachtelijke maan*, en daarom hier de regte plaats over haar te gewagen, en onze woordverklaring, als zoodanig, met eenige bewijzen te staven. — Zonder te herhalen wat Smallengange, van der Sloot, Gargon, van Loon, Boxhorn, Vredius, Montfaucon, Pougens, Speleveldt, Westendorp, ook van den Bergh, bij welke eersten men de afbeeldingen dier godinne aantreft, ter verklaring hebben aangevoerd, volgen wij hierin den eenvoudigen weg, welke mannen als Mone, Grimm en Finn Magnusen in dezen hebben aangewezen, welke beide eersten den zamenhang van *Nehalennia* met de boven, door ons verklaarde *Nehae*, hebben doen opmerken. *Neha* bleek ons (zie bl. 80) te moeten vertaald worden door *nacht:* er blijft dus nog *Lennia*, waarvan *nia* als vrouwelijke terminatie weggenomen, alleen nog overlaat de verklaring van *Len*, het subst. van *Hlé*, *Lae*, *Hlua*, *Hlija*, (favere, fovere),

---

neren? Wij durven, bij gemis aan oude vormen, niets bepalen; maar deze verzekering gaat te Driel (Trielo) nog in den mond der kinderen.

> Te Driel,
> Zwoer men bij lijf en ziel,
> Dat men 't te Heteren
> Niet kon gebeteren.

Wat? wordt niet vermeld; maar ook *Hödr* (Haudr, Haldr) was een onschuldig broedermoordenaar.

waarvan: het oudn. *Hlijn*, Deensch. *Lun*, angs. *Lun*, ons *Len*, *Leen*, als vriendelijke maan-godin. — Als gezelschaps-juffer van *Freija*, was *Luna* de vriendelijke troosteresse des menschdoms, die de menschen beschermt voor gevaren en hunne smarten *lenigt*, zelfs den lijdenden de tranen afkust (Zie *Edda-leer*, 49. 52.): eigenschappen, die men aan de *nachtelijke maan* (*Neha-Lennia*) volkomen kan toekennen, en, zoowel de offersteenen, wegens door haar verleende bescherming op zee, als de toewijding van eenen haas en ooftschalen, op hare gedenksteenen, ophelderen (*a*). — Hare bescherming op zee, hare begunstiging der jagt, en invloed op de vruchten, zien wij daarin evenzeer erkend. — Ook zij was de godin van liefde en vriendschap, aan wier vereering de oude Zeeuwen, zoo het schijnt, een algemeen volksfeest hadden gewijd, hetwelk nog, volgens AB UTRECHT DRESSELHUIS (*Z. Volks Alm.* 1837. 56), hoewel zwakke, sporen onder het landvolk heeft nagelaten, in den zeer verbasterden *Hannelies-jes dag*, welke op den eersten maandag in Mei en den eersten donderdag in November invalt, en alzoo, wat het eerste feest betreft, met de algemeen gevierde *Mei*-feesten, en wat het laatste aangaat, met de vroegere *winter*-feesten kan zamenhangen, waarover nader.

De toewijding van eenen dag der week aan de *maan*, Maandag, hoogd. *Mondtag*, en de oorsprong daarvan in de vroegere maandienst, behoeft slechts even vermeld. Doch men vereerde de maan ook nog onder een minder vriendelijk voorkomen dan de even vermelde *Lennia*.

De maan TYR, TYS, TY, (↑) *als strijdgod.*

Dat de oude *Germaan* niet vóór nieuwe maan den strijd mogt aanvangen, geeft ons reeds het denkbeeld van haren invloed op de overwinning. En wat achtte men al niet onder haar uitgestrekt gebied? Als strijdgod was zij in het noorden *Tyr*; ook den Germaan was deze

---

(*a*) »Soms heeft zij iets van *Ceres*, de beschermvrouw der akkerlieden, dan van *Diana*, de patrones der jagers en kusthavens, straks weder van *Luna* of *Lucina*, de beheerscheres der watergetijden"; zoo zegt AB UTR. DRESSELHUIS te regt, *Zeeuws. Volksal.* 1837, wiens woordverklaring alleen (*Nehalennia* = *Eeënhal*, watertempel), wij niet kunnen huldigen.

bekend, en in ons land inheemsch: TIR-*le-mond*, kan als zoodanig, ten bewijze optreden; misschien ook *Tys-ter-bant;* maar buitendien, zoo het schijnt, meer dan eene loo-plaats, die tot hiertoe onverklaard bleef, als *Thiel*, (oude vorm *Ti-lo*) *Til-burg* (bij de ontleding *Ty-lo-burg*) (a); *Tir-grathfelt*, misschien ook *Tui-lo*, (Tuil), het oude *Tir-lede* (Thierlede), en misschien nog anderen. Ook het oude noorden telde een *Tiis-söe* (lacus Tyris), een *Tirs-bek* (Tyris rivus), *Ti-sted* (Tyris habitacula), *Tis-velde* enz. (vid. FINN MAGNUSEN, *Lex.* in voce). En aangezien wij tot hiertoe reeds zoo vele fragmenten van het noordsche mythen-stelsel in ons land hebben weder gevonden, zoo schromen wij niet ook den sterken *Tyr* daartoe te betrekken. Maar wij hebben, behalve deze localiteiten nog andere bewijzen, dat zijne mythe ook hier inheemsch was. In de *Edda* is hij de koenste der *Asen*, weshalve hij als de god des krijgs vereerd werd. Toen niemand hunner den vervaarlijken *Fenrirs-wolf*, (een monster der onderwereld), omdat het noodig was hem eenen band aan te leggen, ten einde zich voor den gedreigden ondergang te behoeden, — als onderpand, de hand in den muil durfde steken, toen bestond de koene *Tyr* dit waagstuk; zoodra echter de onverbreekbare band werd aangelegd, beet de wolf hem de hand af. — (Zie mijne *Edda-leer*, 29.). Deze mythe van *Tyr* schijnt SOETERBOOM (*Oudh. v. Zaanland*; I. 315) of, buiten hem, de overlevering in eene sage betreffende eenen boeren-zoon van *Knollendam* veranderd te hebben, en daaraan den oorsprong van het wapen van *Westzanen* en *Crommenye*, (een *leeuw*), toe te kennen. Deze koene man stiet op eenen leeuw, stak hem zijnen linker arm in den muil, en doorstak hem met zijn mes. »De koene man droeg verder geen letsel daarvan, dan dat hij eenen stijven linker arm behield". *Tyr* echter verloor er de regterhand bij; doch in allen gevalle

---

(a) Mr. VAN DEN BERGH verklaart *Til-burg* uit het latijn: *Tilia* lindeboom, en het Germ. *burch?* Dr. HERMANS (*N. Br. Alm.* 154) ontleedt, onzes erachtens, beter, naar een charter van 712: *Tilburgis*, en *Tylborch* (1269). Hij geeft daarvoor *Tillo* en *Burgum*, *Tyl* en *borch*; doch denkt daarbij aan eenen *H. Tillo*, wiens feest, volgens het *Rituale Romanum*, Antw. 1694, den 7 Januarij invalt, en — aan *Tyl Uilenspiegel!*

Mond, Mona.

voert *Westzanen* tot aandenken aan dien »*wonderbaren strijd*" een' leeuw in zijn wapen, waarover wij later zullen handelen. — Verhalen van dergelijke koene daden, het omkeeren van eenen *wolf* als eenen *handschoen*, zijn ook nu nog onder het landvolk, hier en daar, in zwang. — Inzonderheid echter in Gelderland (*Tysterbant*), Noord-braband en België schijnt de vereering van *Tir* vele sporen te hebben nagelaten. Kan dit op vroegeren krijgshaftigen aard en krijgsbedrijven, waarvan de volkssagen in die gewesten vol zijn, terug wijzen; dan zoude het bekende:

> Klein van goed,
> Groot van moed,
> 't Zwaard in de hand,
> Is 't wapen van *Gelderland*.

insgelijks hooger kunnen opklimmen, dan tot de grafelijke veeten der middeleeuwen.

Toen de goden de stad Belgis verlieten verkozen zij *Tyn-ard* tot Koning WOLF (*Volks.* 104) gist, dat de tempel van *Mars*, door de *Nerviërs* gebouwd, *Famars*, *Dis-burg*, i. e. *Tys-burg*, kon wezen, en de naam van het riviertje *Dyle* = *Ty-lo*, leidt de overlevering van eene godin *Delia* af; (*Vita St. Romualdi*); wij liever van *Tyr*. — *Tiremundi* komt bij MIRAEUS voor, op het jaar 1066; *Tir-le-mont* (th. *Thienen*) in Braband, schijnt de verblijfplaats van den held van *Telramonde* (in de *Sage van Lohengrin*). Ook deze held werd geacht, omdat hij eenen grimmigen draak in het noorden bestreden, en zich daardoor uitstekenden roem verworven had. Is *Telramonde* hier (naar MONE, *Niedl. Volkst.* 71.) TIR-*le-mond*, dan erkennen wij ook hier weder onzen held *Tyr*. Nog een ander bewijs voor de meerdere vereering, welke *Tyr* in *Braband* ontving, zou welligt uit het wapen van *Brussel* en *Luik* kunnen worden ontleend, welke beide eenen draken-bestrijder voeren; doch daarover later.

Een doorslaand bewijs schijnt echter daarin gelegen, dat men hem, zoo als wij zeiden, uit de maandienst ontsproten, in België ook den navolgenden dag gewijd had, denzelfden die in de N. gewesten aan *regts-* of *thing-*zaken was toegewijd, van waar *dingsdag* zijnen naam ontleent. WILLEMS, (*Verh. o. N. Taal- en Lettk.* I. 90.) geeft voor Dingsdag, *Dysendag*, waarin slechts zeer gebruikelijke overgang van *Tyr*, *Tys*, in het zachtere *Dis* (*t*, *th* = *d*) plaats heeft, hetwelk ons ook later meermalen zal blijken (*a*). — Ook de Deenen en oude Friesen hadden hunnen *Tys-dai* aan den strijdgod gewijd.

Sternen, Cometen.

Dat gelijktijdig met *Sol* (zon) en *Mond* (de maan) ook bijzondere *Sternen* (sterren), inzonderheid de Kometen, zullen zijn vereerd geworden, heeft reeds Grimm (1e ed. 414 enz.) door vele voorbeelden aangetoond. Onderscheidene plaatselijke wapens, als van *Dokkum*, *Wateringen* (in het Westland) *Vollenhoven*, *Genemuiden*, enz. bewijzen, dat deze sterren niet geheel zonder beteekenis zijn; doch moeijelijk is het te bepalen, aan welke sterren in de algemeene natuurdienst, eene bijzondere onderscheiding is te beurt gevallen: de *wagen* (Ursus major), de *melkweg*, de *Orion* (*Freija's*, naderhand *Maria's* spinrokken), benevens de morgen- en avondster, zouden wij daaronder betrekken; doch vooral waren het wel de onheilspellende *Cometen*, wier verschijning als voorboden van ramp en onheil, schrik en angst onder het volk verspreidden, welke hier onze opmerkzaamheid verdienen. Eene groote lijst van zoodanige verschijningen, uit vroegere eeuwen, zouden wij hier uit onze *Chronijken* kunnen verzamelen; doch liever deelen wij hier uit bovengemeld HS. *de kracht der mane* mede, wat men vroeger dienaangaande dacht:

Van Sterren, die stert hebben, en hēten Cometen.

Vort wilt dat verstaen,
Datmē sulc tyt [1]) siet vpgaen,
Tsmorgens in die dagheraet,
Sterren mit staertē, dat verstaet,
Dat van dien planetē is ne gheene [2]),
Noch sterren, groot no clene,
Die int firmament staen;
Beneden die mane si alle gaen.
Wat dat is nv hort hier:
Ten is el niet [3]) dan een vier.

1) somtijds.

2) dat het geene van de planeten is.

3) anders niet.

(*a*) Van waar Willems echter zijne *Thysa* of *Dysa*, »eene goddin die den landlouw beschermde en vrouw van *Thor* was" ontleent (t. a. pl.) verklaren wij niet te kunnen gissen. De verwantschap van *Thor* (T) met *Tyr* (τ) zal ons later blijken.

Een lucht is ontsteken daer 4),
Ende hanghet eñ bernet 5) claer;
Somtyt van der natueren 6),
Dat het langhe moet geduré.
Maer die stert, die daer nederwart trecket 7)
Dat seghet Aristoteles 8),
V 9) manieren van desen es,
Hare name syn cometen;
Een boec doet mi weten,
Alse ene in enich lant schijnt,
Dat lant wordt ghepynt 10),
Van ere plaghen; van drien
Moet hem emmer dan gescien.
Deerste ēs sterfte ghemeene,
Van ouden, ionc, groot of clene;
Dander honghcr eñ tarde 11) mede,
Manslacht van onvrede 12),
Van lantshere onderlinghe.
Siet dit syn die III dinghe,
Derwaert 13) dese sterne staen,
Sal dese plaghe seker gaen.
Maer Aristoteles seit,
Dat ic houde ouer waerheit,
Dat in die somersche dagheraet,
Die Comete noortwaert staet,
Ende es ene lucht claer,
Die hanghet en vlammet daer,
Ende betekent tempeest 14),
Ende wint in den somer meest.

4) daar ontstoken.
5) brandt.
6) soms van dien aard.
7) naar beneden trekt, hangt.
8) het *orakel* der middeleeuwen.
9) Vijf.

10) gekweld, geteisterd.

11) gebrek, duurte.
12) *onvrede* in tegenoverstelling *van vrede*: oorlog.

13) daarheen.

14) storm, hevige wind, fr. *tempête*.

Ongetwijfeld zoude de wenschelijke uitgave van dit en andere Handschriften nog menigen trek van vroeger heidendom aan het licht brengen.

Over den *regenboog*, in de N. mythe de burg *Bifrost*, heb ik in mijne *Verh. over de N. Godenl.* bl. 67. gesproken. Met den vinger derwaarts te wijzen, werd den kinderen in Gelderland, uit hoofde van deszelfs groote heiligheid, verboden; dit kan echter zoowel eenen Bijbelschen als Noord-mythischen oorsprong hebben.

55. **Erda, Hertha**, (*de Aarde*).

Dat naast *Sol* (zon) en *Mond* (maan) ook *Hertha* of *Arda* (de aarde) onder de Germaansche volksstammen is vereerd geworden, en sporen harer vereering in ons land heeft nagelaten, bleek ons reeds meer dan eenmaal, bij de ontleding en verklaring onzer Loo-en, Wouden en andere plaatsnamen. Geen wonder ook: de mensch leeft op de aarde, die hem voedt en onderhoudt, in wier milde oogsten hij zich verblijdt, in wier schoot eenmaal zijne aschkruik naast die der voorgeslachten ter bewaring aan de goede geesten wordt toevertrouwd. Zoodanige denkbeelden waren reeds voor den vroegeren natuurvereerder genoeg, om ook haar goddelijke hulde te brengen. Naar de verschillende toestanden, waarin de aarde zich in eenen vollen jaarkring vertoont, werd zij in het noorden onder verschillende namen, van *Frigga*, *Freija*, *Rinda*, *Jörd* vereerd, waarvan de laatste naam het naast met onze *Arda*, *Hertha*, enz. overeenstemt. Tot de verschillende vormen daarvan behooren, *Arce*, *Erce*, *Erche*, *Erc*, *Ertha*, hgd. *Erde*, goth. *Airtha*, en met de aspiratie *Harda*, *Hard* = *Hertha*, waarvoor Tacitus (*Germ.* 40) ook *Nerdu*, *Nerthu* geeft. Bewijzen van dit een en ander levert (Grimm, *D. M.* 1e ed. s. 152). Nopens de vereering nu van *Hertha* of *Nerthus*, blijkt uit Tacitus, dat zij als "*terrae mater*" is vereerd geworden door de *Longobarden*, *Reudingen*, *Avionen*, *Anglen*, *Varinen*, *Eudosen*, *Suardonen*, *Nuithonen*, zonder dat hij daardoor echter de overige Germanen van hare vereering uitsluit. — Ook de wijze, waarop zij door gemelde volksstammen is gediend geworden, blijkt uit de navolgende woorden: "Van haar geloofde men, dat zij zich in menschelijke zaken mengt, en zich onder de volkeren laat rondvoeren. Op een eiland des Oceaans (a), zegt hij verder, vindt men een nooit ontheiligd woud, en daarin eenen met een kleed overdekten, gewijden wagen. Alleenlijk de priester mag dien aanraken. Hij weet, wanneer de godin onder het deksel gekomen is, en volgt haar, die door twee koeijen getrokken wordt, met diepen eerbied na. Dan heeft men vrolijke dagen en feesten, op alle plaatsen, die zij met haar bezoek en verblijf verwaardigt. Men begint geenen oorlog, grijpt geene wapenen aan, bergt alle geweer weg, en kent en mint slechts vrede en rust, totdat dezelfde priester de godinne, nu verzadigd van den omgang met stervelingen, naar het tempel-woud (templum) terug brengt. Zoodra zij daar is, worden wagen en kleederen,

---

(a) van Wijn, Grimm, en anderen denken hier aan het eiland Rugen, "als zeer gelegen voor de gemeenschappelijke godsdienst-plegtigheden dier volkeren".

en zoo gij het gelooven wilt, de godin zelve, in een verborgen meer, afgewasschen. Die dienst wordt door slaven verrigt, welken hetzelfde meer terstond inzwelgt. Van daar die geheime schrik en heilige onkunde, wat het toch zij, hetgeen slechts diegenen zien, die dadelijk sterven moeten" (a). Dit deel der *Sueven* (en dus waarschijnlijk ook de *Hertha*-dienst) strekt zich uit, tot in de verst afgelegene deelen van *Germanië*.

Even als bij de bovenvermelde volksstammen, zoo schijnt ook bij den *Batavier* de *Hertha-dienst* algemeen verbreid te zijn geweest en sporen in ons land te hebben nagelaten.

Onder de tempelwouden aan haar toegewijd, telden wij boven (aant. 48. bl. 225.) het *Arduen-na*, d.i.: *Arduwen* (Hertha-woud, waarvan het *Aards-woud* of *Aerden-hout*, nabij Haarlem de geheugenis bewaart. — Het *Ardes-hage* of *Hardec-hage* hebben wij reeds boven verklaard als woud of hage van *Arda*, gelijk andere opgenoemde wouden van Zuid- en Noord-Holland nog als overblijfsels daarvan zijn aan te merken. Onder de wijkplaatsen komt ons gedurig voor den geest *Harder-wich* (Arda-wich?); doch *Jor-werth* in Friesland, *Jaars-veld* (1303) herinneren, wat den woordvorm aanbetreft, meer aan *Jörd*, *Jaar*, echter zijn zij geheel verwant met de bovenstaande plaatsnamen, in welks nabijheid wij een *Ar-lar* (*Aerlaer*), benevens eene beek, de *Arcke*, aantroffen. Meerdere sporen van toewijding leverden ons echter de Loo-en, als: een *Hercu-lo* in Overijsel, *Arc-lo* (Arkel) in Zuid-Holland, die ons aan *Ar*, *Aer*, *Arke*, *Erce*, doen denken (zie aant. 15. bl. 70, 71.).

(a) *Nec quidquam notabile in singulis, nisi quod in commune* Hertham, *id est,* Terram matrem, *colunt, eamque intervenire rebus hominum, invehi populis, arbitrantur. Est in insula Oceani* castum nemus, *dicatumque in eo vehiculum, veste contectum. Attingere uni Sacerdoti concessum. Is adesse penetrali Deam intelligit, vectamque bubus feminis multa cum veneratione prosequitur. Laeti tunc dies, festa loca, quaecunque adventu hospitioque dignatur. Non bella ineunt, non arma sumunt; clausum omne ferrum: pax et quies tunc tantum nota, tunc tantum amata: donec idem Sacerdos satiatam conversatione mortalium Deam templo reddat. Mox vehiculum et vestes, et, si credere velis, Numen ipsum secreto lacu abluitur; servi ministrant: quos statim idem lacus haurit. Arcanus hinc terror, sanctaque ignorantia, quid sit id, quod tantum perituri vident.* Tacitus. Germ. c. 40.

Doch niet slechts wouden, wijken en meer dan een loo, maar ook bergen, schijnen haar gewijd, even als aan *Mond*. De *Hardenberg* in Overijsel, *Hartjes-berg* (waarbij Sonsbeek) nabij Arnhem, het *Harde* op de Veluwe, komen ons voor haar aandenken te bewaren; maar nog meer, in denzelfden omtrek, vooral in het Zutphensche, de zoogenoemde Geldersche "*D-erck* met zijn beer". Men weet, dat in vele namen de voorgevoegde t' (the) d' (de) zamensmelt, zoo dat "*Derck* met zijnen beer", bij de ontleding, *De Erc*, *Erce*, *Ertha*, enz. door GRIMM, l. c. zeer wel met *Freija*, (beter echter met *Hertha*) kon vergeleken worden. Ook als *De Erc* op kersmis in het Zutphensche rondrijdt, bergt men, even als vroeger bij de omtogten van *Hertha*, of de *Herda-gangen*, alle akkergereedschappen onder het dak. (STARINGH, *Mnem.* 1829. I. 303.) In Saksen vloog insgelijks in den langsten nacht, den zoogenoemden *valken-* of *moeder-nacht*, Vrouw HERA (i. e. Era, Hertha) met geschenken rond, en in Beijeren volgde op den *zon-* en *maandag*, een *Eric-tac*, *Erc-tac*, dat is Aard-dag, een dag aan *Hertha* gewijd. Aan dergelijke *Hertha* of *Herd-gangen* naar *Har-laer* (Arda-laer?) deed ons ook ACKERSDIJK (in DE J. *Taalk. M.* III. 307.) denken (bl. 163.). Dat zoodanige omgangen met de godin, als boven beschreven, ook bij onze voorgeslachten hebben plaats gehad, zouden wij uit de latere R. C. processiën, bijv. in Gelderland naar *Keve-laer*, in Zuid-Holland van 's Gravesande, over de Lier en Oosterlee, naar *Delft* durven afleiden. Alle deze processiën en omtogten met Sancten-beelden, gelijk wij die in vroegere jaren in *Huissen*, voor een paar jaren (1840) te Bingen, naar den St. Rochus-berg, bijwoonden, en die vooral nog in België in zwang zijn, beschouwen wij als louter navolgingen van de vroegere heidensche *Herdgangen*. Eerst na de hervorming is die van de *Lier* in onbruik geraakt. Maar buitendien schijnt men *Harda* of *Hertha* een algemeen jaarlijksch feest gewijd te hebben, waarvan nog, even als van een *Mond-feest* te *Montverland*, en van een vroeger *Nehalennia*-feest (de *Hanneliesjes*-dag in Zeeland), zwakke sporen worden aangetroffen. Dit feest viel, zoo het schijnt, in het na-jaar in, en was het algemeene *Haer-* of *Har-fest* (Her-fest) onze *Herfst*, waarin men nog te Haarlem den overouden *Hardjes-dag* (in Oogstmaand), aan het zoogenoemde

Kraantje Lek viert. De tijd, waarin dit vrolijke feest invalt, regtvaardigt onze gissing, dat de *Hardjes*-dag, waarvan SAMUEL AMPZING, (*Beschr. v. Haarl.* 1628) den oorsprong niet kende, aan HARDA of HERTHA zal zijn toegewijd geweest. *Haarlem* zelf en het *Aards-woud* aldaar ondersteunen deze meening; zijnde Haarlem bij de ontleding *Haer-lo-hem* of *Haralo*, in beide gevallen een Loo-en, een woud aan *Arda*, de Aard-moeder, gewijd, die men, wegens hare milde gaven, met een vrolijk oogstfeest vereerde. Nog is dit *Hardjes-feest* aldaar een belangrijke feestdag, waarop men, volgens FRANCQ VAN BERKHEIJ (*Oud Holl. Vriendsch.* 24), op en om de hooge duinen van Haarlem, »solt en rolt, speelt en kweelt", terwijl het tevens blijkt, dat daarbij, althans in vroeger tijden, ook *zeebaden* (vermoedelijk uit de Loo-dienst ontsproten) plaats grepen. Wanneer men in Gelderland den laatsten veldoogst binnen brengt, stond men den brenger, nog in mijnen tijd, met emmers vol water op te wachten, om, ware het mogelijk, hem doornat te gieten.

Sporen van den *Hardjes-dag*, waren in dienzelfden tijd ook nog in den omtrek van Arnhem, vanwaar, en uit den omtrek, men gewoon was zich naar den *Hardjesberg* te begeven. Welligt loont het der moeite, te weten of dergelijk feestgebruik ook in Overijsel aan den *Hardenberg* en *Hericker*-berg verbonden was, of nog is, en waarin, zoowel daar, als op den *Hardjes-berg*, de vroegere feestgebruiken bestonden of nog bestaan. — Waren het offergaven, die men der godinne vroeger wijdde? Bestond het feest alleen in omtogten en volksvreugde? Of bragt men gemeenschappelijke malen te zamen? — Alle deze vragen kunnen ter plaatse zelve welligt tot nader onderzoek leiden. Genoeg zij het uit het bijeengebragte tot de vroeger algemeene *Hertha*-dienst te kunnen besluiten, wier feest nog in vrolijke volksgebruiken sporen heeft nagelaten. Over den Haarlemmer *Hardjes*dag, zie men ook Mevrouw VAN MEERTEN geb. SCHILPEROORT, *Reis* enz. 1829. II. 188, en over *Hertha*, EGB. ROELANTS, *Verh.* §. 5. bl. 39; gelijk mede hetgene P. H. TYDEMAN, nopens dezelfde godin, en de *tempelwagens* zegt, in zijn boekske: *Oostersche, West. en N. Mythol.* 1842 §. 26. 88, wiens dichtregelen wij meenen thans ook vooral op het vroegere *Arduenna*-woud te mogen toepassen:

> 't Is hier, in 't heilig eikenwoud,
> Dat, ongezien van 't volk, op geur van jonge bloemen,
> De schoone *Hertha* zich onthoudt,
> Hier praalt haar goddelijke wagen;
> Hier staan haar runderen in 't wit gareel geslagen.

Dat de Geldersche *D-Erc* met den *beer* (een varken) verschijnt, herinnert ons misschien aan de toewijding van een *ever-zwijn*.

Na de boven medegedeelde sporen en bewijzen van vroegere natuur-goden, *zon*, *maan* en *aarde*, kan het, bij de voortgezette nasporing, hier wellig als de geschiktste plaats geacht worden, op te merken, dat men in den loop der eeuwen van het natuurgewrocht tot hoogere, meer afgetrokkene denkbeelden, tot meer geestelijke, goddelijke wezens, schijnt te zijn opgeklommen, die evenwel nog altijd hunne zigtbare vertegenwoordigers in de natuur bleven behouden. Ontwikkelden zich die denkbeelden uit de eigenschappen of attributen, welke men *Sol*, *Mond* en *Hertha* toekende? Wij vermoeden het, dat het *weldadige* zonnelicht, de *vriendelijke* maan, de *vruchtdragende* aarde, in de denkbeelden der menschen *goden* deed ontstaan, aan wie men, (terwijl men van het schepsel of natuurgewrocht zelf tot hoogere onzigtbare wezens opklom), dezelfde eigenschappen toekende, en die men, onder verschillende voorstellingen en vormen, als zoodanig, eene goddelijke hulde bragt. De kinderlijke *liefde* en vereering, die men aan de eene zijde aan de opgenoemde natuurgewrochten, (*zon, maan, aarde*) bragt, de *vrees* aan den anderen kant voor eene der meest geduchte natuur-verschijnsels, den *donder*, moesten, bij het zoeken naar oorzaken, als van zelf, zoodanige meer verhevene wezens of Asen uit de omringende natuur doen geboren worden, waarin men, als in eenen *spiegel*, het godenleven trachtte na te vorschen, en, op nieuw op het menschen-leven toepassende, in navolging bragt, om daardoor, reeds op aarde, zich te nader aan de goden *zelven* aan te sluiten. Zoo wekte reeds de eeuwige strijd tusschen licht en duisternis, tusschen zomer en winter, eenen oorspronkelijken karaktertrek van den *krijgszuchtigen* Germaan, die zich, even als de Scandinaviër, geen ander *Valhalla* denken kon, dan waar hij zijnen strijdlust zoude verzadigen: even als hij dat in de natuur, en den onophoudelijken strijd der natuurgoden reeds opmerkte. Maar zoo ontstond ook, in het somber gevoel, *dat de mensch buiten zijnen God getreden was*, eene nieuwe *trilogie*, van goden, die bij de verdere ontwikkeling hunner eigenschappen, een meer of min beschaafd mythenstelsel van veel-goden deed geboren worden. Van dat stelsel beschouwen wij de eerste natuurgewrochten, tot goden verpersoonlijkt, als de onderste trappen, terwijl wij de latere als de meer ontwikkelde voorstellingen daarvan aanmerken, die, naar het verschil der natuur en omgevingen gewijzigd, ook bij verschillende volken en volksstammen moesten onderscheiden zijn; zoo althans achten wij, dat de mythenstelsels geboren en voortgeplant werden, waarvan de inheemsche mythen zich het naast aan het noordsche Asenstelsel aansloten.

In dit *Asenstelsel* bekleeden ODIN, THOR en FRIGGA, als eerste trilogie de uitstekendste plaatsen, waarnaast BALDR, TYR, HAUDR en het overige zestal goden en godinnen, den raad der goden in *Valhalla* uitmaakten. Bij al hetgene op vaderlandschen bodem is verloren gegaan, is het thans wel niet meer te bepalen *tot welken trap* van ontwikkeling zoodanig godenstelsel, ook in ons land opgeklommen zij; daarover zullen wij eerst later, als wij handelen over de invoering des Christendoms, en aan het einde van ons onderzoek, een enkel woord kunnen zeggen.

Intusschen bleek het ons reeds uit al het voorafgaande, dat ook het eerste drietal, onder zekere wijzigingen, als WODAN (*Woens*), FREYA (*Frowa*), THUNAER (*Donar*), benevens hunne modificaties, als lichtgod BAL, *Baldr*, en zoo als wij boven zagen, als strijdgod TYR, *Tys*, zijn vereerd geworden.

56. Wodan, (*Warns, Woens*).

Deze, in het N. Asenstelsel, onder den naam van *Odin*, als de "*Vader der goden*", en met zijne broeders *Vile* en *Ve*, als de Schepper van alles, wat bestaat, vereerd, werd ook bij den Germaanschen volksstam als de hoogste godheid gediend. Noormannen, Alamannen, Longobarden, Germanen en Batavieren, Saksers, Friesen, Franken, enz. hadden hunnen *Wodan*, veelal echter onder verschillende namen, als *Warns* (misschien ook *Garns*) bij den Fries, als *Woens* bij den Batavier; meestal echter *Wodan*, ook *Gwodan* (zoo bij PAULUS WARNEFRIDI, *de Gest. Longob.* I. c. 9), wijders *Guodan*, *Godan* genoemd, waarvan ons gebruikelijk *Gode*, *God*, is voortgesproten, dat met *goed*, *goedig* ten naauwste verwant schijnt. GODAN, »*quasi bonum faciens*", zegt GOBEL. *Persona* (*Cosm. aet.* VI. c. 38), aangehaald bij VAN LOON, *A. H.* I. 18. Derhalve niet gelijk Mr. HOEUFFT (in DE J. *Taalk. M.*, II. 164), het woord *God* afleidt van het »*Diu*", het Wallische »*Dai*", waarvan *Dieu*. GRIMM leidde het woord *God* af van het Zendisch *qva-data* (a se datus, increatus), Sanskr. *svadata*; doch met deze geweldig sterke verkorting stemt niet overeen Dr. FRIEDR. WACHTER (*Allg. Litt. Z. Aug.* 1836. 538.), die hetzelve afleidt van het Persisch »*chosch*" (d. i. *goed*), waarvan *Choda*, *Chuda*, — *Godan*, *Gudan* (bonum faciens). Ook *Wodan* schijnt niet anders te beteekenen: *godan* = goeddoend, *Wodan* = weldoend is synonym. Als goeddoende, weldoende magten, als *blid regin* (blijde, vriendelijke magten), *holl regin* (vriendelijke, Hgd. *holde*, magten), als *nyt regin* (nuttige, nutgevende magten) beschouwde men de *Asen* of *goden*, in tegenoverstelling tot den menschen vijandige wezens, namelijk de *reuzen*, (WACHTER, t. a. pl.) in de middeleeuwen de *duvels*. Als *goeddoend*, *weldoend*, schijnt ook WODAN, GODAN, onder de voorgeslachten te zijn vereerd geworden. Hij was het, die als *Warns* (warnen = wachten), de *wacht* over zijne vereerders hield en, als *Woens* (*wünsch*), hunne wenschen bevredigde. Hoedanig *Odin* als Schepper, als Vader der Goden en menschen, als den *Alda-fadur*, de gever van alles goeds, van overwinning in den strijd, (*fig-fadur*), van vruchtbaarheid en wijsheid (*Runnhöfdi*) is vereerd geworden, zie men in mijne *Edda-leer*. (Utr. 1837. 7. 14.). Menige trek van den Germaanschen *Wuotan*, gelijk GRIMM (1e ed. 94. 14.) dien heeft leeren kennen, komt daarmede overeen, en geen wonder; verschillende volksstammen vereerden wel hetzelfde Opperwezen, doch als natuur-god, naar verschillende luchtstreken en tijdsomstandigheden gewijzigd; hoezeer ook in de hoofddenkbeelden overeenstemmende. Hoezeer nu ook van die hoofddenkbeelden, zoo in Duitschland, als hier, door de invoering des Christendoms veel is verloren gegaan, zoo treft men ook nu nog menig bewijs en menigen trek van het vroegere *Wodanisme* in deze gewesten, bij Fries en Batavier, aan. De zamenhang van *Wuotan* met *Wunsch*, ons wensch, de vervulling aller wenschen, verlangens, ook door *Woens* uitgedrukt, heeft GRIMM (a. w.) aangetoond; terwijl Dr. WESTENDORP, GRIMM, VAN DEN BERGH, op *Woensel* (Woense-lo) *Woens-trecht*, *Woens-waghen*, en *Woens-dag*, als zoo vele bewijzen van de Wodansdienst hebben opmerkzaam gemaakt. Gelijk het dus blijkt, was aan *Wodan* een Loo, als bron en als overvaart, een sterrenwagen en een der zeven dagen gewijd. Ook aan *Odin* was een sterren-wagen (*Ursus major*), en, zoo het schijnt, ook de melkweg toegeheiligd. De »*woenswaghen*", »*woonswaghen*" is nog in HS. van 1420 bij HUYDECOPER (*Proeve* I. 24.) bekend, alwaar het heet: » de Poëten in heure fablen heetent (nl. het gesternte) *Ourse*, dat is te segghene, »*Woenswaghen*" — en elders: »dar dit teeken ARCTURUS, dat wij heeten *Woonswaghen* up steet, — »het Sevenstarre of de *Woenswaghen*." In al deze voorbeelden is *woens*, *woons*, blijkbaar, zamentrekking of verkorting van *Wodan*. Ook duurt de woenswagen in de Overbetuwe nog in het bijgeloof voort, waarvan men zelfs nog dissel, paarden en voerman aanwijst. Andere herinneringen aan *Wodan* levert WOLF (*Wodana*, *Museum* enz. I. VII.) als: *Wodecq*, — *Wodon*, — *Vaudemont* (a), — *Vaudesee*, *Vaude-lee* (loo), *Vôn-eiche*, waardoor, onzes erachtens, de toewijding van meeren en loo-en aan *Wodan* nader schijnt bevestigd te worden; terwijl *Vôn-eiche* doet denken, dat aan hem de H. *eik* geheiligd was (waarover, aant. 48. a.). Bij Cassel, zegt WOLF (a. p.) bevindt zich, volgens de verzekering van Prof. SERRURE, »een *Woensberg*". Evenwel zouden wij *Wolsberghe* in Braband daartoe niet durven betrekken; hoezeer ook al uit het eerste de toewijding van bergen moge blijken. Dat *Wodan* ook steenen, *offersteenen*, gelijk aan *Odin*, een *odinssten*, geheiligd zal geweest zijn, kunnen wij uit de toegewijde loo-en, bergen, en eik besluiten; doch, of daarvoor de naam » van het Vriesche dorp *Bera-stein*, waar weleer de landdagen der

---

(a) Is *Vaudemont*, Vaude-*berg*, gelijk *Woensberg*? — *Wolsberghe* zouden wij eerder door *Volenberge* vertalen, zie over de *Völen*, *Veulen*, aant. 43.

vrije Vriezen gehouden werden" geldig kan gemaakt worden, betwijfelen wij evenzeer, als den door WOLF (a. w.) aangevoerden steen, *Brunehaut* (Bruynsteen?). Het liefst merkt WOLF den Frieschen *Bera-stein* als Wuodanssteen aan; wij zouden eenvoudig *Bera*, door *beraad*, beraadslaging, vertalen, en dus = *Beraad-steen* lezen, eene verrigting echter, die onder den invloed van *Warns* (hetzij dit met *warnen*, behoeden, beschermen, of met *var*, *wara* = *waarheid* zamenhangt) kon geschieden, aan wien het Vriesche dorp *Warns*, misschien ook *Garnswerth* en *Warnsfeld*, nabij Zutphen, schijnen te herinneren. Was *Wodan* echter de *Mercurius*, aan wien men "op gezette dagen, menschen-offers bragt", (TAC. *Germ.* 9); dan kan evenwel zoodanige *beraad-steen*, zoo wel als de *Wodans-eik* en de vermelde *Woens-looën*, daartoe bestemd zijn geweest, zoodanige menschen-offers te ontvangen. *Mercurius, quem Woden lingua nostra appellamus*", hebben anderen als: VAN WIJN, (*Hist. Avst.* I. 41), GRIMM, D. M., en WOLF, (*Wodana*, IX. X.) genoegzaam aangetoond.

Ingeval de overgang van *Gwodan* tot *Gode* en *Cot* tot de oude hem-plaatsen opklimt, waaraan weinig te twijfelen valt, want men had ook een Mg. *Guth*, *Guda*, Sc. *God*, *Gud* (Deus), — zoo zoude *Cot-hem*, benevens *Godolfs-hem* (zie bl. 157.) aan *Godan*, *Wodan*, kunnen zijn gewijd, en zulks licht kunnen verspreiden over het oude *Hattheym*, dat, onder de benaming van *Gods-berg* (1176), onder die van *oppida mons Dei* (1299), van "*Godes Weerde*", (woerd) "*dat Hathem to hetene plach*" (1307) voorkomt, — en als *Hattheym* (1317) aan *Hapt*, *Haupt*, *Haptagud* (supremus omnium Deus), hoofdgod, een bijnaam van *Odin* (*Wodan*), kan doen denken. Ook de *Gods-belt* of *Olden-god* bij Ruurloo, betrekken wij tot *Gwodan*. WOLF, a. w. denkt bij *Herehem* (*quod nunc Ganda dicitur, nuncupabatur Herehem*), aan den *Heriafauthr*, den Valfauthr, Sigfauthr, van het noorden; dit instemmende, zouden wij echter achter het aangevoerde *Odnea*, nog geen *Wodne-hem* durven verscholen achten. *Heriuertha*, (*Her-werden*) zou daarentegen den *Heriafauthr* kunnen ondersteunen.

ODIN droeg verscheidene bijnamen, die zijne hooge waardigheid in verschillende omstandigheden en betrekkingen uitdrukken. "Nooit, zegt *Odin*, werd ik met denzelfden naam genoemd, sedert ik onder de menschen verkeer". — De *Grimnismal* telt zelfs 52 namen, welke (*Odin* als natuurgod beschouwd) de verschillende toestanden des hemels in het jaar uitdrukken. Ook WODAN schijnt zijne bijnamen gehad te hebben; als zoodanig kan *Siger*, *Syger*-wolde aan den *Sigfauhtr*, *t'regima-husen-ham*, aan *reyin* (potestas, potens) herinneren, gelijk *t'ravenhorst*, aan den Ravengod, (*Hrafnagud*); de raven *Hugin* (het geheugen), en *Munin* (de gedachte), waren namelijk *Odins* vogels, die hem, aan elken maaltijd op zijne schouderen gezeten, berigt gaven van hetgene in de wereld geschiedt: ook nu nog komt »*het kwaad aan het licht, al zouden de raven het uitbrengen*", eene herinnering aan den *Ravengod*. Over de vrees voor onheilspellende raven en kraaijen, zie boven, aant. 45[b]. Onder de bijnamen van WODAN, zijn wij met EGB. ROELANTS (*Verh.* § 1.) geneigd, ook den naam *Walcher* te betrekken. De Hoogl. HAMAKER leidde die af van *Valkyriur* (de strijd- of slaggodinnen); doch *Falkr Valcher* was *Odin* zelf, die deze strijdgodinnen, in den strijd onzigtbaar voorop zond, om de helden te kiezen, die vallen moesten; daarom, en ook in verband tot *Valhalla*, werd hij *Valfadur* geheeten.

Van dit *Valhalla* en den godenburg *Valaskjalf* kan zoowel *Val-burg* (Overbetuwe), door reuzen daargesteld, als van WODANS gouden paleis nog de Overbetuwsche sage van »*t'männeke, männeke ut de zee*" herinnering dragen; maar vooral schijnt die in het *gouden paleis* der Radboud's-sage bewaard gebleven. Deze sage (in de *Vita Sancti Wulframi*, en de *Chronycken v. Hollandt*, 1517. 1585 enz. bewaard), vermeldt namelijk, dat toen de Heidenvorst zich wilde laten doopen, hij eene verschijning had. »Een engel kwam tot hem, gekleed in een *gulden gewaad*, dragende een *gouden kroon op het hoofd*. Deze sprak: »O allerdapperste der mannen! Koning Radboud! wie heeft u alzoo bedrogen, dat gij van de dienst der goden wilt scheiden? Wil dat toch niet doen. Houd u bij het geloof, dat gij van uwe voorouders geleerd en ontvangen hebt; dan ook zult gij tot het *gouden huis en paleis* komen, dat u spoedig in de eeuwigheid bereid is." De teekening van dit *gouden paleis* (*Valhalla*) is de navolgende: »Eene straat van gladde marmorsteenen geleidde derwaarts. Vandaar zag men in de verte een kostbaar huis van goud en edelgesteenten gebouwd. In het huis zelf vertoonde zich de wonderbare pracht eens koninklijken troons van onuitsprekelijke schoonheid". — Men denke hierbij ook aan den gouden *Upsal-tempel*, waarvan gezegd wordt: »*totum ex auro paratum est*" (ADAM VAN BREMEN), dien men als eene voorstelling der *Uppsalir* (domicilia superiora) of *Valhalla* hebbe aan te merken, en men zal te minder in twijfel trekken, of hier voorstellingen van WODAN zelven, in een *gulden gewaad, en met een' gouden kroon op*, gelijk mede van de goden-woning der helden, zijn bewaard gebleven. — In eene andere sage, die van *Hengist* en *Horsa*, waarin deze beiden uitdrukkelijk als *Wodans*-dienaars vermeld worden, wordt men tevens niet onduidelijk aan het goden-maal in *Valhalla* en de bediening aan den maaltijd, door hemelsche jonkvrouwen (*Valkyriën*), benevens het *minnidrinken* ter eere der goden herinnerd. »Tegen het einde van den maaltijd kwam de schoone *Ro-nixa*, uit eene kamer, zeer fraai en kostelijk versierd; houdende in hare hand een' schoonen gouden kop met kostelijken wijn gevuld, neigde zij zich voor den Koning, viel hem te voet, en zeide: *Liever king, wacht heil*, — verder: *drink heil!*" — Zoo ook luidde nagenoeg de welkomst-groet der helden in *Valhalla*. Meerdere sporen van het *minni-drinken* geeft WOLF, die dit gedeelte der sage, naar den aangehaalden tekst van GALFRIDUS lib. 6) mededeelt, er bijvoegende: »misschien had *Udolph Haron*, dien de vriessche kroniken als vader der helden noemen, zijnen zonen bij het afscheid *Wuodans-minne en geleid*, toegedronken". — Over het *minni-drinken*, waarover wij ook boven bij den lijkenbrand spraken (aant. 31. bl. 147.) verwijzen wij andermaal naar onze *Verh. over de Drinkpl.* 1843. De stamtafels dezer helden, die BEDA, en andere angels. kronykschrijvers van *Wodan* (*Voden, Vuoden*) doen afstammen, zie men bij GRIMM, D. M. IV, en WOLF, a. w. XI.

Ontwijfelbaar staan hunne namen, *Hengist* en *Horsa*, met de vereering van heilige rossen in verband: sporen daarvan, die ook aan ODIN's witte ros »*Sleipner*" doen denken, hebben wij boven (aant. 46.) genoegzaam opgegeven. Het *witte ros* in het wapen van *Ascu-manne-dilf* (Assen-delf) doet denken, dat ook deze achtpootige *Sleipnir* (verwant met *Sluiper*, hgd. *Schlüp-*

frig), waarmede Odin door lucht en water heen reed, hier zal zijn bekend geweest. De sage is evenwel zeer verminkt: daarin komen de *Assen-delvenaars*, voor onheugelijke tijden, voor, als een dom en onwetend volk. (Omdat misschien van de *Ascu-mannen* eenmaal het tegendeel gold). Zoo liep eenmaal, als, toevalliger wijze, een *hengst* bij hen, door het water heen gezwommen, aankwam, het gansche dorp te zamen, om het hun onbekende *monster* te dooden, hetwelk zij ook met vele moeite en arbeid volbragten. Voor deze heldendaad, zegt Soeteboom (*Oudh. v. Zaanland.* I. 83.), verkregen zij eenen *hengst* in hun schild.

Dat ook Wodan, gelijk *Odin*, nu en dan onder de menschen zal hebben rondgewandeld, is denkelijk; de goden toch mengden zich onder menschelijke zaken. Als reiziger droeg *Odin* den bijnaam van *Grimnir* (personatus), en verscheen aldus in menschelijke gedaante, dikwijls met eenen breeden ronden hoed op (*Siddhöttr*); dan weder was hij *Fiölnir* (de geheimvolle). Toen ik in 1836 den belangrijken Wageningschen Paaschberg bezocht (aan welks voet in vroeger jaren eene *witte juffer* naar den Spijk wandelde), om er de overblijfselen van eenen wezenlijken, of zoogenoemden heidenschen tempel te zien, verhaalde mij mijn gids derwaarts, op de plaats zelve, dat, terwijl hij eens daar bij heldere maan op de hazen-loer of jagt gestaan had, de *Oude*, *Ode*, in eene kort ineengedrongene gestalte, met eenen platten, breedrandigen ronden hoed op, hem was komen verschrikken, zoodat hij geen schot had durven wagen. Is deze eene verschijning van den *Sidd-höttr*, welke nog soms in dezelfde gestalte, en met eenen dergelijken ronden hoed, hier en daar op de *Veluwe*, onder het landvolk verschijnt? Finn Magnusen, welke alle bijnamen van *Odin* verklaart, geeft voor *Sidd-höttr: pileo caput obnubus.* (vid. *Lex. Myth.* in voce).

Waar *Wodan* ten onzent tempels of heiligdommen gehad hebbe, is moeijelijk met volkomene zekerheid aan te wijzen: wij vermoeden echter onder de Friesen, waar *Wodan*, als *Warns* vereerd werd, te *Stavoren*. Te dezer plaatse schijnt echter *Stavo*, dien Dr. Westendorp, (*Myth.* 30.), als dondergod beschouwde, in den weg te staan. Daarom willen wij trachten dezen, als bijnaam van *Wodan*, of wel als den *Stave-god*, (waarvoor ook *Sta-*

bu-laus, (7ᵉ e.) *Stablo*, *Stavelot*, schijnen te pleiten) toe te lichten. Mr. VAN DEN BERGH, ook Jhr. Mr. DE HAAN HETTEMA betwijfelden dien *Stavo* zeer. Zie hier de woorden des laatsten (*O. en N. Friesl.* 1840. II. 2.). *Stavoren:* »Deze plaats wordt door onze landlieden nog *Starem* genoemd. Die nu weet dat *Star*, het Deensche *Stor*, groot is, en nog overig in ons *Stoer*, zal het terstond de *groote Hem* of *buurt* (misschien ook *Starkehem*) noemen. Anderen zeggen, dat *Stavo*, dat een afgod van dien tijd zoude zijn, den naam aan die plaats zoude gegeven hebben. Onze mythologie is nog niet genoegzaam opgehelderd geworden, dan dat wij met alle zekerheid kunnen zeggen, dat hij bestaan heeft. Ik heb nergens met zekerheid iets in de Noordsche en andere mythologieën gevonden, en de schrijvers zijn eigenlijk met dien *Stavo* verlegen; de tijd zal misschien leeren wat er van zij". — Zoo verre DE HAAN HETTEMA; de reden waarom wij dien *Stavo* nog niet loslaten, zijn niet slechts de bovenvermelde loo-en, maar ook de *Stuvo* der *Thuringers*, aan den *Hartz*, alwaar ook een *Stufen*, *Staufen* en *Staufen*-berg zijn, benevens de rijke beteekenis van het mythen-woord *staf*, *stave*, hgd. *Stab*; hetwelk volgens MONE (*Gesch. d. Heidth.* I. 349) aan eenen boom, zuil, doet denken, (*Stafr* = *Stab*) en alzijdig in de mythe zamenhangt, als *staf* = steun, *staf* = runen-staf, *staf*, in staf-rijm', *staf*-lied (*Stefian-mal*), in het hgd. *Buch-stab*, waarop men *runen* sneed; *Staben* = lezen, geeft MONE, a. w. »*Stimme heisst bei* ULFILA *Stibna von Stab, weil bei den alten Staben lesen heisst*; Stiften *kommt ebenfalls von* Stab, *der ursprüngliche Begriff ist, eine Ansalt so fest begründen, dass sie wie ein gut gepflanzter Baum von selbst fortdauert*". Ons komt het dus zoo voor, dat dit een en ander eene bevredigende opheldering geeft, aan den *Stave-god* of God *Stavo*, het zij men hier, wegens zijne wijsheid en orakeltaal, denke aan *runen-stave*, of het berigt van WINSEMIUS, 18. 19. (in *Stavoren's Op- en ondergang*, 1647. 54). letterlijk opvatte: »Men wil, dat zijn beeld aldaar gestaan hebbe in eenen tempel aan hem gewijd, en wel: *in de gedaante van een ruygen stock of afgehouwen tronck, een staf of stave genaemd*". Wij verkrijgen hier alzoo een *Stave-god*, gelijk men elders *zuil-godinnen* had. Doch welke kan hier bedoeld zijn? Toen de bron, het *rodec-lif*, overliep, werd zijne orakel-taal gevraagd, die, ten bewijze zijner veel-wetenschap, ook naderhand is vervuld geworden; dit doet ons aan den *Run-hofdi* (Odin) van het noorden denken, den *Wodan* der Friesen, aan wien als hoogsten god of Ase alleen menschen-offer werd gebragt, gelijk ook hier »een drie-jarig kind", of althans » *het bloed van een driejarig kind*"; vroeger bragt men hem brand-offers om »*wetenschap en raad*" (a); allen trekken, die alleen op *Wodan* terug wijzen, aan wien wij dus besluiten, dat men, als *Slave-god*, te dezer plaatse eenen tempel gewijd had. De nog aanwezige *Wodans*-tempel te Nijmegen wordt niet betwijfeld; doch verdient een meer naauwkeurig locaal onderzoek, dan wij daaraan, bij ons bezoek in 1840, konden schenken; dezelve zoude eertijds tot het *Val-kenhof* behoord hebben; wat wij nopens den bouwtrant opmerkten, zie boven, onder de hemelstreken, (aant. 36.). — Kan ook *Utrecht*, kan *Middelburg* een dergelijk heiligdom, aan *Wodan* gewijd, bezeten hebben? Deze zijn vragen, die wij onbeantwoord moeten laten. Intusschen, Wolf, (*Wodana*, VIII.) geeft, door eene notitie uit van Someren, *Beschr. van Batavia* (Nijm. 1657. 133.), aanleiding dit nopens *Utrecht* te denken; gelijk dit ook omtrent *Gent* (Ganda), door eene merkwaardige plaats uit het »*Chron. S. Bavonis auct. Joanne Thielrode*" ed. van Lokeren. *Gand.* 1835. c. III. 5. waarschijnlijk wordt. Het daar aangevoerde *Odnea*, ook in verband tot *Mercurius* (den hoogsten god der Germanen), doet ongetwijfeld *wel* aan de weglating van V. W. (*Vodne-a*, *Wodne-a*) denken, maar geeft dan *Wodans-a* = water, daar naderhand eene *hem* een *Wodne-hem* kan gebouwd zijn; kan *Here-hem* aldaar dit bevestigen? Het te bewijzen laten wij aan anderen over; doch *Wodan* (Odin) als de *Heer* beschouwd, betwijfelen wij zulks

---

(a) Als *raadgever* zoude Wodan, ook de onzekere *Radigast* (van *rada*, *radr* = raad, en *gast* = geest,) kunnen wezen, dien Picardt, *Antiq. Dr.* 99, als in *Drenthe* vereerd, opnoemt. Of zouden wij hier hebben te denken, aan *Ros-wodir*, als krijgsgod? Zoo onzeker als de opgave van Picardt zelve, zijn misschien ook deze gissingen; ook *Radigast* had onder de Wenden (Mecklenburg) »*upp den kopp einen vogel*", volg. Leibn. *Script. Brunsv.* III. 339, aangehaald door Dr. Legis, *Alk.* 24. Zie over hem ook Vulpius, *Myth. Wb.* 1826 in voce.

niet. Neemt men *Odnea* en *Herehem* te zamen, eerst dan verkrijgt men *Vodne-hem;* anders zou het wezen: *Vodne-a*, (water). Tusschen *Vodne-a* en *Wodne-hem* is de sprong niet groot; maar wij durven dien op het etymologische veld, zonder verdere bewijzen, en uit vrees van in het *water* te storten, met WOLF niet wagen; hoe geneigd wij overigens ook zijn hier een *Wodans-huis*, of tempel te veronderstellen, waar de *witte god* werd vereerd.

Dat ook *Wodan* feest-tijden zullen gewijd zijn, is te meer denkelijk, naardien hem, bij Fries en Batavier, ook bij stamverwante volkeren, de *Woensdag*, (MAERL. 2. 143.) Belg. *Goensdag*, oufr. *Wensdei*, nfr. *Wansdeij*, geheiligd was.

57. 𝕿𝖍𝖚𝖓𝖆𝖊𝖗, 𝕿𝖍𝖚𝖗𝖊, 𝕿𝖍𝖔𝖗𝖓. (*Donar*).

Even als de Wodans-dienst, was ook de vereering van *Thunaer*, *Thure*, *Thorn* of *Donar*, als de god des donders, van bliksem en regen, zeer algemeen, in het voorchristelijke tijdvak, onder den landzaat verspreid. Bijna zouden wij zeggen, dat deze nog meer sporen heeft nagelaten dan de dienst van *Wodan;* en geen wonder: in de natuurdienst der oude volkeren was dit ontzagwekkende natuurverschijnsel wel een der meest geduchte, dat tot menigvuldige mythen en onderscheidene voorstellingen van den *vertoornden* God, den magtigen Ase, aanleiding gaf. Den naauwen zamenhang en verwantschap van den naam dezes magtigen natuurgods met het natuurverschijnsel zelf, dat hij verwekte, deden reeds VAN LOON (a. w.) HUGO DE GROOT en GOBELINUS opmerken. »*Veteres Germani Deum coeli non alio nomine quam* Thorn *vocarunt, quod est* tonans" (HUG. GR. *Prolegm. Hist. Goth.* 21), en »*Dies jovis dicitur* Donnerdag *id est: dies tonitrui*" zegt GOBELINUS *Persona* (*Cosm. Aet.* VI. c. 4.). *Thor* was in het Odinisme der Scandinaviërs de zoon van *Odin*, verwekt bij *Freya*, en zeer juist; zoo doet de zamenwerking van *Odin* en *Freya*, de God des Hemels, (de Zon) en Aarde, of liever de invloed van genen, op deze den donder ontstaan. Wij begrijpen dus niet hoe de Hoogleeraar ROYAARDS (*Inv. van het Christd.* 1842. 63) *Thor* bij de Germanen als zoon van *Tuis-co* (*Tuis*, Tys was de *maan* als strijdgod) heeft kunnen doen optreden; zoo onzamenhangend, of onnatuurlijk waren geene mythen, ten zij men almede aan den invloed der *maan* het ontstaan van den *nachtelijken* donder moet toekennen. Met *Odin* en *Freya* maakte *Thor* eene andere trilogie, (gelijk de zon, maan en aarde), en kwam ook als zoodanig in den *Upsal-tempel* voor (BARTHOLINI, *Antiq. Danic.* Hafn. 1689), gelijk ook in een HS. der *Edda*, vroeger te Upsal bewaard. (MALLET, *Monuments de la Myth.* Copp. 1756). Wij vermoeden dus, dat hij ook in het Germaansche *Wodanisme*, dezelfde afkomst, rang en waardigheid moet bekleeden. De overgang van *th* = *d* (gelijk in *Thunresdei* = *Donners-tag*, *Thurs* = *Durs*, *Thorn* : *Doorn*, enz.) niet betwijfeld wordende, waarbij men het gezag van FINN MAGNUSEN, *Lex.* en GRIMM, *Myth.* zou kunnen aanhalen, heeft inzonderheid de vereering van den *Dondergod* veelvuldige sporen onder ons nagelaten. Aan hem waren gelijk aan *Woens*, loo-en en trechten (overvaarten) gewijd: onder de eersten tellen wij *Tinaerloo*, *Tunaerlo*, in Drenthe; meer dan één *Tonger-loo*, als in Gelderland, in België (Braband en Vlaanderen); onder de laatsten *Thure-trecht* (th. Dordrecht); ook Woerd- en Hem-plaatsen schijnen zijn aandenken te bewaren: *Terwerth* = *Tuna*, *Tona-werth* (in Friesland), *Thórn-werth* (*Doorn-werth*) en het oude *Doornen-* of *Thorn-burg* in Gelderland, dat ook elders terugkomt, benevens *Thornen*, 1127 (th. *Doorn*) in Utrecht; misschien ook *Ter-ham*, (*Thor-hem*), vermoedelijk *huis*, hem van *Tor*, *Thor*. Hoezeer ook al een en ander dezer laatsten moge betwijfeld worden, door wie niet genoegzaam in den geest des voortijds is ingedrongen; zoo vermoeden wij, dat er minder twijfel zal kunnen worden opgeworpen omtrent *Dores-stadus*, dat als *Thore-stath*, zin en beteekenis heeft; terwijl de opvatting van *Thure-trecht* (1064), door een overoud regt, het *Asendom*, benevens een heilig woud en bron of put aldaar, ondersteund wordt; men heeft ook *Thurdrecht* en *Thuridrecht*; voorts *Tornacum* (*Thorn-a-hem*) th. *Doornik*, *Tourn-ay*, benevens het, in dien omtrek te zoeken, oude *Durfos* (Thurfos?), waarover, zoo wij wel hebben: NYH. *Bijdr.* 1. *Dl.* Deze, benevens *Turn-hout* en het land der *Tongeren* (*Attuaca Tungrorum*) schijnen te bewijzen, dat het *Thor-isme*, of de vereering van den Dondergod, zich hoofdzakelijk hebbe uitgestrekt langs den Veluw-zoom, den Rijn, de Maas, in Noord-Braband (het land der Tongeren) en het Zuidelijk gedeelte van *België* (Doornik enz.), waar het woud- en bergachtige gedeelte des lands, hem, als bijzonder gevallig, kan zijn toegedacht, en toegeheiligd zijn geworden. Langs deze zelfde streek, en in dezelfde gewesten hebben wij de meeste sporen van *Tyr*, *Tys*, aangetroffen (zie boven bl. 251.) Tot welk resultaat moet dit ons leiden? Is het omdat men zich *Thunaer*, den reuzenbestrijder, het naauwst verwant achtte met *Tyr* den krijgsgod? en hij meest op bergen zetelde?

THUNAER, als reuzenbestrijder, schijnt vroeger in *Driel* bekend te zijn geweest, waar de sage in zwang was, die evenzeer ook op natuurkundige opmerkingen kan steunen, dat, wanneer een onweder noordwaarts over de Betuwe trekt, de kracht des Donders op den *Doornwerth*, en den *Duno-berg* (*Thune*) breekt. Men denke hierbij aan de reuzen aldaar (zie aant. 23. bl. 91.). Meestal als het donderde reed *Thor* (*Thunaer*) op zijnen bokken-wagen, door de bokken *Tanngniostr*, (knarstand) en *Tanngrisnir* (grijnstand) getrokken, door de lucht; terwijl het gekraak en rollen zijns wagens het geraas des donders te weeg bragt. Deze voorstelling was ter laatst genoemder plaatse, hoezeer dan ook verminkt, nog in zwang, en werd door het landvolk verhaald: *dan reed onze lieve Heer door de lucht!''* Menige Catholijk maakte dan het teeken des *kruises*, (✝) om voor het treffen van den donderbijtel, of dondersteen beveiligd te blijven. Anderen herhaalden dat zelfs tot zevenmalen, naar gelang het onweder sterk was. Op eene merkwaardige wijze hangt dit met de N. Mythe te zamen. *Thor's* strijdwapen, waarmede hij de reuzen of *Jothen* bestreed, was een *mjölnir* of moker, met eenen korten steel; terwijl hij door eenen gordel, *megin-giardur*, om de heupen gesnoerd, zijne kracht verhoogde. Het hamer- en rune-teeken ᛏ, was daarom ook het heilige teeken des Dondergods, van zijn wapen ontleend; even als de — ↑ — van *Tys*, insgelijks de gedaante van het wapen van dien strijdgod voorstelt. Met den *mjölnir* zegende *Thor* de huwelijken in, en zijn vereerder zegende met dat teeken het vleesch der offerdieren: zoo zegent ook nog de Catholijk met het teeken des *kruises* zijn dagelijksch brood, en, tracht daardoor het *gevaar*, dat hem boven het hoofd hangt, donderbijtels en dondersteenen, van zich af te wenden. THOR namelijk wierp met deze, soms ook met zijnen moker. In Noord-Braband golden vroeger, volgens Pater VAN DEN BOSSCHE, "de eijeren van witten Donderdag tegen donder en bliksem, — en het St. Janskruyt, ghepluckt voor den sonne-opgangh, teghen den Blixem" — (Dr. HERMANS, *N. Br. Mengw.* I. 88. 89). Het komt ons voor, dat dit opheldering schenkt aan de hardgekookte en versierde paascheijeren, en het werpen met dezelven; gelijk THOR met de *dondersteenen*, zoo wierpen in de Overbetuwe de kinderen met eijeren, en, gelijk THOR op zijnen donderwagen, zoo rijden ook nu nog onze knapen op hunnen bokkenwagen. Ook schijnt de hamerslag bij koopen en verkoopen, de presidiale hamerslag bij besluiten, en het sluiten van vergaderingen, aan den moker des dondergods te herinneren. Welligt gaf de roode vuurglans des bliksems den Scandinaviër en Germaan aanleiding, zijnen Donderaar den *roodbaardigen* (oudn. *raudh-skeggjadr*.) te noemen; maar ook met de vuurdienst hing deze benaming te zamen, en kan tot plaats-namen als *Rousselaere*, *Rot-hem* (roode toren) *Sand-roode*, enz. hebben aanleiding gegeven. Toen men echter in Christelijke tijden den Donder-god zijn aanzien onder den volke trachtte te ontrooven, werden spreekwoordelijke gezegden als: *rood haar en een elsenstomp, groeijen zelden op een' goeden grond;* — ook *hamersche karel!* en wat dies meer zij, gangbaar onder het volk. Of dit *rood-haar* (*rood* = Eng. *red*) den *Retto* zou kunnen verklaren, waarvan PICARDT (*Antiq. van Dr.* bl. 99) gewaagt, zonder dat hij echter opgeeft, vanwaar hij dien ontleent, is onzeker: de *Thuringers* hadden eenen *Reda*, *Hredra* (als god); BONIFACIUS wierp zijn beeld omverre. Maar ook in het noorden had men *reid*, *rheda*, *reda* (ons rijden), *reid*, *reidr* (bijv. in *reide-wagen*); als wagengod droeg de Donderaar den bijnaam van *Reidityr*, dat zoowel op den *rader*-wagen, als op een' *rooden* wagen kan zien: want *reidar-slag* is ook *fulminis ictus*. In de beide gevallen echter zouden wij dien *Retto* tot den *Thunaer* terug brengen, en alzoo, even als den *Stave-god*, den twijfelachtigen rang ontzeggen, dien PICARDT, a. pl. hem zonder genoegzame gronden toekent.

Is deze opvatting juist, dan leidt het ons, ook in verband tot den *Woens-wagen*, tot het denkbeeld, dat men onderscheidene wagens in de mythe gehad hebbe, als dien van Woens, een *licht*-wagen, van Thunaer, een *rooden* wagen, en over den *zwarten* helwagen handelen wij later.

Dat aan Thunaer, die in zoo hooge achting bij den volke stond, de elsenstomp gewijd zij geweest, is uit het aangehaalde spreekwoord niet te besluiten; veeleer denken wij hier aan den *Ockernotenboom* (*Ocku-thor*, heette de Donderaar als *wagen*-god); zie ook over den *notenboom* (aant. 48. a.) (*a*). Volgens de N. mythe strijden *Odin* en *Thor* tegen den *Fenrirswolf* en *Midgardslang*, stootende de een zijnen speer in den afgrijsselijken muil zijns vijands, terwijl de Dondergod met zijnen *mjölner* treft; zoo strijdt ook in de Christelijke legende de ridder *St. Joris* tegen den draak, bijv. op het wapen van Brussel, Luik, voor den ouden stads-doelen te 's Gravenhage, en elders. Is deze legende uit de mythe van den Donderaar ontsproten? Wij vermoeden dit. Dat Thor (*Thure*) zijne heiligdommen gehad hebbe in *Thure-stath* (Duurstede), alsmede in *Thure-trecht*, *Thurn-hout*, *Tongeren*, *Torn-a-cum*, enz. hebben deels reeds anderen, Dr. Westendorp, Mr. van den Bergh, voor ons aangemerkt; maar laat zich ook uit de namen dier plaatsen besluiten. Feesten waren hem ongetwijfeld gewijd, althans de *Indiculus Superst.* gewaagt van godsdienstplegtigheden ter eere van den Dondergod, (§. XX. *De feriis, quas faciunt Jovi vel Mercurio*); doch waarin bestonden zij? In de *Abrenuntiatio Diaboli*, of het verzakings-formulier van Leptines, werd *Thunaer* gelijktijdig met *Wodan* afgezworen, en wel in de eerste plaats, gelijk ook de *Indiculus* hem dien rang schijnt in te ruimen.

De zucht van Karel den *Groote* om Duitsche maandnamen in te voeren, gelijk Eginhard (in *Vita Caroli Magni*) verhaalt, heeft waarschijnlijk ook den Donderaar van eene hem gewijde maand ontroofd, gelijk hij dien bij de *Angel-Saksers* bezat, (*Maert.*); doch onder de dagen der week behoudt hij nog, zoowel bij Germaan, als bij Fries, Batavier, Belg en andere volkeren, een gevestigd aandenken, in den mnl. *Donresdach* (Maerl. 2. 144.), *Donderdag*, oudfr. *Tunresdei*, *Tornsdei*, nfr. *Tongersdey*, die tevens de boven gegevene plaats-namen en woordverklaringen bevestigen.

(*a*) Ook aan *Jupiter* was de *nootenboom* geheiligd, zie boven blz. 216.

58. Freija, Frau, Frowa.
(Freda, Medea),

De derde plaats in het N. Asenstelsel, ook in de volgorde der dagen, bekleedt Freija, der Friesen *Freda*, die almede onder verschillende volksstammen verschillende namen droeg, als: *Frigg*, onder de Saksers; *Frea*, onder de Longobarden, enz. Deze, in het N. Mythenstelsel, welligt oorspronkelijk onder den naam van *Freija*, als Hemel-koningin, »*mater deûm*," vereerd, deelde als zoodanig met *Odin* den troon *Hlids-kialf*. Paulus Diaconus schijnt haar nog als zoodanig gekend te hebben; doch later heeft zij dan in de mythe hare plaats voor *Frigga* moeten inruimen, gelijk Dr. Wachter (*Allg. Littr. Zeit.* 1836. 535—37) heeft uiteengezet. Wat derhalve de Noordsche mythe van *Frigga* en *Freija*, elk afzonderlijk, berigt, zullen wij hier, waar ook de *Freija-dienst* ontwijfelbare sporen heeft nagelaten, hoofdzakelijk van deze laatste moeten verstaan. Als vermoedelijke gemalin van *Wodan*, was zij dan, zoowel de Hemelkoningin, de moeder der goden, van *Thunaer*, *Baldr* en anderen, als de *Aardmoeder*, de »*terrae mater*," waarvan Tacitus spreekt, en de godin der *liefde* tevens. (Men zie over *Frigga* en *Freija* als zoodanig mijne *Edda-leer*, bl. 50. enz.). Dat *Freija* ook in onze gewesten is vereerd geworden, laat zich bereids uit de *Wodans*- en *Thunaer-dienst* besluiten; want met deze beide maakt zij het tweede H. drietal der week uit, waaraan men in den boven vermelden gouden Upsal-tempel afzonderlijke stand-beelden had toegewijd. Zelfs op IJsland werden *Odin*, *Thor* en *Freija* gemeenschappelijk vereerd.

Waar derhalve bergtoppen of heuvels aan de natuurdienst gewijd waren, daar vindt men er ook gewoonlijk drie bij elkander: zoo bijv. in *Ditmarsen*, zoo ook te *trimunt* (trium montium) in Groningen; de drie heuvelen in het *Sourensche* bosch: de *Duno;* (*Thuno*), *Sonne*- en *Hemelsche*-berg nabij Oosterbeek; *Drie-bergen* in Utrecht, de *drie* duinen, te Loosduinen, de *drie* heuvelen te *Tir-le-mont*, (die ik alleen door den Hr. Veegens ken), en anderen, waar nog sagen tot de natuurdienst der voorgeslachten schijnen terug te wijzen. Bewijzen voor de vereering van Freija, Frau, Frowa in deze gewesten, ontleenen wij bij de Loo-dienst, uit een aan haar toegewijd Loo, *Frau-lo*, *Vro-lo*, enz. in Noord-Holland, alwaar hare dienst, zoo het schijnt, eerst in 1303 in eene *Onze Lieve Vrouwe*-dienst is overgegaan. (Zie boven bl. 71), hetwelk wij vermoeden, dat ook op andere uitstekende plaatsen van onze *Onze Lieve Vrouwe* het geval kan geweest zijn. De N. *Freija* was de zuster van den god *Freyr* (over wien men zie *Edda-leer*, 26.). Nu vindt men in Luxemburg een kasteel *Freyr*, waarbij eene grot, de grot van *Freija* geheeten, in 1819 ontdekt, en die buiten twijfel aan beider vereering in die streken herinneren (even als ook het *Ardenner-woud* aan *Hertha* geheiligd schijnt te zijn geweest). De grot zelve wordt dan ook voor eenen alouden *Freija*-tempel gehouden. (Zie Mevr. van Meerten, *Vriend des Vaderl*. I. 641.). In het Scandinavische Asenstelsel was *Frigga*, *Freija*, oorspronkelijk de *Aardmoeder*, die echter, in hare verschillende toestanden, andere namen droeg, en daardoor tot nieuwe mythen aanleiding gaf. (Zie *Edda-leer*, bl. 50). Ook hier kan dezelve uit de vroegere *Hertha-dienst* ontsproten zijn, dat ons dan den sleutel zoude geven, ter opheldering waarom, ook in vroegere eeuwen, *Onze Lieve Vrouwe* van 's Gravensande in zoo hooge achting stond. *Arda*, de aardmoeder, *Freija*, als zoodanig, of als godin des *harten*, der liefde, en *Onze Lieve Vrouwe* maken eenen zeer natuurlijken overgang uit, in de ontwikkeling der natuurdienst.

Onder de *frije Friesen* werd *Freija* onder den naam van *Freda*, zoo het schijnt, als godin der liefde, vereerd, in den omtrek van Stavoren, alwaar men wil, dat het *Freda-* of *Fre-walda* (*Froda-silvia*) aan haar geheiligd was, en zij voornamelijk door gehuwde vrouwen werd aangeroepen. Hamconius, (*Frisia*) stelt haar voor als "*nuda sini* (sinu) *Freda*". Soms wordt zij als geheel naakt, of slechts ligt gekleed, voorgesteld; dan weder met koker, boog en zwaard. *Freija* reed op eenen wagen met katten bespannen; zoude het volksbijgeloof aan *katten* verbonden, en de uitdrukking van *katten-liefde*, niet aan het wagenspan der godin herinneren? Als godin der liefde had *Freija*, (vermoedelijk ook onze *Frau* of *Frowa*) hare gezelschaps-juffers: eene dezer heette *Gna*, en was de bemiddelaresse tusschen haar, als Hemelkoningin, en de menschen. Deze zweefde, als zij afgezonden werd, door luchtstroom en vuur op haar ros

Hofwarpnir; eene andere droeg den naam van *Hlijn* of *Lyna*, de godinne der vriendschap en liefde, die den lijdenden de tranen afkust. Wij vermoeden, dat ook in ons land, waar de *Freija*-dienst inheemsch was, *Hlijn, Lijn, Lun, Len*, die wij boven, (aant. 54. bl. 247.) als *maan*-godin hebben leeren kennen, dezelfde betrekking bekleed hebbe, en dat de *Hlijn- Lijn-* en *măn-horsten*, aan de rossen herinneren, waarmede deze godinnen met vaardigheid door de lucht zweefden; althans onze *Lyn* en *Lennia*, de maan, kan tot *Freija*, de Hemelkoninginne, zoo wel als tot *Freija*, de Aardmoeder, en godinne des harten of der liefde, in betrekking gedacht worden. Zij toch, *de maan*, is niet slechts de bestendige gezellinne der aarde, maar ook, even als de noordsche *Hlijna*, kust het vriendelijke licht der maan de tranen van de oogen der bedroefden. En hoe gaarne dweepten, zoowel vroegere als latere, dichters, met haar, als troosteresse van verliefde lijders.

Eene andere gezelschaps-juffer van onze godinne der liefde was *War, Wara*, de godinne der verloofden; insgelijks de maan, die wij in *War-mond*, als zoodanig hebben leeren kennen, en waarop wij dus kortheidshalve terugwijzen, (aant. 45. bl. 248.); terwijl ons woord *lof* in *bruilof, loven, verloven*, enz. aan eene andere juffer *Lofna* herinnert, die de minnenden met elkander verbindt. *Brudr* (in *bruid-lof*) heette eene jonkvrouwe; *Lobna, Lofna*, was de liefdes-godinne, die haar ten huwelijk verloofde, hetwelk onze *bruiloft* en *bruilofts-feesten* opheldert. Verwant daarmede is het angs. *brijd*, saks. *brud, brut*, gelijk in het *Hildebrands-lied*. En zoude ook onze spreekwoordelijke zegswijze: »*Zijn* (Syn) *gaat boven schijn*" (»*at syn sé fyra sett*") niet even als in het noorden aan de vierde gezelschapsjuffer *Synia* kunnen herinneren? FINN MAGNUSEN, (*Lex.* in voce *Freija*) leidt al deze liefdes-godessen uit de verschillende standen der maan af; zijnde bij hem *Siofn* (onze *Lyn*), de eerste, *Lofn*, de tweede, *Wara* of *Var*, de derde, en *Syn*, de vierde stand; dit laatste afgeleid van *Synia, negare*, zoo het schijnt, bij ons echter, in eenen bevestigenden zin, op den eersten stand overgebragt; omdat wij *Siofn = Sion*, in den zin van het noorden *schij*nen te missen, ten ware hier *Schijn, Mane-scine*, die beteekenis uitdrukt, hetwelk wij in overweging geven.

Even als *Frau*, *Freda*, meer bepaald als beschermgodin der vrouwen wordt voorgesteld, zoo treedt onder de Friesen, onzes erachtens, de godin *Medea*, *Meda* op, als beschermgodin der onschuld en maagdelijke reinheid, zoo hoog vereerd bij den Germaan; zij werd door jonge dochters aangeroepen. HAMCONIUS, *Frisia* 75[b] vermeldt haar en *Freda* met deze woorden:

Medea *sed a Frisiis vulgo est et* Freda *vocata*,
Freda *toro iunctis, innuptis* Meda *puellis*.

Mr. VAN DEN BERGH, a. w., die ons deze regels mededeelt, geeft ook als herinneringen aan deze godin *Medema-hem* (in ANSCARII *Vita S. Willehadi ad ann.* 860) en *Medan-heim* in de gouw Hrittiga, ten jare 972, (vermeld bij FALCKE, *Cod. traditt. Corb.*), welke beide namen, even als *Medema-lacha* (866), door hem worden aangemerkt als naar *Medea* zoo genoemd; (zie in DE J. *Th. Mz.* IV. 1 St.); VAN DEN BERGH, vertaalt *Meda*, *Medea* eenvoudig door *meid*, *maagd*, en *Medemblik* diensvolgens door *Maagdenstroom*, welk eerste ook door het noordsche *Mey*, jonkvrouw, jonge dochter, en door het goth. *maivi* geregtigd wordt, terwijl het laatste volkomen met de Loodienst zamenhangt. Diezelfde vertaling zouden wij echter niet, gelijk ALTING, durven geven aan *Nio-magus* (Nymegen), door hem, *Germ. Inf.*, als *magd*, *megd*, *Meyd* = *puella*, *virgo*, verklaard, waarop wij terugkomen. De *Mei-maand* daarentegen houden wij met FINN MAGNUSEN, *Lex.* voor de *Maagden-maand*, waarin ligt een vrolijk feest aan de godin *Meda* of *Medea*, gelijk bijv. het *Scharlokeren* in eenen *maagden-stroom*, of hoedanig ook, aanleiding gaf, niet slechts tot het vrolijke *Hei was in de Mei*, enz.; maar ook tevens tot de vrolijke *Mei-feesten*, die nu nog niet overal in ons land zijn verdwenen, en waarop wij almede bij de feesten en feesttijden, terug komen. Intusschen beneemt de hooge achting, waarin, ook bij *Fries* en *Batavier*, de maagdelijke reinheid zal gestaan hebben, alle bedenking, dat men deze onder de bescherming eener godin gesteld en aan haar tempels en hem-plaatsen, benevens eenen stroom (of liever *lacha* = een meer) gewijd hebbe. De *moedermaagd* vond ook onder het Catholicisme steeds de hoogste vereering.

Als godin der liefde beminde *Freya* minneliederen; het verdiende diensvolgens nader onderzoek of welligt onze HS. minneliederen niet nog menigen trek van hare vereering, en die van *Medea* bevatten, waaraan dan voorzeker te minder te twijfelen zal vallen, als men aanneemt, dat de *linde*, de boom der liefde (aant. 48. a.), aan haar gewijd zij geweest. En zoude ook niet het *herba lorifa*, (door GERARD in HS. als *welriekend* kruid vertaald) in het bekende minne-lied van Hertog JAN I, aan het *hiona-gras* (herba conjugalis) kunnen herinneren, waarover de geleerde FINN MAGNUSEN en GRIMM spreken? Men leze ook dit geheele schoone *Mei-* of *Megdenlied*, waarin de *drie* schoone *Joncfrouwen* en dat *schoone krut* zeker niet onopgemerkt mogen worden voorbijgezien. Gelijk beide geleerden hebben aangetoond, werd de *Freya*-dienst door de *Maria*-dienst vervangen: van daar, dat wij ook nog menigen trek in de middeleeuwsche geestelijke liederen, aan deze laatste gewijd, aantreffen, die vroeger aan *Freya* of *Frigga* behoorde; niet slechts hare jonkvrouwelijke schoonheid, maagdelijke reinheid; maar ook attributen als deze: van de N. godin wordt gezegd:

> De vrouw van *Odin*
> Roeit het Schip der aarde,
> Moedig en lustig, enz.

Zou dit de reden kunnen ophelderen, waarom ook aan de priesteresse VELLEDA eene roei-galei is gezonden geworden: (aant. 43) en, waarom TACITUS elders van Isis spreekende, zegt: »Een deel der *Sueven* offert aan *Isis*. Uit wat hoofde, en waar zij aan dit vreemde heiligdom komen, heb ik weinig kunnen ontdekken, dan alleenlijk, dat het zinnebeeld, gemaakt op de wijze van een *Liburnisch* vaartuig (roeijagt) ons leert, dat deze godsvereering van elders gehaald is" (*a*). Dat men hier aan *Freija*, als Aardmoeder, te denken hebbe, achten wij, ook op gezag van FINN MAGNUSEN, (*Lex.* in *voce*) als hoogstwaarschijnlijk (*b*); naderhand ging ook dit zinnebeeld op *Maria* over. Men hoore:

(*a*) *Pars Suevorum et* Isidi *sacrificat. Unde causa et origo peregrino sacro, parum comperi; nisi quod signum ipsum, in modum liburnae figuratum, docet, advectam religionem.* — TAC. Germ. c. 9.

(*b*) De *Zwaan* was *Venus* (*Freija, Hertha*) gewijd (aant. 45. a. bl. 192.) Waarom? omdat ook hare statige gedaante een *liburnisch* vaartuig voorstelt?

> Het comt een Schip geladen,
> Hent aan dat hoechste boert,
> *Maria* hielt dat roeder,
> Die Engel stuert het voort.

Over de *Freya-monat* spreken wij later; deze was dezelfde als onze *Mei-maand*, of, gelijk boven gezegd, de *Maagden-maand*; terwijl in het noorden, *de Fridagr*, *Frejudagr*, de oudfr. *Fredei* of *Fred.* (bij verkorting naar *Freda* dus geheeten), gelijk ook onze *Vridach*, *Vrijdag*, ontwijfelbaar aan de godinne der liefde gewijd was, van wie ook de woorden *vrijen*, *vrijer*, *vrijster*, *vrouwe*, afstammen.

Op menige plaats onzes lands verkiest men nog bij voorkeur den *Vrijdag*, als den dag waarop men ten huwelijk laat aanteekenen, of hetzelve voltrekt.

59. De Gebroeders Alcis.

Bal (Baldr) en Hal (Haldr), Haudr.

Ook dezen, de gebroeders *Alcis*, noemt TACITUS (*Germ.* c. 43) die ons berigt, dat zij voornamelijk bij de *Naharvalen* vereerd werden, in een van ouds godsdienstig woud. Een priester, in vrouwelijk gewaad, heeft er het bestuur over: maar men zegt, dat de goden op zijn Romeinsch, *Castor* en *Pollux* zouden aanduiden. 't Zelfde vermogen schrijft men der godheid toe. De naam is *Alcis*. Geene beelden, geen spoor van uitlandsche godsdienst; doch als broeders, als jongelingen, worden zij geëerd (a). Wie deze broeders, *Castor* en *Pollux*, waren, staat hier te onderzoeken: KLOPSTOCK zegt:

> *De tweelingsbroeders Alcis griften,*
>   *In rotsen u de wet der heilige vriendschap,*

en schijnt daarbij BALDR en HERMODE voor de beide tweelingbroeders te houden. Doch AUG. SCHRADER, (*Germ. Myth.* 123 in den noot) schijnt daarvoor *Baldr* en *Thor*

(a) *Apud Naharvalos antiquae religionis lucus ostenditur. Praesidet sacerdos muliebri ornatu; sed Deos, interpretatione Romana, Castorem Pollucemque memorant. Ea vis Numini; nomen Alcis. Nulla simulacra, nullum peregrinae superstitionis vestigium. Ut fratres tamen, ut juvenes, venerantur.* TAC. *Germ.* c. 43. Zie ook de aant. op deze woorden door VAN WIJN, *Hist. Avst.* 94.

te houden. Intusschen, hoezeer deze ook broeders mogen wezen, kunnen wij die in de natuurdienst, even m n met de beide Romeinsche goden gelijk stellen, als *Baldr* en *Hermode*, insgelijks broeders. Wij denken veeleer aan *Baldr* en *Haudr*, die, even als *Castor* en *Pollux*, de onsterfelijkheid met elkander deelen, en van wie de *Vaulu*, of profetesse van het noorden, voorspelt:

>........ *Balldr mun koma*
> *búa þeir, Hauþr ok Balldr, Hropts sigtoptir,*
> *vél Valtivar.*

Baldr en *Haudr*, hoezeer ook de laatste de onschuldige moorder zijns broeders was, zullen eeuwiglijk met elkander bewonen de *Ida*-velden, of den nieuwen hemel en aarde. Gelijk *Baldr* (het licht, de lichtgod), en *Haudr* (de god der duisternis,) als broeders te zamen leefden, zoo deelden ook de *Dioscuren* de onsterfelijkheid met elkander, en genoten gelijke eere met de goden. (BURKHARDT, *Klass. Myth.* 1844. 1. §. 85). Bij de volkeren van Semitischen oorsprong, werd de afgod der zon of het vuur, of derzelver vertegenwoordiger onder de hemelbewoners, genoemd: *Baal, Bal, Bel, Bela*, die waarschijnlijk dezelfde is als de *Bali, Beli* der Indianen, de *Bel, Beal, Beles, Belenus* der oude Kelten, de *Biel, Bel*, der Sclaven (a) (*Bel-Bog* = bonus, sive albus Deus). Bij de Wenden heette hij insgelijks *Bal*, bij de Saksers *Bäl, Belde, Belder*. In al deze vormen schijnt het *Bal*, = incendium, flamma, verwant met *ballr* = audax, den lichtgod, den koenen god, te kenmerken.

Als tegenstelling, of liever als broeder van *Baldr*, gold in het noorden *Haudr, Hödr*, (als de god der duisternis) verwant met *Hall, Hel* (wij vermoeden ook den taalvorm *Häll, Helde, Helder* (gelijk *Bäl, Belde, Belder*). Een en ander drukt nacht, duisternis, graf, enz. uit.

Waar de Mythe van *Bal* of *Baldr* inheemsch was, moet ook die van *Hal, Haldr* (Haudr) bekend zijn geweest; beiden waren even onafscheidbaar, als bij de Grieken en

---

(a) *Apud populos Semiticae originis idolum, solem vel ignem aut eorum coelestem dominum repraesentans, appellatum fuit, Baal, Bal,* etc. FINN. MAGN. *Lex.* in voce. p. 27.

Romeinen *Castor* en *Pollux* (*Pol* = *Bol-lux?*) — Bezien wij nu, wat er van den eersten, den lichtgod, in ons land schijnt aanwezig geweest te zijn of nog is, dat voor zijne vereering kan pleiten. Onder de Loo-en en kuilen vinden wij een *Bal-lo* in Drenthe, de *Ballerkule*, en een *Bal-holt* in Overijsel; zelfs een *Belder-bosch* in Gelderland, alle vormen, welke men bij de Saksers aantreft (*a*). Onder de *Werthen* (Vyrden) een *Bol*, *Bolswerth* in Friesland, (waarin o = a, zoo als wij meer zullen aantreffen); onder de Laeren, een *Ballar*, in Noord-braband, alwaar, merkwaardig genoeg, ook een *Hal-lar* aan *Hal*, *Haldr* schijnt te herinneren, waaraan ook *Halle*, (*Hal-lo*) doet denken. Dat *Holler* in Friesland is vereerd geworden, alwaar men wil, dat hij altaren gehad hebbe, in het dorp *Rae-hol*, bij het *Tjueke-meer*, heeft ook Mr. van den Bergh, a. w. reeds medegedeeld. Daarenboven bezitten Groningen een *Holwierda*, en Friesland een *Hol-werth*, *Hol-wyrda*, waarin wij wederom de o = a opmerken, gelijk de e in *Helder*.

Waar zoo vele Loo-en, Wierden en Laeren aan *Hal* en *Bal*, *Hol* en *Bol*, *Heldr* en *Beldr* herinneren, daar moet wel hunne mythe inheemsch zijn geweest, gelijk wij nog nader zullen aantoonen. Hieruit ontvangt dan ook het spreekwoordelijke *Holder* en *Bolder*, benevens het boven medegedeelde refrain:

Helderom Belderom
Hoep sa sa.

eenige opheldering. In beiden worden onze broeders *Haldr* en *Baldr*, zoo het ons voorkomt, uitdrukkelijk vermeld. En als de toewijding van een Loo en Kuilen (in Drenthe) aan *Baldr* niet betwijfeld wordt, aan wien doet dan ook het *Ellerts-loo*, en *Ellerts-veld* met zijne sage van moord aldaar denken? Wij vermoeden aan *Helder* en *Belder*, die hier in eenen *Ellert* en *Brammert* vervormd zijn. (Zie deze sage uit Picardt, *Cronijk*, in 4°. ontleend, in den Dr. *Volksalm.*, 1837.). De bijzonderheid, dat men onder *Bal-lo* eene steenen *zonne*-schijf gevonden heeft, zoo wij meenen, door Westendorp,

---

(*a*) Misschien ook *Blade-lo* (Baldelo) in N. Braband, eene zeer gebruikelijke metathesis.

(*over de Hunebedden*, 2e dr. 82, en in den *Dr. Alm.* 1838, 132.) vermeld, doet mede aan BALDR, als zonne- of lichtgod denken. Ook dáár had men een *Balloo-er holt*. De verklaring, die MOLHUYSEN (in NYH. *Bijdr.* III. 226.) van *Beele*, *Biele* bij *Voorst* geeft, kan zeer wel met de *Baldr*-dienst in verband worden gedacht: »*Baal*, *Beel*, ags. brandstapel, waarop de Saksen hunne dooden verbrandden." Ook *Helleburg* nabij *Baarland* (SMALLENGANGE, *Kron. van Zeeland*, 702) wenschten wij, dat nader werd onderzocht; MELIS STOKE geeft *Bar-lant* (uitg. HUYDEC. IV. 926), schuilt hierin eene mogelijke *syncope*, dan zou het *Baldr-land* kunnen heeten. Doch buitendien hebben wij getuigenissen genoeg voor zijne vereering in deze gewesten. De sage vermeldt hem zelfs uitdrukkelijk onder den naam van *Bel*, *Belus* en *Witte god*, waardoor wel geen ander dan de lichtgod kan bedoeld zijn.

Zoo vermeldt bijv. de sage betrekkelijk de stad *Bergen* in Hene-gau, dat, toen *Walach-rijn* daar nieuwe wetten gaf, »hij den tempel der goden van zijne sieraden en kleinodiën beroofde, en daarmede zijne vrouwen opsierde. Ook de tienden en schatten der goden trok hij tot zich, en nam eindelijk, uit grooten hoogmoed en vermetelheid, het priesterlijke ambt voor zich zelven, en bragt den god *Belus* offers: daarover bestrafte hem de Opper-priester des tempels, enz." (GOUTHOEVEN, *Chronycke van Holl.* 1585. 11 d.). Wat WOLF, *Niedl. Sag.* no. 7. hierbij aanteekent, kunnen wij te minder beamen, omdat hij-zelf ons den *Witten-god* te Gent leert kennen. »De *Belus*, zegt hij, schijnt op een' Celtischen oorsprong te wijzen; maar vele Nederlandsche Chronicisten gebruiken dien naam, als zij juist geenen anderen goden-naam bij de hand hebben: hij is hun toch reeds uit den Bijbel bekend." — Dat onze lichtgod *Bel*, *Bal*, in de vuurdienst dezelfde als de *Baal* des Bijbels kan wezen, hebben wij reeds boven, naar FINN MAGNUSEN, doen gevoelen; doch ook hij was in *Bel-gië* inheemsch. Toen de *Bel-giërs* Taynard tot Koning kozen, bewaakten de opperste priester en de zijnen in den nacht den tempel van *Bel* (*Baldr.*); — en verder: toen de Opperpriester den goden orakel vraagde, nopens hetgene geschieden zoude, toen antwoordde *Bel*, »alle goden vervloekten *Bel-gis* (de stad), en het zoude te niet gaan, en zijne vijanden zouden zich over den ondergang verheugen." enz. (VAERNEWYK, *Hist. v. Belgis*. II. 51). Het volksboek van *Julius Caesar*, zegt, Gent betreffende: »De afgod *Mercurius* was *van zilver* gemaakt, en werd daarom ook van die van Gent genoemt den *witten god*, waarvan heden nog in gebruik gebleven is, dat zommige oude lieden zweeren *bij den witten god*." Het komt ons zoo voor, dat, als WOLF (*Wodana*, IX) niet door den Bijbel-*Baal* ware misleid geworden, hij bij deze plaats, uit VAERNEWYCK, f. 113^b getrokken, geen verband tusschen *Mercuur* en den *witten god* zou gezocht, maar dat dadelijk in den lichtgod *Bel* zou gevonden hebben, aan wien ook een *zilver* beeld (*zilver* = *azuur*, is de hemel-blaauwe lucht) zeer eigenaardig is (*a*).

Dat *Bal*, (*Baldr*) ook in onze noordelijke gewesten als *witte god* is vereerd geworden, komt ons als waarschijnlijk voor, uit hetgene PICARDT (*Antiq.*) vermeldt, nopens de vereering van *Swantewit* in Drenthe. Deze, een lichtgod, welke voornamelijk onder dien naam te *Arkona* (*Arce* = *Hertha*) op het eiland Rugen vereerd, en door VULPIUS (*Wb*. in voce) beschreven en afgebeeld wordt, schijnt geen andere dan onze lichtgod; zijnde *Swante*, *Swate* = heilig, *wit*; en *Swit*, *Wit* = licht, derhalve de *witte god* of lichtgod *Baldr*, wiens vereering uit de opgegevene localiteiten genoegzaam blijkt. De N. mythe geeft *Niord* eenen *witten voet*. Toen nu *Skade* zich eenen der goden ten huwelijk mogt kiezen, maar daarbij niet meer dan de *voeten* zag, koos zij dezen, in het vertrouwen, dat hare keuze, althans naar de voeten te oordeelen, op den schoonen *Baldr*, dien zij bedoelde, ware gevallen (zie DR. LEGIS, *Alkuna*, 98, en mijne *Edda-leer*, 69). Dat die *witte voet* ook ons aan den *witten god*, maar tevens aan de geheele BALDR's *mythe* doet denken, behoeven wij naauwelijks te herinneren.

Dat althans deze mythe, waarop het geheele Noordsche Asenstelsel steunt, welke, om zoo te zeggen, daarvan de kern, het middelpunt uitmaakt, bij onze voorgeslachten inheemsch was, kan nader blijken uit hetgene daarvan

---

(*a*) Dat men daaruit later een *mans- hoog kruisbeeld* goot (naar VAERNEWYCK, f. 113^b), daartoe behoefde men waarlijk geen' grooten smeltkroes, slechts ééne lange *aa*, maakt *man* = *maan*; en *maanshoogte* zal het zilveren beeld van *Bel* wel geweest zijn.

nog in de volksoverleveringen en gebruiken voortleeft.

Als god des lichts of lichtgod, de god van den dag, of, op ruimer schaal, en zoo als de N. mythe hem voorstelt, de god van het schoone jaargetijde, werd hij ook overdragtelijk of meer ontwikkeld voorgesteld, als de god van alle schoonheid, geregtigheid en goedheid. Even als nu dag en nacht, zomer en winter, steeds om den voorrang strijden; zoo waren bij de Romeinen *Castor* en *Pollux;* bij ons *Baldr* en *Haldr* (*Haudr*) tegenstellingen, die zich in de mythe niet laten afscheiden. Volgens deze, werd *Baldr* door zijnen halfbroeder *Haudr* in een goden-steek-spel of kaatsspel gedood. Niet uit afgunst of nijd, want allen vereerden en minden den goeden *Baldr;* maar door list van den dubbelzinnigen *Loki*, welke daartoe den *mistel-tein* bezigde, waarmede alleen de lichtgod, het doel-*wit* aller pijlen, te treffen was. Wolf, *Nl. Sagen*, meende in *Loeder* (zie boven bl. 113.) sporen van dien noordschen *Loki* aan te treffen; doch veeleer leiden wij daarvan den *logen* af, voor wien, ook nog soms, de *geregtigheid* en *waarheid* bezwijkt; terwijl wij bij den bovenvermelden *mistel-tein*, aan den verpersoonlijkten *Asa-Loki* en de mythe dachten, waaruit dezelve opheldering ontvangt (bl. 209.). Gelijk dag en nacht, licht en duisternis, strijden de beide broeders, zoo het schijnt, nog, op het huis Nijburg onder *Heteren* (in Gelderland), niet verre van den alouden spijker *Vorst*, als edellieden, waarvan de een, in toorn ontbrand, den anderen, op de *Juffers-werth*, het hart doorsteekt. In de N. mythe, die echter bij dezen broeder-moord geene *hartstogt* laat ontbranden, herleven de helden, die ook het godensteek- of kaatsspel navolgen, elken dag, en hervatten den strijd op leven en dood. Zoo ook op de *Juffers-werth*, waar zij sedert dien eersten broeder-moord, nog steeds des nachts verschijnen en voortkampen, elkander doorsteken en verdwijnen, om daarna weder te verschijnen en den strijd te hervatten. (Held. *Wandel.* II. 124.). Hier speelt, zoo als het schijnt, vijandig boos opzet onder; doch in het nabijgelegene *Driel*

> Zwoer men bij lijf en ziel,
> Dat men het te Heteren,
> Niet kon gebeteren. (Zie boven bl. 249. noot).

Wie dan? Kan men hier met betrekking tot deze overlevering vragen? Wij weten het niet; maar zoo wij ons uit onze jeugd wel herinneren, woonde, sedert onheugelijke tijden reeds, op dien spijker *Vorst*, of het huis *Nijburg*, het geslacht der *Lok-horsten*, en aan *Loki* ook zouden wij hier het naast de schuld toekennen. Deze toch was het, die in de N. mythe aan den blinden *Haudr* den *mistel-tein* in handen gaf. Om zich der wraak der goden te onttrekken, wegens den dood van *Baldr*, waardoor allen getroffen waren, omdat daardoor de band van *Valhalla* verbroken was, en de Asen nu ook hunnen eigen zekeren ondergang te vreezen hadden, veranderde *Loki* zich in eenen *visch*; deze echter wordt door eene wonderbare visch-vangst der goden gevat, en ontgaat niet de verdiende straf, waaraan, in Loosduinen misschien nog, het zoogenoemde *paling-trekken* op kermis eene herinnering is (a). Diens overeenkomst met de *slang* (dat oude zinnebeeld van list en logen) schijnt onze gissing te regtvaardigen. Terwijl echter de goden, en de gansche natuur *schreide*, om den dood van *Baldr*, verblijdde zich echter de Beheerscheresse van *Helheim:* toen *Hermode*, de innig beminde half-broeder van *Baldr*, zich derwaarts had begeven, om, ware het mogelijk, zijnen broeder nog uit het rijk der onverbiddelijke *Hellia* te bevrijden, zag hij den feest-disch toebereid. Nog als de natuur schreit, *als het regent*, wordt aan de kermis, de *feestvreugde in de Hel*, gedacht, en de *heksen bakken pannekoeken*.

Dat de vereering van den lichtgod *Baldr*, onder het Christendom op *St. Jan*, en, de hem toegewijde *Baldrs-bra* op het *St. Jans-kruid* overging, hebben wij reeds boven vermeld, (bl. 209.); ongetwijfeld gingen ook de feestelijkheden aan den lichtgod gewijd op dezen over; terwijl welligt elders *St. Pieter* en *Paul*, als plaatsvervangers van *Castor* en *Pollux* (Pol = Paul en Bol) zouden zijn aan te merken. Doch welke feesten en feestelijkheden kunnen dit geweest zijn? Wij vermoeden de *Mid-sommer-feesten*, het *bal-slaan*, en *malie-spelen*, het *kaatsen*, en wat dies meer zij; en gelooven, dat, sedert die feesten zijn opgehouden, of van beteekenis zijn veranderd, ook de befaamde *bal*, waarmede vroeger de duivel in Utrecht door de stad speelde, gebonden ligt. — Het vinden van

---

(a) Ook zou misschien daaraan de: *Visch, Visch, Schelmvisch*, in de St. Pieters-sage kunnen herinneren, waarover Dr. SNELLAERT in *het Kunst- en Letterbl.* 1843, en WOLF, *Niederl. Sag.* 706.

eene *zonne-schijf* te *Bal-lo*, zou tevens aan het goden steekspel kunnen herinneren. Dat althans de oude *Jouster-* of Ridder-steek-spelen, benevens de *Tornoijen*, navolgingen waren, van de vermakelijkheden der goden in *Asgard*, zal niet bevreemden, als men aanneemt, dat hunne vereerders op aarde, zich naar het voorbeeld der goden schikten, waaruit, zoo als wij later zien zullen, zich het leven van den Germaanschen man, zijn strijden, jagen, visschen, laat ophelderen.

Het *wit*-schieten met pijlen deden ook de goden, naar den koenen *Baldr*, die men meende, dat onkwetsbaar was, en zich tot doel*wit* der pijl-schichten had gesteld. Volgden de vroegere vereerders van *Baldr* dit op aarde na; dan hebben wij hier eene zeer natuurlijke opheldering van het eigenaardige *wit-schieten*, dat ik in 1833 te *Vlissingen* in *Zeeland* zag, en hetwelk ik niet weet, dat ergens elders als dergelijk volksvermaak aanwezig is, *zoo* als het daar nog stand houdt; hoezeer de Doelen, de doel-*witten*, en eigenaardige schutters-feesten, op *St. Jans-dag*, ook nog algemeen mogen bekend, en nog op onderscheidene plaatsen in zwang zijn. In Overijsel en Gelderland spelen nog de kinderen met den *Baldr-bus*, zijnde eene klapbus uit *vlieren*-hout.

De plaatsvervanging van *Baldr* door *St. Jan*, kan ook op de Bijbel-leer gegrond wezen, volgens welke deze door *Herodes* gedood werd, door toedoen zijner listige huisvrouw; hetwelk den eersten Christen-predikers gereede aanleiding gaf, hem in de plaats van den vroegeren lichtgod te schuiven, en als patroon der *Schutters* (van *scyten*, *scoten*, afgeleid) te doen optreden. Een zeer eigenaardig *Schuttersfeest*, en feest-gebruik, dat ons zoo doet denken, leert ons de Huissensche predikant, GRAADT JONCKERS (*Geld. Alm.* 1836) kennen. Dit feest, waarbij men zich niet slechts met *schijf*-schieten, of soortgelijk volks-vermaak, vergenoegt, maar tevens eene *zinnebeeldige* vertooning voorstelt, die, zoo wij meenen, de *Baldrs-mythe*, den strijd van zomer en winter, nog zoo tamelijk in zijn geheel bevat, laten wij hier volgen. Men onderscheidt daar de *oude* en *nieuwe* Schutterij; de eene trekt op *St. Pieter* en *Paul*, de andere op *St. Jan* uit. Op deze dagen dan, begeeft zich de Schutterij, in twee deelen gesplitst, op eenen weg, die door het weiland naar den Rijn voert. Hier geraken deze beide partijen met elkander slaags, niet anders, dan of het ernstig gemeend ware. Maar ten bewijze, dat de vurigheid der gemoederen meer in schijn dan inderdaad hevig is, moet de partij, welke van de stad komt, altijd als overwinnaar terug keeren. Ten teeken, hoeveel de overwinning gekost heeft, nemen sommige strijders, door zich met *roode verw* te bestrijken, een bloedig voorkomen aan; terwijl evenwel nimmer een legerwagen voor gekwetsten noodig bevonden wordt.

Niet minder vreemd is eene tweede plegtigheid, welke ook aan dit Schutters-feest verbonden is. Het is namelijk eene *vischvangst*, welke in eene oude streng, voorheen, toen Huissen nog tot Kleefsland behoorde, op Geldersch grondgebied gelegen, door de medeleden der Schutterij plaats heeft, en die niet slechts met een schepnet in slooten, maar ook met zegens en grooter vischtuig in ruimer water volbragt wordt.

Deze Schutterij munt bijzonder uit door hare vaandels en derzelver dragers, die met ongemeene vaardigheid, bij elke plegtige gelegenheid, als tot een eerbewijs, met hunne veldteekenen weten te zwenken; zoo zelfs, dat er niet alleen eene hooge kunst, maar ook eene bevallige orde en schoonheid in elke der bewegingen doorstraalt, die zij tot groot gejuich des volks vertoonen. Verder is er een *schild*-tros, welke op de borst van den Koning rust, en te zamen gesteld is, uit eene menigte kleine schilden, door ieder der opvolgende Koningen, sedert eeuwen, tot bewijs zijner regering over de Huissensche Schutterij, aan eenen zilveren keten vastgehecht. — En eindelijk het merkwaardigste, eene zilveren plaat, het eigendom der R. C. kerk aldaar, waarvan men zegt: »dat zij eenmaal ten geschenke gegeven werd door eenen Hertog, bij het kloekmoedig gedrag van Huissens ingezetenen"; en welke plaat eene maagd vertoont, met eenen lauwerkrans in hare hand en eene wan aan hare voeten, waarover hark en dorschvlegel kruiselings gelegen zijn.

Dat deze maagd aan de treurende *Freya*, (Hertha) wegens den dood van haren zoon, het *zilveren* schild aan *Baldr*, het Schutters-spel, aan het goden steekspel, en de vischvangst aan de gedaanteverandering van *Loke*, kan doen denken, achten wij te minder te betwijfelen, als men het bovengemelde *Asci-burgium* in de nabijheid van *Huissen* aanneemt. (Zie ALTING, *Germ. Inf.* ook boven, aant. 52.). En is onze opvatting juist, dan ontvangen niet slechts de Geldersche schuttersfeesten, o. a. dat van *Renkum* (*Rhenc-hem*), door Mr. ROBIDÉ VAN DER AA, (in het werk *den Aardbol* 1840) vermeld, benevens het *boeren-steekspel* te Vlissingen (SPELEVELDT, *Briev. over Walcheren*, XII. 74), opheldering; maar ook het *vogel-schieten*, benevens de *kamper-steur* en het bovengemelde *paling-trekken*, brengen wij dan tot de BALDR-*mythe* terug, die buitendien wel genoegzaam zal bewezen zijn. Wij lezen in de mythe niet, dat de *visch* (Loke) door de Asen werd gegeten; (den prins, welke de visch van DIONYSIUS at, bekwam dat maal ook niet best); ook niet in de *Hussensche* sage, hoewel toch, denkelijk, die grap der Huissensche Schutters mét een vischmaal afloopt: — maar de *visch Loke* werd in eenen *band* gelegd, zoo ook de kamper-steur met eenen hals*band* voorzien, om hem later, als de prins kwam, altijd weer uit den IJsel te kunnen opvisschen; (mondelinge mededeeling van PAULUS SCHELTEMA, die al deze Kamper-stukjes schijnt te bezitten). Wat men met den bovenvermelden *St. Pieters schelm*-visch deed, weten wij niet: wel echter, dat men elders, te *Heilbron*, in een meer (eene heilige bron?) eenen 267jarigen snoek gevangen heeft, die het jaartal 1230 op eenen koperen band achter de ooren droeg; derhalve in eenen tijd, waarin dergelijke visch-partijen, meer dan nu nog te Huissen, in volle beteekenis konden zijn.

Nog andere bewijzen voor de verspreiding der *Baldr*-mythe onder de Friesen zijn ons voorgekomen. Daarvoor namelijk pleit ook de Friesche god *Fosete* of *Forsete*, die wel met geenen anderen der N. Asen beter kan vergeleken worden dan met *Forsete*, den zoon van *Baldr* en diens geliefde *Nanna* ("a verbo *Nenna*, favere, amare"), en over wien men zie Dr. LEGIS, *Alk.* en mijne *Edda-leer*, 38, 39. *Forsr*, *Fossr*, zw. *fors*, van *at forsa*, eng. *forses*, is stroom des vloeds, des tijds, en dus met *Baldr*, ook als lichtgod, ten naauwste verwant; niet minder als god der geregtigheid. *Fosete* werd voornamelijk op het eiland *Fosetes-land* (naderhand *Helgo*, *Heiligoland* geheeten) vereerd. Vele zijn de twijfelingen nopens het geslacht van dezen *Fosete*: Dr. WESTENDORP (N. Myth. I. 33.) hield deze godheid voor de gemalin

19.

van *Thor:* ook anderen hielden *Fosete*, *Phoseta*, *Fosta*, voor eene godin; doch ALCUINUS (in *Vita Sancti Willebrordi*) + 739, en ALTFRIED (in *Vita Liudgeri*) + 849, verklaren *Fosete* wel uitdrukkelijk voor eenen god, waarin ook GRÄTER, NYERUP, MONE en GRIMM (Myth. 1e ed. 141) overeenstemmen. In de N. Mythe was *Fosete* de god des vredes, der eendragt en der verzoening, die alle twist beslechtte; goden noch menschen kenden eenen beteren regterstoel dan de zijne, die zelfs den strijd tusschen zomer en winter vereffende. Ook ter eere van *Fosete* werd op genoemd eiland, waar zijn beroemde tempel stond, die door LUDGERUS is vernield geworden, jaarlijks, omtrent dag- en nacht-evening, een gerigt (*thing*) gehouden. Dat het den Christenen, ook na de vernietiging van zijne dienst op *Fosete's-land*, van aanbelang was het denkbeeld van *heiligheid* op het eiland te doen voortduren in den naam van *Helgo-land*, *Heiligo-land*, heeft GRIMM, l. c. aangemerkt; onzes erachtens kan evenwel die naam, ook in verband tot de loo-dienst, aan *heilen*, genezen, doen denken. Zie wijders de Aant. op mijne *Verhandeling over de N. Godenleer*, blz. 70, waarin ook de zedelijke en tragische strekking der *Baldr's*-mythe meer opzettelijk is behandeld geworden.

60. (63). Hella, Helrivier, Helhond.

Reeds uit het vroeger bestaan der *Baldr's*-mythe in deze gewesten laat zich gevoegelijkst besluiten, dat ook HELA of HELLA hier moet bekend geweest zijn. Zij toch, de beheerscheresse van het dooden-rijk, was het, die *Baldr* in hare magt hield; noch de pogingen van zijnen broeder, noch beloften en geschenken, konden den meest beminde der goden uit haar rijk bevrijden; terwijl de gansche natuur rouw dreef, terwijl zij overvloedige tranen regende, zelfs de steenen tranen zweetten, was het feest (Kermis) in de *hel* of *Helheim*. Doch buitendien bestaat er nog menige *Hel*-plaats, die als getuigen voor hare vroegere vereering optreden. WOLF geeft er in zijne *Wodana;* doch wij laten de onze, omdat deze meer tot de noordelijke gewesten behooren, voorafgaan. Reeds in de Verh. noemde ik eenige namen, die aan haar herinneren, als *Helium*, en *Hellevoet*, bij ALTING,

»*pro Hellevloet*"; voorts *Hildegaerts-berg*, *Heldine-zee*, eenige dijknamen: *Beukhel*, *Bloemhel* en *Pohels-dijk*, gelijk ook *Kethel*, allen bij VAN LOON (A. H. I. 180). Uit ALTING (*G. Inf.*) ontleenen wij: *Helle*, *Helius*, *Hellere*, *Helle-wich*, *Hellium*, — voorts *Hellium* in Friesland, *Helle-doorn*, in Overijsel (a). Inzonderheid zijn het *Helle-putten*, als de *Helle-put* bij Dendermonde (WOLF, *Wod.* n°. 22), de *Helle-put* bij Melden, ook de *Helle-pit* (in BLOEMAERT'S *Reize v. Brandaen*, I. 617), welke, zoo het schijnt, naar het rijk van *Hella* voeren. Elders heeft men *Hel-varen-beek*, (in Noord-Braband), eene bron, *Helleborne* (W. IV.), eene *Helle-beke*, terwijl WOLF t. a. pl. ook andere getuigen mededeelt. Waarom hier eene rivier, putten, bronnen en beken, die tot *Hella* voeren? Dit alleen uit de loo-dienst, of met de noordsche uitdrukking »*fara til Helja* = sterven" op te helderen, achten wij niet genoeg; onze *uitvaarten*, benevens onderscheidene middeleeuwsche verzen doen denken, dat men eene put, eene bron, eene beek of rivier moest overvaren, als *zinnebeeld*, dat men ook den stroom des levens over was. Boven beschouwden wij die *vaarten* in verband tot den lijkbrand; ook *Baldr* trok over eenen stroom, alvorens hij in *Hella's* rijk aankwam. WILLEM VAN HILLEGAERTSBERCH (*St. Geestminne* v. 270) spreekt van

Varen op tie *helsche wraken*,

Elders leest men, bij BLOEMAERT, *Theoph.* 788:

Ende ter *hellen* zouden *varen*,

Nog eens:

Als hij ter *hellen* moste *varen*.

Een aantal andere plaatsen citeert WOLF, l. c. Intusschen had men ook een aantal *Helwagens*, en wel van de *zwarte* soort. Behalve de bij den lijkenbrand genoemde, vermeldt WOLF, a. w. ook eenen *zielenwagen*, die door de lucht rijdt; eenen *Helwagen* te Overmeire. Een aantal *Helle-wegen*: eenen noemt ALTING: *Heelweg*, en vertaalt: *via sacra*, misschien beter door »*via Hellae*"; anderen vermelden WOLF t. a. pl. en Dr. HER-

---

(a) Door sommigen als *hellend-vord*, door anderen als *helle*, witte *doorn*, *spina alba*, vertaald.

MANS Nb. Mengw. Werden deze wegen door den *Hellewagen* gereden (of *gevaren* zoo als het nog in Gelderland heet), dan leidden zij in het heidendom ontwijfelbaar tot eene Woerdplaats, of verder naar het rijk van *Hella*. Over de zwarte kleur dier *Helwagens* en der dooden- of wagenkleeden zullen wij, na het bijgebragte, (blz. 149), niets meer behoeven te zeggen. Het zwarte nachtkleed zal dit genoegzaam hebben opgehelderd. Ook *Hella* zelve was in de noordsche mythe *half zwart* en half *vleeschverwig*, het beeld des doods, en de *Hel, helheim*, zoo zwart als de nacht, of omgekeerd, de nacht zoo zwart, zoo duister als de *hel*.

Het beeld van *Hella*, naar de *Edda* geteekend, vindt men in mijne *Edda-leer*, bl. 83. WOLF, a. w. leert haar kennen naar de middeleeuwsche trekken, uit *Tondalus*-droom, toen *Tondalus* zag in der *pit der helle*. — Intusschen was het oorspronkelijke beeld der doodsgodin schoon en vriendelijk, als van *mooi Ann te Bil-lioen* (bl. 125.). Evenwel wien ook deze in hare loo-bron voerde, kwam niet weder, — of met andere woorden: eenmaal over de *hel-rivier*, de stroom des levens heen gevaren zijnde, was er geene terugkeering mogelijk. *Hela* was ook aangaande *Baldr* onverbiddelijk.

61*. Zoodanige *Helrivieren* bezaten in de natuurdienst der voorgeslachten ook de Batavieren. Tot deze opvatting van Helrivier, waarvoor men de Maas, het oude *Helium*, in Z. Holland te houden hebbe, ben ik geleid geworden door GRIMM, (D. M. 1e ed. 97.). Wat DE GARVE, *Republ. des Ch. Elysées*, die een dergelijk gevoelen moet voorstaan, deswege heeft gezegd, is ons, omdat wij dat werk niet bezitten, tot nog toe onbekend gebleven. GRIMM echter, t. a. pl. over de beheerscheresse van *Helheim* sprekende, zegt: »*In Süd-Holland, an der Maas- einfluss ins Meer findet sich ein Ort Helvoetsluis; ich weiss nicht ob ältere urkündliche Formen die in diesen Namen liegende Idee Hellenfuss, Fuss der Hölle bestätigen; die Römer haben hier Helium: inter Helium ac Flevum, ita appellantur ostia, in quae effusus Rhenus ab septentrione in lacus, ab occidente in amnem Mosam se spargit, medio inter haec ore modicum nomine sui custodiens alveum*''. — (PLIN. 4. 29.). En op blz. 482. over den *helwagen* sprekende, zegt hij: »*Nähere Forschungen müssten lehren,* *ob sich in Normandiën, in Flandern und Friesland ähnliche Sagen erhalten haben? mir fällt dabei wieder jenes* Helium *und* Helvoet *ein"*. — Gemelde opvatting, die wij ons ook tot de onze gemaakt hebben, schijnt reeds meerderen grond te ontvangen door de bovenvermelde *Helle*-putten, bronnen en beeken; maar ook door de vele medegedeelde *Hel*namen, die men, vooral in deze streek, aantreft (*a*). VAN LOON, *A. Hist.* noemt nog anderen, die wij echter betwijfelen, en herinnert, volgens CANNEGIETER, aan eene rivierspank in het Kleefsche, de *Hel* geheeten; verder *Va-halis*, naar VAN LOON, wijde *Hel*, misschien beter *Varhal*, of *Ver-hel* (*b*). Naar de door VAN LOON opgegevene plaatsnamen aan de Waal, schijnt deze stroom zelfs tot Cleef toe aan den naam van *Helium* te herinneren; terwijl ook de andere Maasmonden sporen van dien naam overig hebben. Waren er dan *drie Hellevloeden*, *Var-hellen* of *Hel-varen*, waarbij men eenen *Hond* (helhond), aan de Westerschelde, plaatste, gelijk dit aan andere hel-rivieren plaats had? Doch hoe dit ook zij, *Brah- Brie- Bree-hil*, schijnt tot *Briel* zamen getrokken; de verklaring daarvan laten wij anderen over. — Eenen helhond ter dier plaatse zullen wij later ontmoeten. Is intusschen de verklaring van *Var-hal* (Vahalis), = *Veerhel* of *Helleveer*, juist, dan denken wij ook hier aan een zwart helle-veer in *Zwarte-Waal* (nabij den Briel), alwaar nog de *Helwagen* (Oegstwagen) rijdt. Zekerlijk bewaart ook *Hille*-boer, aan den hoek van Holland, het aandenken aan deze *Hel-* of *Hella-stroom*.

Maar nog op eene andere merkwaardige wijze, schijnt deze opvatting van *Hel-rivier* bevestigd te worden, door het oude wapen van *den Briel*, waarin de oude *Helhond* (de noordsche *Garm*), althans zijne ooren, nog in 1772, te erkennen was. — Zie hier, wat wij deswegens vonden: »Het wapen van den Briel is een balk of paal, vertegenwoordigende de rivier, waaraan de-

---

(*a*) Het bovenverklaarde *Piers-hil* en *Ficcar's-hil*, daarvan uitgezonderd, (zie blz. 147.); gelijk anderen bij VAN LOON, die, onzes erachtens, den toets der oude vormen niet kunnen doorstaan: *Tihel*, *Bomhel*, hebben wij als *Ty lo*, enz. beschouwd. (bl. 252.)

(*b*) *Va* voor *var*, *ma* voor *mar*, *ty* voor *tyr*, *mu* voor *mur*, zijn zeer gebruikelijke Apokopen in de woord-afleidingen; văr = veer.

zelve gelegen is, (men denke hier ook aan den balk van *Delf*), en heeft tot support een zeker monsterdier, 't welk men een *Centaurus* noemt". (Zie ALKEMADE, *Besch. v. d. Briel*, I. 23.) CORN. CLEYN bevestigt dit berigt van VAN ALKEMADE, met de navolgende woorden: »Gesteld, dat JUNIUS de naamsoorsprong van de Stad wel hebbe getroffen, is het ruim zoo waarschijnlijk, dat men bij de rivier *hel* geplaatst heeft den helhond *Cerberus*, maar dat men twee koppen, zijdelings vertoond, en met den tijd uitgesleten, heeft aangezien voor ooren". (CORN. CLEYN, *Redev. of Dankoff.*, *v. Neerl. vrijheid.* 1772.). Zie verder boven bl. 208.

62* *Sage van Meroveus.* Ook de sage van *Meroveus*, waarop wij in de Verhandeling zelve het oog hadden, en die almede met den zoo even vermelden *Cerberus*, *Helhond* of *Garm*, te zamenhangt, kan hier strekken tot bevestiging van *Helium* als *Helrivier*. Men vindt die sage verhaald door GREGORIUS van *Tours* (VI. 1.), gelijk ook door FREDIGARIUS, en is door MR. VAN DEN BERGH (*Nederl. Overl.* bl. 221.) en SMITS (*Zuid Holl. Alm.* 1839. 58.) overgenomen. Wij laten dezelve hier volgen: »*Clodeo*, Koning der Franken, in het noorden zijns rijks zich bevindende, had zich eens naar den zeekant begeven, toen, op zekeren dag, terwijl de Koningin zich met baden verlustigde, een zeemonster uit de golven opkwam, haar overweldigde, en eenen zoon bij haar verwekte, die naderhand den naam van *Meroveus* ontving, en van wien de borstelige *Merovingers*, aldus bijgenaamd, omdat zij eenen borstel haar op den rug droegen, zouden afgestamd zijn". De Heer SMITS, t. a. pl., voegt uit MEZERAY (*Hist. de France*) hier nog bij, dat dit was »*un monstre marin semblable à un minotaure*". Hij schijnt over te hellen tot de veronderstelling, dat een zeehond, meer-zwijn, of ander halfslachtig dier in dezen stroom de Koningin verschrikt hebbe. Wij beslissen hierop niets; doch geven den lezer in bedenking, of deze geheele sage, die ook door MONE, *Gesch. d. Heidh.* II. 123., wordt medegedeeld, niet veeleer uit het geloof aan *Helrivier* en *Helhond* (Cerberus = Garm) ontsproten zij. Het ras dier *hel-honden* was allerwege verspreid; de *verkeerde honden* loopen nog op onze woerd-akkers; nu en dan komt nog de *hond* aan de boeren-woning of hut huilen, als voorbode van een nabijzijnd sterfgeval.

Hella, Helrivier, Helhond.

Wat men echter door dezen *Hel-hond* en zijne afstammelingen te verstaan hebbe, daarvan de verklaring hier op ons te nemen, achten wij *nog* niet geraden, waar wij hem pas ter beschouwing aanbieden. Intusschen ook hij schijnt *zwart;* wij geven die hel-kleur bij de navolgende termen en uitdrukkingen in overdenking: *het gehuil, het geloei des winds;* — *de wind loeit, huilt.*
Maar ook daarenboven:

Gods woord, Gods wet staat eeuwig vast,
Hoezeer de helhond huilt en bast.

61. Min bekende Godheden.
(Gedenksteenen).

Behalve het vermelde hoofdzakelijke *drietal* goden: WODAN, THUNAER en FROWA, benevens HALDR en BALDR, waarvan inzonderheid de laatste, naast THUNAER, de eerste plaats bekleedt, hebben wij ook nog andere namen van goden en godinnen aangetroffen, die wij onder deze rubriek stellen, omdat wij hun, hetzij als afzonderlijke goden, of *attributen* van het H. drietal, dat alleen het Christendom tot éénheid heeft gebragt, geene andere plaats en opschrift in ons werk weten aan te wijzen.

Deze, die wij daarom min bekend noemen, zijn: SATUR, (*Saeter* en *Irmin*); en als godinnen: *Ostra, Weda, Siba, Jecha* en *Lahra*, benevens de gevondene gedenksteenen. De eerste, *Sater, Saeter*, wiens naam de rij der zeven dagen vol-maakt, gelijk blijkt uit het angs. *Saternes-däg*, het oudfr. *Saterdei*, mnl. *Sater-dach*, schijnt dezelfde, dien men ook wel onder den naam van *Saturnus* vermeld vindt. Slechts één *Sater-loo* vond ik in Overijsel (Dr. HALBERTSMA, *Overijs. Alm.* 1842. 137.), waaruit het berigt van PICARDT, *Antiq.*, nopens zijne vereering in die gewesten, bij ons eenig vertrouwen vindt. Doch waar moeten wij hem plaatsen? Wie was *Sater?* Is hij dezelfde, die in de N. mythe aan het einde der wereld, na den laatsten goden-strijd, of de godenschemering, optreedt, als *Surtur*, dan zoude dit kunnen verklaren, waarom hij bij de Angel-Saksers, de oude Friesen, en ook bij ons voorkomt aan het einde der dagen van de week; hetwelk op *ruimer* schaal overgebragt is geworden in de N. mythe, waar *Surtur*, aan den afloop der eeuwen, met vuur en vlammen, te voorschijn treedt. Dat *Sater* echter bij de *Saksers* voorkomt, afgebeeld met een *zonnewiel* in de eene, en eene mand met vruchten in de andere hand, zou ons kunnen doen denken, dat men hem aldaar vereerd hebbe als *zonne*-god, aan wien het zinnebeeld der vruchtbaarheid niet kwalijk voegt. Zie VULPIUS. (*Wb.* in voce.) Over *Surtur*, den onbekenden, den vuur-god, zoo het ons toeschijnt, eene verwante idée met *Loki*, als het onderaardsche, *vulkaansche* vuur, aan wien het noorden geenen dag heiligde, (waar de *Laugr-dagr*, zw. *Lördag*, D. *Löverdag*, de week sluit), zie men Dr. LEGIS, *Alk.* 40, en mijne *Edda-leer*, Utr. 1837. in de inleiding, waarin wij over den onbekenden SURTR gehandeld hebben. Is de vergelijking van *Saeter* met dezen juist, dan vermoeden wij, dat wij in hem den *Vulcanus* aantreffen, waarvan CAESAR, *Bell. Germ.* VI. 21. gewaagt.

IRMIN, over wien GRIMM (D. M. 1 ed. 208, 209) uitvoerig handelt, die hem in den rang der half-goden plaatst, en den echt Duitschen *Mars* (naar wien de *Marsi* en *Marsigni* genoemd schijnen) tot halfbroeder geeft, schijnt ook op de *Veluwe* bekend en vereerd te zijn geworden, alwaar men op het jaar 855, in eenen giftbrief *Urthunsula* en de villa *Irmin-lo* aantreft, th. *Ermelo*, d. i.: loo van *Erme*, *Irmin* (Mr. VAN DEN BERGH, *Volksoverl.* 194.). In het *Zutphensche* daarenboven, vindt men een *Mars-veld*, dat misschien aan den Germaanschen *Mars*, doch ook aan de Frankische *Marsvelden*, kan doen denken. Eene afbeelding van *Irmin*, als krijgsgod, waardoor GRIMM hem als den vergooden *Herman* (ARMINIUS) schijnt te beschouwen, voor wien men zuilen oprigtte, vindt men bij VULPIUS, a. w. Wat SMITS, (*Schatkamer*, in voce), over den *Irmen-seul* zegt, kan alleen belangrijk genoemd worden om de bronnen, welke te onderzoeken wij echter aan anderen moeten overlaten. Van deze medegedeelde opvatting van GRIMM, verschilt aanmerkelijk ETTMÜLLER (*Vaulu-spa*, s. 134). welke ter verklaring van den *Irmin-sul*, dien naam afleidt van *Jörmun*, de *aarde*, waardoor de verklaring van ADAM VAN BREMEN bevestigd schijnt te worden, die voor *Yrminsul* "*universalis columna*" geeft; een gevoelen, dat te meer grond van waarheid bevat, omdat men, gelijk wij gezien hebben, ook *maan*-zuilen bezat, waarnaast de *aard*dienst, zulk een belangrijk gedeelte in de algemeene natuurdienst uitmaakte. Zie verder Dr. LEGIS, *Handb. d. Altd. u. Nord. Götterl.* 1833. 86.

HERCULES MAGUSANUS. Gelijk men verschillende verklaringen der *Nehalennia* beproefd en voorgedragen heeft, zoo ook van dezen Zeeuwschen *Hercules*, wiens gedenksteenen men, in 1514, nabij West-Kapelle in Zeeland, gevonden heeft. Mr. VAN DEN BERGH (a. w. 180.) acht den naam Romeinsch. Anderen daarentegen achten den *Hercules* als eenen echt Germaanschen god, waaraan ook zijn bijnaam doet denken, welke echter te verklaren steeds vele zwarigheid heeft opgeleverd; vooral, zoo het ons toeschijnt, omdat men daarbij steeds te veel òf op het Latijn, òf op het Keltisch, niet genoeg op het oud Duitsch of Germaansch zelf, gelet heeft. Nog heeft men een paar andere gelofte-steenen, toegewijd aan *Hercules Magusanus*, en wel door zekeren FLAVIUS, zoon van VIHTIRMAT, opperste Overheid van de Stad der Batavieren, (vid. CANNEGIETER, aangehaald door VAN WIJN, *H. Avondst.* 18), te *Rumel* of Rumelo gevonden; een andere met nagenoeg gelijke inscriptie: *Hercules Macusanus* was (volg. MENSO ALTING, *Germ. Inf.* 1. 31), in Gelderland, doch onzeker waar?, opgedolven.

Wij laten de opschriften dier gedenksteenen hier volgen; als dat van *Westkapelle*, volgens VISSCHER'S opgave, bij VAN LOON, *Aloude Hist.* I. 293.

Herculi
Magusano
M⁺ primi ivis
Tertius
V. S. L. M.

Den tweeden gedenksteen te *Rumel* (nabij 'sHertogenbosch) gevonden, deelt ons VAN WIJN, *Hist. Avondst.* 18, mede, uit CANNEGIETER in *Postum.* 9. 158, en heeft ten opschrift:

Acsvsa
No. Hercvli
Sacrv. Flavs
Vihtirmatis fil.
s. mmvs Magistra
ivitatis Batavor.
V. S. L. M.

De derde, die in *Batavië*, doch onzeker waar ter plaatse,

gevonden is, ontleent wederom VAN LOON, a. w. uit CANNEGIETER, *Dissert. de Brittenburgo* etc. 147, en heeft ten opschrift:

Herculi Ma
Cusano et
Haevae Vlp
Lvpio et Vl
pia ammava
pro natis
V. S. L. M.

Dat de Germanen *Hercules* als eenen god vereerden, blijkt, behalve uit deze gedenksteenen, ook uit TACITUS: c. 9. »*Herculem colunt*" zegt hij, en na over den Oceaan, de kusten der *Friesen*, die hij in *groote* en *kleinere* (Oost- en West-Friesen) verdeelt, gewaagd te hebben, voegt hij c. 34 er bij: »Het gerugt heeft verspreid, dat de *kolommen van Hercules* nog daar ter plaatse overig zijn. 't Zij dan, dat *Hercules* hier waarlijk gekomen zij, of dat men als overeengestemd heeft, om al het treffelijke, dat ergens gevonden wordt, aan zijnen beroemden naam toe te schrijven" (a). Eene *silva Herculi sacra*, in het Cheruskerland (tusschen Weser en Elbe), noemen de *Ann*. 2. 12. en een *Castra Herculis* stelt de *Tab. Peutingeriana*, niet verre van *Niomagus* (Nijmegen), in Gelderland. Dit alles achtte ook GRIMM, (2ᵉ ed. 337) noodig te herinneren, die bij de verklaring van den Germaanschen *Hercules* aan *Hermin* en *Hermin-ones*, en den *Irmin*-sül schijnt te denken; doch dan staat hem de toewijding dezer laatste zuil aan ARMINIUS in den weg. Intusschen beamen wij volkomen, dat in *Heracles* en *Hercules* de wortel: Ἥρα, *Hera*, duidelijk is; nog duidelijker evenwel: de vroeger vermelde *Herke*, of *Harke*, *Hercke*, in *Herculo*, *Arkelo* bij Gorinchem, waar Mr. VAN DEN BERGH wil, dat *Hercules* zoude gediend zijn. *Herche*, *Herke* nu, zoo wel als *Irmin*, *Iormun*, en zuilen een en ander gewijd, zouden dus aan *Aardzuilen*, (Columna Universalis) nabij de *Zuider-zee* (destijds het meer *Flevo*, dat, de groote en kleine Friesen van elkander scheidde) geplaatst, kunnen doen den-

---

(a) *Et superesse adhuc* Herculis Columnas *fama vulgavit, sive adiit* Hercules, *seu quidquid ubique magnificum est, in claritatem ejus referre consensimus*. Germ. c. 34.

ken, en het tevens bevattelijk maken, dat men aan dezen eene *silva sacra* (men denke ook aan het *Ardu-enna*-woud) had toegewijd. Toen DRUSUS de Eems wilde opstevenen, doch, op strand rakende, er van af zag, zocht hij de gedenksteenen van *Hercules;* maar was die alreeds voorbij gezeild. Het schijnt, dat WESTENDORP, (*Hunebedden*, 329.) de Hunebedden als zoodanige monumenten wil doen voorkomen, en ligt werden deze ook toen als werken van *Hercules* beschouwd. Aan gemelde *Hercules-zuilen* aan den N. Oceaan, of het meer *Flevo*, waren, zoo wij vermoeden de zuilen of muren van *Hercules* aan den ingang der Middellandsche zee tegenovergesteld. In *Herke, Herche, Herka,* treedt het vrouwelijk, in *Hercules* het mannelijk beginsel meer te voorschijn. Dit blijkt ook uit den Zeeuwschen *Hercules Magusanus,* wiens bijnaam nog te verklaren overblijft. Wij zullen hier niet herhalen, wat SMALLENGANGE, (*Chr. v. Zeeland*, 79), ALTING, (l. c. 1. 31.), VAN LYNDEN VAN BLITTERSWIJK (in Mr. VAN WIJN, *Huisz. lev.* I. 335), wat ook Mr. VAN DEN BERGH, en anderen over dien *Magusanus,* uit het Keltisch, zelfs uit het Hebreeuwsch en Phoenicisch hebben opgedolven. Dien omslag, om echt Germaansche woorden te verklaren, hebben wij meermalen ter zijde gesteld; weshalve wij ons ook niet kunnen vereenigen met CANNEGIETER (l. c.) en VAN LOON, (a. w.), welke van dien *Magusanus:* »*Magazohuis*" d. i, *voedsteraar* (nutricium) maken. De Heer AB UTRECHT DRESSELHUIS (*Zeeuw. Volksalm.* 1837. 46.) blijft nader bij huis, als hij aldus vertaalt: »Ieder Zeeuw weet nog, wie de *Guus* zijn; wij hebben dit woord, hetgeen oudtijds *magus* was, trouw bewaard; *zae* is tegenwoordig *zee;* maken wij er dus *zee-gus,* d. i.: *zee-kinderen* van, zoo hebben wij eene goede beteekenis, die intusschen ook door de Noord-brabandsche en Geldersche buren, als oude kust- en moeras-bewoners, in eere werd gehouden". — Dat wij deze poging toejuichen, sluit echter nog niet in, dat wij ons met zijne *zee-kinderen* kunnen bevredigen. Zie hier de reden waarom: naar den strengen kritischen regel der woordafleiding blijft ons deze vertaling nog altijd duister. De Hoogleeraar VISSER (*Alg. Gesch. der Nederl.* 260.) daarentegen, maakt van den *Magusanus* eenen *Moerasdrooger;* voorzeker een *held*, gelijk *Hercules* wordt voorgesteld, die thans bij de Haarlemmermeer zou te pas komen. Het *Ma* door Dresselhuis verwaarloosd, door Visser als *moeras* beschouwd, achten wij met den laatste, naar eene zeer gewone *apokope: mar*, *mare* = zee (*a*); *gus*, gelijk in het oude *Gus-aha*, (Goes) is *stroom*(*b*), (Gus-aha = stroomwater); en *a* in *a-nus*, beteekent water; *nus*, is gewone adj. uitgang, mannelijk. Deze vertaling levert letterlijk: *zee-stroom-water*, en verklaart, onzes erachtens, ook *Neo-* of *Nio* = *Nior-magus* (Nijmegen) als *Noord-zee-stroom;* terwijl wij het vermoeden hier bijvoegen, dat de *Geldersche Hercules Magusanus* aan, of in de nabijheid der *rivier* gevonden zij. Was het te *Her-veld*, een legerveld aan *Hercules* gewijd? Zeker daar ook kon hij, even als te *Rumel* (aan de Dommel), *Magusanus*: zeestroomwater, genoemd worden. Dat zoodanig een *Hercules* zelfs twee werelddeelen kon doorbreken (bij Gibralter) zal niemand betwijfelen. Hij werpt dijken en dammen omverre, en is misschien dezelfde, die het *Rume*, *Ruime*-lo, *ruime* water, in Noord-Braband heeft doen ontstaan; wel waard, dat men hem, als het *vruchtbaar* makend, mannelijk beginsel der *aarde*, zuilen of gedenksteenen oprigtte. — Dat Zeeland in het bijzonder dien *Hercules*, den *zeestroom*, misschien ook als *Neptunus* of *Niort*, naar wien de *Mare Germanicum* = *Noord-zee*, genoemd schijnt, vereerd hebbe, komt ons ook uit de plaatselijke ligging des eilands, als waarschijnlijk voor. Ortellius was zelfs van gevoelen, zegt Dr. Westendorp (*N. Myth.* 145), dat de mond der Schelde weleer met eenen tempel van *Hercules was versierd geweest*. Hoedanig dit ook zijn moge, gelooven wij het waarschijnlijk te hebben gemaakt, dat onder de vorenstaande *Sater*, (Surtr) het *vuur*; onder *Irmin, Erme*, wederom de *aarde*, of wel het *heelal*, en onder *Hercules Magusanus*, het *water* of de *zeestroom* zijn vereerd geworden, en dat, wat de kolommen van

---

(*a*) Bijv. *St. Malo, St. Marlo*, = H. zee-water, zie ook boven aant. bl. 293. verscheidene voorbeelden van de weglating der *r*; en men denke hierbij aan de booze *Ma-chuut*, *Mare-griet* (giet), met hare rijkdom van zee-water.

(*b*) Op het woord *Khussi*, (kh = c.), geeft Dr. Halbertsma, (*O. Alm.* 1843), *rivus, flumen*. Graeci χέω, *fundo*, χύσις, *fuso. scand.* gusa, *fusis praeceps, effluvium*. Holl. *gusselen: diffundere*, *gutsen: praecipitanter effluere*, Theot. guz, *fusio*, gussa, *inundatio*.

Hercules bij de *Friezen* betreft, hier aan den ingang van het meer *Flevo* (later de Zuiderzee) zal moeten gedacht worden. Of zouden hier inderdaad kolommen ter eere van den held gestaan hebben, die naderhand door een paar andere, den *Kaspar-Robles*-zuil, en den steenen *Roland* zijn vervangen? Wij kennen echter niet de sagen, welligt aan een en ander verbonden, en kunnen dus niet verder oordeelen.

Doch de gelofte-steen, waarvan DE BAST (*Receuil des Antiq.* 28. 29.) gewaagt, was niet slechts aan *Hercules Magusanus*, dezelve was ook aan *Haeva* gewijd; anderen lezen *Hafvae*. Wie was die *Haeva* of *Hafvae*? En wie waren die *Ulp*, *Lvpio* en *Ulpia Ammava*, die daardoor hunne dankbaarheid aan beide eerstgemelden uitdrukten? Mr. VAN DEN BERGH, die in de meening schijnt te verkeeren, dat deze steen te West-kapelle gevonden zij, verklaart die *Haeva*, als eene zee- of watergodin, naar het Deensche *hav*, het oudfr. *hef*, (zee?). Daarin echter schijnt eene vergissing nopens de plaats te bestaan, waar gemelde *Haeva* of *Hafvae* gevonden is. Ware die plaats te West-kapelle juist, dan zouden wij te gereeder zijne verklaring kunnen aannemen. Doch uit Dr. WESTENDORP blijkt, dat zij niet in Zeeland, veeleer in *Gelderland*, in *Batavië*, gevonden is. Het werk van DE BAST hebben wij niet bij de hand. De onbekendheid der *juiste* plaats, waar dezelve werd aangetroffen, levert hier eene moeijelijkheid in de verklaring. Intusschen, in verband ook tot den *zee-stroom-god*, gelooven wij hier aan eene *haven-godes* te mogen denken, waarin zich misschien de *Ulp*, de *Lvpio* en *Ulpia*; ecner *Amm-ava* (au, ouwe,) hebben uitgestort, hetwelk bij des troomvergoding bereids genoeg kon wezen, aan dat blijk van dankbaarheid, eene gedenksteen te wijden. — Wij geven dit echter als eene loutere gissing in overweging.

OSTRA, EASTER. Dat ook deze godin in ons land is vereerd geworden hebben reeds WESTENDORP, VAN DEN BERGH en ROELANTS genoegzaam aangetoond. GRIMM, a. w. 180, VULPIUS, *Wb.* in voce, en vooral Dr. LEGIS, a. w. 113. kunnen mede over *Ostra* worden nagezien. *Oster-* of *Aster-lo* in Groningen, *Ooster-lee*, in het Westland, kunnen, even als zoo vele plaatsen in Duitschland, (*Osterbeck Osterholz*, enz.) aan deze godin zijn toegewijd. Ook wij bezitten daarenboven een *Ooster-wijk*, *Ooster-hout*, *Oos-*

ter-beek, die allen tot onder het heidendom schijnen op te klimmen. In Noord-Braband kende men daarenboven nog, blijkens eene oude keur van 1478, de »*Oostwaarheden*", die waarschijnlijk met de Osterfeesten in verband staan. (Mr. van Ackersdijk, *over het ontd. der Misdaden*, in de *W. der M. v. N. Letterk.* II. 32.). Beda, door Ettmüller, (*Vspa.* 77) aangehaald, noemt de maand April, bij de Angelsaksers, *Estur-monath;* dan vielen namelijk de oude *Ostra*-feesten in, die, zoo het ons voorkomt, algemeen door feest-vuren gevierd, en door de latere *paasch-vuren* zijn vervangen geworden. (Zie aant. 31. 139.). Nog draagt het paasch-feest in Duitschland, den ouden naam van *Ostra-fest*. Doch waarvoor hebben wij in de natuur-dienst der Germaansche volkeren deze *Ostra* te houden? Beschouwt men deze feesten als *zonnefeesten*, aan *Ostra* gewijd, gelijk ook de feesten van den licht-god *Baldr* geene andere dan zonne-feesten waren, en ook de *Mid-winter-* of *Jo-ël*-feesten, niet anders kunnen worden verklaard; dan zoude men bij *Ostra*, (Est-ur) aan het *herrezen* zonnelicht, aan een herrijzingsfeest kunnen denken, waarmede ook Ettmüller, en anderen overeenstemmen. Deze meening verkrijgt te meer grond, wanneer men daarbij in aanmerking neemt, dat ook de *paasch-eijeren* uit het heidendom ontsproten, het zinnebeeld waren der herrijzing. Halbertsma, over de paascheijeren (*Overijs. Alm.* 1840. 154.) laat daaromtrent geenen twijfel over, en Dr. C. Leemans, teekent, in zijne *Beschr. der Rom. steenen doodkisten, te Nijmegen gevonden*, (Nijh. *Bijdr.* III. 249.) aan: »Onder de zinnebeeldige beteekenissen van het *ei* komt vooral die van *herleving*, opstanding, in aanmerking". — Daarom legde men ook een *ei* in de doodkisten, en waarschijnlijk vertrouwde men daarom de lijkasch in *urnen*, aan de moeder-aarde". Hoeufft (in de J. *Taalk. Mag.* III. 238.) leidde *Ostern* zelfs van *Urstend* (opstanding) af. Men begroette dan, zoo het schijnt, het zonnelicht in het *Oosten* herrezen, reeds des morgens vroeg, en, ontstak des avonds zijne feestvuren, gelijk men ook in het verre noorden gewoon was, de terugkomst der zon met feestvuren te vereeren. Zoodanige feesten kunnen tot volksliederen aanleiding hebben gegeven, als de navolgende:

>Het daghet uit den *Oosten*,
>Het licht schijnt overal;
>Hoe weinich weet de liefste,
>Waar dat ick henen sal. — enz.

Gelijk ook:

>Na *Oostland* wil ik varen,
>Daer woont er mijn zoete lief,
>Over berg en over dalen,
>Schier over der heiden,
>Daer woont er mijn zoete lief.

En:

>Het windje, dat uit den *Oosten* waait,
>Dat waait tot allen tijden, enz.

Men vindt dezelve bij HOFFMANN von F., (*Holl. Volksl.* 101. enz.). Gelijk het uit deze aangehaalde verzen blijkt, schijnt althans het *Oosten* in bijzondere achting te staan, dat zoowel uit de vereering eener godin *Ostra*, kan zijn voortgesproten, als dat het met de beteekenis der hemelstreken zamenhangt. Tegenover *Ooster*-lee, in Groningen en het Westland, heeft men ook een *Wester*-lee, zoo hier als ginds, en elders *Wester-veld*, *Wester-foort*, enz. Ook de *Oosten-wind*, waarvan het *Volkslied* zingt, stond, zoo het ons toeschijnt, in achting.

Nog een drietal andere godinnen, waarbij wij hier moeten stilstaan, noemt PICARDT, *Ant.*, die in het landschap Drenthe zouden zijn vereerd geworden, als *Siba*, *Lahra* en *Jecha*. Hij levert echter evenmin eenig bewijs als opheldering. Intusschen schijnt *Sipcu-lo* voor de eerste te pleiten. Ook Dr. WESTENDORP hechtte aan de vereering van *Siva* onder de Friesen. Vermoedelijk is deze *Siba*, *Siva*, dezelfde, die bij de Wenden als *Siwa*, *Syewa*, in het noorden als de kuische en schoonharige *Sif*, als de gemalin des *Donderaars* voorkomt. (Zie *Edda-leer*, 60 en 61.). Van der Wenden *Siwa*, als godin des levens en der liefde, vindt men eene afbeelding bij VULPIUS, a. w.; terwijl Dr. LEGIS, (*Alk.*) uit BOTHON's *Chron.* I. 339, de navolgende woorden mededeelt. »*Unde de afgodinne de heyt Siwee, de hadde de hende over ruggen, in der einen hand hadde se einen gulden appel, unde in der anderen hant hadde se een wijn-druvelen mit einen gronen blade, unde ore hare hangende want* (tot) *in de wade*". Zouden wij hierbij aan de verjongende *Iduna*-s appelen mogen denken? Wij hebben, hoezeer ook andere, bijv. *gou-*

den appelen, *Idunas*-appelen aangetroffen, nog geene bewijzen gevonden, dat die van *Iduna* ook in onze vroegere goden-leer bestaan hebben.

LAHRA, mede door PICARDT, a. w. opgegeven, en wier vereering in *Drenthe* en elders, uit de oude *Hlaren*, *Laeren*, zou kunnen afgeleid worden, werd, volgens ETTMÜLLER, a. w. door de *Saksers* en *Thuringers* aan den Harz vereerd. Naar de woordbeteekenis (van *Larin*, *Lerin* = onderwijzen) was zij eene godin der wijsheid, des onderrigts, en zoude, ter gen. plaatse, haren naam aan het slot *Löhr*, *Löhra* (met ons *Leur*, *Laer* verwant) geschonken hebben. BONIFACIUS vernielde *Lahra's* en *Jecha's* beelden, omdat zijne *leer* van die der eerste verschilde. Zouden de gevondene *Minerva*-beeljes niet ook eene voorstelling dezer godin kunnen wezen, wier leer en lessen thans tot een verachtelijk spreekwoord schijnen te zijn geworden: *het is maar larie!* —

JECHA, zoo die ook in Drenthe is vereerd geworden, gelijk PICARDT, a. w. meent, zal dan wel, even als bij de *Thuringers* en Saksers, waar zij een heiligdom te *Jecha-burg* zou bezeten hebben, eene *Diana* of *Jagt-godin* zijn geweest, waarvoor zij, zoowel door VULPIUS (in voce), als door ETTMÜLLER, *Vspa.* 78. wordt gehouden, van *Jach* = jagen. Dat men zoodanig eene jagtgodin in ons vroeger woudrijk land, in *Drenthe*, (zie bl. 222.) vereerd hebbe, is niet onwaarschijnlijk.

LEVA. Nopens deze *Leva*, wier tempel op de *Peutinger*-reiskaarten voorkomt, onder den naam van *Levae fanum*, hebben ALTING, (*Germ. Infer.* I. 78.) en VAN LOON, (*Alo. Hist.* I. 178[b].) het een en ander gegist. Naar den eersten is bij dit *Levae fanum*, aan *Lievendaal*, *Leefdale*, nabij Rhenen, te denken, hetwelk wij ook elders *Laer* (vertaling van *fanum*) genoemd vinden. De laatste houdt *Leva* voor »eene goeder geluksvrouwe", of, zoo als hij ze noemt, »eene *Runinne*", door de Duitschers (Germanen) als godinne vereerd. Aannemelijker echter, achten wij het gevoelen derzulken, die *Leva* met *Leba* verwant achten, en *Leva*, door *leven*, *lieven*, gelijk *Leba*, door *leben*, *lieben* verklaren. (MELIS STOKE, geeft nog *lieve* = *liefde*, 2. v. 354). Hare vereering zou dan, gelijk ik vermoed, hier te lande, op *Koppel*: d. i. = *verloofs-maandag* hebben plaats gehad. (HOEUFFT, in DE J. *Taalk. Mag.* III. 227.). *Lif*, leven, *Lip*, liefde, *Lob*, *Lobna* in verlooven, zijn ook nog in ons *leven*, *lieven*, *looven*, verlooven, ten naauwste verwant. — Zoo vermoeden wij ook eene godin *Leda*, naar wie de Lida-maand (Junij of Julij), en bij *Leer* in Oost-friesland, de rivier de *Leda*, zou kunnen genoemd zijn. VULPIUS, *Wb.* in voce, spreekt van eene godin *Leda*, doch vermeldt niet, of zij ook onder de Friesen vereerd zij geworden.

Daarentegen vermeldt HAMCONIUS, *Frisia* (69ᵃ 97) eene *Fanna Wald-acha*, wier vroeger bestaan, volgens Mr. VAN DEN BERGH, door de eenparige getuigenis der concilie-acten gestaafd wordt; doch wie was zij? Eene boschgodin, aan wie HAMCONIUS eenen boog in de hand geeft. Dezelfde Kronykschrijver schijnt eene dergelijke, onder den naam van *Viana (Diana)*, te *Vianen* te veronderstellen, die echter door VAN DEN BERGH betwijfeld wordt, welke deze stelling »als enkel op eene naamsovereenkomst gebouwd" aanmerkt. — Is onze bovengegevene verklaring der *Tanfana* niet onjuist, dan zou men misschien ook hier, bij de *Fanna* of *Fana Wald-acha*, aan eene *zienster* kunnen denken, en *Wald* = woud, *Acha*, *Aha* = water, drukken dan de wijze harer wigchelarijen uit. Wil men haar daarentegen eene plaats onder de godinnen laten behouden, ook dan nog zouden wij haar evenwel niet hooger kunnen achten, dan als eene plaatselijke godin in het *woud* en aan het *water*.

Zoodanige *plaats-godinnen* toch heeft men bereids in ons land meerdere ontdekt, en nog andere zullen welligt, bij vlijtig onderzoek, gevonden worden, waarvan de onderlinge vergelijking, onzes erachtens, tot de overtuiging leidt, dat in het heidendom elke plaats zijnen beschermgod of godin bezat, die naderhand door de schutspatronen, door *Sancten* of *Sanctinnen*, zijn vervangen. Immers de toewijding van Loo-en, Woerden, Wijken, Hemmen, Laeren, wouden, bergen, enz. schijnt ons dit gevoelen te bevestigen. Als zoodanige plaats- of schuts-godinnen gelooven wij te moeten aanmerken de *Diana Arduinna*, bij *Voorburg* gevonden, die door Mr. VAN DEN BERGH, a. w. 186, zonder eenigen grond, naar de *Ardennen* verwezen wordt, zonder in aanmerking te nemen, dat zich ons *Arduenna*-woud, langs de geheele kust der Noord-zee, van den hoek van Zuid-Holland tot voorbij Alkmaar in Noord Holland, schijnt te

20.

hebben uitgestrekt: dit woud aan *Hertha* of *Arda* gewijd, strekte zich mede tot Voorburg uit (van Wijn, *Hist. Avst.* II. 3. 4.); weshalve het ons geenszins kan bevreemden, dat men hier eene *Diana Arduinna* gevonden hebbe. Maar waarop steunt dit berigt? Op Westendorp? Doch ook deze haalt (bl. 166), waar hij over de plaatselijke godheden, over de *Diana Arduinna*, en de vermoedelijke beschermgoden van Voorburg en Nijmegen handelt, zijne bronnen niet aan. Door wien wordt deze *Arduinna* het eerst vermeld?

Als meer zeker, ook als plaatsgodin, is de *Dea Burorina* bekend, waarvan de steen, te Domburg in den gevel van een huis gevonden, thans door het Zeeuwsch Genootschap bewaard wordt, waar ik hem in 1833 meen gezien te hebben. Dezelve gaf aanleiding tot eene Verh. in de *werken van het Zeeuwsch Genootschap*, 1 Dl.; maar tevens tot de zonderlingste verklaring, naar het tegenwoordig spraakgebruik, zoo wij meenen door Cruisselbergen, t. a. pl., die haar als *Buurt-godin*, of *Buurgodin* van *Nehalennia* aanmerkt. En ab Utrecht Dresselhuis, zegt: »Van haren naam weten wij niets beters te maken, dan: *patrones der eerste buurt*". Wij achten haar intusschen verwant met den noordschen *Burr*, *Bör*, die vooral in het aan de zee ontwoekerde *Zeeland* zou te huis behooren; en waaraan misschien ook *Borculo*, *Buren*, en menige andere plaats, om zoo te zeggen, uit het water ontstaan, blijft herinneren. (Zie Speleveldt, *Br. over Walcheren*, bl. 114.). Over *Bör*, Finn Magn. *Lex.* in voce.

Dat ook de *Dea Sandraudriga*, (waarover ook, zoo wij meenen, de Bast, *Receuil des Ant.* II. 548, het een en ander berigt heeft), tot de plaatsgodinnen, of *Genii loci* behoort, hebben reeds de Heeren Loots en van Lennep (*Verh. d.* 2ᵉ *kl. van het Koninkl. Inst.* I. Dl. 99), voorgesteld, en, naar ons inzien, teregt: *Sandr* = zand, en *raudhr* = rood, geeft ook hier als plaatsgodin: *Sandroodige*; doch Raepsaet, (aant. op gem. rapp. der HHr. Loots en van Lennep II. Dr. 106) hield daarvoor echter de bewoners van *Sandroode*. Eene afbeelding van haren altaar-steen, in 1812 onder het gehucht *Tichelt* ontdekt, waarop de woorden: »*Deae Sandravd. rigae cvltores templi*" vindt men in Dr. Hermans, *NBr. Mengelw.* II. 3. 279; nieuwe berigten nopens de ontdekking der grondslagen van haren tempel leverde JANSSEN, in NIJH. *Bijdr*. IV. 157. enz.

Eene andere, zoo het schijnt, almede plaatselijke godin, is de *Dea Vagdaver*, door HELDRING gevonden op den *Durnt*, onder Setten (het oude *Sethone*), en wel in het *Hemver-meer*. De Heer JANSSEN (in NIJH. *Bijdr*. IV. 63.) deelt daarvan het navolgende opschrift mede:

>*De(ae) Vagdaver. cvsti. sim(pl)i
civs. svper. Dec. alae. vocontior.
exercitvvs. Britannici;*

Dat naar zijne lezing aldus luidt:

>*De(ae) Vagdaver(ae). Custi(us) Simplicius
Super(us), Dec(urio) alae Vocontior(um)
exercitûs Britannici.* —

Ongetwijfeld ziet men met verlangen de verklaring dier *Dea Vagdaver* door gemelden geleerde te gemoet; mogten wij intusschen hier eene gissing wagen, dan is dezelve niet verre te zoeken, en de naam niet zoo barbaarsch als men misschien zoude meenen. Wij althans lezen *Vagd* = Wagt, wacht, *a-ver* = water-veer, en denken hierbij aan het *Hem-ver*, eene overvaart of *veer*, die men onder de hoede, de bescherming, eener godinne stelde, welke daarom den naam van *Vagd-a-ver* droeg.

Dat men onder de Loo-dienst vooral ook overtogten en overvaarten of veeren onder de bescherming van *godinnen* stelde, even als men zijne *hem*-men, wijken en woonplaatsen aan de bescherming of bewaking van bijzondere godessen toevertrouwde, zal te minder bevreemden, als men in aanmerking neemt, dat ook de gedenksteenen der *Deae Nehae* (waarover KEYSLER, *Ant. Septr.* 266), de vroeger vermelde *Vacalli-nehae*, *Ruma-nehae*, de *Hama-vehae*, en andere gedenksteenen aan den Nederrijn, allen aan godinnen gewijd waren.

Deze waren, onzes erachtens, de *matres*, *matronae* of *moeder-godessen*, aan wie de wacht was toevertrouwd over hetgene men dierbaars bezat. Dat men intusschen op deze laatste gedenksteenen steeds het bekende *drietal* aantreft, hebben wij uit de nachtwaken trachten op te helderen. De eigenlijke plaatsgodinnen komen, zoo het uit de gegevene voorbeelden blijkt, steeds alleen voor, als de *Dea Arduinna*, *Dea Haeva*, *Dea Burorina*,

Dea Sandraudriga, en nu ook weder de *Dea Vagdaver*. In hoe verre men zoodanige gedenksteenen aan Romeinschen invloed hebbe toe te schrijven, zullen wij hier niet trachten te bepalen: ontwijfelbaar stonden zij met vroegere of latere zuilen en zuilen-dienst in verband.

62. Wapens.

Wat wij reeds in den tekst opzigtelijk de sprekende wapens, in het Westland aanwezig, aanmerkten, en ook nu en dan in de voorafgaande aanteekeningen deden opmerken, willen wij ook hier nog nader uiteenzetten, en daarbij beproeven, wat zich uit de vroegere Mythologie laat ophelderen, of wel, tot bevestiging van het aangevoerde, uit de wapens van plaatsen en personen laat aanvoeren. Daarmede willen wij echter niet beweren, dat *al* onze plaats- en geslachts-wapens tot den voor-christelijken tijd opklimmen; evenwel steunen ook de uitzonderingen daarvan, zoo het ons althans toeschijnt, op voorafgaande gebruiken, waarvan de oorsprong zich bij *Germaan*, *Fries* en *Batavier*, in het onzekere verliest, of met vroegere begrippen van goden-leer en mythen zamenhangt. Ten bewijze van *sprekende* wapens, of dezulken, die met de plaatsnamen zamenhangen, laten wij er eenigen in alphabetische orde volgen, zoo als wij die uit GUICCIARDIN, *Description de toutes les paysbas* (Anv. 1582), benevens uit GASPARD BOUTTATS, *Tooneel der Steden*, enz. (Antw. 1674.) hebben opgeteekend. Of wij door deze poging mede een nieuw licht over de *Heraldie* zullen kunnen verspreiden, zal door de uitkomst moeten blijken. Als *sprekende* wapens teekenden wij op, dat van *Arnhem*, zijnde een *dubbele adelaar* of *arend*, waarover MERCATOR, *Atl. minor* (vert. door ERNST BRINK) aldus spreekt: »*Arenacum*, van TACITO alsoo geheeten, 't welck die nacomelingen verandert hebben in *Arnheimum*, als of men segghen wilde, een woonplaets des arents". De verklaring van *Arne* door *arend* schijnt overeen te stemmen met *arne* in *Arnemuiden*, dat insgelijks eenen *dubbelen arend* heeft, waarboven een burg tusschen *twee* enkele arenden. *Bergen-op-Zoom* heeft drie groene *bergen*, waarboven *drie* roode kruisen; *Elburg*, een burg; *Goeree*, een anker, zinspelende op de *goede reede* of ankerplaats; *Hindeloopen*, eene loopende hinde; — *Hoorn*, een roode drinkhoorn op een wit veld, dat te merkwaardiger is, omdat het herinnert aan de overoude drinkhoorns, waarover men zie van Alkemade, (*Displ.* II. 453); anderen geven de kleuren van dit wapen omgekeerd, namelijk een zilveren hoorn op een rood veld (Guicciardin, a. w.); *Kuilenburg* heeft drie *kuilen* of knodsen; *Leeuwarden*, eenen klimmenden *leeuw; Monnikendam*, zekerlijk uit Christelijken tijd, eenen monnik; *Middelburg*, een burg, *Stavoren*, twee *staven* over elkander; *Sloten*, een slot of kasteel, met twee sleutels; *Vlissingen*, eene *flesch*, die ons herinnert aan de legende t. d. pl. van Willebrord. Ook nog in Delfland vonden wij de navolgende sprekende wapens, als van *Ketel* en *Spaland*, zijnde een zwarte *ketel* op een goud veld, en eene *spade* op een groen veld (*a*); *Pijnakker*, nabij Nooddorp heeft een *St. Anthonie-kruis* op een zilveren veld. Hierbij is op te merken, dat het zoogenoemde St. Anthonie-*kruis*, reeds onder het heidendom, tot onheugchelijke tijden opklimt (*b*). Zoo nu ook al *deze* wapens niet tot voor het Christendom opklimmen, zoo bewijzen zij toch, dat men dezelve met de namen der plaatsen heeft trachten in verband te brengen; daarom noemden wij ze *sprekende* wapens. Ook Valenciennes (lat. *Cygnorum vallis*) heeft in zijne *zwaan* in het water, op een rood veld, een sprekend wapen, dat zamenhangt met de sage van *Schwana*.

Wanneer het uit gemelde voorbeelden genoegzaam blijkt, dat de wapens niet maar zoo doelloos, zonder zin of beteekenis, aan steden en dorpen gehecht zijn, dat daarenboven sommigen met de sage en legende zamenhangen, dan wagen wij hier, vooral ook op gezag van Poinsinet de sivry, eenen stap verder, namelijk de veronderstelling, dat de *Heraldie*, met hare kleuren, uit vroegere mythen, godenleer, en latere sagen en christelijke legenden ontsproten is, of althans daarmede zamenhangt. Zoo bijv. het wapen van *Antwerpen*, zijnde een burg of kasteel, waarboven in de lucht geworpe-

---

(*a*) De Heer M. B. H. W. Gevers, Heer van *Ketel* en *Spaland*, liet ons deze wapens zien, kunstig gesneden op een familie-glas.

(*b*) Poinsinet de Sivry, l. c. 411. Wij vermoeden, dat dit kruis van *Pijnakker*, als strafwerktuig, met den naam des dorps in verband staat, en ook *Nood dorp* daardoor wordt opgehelderd.

ne handen, ontwijfelbaar aan de sage herinneren van den vervaarlijken reus *Druon* (GUICCIARDIN, a. w. 100.). *Brussel* heeft bij denzelfden Schrijver eenen reus, eenen held of Sanct, die een schild voert, en een monster of draak doodt op een rood veld. Wie is die draken-bestrijder? Wij denken hier aan *St. Joris*, bij GRIMM als een plaatsvervanger van THOR (*Donar*) aangemerkt, waarop ook een van de wapens van *Swolle* (*Svo-lo?*) betrekking schijnt te hebben; zijnde insgelijks een held, die een monster met een' slangenstaart eenen speer in den strot stoot. Zoo streed *Thor* tegen den *Fenrir's-wolf*. Gelijk het ons voorkomt, past inzonderheid die heldendaad van *St. Joris* voor Schutters-doelen, gelijk in 's Gravenhage, in den voorgevel van den ouden doelen. Volgens het berigt van GUICCIARDIN, (a. w. 473) schonk KAREL *de Stoute* der stad Luik eenen gouden St. Joris tot vergoeding van vroegere mishandelingen. Dezelve was te paard gezeten, en ten tijde van GUICCIARDIN nog aanwezig.

Ons vermoeden, dat de legende van *St. Joris* geenen anderen oorsprong heeft dan den laatsten strijd van *Thor* tegen den *Fenrirs-wolf*, krijgt te meer grond, wanneer wij in den *leeuw* van *Swolle*, met zijnen drie-kleurigen band om, als ook in den *leeuw* van *'s Gravensande*, van *Crommenye* en *Tir-le-mont*, (ongetwijfeld ook den *Hollandschen* leeuw, aan 's Gravensande ontleend) denzelfden *Fenrirs-wolf* meenen te moeten opmerken. Wie de mythe van den koenen *Tyr* kent (zie mijne *Edda-leer*, bl. 29; ook boven, aant. 54. 251.) weet, hoe de Asen, bij de toeneming zijner magt hem bonden, met eenen driekleurigen onverbreekbaren band (*Zwol*), hoe hij daarvoor echter den koenen *Tyr* (de nieuwe maan) de hand afbeet (*Crommenye*). Is diezelfde leeuw of *Lyoene*, in 's Gravensande, de *Mono-chyros* (of maanverzwelger), of is deze de trek eener andere mythe van de maan? In allen gevalle kan de *leeuw* ook in *Leeuwarden*, en in het wapen van *Zeeland*, in de oorspronkelijke beteekenis, ook volgens de mythe, als het water, de zee worden aangemerkt, die in den Hollandschen tuin, door dijken en dammen beteugeld, echter in Zeeland nog altijd worstelt en boven blijft. (*Luctor et emergo*,). Met deze opvatting om den *leeuw* (of *Lyoene*) uit de Loo-dienst te verklaren, vergelijke men, benevens de aangehaalde mythe van *Tyr* zelve, gemelde wapens, en de sage van *Westzanen* en *Crommenye*, bij WOLF, n° 302. Dat deze mythe van den leeuw, *Lyoene*, of *Fenrirs-wolf*, den *menagarm* (*monochyros*), of maan-verzwelger, zoo te 's Gravensande als te Zwolle, aan de Noord-zee, en de Zuider-zee, (het *Swlo*) te huis behoort, daarvoor pleit ook de locale ligging dier plaatsen. Wij geven dit een en ander in overweging, ook ter toepassing op andere leeuwen.

Voor den mythischen oorsprong der *Heraldie*, schijnt vooral ook te pleiten het wapen van *Fayr-lama-burg*, in Groningen, dat men kan achten, niet minder overeenstemmend te zijn met de naamsbeteekenis, dan de bovenvermelde. Zijnde de *roode* banden onzes erachtens = het vuur, de drie baren = *water* en de zwarte draak, de zwarte, of donkere *lucht*. Slechts *vier* hoofdkleuren telt, (volgens vroegere schriftelijke mededeelingen door den wapenkundigen Baron VAN WESTREENEN VAN THIELLANDT) de Heraldie, die wij vermoeden, dat alle eene beteekenis hebben, welke met de vroegere Loo-, Vuur-, Lucht- en Zonne-dienst te zamenhangen. Deze kleuren zijn zilver, rood, azuur en goud, waarnaar de schilden worden onderscheiden. Derzelver beteekenis verder te bepalen, laten wij hier aan anderen over.

Voor den voor-christelijken oorsprong der Heraldie, en zamenhang van onderscheidene wapens met de mythe, schijnen vooral ook te pleiten de zwarte, dubbele *adelaar, de haan* en *slang*. Wat de Adelaar in de mythe is, blijkt uit de navolgende strophen:

> Ligt ook kunnen,
> Zij, die tot Odin varen,
> Zien en erkennen de zaal;
> Voor de poort ten Westen,
> Rust een *wolf*, en van boven,
> Ziet een *Adelaar* neder.

En in den laatsten strijd klapwiekt de reuzen-adelaar *Hrasvelgur* (lijken-verzwelger), met sterken vleugel-slag rond om de lijken te verzwelgen. Die strijd wordt aangekondigd door eenen *vuurrooden* haan bij de Trolden, de *goudgeele* bij de Asen, en de *roetkleurige*, in Hela's rijk; — dan ook treedt de *Midgard-slang* in verschrikkelijke gedaante te voorschijn. De *adelaar* als het teeken van oppermagt, die de staatsstormen verwekt, wordt ook nog het liefst gevoerd door den *adel*. Behalve

Arnhem en *Arnemuiden*, voeren ook *Bolswerth, Groningen, Deventer, Nijmegen, Tiel*, enz., zulke adelaars in het wapen. (zie ook de HAAN HETTEMA, over den *Adelaar*, en *Adel* in den *Vriesche Volks. Alm.* 1844.) *Hanen* in Nederlandsche wapens, als het Heraldieke teeken van waakzaamheid, vindt men op dat van *Sandelingh*, zijnde drie zilveren hanen op een rood schild, met kam, tong en klaauwen van goud. (J. VAN DER EIJCK, *Handvesten. van Zuid Holl.* 1628. 60.); terwijl het wapen van Maasland, ligt ook anderen, eene slang voert. De 'sGravenhaagsche Ooijevaar heeft eene slang in den bek.

Wil men sprekende wapens onder de eigenlijke geslachts-wapens, voor zooverre de geslachts-namen verstaanbaar zijn, wij herinneren slechts, aan eenigen, die wij van eene gekleurde wapenkaart der Hoogbailluwen, Opper-dijkgraven enz. van Delfland ontleenen, als de drie *wassende* manen der WASSENAARS, de drie naakte mannen der PUTMANS, het gelauwerde hoofd van HOOFT, de *drie* baren (vuurvlammen?), van WOERD; hetzelfde, waarop een vos van VOS VAN DER WOERD; hetzelfde met een hart van HART VAN DER WOERD. — Hierbij voegen wij nog de drie *zuilen* van het geslacht der VAN ZUILENS, de witte *meerman*, met een zwaard en eene ster op de borst, van MEERMAN, dat ons aan de meermannen herinnert. — Merkwaardig achten wij inzonderheid den *witten hengst* op het wapen der *Assendelvers* (waarvan de de sage, bij WOLF, n°. 303.). Men weet, door de berigten van TACITUS, dat het heilig witte ros (waarover, zie boven aant. 46. bl. 198.) alleen door Koningen en Priesters mogt bereden worden; welligt mogt daarom ook alleen zoodanig heilig dier, waarop in het N. de *Asen* reden, in het schild van *Assendelf* worden gevoerd. De oude vorm toch, van *Assendelf* vonden wij in *Ascumann*, en vertaalden dit door *Ascu-mann*, d. i.: man der asen, goden.

Zijn deze herinneringen aan de mythen juist, of met andere woorden, zijn deze wapens aan voorchristelijke denkbeelden ontleend, dan hebben wij ook regt andere ter overweging aan te bieden; zoo zouden de *zuilen* der VAN ZUILENS aan de vroegere *Sulen-* of *zuilendienst* kunnen herinneren, of daaraan ontleend zijn. Althans de drie manen van Warmond, die van Monster, van Groeneveld, van Dokkum, enz. schromen wij niet met de vroegere maandienst in verband te denken, gelijk ook het *zonnewiel* te Heusden, en het wagenrad te Wageningen met de zonne-dienst. Ook de sage van het wiel te Heusden, levert WOLF, n° 30, en HERMANS, *Nbr. Volks Alm.* 1841. Doch inzonderheid schijnt het, of zonne- en maan-dienst beide te Emmerik aan den Rijn, (niet verre van *Montferland*) nog herinneringen heeft nagelaten, zoowel in het zonnewiel van het eene, als in den emmer (tevens eene zinspeling op den plaats-naam) van een ander wapen dier stad: wat de *Emmer*, en *Emmerslang* in de mythe der maan beteekent, zie men in mijne *Eddaleer*, bl. 122. De kinderen door *Munni* van de aarde opgenomen, nl. *Bil* en *Hviki*, droegen den emmer *Saegr* en den Emmerslang *Simul* op hunne schouderen.

Hoe anders dan uit de mythen, en wel van *Aegir's* drinkgelag, zou men de drie zwarte beugels of ketel-haken op een gouden schild verklaren, van Schobbeland? (Z. Holland); hoe de drie witte lelie's (als het lelie's zijn), die ons, aan de schoonste bloem, en de toewijding daarvan, aan den lichtgod doen denken; — de drie botten op een *rood* veld (zie VAN DER EIJCK, a. w.) te *Wt-alm*; benevens zoo vele andere visschen; zouden deze niet herinneren mogen aan de visch-partij om *Loke* te vangen? Zoo zouden wij ook bij de *drie* witte lelie's der GEVERS, aan de schoone *baldr's-bra* kunnen denken, ten ware men daarin, bijbelsche of christelijke toespeling meende te moeten vinden. — Steeds waren de witte leliën het zinnebeeld van reinheid en heiligheid.

Verder het onderzoek der wapens, munten en zegels, aan anderen overlatende, voegen wij hier ten slotte nog de vraag bij: of, op het oude zegel van *Vollenhove*, de priester onder eenen toren een plaatsvervanger eener oudere priesteresse (*Völa*) zou kunnen zijn, waardoor dan weder een sprekend wapen zoude voor den dag komen? Drie ruiten gelijk op het wapen van *Amelo*, komen ook op de wapens van andere Loo-plaatsen voor, onder anderen van *Heer-jansdam*, tusschen Waal en Devel, dat te merkwaardiger voorkomt, omdat men, daarbij eenen boom met Hase-winden aantreft, op een schild van goud. Doch wij leverden reeds stof genoeg tot verder onderzoek en nadenken, en vergenoegen ons ook hier slechts op sporen van vroegere mythen en natuurdienst te hebben opmerkzaam gemaakt.

63. Heilige- of Symbolische Getallen.

Dat sommige getallen in de meeste, zoo niet alle, mythologiën, eene heilige of symbolische beteekenis hebben, waarvan de zin min of meer ontwikkelde, wijsgeerige en zedelijke denkbeelden bevat, is door de meeste mythologen erkend en aangetoond geworden. Dit blijkt, wat het Noordsche mythenstelsel aanbetreft, wel voornamelijk uit het *drie-tal*, en deszelfs meervouden, zes, negen, twaalf, waarover men ook Dr. Westendorp, (*N. Myth.*) kan nazien. Een lezenswaardig opstel over dat onderwerp, komt voor in de *Minerva, Tijdsch. v. Studenten*, 1835. Nov. 52, hetwelk ons de moeite ontneemt, ons gezegde door voorbeelden uit het N. mythenstelsel nader toe te lichten. Ook Mr. W. Bilderdijk, over de getalnamen handelende, merkt (in zijne *T. en Dk. versch.* IV. 22.), opzigtelijk het *drietal* aan, dat het als *volkomen*, als eerste rij, dat begin, midden en einde uitdrukt, moet worden aangemerkt, en daarom is zamengesteld uit *ter-rije*, goth. *trins*, angs. *threo*, eng. *three*, runisch *dru*, *dry*, deensch, *tre*. — Dat dit getal ook in de Germaansche en onze mythologie, als een heilig getal gegolden hebbe, schijnt niet slechts te blijken, uit ons spreekwoord »*alle goede dingen drie-maal*''; maar dit heilig-tal laat zich ook nog door vele voorbeelden bevestigen. Drie waren, volgens de door Tacitus geboekte sage, (*de Morib. Germ.* c. 2.) de zonen van Mannus (den zoon van Thuisco). Mone (*Gesch. d. H.*) brengt dezelve met de Scandinavische mythe in vergelijking, *Thuisco* met *Büri*, *Mannus* met *Börr*, en de drie zonen, van wie de *Ingaevones, Herminones* en *Istavones* afstammen, met de wereldscheppers: *Odin, Vile* en *Ve*. Ook Grimm (D. M. XXVI.) merkt deze *drie* zonen, als heiligtal aan, waarover men zie zijne stamtafelen en de verklaring dier namen aldaar. — In onze mythologie trekt dit heiligtal door alles heen, wat ons daarvan nog is ter kennis gekomen: *drie*, waren bijv. de loo-en te *Drie-lo* (Driel), in de Overbetuwe, waarvan nog de sporen aanwezig zijn; misschien bestonden ook *drie* loo-en in een ander *Driel* (Bommelerwaard), en op meer dan een wapen der looplaatsen komen drie ruiten (loo-bronnen) voor, als van *Alme-lo*, dat van *Heer-jansdam*, (alwaar een *Deve-lo*).

Wij vermoeden, dat men die *drie-tallen*, of derzelver veelvouden, bij eene juiste kennis der oude landsverdeeling, in *gooën*, *gowen*, zoude aantreffen, bijv. *Oostergo*, *Wester-go* en *Hunse-go*. Drie zijn ook de *duinen* op het wapen van Loosduinen, en het is opmerkelijk, dat men meest al, wat wij in de bovenstaande bladen als heilig of vereerd hebben leeren kennen, zoo niet nog op den Vaderlandschen bodem zelven aanwezig, althans nog op de wapens wordt aangetroffen; drie bijv. zijn ook de *bergen* van Bergen op Zoom. Zoowel in de water- als vuurdienst, zoowel in de geesten- als goden-leer, treffen wij, dat rijen-tal aan: drie zijn de *Nehae*, of nachtwaken, en meestal komen de *Matronae* of moeder-godessen in drietallen voor, (aant. 20. en 21.). De boer, die de Molik sloeg, gaf haar *drie* slagen (bl. 101.); het geroep der licht-geesten te *Scharl* en *Warns*, werd driemaal herhaald (105.). Drie zijn ook de tijdgodinnen aan de Urdr-bron, de *Woerd*- of *Vierd*-zusters, waarin men zekerlijk den diepen, wijsgeerigen zin niet zal ontkennen (aant. 28. bl. 120.). *Drie* waren ook de hoofdgetijden des jaars, waarschijnlijk uit de drie nachtwaken, en uit de leer der nornen voortgesproten, of althans daarmede in verband gedacht; — *drie* dagen ook duurde het vuurbraken van het roode Clif; *drie* dagen lang bragt men den *Stave*-god brandoffer, en het bloed van een driejarig kind kon hem bevredigen (bl. 137.); *drie* waren ook hoofdzakelijk de vuur-proeven (aant. 31. bl. 142.). Plegtigheden bij den *lijkbrand* zelven kennen wij niet; doch driemaal werd bij *uitingen* het lijk om de kerk gedragen, alvorens men het in den grafkuil liet nederzinken; drie zijn ook de golvende baren in het wapen van WOERD, en drie de roode dwars-balken op dat van *Fray*- of *Fayr-lama-burg* in Groningen (bl. 150.), en kenmerkt juist door dit drietal deszelfs hooge oudheid, gelijk meer andere wapens, die wij te vermelden hebben. — Drie zijn de *Laeren* in Drenthe, noord- mid- en zuid-laren; waren misschien elk aan eene bijzondere godheid gewijd? (bl. 160.); zoo stelde Mr. ACKERSDIJK ook *drie* burgen te Tilburg; zoo hebben ook *Odoorn*, *Sleen* en *Rolde* elk *drie* Hunebedden (bl. 164.): de vraag is, of ook andere plaatsen er drie of de veelvouden daarvan bezeten hebben, gelijk *Borger* en *Emmen?* In *drie* soorten bestonden hoofdzakelijk de wigchelarijen: teenen-zien, vogelgeschrei en het gebriesch of hinniken van H. rossen. *Driemaal* wierp de priester de teentjes op, driemaal nam hij ze weder (bl. 190.). Drie zijn ook de *rijsjes* op het wapen van *Rijswijk*; drie ook de zwanen op het wapen van *Zwanenburg* (zie over dezen geluksvogel, aant. 45.); van drie-kleuren zijn de *hanen* in de N. mythe (bl. 196.); drie de *kraaijen* (ongeluksvogels bl. 198.) op het wapen van *Craaijenstein*; drie de witte lelies (zoo geene baldrsbra), op het wapen der *Geversen*, (zie over de H. planten, aant. 47.); — *drie* waren ook, vermoedelijk reeds onder de *zuilen*-dienst (aant. 54.) het wapen der *van Zuylen's*. Drie manen, hetzij als wassende of afnemende, komen veelvuldig voor, als te *Groeneveld*, *Monster*, *Warmond*, en elders. Wij brengen dezelve tot de maandienst terug. (aant. 54.). Drie waren ook hoofdzakelijk de natuurgoden: *Sol*, (aant. 53.), *Mond*, (54.); en *Hertha* (55); — drie ook de hoofdgoden in het Asen- of Mythenstelsel: *Wodan* (56), *Thunaer*, (57.) en *Frowa* (58). Drie waren dus ook, zoo het blijkt, de heuveltoppen en bergkruinen aan deze gewijd: drie duinen te Loosduinen, drie offerheuvels nog in het Sourensche bosch aanwezig, drie heuvelen bij Tirlemont, en gedurig komt ons daarbij Drie-bergen (in Utrecht), Termunten (Trium montis) in Groningen voor den geest; doch over heilige bergtoppen en offerof *hune*-plaatsen spreken wij later.

Ook nog in het bijgeloof blijft de kracht van dit H. drietal voortduren; *drie* zijn de knopen, die men ter afzwering van de koorts in het Zutphensche in een wilgen-takje legt; *drie* ook de regels van het bezweringsformulier, *drie* de beveiligings-middelen tegen de *hegge-moeder*, nl. dat men te bed stappende, de kousen, waarvan eene omgekeerd, hebbe aangehouden; — de trippen met de hielen naar het bed gekeerd hebbe laten staan, en de onderrok het binnenste buiten over het dek (elders ook over den stoel voor het bed) uitgebreid hebbe. (STARINGH, *Mnem.* 1829. 325).) *Drie* zijn, in de Overbetuwe, de spijkers van eene doodkist, die men gelooft, dat, tot eenen ring gesmeed, en aan den *derden* vinger gedragen, beveiligt tegen vallende ziekte. — *Drie* eijeren maakt het regte paasch-ei, volgens Dr. HALBERTSMA, *Overijss. Alm.* 1840. 154.

> Een ei is geen ei,
> Twee ei is een ei,
> Drie ei is 't rechte paasch-ei.

Dat dit H. tal ook in de middeleeuwsche gedichten en gebruiken is overgegaan zal niemand bevreemden; daartoe betrekken wij: de *drie* greintjes, die Adam in den mond werden gelegd, toen hij begraven werd, en die later het wonderdadige kruishout hebben opgeleverd, in VAN MAERLANT's *boeksken van den Houte*, (Antw.). Zouden de *drie* wortelen van den H. esch, IJgdrassil daarmede te vergelijken zijn?

> Een zoen is geen zoen, — die der beleefdheid,
> Twee zoen is een zoen, — die der vriendschap,
> Drie zoen is de regte liefde-zoen. — (VAN BERKHEY,

Oud-Holl. Vriendsch. bl. 189.). Inzonderheid bij drinken en drinkplegtigheden, schijnt dit drietal vroeger zeer in zwang te zijn geweest. Waarom? Omdat men vroeger *Minni* dronk ter eere van het H. drietal goden? — Zoo gebood ook de Abt ZARDUS, (uit matigheid) zijnen kloosterbroederen, te Marien-hof in Friesland, slechts *drie*-maal te drinken onder den maaltijd. (Zie mijne *Drinkpl.* 1842., VAN ALKEMADE, *Displ.* II. 71.). Bekend is ook de oud-Hollandsche *drie*-dronk uit het klaverblad, een beker met drie kroesjes. FRANCQ VAN BERKHEY (a. w.) geeft er de beschrijving en afbeelding van, en leert daarbij: drie is maagd, drie bevalligheden, drie hoofddeugden, drie vriendenkusjes, drie raadsels, driemaal hoezee, driemaal het geschut-lossen, driemaal de kerk- en raadhuis-klok kleppen, enz. — Ook broeder DIRK VAN MUNSTER zweefde het H. drietal voor den geest; maar hij gaf er eene zedelijke strekking aan:

> *Drie* dingen weet ik overwaer,
> Die dicke myn herte maken swaer:
> Dat eerste beswaert mynen moet,
> Want ik ymmer steruen moet,
> Dat ander beswaert myn herte meer,
> Als dat ic niet en weet wanneer?
> Dat derde beswaert mi bovenal,
> Ic en weet niet waar ic *varen* sal.

Nog tot in de middeleeuwen schijnt ook de vroegere jaarsverdeeling, sporen te hebben nagelaten; *drie* waren, ook zelfs nog onder de Hertogen van Braband, de jaargedingen (*generalia placita*), die in 1329 door Hertog JAN III bepaald werden, na *drie* groote feestgetijden, als 's maandags na *drie* koningen, na beloken Paschen en St. Jan Baptist. (ACKERSDIJK, *over het ontd. van misd., in W. d. L. M.* II. 8.). Drie waren ook de Ordalia: *water- vuur-* en *staal-*proef (deze laatste door het duel). Niet in burgerlijke instellingen alleen: ook in godsdienstige begrippen bleef dit drietal, en derzelver meervouden, nog voortduren in de middeleeuwen.

Van drien hemelen,
van neghen choren der Ynghelē,
van vijftien teekenen des doemsdaechs.

handelt de Schrijver van den *Leekenspiegel* (a). De *Edda*, kent *negen* hemelen en laat de *ragnaraukr*, of godenschemering, door *drie* fimbul-winters voorafgaan. — Ook andere veelvouden van het H. drietal kent de *Edda*, waaaronder wij de 3×4 maanden des jaars, de *twaalf* zonne-burgten, en *twaalf* goden van den hemelschen raad gelooven te mogen betrekken. Waren deze ook bij ons bekend? Had KAREL *de Groote*, uit zucht voor de Duitsche taal, niet, volgens het verhaal van EGINHARD, (*Vita Car. Magni*, ed. SCHMINKII) de maand-namen veranderd, dan zoude wellig nog hun aandenken in dezelve voortleven, gelijk die der hoofdgoden in de namen der weekdagen.

Daarentegen treffen wij meerdere sporen aan van het H. *zevental*, volgens Mr. BILDERDIJK (a. w.) het volkomene getal, wederom met begin, midden en einde, als *volkomenheid der volkomenheden*, aldus:

o φ o φ o φ o

Dit heiligtal heeft nog, boven het *drietal*, de volkomenheid, dat zijn midden ter wederzijden, het volkomen drietal overlaat. Intusschen gelooven wij hier de opmerking te mogen maken, dat het zevental, minder uit de *Edda*-mythen, voortspruit; maar dat de heiligheid, die men er aan toekende, veeleer bij »*Joden* en *Christenen* een voorwerp van diepe overdenking was", gelijk ook BILDERDIJK zegt, en dus bij ons meer regtstreeks uit het Oosten afstamt, ligt met de leer des Evangelies op

---

(a) Pk. HS. der XIV Eeuw te *Haarlem* in het bezit des Heeren ENSCHEDÉ, een ander Pp. HS. bezit het Koninkl. Instituut te Amsterdam: een fragment, en wel de *vijftien teekenen des doemsdachs*, gaf DE VRIES in het licht in DE J. Taalk. Mag.

onzen bodem is overgeplant (*a*) Immers toch bespeurt men bij de Hebreeuwen eene bijzondere gehechtheid aan dit zevental. Zeven zijn de scheppings-dagen, zeven zijn de dagen der week, dien ten gevolge; zeven is het getal der planeten; zeven zijn de kleuren van den regenboog (in het N. de brug *Bifrost*); zeven waren in de middeleeuwen de vrije kunsten; Zeven-hoven, Zeven-huizen, kunnen aan dit H. tal herinneren; zeven waren bij de oude Friesen de *vrije Zeelanden*, (waarover zie VON LEDEBUR, *Berl.* 1836.). Zeven zijn in de R. C. kerk de H. Sacramenten; LYDIUS gedenkt dezelve (in zijnen *Roomschen Uylensp. Dordr.* 1781.) met deze woorden:

> Heylge seven Sacramenten,
> (Seven is van groote kracht),
> En eene heele wagenvracht, enz.

Men vindt dit geheele gedicht medegedeeld door REINZ. VAN DRIEL, (*Alm. v. Blijg.* 1835. 51.). Zeven waren ook, volgens DUCANGE, de voorzangen (*Antiennes*, Oudrom. de *O's*), »*qui se chantent neuf jours avant la veille de noël*"; doch ROCQUEFORT (*Gloss. de la langue Rom.* in voce O) stelt er *negen*, het H. drie maal drie; — *Zeven* zoenen geeft ook de pater aan zijne nonne in het Mei- of Maagden-lied:

> Pater geef uw' non een zoen,
> Hei is in de Mei; —
> Dat moogje nog wel zesmaal doen,
> Zesmaal, zesmaal, zesmaal doen,
> Hei is in de Mei.

(aldus volgens Mr. LE JEUNE, *Volksl.* 113.). De variant geeft: *zes en een is zeven*, en in Gelderland hoorde ik steeds:

> Al waren het er *zeven*,
> Het meisje kan er tegen (*b*).

Dus ook in elke variant, althans in Gelderland, *zeven* zoenen; *zeven* kruisen bij het gebed geeft eene bijzondere kracht en heiligheid aan hetzelve. Wij tellen ze zoo: *één* vóór het gebed aan het voorhoofd, *vijf* gevou-

---

(*a*) *Zeven* echter, zijn de golven-maagden, *zeven* mijlen lang was de hoorn waar *Thor* uit dronk, *zeven* mijlen diep wierp hij zijnen mjölner (moker) in de aarde; maar had men in het oude noorden en bij den Germaan ook *zeven* dagen. Wij vermoeden oorspronkelijk *drie*.
(*b*) Een variant van dit meilied, zoo als het in Braband en Vlaanderen wordt gezongen, deelt WOLF mede in zijne *Wodana*, 1 St.

wen vingers over elkander, en *één* na het gebed aan het voorhoofd: = zeven; met dit teeken des kruises de offerprijs der heidenen gezegend zijnde, vergunde een der Pausen aan de eerste Christenen, die mede te eten. — Het bovenvermelde HS. door Joh. Dekens (*Leekenspiegel*), handelt:

Over dat bedieden van den zeuz uren. (C. LIIIJ.)
En van der zeuen ewen, ende van des tijds be-
  schede. (C. LIIIJ.)

Zeven waren ook de hoofdwonden des Verlossers, als: twee in de handen, twee in de zijden, twee aan de voeten en ééne aan het hoofd. Menigvuldig zijn daarop de zinspelingen, onzer middeleeuwsche Dichters, zoo als die nog in HS. voorkomen; maar ook in andere opzigten komt het zevental als heilig voor:

  Al wie verholen liefde draagt,
  Moet zeven jaar lazarus wezen,

zegt een Volkslied, bij Mr. le Jeune, a. w. 116. Wij laten de verdere aanvulling van meerdere voorbeelden, zoo van het *drie-* als *zeven-tal* aan anderen over. Dr. Westendorp, *Verh.* 1826. 89.

64. H. Bergkruinen, Offer- of Huneplaatsen. (*Hune-bedden*).

Dat de oudste bewoners van Scandinavie, en zonder twijfel ook de Germaan en Batavier, gewoon waren op hooge berg- en heuvel-toppen hunne feestvuren te ontsteken, hebben wij reeds boven bij de vuurdienst (aant. 31.) doen opmerken, waar wij eenige, naar onze meening, vroeger heilige bergen en heuvels, paaschbergen, enz. hebben medegedeeld. Op mijne reize in Duitschland, langs den Rijn, leerde ik daar bergen en bergtoppen kennen, die nog de herinnering aan vroegere toewijding schijnen te dragen, en, als zoodanige heilige bergen van den *Germaan* ook door Grimm (D. M.) vermeld worden; als daar zijn: de *Godes-berg*, (*Wodans-berg*) vroeger aan *Gwodan*, *Wodan* gewijd, de *Donners-berg*, aan *Donar* geheiligd, het *Harts-gebergte* (aan *Harda?*). Zoo kan ook den *Ocken-berg* of *fels* aan den *Ocku-thor* herinneren. Dat ook Fries en Batavier, even als zijne stamouders en stamverwante volkeren, zijne gewijde of heilige bergen bezat, schijnt ons toe, uit sommige namen te blijken; wij denken hier aan den *Gods-belt*, of den zoogenoemden *Oldengod*, eene zandhoogte bij Ruurlo, den *Sonne-belt* onder Vorden (STARINGH, *Mnem.* 1829. 319.); den *Sonneberg* nabij Oosterbeek, alwaar ook een *Duno-* en *Hemelsche*-berg; aan den *Monter*-berg achter Arnhem, den *Hartjes*-berg bij Arnhem, *Harden*-berg en *Hericker*-berg, in Overijsel: deze allen schijnen sporen van toewijding aan *Sunan* (Sol), *Mond*, en *Harda* of *Hertha*, te bezitten. Of hoedanig anders zijn die namen te verklaren? Inzonderheid, waar *drie* heuvels of bergen bij elkander worden aangetroffen, gelijk de drie heuvelen in Ditmarsen, denken wij aan toewijding; hetzij dan aan *Sol*, *Mond* en *Hertha*, of aan den weldoenden *Wodan*, den toornigen *Thunaer*, en de lieve *Frau*, *Frowa*. Zoodanige drietallen heuvelen in ons land treffen wij aan te *Termunten*, (Groningen), de *afgodsbergen*, in het Sourensche bosch, *Drie*-bergen in Utrecht, de drie duinen te Loosduinen, *drie* bergen, te Bergen op Zoom, (deze beide laatsten ook op de wapens voorgesteld) en drie heuvelen bij Thienen (*Tir-le-mont*), die ik alleen door mondelinge berigten ken. — Verdere, zoo het ons voorkomt, belangrijke punten tot onderzoek, zijn de hooge duin tegenover Zomer-rust nabij Bloemendaal, de van ouds beroemde *Blinckert*, nabij Haarlem, de *Domburger*-duinen, de *Heiligen-berg* nabij Amersfoort, de Rhener *Tafel-berg*, de *Heimenberg* aan de Greb, benevens de *Lichtenberg*, en de vroeger vermelde *Paasch*-bergen (zie aant. 31. 139.), waarbij wij hier nog voegen: Noordwijks-*Nederhel*, en Katwijks *Paaschduin* (FR. VAN BERKHEY, *O. Holl. Vr.* aant. 121. 122.), werwaarts de Leidenaars zich in vroeger jaren op feesttijden begaven, gelijk de Amsterdammers en Haarlemmers, op den Hartjes-dag, naar den *Blinckert*. Dat men de heuvels in het Sourensche bosch ook *Offerbergen* noemt, kan aan de vroeger vermelde *Offer-wich-ey* herinneren; terwijl ook een koperen offermes, in de Drentsche hoogten gevonden, ontwijfelbaar aan het offerslagten van gewijde dieren ter dier plaatse doet denken (Dr. WESTENDORP, a. w. 303. 304.).

Dat men meerdere dergelijke *offerplaatsen* gehad hebbe, is geenszins te betwijfelen; aan *offer*-diensten was eene geheele maand, de oude *blodmonath* (later *slagtmaand*) gewijd; de feesten bij dergelijke bloed-offers duurden, in het noorden, meerdere dagen, en waren algemeen; het vinden van offermessen, maar ook zoo vele sporen daarenboven, als wij reeds, vooral bij de H. dieren, van vroegere toewijding van deze aan de goden, aantoonden, vooral bij de Veluwsche *Oskes-kermis*, de *Helderom Belderom*, enz. zijn allen, onzes erachtens, bewijzen voor vroegere offer- of *Joël*-feesten. Doch waar stonden, buiten de genoemde *offer-plaats*, in het Westland, de heilige *aulae*, waarop men die offers bragt? Waar zijn de offer-plaatsen? Dat men hier wel voornamelijk aan zoodanige bergtoppen en heuvels te denken hebbe, van waar, onder het heidendom, de vlammen en wierook der feestvuren opstegen, zal niemand betwijfelen, die den geest des heidendoms heeft leeren kennen. Maar buitendien schijnt men in de natuurdienst nog bepaalde offer-bergen, heuvels, offerbedden en steenen gehad te hebben, waarop wij hier nog de aandacht hebben te vestigen; — wij bedoelen, namelijk, de *Hunebedden*, over welker beteekenis nog altijd veel duisters ligt. Dr. WESTENDORP (*over de Hunebedden*, 1e druk), heeft dezelve als heidensche *graven* beschouwd; intusschen verschillen de geleerden opzigtelijk de beteekenis, die zich tusschen Hune = *reus*, en Hune = *doode*, bepaalt: de Hr. JANSSEN, *Over de Hune-schans aan het Udeler-meer* (in NIJH. *Bijdr.* IV. 91.), telt dezelve volgenderwijze op (blz. 95.): Voor Hune = *reus*, stemmen, behalve Dr. WESTENDORP (*Hunebedden*, 2e uitg. 5 e. vv.), GRIMM (*D. Myth.* 1e ed. 299.), en KLEMM (*Handb. der Germ. Altht.* 103.); — voor Hune = *doode*, stemmen: KEYSLER (*Antiq. Septr.* 103.), VAN LIER (*Oudh. Briev. 's Gr.* 1760. 103.), SPIEL (*Väterl. Archiv.* 201.), WIGAND (*Westphal. Archiv.*), BECKMAN (*Hist. Beschr. der Mark Brandb.* I. 347.), SCHERR (*Gloss.* in voce *Hune*), KLEMM (*Handb. der G. Alth.* a. pl.), en JANSSEN zelf (zie NIJH. *Bijdr.* IV. 96.). Als bewijzen voor deze laatste opvatting, citeert de Hr. JANSSEN, aan wien wij deze opgave ontleenen, de oudfr. woorden: *Hune, heene*, in de beteekenis van *doode, lijk*, nog aanwezig in *Heene-kleed*, Henne-kleed (lijkkleed), *Heunburgin* (lijkvrouw). — Voorzeker, een gezag van geleerden, dat het verschil in het voordeel des *doods*, of des *dooden* schijnt te beslissen; doch, wanneer wij dit ook al toegeven, en bewezen achten betreffende *Heene*, *Henne*, *Heun*, dan kunnen wij dit nog geenszins aannemen van *Hun*, *Hune*, *Hoen*, *Hon*, *Hond*, en verwandte woorden. Op de Veluwe, nabij Voorthuizen, vindt men eene enkele plaats, de *Hune* = *Hoene* geheeten, en in het slot *Hunsel* (Hunselo), *Hondslaer* (a), schijnt *Hun*, *Hunt*, *Hond* de wortel des woords; *Huner*-schans = *Hoener*-schans, nabij Oosterbeek, hoorde ik meermalen verwisselen; zoo ook *Hoener*-berg = *Hoender*-berg, nabij Nijmegen, even als *Hons-laar* = *Hondslaer*, *Honsdam* = *Hondsdam*. enz. Deze allen hebben denzelfden wortel: *Hun*, *Hoen*, *Hon*, *Hunt*, *Hond*. Wij gelooven deze allen tot de *offer*-plaatsen te mogen betrekken: gelijk ook *Hoen-weerd*, nabij de oude *Gods*-stad *Hattem*; voorts *Huner*- *Hoener*- *Hoender*-loo op de Veluwe, in welks nabijheid de offerplaatsen nog aanwezig zijn; den huize *Hunteren*, bij Twello, door den Heer JOH. KERKHOVEN bewoond (*Kunst- en Lettb.* 1844. n° 13. 208.) en den *Hoenderberg* bij Nijmegen. Op de Veluwe, die voor dit onderzoek zeer vruchtbaar is, treft men reeds in 855 een *Urt-hunsu-la* aan, dat hier, in den geheel oorspronkelijken vorm des woords, is bewaard gebleven. *Urt*, *Urth*, *Urdr* = woerd, *hunsu* gen. sing. *offer*; *la*, *lo*, *loo* = water, geeft bij de letterlijke overbrenging een: *woerd-offer-loo*. Dat ook het oude *Huns-ow*, aan de *Hunse*, nabij of op den *Hons-*, *Honds-ruc*, aan eene offerplaats des heidendoms herinnert, gelooven wij niet te mogen betwijfelen. Bij de opdelving heeft men vooral op offermessen, en wat dies meer zij, te letten. Bij nadere beschouwing is ook *Hondslaer*, in het Westland, even als *Honse-laer* nabij Sons-beek, eene Laer-plaats, waar men offerde; wijders geven wij hier in overweging: *Hanswijk* (in België), *Honsdam* in N. Holland, *Hondsbosch*, nabij Petten, *Honkoop*; de u in oe veranderd in *Hoenkoop*; *Hoendiep* in Groningen; de u in e overgebragt in *Hune*, *Hene*, *Henne*, gelijk in *Hengelo* (Henculo?), *Hengevelde*, en andere plaatsen met dienzelfden wortel. — In al deze vormen althans, is *Hun*, *Hunse*, *Hoen*, *Honse*, *Hond*, *Hoend*, zoo het schijnt, verwant, bijv. *Hune* en *Hoene*, te Voorthuizen, *Hunse* (in Hunse-lo); *Hons*, *Honds*- in hetzelfde *Honds-*

(a) Bij nadere beschouwing ook eene *Laer-plaats* en eene *huns-* of *honds-laer*-plaats in het Westland, gelijk *honse-laer* nabij Sonsbeek.

laer (Westland), *Honse-laer* bij Sonsbeek, *Huner*-berg *Hoener*-berg bij Nijmegen, *Hune*-schans = *Hoener*-schans, bij Oosterbeek; wijders *Hunsow*, *Hunse*, *Hons*- of *Honds-ruc*, *Hune-schans* aan het Udeler-meer. Maar wat is *Hun* = *Hoen?* Ook hier zal wederom, het Goth., de taal van ULFILAS, moeten uithelpen, die ons vroeger reeds meermalen op het spoor heeft gebragt, en waarvoor de oudste naamvormen, ook van andere plaatsen, pleiten. Dezelfde GRIMM, die (1e ed. 300.) *Hun*, *Hune*, door *riese* vertaalt, citeert ons naar ULFILAS: Matth. 5. 23. 24. *hun-sla-stath*, Joh. 16, 2: *hun-sla*, Matth. 9. 13: *hun-sla*, allen in den zin van offer-*hande*: *hun-sla* is aldaar: het offer door *slaan*, dooding; *hun-sla-stath*, vertalen wij dus door *offer-slagt-plaats*. Zie hier GRIMM's eigene woorden: »ϑυσία wird durch das goth. hunsl *verdeutscht*, *Matth.* 9, 13. *Marc.* 9, 49. *Luc.* 2, 24. *und* λατρείαν προςφέρειν *Joh.* 16, 2. *wiederum hun-sla saljan* (a), *wo gerade gemeint ist durch tödtung.* Θυσιαστήριον *heisst* hun-sla-stath *Math.* 5, 23, 24. *Luc.* 1, 11." (b). — *Hun*, ons *Hune* en *Huns*, (met apokope der *l* van *hunsl*) in *huns-lo*, beteekent derhalve *offer*-lo; *Huns-*, *Hons-*, *Honds-laer*, (dezelfde plaats in het Westland), *offer*-laer; zoo ook *Honse*-laer bij Sonsbeek, dat ook *Hanse*-laar genoemd wordt. — *Hune-*, *Huner-*, *Hoener*-berg bij Nijmegen, is *offer*-berg, de *Hune*- of *Hoener*-schans, nabij Oosterbeek, *offer*-schans; zoo ook bij het Udeler-meer. De oude stad *Huns-ow* en de *Hons-ruc* zouden derhalve almede als zoodanige offer-plaatsen moeten worden aangemerkt, waarvoor in Noord-Holland aan *Honsdam* te denken is; — terwijl dan ook de *Hune*-bedden (zie aant. 36. 164.) als *offer*-steenen, of altaren, moeten worden aangemerkt, waarop men zijne offers slagtte. Is evenwel *bed*, in het mv. *bedden*, of *beden?* Wij vermoeden

---

(a) Zie *Saljan* door *divertere, manere, tradere* verklaard. 2e ed. 33.
(b) »Zweimal übersetzt aber Ulf. ϑυσία durch *sauths*, pl. saudeis, *Marc.* 12, 33. *Rom.* 12, 1. ich glaube er hat sich dabei das opfer eines geschlachteten und gekochten thiers gedacht; die wurzel scheint siuthan, sieden, altn. ist *saudr* ein widder, vermutlich weil sein fleisch gesotten wird. *Eph.* 5, 2. stehn *hunsl* jah *sauth*, προςφοράν καὶ ϑυσίαν, neben einander, und Skeir. 37. 8. gasaljands sik *hunsl* jah *sáuth*. Auch das ahd. *zëpar* ist sacrificium im sinn von hostia, victima". GRIMM, l. c. 35. Zou dit laatste *zëpar* ook ons: *om zeep zijn* opheldren?

het laatste; immers, dat men bij zoodanige *hunen* (offers) ook zijne *gebeden* bragt ter altare, die men, in de natuur had opgerigt, heeft vooral bij het offeren niets tegenstrijdigs. Deze plaatsen waren de heiligste, waar men zijnen natuurgod, hetzij dan *Wodan*, *Thunaer* of *Frowa*, offers bragt en zijne gebeden uitstortte; daar ook vertrouwde men het liefst de asch zijner dooden aan de moeder-aarde. Van een en ander, zoo van offeren als van *be-urnen* der dooden, heeft men, zoo door offer-messen, als urnen, onder en bij de *Hune*-bedden gevonden, genoegzame bewijzen voorhanden, welke onze verklaring schijnen te wettigen. Bij de ontdekking en opsporing van het oude *Huns-ow*, (ow = water) in het *Hunsingo*-kwartier op den *Hons-ruc* (waarover PICARDT, *Antiq*. 166.), nabij *Eex-lo*, *O-doorn* en *Valthe*, heeft zich ook deze plaats als zoodanig, als offer-plaats, gekenmerkt, door de gevondene offer-steenen, waarbij de zoogenoemde vermoedelijke haven (het ow?), ons even opmerkenswaardig voorkomt, als de gevondene urnen. (*Drentsche Alm.* 1844. 223.). Beide, een meer en urnen, zelfs, zoo het schijnt, eene *stookplaats*, trof ook JANSSEN aan de *hune*-schans (bij het Udeler-meer) aan. — Mogt ook de *huner*-schans, tegenover Driel (Ob.) in het *Duno*-bosch, onderzocht worden! Wij veronderstellen, dat ook die plaats bewijzen voor onze opvatting zoude kunnen opleveren. Als zoodanige plaats, ongetwijfeld voor eene dergelijke offerplaats zeer geschikt, komt ons ook de *Tafelberg* nabij Rhenen, en de *steenen tafel* op denzelven voor.

Dat bij het ophouden dier *offers* of *hunen* ook de beteekenis des woords, waaraan steeds dooden, doodslaan, verbonden was, bij ons verloren ging, en dit laatste, door de uitspraak gewijzigd, van *Hune-* in *heene- henne-* kleed (dood- lijk-kleed), zoo ook op *heunburgin*, (lijkvrouw), kan zijn overgegaan, zal evenmin bevreemden, als dat men de gemelde offer-altaren, als het werk van *reuzen* heeft aangemerkt, en daarom, sedert de 13de eeuw onder het Duitsche volk, waar steeds vele reuzen-sagen in omloop waren, heeft aangevangen, dit *hune* door *reuzen* te vertalen. Dit gevoelde ook GRIMM, als hij zegt: »*riesenberge, riesenhügel, hunenbette können so heissen, weil die volkssage dahin eines riesen grab versetzt, oder eine ähnlichkeit des felsens mit der riesengestalt annimmt, oder davon ausgeht, dass der riese den berg oder hügel an diese stelle gebracht habe."* Wij nemen deze drieledige gissing te gereeder aan, omdat wij reeds boven (aant. 23) het werk onzer *riesen* of *gyganten* als zoodanig hebben leeren kennen; wat wonder derhalve, dat ook hier de sage, die sterke karels met groote steenblokken op de sterkgespierde schouders laat torschen en sjouwen, om de oorspronkelijke offersteenen en altaren opeen te vleijen, gelijk in PICARDT'S *Antiq.* (a).

In hoe verre nu dit *hun, hun-sla*, met het ijsl. *hund* angs. *hond*, in de beteekenis van *hand*, slaan, treffen, zamenhangt, of wel, met *hoen, haan* (in *Hanse*-laer) en *hond*, kan zamenhangen, dit alles laat zich thans wel niet meer bepalen. In het Oosten echter werden *hanen, hoenen* geofferd. Men denke aan SOCRATES gezegde: »offert den goden eenen haan". Van *hoenderoffers* leveren onze verbods-placaten, betrekkelijk *Wilsveen, 's Gravensande* en *Bergen* (1583—1591), nog voldoende bewijzen: »*offerende aldaer jonge hoenderen*"; zoowel dit gebruik als het *hanen-sabelen*, zouden wij uit heidensche offergebruiken afleiden. Vele zijn daarenboven de *zwarte* hanen, die in de sage voorkomen. Op den *Huns-berg* in de gemeente Merchten (bij Brussel) ligt een kleine heuvel, daarin hebben eertijds de *Hunen* (offeraars), toen zij nog rondom denzelven woonden, een gouden beeld van hunnen god, in de gedaante van een *kalf*, begraven. Men heeft er dikwijls naar gezocht, maar tot hiertoe nog niet kunnen vinden. (WOLF, n°. 527.). In Drenthe vond men een' jongen knaap geheel zwart en als verbrand aan een *hune*-bed liggen (WOLF 449), en PICARDT (*Antiq.* 1731. 37. 49.) verhaalt, dat vele oude lieden de *Hune*-graven als het werk des duivels beschouwden, welke dezelve had opgerigt, met oogmerk, dat de oude heidenen hem daarbij *offeren*, en hem onder den naam van *Hercules*, daarbij vereeren mogten. Deze duivels-dienst der heidenen heeft eerst Bisschop BONIFACIUS II. van Utrecht kunnen afschaffen.

(a) Dat ook eene lastige volksstam, de *Hunnen*, waarvan BEDA (731.) het bestaan bewijst, almede tot Hunnen-sagen kan aanleiding gegeven hebben, vermeldt GRIMM, a. w.; en JANSSEN, (*K. en Lettb.* 28. Apr. j. l.) haalt deze plaats uit BEDA, *Eccles. Hist. Gent. Angl.* V. 9. of 10 ed. 1643. aan. Dezelve schaadt echter aan onze opvatting niet.

De vele spokerijen aan de *Hune*-bedden verbonden, zoo als te Noordsleen, te Oosterholte, enz. zouden, als zij bekend waren, welligt nog menigen trek uit het heidendom kunnen aan het licht brengen, en ons gevoelen, *dat zij oorspronkelijk offer-altaren zijn geweest*, nader kunnen bevestigen. Waar echter naamsbeteekenis en overlevering zoo zeer overeenstemmen, als wij hebben aangetoond, zal wel de voornaamste grond van twijfel zijn weggenomen. — En dit zoo zijnde, zal men te gereeder verstaan en aannemen, wat HELDRING (*Geld. Alm.* 1844.), nopens den paaschberg en de vele *offer*plaatsen verhaalt, die hij, op zijne wandeling van Nunspeet naar Elspeet, heeft gezien. Ook daar vindt men eenen *Buntmansberg*; wij vermoeden, dat hier eene drukfout zij ingeslopen, zoodat hier *Huntmansberg*, dat is: *Offer-mans*-berg te lezen zij. Daar liggen nog meer vreemde heuvels en gaten, die nog heidensche namen dragen; hoe jammer, dat ons die namen niet zijn medegedeeld.

De opmerking, dat bij zoodanige offerplaatsen veelal groote *steenen* worden aangetroffen, en sommigen niet zonder sagen zijn, doet ons vermoeden, dat men ook daaraan den naam van *offersteenen* niet weigeren mag, en dat de *Indicul. Superst.* etc. in §. VII. "*De his, quae faciunt super petras*" daarop doelt. Merkwaardige steenen van dien aard komen ons voor te zijn, behalve de deksteenen der *Hune-bedden*, de vermaarde duivels- d. i. afgods-steen te *Utrecht*, de *Brunehaut*, waarover WOLF (*Wodana*, XI, XII.) spreekt, de *Bera-stein*, nabij *Herwerd*, waar oulings de landdagen der vrije Friesen werden gehouden (WESTENDORP, *Myth.* 311). Ook WOLF (a. pl.) houdt deze voor eenen *Wodans-steen* (*a*); voorts de steenen tafel op den *Rhener-berg*, de steen nabij Voorthuizen, die daar onopgemerkt, aan den achterweg liggende, meerdere opmerkzaamheid verdient, dan hem te beurt valt; — de *Reuze-pinke* of *Rieze-pinke* op de *Woldbergen*, waarover HELDRING, (*Geld. Alm.* 1844.)

(*a*) WOLF, vermeldt, t. a. pl. ook eenen *Odin-steen* in het O'ländische dorp *Högbijsocken*, over welken sagen bekend zijn. (*Ahlquist* 2. 79, bij GR. D. M. 693.). Wij denken daarbij ook aan *As-stein*, in den Niederwald, en den door ons bezochten tempel aldaar:

zegt: »Is deze steen eene offertafel geweest? Zijne ligging is geschikt daarvoor. De geschiktheid wordt vermeerderd door een ruim watervlak, de *Veenen* genaamd, hetwelk wederom 300 passen van daar in het noordwesten gelegen is", benevens de *merkwaardige steen*, op de vlakte het *Harde* (in de buurtschap *Ape-loo*), waar een *met keisteenen geplaveide straatweg*, in 1837 ontdekt, echter ook aan eenen *terminus* zou kunnen doen denken; de groote steen in de buurtschap *Westengen*, (nabij eene waterbron), de eironde steen nabij *Nunspeet* (Nun = Hun, gelijk *Nertha* = *Hertha?*), benevens andere in denzelfden omtrek. Wij gissen, dat men dergelijke offersteenen zal aantreffen bij of op de vreemde heuvels en gaten, »die nog heidensche namen dragen", tusschen *Hoender*-loo en de Pampel (Pampe-lo), op den *Renselerberg* of *Malen-poll*, welken men op het *Hellerveld* (*Helder*-veld), onder Putten, vindt, gelijk ook op den *Kruishaarder-berg* onder Nijkerk. »De *Hemelscheberg*, zegt HELDRING (a. w. 4.), dien wij hier vooral raadplegen, met nog zigtbare *offersteden*, wijst op eene godsdienst, die ook de onzienlijke dingen stelde boven de ijdele zaken des levens. Gansch gelijk aan den *Heiligen berg* onder *Roekel* (*Roeke*-loo), ook in de kringen (uitgeholde cirkels), die daar gevonden worden," enz. De bovengenoemde *Reuze-pinke* en steenen, zijn op omtrent $\frac{1}{4}$ uur afstands van elkander en in ééne lijn, ieder in de nabijheid eener waterbron, gelegen.

Zoo wij ons dus niet misleiden, treft men in ons land nog een aantal *Hune- Hoener*-plaatsen, of *Offersteden* en *Offersteenen*, aan, die ons eenen blik in den voor-Christelijken tijd vergunnen, toen men nog paarden, stieren, bokken en andere offerdieren ter eere der heiden-goden of Asen slagtte. Toen BONIFACIUS alhier het Evangelie verkondigde, vond hij, gelijk WAGENAAR, (uit de *Epistolae* BONIFACII) aantoont, Priesters, die dan eens bezig waren met doopen, naar de wijze der Christenen, dan met offeren van stieren en bokken aan *Jupiter*, (*Wodan* en *Thunaer*) en andere Heidensche afgoden, en mede aten van 't gene den afgoden geofferd was: 't welk sommigen door het maken van een kruis, meenden te kunnen heiligen. Men vond Christenen, die hunne slaven den Heidenen verkogten om geofferd te worden. Tot die offermalen betrekken wij ook het eten van paarden-vleesch en raauw spek. (WAGENAAR, *Vad. Hist.* I. 387.). Misschien leveren die *Epistolae*, bij nader onderzoek, meer dergelijke trekken uit het Heidendom.

65. (64.) Valhalla. Godenleven.
(*Tornieren en Josteren*).

Dat de glans van *Valhalla*, in tegenoverstelling van het zwarte *Helhem*, ook bij Fries en Batavier bekend is geweest, dit hebben wij, zoo wij meenen, bij *Wodan*, genoegzaam aangetoond. *Valhalla* nu was de *halla* der *gevallenen* in den strijd, der helden of Einheriar, de "*coelestis aula*" gelijk FINN MAGNUSEN het woord *Valhavll*, *Valhöll* verklaart. Dat daarmede ook het godenleven in *Valhalla* bij den vereerder van *Wodan*, *Thunaer* en *Frowa*, bekend zij geweest, is weinig te betwijfelen; doch ook dit godenleven, reeds op aarde door hunne vereerders nagevolgd, heeft bewijzen genoeg van vroegere bekendheid dier mythe nagelaten, waarop wij thans nog meer opzettelijk de aandacht wenschen te vestigen. Dat goden-leven bestond hoofdzakelijk in krijg, wedstrijd onderling, gelijk van den *Donderaar* tegen de reuzen; in steekspelen, gelijk de helden dagelijks, om zich voor den laatsten strijd, die den wereldbrand voorafgaat, te oefenen; in valkenjagt, om Iduna met hare verjongende appelen; in bruids-werving, kampspelen, ter eere van den onkwetsbaar gewaanden *Baldr*, die daarbij het doel aller pijlen was; in vischvangst om zich op den listigen *Loke*, de schandelijke oorzaak des doods van den beminden lichtgod, te wreeken, benevens godenmalen, drinkgelagen en het werpen met gouden dobbelsteenen. Men vindt dit *Asenleven*, behalve in de *Edda*, vrij volledig beschreven in Dr. LEGIS, *Alkuna*, 1831, 32 enz. vooral ook door STUHR, *Nord. Alterth.* c. III. 54. Vergelijken wij met deze opgave de karaktertrekken van den Germaan en Batavier, gelijk TACITUS, (c. 6. 21., vooral 22, 23 en 24) die leert kennen, en van wie gezegd wordt: dat zij door dapperheid, zucht tot drinken en dobbelspelen, zich onderscheidden; krijgvoeren, jagt en visscherij, was het dagelijksch bedrijf van den Germaan, zoo ook van zijne goden, wier gastmalen en drinkgelagen, het bij hem, zoo al niet verschoonbaar maken, althans ophelderen, waarom ook hij aan een en ander verslaafd was. Zie voorbeelden van zoodanige drinkgelagen bij goden en menschen, in mijne *Drinkpl. 's Grav.* 1842. aangehaald.

Tot hunne wapenoefeningen, die voorzeker uit hun krijgszuchtig karakter voortvloeien, gelooven wij hier te mogen betrekken den zwaarden- en framéen-dans van naakte jongelingen, waarvan Tacitus zegt: »de oefening heeft er eene kunst van gemaakt, de kunst bevalligheid aan gegeven". Die stoute waagzucht geschiedde tot vreugd der toeschouwers. Van dergelijken framéen-dans treffen wij geen voorbeeld in *Valhalla* aan; doch in den loop der eeuwen, schijnen zich ook hier uit het krijgszuchtige leven, spelen en vermakelijkheden ontwikkeld te hebben, waarvan de voorbeelden in het goden-leven zijn aan te wijzen. Doch zijn zij daaruit ontsproten? Wij twijfelen er niet aan: het voorbeeld der goden, was den mensch immer het heiligste en hoogste. Zelfs schijnt dit met toepassing op de krijgswapens gezegd te kunnen worden: die des Germaans waren schilden, schichten en werptuigen (missilia). Tot de schichten of werpschichten rekent Tacitus: *framea* (Germ. 6), *lancea* (ib. 6.), *hasta* (Ann. I. 64. II. 14), *pila* (ib. II. 14.) ook *telum* (Hist. V. 18). Tot de *missilia* of werptuigen rekent Janssen (in Nijh. *Bijdr.* III. 137.) mede te behooren de *saxa* of steenen, en *glandes* (eikels). Ook Stuhr (*Nord. Alterth.* 215) noemt als strijdwapens der Scandinaviërs, als verdedigings-wapen het *schild;* om aan te vallen dienden boog en pijl, werpspies, strijdhamers, slingers, knodsen, lanzen en groote zwaarden. »*Die Streithammer waren aus Stein gearbeitet, und haben sich in Gräbern noch andere Waffenarten aus Stein gefunden, die theils Schwerter, Messer und Dolche zu seyn scheinen, theils Lanzenspitsen. Den Waffen wurde eine Art von religiöser Verehrung geleistet, und besonders legte man einen geheiligten Werth auf Schwerter, denen man eigene Namen gab, und deren einige geglaubt wurden, dass denselben wundersame Kräfte einwohnten*". Dat ons woord *schild*, oudd. *Scild*, ouds. *Skild*, ijsl. *Skiolld*, zw. *Skylt*, deen. *Skild*, wat de beteekenis des woords betreft, met de Valkyrie *Sculd, Skulda,* in verband staat, die ter bescherming der helden, in den strijd onzigtbaar voorop reed, hebben wij reeds doen opmerken in onze *Verh. ov. de N. Godenl.* aant. bl. 92. Zoodanige schilden werden, naar Tacitus, Germ. 6. »met zeer keurige verwen afgezet"; ons woord *schilderen* = met figuren en verwen bestrijken, kan van dat oude gebruik afstammen. Het voorname strijdwapen van *Thunaer* (Thor) was zijn *moker* of strijdhamer T; dat van *Tyr*, zoo het schijnt, eene lans of piek ↑, waaraan hunne rune-teekenen ontleend zijn; daarenboven wierp de Donderaar met donder-keilen of steenen, ligt ook met eikels. Wij vermoeden, dat hunne vereerders hetzelfde deden, en dat zich daaruit eenige der bovenvermelde strijd-wapens laten verklaren. Voerden de Saksers hunnen naam naar de *saxa* (steenen), of naar de *aksen*, als strijdbijlen? ODINS veelvermogende speer heette *Gungnir*: (acontias sive ignitum meteoron.).

Ungr for Hroptr med Gungnir, (a); doch de naam van *Freyr's* voortreffelijk zwaard is onbekend. Daarentegen kennen wij het vermogende zwaard *Rosebrand* in den *Seghelijn van Jerusalem*, (v. WIJN *Hist. Avst.* 313), en het wonderdadige zwaard *Firabrand* van den held *Roland*, in den Roncevaller-slag.

Deze overeenkomst der krijgs- en ridder-wapens met die der *goden*, doet ook denken, dat de krijgs- en ridder-spelen ter hunner eere zijn gehouden geworden, die misschien uit den eenvoudigen, maar gevaarvollen wapen-dans (bij TACITUS) voortgesproten, in de middeleeuwen tot zulk eenen aanmerkelijken trap van ontwikkeling stegen, in de dus genoemde *Tor-* of *Tour-nooi-* en *Joster-spelen* of *Ridder-steekspelen*, en latere *Schutters-feesten*, welke laatste elders (te Huissen) door visch-partijen vergezeld gingen.

Merkwaardig althans zijn in dit opzigt de eersten, waarbij wij nog eenen oogenblik moeten stilstaan. Wat *tornieren* en *Josteren* in de middeleeuwen, den bloeitijd der ridderschap, was, heeft Mr. VAN WIJN, in zijne *Aant. op den Heelu*, (uitg. van JONCKBLOET en KROON, 1840. 170. enz.) trachten op te helderen. »Tornieren, zegt deze, komt, denk ik, van *tourner*, en *tournooi* is dus eene draaijing en keering." Zou het evenwel niet nog naauwer met *Thor* en diens wedstrijden, als ridderlijke krijgsstrijden, kunnen in verband staan, dan hier door Mr. VAN WIJN gedacht werd? *Doornik, Tourn-ai, Torn-*

(a) FINN MAGN. *Lex.* 135.

acum, *Tournooi*, schijnen allen woorden van dezelfde afkomst en aan den *Thunaer* te herinneren. Daarom kan toch dit ridder-spel in draaijing en keering, in zwenken en zwaaijen, bestaan hebben. Wij laten hier verder volgen al, wat VAN WIJN, t. a. pl. nopens deze beide ridder-spelen, heeft bijeengebragt. »In die beteekenis, zegt hij, gebruikt het ook MAERLANT zeer fraai. *Sp. Hist.* I. P. VIII. b. 60. c., vs. 11. (2e Dl. bl. 437.).

— Sette dinen zin in alre wys,
Of di daventure sende,
Verlies oft enech meswende,
Dattu cons weren den *tornoy*.
Vander werelt int vernoy.

MATTH. *Paris*. op het jaar 1179. (p. 95) noemt *frenis in gyrum flexis* in deze aanmerkelijke plaats, die ons straks zal te pas komen: »*Henricus rex Anglorum, — mare transiens, in conflictibus gallicis, et profusioribus expensis triennium peregit, regiaque majestate prorsus deposita, totus est de Rege translatus in Militem, et, flexis in gyrum frenis, in variis agressionibus triumphum reportans, sui nominis famam circumquaque respersit*". Hij noemt het op 1294., zie ik, »*experiri vires suas flexis in gyrum frenis*", en verwisselt dit met *torneamenta*, l. c. (a).

Tornieren is eigenlijk wanneer geheele benden edellieden tegen elkander, met de wapenen zich te paard oefenden: dit blijkt genoeg uit *Heelu;* zie ook DU CANGE, p. 1149. in voce *torneamentum*: dit, dunkt mij, was goed, zoolang het met stompe lansen en degens geschiedde, dat nog zoo behoorde in de 13e eeuw, maar toen reeds dikmaals overtreden werd (zie DU CANGE, p. 1149.); en in den tijd van Hertog JAN schijnen het ook geene stompe geweest te zijn, als nu en dan uit de animositeit schijnt te blijken.

Josteren, *Joustes*, van waar *monomomachia ludicra* bij DU CANGE, voce *giostra*, die het van het Italiaansche woord *giostra* afleidt; MENAGE daarentegen van het Grieksch.

LA CURNE noemt de *joute* (1e Dl. p. 153.): »*propre-*

(a) WACHTER is van den weg af, als hij meent, dat men niet keerde en draaide in de tournooijen. v. w.

ment le combat de lance seul à seul"; maar voegt er zeer wel bij: »*on a étendu la signification de ce mot à d'autres combats, suivant l'abus de nos anciens écrivains, qui, en confondant ainsi tous les termes, ont souvent mis de la confusion dans nos idées"*. *Joute* was dan het *duel*. (waarover nader). HUYDECOPER op *Stoke* 3e Dl. 206:

    Si leden menighen zwaren *joeste*,

haalt uit KILIAEN aan: »*Jost*, vet. Flandr., *Impetus*," en verklaart dus het woord (3e Deel, p. 285.) zeer ampel; welk *jost* ik niet versta, doch het zeker voor geen Vlaemsch houde, welke achting ik waarlijk voor KILIAEN heb. — Uit den *Teuthonista* heb ik het niet aangeteekend. In den *Dict. de la Crusca* vinde ik wel mede *giostra*, en uit den *Commento* van BUT. over DANTE aangehaald, »*Giostra é quando l'uno cavaliere corre contra l'altro, coll' aste broccate col ferro di tre punte, dove non si cerca vittoria, se non dello scavaller l'un l'altro*". Maar geene afleiding van het woord, hetgeen, zoo men het wist, den oorspronkelijken aard der zaak ook ligtelijk vatten zoude". Zoo verre VAN WIJN, waaruit tevens blijkt, dat men *ioesten* ook gebruikt van *water-strijd*, en dat »VAN VELTHEM onderscheid maakt tusschen *joute* en *tournooi*. (III. B. c. 40. bl. 198.)". Zoo wij vermoeden, moeten wij hier echter meer noordschen en Germaanschen oorsprong, dan zuidelijke afkomst zoeken. Wij durven echter niet bepalen, of dit *ioesteren* met het oude *iulen, joelen*, en de vele *tournooi-* en *kamp-velden*, met het N. *Idaveld* moeten in verband gedacht worden; intusschen schijnt *jeter* (werpen) de zaak zelve eenigzins toe te lichten.

Tournooi- en *kamp-velden* had men weleer in onderscheidene steden, als te 's Gravenhage, Leiden, Delf, Rotterdam, ook te Egmond; VAN DER SCHELLING, (*over het Kampregt*, 1740.) leidt er den naam van de stad *Kampen* van af. In tweegevechten, welke uit dit *iosteteren* kunnen voortgesproten zijn, noemde men dergelijke kampvelden, *Crite-* of *kryt-hoeven*. (zie, a. w. 215.).

Dat ook de *Schutters*-feesten, en daarbij gebruikelijke, hier en daar nog zeer bijzondere, instellingen, zoo het ons toeschijnt, even als het zoogenoemde *bal-slaan, bal-schieten*, met *balder-bussen*, oorspronkelijk ter eere van den lichtgod *Baldr* waren ingesteld, daarvan hebben wij boven sporen bijgebragt; *zonne*schijven, *schijf*-schieten, *wit*-schieten, *vogel*-schieten schijnen daarvan nog middeleeuwsche overblijfsels (Zie aant. 49.). Is de afleiding *schutter, schot*, van het angs. *scytan, scotian*, juist, hetwelk ook in andere noordsche taaltakken (deesnch. *skyde*, nw. *skjote*, ijsl. *skiota*) te huis behoort, dan vermoeden wij, dat dit gebruik in de plaatsen zelve, waar *geschoten* werd, (*scot, scoten* geheeten), ook in menige sage aan die plaatsen verbonden, nog menig spoor en menigen trek van oude feest-gebruiken heeft nagelaten. Wij althans, kunnen ons niet geheel vereenigen, met Mr. Hoeufft, *Taalk. Bijdr.* in voce *schot*, die voor deze plaatsen alleen "*defensio*" geeft, en daarin op het *septum, locus conclusus* bij Kiliaen, in voce, schijnt te steunen. Wij nemen het woord in eenen meer algemeenen zin van *schieten*, en *schiet*-plaatsen; zoo althans van *Win-schoten*, waar de overlevering of sage twee jagers aan weêrzijden van het vriendelijke landstadje plaatst, die, als zij met elkander op de *jagt* zouden gaan, om elkander te waarschuwen, in den *wind schoten*. Een hunner was zoo verzekerd van zijn schot, dat hij in één schot *drie* ganzen aan zijnen laadstok trof, die bij het nedervallen in eene sloot, ook zelfs nog eenen snoek aanstak. De sage doet dus hier ook aan jagtschieten denken. Die man kon dus "*goudschijten*" heet, in Groninger dialect, *goed schieten*. Te *Raveschot* bestaat eene dergelijke sage: de Heer dier plaats, namelijk, schoot onder eenen zwerm raven, en de pijl zonk met drie *zwarte* raven neder: daarom voert die heerlijkheid drie raven op een gouden veld (Neelemans, *K. en Lettbl.* 1840. 63.). Dat wij bij zoodanige sagen aan het oude *vogel*-schieten denken, zal niemand bevreemden: menigeen zal zich daarbij misschien ook den behendigen boogschutter der Batavieren, Soranus, herinneren, welke, in bijzijn van keizer Adrianus, eene eerst afgeschoten pijl, onder het nedervallen, met eene andere pijl in stukken schoot. (Wagenaar, *Vad. Hist.*) Dat dergelijke wapenoefeningen bij den Batavier in hooge achting stonden, blijkt ook uit Engelbert's, *Aloude Hist.*

Mij dunkt, dat de Schutters-*koningen* en maaltijden, en schutters-doelen, uit dergelijke vroegere gebruiken zijn voortgekomen: ook doen de drietallen *ganzen* en *raven* aan ouden oorsprong der beide sagen denken. De wapens der oude schutterijen waren *de edele busse*, de *handboog* en de *voetboog;* SWALUE (in den *Zeeuws. Volksalm.* 1840.) noemt onder de vermakelijkheden bij de schuttersoefeningen te *Goes:* "het *bal-slaan, klootwerpen, hoefijzerschuiven, ringrijden, gaaischieten* en het rhetoriek-spelen". Verdere plaatsnamen, die hier in aanmerking komen, zijn *Kolm-schate* (*coln, colm* = keisteen), *Colverschoten* (ontwijfelbaar met *kolveniers* verwant), *Hengst-schoten*, (bij HEDA, 41.); voorts noemt Mr. HOEUFFT: *Aardschot, Hadschot, Oorschot, Zuidschot* en *Hondschot*. (zie a. pl.)

Zoowel als wij gissen, dat alle deze en dergelijke gebruiken, even als het geheele ridder-wezen, uit de oude begrippen van den landzaat zijn voortgevloeid, zoo achten wij ook de jagten, en daaronder inzonderheid de *valken-* en *vogel-jagt*, als een edel bedrijf, een ridderlijk vermaak, daarmede naauw verbonden. Reeds Scandinavië levert in zijne *Edda's* de bewijzen van derzelver hooge oudheid. Om Iduna met hare verjongende appelen, schoot *Loke* valken-vleugelen aan, en bragt haar onder de Asen of goden terug: zoo overtrof hij in snelheid den adelaar. Van de hooge achting, waarin vroeger de Valken-jagt almede in ons land stond, schijnen meer dan een *Valkenburg*, als het slot *Valkenburg* te Nijmegen, *Valkenburg*, nabij Leiden, maar nog meer, ook schriftelijke oorkonden te getuigen: Graaf FLORIS V. waande met zijne verraderlijke dischgenooten ter *vogeljagt* te rijden, toen zij hem buiten Utrecht gevangen namen. (*a*).

Wat overigens de *visch-partijen* en *visch-sagen* betreft, deze staan nog met het *Huissensche* schuttersfeest, in even naauw verband, als zij in *Valhalla* met het goden-steekspel stonden.

Welligt verdienen hier ook het *dobbel-spel* en de verdere spelen onze opmerkzaamheid. In *Valhalla* verzamelen

---

(*a*) Over dit onderwerp, de *Valken-jagt*, zien wij een kostbaar en veelomvattend werk door Dr. SCHLEGEL, met uitvoerig plaatwerk te gemoet, waarin voorzeker de hooge oudheid, de beteekenis en het belang, dat men daaraan ook in ons land, als een *adelijk bedrijf*, hechtte, benevens deszelfs betrekking tot het noorden, en het noordsche Asen-stelsel, zal worden uiteengezet. Wij zien dit werk eerlang bij de Uitgevers dezes te gemoet.

de goden zich op het *Ida-veld*, om met gouden *dobbelsteenen* of *teerlingen* te werpen. Is het wonder alzoo, dat ook de *Germaan* daaraan verslaafd was, zoo als TACITUS, c. 24. berigt? Over allerlei spelen, als met *steenen*, *worptafelen*, *quaak-* d. i. *tik-tak-* of *verkeerborden*, wijders: *kaatsen*, *kegelen*, *klossen*, (*cloetbaenen*), over het *schaakspel*, *quairten* of *quaertspel*, handelt VAN WIJN, *Hist. Avondst.* II. 103. Dat dit laatste, zoowel als het eerste, reeds oud moet wezen, schijnt ook te blijken uit den *Asen*-naam der hoogste kaart. Kaarten-leggen, kaarten-kijken staat ook met andere toover- en goochel-middelen in een naauw verband. Door een *harten-aas*, naar den raad eener kaartenlegster, op een glas witte wijn gelegd, met eene naald te doorsteken, doorstak eene eerbare jonge dochter, te *Antwerpen*, het hart van haren trouwloozen bedrieger, om zich te wreeken; volgens VAN DER VOORT (WOLF, *Nied. Sag.* no 410.).

Over een en ander echter kunnen wij hier niet uitvoeriger zijn: ook vertrouwen wij genoeg te hebben bijeen gebragt om aan te toonen, dat de Germaan in alles, in wapenen, krijg, krijgsoefeningen, (tourneren, iousteren) schieten (*a*), jagten (waaronder vooral de *valkenjagt*), visscherij, in feest-malen, drinkgelagen en spelen zijne goden navolgde, en aldus zijn krijgszuchtig karakter vormde. — Die navolging zal ons nog meer blijken uit de feesten, in de volgende aanteekening.

66. Feesten en Feesttijden.

Het zal zekerlijk niemand, die in onze voorafgaande beschouwingen deelt, en eenigzins in de natuur-beschouwingen der voorchristelijke volkeren is doorgedrongen, onwaarschijnlijk voorkomen, dat zij, de vereerders der *Zon*, *Maan* en *Aarde*, of van *Wodan*, *Thunaer* en *Frowa*, als natuur-goden, ook hunne feesten naar den loop der zon en maan regelden, en dat deze niet anders dan als natuurfeesten moeten worden aangemerkt. Aan de vereering van hunne goden, waren de *rijen* der dagen gewijd, ook het volkomene *zevental*. Intusschen is het te vermoeden,

---

(*a*) De goden schoten, zoo het ons voorkomt, ook met sterren of vuurpijlen, gelijk het sterren-verschieten in de maanden Aug. en September.

dat naar de oudste wijze der natuur-beschouwing, zoo in het Oosten als in het Noorden en Westen, het eerste drietal dagen een afgesloten tijdperk uitmaakte, gelijk ook de oudste jaren niet meer dan drie hoofdgetijden geteld hebben, die, zoo het schijnt, elk onder den invloed van eenen dezer drie hoofdgoden gesteld waren.

De Mythenleer der Scandinaviërs en Germanen, uit de natuur-leer ontsproten, of liever deze zelve bevattende, begint daarom ook met de schepping, en levert diensvolgens een wereld-drama, dat, van de wording des dags, op eene ruimere schaal van het geheele zonne-jaar overgebragt, eindelijk, op den hoogsten trap van ontwikkeling, het groote wereld-jaar omvat; even als het jaar door den donkeren winter, de dag door de avondschemering, eindigen, zoo loopt ook het bestaan der goden in de godenschemering (den *ragnaraukr*) ten einde. Als scheppende oorzaken treden, in alle Mythologiën, zoo ook in de noordsche, twee zamenwerkende magten op, *geest* en *stof*, door den algemeen scheppenden wereldgeest, den *Alvader*, het leven of licht van eeuwigheid, en het verkoudende element, de duisternis, als *stof* gedacht, voorgesteld. Het Eeuwige en tijdelijke, geest en stof, koude en warmte, licht en duisternis, gelijk dag en nacht, zomer en winter, lichtwereld en nevelheim, treden daarom ook in de noordsche mythe als dualistische beginselen, als zamenwerkende oorzaken op; doch over dat alles zweeft het denkbeeld van *Alvader*, van Geest, boven de stof. In het eeuwige, waarin niets was, heerschte de *nacht* (*noss*); deze, als de moeder des *dags* (*dagr*), bragt ook *Jörd* (de aarde) voort; eene voorstelling, die wij in den chaotischen ijsreus *Ymir*, en de wereldkoe *Audhumbla*, benevens den wereldboom, *Ygdrasill*, als symbolische voorstellingen, terugvinden.

De voorstelling der *nacht*, als moeder des *dags*, verklaart het, waarom ook de Germaan niet bij dagen, maar bij nachten rekende, zoo als Tacitus, *Germ.* c. 11. zegt: »*nec dierum numerum, ut nos, sed noctium computant*". — De onbekende Surtr van het noorden, trad, zoo het schijnt, daarom ook aan het einde van het groote volkomene getal der dagen op, gelijk hij wederom in den *ragnaraukr*, bij den afloop der eeuwen, te voorschijn treedt (*a*).

(*a*) Over bijzondere, naar de kleur gekenmerkte dagen: *blaauwen*

Van de Asen, als tijdgoden beschouwd, was *Wodan* de *weldoener*, de *Alvader* (Aldafadur) en vader der goden (Aldagautr), eene voorstelling des hemels, door de *zon* vertegenwoordigd; *Freya*, zijne gemalin, de Hemelkoningin, of moeder der goden, en *Thunaer*, *Baldr*, enz. hunne zonen; ODIN'S (Wodan's) hoofdzakelijk twaalftal bijnamen (a), gelijk het *twaalftal* zonen, zijn daarom ook geene andere, dan voorstellingen van de dag- of jaar-verdeeling, welke laatste men insgelijks, zoo het schijnt, naar de *maan* regelde, — waarnaar onze *maanden* genoemd zijn.

Deze twaalf maandgoden, benevens de feesten aan dezelve vermoedelijk gewijd, bij ons volkomen te willen herstellen, zoude vergeefsche poging zijn. Intusschen komt het ons als hoogstwaarschijnlijk voor, dat KAREL *de Groote*, door de vroegere maandnamen, voor zijne nieuwe namen, te verdringen, ook de vroegere *goden*-namen heeft in vergetelheid gestord; want, even als de dagen der week bij ons nog de bijzondere namen bewaren der goden, waaraan zij gewijd waren, zoo vermoeden wij, dat ook het geval met de maand- en feest-namen geweest zij.

De benamingen, die elders in gebruik waren, en voor-

---

maandag, *witten* donderdag, *groenen* vrijdag, waarop men in Groningen *kruidje*-moes, in Gelderland *pötje*-moes (uit *zeven* verschillende groenten zamengesteld) eet, kunnen wij hier niet uitwijden.

(a) Deze twaalf bijnamen waren: *Alfadur*, de eerste maand, die met den langsten nacht, de moeder- of valken-nacht, aanving, en waaruit alle andere maanden voortkomen; *Herian*, de Heerende: de zon, het licht treedt als strijder op tegen de koude; *Nikar*, de Nekkende, overwinnende: de dag, het licht wint in lengte over de nacht; *Hnikudr*, de overwinnaar, in lengte heeft de dag, in warmte de zon, volkomen gezegenvierd; *Fjölnir*, de menigvuldiger: de natuur brengt de menigvuldigste gewassen, voort; *Oski*, de gewenschte: de natuur ontwikkelt zich in haren nieuwen luister; *Omi*, de schallende: overal heerscht jubel en vreugde; *Baldr's* mid-zomer-feest begint; *Biflindi*, de onbestendige: reeds zinkt de zon weder, de dagen korten; *Vidrir*, de weêr-verwekker: omtrent dag- en nacht-evening treden weêrsveranderingen in; *Svidur*, de vernietigende: van het schoone weder; *Svidrir*, de vernietiger: najaars-stormen vernietigen volkomen het schoone aanzien der natuur; *Jalkr*, de afgeleefde: het jaar loopt ten einde; sneeuw bedekt het aardrijk, de *Winter-vorst*, met zijnen grijzen baard en sneeuwwit hoofd, voert heerschappij. FINN MAGN. *Lexic.* 266., die ook ODIN'S 52 bijnamen verklaart; AUG. SCHRADER, *Deutsch. Myth.* 182.

namelijk door FINN MAGNUSEN, (*Lex.* 772.), ook door Mr. HOEUFFT (in DE JAG. *Taalk. Mag.* III Dl.) zijn medegedeeld, bevestigen deze onze veronderstelling. Zoo althans herinneren de namen *Jule-maand*, *Midvintermonad*, waarmede het jaar aanving, aan de winter-jolafeesten, gelijk blijkt, ook in ons land *bekend* geweest; voorts die van *Leva-* of *Leba*-maand (Januarij), beide aan inlandsche godinnen LEVA (aant. 61.), de *Sel-*, *Sol-*, *Sille-* of *Sulle*-maand (Febr.), zoo het schijnt, aan SOL gewijd; terwijl de oude *Dorre-maand* (Thor-maned), ook wel *Retmonad* (Maart), aan THOR, THUNAER, was toegeheiligd (aant. 57.), even als de *Ostar-*, *Eastermanod* (April), aan OSTRA, EASTER (aant. 61.). De *Mai-* *mei-* of *maagden*-maand kan aan eene godin MEDEA (61.) zijn toegewijd geweest; het *midsummerfeest* was vermoedelijkst aan BALDR geheiligd; de naam *Wiede-*, *Wodemaand* (Junij, Julij), doet aan WODAN denken; daarentegen weder de *Har-fest* (Aug.), aan het feest van AR, HERDA; terwijl, zoo het schijnt, de *Halig-* of *Even-maand* (Septr.), wederom aan vroegere evennachtsfeesten (aan FOSETE) doet denken; de *Ossen*-monad (Octr.) en *Seue*-monad, onze *Slagtmaand* (Nov.), kan aan het slagten van offerdieren haren naam ontleenen, — die zich dan weder aan het mid-winter-feest aansluit.

Doch hoezeer deze namen, deels van naburige en inwonende volkeren, Angel-Saksers, Friesen en Belgen, ontleend zijn, zoo blijft het onbewijsbaar, dat deze de namen of volgorde van onzen vroegeren Kalender geweest zij; wij gaven dezelve daarom alleen ten bewijze van vroegere heiligheid van sommigen, van toewijding van anderen, als aan WODAN, THUNAER, OSTRA, HERTHA, MEDEA enz. waaruit wij misschien ook ten opzigte der andere maanden mogen besluiten.

Meer zekere bewijzen zijn ons daarentegen voorgekomen, dat het *mid-winter-feest*, en, in tegenstelling daarvan, het *mid-zomer-feest*, gelijk ook het *Ostra-*, het *Meien Herfst*-feest, misschien aan *Ostra*, *Medea*, en *Harda* gewijd, in vorige eeuwen alhier vrij algemeen in zwang moeten zijn geweest. — Bij het nagaan der vermoedelijke sporen van vroegere feesten, nog aanwezig, bedienen wij ons in de eerste plaats van de maand-namen, welke EGINHARD (*Vita Caroli Magni*) ons, als die van KAREL den *Groote*, heeft nagelaten, met bijvoeging van andere, die ons door FINN MAGNUSEN, *Lex.*, of wel, van elders, als inheemsch, bekend zijn, als:

1. *Wintermanoht* (K. DE GR.), *Lou-maand, Law-maend* (i. e. Lou, = water), Januarij; (in het noorden: FREYR in *Alfsheim* gewijd).

Merkwaardig is al dadelijk de wijze, waarop, ook bij ons, het *nieuwe* jaar wordt gevierd: de nieuwe jaars-geschenken, de luide vreugde-betuigingen en de gewoonte van het oude jaar *uit*, het nieuwe *in* te drinken. Deze gewoonte schijnt vroeger bij alle volkeren van *Germaanschen* oorsprong algemeen geweest te zijn. Een en ander mogen als overblijfsels van het oude *mid-winter-feest*, het zoogenoemde *Joël-, Juël-feest*, worden aangemerkt, dat in het noorden, Scandinavië, het jaar sloot en opende, en daarom door ons ten slotte in Dec., waarin de oude Valken- of Moedernacht inviel, zal behandeld worden.

Opmerking verdient in deze maand het Christelijke *drie* koningen-feest, in eenen ouden Kalender (door LE LONG, *Reform. v. Amstd.* 256 medegedeeld) ook *dortien-dagh* genoemd. De wijze, waarop dit feest, nog in mijnen tijd, in *Gelderland*, vooral te *Huissen* en in de Overbetuwe, gevierd werd, heb ik aangestipt in een opstel in den *K. en Lettb.* 1834. 329., en wordt ook door Ds. NIERMEIJER, in den *Fakkel.*, 1839. 251. medegedeeld. Het algemeen verspreide drie-koningen-lied, dat de *Sterrendraaijers* in Gelderland, destijds, langs de woningen zongen, (zie Mr. LE JEUNE, N. V. 42, HOFFMANN *v. F. Holl. Vl.* 69. en VAN HASSELT, *Hist. der Heidenen* 1805. 31.) moge door het refrain:

  Wij komen getreden met onse starre,
   Lauwerier de Cransio, enz.

Christelijke strekking aankondigen; — het daarbij gebruikelijke *molen-malen*, of dansen om brandende kaarsjes, de *konings-kaarsjes* geheeten, het *kaarsjes-springen*, gelijk op den avond van dien feest-dag in Maastricht, benevens de *boonen-koek*, die daarbij in feestvreugde wordt gegeten, wijzen, onzes erachtens, op een heidensch feest terug. Wien of wie de boon te beurt valt, hetzij jongman of jonge dochter, is koning of koningin van het feest, en moet zich dan eene koningin of een' koning uit het feestvierende gezelschap kiezen. Wij vermoeden, dat dit met den daarop volgenden *Kopper-maandag* (als *koppel*-m.) in verband staat, waarbij een liefdes-feest ten grondslag ligt, gelijk, vooral ook onder de *Ditmarsen*, omstreeks dezen tijd, met vele symbolische beteekenis gevierd werd (BOLTEN, *Ditm. Gesch.* 314. bij AUG. SCHRADER, D. M. 26.), hetwelk de gewoonte der huwbare meisjes onder de Noord-friesen verklaart, die met nieuwe jaar in het *Westlands-föhr* op het kerkhof rond dansten, en waaruit dan ook de *konings-kaarsjes* zich laten ophelderen. (Men leze BOLTEN, t. a. pl.). De *Leva-Leba*-maand, zou dus de liefdes-maand wezen. Ziet dit een en ander op de bruids-werving van den zonne-god FREYR, in *Alfheimr?* — Deze toch, de beste aller Asen of goden,

<blockquote>
Doet geene maagden schreijen;
Hij bevrijdt elk een uit boeijen.
</blockquote>

»Op *Koppel-maandag* zijn de vrouwen baas" (dus uit boeijen ontslagen), heet het nog in N. Braband, alwaar dit feest, te Breda, even als eertijds in Groningen, *den köppe-kes-dag*, en in Gelderland en Utrecht, aan eigenaardige vermakelijkheden gewijd was. (HERMANS, *Mengw.* 1839. 95.). Wij willen hier geene bewijzen voor onze opvatting ontleenen uit het blijkbaar zoenen der beeldjes in den Kalender bij LE LONG (a. w.), waar *Fabiaen*, *Sebastiaen* en *Agniet* zich in gezelschap bevinden; maar opmerkelijk is het, en niet zonder bewijskracht voor onze meening, dat wij hier een vrolijk heidensch verloovings- of huwelijks-feest hebben te veronderstellen, dewijl in de R. C. kerk, op Zondag na *Koppel-maandag*, Joh. 2. de *bruiloft* te Kana, wordt gelezen. (ALKEM. en VAN DER SCHELLING, *Dischpl.* I. 165.). Zoo trokken de eerste Evangelie-verkondigers partij van hetgene zij aantroffen en niet konden uitroeijen. Ook elders, dan ter genoemder plaatsen, troffen wij nog andere feestgebruiken, dan die met den *boonen*-koek aan; doch ook deze schijnen eene bruidswerving, verloving, of het te zamen voegen van koning en koningin, ten doel te hebben. Zoo bijv. het uitventen en uitroepen van *konings-brieven*, die des avonds van den feestdag aan stukken gesneden, opgerold, aan de leden des gezelschaps werden aangeboden. »Die dan het papiertje krijgen, waarop *koning* of *koningin* staat, worden dien avond met groote statie geëerd, en zitten naast elkanderen aan de tafel. Die dat van *kok* trekt, moet, wie hij ook zij, het eten opbrengen. Hij, in wiens handen het papiertje valt, waarop *zot* staat, is verpligt het gezelschap dien avond met allerlei poetzerijen te vermaken" (MARTINET en V. D. BERG, *Gesch. v. kind.* V. 197.). Daarenboven is wel nog het woord *koppel*, voor paar, *koppelen*, paren, te zamen voegen, maar niet *kopper*, *kopperen*, in eenigen zin, in onze taal gangbaar.

2. *Hormunc* of *Ormingh* (K. DE GR.), *Spurkelmaand*, *Sprokkelmaand*, (Februarij); in het n. VALI in *Vala-skjálf*.

In deze maand stijgt de zon merkelijk hooger, of met andere woorden: de zonnegod *Vali* wreekt zich op *Baldr's* dood. — *Haudr* wordt op den brandstapel gelegd, waarvoor het hout *gesprokkeld* (d. i. bijeengezocht) werd; fakkel- en lichtfeesten, ter eere van *Freya*, zijn door *Maria-lichtmissen* vervangen, (gelijk wij later zien zullen, dat de geheele *Freya-dienst* op de *Mariadienst* is overgebragt), even als de oude *Muse-* of *muisjesdag*, ook *Aagots-dag*, door eenen *St. Aechten-dag* (in den *Kal.* bij LE LONG). Het gebied of liever de heerschappij van den Wintervorst was ten einde, en de zon, *Sol*, steeg op nieuw ten troon. Van zoodanige feesten zijn, in onze schatting, de navolgende volksgebruiken de overblijfsels, en helderen niet slechts den *Sol-manod*, bij de Angelsaksers, maar ook onze *Sprokkelmaand* op. In N. Braband wijdt men nog, op onze *Lieve Vrouwe Licht-mis*, de waskaarsen, die men den stervenden in handen geeft. Het ontsteken van nieuw, geheiligd licht op dit feest, en de boeren-spreuk:

   Sunt Andr-ies
   Staat op en vries
   En laat niet af,
  Voor O. L. Vr. Licht-misdag.

(Dr. HERMANS, *Aardb.* 584.) ontvangen hier genoegzame opheldering. Wanneer de vorst, de Winterkoning, het *andere ijs* namelijk, op den 30 Nov. invalt, of als zijne heerschappij op dat tijdstip aanvangt, zoo wordt het op *Maria Lichtmis* geëindigd (a). Ook dag en nacht, *Castor* en *Pollux* (*Haudr*, *Haldr* en *Baldr*), deelden het bestuur of het gebied des jaars met elkander. Als in het n., ter eere van *Freya*, gemelde *Haudr* verbrand, of nieuw licht ontstoken werd, dan steeg *Odin* (*Sol*, Zon) weder ten troon; dan zijn ook de dagen eenen *hanenschreeuw* gelengd. Gelijk *Odin* in deze maand ten troon (*Hlidskialf*) steeg, zoo ook *St. Pieter*, "*ad cathedram*," doorgaans St. Pietersstoel geheeten (*Sella* = zetel). Overigens herinnert *St. Valentijn* (*Valentij-en*) in deze maand aan den bovengenoemden god *Vali*. Wij vermoeden, dat die *Vali-tijden* dezelfde zijn, welke de verheffing van *St. Pieter* voorafgaan, en, gelijk alle heiden-feesten, met eenen ouden *rumpeldag* (die *Narren-Kirchweij* of *Unsinnige taube Woche*), onzen *Vasten-avond*, eindigen, die dan tevens de ingang is tot het groote feest (b). Met den *rommelpot* en te-

---

(a) De verwondering over eene uitzondering op den gewonen regel heet in Gelderland:

Te Sinte *Mat-ijs*,
Was er nog geen ijs;
Maar 31 Maart,
Reed men met slee en paard,
Over den Dordschen waard.

Aldus waarschijnlijk ook in Z. Holland. Ds. NIERMEIJER, de *Fakkel*, 1839. 14. 259. *Mat-ijs* is, in Gelderland, *mat*, krachteloos *ijs*.

(b) Om een denkbeeld te geven van de zoogenoemde *Narrenkirchweij* gelooven wij, dat het hier de regte plaats zal wezen over te nemen, wat LE LONG (*Reform. v. Amstd.* 1729. f. 511.) mededeelt nopens den *Schortel-woensdag*, of *de Dommelde Metten*, zoo als die vroeger in Amsterdam na Palm-zondag werd gevierd; zijne bron is WALLICH SYVAERTSZOON, (*Roomsche Mysteriën ontdekt*, enz.).

« Den volgenden woensdag (na Palm-zondag) schortede men de klokken; zoo dat 'er van toen af aan niet meer geluydt wierd; waarom dien dag *Schortel-woensdag* wierdt genoemd. Gedurende dien tijdt liep de Hondeslager, als het tijdt wierdt om ter kerk te gaan, met eenen grooten *Ratel* langs straat, om 't volk t' zamen te roepen. Als dan namen de scholieren elk een Ratel mede in de kerk; en de Hondeslager, een' grooten houten klapper hebbende, begon op seekere tijden eerst te klappen; 't welke de scholieren (de *Clercken*) hoorende, raatelden zij terstondt met haare ratelen, elk om 't seerst; sloegen met een groot geweldt op de gestoelten en banken, trapten ook seer hardt met haare (hunne) voeten; waardoor zulk een rumoer en getier in de kerk ontstond, dat het scheen, als of den bijstanders in de kerk, hooren en sien soude vergaan; dit wierdt genoemt de *Dommelde Metten speelen*.

vens verkleed, gingen in mijnen tijd, in Gelderland, nog jonggezellen bij goede vrienden en kennissen rond, en zongen daarbij:

>Vrouw 't is vasten-avond,
>Ik kom niet t'huis voor t'avond,
>T'Avond in den maneschijn,
>Als vader en moeder naar bed toe zijn.

"Zoo," zegt Mr. HOEUFFT (in DE JAG. *Taalk. Mag.*, I. 233), "hebben onze voorouders de heidensche feesten, welke in Februarij invallen, niet geheel kunnende uitroeijen, dezelve op *St. Pieter in Sella* verplaatst." Wij zouden zeggen, slechts gewijzigd of veranderd van naam. Maar niet alleen in Februarij, ook in andere maanden is dit het geval. Intusschen schuilt achter dien *Valentijn* nog een ander feest. In de vorige maand zond *Freyr* (als zonnegod) *Skirnir* uit ter bruidswerving; hier verklaart hij zich zelf als *Vali* (onze *Valentijn*). "Op dien dag liepen dan de jongelingen rond met brandende fakkels, om zich een meisje tot toekom-

---

Als Paasch-avond aanquam, begaf zich de Hondeslager met sijn *Ratel*, verselt met een groot deel Scholieren, die meede elk een Ratel in haare handen hadden, op straat; en liepen aldus overal voor de Huysen van alle aansienlijke luyden. De Hondeslager voor de deure komende, stondt stil, en riep met luyder stemme den scholieren toe, gelijk als volgt: *Zijt gij allegader hier? Ja*, riepen de scholieren. *Moecht gij wel goedt Hamburger bier?* riep hij. *Ja*, antwoorden zij. *Heeft de Paep Uw moeder getrouwd?* vroeg hij al roepende. *Ja*, antwoordeden de Clerken. *Zijt gij al te samen Hoerenkinderen?* vroeg hij. *Neen*, antwoordeden de jongens. Alsdan begon hij te ratelen, en de Scholieren ratelen meede, en songen 't zaamen:

>De Dommelde Met.
>De vasten is uyt,
>Kyrie-Eleijson!
>Te Paeschen sullen wij eijeren eeten;
>So is de vasten al vergeten;
>Kyrie Eleijson.

Dit schouwspel gedaan zijnde, wierdt den *Hondeslager* een stuk gelds gegeven en een goede kanne bier op de handt geset; daarmede hij sijn drooge keelgat doorgespoelt hebbende, de rest in de mutsen der Jongens goot, die deselve toehielden en daer uyt dronken."
Tot welke der feesten *deze Dommelde Met* behoore; of dezelve met den *rommel-pot* in verband sta, dan of men hierbij aan het navolgende *Gregorius*-feest te Terborg te denken hebbe; of wel, of men dit feest voor den *Stommelenden* of *Dommelenden* ingang van het Paasch-feest hebbe aan te merken, laten wij anderen te bepalen over.

stige vrouw te zoeken," of op te sporen. Dit gebruik schonk in Frankrijk den naam van *Dominica de brandonibus* (*Dimansche des brandons*) aan dien dag, en heldert misschien § III. van den *Indic Superst.* etc. op, waar »*de spurcalibus in Februario*" gehandeld wordt; hetzij dat men hier bij *spurcalibus* en *Sporkel*-maand, denke aan den wortel *spur*, *spor* = in speuren, opsporen, of dat men denke, dat het fakkel-hout vooraf *gesprokkeld* zij. »*Valentin: futur époux; celui qu'on signifiait à une fille, le jour des brandons; — qui, dès qu'elle étoit promise, se nommait Valentine.*" — ROQUEFORT, *Gloss.* in voce. In Engeland houdt het gebruik om zich op den ouden *Vali-dag* aan een meisje te verklaren nog stand:

> *To morrow is St. Valentine's day,*
> *All in the morning betime,*
> *And a maid at your window,*
> *To be your Valentine.*

(Zie ook HALBERTSMA, *O. Alm.* 1840. 176). Onze gezegden: *het is maar Vali-kant; neen, het is een Piet; een goede haan kraait driemaal*, zoo wel als het rondgaan met den *rommelpot*, behooren dus ook te regt in deze maand tehuis.

3. *Lenzimanoht* (K. DE GR.), th. *Lentemaand*, *Dorremaand*, Deensch: *Tor-*, *Thormaned*, Maart;
in het n. SAGA in *Söcqvabeckr*.

De zonne- of lichtgod bestrijdt meer en meer de duisternis, de kracht der zon over koude en ijs neemt toe; bergstroomen storten neder, stormen doen zich hooren, maartsche buijen trekken door de lucht, en de Dondergod treedt mede op, om de *aarde* uit de magt der winterreuzen te bevrijden; aanvang van nieuwe vruchtbaarheid der aarde. Staat daarom bij LE LONG in den Kalender *de aarde* afgeteekend, als nieuwe *aarde?* In eenen Duitschen Kalender heette het in deze maand: »*Hie wart der erst dag in der welta.*" Maria boodschap, »*Ave Maria,*" stemt met dit begin van nieuwe vruchtbaarheid overeen. Gelijk *Odin* in het paleis van *Saga*, in *Söcqvabeckr*, vertoeft, om zelfs uit het ruischen der stroomen wijsheid te vernemen, zoo vermoeden wij, dat *Gregorius*, de plaatsvervanger des eersten, als de patroon der schooljeugd, in deze maand is opgetreden. » *Gregersdag skulle alle orme have deres hoveder over Jorden,*" haalt Finn Magn. (*Lex.* 797) aan. Het kinderfeest te *Terborg* (12 Maart), dat daar, even als op andere plaatsen, in Duitschland, door maskeraden gevierd werd, levert, zoowel door het *broodjes* trekken, dat daarbij plaats heeft, als door de *maskeraden*, sporen en bewijzen van heidensche afkomst (*Geldersche Volks-Alm.* 1841). En kan *Geertruid* in deze maand niet eene andere *Valentine* genoemd worden? De legende gebiedt om harent-wille *St. Geertenminne* te drinken. Wij vertrouwen, dat ook hier weder voortzetting plaats heeft van de voorgaande liefdes-geschiedenis. Men weet hoe zeer zij bemind werd door den ridder, die naar hare hand dong. Van Willem van Hildegaertsbergh, en een' onbekende, is de legende, in HS. bewaard, door Mr. Clignett, *Bijdr.* 1829 en door Hoffmann v. F. *Niedl. Volksl.* uitgegeven, ook in mijne *Drinkpl.* medegedeeld. — Overigens bewijst de benaming van *Dorremaand* (Thor-manot) genoeg, dat men, in het noorden, deze maand aan *Thor* gewijd had. In Holland moeten 360 zee-schepen, maartsche buijen, overtrekken. Zijn deze met zijne vijanden bemand? Een runische Kalender stelt zijn wapen, den *mjölner*, welligt omstreeks denzelfden dag, waarop wij, boven, de nieuwe aarde aantroffen. — Zoo wel de *primula-veris*, als de *zwaluwe*, werden vroeger, als aankondigers der lente, in Duitschland met vrolijk gejubel, ontvangen. (Aug. Schrader, *D. Myth.* 183).

4. *Ostermanoht* (K. de Gr.), angs. *Easter-manod*, ons *Grasmaand*, Garsmaand (in HSS.); in het n.
Odin in *Gladsheim*.

De zon heeft in de lente-nachtevening gezegevierd; het reuzenvolk is bestreden; de overwinnaar treedt de blijde woning binnen; en, zoo ook de geheele voorjaarsaarde. *Freija* (de aarde), ook *Astar-dis*, *Asta-god* geheeten, viert feest; zoo ook de gansche natuur. Bij gelegenheid van *Aegir's* drinkgelag ontbrak echter de brouwketel, dien *Thor* zich, daartoe afzonden, deels door list, deels door kracht, wist te verwerven. Bij ons, zendt men:

Op den eersten April,
De gekken, waar men wil;

in Gelderland meestal met last om eenen *rolpens-ketel* te gaan leenen. Zoodanige *Aprils*-grappen, bij het vrolijke lentefeest, stemmen volkomen met de gasterijen, en, de volgende regels met den dorst der goden overeen:

<blockquote>
Een drooge Maart,
Een *natte* April,
Een zoele Mei,
Zijn wensch en wil.
</blockquote>

Even als *Thor* zegevierend met den brouwketel terug kwam, zoo kan ook *Tyr* zijn gedacht geworden: *Odin* droeg als zonnegod den bijnaam *Hnikudr* = overwinnaar. Nu treffen wij bij LE LONG, Kal. in deze maand eenen *Tyburt* en *Victor* = overwinnaar, aan. Als Overwinnaar trad hij evenwel ook op het gebied der liefde op bij *Freija* (de aarde) als *Astar*-godin.

Inzonderheid had deze *Astar*-godin reden feest te vieren, en hare vereerders met haar. Het *Astar*- of *Ostrafeest* werd dan ook met vreugde-vuren gevierd, en heeft ten onzent nog menigvuldige sporen in ons *paasch*-feest, de paasch-*vuren*, de beschilderde paasch-*eijeren* en paasch-*koeken*, in Holland *duve-katers*, (van *kakr* = koeken) nagelaten. Zoo als *Thor* met zijne dondersteenen wierp, zoo in Gelderland de kinderen met hard gekookte eijeren. Waren zij *Thor* of *Ostra* gewijd? Wij vermoeden, dat dit zamenhangt. De *witte Donderdag* en de *groene Freija-dag* worden in Duitschland als een »*weisse Sonn'tag*" voorgesteld; dan kleeden zich de jonge dochters in het *wit*, en vieren vrolijk feest; dan at men een *groen moes*, uit zevenderlei groenten zamengesteld. En in N. Braband golden de eijeren van witte Donderdag »teghen Donder en Blixem" en worden daar nog in allerlei kleuren voorgezet (Dr. HERMANS, *Mengw.* bl. 88. enz. en *Aardb.* 1840. 389). Over een en ander, den paaschpronk en eijeren, deze laatsten als zinnebeeld der herrijzing van het zonnelicht, hebben wij boven, bij *Ostra* (aant. 61 bl. 301), gesproken. Belangrijk is hetgene HALBERTSMA (*Overijs. Alm.* 1840) over deze godin en de wijze van feestviering zegt: »Het feest van de godin der liefde viel zeer gepast in op die maand, waarin geheel de natuur zich tot een nieuw leven toebereidt, waarin de bloemen ontluiken, planten en boomen knoppen, de dieren paren, de vogelen nestelen en eijeren leggen. — Het eigenaardig zinnebeeld van deze algemeene teelkracht der aarde, of van de aarde zelve, was het ei, dat rond, gelijk de schijnbare gestalte des heelals, de kiem van een nieuw schepsel in hare doode onwindselen besloten hield." Ook de gevlochten *krakelingen*, welke op het gemelde *Ostra-feest* gegeten werden, schijnen, als symbolen van genegenheid, ter eere van de godin der liefde te moeten worden aangemerkt.

5. *Wonne-* of *Winne-manoht* (K. de Gr.) d. i. vreugdemaand, *Mei-maand* (maagden-maand), *Bloeimaand*, (Mei.); in het n. Skade in *Thrymheimr*.

Het nieuwe leven ontwikkelt zich in zijne schoonste pracht; alles, geheel de natuur, mensch en dier verheugt zich in dit nieuwe leven. De Asen vieren het huwelijksfeest van *Skade* met *Niord*, dien zij, wegens zijnen *witten voet*, voor den lichtgod *Baldr* had aangezien; de geheele natuur viert hetzelfde feest. Ook de mensch vergeet zijn *Mei-* of *maagden-feest* niet. *In de Mei heeft elke vogel een ei* (a); en zou ook hij dan niet paren, de heer der natuur? Zoodanig maagdenfeest was bij ons ligt aan Medea gewijd, en werd met de meeste vrolijkheid, met ronde-dansen, en onder een vrolijk maagdenlied gevierd. Het zoenen elkander der beide figuurtjes in den *Kal.* bij le Long, nl. van *Phill.* en *Iacob*, (misschien oorspronkelijk *philla = fille*, of anders *Philippine* en *Iacob*) (1 Mei) hoezeer verbasterd, duidt reeds een liefdes-feest aan, waarvoor ook Finn Magnusen, de Meimaand (*m. virginum s. puellarum*) verklaart (b). Dan trad men ten huwelijk, gelijk *Skade* en *Niord*; dan versierde men het feestvertrek, gelijk de moeder-aarde zich met keur van bloemen en groen versiert; zij, de bruid, gaf haren kinderen het voorbeeld. De jongeling volgde hetzelve, zocht zijne bruid, *meide* = versierde haar; men bekransde de woning, waarin het jeugdig paar zijn

---

(a) Behalve de koekoek en de spriet,
Die leggen voor half Junij niet.
(b) *Die Monat Mai ist ein Kuss,*
Den die Sonne giebt der Erde,
Damit sie, jetzt ihr Braut,
Kunftig hin einst Mutter werde.
    Logau.

verblijf zou houden, met jeugdig groen, en men begon de huishouding of *meisenye*, ook *meisnide* geheeten, onder vrolijke gewaarwordingen. Daarom huwt men nog, zoo het schijnt, bij voorkeur in deze *vreugdemaand*, en het vrolijk maagdenlied:

>Hei was in de Mei,
>Hei was in de Mei zoo blij,
>Hei was in de Mei, enz.

wordt nog onder *ronde*-dansen aangeheven. Veelvuldig waren de oude Mei- of maagdenfeesten, die reeds vroeg des morgens van den eersten Mei-dag begonnen, door zich in »levend of stroomend water te baden" (WESTENDORP, t. a. pl. 275 enz.), het vroeger beschreven *scharlokeren*, of Meibaden (aant. 18.). Over de vrolijke manier, waarop dit feest in de Scandinavische rijken, Noorwegen, Zweden en Denemarken, gelijk ook in Duitschland gevierd werd, of, zoo als men het noemde, *den zomer in het land reed*, gelijk mede over den *meigrave* (Mejgreve), *meigravinne* (Majinde), de *mei-wagens*, *mei-boomen* en *takken*, benevens *meidrank*, heb ik reeds een en ander medegedeeld in mijne *Verh. o. d. N. G.* (Utr. 1336. 82); zie ook boven, aant. 48. 219., en bij de godin *Medea*. bl. 72. In N. Braband schijnt het planten van den meiboom nog stand te houden; hetgeen Mr. HOEUFFT, *Breda's taaleig.*, bl. 385, deswege zegt, dient hier bijgevoegd te worden: »*Meijen* worden niet alleen hier in het algemeen de takken genoemd, maar in het bijzonder de takken, welke de kinderen op den eersten Mei-dag langs de straten dragen, en met welken, in de handen, zij rondom de door hen opgerigte meiboomkens dansen, onder kransen, over de naauwere straten met touwen gespannen.... Het versieren der deuren met meijen en bloemen geschiedt nog te Breda op Mei-nacht, door de minnaars, bij de burger-dochters, die reeds vroeg opstaan, om de dorens en andere stekelachtige zinnebeelden weg te nemen." (HERMANS, *Aardb.* 1840. 584). Deze feestvreugde schijnt in vroeger tijd zoo algemeen te zijn geweest, dat men ook nu nog, niet slechts bij voorkeur in Mei huwelijken sluit, verhuis- en schoonmaak-dagen stelt, maar zelfs nemen de heksen in den ouden *St. Walburg's* nacht aandeel aan de algemeene feestvreugde. Dan vliegen zij op bezemstokken, of driebeenige bokken, door de lucht, naar den Bloksberg, om op dezelfde wijze feest te vieren. Ook dit *Walburgs*-feest herinnert aan de Noordsche *Valborgs Aften*. Tegen den kwaden invloed der heksen, schreef men den *druiden-voet* op deuren en vensters. (Over dezen zie KEYSLER, *Antiq. Septr.*, p. 501, benevens CANNEGIETER, *Epist. de ara ad Noviomagum reperta*, p. 25, beide aangehaald bij WOLF, *N. S.* 689.) (*a*).

6. *Prah-* of *Brachmanoht* (K. DE GR.), *Braekmaand*, *Wiede-* of *Wodemaand*, Zomermaand, (Junij); in het n. BALDR in *Breidablik*.

In deze maand stijgt de zon tot het hoogste standpunt: zij schijnt het schitterendst uit haar paleis *Breidablik*, op de even zoo glansrijke aarde neder. De goden vieren een feest ter eere van *Baldr*, den schoonste der Asen; de menschen vieren het mid-zomer-feest, ter eere van den lichtgod. Die feesten in *Valhalla* bestonden hoofdzakelijk, zoo als wij reeds in aant. 64. 329. hebben opgemerkt, in steekspelen, waarbij *Baldr*, door den gevaarlijken Misteltein, doodelijk getroffen wordt. De strijd tusschen licht en duisternis, tusschen zomer en winter, bereikt hier een toppunt, eene crisis, waarin de eerste bezwijkt. Daarover treuren alle goden, zoo ook in volgende maanden de gansche natuur. Veelvuldige sporen van navolging van dit godenleven hebben wij reeds, zoo wel bij *Baldr* zelven, als in de voorafgaande aant., waar wij over het *tornieren*, *josteren*, de *schuttersfeesten*, handelden, die daaruit ontsproten schijnen, opgegeven. De Duitsche *pfingstritt*, het *pfingstschiessen*, *pfingstbier*, en onze *pinksterfeesten*, gelijk vooral ook *St. Jansdag mid-somer*, (in het friesch *Sumers-nachte* en *mids-zomer* genoemd), benevens de feestvreugde op die tijden, beschouwen wij als overblijfsels van vroegere *Baldr's-* of *midzomer-feesten*. Geene feesten werden, zoo het schijnt, in het noorden, en in geheel Duitschland, met meerder luidruchtigheid en vrolijkheid gevierd: zij hebben, vooral in Gelderland, Groningen en

---

(*a*) Deze *druiden-voet*, (pes druidum), of *mare-voet*, ter beveiliging van het vee, werd door het kruisteeken boven kelderluiken en vensters vervangen. Immers
   Een kruis houdt den duivel,
    Van melk en zuivel.

N. Braband, nog vele sporen nagelaten, in de *pinkster-* en *St. Jansfeesten*, waarover ik vroeger, in mijne *Verh. ov. de N. Godenl.*, gesproken heb; de *pinkstermannen*, *pinksterbloemen*, het *dauw-trappen*, *dauw-slaan*, elders misschien ook de *pinkster-bieren*, leveren van dat alles nog sporen op.

De eerste, de *pinkster-mannen* of *pinkster-stroo-poppen*, werden in Gelderland in den pinksternacht aan huwbare jonge dochters gebragt, en hoog op de daken, of aan hooiberg-posten vastgebonden, tot spot van haar, die van het vroegere *boonen*-feest af, en door het vrolijke *Mei*-feest heen, nog geenen vrijer hadden bekomen. (Men kan daarover nalezen HELDRING, *Geld. Alm.* 1839. 106.). Misschien ook werden dezelve uit eene soort van weêrwraak gebragt, wegens het verbranden van eenen strooman of *Valentijn*, gelijk elders geschiedde, wanneer een meisje een huwelijks-aanzoek van de hand wees. In Groningen, het Zutphensche en Z. Holland, bestaat insgelijks nog eene oude feestgewoonte, om namelijk op pinkstermorgen, zoo het heet, vóór *dag en daauw*, de stad te verlaten, zich in het veld te verzamelen, zich met groen en bloemen te versieren, dat men *daauw-trappen* of *dauw-slaan* noemt. (EGB. ROEL. *Verh.* 73.). Wie bij deze gelegenheid het laatst in het veld verschijnt, is de *lui-lak* der geheele feest-menigte (*a*). (NIERMEIJER, in den *Fakkel*, 268. 266.). Onder de bloem-ruikers, die men uit het veld medebragt, mogten, elders, vooral de *pinkster-bloem* (aan *Baldr* gewijd), de *Weide* (die aan *Wodan* herinnert), en de *veldruut* (misschien eene bloem van *Freija*) niet ontbreken. (SCHRADER, *D. Myth.* 184.). In N. Braband, ook in Gelderland, schijnt vooral de *pinkster-* of *uivers-bloem* het meest geacht te zijn geweest; terwijl in Duitschland de *Weide* misschien aan *Wiede-*, *Wode-maand* herinnert. Gelijk het Mei-feest met een vrolijk maagden-lied gevierd werd, zoo ook de pinkster-vreugde, al dansende met een *pinkster-lied*, waar-

---

(*a*) Aan den *Hartz* was deze de *pinkster-lummel*; elders werd hij rondgereden, onder den naam van *pinkster-slaper*, of verkreeg, nadat men hem in het water had geworpen, den naam van *watervogel*. In Duitschland schijnt zulks een overblijfsel van het *Urbans-reiten*, en het bloemen-kransen plukken op dien dag; ook in den Kal. bij LE LONG, staat *Urbaen*, in de plaats van ons pinkster-feest.

van de aanvang boven is medegedeeld. (bl. 211.). Dat dit feest aan vroegere *Baldr*-feesten herinnert, schijnt ook te blijken uit het gebruik der afgevaardigden der zeven Friesche Zeelanden, die op pinksteren bij den beroemden *Upstal*-boom te zamen kwamen, ten einde in die vergadering besluiten te nemen, tot handhaving van vrede en rust in hunne landen. Ook deze geschiedkundige bijzonderheid doet ons aan *Baldr* denken: als god der geregtigheid en heiligheid, zijn, in de *Edda-mythe*, zijne oordeelvellingen en besluiten onveranderlijk.

Niet minder gewigtig zijn de boven vermelde *mid-zomer-feesten*, in den Kalender bij LE LONG, door eenen *Viti* en 10,000 *ridders* voorafgegaan. Den eersten bad men (althans in *Keulen*):

Heilgen zinter Vit!
Weck mich ze regter Ziet [1])   1) tijd.
Nit ze vrög en nit ze spät [2]),   2) laat.
Als de klok funf ore [3]) *schlüt*.   3) ure.

Bij de Anglen had men eenen *Whit-monday*, *Whit-Thuesday*, in het n. *Hvitudagr*, en bij de Wenden den lichtgod *Svante-vit*, die tot opheldering van dien *Viti* kunnen strekken. — Ook de *St. viti-schaar*, bij LE LONG, komt hier in aanmerking. Misschien was den lichtgod het schaap gewijd, waaraan de *St. Viti-* of *schaapsschaar* zou kunnen doen denken.

Maar wie zijn die 10,000 *ridders?* De legende noemt hen martelaars van *Arath*. Kunnen zij echter hier aan de *Einheriar* of helden doen denken, aan welks hoofd *Odin* ten strijde trekt, dan wordt door hen de strijd tusschen licht en duisternis beslist; gelijk op den navolgenden *St. Jans-dag* ook werkelijk, door *Baldr's* dood, plaats heeft. Gelijk misschien *Odin* met zijne helden streed tot behoud der heerschappij, zoo ook deze ridders voor hun geloof; zoo ook de *tournier-ridders*, en *jousters*, de *schutters* en *duellisten*, voor hunne eer, te hunner verdediging of ter handhaving van het heilig regt. Ook andere feesten en feest-gebruiken waren aan *Baldr* gewijd, en zijn later op *St. Jan* overgebragt. *Baldr's* lijkbrand werd ook vooral door *feestvuren* herdacht; zoowel deze hebben, in de *St. Jansvuren*, als ook andere begrippen, op dezen *St. Jan* overgebragt, gewijzigd blijven stand houden. — Op geen feest hadden wellligt meer ronde dansen om pijn-boomen en vuren, lijk-vuren, plaats, dan op *St. Jan*, waren dit *St. Viti*-dansen, die men in de middeleeuwen of later als eene zoo gevaarlijke ziekte heeft aangemerkt? Of hebben deze daarvan haren naam ontleend? Vermoedelijk werden, bij deze feestelijkheden, almede feestliederen aangeheven, gelijk wij die bij andere feesten aantroffen. WOLF althans, deelt (in zijne *Wodana*, bl. 88.) een lied mede, betrekkelijk het hout rapen voor het feestvuur, waarin het heet:

> Wij zullen gaan hout rapen,
>   Turf rapen,
> Al op Sint Jans manieren,
> Vrolijk zullen wij vieren [1],
> Gelijk wij 's jarent plagten.

[1] *vuurstoken* of *feestvieren*, beide zijn verwant.

In 1570 en 1571 werden in Gent de St. Jans-vuren verboden, en in eenige gewesten van Frankrijk »stak men nog in het laatste vierendeel der verloopene eeuw een of twee dozijnen *katten* in eene mand, en smeet die in het St. Jansvuur." WOLF, a. w. 106. Welke bijgeloovigheden ook hier nog mogen voortduren, waar het *kat-kneppelen* te huis behoorde, zoo barbaarsch weten wij niet, dat men hier immer gehandeld hebbe. — (Over het *vogel-schieten* en de sage van den *Ooijevaar*, die hier mede te huis behoort, zie boven aant. 65. 334.).

Tot de bijgeloovigheden, uit dit Zomer- of St. Jans-, d. i. *Baldr's-feest* overgebleven, behooren het graven voor zonne-opgang van St. Jans-kruid (*perforata* geheeten), »want het tot vele dingen goed is;" het springen door en over St. Jans-vuren, ter beveiliging tegen St. Jans-evel, of vallende ziekte; het ontdekken van de kleur der toekomende geliefde, uit een hout van het feestvuur, en wat dies meer zij.

Wanneer het op St. Jans-dag regent, zal het nog veertien dagen lang regenen, en de groote nooten en hazelnooten zullen niet gelukkig uitvallen. (NIERMEIJER, a. w. 261). Zoo treurde de natuur en gevoelde leed over den dood van haren lichtgod.

7. *Hewimanoht*, *Vainmanoht* (K. DE GR.), Hooimaand, Julij; in het n. HEIMDALL in *Himinbiorg*.

Heimdall, de wachter der goden aan den hemelburg, staat op de tinne des hemels, houdt de wacht tegen *muspelheims*-zonen; want heet is de lucht, en groot het gevaar na *Baldr's* dood. De nood-vuren (*Nodfijr*),

23.

in de vorige maand ontstoken, duren des nachts voort, opdat het monster der duisternis, als het tegen de zon mogt aanrukken, moge verschrikt worden. Zoo dekte men ook bij zonsverduisteringen alle bronnen digt, opdat het water niet zoude vergiftigd worden. (SCHRADER, a. w. 184.). Heviger nog wordt de rouw, meerder nog de tranen over het onheil, dat den goden getroffen heeft en hen met den ondergang bedreigt. Daaraan schijnt in *Noorwegen* de dag van *Marrit Vatsouse* ("m. imbres effundens") gewijd, door FINN MAGNUSEN, *Lex.* 827. vermeld. Ook op den *Kalender* bij LE LONG, a. w. komt eene *Margriet* voor, die in Zeeland *Ma-chuut*, dikwijls, onder de boeren in Z. Holland, de booze *Margriet*, door anderen de booze *Margiet*, genoemd wordt. In al deze woordvormen heeft zij dezelfde beteekenis, en zoude met den *Magus* in verband kunnen gedacht worden. *Ma* = *Mar*, *Mer*, is zee, *chuut*, van *gus*, *giet*, verstaat een ieder. Zij is dus eene *zeegietster*, of liever eene, in de schatting der boeren, booze *Sanctin*, (zoo als zij thans in den Almanak voorkomt), die de zee uitgiet; van daar het gezegde: *Als het op St. Maregriet regent, regent het ook zes weken achter een*. In de N. mythe was die regen echter de rijke tranenvloed der natuur over het korten der dagen. Dit regenen evenwel was onzeker; veeleer schijnen de *honds-dagen*, *Honds* = *hunsdagen*, als offerdagen der natuur, dit kwaad te moeten afweeren. De regen van *Margriet* kan dus beginnen op eenen dag van *Freija* (vrijdag), wanneer die niet wordt afgeweerd, en drie weken voort duren; dan begint eerst de eigenlijke *Lo*, *lou* of *watertijd* (*Lou-rens* bij LE LONG, *Kal.* in eene soort van bron of waterbak gezeten) en duurt insgelijks *drie* weken, te zamen de *zes* weken van *Freya's* droefheid, en is voor den landman zeer lastig wegens den oogst. Dit verklaart ook een Geldersch gebruik, om bij het invoeren der laatste oogst, met emmers en gieters vol water achter eene *deel-deur* te staan oppassen, ten einde, zoowel de veldvrucht als den aanvoerder daarmede te begieten, omdat dezelve, in den algemeenen rouw, niet geheel droog mag binnen komen.

8. *Aranmanoht*, (K. DE GR.), *Herfstmaand, Oegts-maand, Oogstmaand, Spellmaand, Gerstmaand, Pietmaand* (Augustus); in het n. FREIJA, in *Folkvangr*.

De rouw der godenmoeder of hemelkoningin gaat ten einde; zij bezoekt weder de woningen der menschen; deze geven zich weder over aan vreugde; de velden worden met vlijtige arbeiders gevuld. Wij vermoeden, dat ten onzent, waar de *Hertha*-dienst naast de *Freija*-dienst stond, als het lagere naast het hoogere denkbeeld, aan *Hertha* dezelfde liefde voor hare menschen-kinderen op aarde, als in het n. aan *Freija*, werd toegeschreven, en dat de vrolijke oogstfeesten met offerfeesten aan *Hertha* werden besloten. *Aranmanoht, Ernte-monad*, doet althans aan AR, ARN, denken; maar nog meer de de *Herfst*, angs. *Har-faest*, d. i. *Ar, Harda, Herda-feest*, welk feest, zoo als wij boven (bij *Hertha*, aant. 55. 255.) gezien hebben, onderscheidene sporen van vroegere feestvreugde in ons land, vooral in de reeds vermelde *Hartjes-dagen, Hartjes-bergen*, en de feestvreugde aldaar, hebben nagelaten. Die feesttijden vallen, zoo te *Haarlem*, als te Arnhem, zoo wij ons opzigtelijk de laatste plaats niet bedriegen, in den aanvang van Augustus in; doch de geheele oogsttijd was een feesttijd. Misschien vierde men denzelven meer bepaald na den afloop van den veld-arbeid; misschien bragt men dan offers aan de goden en tienden aan de priesters, waaraan het ons toeschijnt, dat vooral de navolgende maanden gewijd waren. Belangrijk zoude het hier wezen, te weten, in hoeverre het openen en sluiten der vroeger zoo zeer beminde *herten-jagten*, met de feesttijden van *Hertha* kunnen in verband gestaan hebben. De *Hertenkop*, zoo het schijnt, bij LE LONG, *Kal.* en ook de naam van het dier zelf, geven ons aanleiding daarover na te denken. Was het een offer-dier aan *Hertha* gewijd, dat welligt elders door het slagten van een *lam* werd vergoelijkt, waar geen hert aanwezig was? *Arduenna*-woud of *Aerds*-hout, *Aar-lo, Haar-lo-hem, Hartjes-dag, Herten-kamp*, allen te Haarlem, even als *Hartjes-berg, Hartjes-dag, Herten-jagt* in Gelderland, kunnen allen in verband staan. — Wanneer des nachts de wilde jagt in de *Ardennen* plaats heeft, vindt men des morgens, onder het dood op den grond liggend wild, ook *ree-ën*, zonder spoor van verwonding. — Of hierbij almede het *stoppelen*-branden, vooral na het *koolzaad*-dorschen, gelijk in Gelderland en Zeeland, in aanmerking komt, benevens de daarbij plaats hebbende gebruiken, dit laat zich uit één berigt deswege, gelijk HELDRING, *Geld. Alm.* 1839. mededeelt, nog niet genoeg besluiten.

9. *Wintumanoht*, (K. DE GR.), *Wijnmaand, Breckmaand, Arsmaent* (Septr.) — Herfstmaand; in het n. FORSETE in *Glitnir*.

Na den afloop der oogstfeesten, brengt *Forsete* of *Fosete*, alle strijdigheden, ook die tusschen dag en nacht, in evenwigt. Groote volksvergaderingen worden gehouden; ook *thing-* of geregtsdagen, onder zijnen invloed gesteld, waarvan wij boven (aant. 59. 289.) een voorbeeld op *Fosete's-land* aantroffen. Misschien valt omtrent dezen tijd het derde jaargerigt, de volksverzameling, in, waarvan wij de eerste in het voorjaar, de tweede in den zomer, en de derde in het najaar kennen. Gelijk hier, zoo was ligt ook de voorjaars-evening de wenk der natuur, of wel het voorbeeld van het goden-leven, dat de mensch op aarde navolgde. Zie over de jaargedingen van Hertog JAN III, boven, over de H. tallen, aant. 63. bl. 317. Misschien duren een gedeelte der voorgaande feesten ook nog voort in deze maand; — waarin althans de herten-kop, vóór de zoenende, of verzoenende *Mateus* en *Mouris* geteekend staat. (*Kal.* bij LE LONG).

10. *Windumme-manoht* (K. DE GR.), *Winden-maand* of *Wijnmaand* (October), in het n. NIORD in *Noatun*.

11. *Herbistmanoht* (K. DE GR.), *Slagtmaand, Smeremaent*, (November), in het n. VIDAR in *Landvidi*.

Wij voegen deze beide maanden hier onder ééne rubriek, omdat geene bepaalde feesten dezelve onderscheiden. De noordelijke vorst naderde, (althans in het noorden); de velden zijn ledig; de Ooijevaars (1 Aug.), zwaluwen en andere trekvogels zijn vertrokken; ook de mensch trekt in zijne winterwoningen terug. — Dat hier evenwel geene feesten zouden gevierd zijn, daar elke maand de hare telde, is niet te veronderstellen. Zoo schijnt *Michiel*, in het laatst van *October* een feestdag te zijn geweest, vroeger meer belangrijk dan thans, in de regeling der landelijke zaken. Gelijk *St. Joris* in de legende optreedt als de drakenbestrijder, zoo speelt *Michiel* den rol als slangen-bestrijder. WESTENDORP, (*Verh.*) maakt melding van zijne overwinningen.

Indien wij boven uit den *herten-kop*, en hier in Octr. uit den *ossenkop*, op den Kal. bij LE LONG, mogen besluiten, dan stemmen beide met de Slagtmaand overeen. In Scandinavië vierde men omstreeks dezen tijd een feest met bloedoffers vergezeld, *Veturnattablot* geheeten; bij de Angelsaksers heette dezelfde tijd *Blotmonad*, elders had men *Ossen*-m., *Sau*-m., *Seue*, d. i. Varkens-maand: zoo in Holstein. Dat dit alles op het offerbloed, offerfeesten en offerdieren terugwijst, schijnt niet te kunnen worden betwijfeld. Behalve de genoemde figuurtjes bij LE LONG, *Kal.*, schijnen ook onze *O'skeskermis* op de *Veluwe* (aant. 46. 205.) en het zoogenoemde *penneke-vet*, gelijk onze *Helderom*, *Belderom*, en wat dies meer zij, van zoodanige offerfeesten te getuigen (*a*). De H. Vader GREGORIUS de Groote, raadde abt MELLITUS aan, zoodanige gebruiken niet geheel af te schaffen; maar daarvoor eene andere plegtigheid, naar kerkelijke instellingen gewijzigd, in de plaats te stellen, die met godsdienstige maaltijden gevierd werd. (Zie Dr. LEGIS, *Hb. der altd. Götterl.* 1833, en onze bijlagen).

Een ander feest echter, reeds onder het heidendom aanwezig, was het belangrijke 1e November-, of *doodenfeest*: ook de zomerzon was niet meer; de natuur deed haar rouwkleed aan; geen wonder, dat men dus een feest tot aandenken en ceremoniën ter eere van afgestorvenen stelde aan den ingang van den winter. Zoodanige heidensche doodenfeesten hebben wij ook reeds elders besproken, en treffen wij nog gewijzigd in ons allerheiligen- en allerzielen-feest aan. Over een en ander lezé men vooral FINN MAGNUSEN, 1e Nov. door Jhr. Mr. HETTEMA, (Leeuw. 1835) vertaald. Kan ove-

---

(*a*) Met betr. tot den *Kal.* bij LE LONG moet hier echter worden aangemerkt, dat ook de Evangelisten hunne Symbolen hadden, bijv. Mattheus en Johannes, *de leeuw;* Marcus, *de arend;* Lucas, *de stier*, sedert de V eeuw het symbool van alle vier; soms spelen die Symbolen door één.

rigens het *schip* in het laatst van October, het *wiel* in November (bij LE LONG), het eerste aan het *schip der aarde*, het tweede aan een zonnewiel herinneren? Dan zoude ook hier reeds het *afloopen van het scheepje*, en het nabijzijnd wenden van het *zonnewiel* beteekenis verkrijgen, en misschien met het draaijen van de daar naast staande *molenwieken* in verband kunnen staan.

Een ander, zeer algemeen gevierd feest, waarschijnlijk almede een plaatsvervanger van een vroeger heidensch feest, hetwelk onze aandacht in de maand November trekt, is het *St. Maartens-feest*, waarvoor bij LE LONG, *Kal.* eene *drink*schaal, die aan den »*Martinstrunk*" der Duitschers herinnert. Veelvuldig zijn de herinneringen aan dit vroegere winter- en huisselijk feest: men heeft *Martens-tienden*, *Martens-vuren*, *Martens-vogels* en *Martens-minni*. Wist men, aan wien vroeger de gans ware toegewijd, dit zoude welligt tot de ontdekking leiden, wie der goden of godinnen achter *Maerten* schuilt. Zeer verschillend zijn in de onderscheidene gewesten onzes lands de feestelijke plegtigheden, waarop *Maerten* werd gevierd, als in Friesland, Noord- en Zuid-Holland, (in Dordrecht heette die dag »*de schuddecorfs-dag*") in N. Braband, Gelderland, enz.; — doch hoe verschillend het feest ook gevierd werd, overal sporen van offer-bloed, dat door het slagten van den gans vergoten, en feestvuren, die, om hem te braden, ontstoken worden. In Friesland en Groningen wandelen de kinderen »met papieren lantaarnen door de straten, om, onder het zingen van een gebruikelijk liedje, iets (eenig geld) te verzamelen" (WESTENDORP, N. M. 281.). In Gelderland heeft men des avonds van *St. Maertens-dag* een zeer eigenaardig kinderfeest, waarvan HELDRING (*G. Alm.* 1837.) eene fraaije beschrijving geeft. Dat *Maerten* ook in de grijze bisschopsstad in hoog aanzien stond, blijkt niet slechts daaruit, dat de inwoners, zoo als ik meen, dat Mr. SCHELTEMA elders in zijn *Mengelw.* zegt, even als de Leuvenaars, *St. Martensmannen* werden genoemd; maar ook uit de voorstelling zijner legende in het wapen op den domstoren, waar de heilige man, te paard gezeten, een stuk van zijnen mantel snijdt, om daarmede eenen arme te dekken. (*Utr. Alm.* 1e jaarg.). VAN LOON (*Verh. over de Week- en Jaarm.* bl. 17.) verklaart de *Martijns-schuddekorfs-dag*, door het feestgebruik der buur-kinderen, die eene mand verbrandden »in welke appelen, kastanjes, nooten, prikken en mispelen waren, en welke *korf*, bij het verbranden, steeds *geschud* wierd, om de daarin zijnde vruchten te doen uitvallen, en vervolgens onder het grabbelen, zoo door den eenen als anderen, opgeraapt te worden." Daarbij zong men het liedje:

> Stook vier,
> Maak vier,
> Sinte Maarten komt hier,
> Met zijn bloote armen,
> Hij zou hem gaarne warmen.

MARTINET en VAN DEN BERG, a. w. V. 204. schijnen daarvan eenen variant te hebben gehad; gelijk ook WOLF, *Wod.* 87. mededeelt, waarin eene ironie op den Heilige gelegen schijnt: — in Utrecht heette hij ook de *milde Marten*. Van het *St. Marten-minni-drinken*, leveren VAN ALKM. en V. D. SCHELLING, bewijzen, II. 88., ook mijne *Drinkpl.* 1842. bl. 28. Neemt men nu dit een en ander in overweging, dan komt het ons zoo voor, dat, even als de Wintervorst de *naakte* aarde met *wol* bekleedt, zoo ook *St. Maerten* den arme: hij voorziet zijnen vereerder van hout en levensmiddelen; zoo ook misschien het bovengenoemde *schip der aarde*. — En wie was die weldadige Wintervorst, dien niet slechts de H. man, maar ook de menschen navolgen, welke gevoel hebben met de naaktheid des natuurgenoots? Deze heette in het n. *Ullr* (*wol*), die HALBERTSMA, (in een der *O. Alm.*) wil, dat in Utrecht zou zijn vereerd geworden. Aan hem dan, als die opvatting juist is, was vroeger de *gans* gewijd; daaruit laten zich dan de navolgende mededeelingen verklaren: »voortijds meenden de boeren aan het borstbeen van dit dier te kunnen zien, of er een zachte dan wel strenge winter volgen zou, en hoe lang men sneeuw te wachten had. (*Ullr* beteekent wollige, nl. sneeuw). Ook letten zij op het voorste en achterste gedeelte van hetzelve; was het donker van kleur, dan voorspelde het hevige koude; was het daarentegen wit, dan zou er sneeuw en regen volgen. Het bovenste deel zag op den tijd voor kersmis. Eveneens meende men, dat er, zoo het op Martini-dag nat, en de lucht bewolkt was, een gure en ongestadige winter moest verwacht worden; maar een harde winter, zoo de zon helder mogt schijnen."
NIERMEIJER, a. pl. naar de *wijze Jaarbeschr. Amst.* 1658.

12. *Helmanoht* of *Heilagmanoht*, (K. DE GR.) d. i. heilige maand, th. *Wintermaand*; in het n. ULLR in *Ydalir*.

De aarde, door eenen wollen deken gedekt, ligt in den winterslaap, totdat, in de lange *moeder-* of *raven-nacht*, eene nieuwe zon of zonnegod geboren wordt, en de strijd tusschen licht en duisternis op nieuw aanving. *Ander-ijs* (Andries) was opgestaan, *Loy* (het water) lag verstijfd.

In geene maand werden meer en gewigtiger feesten gevierd, dan in deze, door KAREL *den Groote* daarom ook de *heilige maand* genoemd. Even als, volgens TACITUS, *Germ.* 11, de dag in den middernacht aanving, zoo ook vroeger het jaar in den moeder-nacht. Dit gingen belangrijke feesten vooraf, terwijl men ook het nieuwe jaar daarmede opende. — Zoo immer, dan kwamen thans de milde geschenken van *Hertha* (ook vrouw *Hera* geheeten) te pas. Deze vloog in de oude moedermaand rond en verzorgde hare kinderen met het noodige; dan moest ook, gelijk de draad des jaars ten einde liep, het laatste vlas zijn afgesponnen. Ook *Freya* had haren arbeid voleindigd; als haar spinrokken kent men *Orions*-gesternte, waaraan ook het spinrokken herinnert op den Kal. bij LE LONG. — Hoezeer ook nog de Geldersche *Hertha* (maar verkleed als *d'Erc* met den *beer*) in het Zutphensche rond rijdt, zoo heeft echter meest overal *St. Nicolaes* (*Claesvaer* bij de Harlingers) die rondtogten op zijnen witten *Schimmel* van haar overgenomen. Gelijk men vroeger voor *Hertha* het afgesponnen vlas nederlegde, zoo nu ook eene handvol hooi voor het ros van haren knecht of plaatsvervanger. — In Duitschland wikkelde hij zich diep en onkenbaar in zijnen dikken winterpels, en heette daarom ook *Pelznickel;* bij ons ziet hij er niet minder, dikwijls regt potsierlijk uit; soms met zijn besten tabbaard aan, soms geheel onkenbaar in zijnen mantel of overjas gehuld, de zakken vol appelen, oranje-appelen, aardigheden en snoeperijen; maar ook vol roeden, en stoute kinderen, enz. Intusschen hij is, ook bij ons nog altijd, de vriend der kinderen, die hem toezingen:

St. Nicolaas, die goede man,
Trekt zijn beste tabbaard an

> Hij rijdt er meê naar Amsterdam.
> Van Amsterdam naar Spanje;
> Haalt appeltjes van oranje:
> Hij geeft de kleine kindren wat,
> En laat de grooten loopen;
> Laten die, zich zelven wat koopen (a).

In Gelderland (Overbetuwe) kwam St. Nicolaas, des avonds aankloppende, niet slechts naar het gedrag der kinderen, maar ook naar hunne leerlust vragen, bijv. of zij het Onze Vader bidden; — de geloofs-artikelen, — en tien geboden opzeggen konden? enz. — Zoo niet: dan ontvingen zij eene Salomo's roede; zoo ja, dan stond zijne *milde hand open*.

Een ander, nog meer gewigtig feest, door het geheele noorden, bij Scandinaviërs en Germanen, evenzeer geacht, en uit de natuurleer ontleend, was het *mid-winter-feest*, in tegenoverstelling van het *mid-somer-feest*, ook bij de oude Friesen *midwintra* genoemd. Op Ysland, in Scandinavië, ook bij de Wenden, was dit het oude *Jule-*, *Juël-*, *Juul-*, *Jola-*, *Joël*-feest; ontwijfelbaar met zinspeling op het wenden, den omzwaai van het *zonnewiel*, bij de Angel-Saksers *Geola*, ook *Huul*, *Hioul* genoemd: de wielen der zon hadden zich gewend, zeide men, weshalve deze maand ook *Wendel*- d. i. *wende-maand*, heette, dat misschien ook ons *Winter*maand (Winde, Windelmaand?) verklaart. Nog beteekent *Juel*, *Joël*, *Jool* in het *Sater-land* een »wiel" gelijk Mr. HOEUFFT, (in DE JAG. *Taalk. Mag.* III. 260.) uit HOCHE (*Reise in das Saterl*. 139.) aanhaalt. Toen THORFINN, die in 1007 Amerika bezocht, en zich aldaar in *Vin-land* nederzette, met zijn gevolg, van Ysland uit, te Brattalid in Groenland was aangekomen, vierde hij daar, met de zijnen, het *Yule-feest*. (Zie mijne *Ontdekk. van Amerika, in de X eeuw* 1838. 29.). Dat overigens dit *Joël-feest* in het geheele noorden steeds door koningen en vorsten mede gevierd en plegtstatig bijgewoond, en dan, ter eere van eenen *zonnegod*, een everzwijn ge-

---

(a) In Frankrijk maakt men echter de kinderen wat wijzer dan bij ons:

> St. Nicolas, bon homme,
> Donnez-moi des pommes,
> Donnez-moi des macarins,
> *St. Nicolas est mon cousin.*

slagt werd, terwijl men daarbij tevens *Joël-* of *feestkoeken* (Jule-kâkr) bakte; — dat men waarschijnlijk ditzelfde feest bij ons gevierd hebbe, onder den naam van *Joël-feest*, hebben wij reeds vroeger aangemerkt. (*Verh. o. de N. Godenl.* 1836. 84; ook *Drinkpl.* 1842. 17 en 50.). De woorden *jolig*, *joelig*, (t. a. pl.) gaven ons tot deze veronderstelling aanleiding. Sedert dien tijd vonden wij nieuwe bewijzen dier vroegere feestvreugde in ons land, bijv. *jol*, *jollen*, *joel*, *joelen*, *gejoel*, in onze taal, heet vrolijk zijn, vrolijke en feestvierende volksmenigte. De woorden *juweel* (Ju-ël), *Lantjuweel* bij de Rederrijkers, wijzen op het zomer- *Jule-feest* terug (HOEUFFT, t. a. pl.); ook volgens MALLET (*Mon. de la Myth. Copp.* 1756. 49.), beteekende *Hioul*, *Huul*, *Houl*, de *zon*; eigenlijk het zonne*wiel*. Wanneer de wielen geweldig snel draaijen, ontstaat ons *hoelen*, *hollen* (*a*). Zoodanig zonnewiel, als *wende-wiel*, was *wints-huul* (men denke aan *Quints-heul* in het Westland). Nu vinden wij zoowel bij LE LONG, een zonnewiel in den *Kalender*, ter herinnering aan het nabijzijn, of den aanvang van het *Juel-feest*, als dergelijke wielen te *Heusden* (Hiousden?) in Noord-Braband, te Wageningen en Emmerik, op de wapens dier steden. Dat de, bij zoodanige Joël-feesten, gebruikelijke plegtigheden, het slagten van een everzwijn, de feestmalen en drinkplegtigheden nog in de St. *Nicolaas-*, *kers-* en *nieuwejaars-*gebruiken gewijzigd voortduren, of liever sporen daarvan hebben nagelaten, bewijzen de St. *Nicolaas-mannen*, St. *N. varkens*, en ander bakwerk; maar ook het *geraas* maken bij den *overgang* van het oude tot het nieuwejaar, het *schieten* op nieuwejaar, benevens het oude jaar *uit-* het nieuwe *indrinken*, en wat dies meer zij.

Misschien behoort ook in dezen tijd, althans in *eene* der wintermaanden, het oude zoogenoemde *Yrias-feest* te huis, waarover de *Indiculus Superst.* etc. spreekt § 24. »*De pagano cursu, quem* YRIAS *nominant*" etc. Staat dit met het »*St. Juttemis, als de kalveren op het ijs dansen,*" in verband? EGB. ROELANTS (aangeh. *Verh.*), maakte door letteromzetting van dit *Yrias: hirtas*, dus een *hirtas-feest*, en alzoo nader een *kalveren-*feest nabij

---

(*a*) Door te veel *jol*,
Raakt ook het hoofd op *hol*.

komende. Wij echter kunnen die letteromzetting niet aannemen. I. *Y* is *ijs; rias* leiden wij af van *at ridha*, angs. *reithan*, rijden, en verkrijgen dus *ijs-rijders*, schaatsenrijders. Dat men zich op zoodanig feest in ossenhuiden stak, een' beestenkop opzette, of zich als *kalveren* vermomde, leert DES ROCHES (*Mém. de l'Ac. de Brux.* I. 463.), die zoodanig feest in Januarij plaatst. Het *Y-rias*-feest zou dus een *St. Juttemis* kunnen zijn, »*als de kalveren op het ijs dansen*". In het noorden kende men ook eene *Kalver*-maand.

Doch het *Joël*-feest was tevens het geboortefeest van eenen nieuwen *zonne*-god; de Aardmoeder *Freya* had daarom haar spinrokken afgesponnen; dan schonk zij in den moeder-nacht, door den zonne-god *Freyr*, den menschen eene nieuwe weldaad, en ruime stof tot feestvreugde, die door geweld maken, gelijk de geboorte van vorstelijke personen, door losbranden van het geschut, werd aangekondigd. — Dat zoodanige feestgebruiken bij de invoering des Christendoms, noch door WILLIBRORD, noch door BONIFACIUS, noch door LUDGER konden worden afgeschaft, omdat zij even diep uit de natuur zelve opgedolven, als in de gemoederen der menschen doorgedrongen waren, gaf natuurlijke aanleiding, dat men in een *Christen*-feest op MARIA overbragt, wat men vroeger aan de Aardmoeder toeschreef, bijv. de verandering van *Freya's spinrokken* in een *Maria-rokken*, het eten van *kersbroden* en *kers-tipjes* of timpjes, omdat ook het jaar op het *tipje* of *timpje* was; van *kers-vuren*, het *bethlehemke zien*, gelijk vroeger in sommige steden onzes lands, vooral meest aan de Brabandsche grenzen, plaats had, en wat dies meer zij. (MARTINET en V. D. BERG, a. w. VI. 221.).

De CHRISTEN echter, wiens leer, als *Goddelijke Openbaring*, boven alle vroegere *Natuur-leer* en *mythe* verheven is, gelijk de Schepper zelf boven het gewrocht, viert op zijn *Christen*- of *Kerst-feest*, niet meer den zonnegod; — maar hooger klimt zijne *joël*- of *jubel*-toon; hij vindt in dat feest, het keerpunt zijner *zedelijke* ellende; zijner verdorvenheid en afval, *de geboorte van zijnen Heiland*, — ook den vernieuwden aanvang zijner geestelijke verlossing en verbetering.

Men hoore, hoe voortreffelijk een middeleeuwsch gedicht »*van der Moeder Gods*" dien *jubel*-toon aanheft:

Hets een dach van vrolicheden,
Kersdach in des Coninx hove;
Want daer heeft gewonnen hedē,
Ene maget van grotē love,
Een kint, te mael so wonderlyck,
Ende daer toe genoechtelyck,
Na sire [1]) menscelichede;
Wies [2]) wesen *is ondenchlic*,
Unde daer *toe onbegripelic*,
Na siere godlychede.
Die moeder is dochter wonderlych,
Haers soens, en hi haer vader,
Hoerde [3]) yeman das saghē des gelyc,
Hies [4]) *god* end *mens* te gader,
Hies knecht ende daer toe heer,
Hies oueral, dats meer [5]),
Ombegripelic te winnen;
Noch kan gheen man besinnen,
Inden donckeren wan die maghet,
Der sonnen-verlichter;
Die prence wert indē stal gelegē,
Al der werelt stichter,
Men bant zyn hendeken mit sletten [6])
Die die sterre ane setten,
Doe [7]) hi den hemel wrachte [8]);
Hi weende ooc als een kindeke mede,
Die donren in den wolkē dede,
Doe hi opvoer mit crachten.
Dus quam die gods sone goet,
Van der maghet pure [9]),
Ghelyc der kleynen bloemen soet;
Het wonderde der naturen, enz.

1) sinre', zijne.
2) wiens
3) hoorde.
4) hi es, (hij is).
5) dat is meer, wat meer is.
6) men bond zijne handjes met doeken.
7) toen.
8) schiep.
9) zuivere maagd.

Wij willen niet verder afschrijven; doch dit geheele gedicht, zoo wij vermoeden van NOYDEKIN (*a*), is, ook om de verdere denkbeelden der maagdelijke reinheid, waardig, dat het met aanteekeningen in druk uitga.

Zoodanig waren de denkbeelden, waarmede, het eerst heidensche, later *Christelijke* jaar sloot en aanving. De *haan* en de *lamp* (in LE LONG's *Kal.*) waren in beide opzigten niet zonder beteekenis; in het eerste was de haan de aankondiger van den laatsten wereldbrand,

---

(*a*) In HS. der XIII E., vindt men het in een Pkm. HS. van *Jonc- ker Johan Grave zo Nassau, zo Vyanen*, enz. Koninkl. Bibl. 's Gravenh. f 54*b* 55*a*. Ons vermoeden, dat dit gedicht door NOYDEKIN gedicht zij, steunt op de onderteekening NO; terwijl dan ditzelfde HS. verscheidene andere, nog onbekende gedichten van *Noydekin* bevat, over wien men zie mijne *Gesch. v. Opv.* 1843. II. 1 St. 10 enz.

in het laatste opzigt en in verband tot het ontstoken licht, door de lamp voorgesteld, de aankondiger van *het licht der zedelijke wereld*, dat door het jongste geboorte-feest was aangebroken, om, ten eeuwigen tijde, niet weer onder te gaan.

Zoo verre onze aanteekeningen nopens de vroegere *jaar-* en *maand-*feesten, welke te zamen, voor zoo verre zij op *huisselijke* omstandigheden, gelijk dit laatste, zijn overgegaan, tot meer eigenlijk huisselijke feesten hebben aanleiding gegeven. Ook het heidendom althans, vierde de plegtigste oogenblikken des levens, geboorte, wijding eens kinds, verlooving van huwbare jonge lieden, huwelijks-verbindtenissen, sterfgevallen, enz., gelijk die reeds in de jaarfeesten waren ingeweven, en waarover men zie STUHR, *Nord. Alth.* 1817. 191. Dat nog menige huisselijke feestelijkheid, uit den tijd van *Wodan*, *Thunaer* en *Freya's*-dienst, uit de vereering van *Sol*, *Mond* en *Hertha* ontsproten, hoewel met eenige wijziging, in onze huisselijke kringen, voortduurt, zou uit menige aanteekening kunnen blijken betrekkelijk de *bakwerken* (a), de *muisjes*, *van-bekers*, *feestmalen* en *drinkplegtigheden;* daarover echter kan ik thans niet verder uitwijden; ook over de laatsten heb ik in een meermalen aangehaald stukje opzettelijk gehandeld, onder den titel: *Oude en latere Drinkplegtigheden, bij de Scandinaviërs, Germanen en Nederlanders.* 's Gravenh. 1842.

67. Leer der Onsterfelijkheid.
Godenschemering. (Ragnaraukr.).

Wie ook slechts oppervlakkig het Asenstelsel heeft leeren kennen, kan niet onbekend wezen met de leer der onsterfelijkheid, die ook bij den Scandinaviër en Germaan eene hoogere zedelijke strekking geeft aan hunne

---

(a) De *Ind. Superst. et pag.* geeft:
 § XXVI: *De Simulacro de consparsa farina*,
 § XXVII: *De Simulacris de pannis factis.*
Wij twijfelen niet of onze *Paasch- Pinkster-* en *Kers-*koeken wijzen daarop terug. Dit vermoeden, dat men de onderscheidene, zoo *groote* als *huisselijke* feesten, met verschillend bakwerk vierde, schijnt ook te blijken uit hetgene LE LONG vermeldt, nopens het zoogenoemde *Wijel brood*, of de *Duvekaters* (*Reform. v. Amsterdm.* 1729. f. 512.), en hetgene wij hebben medegedeeld nopens het *broodjes-trekken* te Terborg (bl. 346.), de *krakelingen*, of liefde-vlechten, enz.

Natuur-mythen. Tegenstellingen daarin, als het rijk van *Hella* (Helheim) tegenover het goddelijke *Valhalla*, of van de strafplaats *Nastrand* tegenover *Gimle* (den Hemel) bevestigen tevens hun geloof aan eene afscheiding van geregten en ongeregten. Ook bij Fries en Batavier was de leer der onsterfelijkheid doorgedrongen, alvorens het Christendom die bij hen in het volkomene daglicht gesteld of bevestigd had. De bekende, voorgenomene doop van der Friesen Koning RADBOUD, zijne vragen en 's Bisschops antwoorden bewijzen zulks. Merkwaardig is echter het verschil der voorstellingen dier leer in onderscheidene mythen, en der voorstellingen nopens den eindelijken ondergang der wereld, in het n. de Godenschemering of *Ragna-raukr* geheeten. »In al de heidensche godsdiensten is de overtuiging daarvan (van de onsterfelijkheid) onwankelbaar gevestigd; in al derzelver instellingen, in al derzelver gezangen, en in de geheele geschiedenis van zoodanige volkeren, vertoont zich dit geloof sprekend". (WESTEND. *N. Myth.* 235.). Dit verschil van voorstellingen laat zich, even als het verschil tusschen onderscheidene mythenstelsels, uit het verschil van hemelstreken en tijdperken, waarnaar zij gewijzigd, of waarin zij ontwikkeld werden, verklaren; altijd drukken zij het karakter des volks en den geest des tijds uit. Een tragische tint ligt over het geheele noordsche Asen-stelsel verspreid; de Asen zelven bezielt het gevoel van magteloosheid, voorgevoel van ondergang. Dichterlijk schoon, maar ijsselijk, schildert de noordsche Skalde ons het rijk van *Hella*, (Helheim); verrukkelijk schoon daarentegen *Valhalla*, en de *Valhalla-vreugde;* maar ook dit is niet tegen eindelijken ondergang gewaarborgd. Men vindt de beschrijving daarvan bij Dr. LEGIS, *Alk.* »*Symbolik der Fortdauer.*" s. 167; ook bij STUHR, *Nord. Alth.* §. 3, 54. Hoe veel echter verschillen deze noordsche voorstellingen van die der middeleeuwen, zoowel de hel als den hemel betreffende, gelijk men die aantreft in den merkwaardigen *Hortus deliciarum* (naar Christelijke denkbeelden) door de Abtdis HERAD VAN LANSBERG (in de XII[e] Eeuw), ons door Dr. ROSENKRANZ, (*Gesch. d. D. Poesie*, S. 88.) medegedeeld. En hoe veel verschillen ook deze voorstellingen wederom van die, welke de eerste drukken van den *Spiegel onser Behoudenisse*, hebben algemeen gemaakt. Niet minder is het onderscheid tusschen de toenmalige denkwijze, ook nopens het vage-vuur, en die dezer meer denkende of wijsgeerige eeuw.

Ook hier heeft, gelijk in andere opzigten, het Christendom veel gewijzigd, wat men op heidenschen bodem reeds vond. Aangaande den *wereld-brand* is dit althans het geval. Zoo wel in het Oosten en Zuiden, als in het Noorden en Westen, vindt men in onderscheidene mythenstelsels de voorspelling, dat de wereld eenmaal door vuur zal vergaan, opgenomen. Onderscheidene voorstellingen daarop gebouwd, en min of meer ontwikkeld, leveren menig merkwaardig punt van vergelijking op. Zelfs Mozes (V. B. XXX. 15—27.) schijnt in zijne laatste toespraak, althans zoo als ETTMULLER (*Vspa*, 92.) ons die in het *Angelsaksisch* mededeelt, daarop te doelen. Persen, Grieken en Romeinen koesterden almede dezelfde denkbeelden. Treffend zijn inzonderheid de punten van overeenkomst, die men aangaande den wereld-brand ontmoet, in den *Vaulu-spa* op IJsland en de *Apocalypsis* op *Patmos*, benevens de op Christelijke leer gegronde voorstellingen van onzen *Leeken-spiegel*. Op het voetspoor van ETTMULLER, willen wij hier eenige trekken en bewijzen dier overeenkomst mededeelen.

Volgens de *Edda-leer*, zoowel als de *Bijbel-leer*, gaan verscheidene voorteekens den ondergang der wereld, den laatsten wereldstrijd of *Ragna-raukr* vooraf. Volgens de *Edda*: drie harde winters, de *Fimbulvetr*, door geenen zomer gescheiden; dan volgen *drie* jaren, waarin allerwege oorlog de wereld beroert, slagting en bloedvergieten overal. Zoo zegt de *Vaulu-spa*:

XLVI. *Braeþor muno heriast, ok at bönum verþa,*
muno systrungar sifiom spilla;
hart er i heimi, hórþomr mikill,
skeggiauld, skalmauld, (skyldir ro klofnir)
vindauld, vargauld, aþr verauld steipist;
mun eingi maþr oþrom þyrma.

d. i:

    Zusterkind'ren breken
    Hun verwantschap af.
    Broeders zullen strijden
    En elkaar vernielen.
    Overal heerscht jammer
    Echtbreuk overal;

> Bijltijd is 't en zwaardtijd,
> Waar de schilden klett'ren
> Stormtijd is 't en wolftijd,
> Eer het al vergaat.

Men vergelijke hiermede MATTHEUS: XXIV, 6. enz. alwaar wij lezen:

6. Ende gy sult hooren van oorlogen, ende geruchten van oorlogen. Siet toe, en wordt niet verschrikt; want alle die dingen moeten geschieden; maar nog en is het eynde niet.

7. Want het een volck sal tegen het ander volck opstaan, ende het een koninckryk tegen het ander koninckryck: ende daer sullen zijn hongersnooden, ende pestilentien, ende aerdbevingen in verscheyden plaetsen.

10. Ende dan sullen er vele geërgerd worden, ende sullen malkanderen overleveren, ende malkanderen haten.

12. Eñ terstond na de verdruckinge dier dagen, sal de sonne verduystert worden, ende de mane en sal haer schijnsel niet geven, ende de sterren sullen van den hemel vallen, ende de krachten der hemelen sullen beweegt worden. (Zie ook Marc. XIII: 7, 8, 12, 19, 24 en 26; Luc. XXI: 9, 10, 11, 25 en 26.; 2 Petr. III: 7, 10, 13.)

Het middeleeuwsche Leerdicht, de *Leeken-spiegel*, door JOH. DEKENS, naar het latijn van VINCENTIUS (a), waaruit door M. DE VRIES een fragment is medegedeeld, (in DE JAG. *Taalk. Mag.* 11, 42, enz.) handelt over of »*van den XV teykenen, die voor den doemsdach wesen sellen*"; insgelijks bij VAN VELTHEM (VIII. B.) voorkomende. Wij stellen ook daaruit eenige »*teykenen*" in vergelijking met de *Vaulu-spa*:

Eerst zal de zee uit hare oevers treden; doch daarna weder nederstorten, en

> Opten derden dach twaren,
> Selen hem die vische baren,
> Opdat water van der zee,
> Of si hadden herden wee,

(a) HS. in het bezit des Heeren ENSCHEDÉ te Haarlem, die hetzelve, volgens schrijven van Nov. 1840, aan het Koninkl. Instituut had ter leen verstrekt, waar het destijds berustte. Een ander HS. is dat van het Koninkl. Instit. zelf.

> Ende meerminnen ende beelwiten,
> Ende so briesschen ende criten,
> Dat dat anxtelic gescal
> Toten hemel climmen sal (*a*).

Datzelfde doen in de *Vaulu-spa* ook de *alfen* en *dwergen* (*b*), die voor de steendeuren hunner rotskloven steunen:

> *Stynia dvergar fyrir steinpyrom.*

L.Sp. Boomen en kruiden zullen groote bloeddroppelen zweeten; — daarna verzamelen zich de dieren in groote scharen, door schrik bevangen, en

> Des sesten dages, wildyt weten,
> So selen ter nedervallen,
> Ghestichten ende huse met allen.
> Oec maect ons selc des vroet,
> Dat comen selen vierighe vloet,
> Vten westen mitten vaert,
> Ende lopen ten oesten wert.

In de *Vaulu-spa* komt SURTR (over wien nader), met gloed en vuurvlammen, uit het zuiden varen, en rotsbergen storten neder:

> *Surtr ferr sunnan meþ sviga laefi,*

en verder:

> *griótbiörg gnata*

L.Sp. Alles verbrijzeld door horten en stooten, en

> Des achtsten dages soe sal,
> Eerdbevinge syn overal.

In de *V-spa* kraakt de oude boom; de hooge esch Yggdrasill (de wereldboom) beeft:

> *Skelfr Yggþrasils askr stándandi.*

L.Sp. De bergen worden gesloopt; de menschen verlaten de holen, waarin de angst hen had doen vlugten:

> Des elfden dages selen te samen
> Verrisen der doder lichamen,
> Ende selen op haren graue staen,
> Want die graue selen opgaen,
> Van sonne opganc, dat verstaet,
> Totdat die sonne ondergaet,
> Soe dat die doden, wyf ende man,
> Wt selen comen dan.

(*a*) Zie over *meerminnen* en *beelwiten*, boven, blz. 82.
(*b*) Over *alfen* en *dwergen*, aant. 24. bl. 94, 97.

In de *V-Spa* betreden gestorvenen den weg van *Hella*, (die echter noordwaarts leidt; dus trekken zij zuidwaarts):

Troda halir helveg (a).

Doch vatten wij ook hier de vergelijking met den *Apocalypsis* van het eiland *Patmos* op; niet minder treffend en met Oosterschen gloed geschilderd zijn daarin de punten van overeenkomst met den *Vaulu-spa* uit het noorden. Wy volgen daarbij het voetspoor van den reeds genoemden Ettmüller, en zullen meer dan eenmaal gelegenheid hebben op den *Leeken-spiegel* terug te komen. Zoo lezen wij:

Apoc. H., VI: 2. Ende ick sagh, ende siet, een wit peert; ende die daer op sat hadde eenen boge; ende hem is een kroone gegeven, ende hy ging overwinnende, ende opdat hy overwonne.

Ettmüller merkt hierbij aan: *Odins* ros is wit (b); doch in plaats van eenen boog voert hij, naar 's lands gebruik, eenen strijdbijl, strijdakst (c); hij heeft de kroon ontvangen, want hij is Asen-koning (*Asa-koningr*): hij overwon de oude goden.

Apc. VI: 4. Ende een ander peert gingh uyt dat root was: ende dien, die daer op sat, wiert macht gegeven den vrede te nemen van der aerde, ende dat sy malkanderen souden dooden: ende hem wiert een groot sweert gegeven.

Dezen houdt Ettmüller voor *Loke*, het vuur; zijn ros is rood: hij verwekte het eerst strijd en verderf (*V-spa* 25). Hij was door list de oorzaak van den dood van *Baldr*, den god des vredes (*V-sp.* 27). Ook hij komt vóór allen in den laatsten strijd (*V-sp.* 50.), nadat hij zijne banden verbroken heeft, waarmede hij gebonden ligt.

Apc. VI, 5. Ende ick sagh, ende siet, een swart peert; ende die daer op sat, hadde een weegschale in syne hant.

Deze is Surtr, de zwarte, donkere, onbekende (d); doch in de *V-sp.* houdt hij een zwaard, in plaats eener

---

(a) Over *Hella* en *helwegen*, bov. bl. 290.
(b) Over de *rosvereering*, bl. 198.
(c) Over de *strijdwapens*, bl. 330.
(d) Zie Inl. mijner *Edda-leer*, 1837.

weegschale. Hij is het, die ook, naar den *Apc.*, de waarde der granen bepaalt; in de *V-sp.* strijdt hij tegen *Freyr*, den god der vruchtbaarheid.

Apc. VI: 8. Ende ick sagh, ende siet, een vael paert; ende die daer op sat, syn naem was de Doot: ende de Helle volgde hem na. Ende haer wiert macht gegeven om te dooden tot het vierde deel der aerde, met sweert, ende met honger, ende met doot, ende door de wilde beesten der aerde.

Volgens de *Vsp.* nemen ook *Hella* en hare scharen aandeel aan den laatsten strijd; zij voeren met zich verscheurende dieren, wolven, slangen: *Fenrir*, *Freki*, *Hati*, *Skoll*, *Garmr* (den helhond), *Nidhauggr* (de draak) (*a*).

Apc. VI: 12. Ende siet, daer wiert een groote aertbevinge: ende de Sonne wiert zwart als een hairen sack, ende de Mane wiert als bloet.

13. Ende de Sterren des Hemels vielen op de aerde, gelyck een vygeboom syne onrype vygen afwerpt, als hy van eenen grooten wint geschuddet wort.

14. Ende de Hemel is wechgeweken, als een boeck dat toegerolt wort: ende alle bergen ende eylanden zyn beweegt uyt hare plaetsen.

In de *Vsp.* wordt de zon zwart, de aarde stort in zee, en de heldere sterren vallen van den hemel; terwijl de wereldboom (*Yggdrasill*) beeft:

Sól tekr sortna, sigr fólp i mar
hverfa af himni heiþar stiörnor.

Nopens het vallen van brandende sterren, zegt ook de *Leekenspiegel*:

Des twalefs dagen mit allen,
Selen die sterren scinen vallen;
Want si selen wt hem spraijen,
Eenrehande vieriche raijen.

Apc. VI: 15. Ende de Koningen der aerde, ende de Groote en Rycke, ende de Overste over duysent ende de Machtige, ende alle dienstknechten, ende alle vrye, verberghden haerselven in de speloncken, ende in de steenrotsen der bergen.

Dat doen ook, zegt ETTMÜLLER, in de *Vsp.* de *dwer-*

(*a*) Over helhond en draak, zie bl. 206; ook *Edda-leer*, 1837.

gen en *alfen*, die, merkwaardig genoeg, ook "*reigin ok rap- svipur*" d. i. machtigen en raadwijzen, heeten; terwijl anderen de namen dragen van geweldig, knecht, vrijen, enz. (*veigr, al iöfr, biwör, thror,* enz.). Vergel. Vsp. 51.

Apc. VIII. 7. Ende de eerste Engel heeft gebasuynt, enz.

———— 8. Ende de tweede Engel heeft gebasuynt, enz.

———— 10. Ende de derde Engel heeft gebasuynt, ende daer is een groote sterre, brandende als een fackel, gevallen uyt den hemel, ende is gevallen op het derde deel der rivieren, ende op de fonteynen der wateren.

Even als hier de Engelen bazuinen, tot aankondiging van groote dingen, zoo kraaijen in de N. mythe de *vuurroode, goudgeele* en *roetkleurige* hanen, om den laatsten strijd aan te kondigen; terwijl *Heimdall*, de wachter der goden, op zijnen *giliar-horn* stoot, zoodat het door alle werelden gehoord wordt:

Hátt blaes Heimdallr, horn er i lopti.

Apc. IX: 16. Ende het getal van de heyrlegers der ruyterye was tweemaal tien duisenden der tien duisenden: ende ik hoorde haer getal.

17. Ende ick sagh also de peerden in dit gesichte, ende die daer op saten, hebbende vyerige ende hemelblaeuwe, ende sulpher-verwige borstwapenen: ende de hoofden der peerden waren als hoofden van leeuwen, eñ uyt hare monden ging uyt vuer ende roock ende sulpher.

Volgens de *Edda*, trekken uit elk der 540 *Valhalla*-poorten 800, dus 540×800 = 432,000 helden of *Einheriar*, met *Odin* aan het hoofd, ten strijde; makende dit getal het groote Persische wereld-jaar uit.

Nu trekken ook *Surtr* en zijne scharen in gloeijende vuurvlammen op, hunne rossen vertrappen de brug *bifrost*, die naar *As-gard* voert. Ook in den *Koran*, zegt ETTMÜLLER. a. w., treft men die brug aan; daar is dezelve zoo fijn als een haar, en zoo scherp als een zwaard. Onder dezelve is, in den *Koran, de helle,* in de *Edda*, de *helrivier, Moda* geheeten, waarin de rossen zwemmen zullen, welker strijders mat worden.

Apc. XII: 7. Ende daer wiert krygh in den hemel: Michaël ende syne Engelen krygden tegen den Draeck, ende de Draeck krygde oock ende syne Engelen.

9. Ende de groote Draeck is geworpen, namelijk de oude Slange, welke genaemt wordt duyvel ende Satanas, die de geheele werelt verleyt; hy is geworpen op de aerde: ende sijne Engelen zijn met hem geworpen.

Zoo als hier de Aartsengel *Michaël*, zoo strijdt ook *Odin* tegen den *Fenrirs-wolf*; *Thor* tegen de *Midgaert-slang*, die hij met zijnen *mjölnir* den kop verbrijzelt.

Apc. XX: 1. Ende ick sagh eenen Engel afkomen uyt den hemel, hebbende den sleutel des afgronts, ende een groote keten in syne hant.

2. Ende hy greep den Draeck, de oude slange, welcke is de duyvel ende Satanas: ende bondt hem duysent jaren.

Gelijk hier de *Draak* gebonden wordt, zoo zag ook de *Vaula*, de oude profetesse van het noorden, vóór den laatsten strijd gebonden liggen in *Hunalundr*, een wraakgierig gedrocht, nl. den schandelijken *Loki*, (volgens sommigen het vulkanisch vuur). *Vspa.* 40.

Hapt sá hon liggia undir Hunalundi,
laegiaurn liki, Loka ópekkian.

En eindelijk, gelijk bij *Mattheus, Marcus, Lucas*, en in de *Apocalypsis*, de wereld door vuur vergaat, hetwelk de *Leekenspiegel* aldus voorstelt:

Des veertiendages sonder merren,
Selen hemel ende eerde berren [1]);   1) branden.

zoo laat ook de *Vaulu-spa* eindelijk *Surtr* vuur en vlammen werpen (Vsp. 40.); en de gloed woedt aan het einde des tijds, de hooge vlamme slaat ten hemel.

Geisar eimi við aldra-nara,
leikr hárr hili við himin sialfan.

Apc. XX: 12. Ende ick sagh de doode, kleyn ende groot, staende voor *Godt*: ende de boecken wierden geopent: ende een ander boeck wiert geopent, dat des levens is: ende de doode wierden geoordeelt uyt hetgene in de boecken geschreven was, na hare wercken.

De *Leekenspiegel* noemt het dal *Josaphat* als geregtsplaats; daar verschijnt *Christus*, om alle menschen te oordeelen:

> Die heiligen seggen ons aldus,
> Dat die Gods soen, *Ih'c Xp'c*,
> Alle menschen doemen 1) sal,   1) oordeelen.
> Te Josaphat in dat dal.
> Want de Vader gaf hem geheel,
> Macht te doen dat ordeel,
> Na sinen wisen besceide.

Volgens de *Edda-leer*, komt dan, als de laatste strijd is volstreden, de *Magtige*, ten eeuwigen gerigt, de Sterke van boven, die alles beslist, om goddelijke oordeelen te vellen, en zijne spreuken te spreken. Hij eindigt allen strijd en stelt vast de wet, die eeuwig duren zal.

Vsp.

> Þar kemr hinn riki at regin doma
> auflugr ofan, sá er aullo raepr.
> sömr hann doma ok sakar leggr,
> véskaup setr, þau er vera skulo.

Apc. XXI: 1. Ende ick sagh eenen nieuwen hemel, ende eene nieuwe aerde. Want de eerste hemel, ende de eerste aerde was voorbijgegaen, ende de zee en was niet meer.

Ook de *Vaula* ziet in het verschiet eene nieuwe aarde opstijgen uit de zee (*a*), overal groen (*Vsp.* 49.); onbezaaid brengen hare velden vruchten voort, alle booze zal ophouden op dezelve.

Vsp.

> Sér hon upp koma opro sinni
> Jörd or aegi idia-graena. —
> Muno ósánir akrar vera;
> bauls mun allz batna. —

Deze nieuwe aarde nu is *Gimle* (Hemel), de »met goud bedekte burg, schooner dan de zon, waar de scharen der geregten, eeuwig zullen wonen", (gelijk de geloovigen in de nieuwe god-stad Jerusalem, *Apc.* XXII); terwijl de meineedigen en ongeregten aan het *Nastrand* zullen waden in giftstroomen:

Vsp.

> Sal sér hon standa sólu faegra.
> gulli daktán á Gimli

(*a*) Over het Schip als zinnebeeld der aarde, zie bl. 279 en 363; over de nieuwe aarde, of het nieuwe iaar. blz. 345.

Leer der Onsterfelijkheid.

*þa skulo dyggvar dróttir byggia,
ok um aldrdaga yndis nióta.*

d. i.:

Een zaal ziet zij staan,
Schooner dan de zon,
Gedekt met goud,
Op *Gimle*, den hooge;
Hier zullen de geregte
Volkeren wonen,
En, door eeuwige tijden,
Vreugde genieten (*a*).

68. Val en Verachting des Heidendoms.

Zoo zagen wij ook hier, in al het voorafgaande, wat het door ons gekozene motto zegt, omtrent *Fries* en *Batavier* bevestigd: »*zij verlieten God hunnen Schepper; en verwijderden zich van hunnen heil-brengenden* GOD; *zij vertoornden Hem met vreemde goden; zij offerden* af-GODEN (duivelen), *en niet* GODE: *goden, die zij niet kenden."* Als een wel ontwikkeld heidendom met zijne veel-goden, als eene ontwikkelde *natuurleer*, sedert dat TACITUS schreef, stond het Heidendom ook in hun midden, den *veel*-omvattenden heiligen esch gelijk, die zijne wortelen diep geschoten had in den Vaderlandschen grond, en zijne takken allerwege over den vaderlandschen bodem uitstrekte; doch, hoe welig ook opgeschoten, een inwendig en eigendommelijk tragisch gevoel van magteloosheid en gemis aan innige kracht doordrong het geheele Asenstelsel. *Odin* viel in den laatsten strijd; *Thor* bezweek; ook *Freya*, en de andere goden en godinnen, gingen onder in de laatste godenschemering. Zoodanige voorstelling moest reeds, bij de ontwikkeling van den menschelijken geest, van zelve knagen aan het voortdurend bestaan dier mythen-leer, en deed dit ook werkelijk; ten bewijze daarvan strekke, bij de invoering des Christendoms, de brief van Bisschop DANIËL aan BONIFACIUS (*Epist.* DANIELIS, *inter* BONIF. *Epp.* LXVII.), door WAGENAAR, p. 79, 80, aangehaald, en aldus vertaald: BONIFACIUS, op het standpunt van het toenmalige Hei-

---

(*a*) Woorden van STARINGH.

dendom in deze landen, moest, zijns oordeels: »juist zijn werk niet maken, om den ongeloovigen de ongegrondheid der geslagtrekening hunner valsche goden aan te toonen (*a*) Hij moest hun toegeven, dat zij egt zijn kon; doch daaruit dan afleiden dat deze goden een begin gehad hadden (*b*). Voorts moest hij hun vragen, of zij meenden, dat de wereld een begin gehad hadt, of niet? Zeiden ze ja; dan moest hij onderzoeken, wie dezelve geschapen hadt? en aantoonen, dat niet een van *hunne in der tijd geworden' goden*, met grond, voor den Schepper der wereld kon gehouden worden. Hij moest hen nog in verlegenheid tragten te brengen, door het doen van verscheidene vragen, als, wie de wereld bestierde, eer er hunne goden waren? Wie den eersten hunner goden of godinnen hadt voortgebragt? Of 'er nog goden voortgebragt werden? en zoo neen? waarom niet? zoo ja? of dan 't getal der goden niet reeds oneindig geworden ware? Wie de magtigste onder alle deze goden ware? en, zoo dit onzeker geoordeelt wierdt; hoe veel gevaar men dan niet liep, om, door 't eeren van den minderen, den meerderen te hoonen? Of zij hunne goden dienden, om hier, of om hier namaals, gelukkig te worden? Zoo 't eerste, waarin toch de Heidenen gelukkiger waren dan de Christenen? Wat voordeel zij toch den goden door hunne offerhanden toebragten, die alles onder hun gebied hadden? En beheerschten de goden alles; waarom lieten zij de Heidenen door de Christenen overweldigen? Behoefden zij Goden; waarom verkozen zij er geene magtiger (*c*)? Behoefden zij er geenen; waarom offerden zij dan (*d*)? Zulke en diergelijke vraagen moest hij hun doen, niet

---

(*a*) Dus ook *geslachtrekening* van de *goden*, gelijk in *Arabië* opzigtelijk de paarden, en hier van adelijke familie's voortduurt, en uit het zoeken van den menschelijken geest naar *oorsprong* is voortgesproten. — *Wij* zijn van goddelijk geslacht.

(*b*) Zij waren *natuur-* en *tijdgoden;* en daarom ook aan ondergang (het *fatum* der ouden), onderworpen. Dit *kon* niet anders; — de godenschemering (*Ragna-raukr*) was voorspeld, en brak thans ook werkelijk aan

(*c*) Ook hier komt de *magteloosheid* der goden uit; de verstandige DANIËL grondt daarop te regt zijn bekeerings-werk.

(*d*) Het blijkt dus, dat BONIFACIUS vooral ook, niet slechts tegen de *veel*-goden, maar ook tegen *offer-handen* zich verzette.

op eene verwijtende en tergende, maar op eene vriendelijke en zagtzinnige wijze; somtijds de Christelijke Leer tegen hunne bijgeloovigheden overstellende, opdat zij eer beschaamd dan verbitterd mogten worden. Wijders moest onze geloofsprediker hierop aandringen, hoe toch de goden konden geoordeeld worden de regtvaardigen, in dit leven, te beloonen, en de onregtvaardigen te straffen, daar zij de Christenen, die hunne beelden alomme om verre wierpen (a), en de gansche wereld van hunnen dienst afkeerig maakten, ongestraft lieten? Waar 't voorts bij toekwam, dat de Christenen vruchtbare landen, wijn en olie in overvloed voortbrengende, bezaten, terwijl de Heidenen, daarentegen, in eenen kouden en dorren hoek des aardbodems geplaatst waren? Hij moest hun ook voorhouden, dat de Christenen de gantsche wereld regeerden, daar de Heidenen gering van getal en magt waren, en *dat deze groote verandering te wege was gebragt, sedert de komst van* CHRISTUS, *voor Wiens tijd de Heidenen groot gebied in handen gehad hadden"* (b). Wij deelden dezen geheelen inhoud

---

(a) Met godenbeelden waren de *zuilen*, waarschijnlijk ook de *laeren* en heiden-kapellen, gelijk te *Domburg*, versierd.

(b) Deze brief, onder den naam van *Katechetischen* bekend, over welks gewigtige gevolgtrekkingen voor de kennis der oude, wel ontwikkelde goden-leer men zie MONE, II. 209, 210, wordt aangetroffen onder de *Epist.* S. BONIFACII ed. WURDTWEIN, *Epist.* XIV; voorts bij SERARIUS, *Ep.* 67. p. 78 seqq., en afzonderlijk *Halae* 1769. 8. Zie ook Dr. LEGIS, 1833. 145, van wien wij het navolgend gedeelte mede overnemen, om dat met WAGENAARS vertaling (ook MONE levert de vert. II. 208) te kunnen vergelijken. Aldus schrijft DANIEL: *Neque enim contraria iis de ipsorum, quamvis falsorum, Deorum genealogia abstruere debes. Secundum eorum opinionem, quoslibet ab aliis generatos, per complexum mariti ac foeminae, concede eos asserere, ut saltem modo hominum natos Deos ac Deas, potius homines, non Deos, fuisse, et coepisse, qui ante non erant, probes. Cum vero initium habere Deos, utpote alios ab aliis generatos, coacti didicerint: item interrogandi, utrum initium habere hunc mundum, an sine initio semper exstitisse arbitrentur? Si initium habuit, quis hunc creavit? Cum, procul dubio, ante constitutionem saeculi, nullatenus genitis Diis inveniant subsistendi vel habitandi locum. Mundum enim non hunc visibilem tantum, coelum et terram, sed cuncta etiam extenta locorum spatia, quae ipsi quoque pagani suis imaginare cogitationibus possunt, dico. Quare, si sine initio semper exstitisse mundum contenderint, hoc multis refutare ac convin-*

des briefs mede als merkwaardige tegenstelling tegen het Heidendom, welks ontwikkeling tevens uit dezelve blijkt.

---

cere documentis argumentisque stude. Iterum altercantes interroga, quis ante natos Deos mundo imperaret? Quis regeret? Quomodo item suo subdere dominatui vel sui juris facere mundum ante se semper subsistentem potuerunt? Unde autem, vel a quo, vel quando substitutus, aut genitus primus Deus? Vel Dea fuerit? Utrum autem adhuc generare Deos, Deasque alios aliasque suspicantur? Vel, si jam non generant, quando vel cur cessaverunt a concubitu et partu? Si autem adhuc generant, infinitus jam Deorum effectus numerus est. Et quis tamen inter tot, tantosque potentior sit, incertum mortalibus est. Et valde cavendum, ne in potiorem quis offendat. Utrum autem pro temporali ac praesenti, an potius pro aeterna ac futura beatitudine colendi sint, arbitrantur? Si pro temporali, in quo jam feliciores pagani Christianis sunt, dicant. Quid autem se suis conferre sacrificiis lucri Diis suspicantur pagani, cuncta sub potestate habentibus, vel cur in potestate sibi subjectorum fieri permittunt ipsi Dii, quod ipsis tribuant? Si talibus indigent, cur non ipsi magis potiora eligunt? Si autem non indigent, superflue jam talibus hostiarum collationibus placare se Deos posse putent. Haec et his similia multa alia, quae nunc enumerare longum est, non quasi insultando vel irritando eos, sed placida, ac magna objicere moderatione debes: et per intervalla, nostris, id est Christianis, hujusmodi comparandae sunt dogmatibus superstitiones, et quasi latere tangendae, quatenus magis confusi quam exasperati pagani erubescant pro tam absurdis opinionibus, et ne nos latere eorum nefarios ritus ac fabulas aestiment. Hoc quoque inferendum, si omnipotentes sunt Dii, et benefici, et justi, non solum suos remunerant cultores, verum etiam puniunt contemptores. Et si haec utraque temporaliter faciunt, cur ergo parcunt Christianis, totum pene orbem ab eorum cultura avertentibus, idolaque evertentibus? Et cum ipsi, id est Christiani, fertiles terras, vinique et olei feraces, caeterisque opibus abundantes possident provincias, ipsis autem, id est paganis, frigore semper rigentes terras cum eorum Diis reliquerunt, in quibus jam tantum toto orbe pulsi falso regnare putantur. Inferenda quoque saepius iis orbis auctoritas Christiani, in quorum comparatione ipsi paucissimi in vanitate antiqua adhuc perseverant: et ne quasi de legitimo semper a principe super ipsas gentes Deorum jactitent imperio, intimandum iis cunctum prius mundum idolorum deditum culturae, donec Christi gratia veri omnipotentis, conditoris, rectoris uniusque Dei notitia illuminatus, vivificatus, reconciliatusque Deo est. Nam quod apud Christianos fidelium quotidie baptizantur filii, quid aliud faciunt, nisi a sorde et reatu gentilitatis, qua totus olim constitutus mundus est, per singulos eos purgant".

Zoo verre het oorspronkelijke: men ziet er uit, wat WAGENAAR

Dezelve stelt ons voor een keerpunt der beschaving; tot hiertoe alles natuurdienst, goden vermenigvuldigd en uit de natuur ontsproten tot grooten getale.

De leer van CHRISTUS in de wereld, Wiens leer en *Goddelijke* Openbaring, niet naar luchtstreek of natuur gewijzigd, niet meer een in zich zwakken natuur-god, maar den Almachtigen God, als den *Vader* van alle menschen, verkondigt, en den zoen-dood aan het kruis van den waarachtigen *Godmensch*, als algenoegzaam voor allen, doet kennen, drong door in deze gewesten; — daarmede vielen de vroegere tijdgoden; en hunne vereering en offer-feesten maakten plaats of werden vervangen door de aanbidding van den *Eeuwige*, die een Geest is.

Zoo luiden de woorden van het merkwaardige *verzakings-formulier*, op de kerkvergadering van *Leptines* (743) gesteld:

Vr. *Forsachistu Diabolae?*	Verzaakt gij den Duivel?
A. *Ec forsacho Diabolae.*	Ik verzaak den Duivel.
Vr. *End allum Diabol-gelde?*	Ende allen duivelen gilde?
A. *Ende ec forsacho allum Diabol-gelde.*	Ende ik verzaak allen duivelen gilde.
Vr. *End allum Diabole vuercum?*	Ende allen Duivels werken?
A. *End ec forsacho allum Diaboles vuercum end vuordum,* Thunaer *ende* Wodan, *end Saxon* Ote, *ende allem them unholdum, the hira genotas sint* (a).	Ende ik verzaak alle Duivels werken ende woorden, THUNAER ende WODAN, en Saksische OTE, en alle vijandelijke geesten, die hunne genoten zijn.

en MONE, al of niet hebben overgenomen, en men kan er den hoogen trap van ontwikkeling des heidendoms uit afleiden, hetwelk echter door zulke bondige redenering voor het Christendom moest nederstorten.

(a) Dit belangrijke verzakings-formulier (Abrenuntiatio Diaboli), onder KAREL MARTEL (743) op gemelde kerkvergadering te *Leptines* (nu *Lestines* of *Estines* in Henegouwen) gesteld, werd, met de meermaals aangehaalde *Indiculus Superst. et paganiarum*, door HOLSTENIUS ontdekt, in een HS. in de palentijnsche boekerij. Men vindt dit stuk medegedeeld door LABBE (*Conc.* T. VI. Col. 1451); voorts door EC-

Hierop volgt der Christenen geloofs-belijdenis:

Gelobistu in Got, Almechtigen Fadaer?	Gelooft gij in God, Almagtigen Vader?
Ec gelobo in Got, Almechtigen Fadaer.	Ik geloof in God, Almagtigen Vader.
Gelobistu in Christ, Godes Suno?	Gelooft gij in CHRISTUS, Gods Zoon?
Ec gelobe in Christ, Godes Suno.	Ik geloof in CHRISTUS, Gods Zoon.
Gelobistu in Halogan Gast?	Gelooft gij in den Heiligen Geest?
Ec gelobo in Halogan Gast.	Ik geloof in den Heiligen Geest.

Wij achten de beide stukken te belangrijk, dan dat wij die hier niet beide, als tegenstelling van Heidendom en Christendom, zouden mededeelen. Onderscheidene verklaringen heeft men gegeven omtrent *Saxon* OTE. Nopens den Donderaar (*Thunaer*) en *Wodan*, kon geen twijfel ontstaan. DES ROCHES stelde *Saxo note*, en vertaalde *Saxen-dienst* (*Epist. Hist. Belg.* I. c. VI. 134, waarmede men vergel. YPEY, *Gesch. des N. T.* 278.) GRIMM (D. M. 1e ed. 109. 110.) geeft *Saxnot*. Terwijl wij echter hier, in het voorbijgaan, aanmerken, dat *Thunaer* in dit verzakings-formulier op den voorgrond staat, en *Wodan*, als de hoogste God, in het midden, gelooven wij *Saxon* OTE, door *Asen-moeder* (*Freya*), te moeten vertalen (*a*); zoodat hier dan deze verzaking wederom dezelfde *trilogie* betreft, die overal optreedt, en, volgens ADAM VAN BREMEN, in dezelfde orde geplaatst was in den *Upsal*-tempel: *Thor, Wodan* en *Fricco*. Terwijl intusschen de denkbeelden van *Wodan*, weldoend, en

---

KART, FURSTENBERG, DES ROCHES, YPEY, allen aangehaald door WILLEMS, *T. en Lettk.* 1 Dl. 107. van wien wij het ontleenen. Zie ook Dr. LEGIS, *Altd. u. N. Götterl.* 1833. 136 enz.

(*a*) *Ote, Oete, Oede* (in het N. *Edda*) is, in de beteekenis van *moeder, groot-moeder*, nog gebruikelijk in Gelderland en Groningen. De *Heer* en *Atten* = de Heer en *Vrouw*, is in *Buddinger*-wold bekend; *Saxen, Savons, Sherenberg, Schraveholt*, hebben alle de lispende S aangenomen; *Axom, Axum, Assum*, herinnert aan *Ass, Ase*, pl. vorm *Axon* = Asen; dus *Axon-Ote* = Asen, goden-moeder. Is er ook eene Sanct *Oete* of *Oede?* St. *Oedenrode*, doet het denken. LE LONG (*Kal.*) kent haar niet; maar men heeft ook een *Oete-laer*.

Val en Verachting des Heidendoms.

van *toornig* op der *Christen* VADER werden overgebragt, bleef nog de *Freya-, Frau-, Frowa-dienst,* vooral onder de Friesen het langst stand houden. Eerst in 1303 stortte ook hare dienst in, aan het oude beroemde *Vroonen* in West-Friesland, toen men aldaar, gelijk wij blz. 71 gezien hebben, het *kruis* plantte, met het opschrift:

Ecce cadit Mater Frisiae,

waarbij men echter eene kapel ter eere van *Onze Lieve Vrouwe* wijdde. Zoodanige Lieve Vrouwen ontvingen in aantal de vroegere hulde aan FROWA; om er slechts eenigen te noemen: *Onze Lieve Vrouwe Maioer* (de meerdere) te *Amsterdam, Onze Lieve Vrouwe van 's Gravensande,* waarvan het in SMID's (*Schatk. d. N. O.* 115.) heet:

Onze Lieve Vrouwe te 's Gravensande is ons te willen;
Zij heeft twee houten ermen, twee peerenboomen billen.

Voorts: O. L. V van *Wilsveen,* O. L. V. *ter Noot,* O. L. V. van *Kevelaar,* O. L. V. der *heilige eik* (in *Aerschot*), O. L. V. in *'t Hammeken,* O. L. V. van *Hanswijk,* O. L. V. van *Lebbeke,* O. L. V. van *Scherpenheuvel,* van welke laatsten WOLF, (*N. S.* n° 168—172), onderscheidene *mirakelen* mededeelt; want gelijktijdig met de *Lieve Vrouwe*-dienst, ontwikkelde zich het *mirakel*-geloof door 't Cristendom gevoed, en hetwelk men naderhand op *Maria* overdroeg. Wij behoeven hier niet het gezag van mannen als FINN MAGNUSEN, GRIMM en MONE, in te roepen, om dit een en ander te staven. »*Maria is om un yr*" (*Maria* is ons en u), zeiden reeds de Evangelie-verkondigers, nl. als beeld der zon, maan en aarde, als beheerscheresse der hemellichten, als moeder *Gods.* Van daar ook, dat men haar met zonnestralen om het hoofd, met de voeten op de maan rustende, in een kleed met starren bezaaid, heeft voorgesteld (ETTM. *Vsp.* 78). Als godin der aarde, was aan *Freya* (*Isis*) het symbool van een *Schip,* (het liburnisch schip bij TACITUS) gewijd, en de *Edda* zegt:

De vrouw van Odin,
Roeit het *schip der Aarde,*
Moedig en lustig, enz.

Nu treft men niet slechts bij LE LONG, *Kal.* hetzelfde schip der aarde aan (zie blz. 279.), maar ook van *Maria* heet het:

> Het komt een schip geladen,
> Hent aan het hoechste boert,
> *Maria* houdt het roeder,
> Een Engel stuurt het voort.

Zoo werd ook het Orions-gesternte, Freya's spinrokken, (*Freyarök*) in een *Maria-rokken* herdoopt, (zie ook het spinrokken bij LE LONG, *Kal.*), even als het *Freyahaar* (vrouwen-haar), een zeker kruid, in een *Mariagras*. Daartoe zijn almede te betrekken de herfstdraden, als *Maria*-draden, waarbij dan ook het spinrokken te pas komt; terwijl de attributen van jonkvrouwelijke schoonheid, maagdelijke reinheid, haar *mirakel*-vermogen, wel mede uit vroegere *Freya*-dienst zijn ontsproten. Tot welk eene aanmerkelijke ontwikkeling de *Maria*-dienst in de middeleeuwen steeg, blijkt het best uit de afgodische gezangen en liederen, die men ter hare eere aanhief. LE LONG deelt er eenige mede uit een toenmalig *Missaal* (zie zijne *Reform.* f. 517). Wij kiezen daarvan het eerste:

> Veni Virgo Virginum,
> Veni Lumen Luminum,
> Veni vena venium,
> Veni salus Hominum;
> Veni splendor ordinum
> Coelestis Militiae.
> Consolatrix inclyta;
> Veni, vide, visita,
> Certantes in acie.
> Nos rege, nos incita:
> Nos fove, nos excita,
> De lapsu miseriae.
> Veni Jesse Virgula:
> Veni Rosa primula,
> Rosa carens carie.
> Peccatorum vincula
> Rumpe prece sedula
> Praesentis familiae.
> Magna, major, maxima,
> Reple cordis intima
> Coelesti temperie.
> O! Lux beatissima,
> Esto nobis proxima,
> Rogans Regem gloriae,
> Ut nos iungat superis:
> Dans nobis, in dexteris,
> Post spem frui specie.
> Tum benigna diceris,
> Miserere Miseris,
> Virgo Mater gratiae. Amen.

Wij vermoeden, dat de *Indic. Superst. et pagan.* zoodanige heidensche *Maria*-dienst op het oog had in § XIX. »*de petendo, quod boni vocant sanctae Mariae,*" en dat de vroegere omgangen met *Hertha*, onder haren naam, hebben blijven voortduren; van het ronddragen met afbeeldingen of beelden (*simulacra*) gewaagt dezelfde *Indic. Superst.* §. XXVII: »*de simulacro, quod per campos portant.*" Er is wel niet aan te twijfelen, wat hier bedoeld wordt. Die omgangen »*Herda-gangen,*" zijn in »*Maria-gangen*" veranderd, en hebben, zelfs nog tot in deze 19ᵉ Eeuw, blijven standhouden. Zoo vergezelde ik, in 1840, te Bingen, *Sanct-Rochus* bergopwaarts naar de kapel, waar die heilige met *bradwurst*-eten van een wijnblad, en wijn-drinken op den berg wordt vereerd.

Ook andere Sancten en Sanctinnen zal men hebben rondgedragen en vereerd, gelijk zulks nog geschiedt. Immers de *Indic.* etc. geeft § IX: »*de sacrificio, quod fit alicui Sanctorum*" aanleiding, te denken, dat ook de heidenen reeds hunne *Sancten* telden; zoo niet, dat men die, althans reeds vroegtijdig, ligt gelijktijdig met het doordringen des Christendoms, in de plaats der vroegere goden heeft geschoven. Zoo ontmoeten wij, wat hier bijzondere opmerking verdient, eene *Hildegaerde*, waar vroeger, *Hela*, *Hella* (aan de Heldine-zee), werd vereerd, en zij verrigt inderdaad reuzinne-werk te *Hildegaerts-berge* (zie bl. 92); Koning *Esel-oor* (*Heso-lo* te Voorburg) zien wij door eenen *St. Lou* (ook *Loy* bij LE LONG) vervangen (ald. 92.); terwijl in *Tylburg* (*Ty-lo*), een *St. Tillo* optreedt (7 Jan. zie bl. 252.). Gelijk deze *Tillo*, *Tyl*, aan den strijdgod herinnert, zoo wordt bij LE LONG, *Kal.* ook de slangen- en reuzen-bestrijder door eenen *St. Joris*, als draken-bestrijder, vervangen, of gewijzigd. *Odin* als *Hnikurd* (overwinnaar), staat nog in denz. *Kalender*, en op dezelfde plaats, maar nu als *Victor* (overwinnaar); ook *St. Viti*, nog als de oude *Svante-viti* (heilig *Wit*), die dezelfde *Vitus* schijnt, wien het heidendom met *Viteldans* vereerde, welke in de middeleeuwen, wij zouden bijna zeggen, tot eene razernij oversloeg. Zoo leerden wij ook *Valentijn* als den ouden *Vali* kennen, en zien wij nog *St. Ma-chut* (Maregriet), als Zee-gietster, op hare regte plaats, beschrijdende het onheil den vroegere tijdgoden getroffen. *Oelf* op denzelfden *Kalender* tot den ouden vorm terug gebragt is *Vlf*, tot onze taal, *Wolf;* zoo ook *St. Oels* (zie bij de loo-bronnen bl. 64.) oude vorm *Uls*, thans *Uil;* misschien denken anderen hierbij aan *Ullr*, en maken van de *St. Oels-put*, *Ullr*-niet *Uils-put;* zoowel als men echter ook eene *Wolfs-put* had, kan men een *Uils-put* gehad hebben, en dan willen wij liever denken, dat het voorgevoegde *St.* niet op den *uil*, maar op de put, of, nog gepaster, op het put- of *bron-water* zelf ziet, — gelijk bij *St. Lau* of *Loy* te Voorburg; — bij *Ty-lo* te Tilburg, enz. — Wij willen dit in het midden laten, maar voegen nog alleen de opmerking hierbij, dat, zoo de *Sancten*, al niet, gelijk wij gissen, reeds werkelijk als zoodanig uit het heidendom afstammen, zij evenwel hier genoegzaam aantoonen, dat men, bij den val van het veel-goden-stelsel, zoo veel mogelijk passende en overeenstemmende namen gaf, en deze op dezelfde plaats stelde, waar de vroegere tijdgoden werden geplaatst; dit kan misschien ten sleutel verstrekken om ook *St. Andr-ies* (*ys*), *Matt-ijs*, de 10,000 *ridders*, de 11,000 *maagden*, enz. te verklaren, hetwelk wij echter hier aan anderen overlaten. Intusschen verdient het tevens onze opmerking, dat op genoemden Kalender niet een dier namen als *Sanct* voorkomt, zelfs *Sancte-Vit* niet, die ons boven (bl. 284.) aan den *Witten* god te Gent deed denken, en wiens *attribuut*, eene *schaapsschaar*, ons doet gissen, dat zijn buurman in den Kalender, *Lamb-recht*, hem schapen-offer aanbood. *Indic.* § IX.

Zoo zonk echter het vroegere *Asenstelsel* in den loop der eeuwen meer en meer in vergetelheid terug, of ging, bij de invoering van het Christendom, onder andere vormen in het *Catholicisme* over; terwijl de nu niet meer onbekende, maar geopenbaarde GOD, als *oneindige* Geest, vereerd werd als de H. *Drie*-vuldigheid: *Almechtige Fadaer*, *Christ* of *Godes Suno* en *Halogan Gast*. Hoeveel hooger staat niet het Christendom reeds door deze voorstelling van den Oneindigen Geest, als Almagtigen Vader, geopenbaard door CHRISTUS, dien men moet aanbidden *in geest en waarheid*. Terwijl deze leer des Evangelies meer en meer door de nacht der heidensche duisternis doorbrak, en het voorbeeld der tijdgoden terug zonk, werden CHRISTUS en diens leer en gezindheden het alvermogende voorbeeld der menschen. Daarentegen daalden de navolging van het leven en de bedrijven der Valhalla-goden terug in de spelen en vermakelijkheden onzer kinderen, waarop, volgens schrijven van den Heer DE CLERCQ, ook GRIMM reeds opmerkzaam moet hebben gemaakt; doch diens *Kinder-märchen* niet bezittende, voeg ik de spelen mijner jeugd hier bij, die thans inzonderheid mijne aandacht trekken, namelijk: het rijden op den *bokken-wagen*, het wagengespan van den donderaar, wiens worpen met dondersteenen, door de kinderen worden nagevolgd in het harde *eijeren werpen*; terwijl het *bal-slaan* en het *bal-schieten*, het schieten met *pijl en boog*, de mooije *voetjes* en *schoentjes*, het paardje met zijne *witte pootjes*, *jenneke tooverheks*, *snoek-snoek* in een' anderen hoek, *bok bok sta vast*, misschien ook het *dobbelen* en *bikkelen*, en wat niet al, daartoe te betrekken zijn. Inzonderheid achten wij, dat de *brommer* van Ocker-noten, de *balderbus* of klapbus van vlieren-hout, de *klepbeentjes*, hier in aanmerking komen, zoowel als de afwisseling dier en andere spelen, in den loop van eenen geheelen jaarkring; wij kunnen over dit een en ander niet uitwijden, maar moeten ons vergenoegen slechts de aandacht daarop gevestigd te hebben.

Doch dieper nog, ook in *verachting*, zonk veel, wat vroeger als heilig werd geacht; zoo bijv. het zinrijke *water* en *vuur* dragen, bij vroegere huwelijks-verbindtenissen op den *St. Lucien-dag*, (het vroegere feest van *Freya*), waarover men zie SCHRADER, D. M. 27. Wie thans met *water* in de eene, met *vuur* in de andere hand loopt wordt als een dubbelzinnig karakter veracht. Met *vloeken stop-woorden* uit het heidendom ontsproten, drukt men misnoegen en verachting, zelfs het verworpenste, uit: *bij-loo!* leerden wij (bl. 217) als uitroep kennen; *saker-lo*, is thans een vloekwoord: *sakerloot!* de *domme Ossen* (Asen) zijn bekend, (blz. 239.) een *hamersche kerel*, *de hamer! wat hamer!* die aan den donderaar en zijnen strijdhamer herinneren, staan thans in verachting; *de d... of de b.... hale hem! Vaar naar de Hel! Loop naar de maan!* — zijn thans verwenschingen. Ook vloekwoorden van dien aard, zijn helaas! maar al te zeer bekend; niet slechts goden, ook vroegere geesten, deelen in die verachting: eene *kwade heks* (bl. 78.), een *hellewicht* (bl. 100.), *drollen*, *dreutels* en *keutels* (bl 102.) bewijzen dit genoegzaam; *weerwolf* en *kwade hond* zijn thans scheldwoorden (bl. 129.). Ook de vroegere hoog vereerde priesters (*ascumannen*), priesteressen (*völen*) en offer-priesters (*hundsmannen*), drukken thans de laagste bedrijven uit: *aschman, vel, veulik, hondeslager*, en wat dies meer zij; — want wat zouden wij hier niet al nog kunnen bijvoegen, tot zelfs het vroegere bakwerk toe: *wat duvekaters!* en meer van dien aard.

Zoo dan, zagen wij, bij de poging om het verledene weder voor onzen geest te roepen, van den eenvoudigen *Batavier*, ten tijde van TACITUS af, tot aan de invoering van de leer der Openbaring in deze gewesten, een veelgodenstelsel zich ontwikkelen; doch, door gemis aan inwendige kracht en waarheid, voor hooger leer te niet gaan, en terugzinken in verachting. Inderdaad zoo immer eene voorspelling der oude Profetesse vervuld werd, was het hier, waar hare orakeltaal sprak, *Vspa*:

Fiolp veit kin fröpa, fram siáme leingra
Um Ragna-rauk, röm sigtiva.

d. i.

Veel weet de wijze, verder zie ik om mij heen,
Den val der goden, den kamp der strijders.

Doch wat vergaat, of wegzinkt in het niet; het Christendom door innige kracht en waarheid gesteund, door goddelijk Alvermogen beschermd, staat daar en valt niet; en hoe verre boven alle vroegere en latere offer-diensten verheven is die leer, welke ons God leert kennen als een oneindige Geest, dien elk moet aanbidden in geest en in waarheid, en die, door CHRISTUS, als Vader van alle geslachten en volken, het gansche Heelal omvat, als zijn heiligdom, door geene tijden noch eeuwen te sloopen.

Nalezingen en Verbeteringen.

Bl. 9. GANASCUS lees: GANNASCUS; deze was van den stam der Bructeren, alw. *Ganna*, ook *Gannita, Genemuiden*, benevens de buurtschap *Genne*.

» 9. *Hunnen*, door sommigen als *Pseudo-Hunnen* beschouwd, worden door BEDA, *Eccl. Hist. Gent. Angl.* V. 9. of 10. Ed. 1643, tusschen de Deenen en Saksers genoemd, onder de volkeren, die het Woord Gods niet kenden: »*Quarum* (gentium) *in Germania* (Ecgbert) *plurimas noverat esse nationes, a quibus Angli, vel Saxones, qui nunc Brittanniam incolunt, genus et originem traxisse noscuntur. Sunt autem Fresones, Rugini, Dani, Hunni, antiqui Saxones, Bructuarii.*" Hoezeer deze plaats, door Janssen, *Kunst- en Lettb.* 1844. 28. Apr. aangehaald, het bestaan der *Hunnen* moge bewijzen, zijn ons echter de benden van Attila, even als de *Noormannen* in ons land, als zeer twijfelachtig voorgekomen. Vgl. bl. 138 en bl. 326.

Bl. 38. *Hunsel* = *Huns-lo; Hons-laer,* = *Hons, Huns* en *Laer,* in het Westland; men kan als *Laer-*plaats daarbij voegen *Kande-laer.*

» 45. *Wijken,* daartoe behooren ook nog *Waalwijk, Kootwijk.*

» 54. *Loo-en.* De groote Pier, de held der *Friesen,* zoo vindt men verhaald, wierp, nog geene 9 jaar oud zijnde, twee vetkoopers jongens in den *schotel* en zij verdronken. De opheldering in den *Frieschen Alm.* 1837. 118. is juist. *Schuttel,* = *Schulte-lo, Schote-lo* is eene water-kolk bij Arum, die derhalve onder de loo-en behoort; misschien ook *Sincfal* (Sincfa-lo) door Prof. Roijaards genoemd (*Inv. v. 't Christ.* 141.), hoezeer ook Huydecoper dit anders opheldert. Tot de Loo-en behooren ook nog de navolgende, meest allen uit Mercator, *Atl. Minor,* en van elders, door ons opgeteekend, als: in Gelderland: *Hoender-loo* (Hune-loo), *Loon* bij Ravestein, *Soerel* (Soere-lo), *Pampel* (Pampe-lo), *Rentilo* (855), *Ni-ut-lo* (855), *Urt-huns-la* (zie van den Bergh, *Volksovl.* bl. 194.), *Braclog* (801), *Wiel* (Wielo), *Vunilo* (Huni-lo), *Horn-lo, Bur-lo, Dalbon-lo, Wuard-lo* (Urdr-lo?), *Orc-lo* (Ur = or, orc), *Legur-lo* (855), — misschien nog anderen, vooral op de Veluwe, en *Elsloo* in Friesland.

Voorts in Noord-Braband: *Berkel* (Berke-lo), *Ghierle* (Ghier-lo) nabij Tilburg, *Goirle* (Goir-lo), *St. Michiels-Gestel* (vicus Gistello Scti Michaëlis), *Postel* (Poste-lo), *Eer-sel, Loemel, Hulsel,* deze laatsten in het Kempenland; *Meerl* (Meer-lo), *Wortel* (Wortelo), in de omstreken van Chaam; *Keestel, Soer-*

sel, *Coursel*, *Deschel*, *Oester-lo*, *Bever-lo* (d. i. bedevaart-loo).

Wijders in België, (Braband en Vlaanderen): *Brussel*, *Bruxel* (d. i. Broecse-lo), *Rupel*, *Nivello* (th. Nivelle), *Brielo*, en *Hol-beke;* bij Iperen, *Eec-lo; Loo*, nabij Crombeke, *Loo*, bij *Lille* (Rijssel); *Lille* en *Lillo*, hebben dus dezelfde beteekenis, nl. *l' i-lo*, *île*, eene verklaring, die mij ook in 1841 in Rijssel zelf, door eenen Letterkundige is gegeven geworden.

Dit spoor der Loo-en ook in Duitschland volgende, vonden wij, bij MERCATOR (f 433) nog: de rivier *Lohe*, *Lello*, *Littelo* (het kleine loo), *Nort-loe*, *Hassel* (Ase-lo), *Hesel* (Ese-, Ase-lo), *Sandel*, *Stotel;* nog een *Haselo*, bij Hoya; *Better-lo*, boven Neustadt, *Iserlon* (fol. 447) en *Godensee*.

Meer dan een dezer Loo-en schijnen ons toe de herinnering aan de *Urdr*-bron en *Woerd* (aant. 28. bl. 120.) te bewaren, als *Urt-huns-la* (op de Veluwe), dat insgelijks eene offerplaats, eene *hunsla-* of *huns-lo*-plaats, schijnt te zijn geweest; *Wuard-lo* misschien ook *Worte-lo*, schijnen aan *Wurdh*, *Woerd*, te herinneren. Dat meer dan een *Asen-lo* (in Duitschland), misschien ook *Iser-lo*, aan de Asen herinneren, zal, gelijk wij vermoeden, evenmin bevreemden, als dat wij bij *Goden-see*, aan *Gwodan*, *Wodan* denken. (Men vindt dit meer (*see*) op de kaart van Embden en Oldenburg). *Pader-born* hebben wij reeds boven (bl. 225.) door *bede-bron* verklaard; ook *Better-lo* aldaar, is, onzes erachtens, *bede-lo;* gelijk *Bever-lo* in N. Braband, een *bedevaart-loo;* dat ook *Vuni-lo*, door *Huni-lo*, gelijk in *Urt-huns-la*, en *Honds-loe* (op Goedereede), een *offer*-loo kan bedoeld zijn, betwijfelen wij te minder, omdat ook de *Indic. Supers.* § 11. melding maakt, »*de fontibus Sacrificiorum*," en de door Dr. LEGIS medegedeelde, *Capit. de part. Sax.* § 21. een uitdrukkelijk verbod tegen de *bron*-offers behelst; Dr. LEGIS, *Hb. der altd. und N. Gotterl.* 129, denkt hierbij aan den heidenschen *doop*.

De afleiding *Schaker-lo*, (in Zeeland, waar wij ook nog een *Deur-lo* vonden) van *Sacred-lo*, d. i. gewijd, heilig water, wordt, zoo wij juist oordeelen, nog nader bevestigd door de ongeregeldheden, die men aldaar in het water pleegde. HENDRIK I, van *Lotharingen* en *Braband*, ontnam den inwoners in 1212 hun leen, zoo het heet: »*propter injuriam et violentiam, quam tam in aquis, quam super terram hominibus inferebant.*" (MIRAEUS, *Opera Dipl. et Hist.* I. 571.). Wij althans kunnen hier niet meer, gelijk de Hr. MOLHUYSEN, aan een *dieven-loo* (van locus) denken. Wanneer zullen onze geleerden zulke ontaalkundige etymologiën vaarwel zeggen?

Bl. 82. Dat ook *Bomel*, *Boeme-lo*, aan eenen *Bo*, *Boeme*, als *water*-geest, doet denken (bl. 73.), schijnt mede te blijken uit hetgene wij nopens den *Bommel* vinden bij BOERS, (*Besch. v. Goeree en Overflakkee*, 1843.): »In eenen uitgiftbrief van 9 April 1529 wordt gezegd: *den Bommel kijkt uit den zwarten hoek.*" Volgens KILIAEN, *Etymologicon Teutonicae linguae*, I. 80. beteekent *Bommeler*, *Bommel-necker*, »een zeegod, een zeespook." — De *Boeme*, *Bomme* (want *l* behoort bij *loo*) behoort dus tot de *zwarte*, of *necker*-geesten.

» 83. *Reuzen.* Reuzen, die de *Waldbergen* zouden daargesteld hebben, ontdekte HELDRING (*G. Alm.* 1844. 25.); zij bewoonden de *Wolfskamer*; een groote steen aldaar draagt den naam van *Riese*, *Reuse-pinke*; dezelve herinnert aan de *reuzen*-steenen der *Hune-*bedden. Vermoedelijkst waren het *offersteenen*, waarover ik boven sprak (blz. 327.). Intusschen bevestigen deze Woldberger reuzen ons vermoeden (blz. 93.), dat ook de *Ysel*-boorden hunne reuzen zouden kennen. Ook deze reus wierp het zand der *Woldbergen* uit zijne schoenen.

» 122. *Woerden.* Merkwaardige woerd-plaatsen schijnen *Hart-werd* in Friesland en *Wirdum* aldaar. In 1406 werd er vastgesteld, dat de regters van *Berahuis*, onder *Wirdum*, die van Westergo, te *Hartwerd* hunne vergaderingen zouden houden. (WINSEMIUS, *Hist.* 226). Op de begraafplaats, of het kerkhof te *Kesteren* troffen wij ook de Geldersche Ambtsregters aan.

Raswert in Groningen, heeft ook *Rasquert*, *Raeswerd*, *Raskwerd*; *Garns-werd* = *Warns-werd*,

(*Godan = Wodan*), *Witte-wierum* ald. = *Utte-wierdhem?* (*Gron. Alm.* 1844). *Woerden* in Z. Holland heeft ook *Wyrda*, *Hoen-weerd*, bij Hattem, Hatheym, zie men onder de *Hune*-plaatsen; *Urt-hunsula* (855) op de Veluwe, vertalen wij door *Woerd-offer-loo*. Zie bl. 323.

Bl. 124. *Runische opschriften* op urnen. Men zie voorbeelden van runische opschriften, waarvan de oudste vormen het meest met boomtakjes overeenstemmen, in *den Leitfaden zur Nord. Altherthk.* Kopenh. 1837. S. 74. 76 enz. Meer en meer overtuigen wij ons, dat de lijntjes en schrapjes onzer *urnen*, daartoe te betrekken zijn.

Zeer merkwaardig als opschrift, komt ons ook in dat opzigt een steen voor, dien ik te *Naaltwijk* in den gevel van een huis zag. Mogten onze geleerden een en ander trachten te ontcijferen!

» 142. *Lichtmissen*. Als overblijfsels der oude *fyr-* of *vuur*-dienst, moet hier ook geacht worden het *vuurslaan*, en ontsteken van *heilig vuur*, waarvan LE LONG (*Reform.* 512) zegt: »De priester, een vuurslag nemende, ging uit de kercke in 't portaal van de toorendeure, sloeg *vuur* uyt een steen, en stak daarmede een keers aan; met welke brandende keers voorts een groot *vuur* wierdt gemaakt, en door den priester met verscheyde kruyssen en gebeeden gezegent. Dit *heylige vuur* quam 't volck van den Hondeslager haalen, die daer meede in de tooren-deure sat, en een yegelyk voor een kleyn geldt daarvan meede deelde. Daer meede stak een yegelyk in syn huys een kout vuur van turf aan, en hadde daer door, 't geheele jaar door, *heylig vuur* in huys" enz. Zie verder (t. a. pl.) over 't wijen der *paasch-keersche*.

» 143. *Lijkenbrand*. Nog ten tijde van KAREL den Groote bestond dit gebruik bij de Saksers, blijkens zijn verbod in de *Capitulatio de part. Sax.* § 7. »*Si quis corpus defuncti hominis secundum ritum paganorum flamma consumi fecerit, et ossa ejus ad cinerem redegerit, capite punietur.*" Zie dit merkwaardige stuk medegedeeld door Dr. LEGIS, *Altd. u. N. Götterl.* 138. In hetzelve komen ook strafbepalingen voor tegen *bron-*, *boom-*, en *wouden*-dienst en menig ander heidensch gebruik. Zie ook WESTENDORP, *over de Hunebedden*, 1e ed. 318. en boven bl. 54, 214, en 222.

Bl. 152. *H. Grael*. Over dezen, uit *Lucifers* (bl. 152. *Licht-maker = l:* drager) kroon geslagen, kan men verder nazien Mr. CLIGNETT en STEENWINKEL, *Sp. Hist.* II. aant. bl. 110. De afleiding ald. van het Gascogniesch »*grasal = patina*" schotel of beker, kan bij nadere beproeving, misschien den toets niet doorstaan. Is de *H. Grael, Grailus, Grale, Greaal, San-Graal*, een schotel, een beker; of deze slechts eene voorstelling, een zinnebeeld daarvan, gelijk het *schip* van de *aarde?* In dat geval zoude de beteekenis nog te zoeken zijn. Wij geven daarom *St. Rail, St. Strail, straal* in overweging. *Lucifer*, de lichtdrager, schoot eene *straal* des lichts, van zijne lichtkroon neder.

» 153. *Hem: Ewes-um* (Ewes-hem), *Borg-ham, Cortingheem, Bedum* (bij de ontleding *Bede-hem*), in Groningen (*Gron. Alm.* 1844); *Redic-hem* (970), Renkum; villa Bidningahem (793), *Arnhem* (997), *Puthem* (855), *Leuvenheim*, onder Brummen, allen in Gelderland.

» 158. *Laeren:* Onder de oude plaatsnamen, reeds bij de Romeinen bekend, vindt men ook genoemd *tres Laeres, Cruptoriges villa* en *Navalia.* Zoowel als *Rome* nog bestaat, kan een en ander insgelijks nog bestaan; wij denken hier aan *Noord- Mid- en Zuid-laren* in Drenthe, benevens *Crops-wolde* in Groningen. Dr. WESTENDORP, *Hunebedden*, 1e ed. 329. geeft ons daartoe aanleiding. — Ook te *Driel* (Tri-lo), in den Bommelerwaard vindt men een *Laer*, ook een *Vorde, Worde, Woerd*, (naar mondelinge onderigting.)

» 171. *Kerkwerve*. Men heeft meer dan een *Kerkwerve*. Welke is hier bedoeld? *Twee* in Zeeland, een op Walcheren, een op Schouwen; een ander, zoo men wil, in Zuid-Holland, nl. Oegst-geest, oul. Kerkwerve. Wij zijn in het onzekere. — *Werf*-plaatsen, intusschen, zijn hoogst belangrijk, vooral in de regtspleging; in *Ryswijk* heeft men het huis *te werve*, waar ik meer dan ééne vriendenhand drukte; voorts een in Monster, Voorburg, enz. Zie over de *Werven* en *Werf-dagen:* EGB. ROELANTS, *Verh.* 79.

» 192. De beide *Urdr*-zwanen, — door *hunne*, lees: *ha*-

re witte kleur; wit is ook nog de heilige kleur, welke wij in verband achten te staan met den *witten* god, den *witten* ooijevaar, *witte* zwanen en *witte* kleeding.

Bl. 200. *Rosvereering*. Wie kent niet het »vervaarlijke *ros* Bayard van den Ridder *Malagis?*" lees: van den Ridder *Reinold?* Deze was de oudste der vier *Haimonskinderen*, welke het ros *Bayard* van zijnen vader *Haimon* had ten geschenke ontvangen.

Zoo het schijnt, kende men *Malagis*, zelf in de *Nigromantie* of zwarte kunst ervaren, een *tooverpaardje* toe, waarvan WOLF (N. Sag. n° 380) de sage mededeelt; ook in den *Valentijn en Ourson* komt zulk een tooverpaardje voor, en, onder n° 270, bij WOLF, rijdt een toovenaar op een houten paardje door de lucht. — Gemelde Schrijver geeft *malagys*-paardje = *toover*-paardje, waarvan de gemelde sage, die met de rosvereering zamenhangt, niet zonder genoegen zal gelezen worden.

» 209. *Plantendienst*. Tot de heilige of geneeskundige planten, waarvan men wonderen schijnt te hebben verhaald, behoort, onzes erachtens, ook te worden betrokken, het *Brittannisch kruid* (herba Brittannica), dat, tijdens GERMANICUS, door de Friesen geacht schijnt te zijn geworden, als goed tegen mondeuvel (*Stomacace*) en schenkelsmert (*Sceletyrbe*); tegen addersteken en slangenbeet. (WAGENAAR, *Vaderl. Hist.* I. 79). Sommigen hebben daardoor *lepelblad*, anderen *betonie* verstaan; doch hetzelve behoort, volgens het onderzoek van wijlen Prof. MUNTINGH, tot de *Rumex*-soorten, zijnde de *Hydrolapathum Huds.* (Spitse zuring), zie MIQUEL, *Artsenij-gewassen*, 1838. bl. 221. n° 341.

Ook het zoogenoemde *vrouwenhaar* (*Herba capillorum Veneris*) of *Maria-gras* (waarover zie bl. 279, en bl. 382.) dient onder de gewijde planten te worden gerekend. Wij vermoeden, dat het *herba capillorum Veneris*, als welriekend kruid, ook in het minnelied van Hertog JAN III kan bedoeld wezen; het is eene *Adiantum*-soort, bij MIQUEL, *Artsenijgew.* n° 566; »riekt iets geurig, smaakt iets zoetachtig, dan zamentrekkend bitter."

Bl. 236. *Asen*. Uit hetgene wij (aant. 52) nopens het inheemsch zijn van het *Asenstelsel* gezegd hebben, laat zich misschien verklaren, wat men te Dordrecht (*Thuretrecht*) door *Asenregt* en *Asendom* te verstaan hebbe, waarover ik meen, dat men kan nazien, *Tegenw. staat aller volkeren.* (Z. Holland).

Bl. 240. *Sol, Sunan.* Wat wij nopens de *Zon* en *Zonne-dienst* in deze gewesten vermeld hebben (aant. 53), vertrouwen wij, dat tevens opheldering zal geven aan de zoogenoemde *Sonne-leenen*, waarover JAC. v. HEEMSKERCK (*Bat. Arc.* 1657. 243) spreekt, noemende Holland een »*graefschap, dat altijd van Godt en de Son te leen gehouden is geweest.*" Tot opheldering dier *Sonne-leenen* teekent HEEMSKERCK hierbij aan »*Eas ditiones, quae a nemine recognoscuntur nisi a Deo, barbare nostrates* (inquit FREDERICUS A SANDE, *ad Geldriae consuetud. feudal.* Cap. 1. num. 2.) *vocant* Sonne-leenen, *quasi a sole in clientelam, ac nullius hominis beneficio teneantur: dicuntur etiam* Hemel-vrije leenen; *ut et* Heerlyckheden, die van Godt en 't swaert te leen gehouden werden" — »Aldus," zoo gaat v. H. voort, »werdt mede van Henegouwe gheseydt, *Pais de Haynault tenu de Dieu et du Soleil.* Ghelyck daervan schryft de gheleerde schryver der Batavische Oudheden, pag. mihi 299. En GERARDUS MERCATOR, in syn *Beschrijvinge van Henegouwen.*"

» 270. *Tuisco*, verklaart FINN MAGNUSEN, *Lexic.* 488. *Tuiscot* (i.e. Tys-deus). *Tys* nu is de *maan* als strijdgod; misschien heldert dit ook op, waarom *Man, Manus* (niet *Thor*) als zijn zoon voorkomt. — Immers de verklaring van LUDEN (*Gesch. d. Deutschen Volks.* I. 597), bij Dr. LEGIS, a. w. 19, in de noot, waardoor deze den *Sol* en *Luna* van CAESAR, B. G. VI. 21. wedergevonden acht, komt ons al te zeer gekneed en verwrongen voor.

» 271. *Thuredrecht.* Merkwaardig is hetgene ook OUDENHOVEN, *Oud Hollandt*, uit ADAMUS, *Hist. Eccl.* c. 233, te dezer plaatse, nopens den dondergod aanhaalt, en waaruit ook zijn gebied over de *stormen* schijnt te blijken: »*Thor praesidet in aëre, qui tonitrus et fulmina, ventos, imbresque, serena et frigus gubernat.*" OUDENHOVEN, was hier nader aan den naamsoorsprong dan menige latere woord-afleider.

» 320. *Hunebedden*: afbeeldingen daarvan vindt men

bij Engelberts, *Aloude Staat*, III. 170., waar men ook afteekeningen van gevondene *zonne-schijven* (*disci*) aantreft; het Hune-bed van *Tinaerlo* (Tunaer-lo) tusschen *Vries* en *Zuid-laeren*, door Mr. P. Hofstede, komt voor achter Westendorp, *Over de Hb.* 1e ed., in de werken der Holl. Maatsch te Haarlem. — Over de rigting der *Hunebedden* geeft Westendorp, a. w. genoegzame opheldering, zie IX, X en XI. Voor onze opvatting (zie boven, bl. 324), dat men *Hunebedden* door *Hune-beden*, d. i.: *offer-beden*, bedeplaatsen, waar men offerde, of omgekeerd offerplaatsen, waar men zijne gebeden bragt, hebbe te verstaan, pleiten ook deze woorden van Westendorp (1e ed. 261), betrekkelijk de *Hune*-bedden in Frankrijk: »Men doet nog *bedevaarten* naar sommige dier gedenkteekenen, en kruipt er uit bijgeloof onder door, gelijk verscheidene achtenswaardige mannen verzekeren. *Zoo deed men voorheen ook in Drenthe*".

ERRATA:

Blz. 9. *Hunen*, lees: *Hunnen*.
» 121. *Risquous*, lees: *Riquons*.
» 205. In den noot *Delft*, lees: *Delf*.
» 254. Noot. *landlouw*, lees: *landbouw*.
» 289. *Hussensche*, lees: *Huissensche*.
» 295 (*Saetur* en *Irmin*), lees: (Saetur) en *Irmin*.

Andere gelieve men goedgunstiglijk te verbeteren.

Bijlagen.

A.
Schepping van den Mensch.

Nopens de Scheppings-geschiedenis, even als de schepping van den mensch, zijn ten onzent wel de voorstellingen der oude voorgeslachten verloren; alleen in het noorden heeft de *Edda-leer* dezelve bewaard. De drie scheppende magten, *Odin*, *Vile* en *Ve*, vormden ook het eerste menschen-paar, den man *Ask* (esch) en de vrouw *Embla* (els); van deze stamt het menschengeslacht af, dat *Midgard* (de aarde) bewoont. Wat Jhr. Mr. DE HAAN HETTEMA mij dienaangaande mededeelde, bewaart merkwaardige trekken uit de noordsche Scheppings-geschiedenis der aarde zelve; wij laten hetzelve hier volgen. Men vindt het in den 1ᵉ *Emsiger* en *Codex*, HS. in de Bibliotheek van het Groninger Genootschap: *pro excolendo jure patrio*, bl. 38:

» *God scop thene eresta meneska, ther was Adam, fon achta wendem. Thet benete fon ta stene. Thet flask fon there erthe. Thet blod fon ta wetere. Tha herta fon tha winde. There tochta fon ta wolke. The suet fon ta dawe. Tha lokkar fon tha gerse. Tha agene fon there sunna, and tha blezem on the helge om, and the scope Eva fon sine ribbe.*"

d. i.:

God schiep den eersten mensch, dat was Adam, van acht zaken. Het gebeente van de steenen. Het vleesch van de aarde. Het bloed van het water. Het hart van de winden. De gedachten van de wolken. Het zweet van de daauw. De lokken (het haar) van het gras. De oogen van de zon; en toen blies hij hem den heiligen adem in; en toen schiep hij Eva van zijne rib.

Wij laten hierop volgen:

De vijftien teekenen voor den Oordeelsdag, zoo als die voorkomen in WIARDA'S *Asegabuch*, bl. 273. § 11, en Mr. DE HAAN HETTEMA'S *Friesche Spraakleer*, uit het *Deensch* vertaald, bl. 154, benevens de vertaling daarvan door dezen laatsten, mij welwillend aangeboden; — de tekst hiervan is genomen naar een verbeterd stuk in het werk van RICHTHOVEN voorkomende.

Thit send tha fittine tekna, ther er domesdi koma skilun; ther sancte JERONIMUS fand eskriuin an thera Jothana bokon.

Thes erosta-dis, sa stigath alle wetir fiuwertich fethma boua alle bergon and stondath to likere wis and thiu mure, ther fon stene ewrocht is.

Thes otheres dis, sawerthat se lik there selva skipnese, ther se bifara weron.

Thes thredda dis, fallath se alsa side, thet se nen age bisia ne mi.

Thes fiarda dis, sa somniat se alle fiskar, ther send an tha wetiron to semine, and hropath al to Godi, and tha stifne net nen manniska buta God alena.

Thes fifta dis, burnath alle wetir, fon asta there wralde to westa there wralde.

Thes sexta dis, sa send alle bamar and alle gerso mith ena blodiga dawe bifangen.

Thes siugunda dis, sa fallath alle tha timber, fon asta there wralde to westa there wralde, and wer-

Dit zijn de vijftien teekenen, welke voor den dag des Oordeels komen zullen, welke de Heilige HIERONYMUS vond geschreven in der Joden boeken.

Des eersten daags, dan stijgt al het water veertig vademen boven alle bergen, en zij staan gelijker wijze als de muur, welke van steen gemaakt is.

Des anderen daags, dan worden zij gelijk aan den zelfden toestand, zoo als zij te voren waren.

Des derden daags, vallen zij zoo laag, dat geen oog hun beschouwen vermag.

Des vierden daags, dan verzamelen zich alle visschen, welke in de wateren zijn, te zamen, en roepen allen tot God, en hun lot weet geen mensch, maar God alleen.

Des vijfden daags, branden (droogen op) alle wateren, van het Oosten der wereld tot het Westen der wereld.

Des zesden daags, dan zijn alle boomen en alle gewassen met eene bloedige daauw overtogen, (bevangen).

Des zevenden daags, dan vallen alle de getimmerten, van het Oosten der wereld tot het Westen der wereld,

that algadur to breken.

Thes achtunda dis, sa falt thi sten withir thene sten, and tobrekth al semin, and tha berga werthath eifnad.

Thes niugunda dis, sa werth alsa grat irthbiuinge, sa ther fon onbiienne there wralde er nen saden nas.

Thes tianda dis, werth thiu wrald emenad an there selua skipnese, ther se was, er se use drochten eskepen hede.

Thes andlofta dis, sa gunch thi manniska with thene otherne and ne mi nen mon otheron ondwardia fon there nede and fon tha ongosta; hwande thenne is iahwelik mon thes sinnes birauad.

Thes twilifta dis, sa werth egadurad alle thet benete efter there wralde anna ene stidi.

Thes threddinda dis, sa fallath alle tha stera fon tha himule.

Thes fiuwertinda dis, sa steruath alle tha lioete and skilun therefter upstonda mith othera claton.

Thes fiftinda dis, sa burnt alle thiu wrald, fonasta there wralde to westa there wralde, al to there hille porta.

Therefter werth domesdi. Sa cumth use Hera

en worden al te gader vernield.

Des achtsten daags, dan valt de steen tegen den steen en worden gezamenlijk verbroken, en de bergen worden geëffend.

Des negenden daags, dan ontstaat eene zoo groote aardbeving, als er van aanbegin der wereld vroeger niet zoodanige was.

Des tienden daags, wordt de wereld terug gebragt in denzelfden toestand, als zij was, voor onze Heer dezelve geschapen had.

Des elfden daags, dan gaat de eene mensch tegen den anderen, en kan geen man den anderen antwoorden, wegens de benaauwdheid en wegens den angst. Want dan is ieder man van zijne zinnen beroofd.

Des twaalfden daags, dan wordt vergaderd al het gebeente van de wereld op eene plaats.

Des dertienden daags, dan vallen alle sterren van den hemel.

Des veertienden daags, dan sterven alle de lieden en zullen daarna opstaan met andere kleederen.

Des vijftienden daags, dan verbrandt geheel de wereld, van het Oosten der wereld tot het Westen der wereld, al tot den poort der helle.

Daarna wordt het Oordeelsdag. Dan komt onze

mith alle sine Anglon and mith alle sine heligon. Sa beuath alle thiu wrald, alsa thet espene laf, alsa se hini siath mith tha criose, and mith tha spiri, and mith tha neglon, and mith there thornena crona, and mith tha fif wndon, ther hi an tha criose tholade fori us and fori al manseslik slachte.

Heer met alle zijne Engelen en met alle zijne heiligen. Dan beeft geheel de wereld, gelijk het loof der esschenboomen, wanneer zij Hem zien met het kruis, en met den speer, en met de nagelen, en met de doornen kroon, en met de vijf wonden, welke Hij aan het kruis duldde voor ons en voor geheel het menschelijk geslacht.

B.

Brief van Paus GREGORIUS DEN GROOTE *aan den Abt* MELLITUS (601).

Gregorius Mellito Abbati in Francia.

Post discessum congregationis nostrae, quae tecum est, valde sumus suspensi redditi: quia nil de prosperitate vestri itineris audisse nos contigit. Cum vero vos Deus omnipotens ad reverendissimum virum, fratrem nostrum, Augustinum Episcopum perduxerit, dicite ei, quid, diu mecum de causa Anglorum cogitans, tractavi: videlicet quia fana idolorum destrui in eadem gente minime debeant, sed ipsa, quae in eis sunt, idola destruantur. Aqua benedicta fiat, in eisdem fanis aspergatur, altaria construantur, reliquiae ponantur: quia, si fana eadem bene constructa sunt, necesse est, ut a cultu daemonum in obsequium veri Dei debeant commutari; ut, dum gens ipsa eadem fana non videt destrui, de corde errorem deponat, et Deum verum cognoscens ac adorans, ad loca, quae consuevit, familiarius concurrat. Et quia boves solent in sacrificio daemonum multos occidere, debet his etiam hac de re aliqua solemnitas immutari: ut die dedicationis vel natalitiis sanctorum Martyrum, quorum illic reliquiae ponuntur, tabernacula sibi circa easdem ecclesias, quae ex fanis commutatae sunt, de ramis arborum faciant, et religiosis conviviis solemni-

tatem celebrent. Nec diabolo jam animalia immolent, sed ad laudem Dei in esum suum animalia occidant, et donatori omnium de satietate sua gratias referant: ut dum eis aliqua exterius gaudia reservantur, ad interiora gaudia consentire facilius valeant. Nam duris mentibus simul omnia abscidere, impossibile esse non dubium est; quia is, qui locum summum ascendere nititur, necesse est, ut gradibus vel passibus, non autem saltibus elevetur. Sic Israëlitico populo in Aegypto Dominus se quidem innotuit: sed tamen eis sacrificiorum usus, quos diabolo solebant exhibere, in cultu proprio reservavit, ut eis in sacrificio suo animalia immolare praeciperet: quatenus cor mutantes, aliud de sacrificio amitterent, aliud retinerent, ut etsi ipsa essent animalia, quae offerre consueverant, verumtamen Deo haec et non idolis immolantes, jam sacrificia ipsa non essent.

Haec igitur Dilectionem tuam praedicto fratri necesse est dicere, ut ipse in praesenti illic positus perpendat, qualiter omnia debeat dispensare. Deus te incolumem custodiat, dilectissime fili.

Data XV Kalend. Juliarum, imperante Domino nostro Mauricio Tiberio, piissimo, Augusto; ann. 19. post consulatum ejusdem Domini nostri, ann. 18. Indict. IV.

Aanmerking. Dezen voor ons onderzoek zeer belangrijken en dikwijls aangehaalden brief treft men aan in GREGORII *M. Opera*, Par. 1705. fol. T. II. 1176, 1177. of *Epp. Lib.* XI. 76; — bij BEDA, *Hist. Eccl. Angl.* L. I. c. 30.; — bij Dr. G. TH. LEGIS, *Handb. der Altd. und nord. Götterl.* (Leipz. 1833.), S. 143., en, met de vertaling, in Dr. C. R. HERMANS, *Geschk. Mengelw.* I. 111. bl. 269—273. — Men vergelijke met denzelven onze aanteekeningen over de *Hlaren*, A. 35. bl. 135, over de *Kirika*, A. 37. bl. 167, en *over de dierendienst*, A. 46. bl. 204.

C.

Indiculus Superstitionum et Paganiarum (a).
(Leptines 743.).

§ I. *De sacrilegio ad sepulchra mortuorum* 1).
II. *De sacrilegio super defunctos id est* dad-sisas 2).
III. *De spurcalibus in Februario* 3).
IV. *De casulis id est fanis* 4).
V. *De sacrilegiis per ecclesias* 5).
VI. *De sacris silvarum, quae* nimidas *vocant* 6).
VII. *De his, quae faciunt super petras* 7).
VIII. *De sacris* Mercurii *vel* Jovis 8).
IX. *De sacrificio, quod fit alicui sanctorum* 9).
X. *De phylacteriis et ligaturis* 10).
XI. *De fontibus sacrificiorum* 11).
XII. *De incantationibus* 12).
XIII. *De auguriis vel avium vel equorum, vel bovum stercore, vel sternutatione* 13).
XIV. *De divinis vel sortilegis* 14).
XV. *De igne fricato de ligno, id est* nodfyr 15).
XVI. *De cerebro animalium* 16).
XVII. *De observatione pagano in foco vel in inchoatione rei alicujus* 17).
XVIII. *De incertis locis, quae colunt pro sacris* 18).
XIX. *De petendo quod boni vocant sanctae Mariae* 19).
XX. *De feriis, quae faciunt* Jovi *vel* Mercurio 20).
XXI. *De lunae defectione, quod dicunt* vinceluna 21).
XXII. *De tempestatibus et cornibus et cocleis* 22).
XXIII. *De sulcis circa villas* 23).
XXIV. *De pagano cursu, quem* Yrias *nominant, scissis pannis vel calceis* 24).

1) vergelijk over § I en II. Aant. 30. blz. 133.
2) vgl. noot bl. 123. en 147.
3) vgl. A. 35. bl. 158. en 344.
4) vgl. A. 35. bl. 158. zie ook Bijl. B. en beneden.
5) vgl. A. 37. bl. 167.
6) vgl. A. 48*b*. bl. 222. ook beneden.
7) vgl. A. 56. bl 261.
8) vgl. A. 64. bl. 327.
9) vgl. A. 68. bl. 380.
10) vgl. A. 74 bl. 211.
11) vgl. A. 15. bl. 58.
12) vgl. A. 44. bl. 190. 191.
13) vgl. A. 45. bl. 191. 46. bl. 198.
14) vgl. A. 43. bl. 183. 44. bl. 191.
15) vgl. A. 31. bl. 141.
16) vgl. A. 46. bl. 204. 359. zie ook beneden.
17) vgl. bl. 141. noot, en beneden.
18) vgl. A. 64. bl. 320.
19) vgl. A. 86. bl. 382. 383.
20) vgl. A. 65. 270. 59. 286.
21) vgl. A. 54. bl. 243. 46*b*. bl. 208.
22) vgl. A. 44. bl. 191.
23) zie beneden bl. 414.
24) A. 66. bl. 382.

(*a*) Ook dit merkwaardige en meermaals aangehaalde stuk werd, gelijktijdig met de boven (bl. 379.) medegedeelde *Abrenuntiatio Diaboli*, door HOLTENIUS ontdekt, en bevat blijkbaar alleen *rubrieken* van een verloren boekwerk; doch waarvan de belangrijkheid ons meermalen gebleken is. Wij ontleenen het uit GRIMM, *D. M. Anhang* XXXI.

XXV. *De eo, quod sibi sanctos fingunt, quoslibet mortuos* 25).
XXVI. *De simulacro de consparsa farina* 26).
XXVII. *De simulacris de pannis factis* 27).
XXVIII. *De simulacro quod per campos portant* 28).
XXIX. *De ligneis pedibus vel manibus pagano ritu* 29).
XXX. *De eo, quod credunt, quia feminae lunam commendent, quod possint corda hominum tollere juxta paganos.* 30).

25) vgl. A. 38. bl. 174. en bl. 357.
26) vgl. met § XXVI. bl. 365. noot.
27) vgl. A. 66. bl. 351, en beneden.
28) vgl. A. 55. bl. 256. en bl. 383.
29) zie beneden, en Bijl., D. bl. 403.
30) Zoo het ons voorkomt is ook deze §. XXX. te betrekken tot hetgene men geloofde over de *kracht der mane*, Aant. 54. bl. 242.

In onze aanteekeningen vonden wij geene geschikte aanleiding over de navolgende § XVI, XVIII, XXIII, XXV, XXVII, XXIX, te spreken. Hier zij derhalve nog omtrent deze en anderen aangemerkt, dat ook Dr. LEGIS, *Hb. der Altd. u. N. Gotterl.*, 124, 135, hier en daar zeer bevredigende ophelderingen schenkt. Het *dadsisas*, dat ons aan de gebeden op de graven der dooden deed denken (bl. 133.), verklaart ECKHART (*Comment. de R. Franc.* I. 408.) met letterverplaatsing door *dadis-as* = doods-eten; doch waarom hier dan niet *dads-isas?* — *isas* = ohd. *ezzan* (essen, eten); dus *doodsmalen*, waarover men kan nazien, VAN ALKEMADE, *Displ.* I. 304. II. 301. enz.

§ V. *De Sacrilegiis per ecclesias*, heldert LEGIS op uit de *Capitul. de partib. Saxoniae* (CAROL. M. bij BALUZIUS, *Reg. Franc.* I. 250.). § 3: »*Si quis ecclesiam per violentiam intraverit, et in ea per vim vel furtum aliquid abstulerit, vel ipsam ecclesiam igne cremaverit, morte moriatur.*" Vergl. boven aant. 35. bl. 158. over de *Laeren*.

§ IV. *Nimidas*, door ons, bl. 229, aangehaald, doch niet verklaard, wordt bij Dr. LEGIS, a. w. 127. (naar ECKHART, a. w. en RUHS *Ausf. Erl. d.* TAC. 312.) opgehelderd. Hoe de eerste echter aan *Nunhedas*, = negenhoofden, een offer van negen hoofden, komt, en hoe RUH, er *viwedas* (ohd. *uuich*, ang. *vih*, *vig*, goth. *weih*) en *wed*, (oudn. *vidr*, angs. *vuda*) heilig hout, van kan maken, is ons naar etymologische regelen onbegrijpelijk. Men vergelijke er mede GRIMM, *D. M* 372. »*Der deutsche ausdruck scheint mir unverderbt, aber darum nicht weniger unverständlich: es ist ein plur. masc. vom sg. nimid; wir müsten von sämtlichen be-*

denkungen unterrichtet sein, deren das einfache verbum neman vor alters fähig war, um den sinn des wortes zu treffen, ist das deutsche nimu, wie es allen anschein hat, einerlei mit νεμω, so mag sich auch nimid dem gr. νεμυς und lat. nemus vergleichen: weidetrift, wald, mark, sacrum silvae." — In eene latere gissing schijnt GRIMM (a pl. 372. in den noot) nimidas door slagt-offers in H. hainen te willen verklaren; doch slagt-offer is »hunsla." Wij vermoeden dus veeleer, dat men hier aan ni = ny, nieuw, en mid, med, mei, dus »nieuwe meijen" te denken hebbe. Zie over de mei-boomen en mei-takken, blz. 219 en 349.

§ XVI. »De cerebro animalium." Dat de heidenen wigchelarijen uit de hersenen der dieren zullen gekend hebben, hadden wij nog kunnen aanteekenen bij de dierendienst (aant. 46. bl. 198.). Naar aanleiding van § 13, citeert LEGIS andermaal het Capit. a. 742, BALUZ. I. p. 147. 148, bevattende eene wet tegen allerlei tooverij: »Ut populus Dei paganias non faciat, sed ut omnes spurcitias gentilitatis abjiciat et respuat, sive profana sacrificia mortuorum, sive sortilegos vel divinos, sive phylacteria et auguria, sive incantationes, sive hostias immolatitias, quas stulti homines juxta ecclesias ritu pagano faciunt, sub nomine sanctorum martyrum vel confessorum, Deum et suos sanctos ad iracundiam provocantes, sive illos sacrilegos ignes, quos nedfrates vocant, sive omnes, quaecumque sunt paganorum observationes, diligenter prohibeant." — Dat door dit ned-frates het nodfjr bedoeld zij, (waarover zie bl. 139. 141. enz.) is te waarschijnlijker, daar men ook heeft nedfri.

§ XVIII. »De incertis locis, quae colunt pro sacris." Hierbij teekent LEGIS, bl. 131. aan: »Unstätten waren heilig, aber ihre Lage unbekannt; wer über eine solche ging und plötzlich krank wurde, der wusste, dass er den Ort und die Ruhe eines Geistes gestört hatte". Daarom verbood men in Gelderland op Alven-kringen, (of heksen-dansen) in het weiland te trappen.

§ XIX. Dit petendo, door serpillum, peten-stro, bedstro verklaard (ECKGART, Fr. Or. I. 424.), betwijfelen wij zeer, zie boven bij de Maria-dienst. bl. 383.

§ XXIII. De sulcis circa villas, schijnt tot de loo-dienst te moeten betrokken worden, en de groeven of grachten rondom boeren woningen, stinsen, meierhoven, burgten en kasteelen aan te duiden. LEGIS a. w. 132.

§. XXV. Dat de eerste Christenen hunne afgestorvenen gaarne als *heilig* aanmerkten, teekent LEGIS hier aan, naar MONE, II. 136; vergelijk daarmede, wat wij boven zeiden over de vereering der heiligen en allerzielen.

§ XXVII. »*De simulacris de pannis factis.*" Dat door deze beelden, van linnen of stoffen gemaakt, *poppen* bedoeld worden, die door huwbare meisjes aan FREYA werden geofferd, heeft MONE, *Gesch. d. H.* I. 140., doen opmerken.

§ XXIX. De in deze § bedoelde »*ligneae pedes vel manus*" schijnen aan de *armen* en *beenen* enz. te herinneren, hier van hout, elders van was, enz., die men ook nog na de middeleeuwen, op meer dan eene plaats onzes lands, ten offer bragt. (zie volg. bijl.).

Tot opheldering der laatste rubriek: § XXX. citeert LEGIS het capit. van LODEWIJK II. a. 867. (*Fragm. Capitt.* 13. ap. BALUZ. II. 365.) waarmede wij ook deze nalezingen sluiten. »*Ut Episcopi Episcoporumque ministri omnibus viribus elaborare studeant, ut perniciosam et a diabolo inventam sortilegam et maleficam artem penitus ex parrochiis suis eradant, et si aliquem virum aut feminam hujusmodi sceleris sectatorem invenirent, turpiter dehonestatum de parrochiis suis ejiciant. — Illud etiam non omittendum, quod quaedam sceleratae mulieres retro post satanam conversae, daemonum illusionibus et phantasmatibus seductae, credunt se et profitentur nocturnis horis cum Diana paganorum Dea et innumera multitudine mulierum equitare super quasdam bestias, et multa terrarum spatia intempestae noctis silentio pertransire, ejusque jussionibus velut dominae obedire, et certis noctibus ad ejus servitium evocari,"* etc.

D.

Placaet beroerende het Bevert-gaen ende andere Superstitiën, van den 17 Januarij 1647. (a).

De Ridderschap, Edelen ende steden van Hollandt en-

(*a*) Overgenomen uit Mr. CORN. CAU, *Groot Placaetb.*, enz. I Dl. 's Grav. 1658. f. 219. Behalve de hier genoemde *bevaert*-plaatsen *Hey-*

de West-Frieslandt, representerende de Staten van denselven Lande, *doen te Weten*, Alsoo van nieuws tot onser kennisse is gekomen dat verscheyde persoonen, niettegenstaende voorgaende Interdictie, haer vervorderen, op sommige tijden van den jare ter Bedevaert te gaen op diversche plaetsen deser Provincie, als tot *Heyloo* omtrent de overblyfselen van seeckere Capelle eertyts ghenaemt Onse Lieve Vrouwe ter Noot, van gelycken tot *Wilsveen*, *'s Gravensande*, *Bergen*, ende andere ghewesten, en dat in linne kleeren of ander gewaedt, brengende aldaer tot Offerhande met veel Superstitieuse Ceremonien, gelt, wassekeerssen, of andere dingen, maeckende onderlinge groote Vergaderingen ende bijeenkomsten, van veele menschen, hetwelck naer Gods Woordt, noch om verscheyde consideratiën, naer de Policie deser Landen, niet en kan werden ghetollereert, maer andere ten exemple dient te werden ghestraft. *Soo ist*, dat wij, om tegen 't gunt voorsz. is, naerder te voorsien hebben gheinterdiceert ende verboden, ghelyck wy expresselyck interdiceeren ende verbieden by desen, allen en yegelycke persoonen, van wat qualiteyt of conditie deselve soude mogen wesen, eenige Bedevaerden of andere dierghelycke oorsaecken, eenige by-eenkomsten ofte vergaderingen, te maken, op peyne dat yeder persoon die anders ofte contrarie van desen sal bevonden worden te doen, dadelijk sal verbeuren eene boete van vier-en-twintigh ponden te veertig grooten 't stuck, en sal wyders arbitralick werden gecorrigeert naer exigentie van saecken, soo dickwils als contrarie van desen sal werden gedaen, hetzy of de selve persoonen of overtreders op 't feyt werden bevonden, of dat namaels 't selve tot haren laste sal worden bewesen; en sal de Officier de overtreders hebben te arresteren, en in arrest te houden, ter tijdt toe de voorsz. boete sal syn betaelt, immers ter tijdt toe, datter cautie voor deselve sal zyn gestelt, alles behoudens ende onverminderd de Privilegiën van de steden, welckers Ingesetenen ten Platte Lande

---

loo, Wilsveen, 's Gravensande, Bergen, leerden wij als zoodanig kennen *Bever-wijk* (Bevert-wijk) (bl. 46.), *Bever-lo* (bl. 69.), *Bever-meer* (ald.), *Bever-voirde*, en *Bever-woert* (bl. 138), *Bever-hem* (Heveren, bl. 160.), enz. doch buitendien bestonden vele andere als *Ketelaer*, en anderen.

niet arrestabel en zyn. Lastende ende ordinnerende daeromme alle Officieren die 't selve aengaen mach, 't inhouden van dese onse jegenwoordige Ordonnantie stricktelick t' observeren, te onderhouden, ende doen onderhouden, ende jegens d' overtreders van dien te procederen tot executie van de voorschreve breucken ende peyne, sonder eenige dissimulatie of verdrach. Gedaen inden Hage onder onsen zegele opten seventienden January sesthien hondert seven-en-veertigh. Onder stondt. Ter Ordonnantie van de Staten. Onderteyckent.

HERB^r. VAN BEAUMONT.

Aanmerking. Wij nemen bij voorkeur deze placaet hier over, omdat dezelve betrekking heeft, ook op *Heyloo*, waarover wij aant. 14. bl. 60, 62, als *heilend* water gesproken hebben, en hetwelk ook hier door O. L. Vrouwe *ter Noot* schijnt bevestigd te worden. Men ziet hieruit tevens tot hoe lang genoemde »*superstitieuse Ceremoniën*" aldaar nog hebben stand gehouden. In andere dergelijke verbods-placaeten, die hoofdzakelijk tot *Wilsveen*, *'s Gravensande* en *Bergen* betrekking hebben, als van 23 Junij 1583, 10 Junij 1588, gerenoveerd 1590 en 1591, lezen wij aangaande de offeranden: *brengende ofte offerende aldaar jonge Hoenderen, wassen-kaarsen, Beelden, Armen, Beenen ende andere Leden van Menschen in wassche gemaeckt, met vele andere superstitiën ende abuysen daer toe gebruyckt.*" — Dat men dergelijke offer-handen als overblijfsels van vroegere heidensche offer-dienst te beschouwen hebbe, zal na de lezing van aant. 64. bl. 320, wel niet betwijfeld worden. Onwillekeurig dachten wij bij deze *hoenderen* (misschien vroeger hanen), aan het het gezegde van SOCRATES, na het ledigen van den giftbeker: »*offert den goden eenen haan.*"

E.

Voorthuizen op de Veluwe.

Wij leveren hier het navolgende stukje, bevattende nige oudheidkundige opmerkingen, zoo als wij dat vroeger lieten drukken, echter met eene kleine noodzakelijk geachte verandering nopens de *Hune* en *Huneschansen*.

AAN DEN LEZER.

Ter verdrijving en verstrooijing van sombere, soms den geest drukkende denkbeelden, mij door den dood eener dierbare Levensgezellinne verwekt, ondernam ik in Aug. 1840, eene reis langs den Bovenrijn, naar Dusseldorp, Keulen, Bonn, Coblentz *en* Maintz, *verder naar* Frankfort *en* Wiesbaden, *waarvan ik den krachtigen indruk en weldadigen invloed op mijn gemoed wel nimmer vergeten zal. Behalve door trotsche en indrukmakende natuurtafereelen, door ontzagwekkende berg- en rotsspitsen, met ruinen van ridderburgten gekroond, die een aantal verloopene eeuwen in de herinnering deden opdagen, vond mijn geest daar verpozing in de verzameling van sagen en legenden, aan velen dier ruinen verbonden, welke telkens door lagchende, verrukkelijke, romantische of pitoreske valleijen en wijnbergen worden afgewisseld. Inzonderheid vergeet ik niet de beide feestdagen, den* »Fahrt nach den Niederwald" *tegenover, en het* St. Rochusfeest, *op de kruin van den* Rochus-berg, *nabij* Bingen, *door mij bijgewoond.*

Vóór het aanvaarden dier reis, had ik mij een drietal dagen opgehouden in Voorthuizen *op de* Veluwe, *en er stille, landelijke genoegens gesmaakt, die reeds aanvankelijk weldadig werkten op mijn verstand en hart. Eene korte beschrijving van hetgene ik daar gevonden en genoten heb, las ik er mijne Vrienden voor: zij verlangden die in druk te hebben, aan welk verlangen ik hiermede voldeed, met den wensch, dat deze weinige bladzijden, wellligt ook dezen en genen, die* Voorthuizen *mogen bezoeken, strekken ter aangename herinnering aan landelijk genot. Anderen mogen zij ten gids dienen bij hun bezoek van dit bekoorlijke oord. —*

Allen wensch ik eene gelukkiger zielstemming, dan waarin ik Voorthuizen *ten derdenmale bezocht; maar ook vooral, in gelijke stemming, denzelfden verkwikkenden en versterkenden invloed der schoone na-*

tuur. — *Gevoele elk, wat ik hier met den Dichter gevoelde:*

> Ja tempel der natuur! waar we in uw omtrek staren,
> Wij kunnen overal een weldoend God ontwaren,
> Die aan den hemelboog niet slechts zijn luister spreidt:
> De kleinste zandkor'l zelfs staaft Gods Voorzienigheid. (*a*)

Voorthuizen.

Op de *Veluwe*, in het N. W. gedeelte, tusschen *Amersfoort*, *het Loo* en *Apeldoorn*, *Barneveld*, *Nijkerk*, *Putten* en *Harderwijk*, kennen velen de schoone en gezonde ligging van het vriendelijke en bekoorlijke dorp *Voorthuizen*. In drie verschillende tijdperken mijns levens, als jongeling, als man en vader, thans als weduwenaar, bezocht ik deze streek, en telkens kwam *Voorthuizen* mij, door zijne verfraaijingen, bekoorlijker, maar ook belangrijker voor: zoowel wegens de schoone wandelingen, die het oplevert, als door oudheidkundige merkwaardigheden, die men er aantreft. Onvergetelijk zijn mij de stille, landelijke genoegens, die ik er, te midden der vreedzame dorpbewoners, in het schoone en hartverheffende der natuur, door afgetrokken, eenzaam gepeins, in oudheidkundig onderzoek, tot verstrooijing en afleiding van mijnen geest, gesmaakt heb, welke mede hebben toegebragt tot verzachting en leniging der diepe wonde, die het verscheiden van hier, eener dierbare Levensgezellinne, mij had verwekt.

Aan U, vriendelijk *Voorthuizen*, aan U, mijne vrienden, die dit liefelijk oord bewoont, ben ik dat verschuldigd: ten blijke van erkentenis wil ik U daarom, U en allen, die belangstellen in oudheden, of die schoone landelijke natuurtafereelen liefhebben, mededeelen, wat ik in *Voorthuizen* genoten en gevonden heb, dat den Voorthuizenaren niet onverschillig, vreemdelingen of Hollanders, die de *Veluwe* bezoeken, van belang kan zijn, en bewegen, om, gelijk ik bij herhaling deed,

---

(*a*) Uit BAX, *Gods Voorzienigheid.*

Voorthuizen op hunne zomertogten met een bezoek te vereeren, waartoe de aanzienlijke en druk bezochte logementen des Heeren WILBRINK en THOMAS, zulke gewenschte gelegenheid schenken.

Reeds de naamsoorsprong *Voorthusen*, of, gelijk men nu schrijft, *Voorthuizen*, schijnt mij merkwaardig toe, om deszelfs hooge oudheid en beteekenis. *Voort-huizen* toch, is, naar mijne opvatting, »*huizen aan de Voort*," dat is: *Woord, Woerd*, zijnde eene begraafplaats der Batavische voorgeslachten. Ook hier rust heilige asch! — Ook hier is heilige grond. Lang heb ik naar de eigenlijke Woord- of Woerdplaats, dat is doodenakker, gezocht, totdat mij de hooge ligging van de *Weem*, en de spook-geschiedenis aan het vondertje en in de kerksteeg, in de meening heeft gebragt, dat deze *Weem*, zijnde een groot vierkant akkerland, de asch in urnen of aschkruiken bewaart der voorgeslachten. Thans zijn het korenakkers of graanvelden, en daardoor, bij mijn laatst bezoek, ongeschikt tot verder onderzoek, door het te velde staande graan. Hoe menig graan echter, mag ook hier, gelijk elders, voor den dag des grooten oogstes zijn uitgestrooid! De sluijer der afgeloopene eeuwen ligt daarover, gelijk over nog zoo menige Woerdplaats, uitgestrekt; wellig zullen volgende tijden, zal een gelukkiger onderzoeker dan ik, dit ophelderen. Hier echter wandelt de oude lijkenverzwelger, de *Weer-* of *Woerd-wolf*, nog in de gedaante eens ouden honds, soms schuift hij den wandelaar op het Weem-pad, zonder pooten, vooruit. Hoe ernstig was de voorstelling der der Ouden; die wolf, soms met vurige oogen, de bode der schrikgodinne des doods, verslond zoo menig dierbaar leven als vroeger onder de menschen is ontstaan, en is nog nimmer verzadigd.

Ruste aller asch in vrede! —

Naast of in de nabijheid dier oude godsakkers, treft men allerwege eene *Loo*-plaats aan, die ik niet als een Heilig woud, of eene verhevenheid, gelijk men gemeend heeft, maar als eene H. waterbron, put of kolk, geloof te moeten aanmerken, en waarvoor ik in *Voorthuizen* het *Goor*-diep of de *Goor*-kolk meen te moeten houden, ten ware, bij nader onderzoek, wellig *Diep-en-bosch* (een diep door bosch omgeven), een dergelijk *diep* of eene H. waterkolk bevat hebbe, vroeger in bosch of woud verscholen. Dan echter zoude de afstand der veronderstelde Woerd-plaats nog al opmerkelijk zijn: overal elders vond ik die, tevens met eenen *hof* of *hoef*, in elkanders nabijheid. Ook hetgene ik op andere plaatsen, bij oudheidkundig onderzoek naar Woerd- en Loo-plaatsen enz. aantrof, vindt men hier, ten bewijze van den voorchristelijken oorsprong des dorps, namelijk eenen *Eng* en *Overhorst;* het eerste een hoog vierkant stuk akkerlands aan de kerksteeg, het laatste naast het zoo evenvermelde *Diep-en-bosch* gelegen (a).

Zoo bevat ook deze grond onmiskenbare sporen van vroegere Heidensche natuurdienst, waar men welligt de natuurgoden, *Wodan*, *Donar* en *Frowa*, dierenoffers en hulde bragt. Doch een beter licht, dan dat van Zonne- en Dondergod, van Maangodin en Aardmoeder, verving hare plaats. Het licht des Christendoms drong door onder deze Veluw-bewoners. De legende daarvan verhaalt, door den mond der Voorthuizenaren, dat de H. ODULF, op zijne bekeerings-togten onder de Friezen, ook deze heidensche *Oase*, te midden der woesternijen, aandeed. Na alhier, gelijk elders (omstreeks 830) vele bekeerlingen gemaakt te hebben voor het rijk van CHRISTUS, besloot hij tot de bouwing van eene Christen-kerk of kapel van hout. De plaats daartoe werd uitgekozen aan de Z. zijde des dorps, waar men thans nog eene enkele woning, de *Geest*, aantreft. Doch eene kapel zonder huizen scheen ongeraden. Nu raadpleegt de H. Kanonik van *Utrecht*, onder het driewerf slaan des kruisteekens, of men daar *eerst* de kapel, dan wel eerst huizen, en dan verder op de kapel, zoude bouwen, waar nog de kerk staat op heidenschen grond. *Voort* (d. i. eerst) *huizen*, was het antwoord van eenen geest, die in eerwaardig priestergewaad, op het kruisteeken des H. mans oprees, omdat deze had getwijfeld: *Voort-hui-*

(a) Voor deze, mijne woordverklaring van *Voorthuizen* door "*Woerdhuizen*" pleiten ook de oude benamingen des dorps, voorkomende in eenen giftbrief van Keizer OTTO, 970, waarin men *Vorthusen*, en van LOTHARIUS II, 1134, waarin men *Werdhusen* vermeld vindt. *Vort*, *Woord*, zelfs *Forde*, gelijk ook *Werd*, *Wirt*, *Waard*, enz. zijn gelijk beteekenend, nl. aan. *Woerd*, *Wurth*, enz. dat is een doodenakker, begraafplaats der Batavieren. ALTING, *Germ. infer.* Lett. V. xix. fol. 190.

zen, sprak de geest, en liet zoo eenen naam aan het dorp, waar ook de plaats zijner verschijning nog den naam van *Geest* draagt. Anderen verklaren deze korte, maar door eeuwen heen steeds voortwerkende uitspraak, als een vloek, naardien de huizen, die vroeger aan de *Geest* en aan de Z. en N. W. zijde der kerk stonden, steeds *voort*-kruipen, en nu meest allen Zuid-oostwaarts van deze kerk, welke vermoedelijk aan den H. Odulf is toegewijd, worden aangetroffen. Zelfs op de Pastorij, of vroegere Weem, schijnt die vloek gerust te hebben; doch welke thans, door het bouwen eener Pastorij ten Z. O. der kerk, uit *liefde*-giften daargesteld, wel zal zijn opgeheven.

Dat de Voorthuizenaren steeds van oudsher eenen grooten eerbied koesterden voor dezen H. Odulf, uit wiens hersenpan, met zilver beslagen, men in *Utrecht*, zijne begraafplaats, gewoon was, op den *St. Odulfs-dag* (12 Junij), te drinken, (*a*) bleek mij overtuigend uit een zoogenoemd oud *Maalboek* van den jare 1643, te *Voorthuizen*, bij den Heer van Goor, in berusting, het oudste, dat ik heb kunnen opsporen, en menige niet onbelangrijke letter-, of taalkundige bijzonderheid bevat (*b*). Verschijn- en betaaldagen hadden, volgens deze schriftelijke oorkonde, even als de vergaderingen der Maalmannen en Veldgraven, op den Odulfs-dag plaats, ongetwijfeld, zoo-

---

(*a*) Zie hier wat Buchelius, *notae in Joh. Bekam*, daarvan zegt: »Daar is nog in zekere bewaringe een houten nap van St. Odulfus, zijnde met een zilveren nap bekleed, aan denzelven hangt met een kettingje een kruis van 't allerfijnste goud, met het beeld van de gekruisten Christus daar aan, in welk beeld beide voeten, rustende op een steunsel, met twee nagelen doorboord, gezien worden. En 't is nog op heden de gewoonte van uit *St. Odulfs*-nap op zijn' feestdag (12 Junij) te gaan drinken, nadat ze het gemelde kruis in denzelven nap gedoopt hebben. De H. man Odulfus heeft dit kruis op zijne borst gedragen." — Over den oorsprong dezer en andere drink-instellingen heb ik gehandeld in mijne toen nog onuitgegevene *Verhand. over de drinkpl.* enz. 1838; of ik die ooit in het licht zal kunnen bevorderen, ook dit zal de tijd ontwikkelen. Inmiddels zie men de aangehaalde woorden en over. St. Odulfs-nap: van Alkemade's *Nederl. Displegtigh*. II Dl. bladz. 490, 491. — Zie gem. *Verh.* in 1842 in het licht bevorderd.

(*b*) Hieruit leerde ik de zoogenoemde *sichten*, de *maalmannen*, de *veldgraven*, — benevens de gehuchten *Soemeren*, *Harde ler* en *Wixe-ler* kennen, waarvan de taalkundige beteekenis niet onbelangrijk schijnt.

we ter vereering van dien Heilige, als ter plaatsvervanging der vroegere offergelden en offerdieren aan eenen thans onbekenden Natuurgod, die door St. Odulf alhier is verdrongen geworden.

Ook natuurkundige bijzonderheden bevat *Voorthuizen*. Het zijn namelijk de drie halve maanvormige heuvelen, die het dorp aan de N., de N. O. en Z. O. zijde omgeven, op eenen bijna overal gelijken afstand van het dorp, van 10 minuten. Onder het vriendelijke geleide des Heeren Wilbrink en den bekwamen Onderwijzer, wandelde ik deze heuvelen rond: waarvan de eerste bij *Dusschoten* aanvangt en bij *Diep-en-bosch* eindigt, — de tweede bij *Heuvel-kamp* begint en bij *Zandberg* uitloopt: terwijl de derde in de rigting van *Barneveld* Z. O. waarts gelegen is.

Over den oorsprong van dit merkwaardige drietal heuvelen nadenkende en sprekende, hoorde ik van den *Kimbrischen* vloed gewagen, welke ook hier sporen van deszelfs vroegere verwoesting in de *Dusschoter*-veenen, tusschen *Voorthuizen* en *Nijkerk*, zoude hebben nagelaten, alwaar men somtijds niet weinig zware boomen, allen in eene Z. O. rigting aantreft, waarvan de hardheid bewijst, dat zij reeds sedert eeuwen onder de aarde zijn bedolven geweest. De vinders zagen en kloven deze boomen veelal tot brandhout, dat aan het vuur een ongemeen licht door het vertrek verspreidt.

Mij kwam de veronderstelling, dat gemelde zandheuvelen aan dien of eenen anderen, verwoestenden vloed derzelver ontstaan te danken hadden, als ongegrond voor. Allen toch doen zich te regelmatig, en op gelijke afstanden rondom het dorp, in halve maanbogen, voor, en schijnen veeleer het werk van menschenhanden, dan dat van eene verwoestende natuurwerking te zijn.

De bijzonderheid, dat men op eenigen afstand N. W. waarts van dezelve eene buurtschap, de *Hun*, *Hune*, en in derzelver nabijheid een zoogenoemd *Meurtgat* (d. i. moordgat) aantreft, doet mij thans veeleer aan opgeworpene offerheuvels denken; waarbij misschien ook de groote steenen *bal*, welke men nabij het dorp vindt, in aanmerking komt. Naar mijne gissing zijn deze *drie* halve maanheuvelen, in eene N. Oostelijke, Oostelijke en Z. W. rigting gelegd, en, gelijk men er op den *Dunoberg* te Oosterbeek, aan het *Uddeler*-meer, en elders op de Veluwe, aantreft, offer-heuvels, of die althans tot gewijd gebruik in de natuurdienst der voorgeslachten strekten. De bijzonderheid, dat men ook hier wederom het H. drietal aantreft, zoowel als derzelver rigting en gedaante versterken mij in die meening. Een mijner vrienden verzekerde mij, dat de bedding dier heuvels, die op sommige punten eene aanmerkelijke hoogte hebben, denzelfden veengrond oplevert, als de oppervlakte der omliggende heidevelden, die zich noordwaarts uitstrekken, zoo verre het oog reikt, en zich in hunne woeste schoonheid vertoonen. Deze, zoo evenvermelde bijzonderheid versterkte mij niet weinig in mijne opvatting. Evenzeer ook deze, dat men het bovenvermelde *Meurtgat*, tusschen de *Hun* of *Hune*, en den grootsten maanheuvel aantreft: ook elders vindt men moordkuilen bij eenen *Hune-* of *Henne-*berg.

Mogten wij aannemen, dat het nabijgelegene *Sand*-berg, oorspronkelijk *Sun*, *Son*-berg, maar door verbastering in Zandberg is overgegaan, dan zoude juist deze, de grootste der heuvelen aan de *Zon*, de andere aan *Mond* en *Hertha* kunnen zijn toegewijd geweest. Hoe menig offervuur althans, mogen ook te hunner eere in de natuurdienst der vaderen op deze heuvelen ontstoken zijn! Welligt zouden bij opdelving, of doorsnede derzelver, of bij nader onderzoek, waartoe het mij aan tijd ontbrak, in den omtrek, hetzij door urnen, strijdwapens of wat ook, bewijzen daarvan kunnen worden aangetroffen (*a*)!

Zoo voortdenkende beklommen wij menigen heuveltop, en drongen door het kreupelhout, tot dat wij den tweeden der vermelde maancirkels of *Hune*-schansen bereikten, die door deszelfs eigenaar, mijnen vriendelijken gids

---

(*a*) Trekken wij nu dit alles te zamen dan zal men erkennen, dat vooral ook *Voorthuizen*, uit een oudheidkundig oogpunt beschouwd, merkwaardig mag heeten, niet slechts als *Woerd*-plaats, maar ook door de omgevingen: een *bosch* (aant. 3 en 48.), een *diep*, (loo: § 14. 54.), een *Hun*, *Hune* (aant. 64. bl. 320), een *meurtgat* (bl. 148.), een *horst* (a. 46. bl. 198.), een *Dusschote* (bl. 334.), een *Harde-lér* (aant. 35. bl. 163.), *drie* heuvelen (aant. 62.), en op grootere afstanden: *Putten* (Put-hem), *Barneveld* (barne = borne), *'t Loo*, en *Garderen*, met zijne grafheuvels. Dat dit alles, te zamengenomen, mijne veronderstelling, die ik in 1840, nopens de roover-horden van ATTILA koesterde, wijzigen moest, zal niemand bevreemden; deze zullen hier wel *Pseudo-Hunnen* blijven tot dat meer zekere geschiedkundige berigten hunne *rooftogten* staven. Zie over Voorthuizen ook HELDRING en GRAADT JONCKERS, *de Veluwe*, Arnh. 1841.

Winbrink, in de schoonste wandeldreven herschapen is, ten bewijze, hoezeer de menschelijke geest, de woestheden der natuur beheerschen, en aan zijnen wil onderwerpen kan. Verrukkelijk zijn thans deze wandeldreven, waardoor deze schans verrijkt is; inzonderheid voor den stedeling, die hier op eene der bekoorlijkste heuveltoppen verplaatst, zich door treffende vergezigten, aan de eene zijde door de indrukmakende woestheid der natuur, aan den anderen kant door verrukkelijke boekweit- en graanvelden, omgeven ziet, ten blijke, hoe de menschelijke geest, eenen zelfs ondankbaren grond in vruchtdragende akkers herschept. Treffend is van hieruit de opmerking, hoe alles, wat binnen de groote uitgestrektheid dezer heuvelen ligt, het lagchendst aanzien van nijverheid en vruchtbaarheid draagt, terwijl te midden dier bonte schakering van veldlakens of vruchtbare akkers, zich de torenspits, en menige vreedzame woning aan het oog vertoont, waar welligt nimmer eer- of heerschzucht, noch verlangen naar aardsche grootheid binnentrad, maar alléén het gebed om dagelijksch brood, door het vergenoegde en tevredene gezin opwaarts steeg. Onder deze woningen levert het aanmerkelijk verfraaide *Zandberg*, een inderdaad bevallig gezigt op. Dat alles wordt voor den niet ongevoeligen natuurbeschouwer treffender door de tegenstelling aan de noordzijde, waar het oog zich over louter woeste heidevelden uitstrekt.

Wij bewandelden deze fraaije slingerpaden, die ons menige genoegelijke rustplaats aanboden. Op eene der banken nedergezeten, werd mij verhaald, hoe schoon, hoe prachtig en verheven, zich vooral ook hier de werking der natuur vertoont, wanneer eene onweerswolk van het Z. W. uit, naar het N. O. over de Hunerschansen heen trekkende, in de rigting van *Garderen*, hare met bliksemstof bezwangerde schoot ontlast, of wanneer een zevenkleurige regenboog, de hemelbrug der Ouden, van hier gezien, met zijne uiteinden op de heidevelden schijnt te rusten.

Van eene tweede zitplaats geniet men de verrukkelijkste vergezigten op *Garderen*; de zoogenoemde *Zevenbergen*, die met hunne oude grafheuvelen der Germaansche voorgeslachten, en *Bergsham*, den oudheid-onderzoeker veel belangrijks opleveren, en, zoo ik meen, ook door mijnen vriend HELDRING, met een wetenschappelijk oogmerk zijn onderzocht geworden.

Van eenen derden nog hoogeren heuveltop, strekt het gezigt over *Zandberg*, de derde der schansen naar *Barneveld*, zelfs tot *Amersfoort*, het schoone *Renswoude*, *Nijkerk*, *Putten*, en andere reeds gemelde plaatsen, waarop het oog met welgevallen rust. Doch niets overtreft hier het nabij-gezigt over den ganschen omtrek, binnen deze heuvelen, over de akkerlanden en graanvelden, waar de nijvere Voorthuizenaar het vruchtbare zaad uitstrooit, en de Vader der menschen regen en wasdom schenkt. Van hieruit ziet men tevens op de meeren *Kraaijen-veen*, *Meeuwen-veen*, *Polle-veen* en *Grijse-veen*, welke laatste eene verkwikkende en veilige badplaats aanbiedt, door de natuur zelve gevormd, en door geen wulpsch of nieuwsgierig oog bespied. Doch verder dan het gezigt hier van alle zijden reikt, strekten zich mijne gedachten uit, verre, verre over de grenzen des tijds: eenmaal komt de tijd, dat hemelsche vergezigten, voor den wandelaar, ook voor mij, deze bekoorlijke tafereelen der zegenrijke natuur afwisselen. Zoolang echter mijn geest nog aan het stof geboeid is, vergeet ik niet de genoegens, de weldadige verrukkingen, die de schoone natuur mij hier allerwege deden smaken.

Onder aangenaam onderhoud bezochten wij nog, terwijl reeds de zon naar den westelijken gezigteinder neigde, en de avond zijnen nachtelijken sluijer in het oosten begon uit te spreiden, de aangename wandelpaden, tegenover *Zandberg*, alwaar wij ons verkwikten, en daarna huiswaarts keerden. Dáár deelde mijn hart in de stille, plegtige kalmte, die eene statige, rustige avondstond, den beminnaar der vrije natuur, zoo mildelijk schenkt, en zoo weldadig is voor een vatbaar gemoed.

Wie gelijk ik, den uitgestrekten en fraai aangelegden tuin des Heeren WILBRINK bezocht, heeft ongetwijfeld ook daar reden gevonden om den smaak des eigenaars te bewonderen, en stond niet minder aangenaam verrast door den tuinspiegel, die hem de duizende voorwerpen en bloemen, de schilderachtige lucht, met hare schitterende dagtoorts, benevens de schakering der wolken, in derzelver ware kleuren, en allen evenredig verkleind, in den omtrek van eenen grooten glaskogel vertoont. Voor mij, ik dacht hier aan de uitvinding van DAGUER-

RE, en bewonderde ook hier de schoonheid der natuur, die zich altijd schoon aan ons oog vertoont, hetzij wij, hare voorwerpen, door een vergrootglas gewapend, of in verkleinde vormen, bespieden. Slechts behoeft men daartoe de algemeene taal der natuur te verstaan, en het spiegelvlak des harten onbezoedeld te bewaren.

Wie tevens de naastomgelegene plaatsen van *Voorthuizen*, als *Barneveld*, *het Loo* en *Appeldoorn*, benevens *Amersfoort* enz. van hier uit wenscht te bezoeken, zal zich dergelijke toertjes geenszins beklagen, en vindt, even als ik vroeger, met mijnen vriend WOUTERS Jr., bij dergelijke uitstapjes van *Voorthuizen* uit, vond, stof genoeg om zich hier in de edelste genoegens te vermaken.

Weldadig waren voor mijn gemoed, bij het besef van hetgene mij, op mijnen levensweg, ontnomen was, deze zachte gewaarwordingen, die de natuur door zulke verrukkelijke tafereelen in mijne ziel verwekte:

(a) Zij schonk mijn' ziel een oogwenk weêr 't genot,
Den droom vol poëzy der ras vervlogen jaren,
Toen d' aarde en wat zij teelt, — toen mijne vreugde en lot,
Voor mijn gevoel en hart een rozen-keten waren; —
Mijn ziel verhief zich dan een wijl in hooger sfeer,
Het was mij eind'loos goed, 'k was in mij zelf verloren;
Een beeld, een enkel beeld gaf me aan mij zelven weêr:
'k Zei mij, dat leed en druk hier tot deez' aard' behooren.

Ik zag u Gelderland! maar 'k zag u zonder Gaê; —
Helaas, de staf des doods brak de edelste aller loten;
Toch, mijn verrukte ziel verhief voor U haar stem, —
Zij ziet Uw schoon niet meer; 't graf houdt haar stof omsloten.
Was 't wonder godlijk oord, dat, toen gij 't heil mij schiept,
Waarvan 't herdenken steeds mijn borst van vreugd doet blaken,
Gij 't lieflijk beeld van haar mij meê voor d'oogen riept,
En tevens 't harte een zucht van diepe smart deed slaken? —
Maar zegespreidend oord! *dat* denkbeeld schonkt ge ook mij,
Dat wen een edenpraal uw' schepping schoon omschittert,
Ge een voorsmaak biedt, van 't rijk der eeuw'ge harmonij,
Waar 't onbeperkt geluk door 't lot niet wordt verbitterd.

(a) Naar den Geld. Alm.

Ja, dan sloeg ik gesterkt mijn blik op d'eeuwigheid,
En stille vrede en hoop hereenden zich te zamen:
'k Dacht dan aan 't wederzien, dat liefde en vriendschap beidt,
En luider sprak mijn' ziel: *Gods wil is heilig!* — *Amen.*

Voorthuizen,
Augustus, 1840.

Hiermede eindigen wij ook dit gedeelte, der bijlagen, met den levendigen wensch, dat anderen gelukkig genoeg zullen wezen ons meerdere, oorspronkelijke bronnen aan het licht te brengen, en die met rijke aanteekeningen te voorzien.

WOORD-REGISTERS.

A. PLAATSNAMEN.

A.

Aa. ('t gat van der) 63. 73.
Aarlo, zie Haarlohem.
A-beke-walda. (Abcoude) 42.
Accadorp. A. 45.
Aduwert. 20. 134.
Aerscot. 37.
Aerdshout. 355.
Agast-alda-burg. (Oldenhoven) 181.
Agatha-kapel. (Veur) 27.
Agathen-kirica. 170.
Agnietenberg. 139.
Alar. (Laer) 160. 162.
Albiniana. 97.
Aldadorpa. (Ouddorp) 45.
Alfinum. (Delf) 53. 97. 208.
Alfna. (Alphen) 97.
Almelo. 313.
Alphen. (N. Br.) 144.
Alphegi. (Castra) Dalfsen. 98.
Amelo. 313.
Angelsloe. 56.
Antwerpen. 309. 336.
Apeloo. 328.
Arduenna-woud. 43. 224. 225. 257. 305. 355. 357.
Arclo. 71. 257.
Ardes-hage, zie Hardes-hage. 257.
Arenacum. 72. 308.
Arlaer. 162. 163. 257.
Arnhem. 308.

Arenshorst. 203.
Arkel, Arkeloo. 172. 193. 194.
Arkona. 284.
Armelo. 71.
Arnemuiden. 73. 308.
Asbeek. 238. 239.
Ascloha. 238.
Asciburgium. 157. 238. 288.
Ascmannedilf. 182. 184.
Ascumannedilf. 239. 266. 267. 312.
Asenlo. 388
Asperen. (Hasperen) 238.
Asselo. (Haselo) 69.
Aster-lo, 55. 71. 301.
Astrawolda. 229.
Atrecht. 54.
Aurich. 220.
Austerhaule. 177.
Avelsaet. (Avezate) 172.
Averwolde. 228.
A-voort (Woerd). 130.
A-wich. (Ewyk) 45.
Axtenhoven. (Agtienhoven) 59. 181.

B.

Baar-land. 145. 182. 283.
Baarle-Nassau. 144. 166.
Bac-lo, of
Bac-laos. 53. 55.
Backenesse. 239.

27.

Baduhenna-woud. 41. 54. 188. 223. 224.
Bakel. (Bakeloo) 171.
Baldrikes-wich. 45.
Bal-holt, zie Ballerholt.
Bal-lãr. 163.
Bal-loo. 12. 70. 282.
Baller-kule. 70. 282.
Baller-holt. 70. 282.
Balloo-er holt. 283.
Balde-lo. (Bladel) 56.
Bar-land. (Baarland) 283.
Barneveld. 407. 411. 412. 415.
Bat-aue (Graafsch) 179.
Bat-ouwe. 6. 46.
Bat-avie. 297.
Bata-vieren. 4.
Beddere-walda.(Pater-wolde)225.
Bede-hem. (Bedum) 155.
Be-er-lere. (Béde-laer) 162.
Belder-bosch. 282.
Bel-gië. 283.
Belgis. 283.
Bergen-op-zoom. 308.
Better-lo. 388.
Betters-wird. 134.
Beve-land. 156.
Bever-lo. 69. 388.
Bever-hem. 156.
Bever-meer 69.
Bevero-vicus. 46.
Bever wijk. 69.
Bever-veurde. 133.
Bever-voerde. 130. 133.
Bevert-woerd. 174.
Billioen, of Billoen. 87. 292.
Blade-lo. 282.
Blaricom. (Bé-laerichem) 160.
Blinckert. (de 139. 242. 321.
Bloksberg. 107.
Bodokenlo. 179.
Bomelo, of Boeme-lo. (Bommel) 71. 73.
Bokhorst. 203.
Bokhoven. 179.
Bokel-esch. 219.

Bols-ward, of Bols-werth. 134. 282.
Bonifacius-put. (St.) 11. 16. 59. 201.
Borc-hem. (Borkum) 154.
Borcu-lo. 12. 56. 70. 306.
Born-werth. 135.
Bracola. (Breukelen) 56. 58.
Bree-helium. 14. 36. 53. 293.
Briel. 36. 293.
Brittenburg. 60. 232.
Britswerth. 146.
Brocken. (Bloksberg) 107.
Bronkhorst. 203.
Bructeren. 178. 186.
Bruine-horst. 203.
Brussel. 310. 388.
Buddinge-wolde. 43. 228.
Budi-lo. 71.
Buntmans-berg, zie Huntmansberg.
Buren. 306.

C.

Cal-lo of Collo. 68. 110.
Cambrai. (Kamerrijk). 192.
Castra. (Kesteren) 146. 171.
Cauchen. 42.
Col-ham. 110.
Chamaven. 178.
Char-lois. 68.
Chasperen. (Hasperen) 238.
Cheruskerland. 298.
Chimelo-fara (Himele-ferda) 55. 134. 148.
Clairmond. 245. 246.
Crommenije. 310.
Crops-wolde. 224.
Cruptorix. (Hoeve) 224.
Cruptoriges villa. 391.
Cothem. (God-hem) 157. 264.

D.

Delf. (Alfinum en Theolf) 194. 294.

Delfgauw. 47.
Dendermonde. 59.
Deuticum. (Doedeghem) 149. 155. 156.
Didam. (Theodan) 247.
Dingshof. (Thing-hof) 181.
Disburg. (Tysburg) 253.
Dockijn-cijrica. (Dockum) 170. 172.
Dockum. (Dochem) 11. 155.
Doijem. (Doijehem) 156.
Doijin-wier. 138.
Domburg. 139. 232. 321.
Dorestadus. (Thorestath) 72. 232.
Dork-werth. 135.
Dooden-waard. (Woerd) 20. 133.
Doorn-werth. (Thorn-werth) 134. 140.
Doornik, zie (Torn-acum).
Driel (Trie-lo) 67. 103. 125. 172. 194. 195. 285. 314.
—— (Bommelerwaard). 314. 391.
Drie-bergen. 275. 321.
Duifel-waard. 135.
Dunkelaer. 162.
Duno (Thuno) 275.
Duno-berg. 22. 321. 411.
Duno-bosch. 325.
Durfos (Thurfos) 271.
Dijle. (Ty-lo). 252.
Dijt-wirth. 133.

E.

Easter-ga. 47.
Eersel. (Eerselo) 171.
Eese. (Hees) 238.
Eesweij. 59.
Eexlo. 325.
Egmond of Eghe-mond 34. 153. 194. 245.
Eikenduinen. 174.
Elburg. 308.
Ellerts-loo. 282.

Ellerts-veld. 282.
Engelander-holt. 227. 228.
Eres-loch (Eersel) 171.
Ermelo, Irmin-lo. 70. 296.
Eschenburg. 238.
Eska-thorp. 238.

F.

Fayrlama-burg, Fraylamaburg. 150. 311.
Fikkers-hil. 147. 293.
Finsterwolde. 228.
Flevo, (Vlye) 138. 224. 298. 301.
Forenholte; (Voreholt) 41.
Fortrape. (Fortarpe) 45.
Forum Hadriani. (Voorburg) 232.
Fosetes-land. 290. 356.
Franchi-mond. 249.
Franken. 4. 9.
Frau-lo, Vroulo; Vroonen. 71. 276.
Fraijlamaburg. 150. 311.
Fre-wolde. (Freda-wolda) 229.
Frisiabones. 53. 178.
Frisionowic. 45.
Friesche-lo. 68.
Friesen. (groote en kleine) 4. 298.
Fullenho. (Vollenho) 181. 188.

G.

Ga, Gau, Gowe enz. 8. 46.
Ganne (rivier) 189.
Gannita. (riv) 177. 189. 389.
Garderen. 413.
Garns-werth. 264.
Gene-muiden. 73. 177. 178. 189. 389.
Glinthort. 203.
Geste-lo. 71.
Godes-weerde. 264.
Godolfshem. 157. 264.
Godsbelt. 264. 321.
Godsberg. 264.

Godes-weerde. 264.
Godensee. 388.
Goeree. 308.
Gorinchem. (Gorcum) 155.
Gotsewald. 229. 230.
Gou, Gooi enz. 8.
Grafhorst. 203.
Grinnes. 72.
Groenloo. (Grunlo) 12. 56. 70.
Gus-aha. (Goes) 146. 300.

H.

Hara-lo. 259.
Haarlo-hem, (Haralhem ook Heerlhem) 155. 259.
Haekswolde. 228.
Haeswijk, zie Heeswijk.
Hagham. 208. 226.
Hal-lár. (Laer) 161.
Hallo. 282.
Hamr, ham, hem. 27. 153.
Hamarithi. (Hemert) 157.
Hameland. 179. 183.
Haragham. 226·
Harago. 26. 226.
Harde (het) 258. 328.
Hardenberg. 258. 259. 321.
Harderwich. 257.
Hardes-hage. (Suut) 225.
Hardes-hage. (Nort) 226.
Hartwerth. 389.
Harechem. 226.
Haruc, Harec. (Noord en Zuid-) 26.
Hartjesberg. 258. 321.
Hasenberg. (Asenberg) 238.
Haselo. (Ase-lo) 56.
Hasenhem. (Asenhem) 157.
Haslau. 238.
Hasse-laer. (Asen-laer). 162.
Hattheijm. 264.
Havezaten. (Havene) 180.
Havixhorst. 203.
Heeswijk. 46. 238.
Her-laer. 163.

Heel-weg. 291.
Heghe-mond. Haecmond. 249.
Heil-bron. 289.
Heiligenberg. 139. 321. 328.
Heillo, Heilig-loe, 57. 60. 171.
Heiligenloh. 57.
Heiliger-lee. 68.
Helgo-of.
Heiligo-land. 63. 289. 290.
Heimenberg. 321.
Heinkeszand. 145.
Hemvermeer. 307.
Heldine-zee. 36. 74. 92. 291.
Helium. 6. 33. 36. 74. 290.
Hellium. 291.
Helleburg. 283.
Helledoorn. 291.
Hellenberg. 139.
Hellegat. (te Rousse) 62.
Helleput. (Dendermonde) 59.
Helleput. (Melden) 62.
Hellerveld. 328.
Hellevoet. (Hellevloet) 36. 74. 290. 291.
Hellewich. (via sacra) 46.
Helmond. 34. 245. 246.
Helvarenbeek. 291.
Hel-voirt. 134.
Hel-rivieren. 14. 16.
Hem, haim, heim. 153.
Hemelsche-berg. 275. 321. 328.
Hemelumerferda, 134.
Hemelrick. 178.
Henge-lo. 56.
Hengst-schoten. 335.
Henna-werd. 134.
Henneberg. (te Loosduinen) 25. 178. 182.
Herculis. (Castra) 298.
Hercu-lo. 56. 70. 257.
Here-hem. 264. 269.
Herickerberg. 139. 166. 259.
Heri-uurde of Heri-uertha. (Herwerd) 129. 134. 264.
Her-laer. 163.
Herminones 298. 314.

REGISTER.

Hertenkamp. 355.
Her-veld. 26.
Heselo. (Haserlo) 70.
Heter-en. 250 285.
Hexel. (Exclo) 167.
Hil-varen-beek. 134. 148.
Hil-de-gaerts-berg. 291.
Hindeloopen. 308.
Hlara. (villa), zie haeren. 23. 35. 158. 159. 222. 304.
Hleri. 159.
Hlithem. 157.
Hlijnhordt. 203.
Hodi-mond. 245. 249.
Hoender-berg of Hoenerberg. 140. 231. 232. 323. 328.
Hoener-schans. 323.
Hoen-weerd. 323.
Hoenderloo. 323.
Hofla, Hoflake. 181.
Ho-laer. 162.
Holten. (vier) 227.
Holten. 41.
Holland, Holtland. 42.
Holt-sole. 38. 39. 43. 227.
Holler. 282.
Holwijrd,
Holwijrda, of Holwerth. 132. 134. 282.
Honara-thorpa. 45.
Hondschbosch. 323.
Hondscot. 335.
Hondsloe. 388.
Honds-laer. 5. 37. 38. 324. 387.
Hons-dam. 323.
Hons-ruc. 324. 325.
Höfkens. 25.
Hoven. (in 't Westland) 25.
Hoorn. 309.
Horst. (bruine, witte) 30.
Hostraga, Hostrache. 46.
Hulsbergen. 175.
Hulsterloo. 57. 68.
Hunnen. 9 386. 387.
Hun, Hunc. (Voorthuizen). 323. 411.

Hunerberg. (bij Nijmegen) 35. 231. 232.
Huner-loo. 323.
Hunebedden. 394.
Hune-schansen. 323 324. 325.
Hunteren. 323
Hunsberg. 326.
Hunslo. 387.
Hunsow. 323.
Huntmansberg. 327.
Hunusga. 46.
Hijmeleferda. (Hemelumerphaart) 229.

I, J.

Jaarsveld. 257.
Ingaevones. 314.
Jorwerth. 134. 257.
Juffers-wert. (Heteren) 249. 285.
Jupille. (*Jubillo, Jubii-villa*)80.
Irmin-lo. (Ermelo) 70. 296.
Islego, Islegawe. 47.
Istavones. 314.

K.

Kalverbosch. 230.
Kaninefaten. 6. 179. 183.
Katwijk. 6.
Keen-en-burg. 180.
Kelten, zie Kimbren. 3. 4.
Kesteren. (Castera) 146.
Kevelaer. 162. 258.
Kimbren. 3. 4.
Kinnem, of
Kinhem. (Kennemerland) 155. 179. 226.
Ketel. 309.
Kirckwerf, of Kirckwerve. (Oegstgeest) 182. 391.
Kerckwerve. (Zeeland) 391.
Knollendam. 252.
Kol-horn. 110.
Kol-hoven. 110. 181.
Kolm-schate. 335.

Koningshof. (Herve d) 26. 27. 180.
Koningshoven. 178.
Kraantje Lek. 16.
Kruis-haarder-berg. 328.
Kuilenburg. 309.

L.

La-beki. 54. 55.
Laer (aan de Imschara) 168.
Laer-woude. 229.
Laren (Zuid- Mid- en Noord-) 160.
Lares. (tres) 391.
Lakemond. 245.
Lange-lo. 12.
Lauenburg. 90. 91.
Lauri 159.
Lea-werd. (Liou-werth). 133.
Lemelerberg. 35.
Leer. (aan de Leda) 160. 172. 305.
Leda. (Rivier) 305.
Leeuwarden. 309. 310.
Lermens. (Lēr-mond) 160. 245. 246.
Levae fanum. 159. 160. 304.
Lievendaal. (Leefdale, Levae fanum) 160. 163. 304.
Lichtenberg. 35. 139. 242. 321.
Liethorp. 45.
Lilloo. 388.
Liora. (riv.) 13. 14. 208.
Lier. (Westl). 13. 19. 22.
Lisiduna. (Loijsden, Loesden, th. Leusden) 58.
Lochem. 12. 61.
Lochemer-berg. 139.
Lochorst. 204. 286.
Loneker-berg. 139.
Lo- of Looplaatsen. a. 54.
Loosduinen.
Losdunum. 13. 53. 54. 208.
Loosdrecht. 12.
Loohorst. 204.
Loven. (Leuven) 54. 67.

Lugdunum. 50. 53. 54.
Lunhorst (Lunenhorst) 203. 247.
Luneburg. 243.
Lun-horst of Lijnhorst. 29. 30.
Lutke-loo. 56.
Luxwolde. 228.
Lijn-horst. 30. 203.
Lijtke-wolde. 228.

M.

Maasmuiden. 73.
Mānhorst. 203. 247. 277.
Marcheshem. (Markschem) 155.
Marken. 180.
Marke-berg. 228.
Marke-lo. 68. 166.
Mar-lo, Maarlo, Meerlo, Mierlo. 54. 56. 67.
Marsveld. 296.
Marsen. 189.
Mata-bruna. 87. 88.
Matilo. 55. 88.
Mechelen. 59.
Medemahem. (Medanheim). 157. 278.
Medemalacha. 55. 168. 278.
Melden. 64.
Menapiërs. 179.
Mentera-walda. 246.
Middelburg. 309.
Monema-wolde. 229. 246.
Monnikendam. 309.
Nonster. 208. 245.
Monster-duin. 35. 139.
Montferland. 139.
Montfranderberg. 247.
Monterberg. 139. 245. 246. 321.
Morinen. 179.
Muffbosch. 227.
Muiden. 73. 82. 83.
Mu-lo (Murlo) 227.
Mur-weth. 148. 168.
Murmir-woude. 229.

REGISTER.

N.

Naaltwijk. 19.
Naharvalen. 223. 230.
Navalia. 391.
Neckers-poel. (Mechelen) 59. 71.
Nederhel. 331.
Nemus Sacrum. (Schaker-bosch) 41.
Neo- of Nio-magus. 232. 278. 298. 300.
Nerviërs. 253.
Niger pullus. 78.
Nikkers-steeg. (Delf) 79.
Nooddorp. 309.
Noormannen. 387.
Nunspeet. 328.
Noort-zee. 300.
Nijburg. (Heteren) 286.

O.

Ockers-dorp. (Acca-dorp) a. 45.
Odnea. 264. 269.
Odoorn. 315. 325.
Oetelaer. 161. 380.
Oedenrode. (St.) 380.
Offer-wicheij. 156. 227. 321.
Offrithem. (Offrichem) 156.
Oldenhof. (Driel) 178. 181.
Oldenhoven. 176. 177. 180. 181.
Oldengod. 321.
Oosterbeek. 166. 218. 301.
Oosterholt. 229.
Oosterhout 301.
Ooster-lee. (Ostra-loo) 14. 71. 301.
Oost- of Oosterwoude. 229.
Oosterwijk. 301.
Ootmarsum. 167.
Osdam. 184. 239.
Otter-lo. 68.
Oude wereld. 14. 232.

P.

Paaschberg. (bij Wageningen) 35.
——— (bij Katwijk) 139.
Paeschduin. 321.
Paderborn. 225.
Pades-lo. 54.
Padhem. (Petten). 154.
Patchem. 156.
Pater-wolde. 225.
Pedechem. (Vlaanderen) 156.
Pithe-lo. (Petten) 57. 69.
Piers-hil. 147. 293.
Polanen. 25.
Poppe-lo. 75.
Prinsenhof. 181.
Puthem. (Putten) 153.
Pijnakker. 309.

Q.

Quartor Foreste. 42.
Quints-heul. 15. 38. 242. 362.

R.

Rae-hol. 282.
Rasc- of Rasq-werth. 135. 389.
Ravenhorst. 203. 334.
Ravenscot. 37.
Reckhem. 179.
Rec-la. 56.
Redinc-hem. (Renkum) 155.
Rhenc-hem. 288.
Reni-lo. 69.
Renselerberg. 328.
Richars-bron. (fons) 59.
Rinwic. 45.
Robiemont. 59.
Roder-lo. 12. 56.
Roer-lo. (Ruur-lo) 68.
Rolde. 315.
Roohorst. 203.
Rousselaere. 273.
Rothem. 143. 148. 273.
Rotterdam. 10.

Rukaas. 239.
Rume-lo. 56. 57. 63. 80. 297. 300.
Runilo. 69.
Runxputten. 62. 63. 69.
Runer-wold. 228.
Rijswijk. 33. 46.

S.

Saksers. 9.
Sandelingh. 312.
Sandroode. 273. 306.
Sassenheim. (Saxnem). 10. 154. 227.
Sater-loo. 295.
Schaker-bosch. 11. 27. 41. 224. 225. 227.
Scharl en Warns. 315.
Scar-lo. (Char-lois) 68.
Schaker-lo. 12. 146. 388. 389.
Scheveningen. 76. 77.
Schoonder-lo. (Schoonlo) 12. 16. 56.
Scorro of Scoron-lo. 56. 68.
Schoonrewaerd. 172.
Schotel. 387.
Schutteloo. 387.
Scipleda. 15. 91. 208.
Sclaven. 9.
Sclavenburg. 10.
Seelanden. (zeven) 183.
Seg-mecr. 15.
Seg-waard. 20. 133.
Sel-loo. 242.
Sel-werth. 16.
Sethone. 307.
's Gravensande. 208. 310.
Sicambren. 179.
Sigers-wolde. 229. 265.
Sil-wolde. 229. 241.
Sincfal. 387.
Sintloe. 242.
Sipculo. 71. 303.
Skelwolden. 241.
Snein. (Snits) 241.

Soelmond. 245.
Solle-veld. 35. 242.
Sol-werd. 62. 134.
Sonnemare. 242.
Sonnegea, ga. 47. 242.
Sonsbeek. 242.
Sonnebelt. 321.
Sonneberg. (Oosterbeek) 139. 275. 321.
Sourensche bosch. 227.
Spa-land. 309.
Spankeren. 172.
Staalduin. 139.
Stabulaus,
Stablo of Stavelot. 55. 57. 70. 268.
Staphorst. 204.
Stavoren. 59. 61. 267. 309.
Sternewald. 227.
Storckhorst. 203.
Sub-ort. 227.
Sul-mond. (Soel) 245.
Suelna. (Zuilen) 247.
Sueven. 257. 279.
Sulinc-hem. 247. 248.
Suit-hardes-hage, Suut-hardec-hage. 26. 225.
Suolo, Swlo, Swolle. 310. 311.

T.

Taarlo. (t' Aarlo) 138.
Tafelberg. 321.
Telramonde, zie Tyremundi.
Tencteren. 179. 186.
Terham. (Torhem) 271.
Termunt of Termunten. 321.
Terpen, Thorpen, aant. 44.
Terpen, in Bataue. 7.
Terwerth. (Tor- Tuna-werth) 134. 271.
Ter-woude. 229.
Teutoburger-woud. 223.
Theodan. (Didam) 247.
Theolf. (Alfinum) 53. 208.
Thinghof 181.

REGISTER

Thir- of Thierlede, ook Thureleda. 226.
Tholo. (Tholen) aant. 58.
Thore-stath. (Dorestadus) 271.
Thorpen, Terpen. aan. 44.
Thorn-werth. 271. 272.
Thur-lede. (rivilum) 55. 91.
Thuredrecht, Thuretrecht. 53. 59. 271.
Thurn-hout. 229.
Thurs-wolde. 229.
Ti-lo. Thi-lo, (Thiel) 73. 252.
Ti-lo. (Ty-lo, Dyle) 253.
Tinaer-lo. 70. 271. 394.
Tinte. (H. put, te) 64.
Tir-grath-felt. 252.
Tir-lede. (Thier-leda) 252.
Tir-le-mont. 34. 245. 248. 252. 275. 310. 321.
Tona-werth. (Tuna-werth) 271.
Tongeren. 59. 271.
Tonger-loo 70. 271.
Torhem, Thorheim. 157.
Torn-a-cum. (Thornahem) Doornik. 161. 271.
Toxandriërs. 171. 179.
Travenhorst. (t' Raven-horst) 203. 265.
Tregrimahusen. 265.
Tremella. (Drummelen) aant. 58.
Trento-walda. (Drenterwolde) a. 42.
Trianta. (Drenthe) 169. 171.
Trie-lo. (Driel) 67. 103. 125. enz.
Trimunten. 248. 275.
Trou d'enfer. 64.
Tubanten. 179.
Tuna-werth. 271.
Twello. (t' wello) 138.
Twicke-lo. (t' wicke-lo) 68. 138.
Tylo-burg. (Til-burg) 252.
Tyremundi. (Tir-le-mond) 253.
Tysburg. (Disburg) 253.
Tysterbant. 172. 179. 183. 252. 253.

U, of V.

Uada, Vada. 72.
Uerthen. (Wertheim) 155.
Uilaer, Vilaer. 162.
Uurda, Vurda. (Woerden) 129.
V-laer-thing. (Vlaarding) 160. 161. 162. 171. 208. 220.
Uddeler-meer. 144. 149. 411.
Upkirica. 173.
Urk, Urker-kerkhof. 189.
Urt-hunsu-la. 323. 388. 390.
Ut-la. (Wt-la) 90. 91.
Upuuilcanhem. 154.
Usc-werth. (Uskwerth) 132. 149. 160. 172.
Usipeten. 179.
Uttiloch. 149.
Utrecht. 54. 55.

V.

Vahalis. 293.
Valburg. 265.
Valenciennes. 192. 309.
Valua. 179.
Valthe. 325.
Vaude-lee. 263.
Vaude-mont. 263.
Vaude-see. 263.
Velsen. 171. 174.
Ven-lo. (Veen-lo) 54. 56. 67.
Vlissingen. 287. 309.
Vollen-ho (hoogte). Vollen-hove. 177. 181. 188. 313.
Voorburg. 9. 47.
Voorhout. 41.
Voorthuizen. 22. 130. 131. en Bijl. E. 407.
Voreholt. 41.
Vosse-laere. 63.
Vreesenberg. 139.
Vriezenberg. 166.
Vrithofe. 26. 181. 182.
Vro-lo, Vrone. 276.
Vron-lo, Vroon-lo. 71. 177.

28.

Vuni-lo. 388.
Vyrda. (Wierden) 167.

W.

Walricheshem. 154.
Wallers. 162.
Waramundum. (Warmond) 182.
Warfhem. 155.
Warme-lo. 68.
Warmond. 10. 245. 248. 249. 277.
Warners. 10.
Warns. 315.
Warns-werth. 264.
Water-lo. 12.
Werdhusen. 409.
Wesen-horst. 205.
Westerbierum. 83.
Wester-lee. 14. 71. 303.
Westervoort. 172. 238.
Westkapelle. 297.
Westzanen. 311.
Wilde Zee. 15.
Willebrords-put. (Heillo) 11. 16. 62. 64. 65.
Wiewerth. 135.
Wierden. (Vyrda) 167.
Wiltenburg. (Uilenburg) 55.
Winke-lo. 59.
Winschoten. 37. 334.

Wirthum, Woerdensem. 155.
Wirdum. 389.
Wtla, Witlam. 14. 54. 58. 90.
Wit-wierda. 135. 149.
Wittenhorst. 203.
Wiven-belter. 97.
Wodnehem. 264.
Woensel, Woense-lo. aant. 56. 69. 263.
Woenstrecht. 263.
Wolden. aant. 41-
Wolsberghe. 263. 327. 389.
Wolvega. aanf. 47.
Woerdplaatsen. 18. 20. 129.
Woud. (zonder genade) 225. 226.
Wyrda. 390.
Wijken. (Vici) 7. 8. 45.

Y.

Ysel-mond. 245.
Ysel-muide. 37.

Z.

Zonne-belt. 242.
Zonne-berg. 242.
Zout-leeuw. (Zuid-Leau) 59.
Zwarte-poel. 78.
Zwarte Waal. 14. 174. 329.

B. WOORD- EN ZAAKREGISTER.

A.

A, ha, ahva, aus, aos, acha, Ea, ee, ao, O, Oo. enz. water. aant. 53.
Aagots-dag. 342.
Aarde. (nieuwe) 345.
Aard-zuilen. 298.

Adelaar. 206. 308. 411. 312.
Aechten-dag. (St.) 342.
Aiber. (eiber) 194.
Afgods-bergen. 321.
Afgods-wouden. 230.
Aks. (strijdbijl) 331.
Alch, Alces. 205.
Alio-runa. 185.

Allemans-harnas. 211.
Allerheiligen. 403.
Alfschyters. 97.
Alruin. 30. 210.
Altaar-kaarsen. 143.
Alvinnen. 97.
Alvinnen-heuvel. 97.
Ann. (mooi) 292.
Antonie-kruis. (St.) 309.
Aran-manoht. 355.
Arcana, 211.
Arend. 203. 308.
Arend. (symb.) 357.
Armen en beenen. 403. 405.
Arsmaend. 356.
Artur's tafelronde. 152.
As- Ase-plaatsen. 238.
Ascumann. 28. 184. 312.
Aschman. 386.
Asen, Asendom. 271. 393.
Asenregt. 393.
Asenleven. 329.
Asenstelsel. 236. 261.
Asgard. 237.
Asschepoester. 120. 150.
Assendelf (wapen) 312.
Astarfeest. 347.
Atte. 228.
Aueros. (*Urus*) 204.
Aula-dei. 26. 176. 177. 322.
Ave Maria. 345.
Appelen. (Iduna's) 303.
——— (gouden) 304.
Aprilsgrappen. 347.
Azuur. 284.

B.

Baal. (*beel*) 283.
Bakwerk. 365.
Balder-bus. 287. 333. 385.
Baldr's-bra. 30. 209.
Balk (in de wapens) 293. 294.
Bal-schieten. 333.
Bal-slaan. 286. 333. 335. 385.
Basiliscus. 151. 207.

Bayart. 200. 392.
Beele, Biele. 284.
Beer. (Derk met den) 206.
Belderom. 205. 282.
Belenuntia. 211.
Bera-steen. 263. 264. 327.
Bester eerden. 206.
Bergkruinen. (heilige) 320.
Bethlehemke zien. 363.
Bernen. 123.
Bévaert-plaatsen. 46. 69. 133. 160. 403. 404.
Biarg-runar. 210.
Bier-runen. 210.
Bifrost. 255.
Bilzenkruid. (*Belenuntia*) 211.
Bil-loen. 125.
Bior-salr. 147.
Bison. 205.
Blasoenen. 213.
Blod-manoht. 205. 321.
Bloed-tiend. 180.
Bloemen. (heilige) 351.
Bloemspelen. 212.
Bloemenspraak. 214.
Bok-bok. 385.
Bokken. 203. 204. 206.
Bokkenwagen. 385.
Bom-bam-beijeren. 174.
Boomen (heilige) 214.
Boomen-dienst. a. 48. 214.
Boom-vereerders. 221.
Boonen-koek. 340. 341.
Bosch. (aan Hercules gewijd) 223.
Brachmanoht. (Brah-m.) 350.
Branding. 123.
Brand-offer. 137.
Breckmaand. 356.
Briesschen. 190.
Brim-runar. 210.
Brittannisch kruid. 392.
Brocken. (Bloksberg) 107.
Brommer. 385.
Bron. (Urdr-) 123.
Bron. (des tijds) 2.
Bronnen. 59.

Bron-offer. 61. 388.
Brouw-ketel. 347.
Brudr. 277.
Brui-lof. 277. 341.
Brunnur. (bron) 123.
Brunehaut. 264. 327.
Bubalus. 204.
By-lo. 217. 385.
Byrna. (bron, brand) 123.

C.

Centaurus. (zie *Garmr*).
Cerberus. (zie helhond) 294.
Ceremoniën. 15.
Charica (zie *Cyrica*).
Charwoche. 170.
Chari-vari. 209. 243.
Chiromantie. 191.
Claes-vaer. 360.
Clif. (roode) 137.
Cloetbanen. 336.
Collen, Colrysters. 109.
Cometen. 254.
Coninck. (water-) 78.
Crite, Krythoeve. 333.
Cyrica. 169.

D.

Dadsisas. 123. 147. 400. 401.
Dauthus. 123.
Dauwslaan, Dauwtrappen. 76. 78. 351.
Dextriers. 201.
Dierendienst. 198. 398. 399.
Dobbel-spel. 335. 385.
Doelen. 287.
Doemsdach. 368.
Dommelde Metten. 343.
Donderbeitels. 36.
Donderdag. 274.
Donderdag. (witte) 347.
Donder-keilen. 36.
Donder-steenen. 273.
Donder-wagen. 36.

Dooden-feest. 357.
Dood-kisten. 24. 175. 176.
Doods-malen. 401.
Dorre-maand. 339. 345. 346.
Dortiendagh. 340.
Draec, Draek, 150. 206. 370.
Dreutel. 385.
Driekoningen. 340.
Drietallen. (H.) 314. 315. enz.
Drinkplegtigheden. 365.
Droes. (paarden-). 118.
Droes-bezweerder. 116.
Drollen. 385.
Druïden-voet. 350.
Dualisme. 337.
Duivel-banners. 108.
Duivels-kolken. 61. 63. 65.
Duvekaters. 347. 386.
Duvels. 150. 205. 262.
Dwaal-lichtjes. (hiplichtjes) 22.
Dysendag. (zie Tysendag).

E.

Edda-leer. 31.
Edelen. 180. 183.
Eik, (H.) 30. 215. 216.
Eikels, (*glandes*). 330.
Eikenspanen. 108.
Eyra-runa. 185. 186.
Ei. (symb.).
Elms-vuren. (St.). 143.
Eiwitkijken. 191.
Elf-rank. 211.
Elsenstomp. 273.
Emmer. 313.
Emmerslang. 313.
Eric-tac, Erctac. 258.
Erntemonad. 355.
Esch (H.) 30. 218.
Esch-namen. 219.
Esturmanoth. 302.
Evenmaand. 339.
Everzwijn. 204. 205.

F.

Faan-brand. 143.
Famars. (tempel). 253.
Fana. (Laeren). 23. 233.
Fay. (zie Veeg). 141.
Feesttijden. 39. 336.
Feestmalen. 365.
Feg-fyr. 167.
Firabrand. 331.
Fiord, fiordr. foort. 129.
Framéa. 33. 330.
Framéen-dans. 330.
Frán, frán, zie Vrone.
Freya-dienst. 279. 342.
Freya-dag, (groene). 347.
Freya-tempel. 276.
Freya's spinrokken. 254.
Fred, Fredei. 280.
Freju-dagr, Fridagr. 280.
Frowa-dienst. 381.
Fyr- (vuur)-dienst. 136.

G.

Gaaischieten. 335.
Gans. 359.
Garm. (helhond). 294.
Gea-feynt. 47.
Gedenkpenningen. 47.
Gedenksteenen. 231. 295.
Gedrochten. 206.
Geertenminne. (St.) 346.
Geluksvogels. 29. 129. 191.
Geola. 361.
Geomer. (Sage van) 234.
Gerstmaand. 355.
Geslachtswapens. 312.
Geslachtsrekening (der goden) 376.
Getallen (Heilige of Symbolische). 314.
Giganten. 16. 74. 89. 326.
Gimle. 148. 374.
Giostra. 332.
Glandes, (eikels). 330.

Glorifier, (ros). 200.
Gluijschoven. 107.
Godenbeelden. 377.
Godenleven. 329.
Goden-namen (Latijnsche) 230.
Godenschemering (Ragna-raukr). 67. 337. 365.
Godenstelsel. 31.
Goensdag. 270.
Goud (zilver en rood). 137.
Goud schyten. 334.
Graafschappen. 178. 179.
Graue, Grauwe, Graaf. 178. 183.
Grael. (H.) 152. 391.
Gregersdag. 346.
Gregorius-feest. 344.
Grifes, Griffioen. 150. 206. 208.
Gringalette. (ros) 200.
Groeven. 402.

H.

Haan. 196. 312. 364.
—— (roode. 197.
—— (wapen). 311. 312.
Haan-sabelen. 196. 326.
Haar-, Har-fest. 258.
Haar-snijden. 243.
Haas. 29.
Haligmaand. 339.
Halloween bleezes. 136.
Hamer! (wat) 385.
Hamersche kerel. 273. 385.
Handen-kijken, (*Chiromantie*). 191.
Hanneliesjes-dag. 251.
Hane-luud. 196.
Hardjes-dag. 226. 258. 259. 355.
Harda-gangen, Herdgangen. 163.
Har-fest. 258. 339.
Heidensche tempel. (Nymegen). 163.
Heil-bronnen. 62. 68.
Heil-leuver, heil-uiver (ooijevaar). 29. 194. 195.

Heiligamanoht. 360.
Hekdaalders. 120.
Heksen, (katten). 29. 385.
Heksen-branden. 142.
Heksen-dansen. 107. 402.
Heksen-deuntje. 109.
Heksen-koningin. 106.
Heksen-processen. 110.
Hel, helheim. 37. 366.
Hel. (vaar naar de) 385.
Helderom. 205. 282. 357.
Helhond (*garm*). 36. 206. 208. 209. 290. 293. 370.
Helmanoht. 368.
Helnamen. 33.
Helplaatsen. 290. 291.
Helleputten. 64. 65. 291. 293.
Helrivier. 36. 290. 292. 372.
Helvloeden. 293.
Helwagen. 31. 174. 291.
Helle-wegen. 291. 370.
Hellewich. 291.
Hem-, heim-plaatsen. 22. 153.
Hemelstreken. 24. 164.
Hene-, hennekleed. 322. 325.
Hengist en Horsa. 266.
Hengst. 267.
Herba lorifa. 279.
Herbist-manoht. 356.
Heraldie. 338. 309. 311.
Hercules-zuilen. 298. 299.
Herda-feest. 355.
Herda-gangen. 258. 383.
Herfstmaand. 355.
Hersenen der dieren. 402.
Herten-jagten. 355.
Hertenkop. 355.
Heulen. 242.
Heunburgin. 325.
Hewimanoht. 353.
Hinde. 308.
Hinniken. 190.
Hiona-gras. 279.
Hiplichtjes. 22. 143. 150.
Hirtasfeest. 362.
Hiul. 38.

Hlaren. 229. 304. 399.
Hlader, Hledra. 158.
Hoefijzer-schuiven. 335.
Hoen. (offer) 324. 325.
Hoender-offer. 326. 405.
Hoenplaatsen. 323.
Hommel-stommel. 127.
Hond (verkeerde) 21. 127. 129. 209. 294.
Hond. (kwade, zwarte) 112. 127. 128. 385.
Hond. (gehuil des) 209.
Hond. (Hel-) 293.
Hond. (zie Hun).
Hondenslager. 386.
Hondsla. 38. (zie *Hunsla*).
Hoorigen. 180.
Hoorn. (wapen) 309.
Hoo-uut. 197.
Hörgr en *hof*. 176.
Hormunc. 342.
Horsa en Hengist (sage) 49. 199. 266.
Horst. (ros) 29. 199.
Horstplaatsen. 30. 202.
Houten. (drie) 317.
Hoven. (Konings-) a. 39. 176.
Hoven. (Olden-) a. 39. 176.
Huisgoden. 120.
Huislook. 30. 211.
Hulle, vulle. 29. 146.
Hun. (offer.) 324.
Hunsl. (Hunsla). 38. 39. 324.
Hun-sla-stath. 324.
Hune. (doode) 322.
Hune. (reus) 322.
Hunebedden. 164.
———beden. 320. 324. 325.
Hunsberg. 326.
Huneplaatsen. 320. 323.
Huul, Hiul. 361.
Hvitu-dagr. 352.
Huwelijksmaan. 34.

REGISTER.

I.

Illuminatiën. 142.
Iglo tadema. 137.
Irminseul. 296.

J.

Jagt. (wilde) 105.
Jaargedingen. (drie) 317.
Jager (eeuwige) 105
Jakko. (jagtgeroep) 105.
Jans-dag. (St.) 350.
Jans-kruid. (St.) 30. 209. 286.
Jans-vuren. (St.) 21. 140. 144. 352.
Jans-water. (St.) 75.
Jenneke tooverheks. 385.
Jobs-dag. (St.) 66.
Joel. (Jule) 38.
Joël-feest. 302. 322. 340. 361.
Joël-koeken. 362.
Jol, Jollen. 362.
Josaphat. (dal van) 373.
Jost. 333.
Josteren. 331. 350.
Joustes, joute. 332.
Jouster-spel. 287.
Jubel. 363.
Juffer. (witte) 267.
Juel, Jule, Huul. 242. 361.
Julen. (jolen) 242.
Jule-feest. 206. 361.
Jule-offer. 206.
Juweel. 362.
Juttemis (St.) 362.

K.

Kaart-leggen. 191.
Kaartspel. 329.
Kalfschyters. 97.
Kalf. (zwart) 127. 128. 129.
Kamper-steur. 289.
Kampveld. 333.
Karbonkel. 152. 153.
Kasper-Robles-zuil. 301.
Katten. (heksen) 29. 106.
Katten-liefde. 206. 276.
Kat-kneppelen. 353.
Katten-spel. (woest) 77.
Kater. (roode) 127.
Kermis (feest) in de hel. 107.
Kerkklokken. 63. 64. 73.
Kersbroden. 363.
Kersfeest. 362.
Kerskoeken. 365.
Kerstipjes. 363.
Kersvuren. 139. 140.
Ketterbranden. 142.
Keutel. 385.
Kinderspelen. 40. 385.
Kirica, Kyreca. 23. 37. 167. 399.
Kiezen. (*kyran, kära*) 169.
Klaver. 213.
Klepbeentjes. 385.
Kleuren. (v. dagen) 337.
Klootwerpen. 335.
Knopen-tellen. 191.
Koe. (ijzeren) 128.
Koe. (Co, cou, koude) 147.
Koekoek. 196.
Koffij-kijken. 191.
Koningsbrieven. 341.
Koningskaarsjes. 340. 341.
Koolzaaddorschen. 356.
Koppel- of Kopper-maandag. 304. 341.
Köppekes-dag. 341.
Kriekepit. 68.
Kraaijen. 29. 198.
Krakelingen. 348. 365.
Kraanvogels. 198.
Kruidje-moes. 338. 247.
Kruis-beeld. 284.
Kruisteeken. 272.
Kuilen. (wapen) 309.
Kullekenskruid. 212.
Kwaksalverij. 212. 214.

L.

Laeren. (*fana*) 23. 35. 158. 159. 164. 229. 401.
Larie. 304.
Lamp. 364.
Lancea. Lansen 330. 331.
Landmeters. (gloeijende) 143.
Landjuweel. 362.
Laugr. 54. 123. 136.
Laugr-dagr. 296.
Laurensdag. (St.) 67.
Laumaand. 340.
Leba-, Leva-maand. 339. 341.
Leijgr. 54. 123. 134.
Legenden. 406.
Leke-luden. 90.
Lelie. (witte) 331. 316.
Lenzimanoht. 345.
Leeuw. (lyoene) 34. 252. 309. 310.
Leeuw. (roode) 35. 206. 314.
Leeuw. (Symb.) 357.
Leeuwerik. 196.
Leuer-zee. 142.
Licht en lucht. 136.
Lichtmissen. 139. 143. 342. 390.
Lichtsteenen. 149.
Lichtwagen. 274.
Lif. 304.
Lillefort. 87.
Limrunar. 210. 211.
Linde. 30. 215. 217. 218. 279.
Lintworm. 206. 207.
Lo, loo. (vroegere verklaring) a. 49. 52.
Lo, Loo, Los, Lug. (water) 11. 52. 53. enz.
Logi. 54.
Loo-dienst. 54. a. 58.
Loo-plaatsen. 54.
Lör- of *Lö-verdag*. 296.
Lou-maand, Lau-maand. 52. 340.
Lucien-dag. (St.) 385.
Luctor et emergo. 310.
Lui-lak. 194. 351.

Lyoene. 206. 310.
Lijk. 147.
Lijkbier. 147.
Lijk-brand. 24. 143. 390.
Lijkstroo. 145.
Lijkvuren. 144.
Lijkwagens. 37. 174.
Lyzaboria 87.

M.

Maagden-maand. 278. 339.
Maagden-stroom. 278.
Maan. (huwelijksgodin) 254.
Maan. (loop naar de) 385.
Maandag. (blaauwe) 338.
Maandgoden. 338.
Maandnamen. 339.
Maan-verzwelger. 243.
Maan-zuilen. 243. 247.
Maarslag. a. 53.
Magteloosheid. (der goden) 376.
Malagys-paardje. 392.
Man. (in de maan) 243.
Man-wolf. 127.
Mane. (craft der) 243. 244.
Mane-scine. 277.
Männeke ut de zee. 265.
Mare-minnen. 16.
Mare-voet. 350.
Maria-beelden. 383.
Maria-dienst. 279. 341. 381.
Maria-draden. 382.
Maria-gangen. 383.
Maria-gras. 382. 392.
Maria-lichtmis. 342.
Maria-spinrokken. 254. 363. 382.
Mark-graafschappen. 180.
Marrit Vatsouse. 354.
Marsen. 189.
Mars-veld. 296.
Martens-feest. (St.) 358.
Martens-lichten. (St.) 139.
Martens-mannen. (St.) 358.
Martens-minni. (St.) 358. 359.
Martens-tienden. (St.) 358.

Martens-vogel. (St.) 358.
Martens-vuren. (St.) 21. 358.
Maskeraden. 46.
Matres. 307.
Matronae. 307.
Meerman. (wapen) 312.
Mei- of maagden-lied. 221. 279. 319. 349.
Meijen. 348.
Mei-baden. 16. 74.
Mei-boom. 219.
Mei-drank. 219. 349.
Mei-feesten. 219. 348.
Mei-grave.
———gravinne. 219. 349.
Mei-maand. 278. 280. 348.
Meisnye, Meisnide. 349.
Melkweg. 254.
Meroveus (sage van) 37. 294.
Merovingers. 294.
Miauwen (der heksen) 109.
Mjölnir. (moker) 272. 331.
Minni-drinken. 148. 266. 317.
Midsommer-feest. 286. 339. 350. 361.
Midsommer-vuren. 242.
Midwintra. 302. 361.
Midwinter-feest. 339. 340. 361.
Midwinter-vuren. 242.
Mirakel-hout. 220.
Mirakelen, en Mirakel-geloof. 30. 381.
Mistel-tein. 209. 210. 285.
Moeder-godessen. 307.
Moeder-maagd. 278.
Moeder-nacht. 258. 360.
Molen-malen. 340.
Mono-chiros. 150. 208. 310. 311.
Monomomachia. 332.
Mōnster. (maan-ster). 34.
Monsters. 206. 208.
Mondfer. 246.
Moordkuilen. 148.
Muth, Muide. 73.
Muisjes, 365.
Muisjes-dag. 342.

N.

Nacht-uil (Scuvuut) 29.
Nagels-knippen. 243.
Narren-kirchwey. 343.
Nastrand. 366. 374.
Natuurgoden. 31.
Natuurvergoding. 236.
Nedfrates, nedfri. 402.
Neo-magus. 87.
Nehae (deae) 307.
Nehalennia-kapel. 23. 163. 171.
Nicolaes-feest. (St.) 362.
Nicolaes-koek. (St.) 362.
Nicolaes-mannen. (St.) 362.
Nicolaes-varkens. 362.
Nieuwe iaar (jaar = aarde) 345.
Nieuwe-jaars-feest. 362.
Nigromantie. 292.
Nimidas. 400. 401.
Nodfyr. 21. 139. 141. 353. 400.
Noodlot. (*Urlac*) 123.
Noorden. 165. 166.
Noormannen. 138.
Northalda bam. 165.
Northalda thre. 165.
Northeff. 165.
Noten-boom. 215. 216. 274.

O.

Ocker-notenboom. 216. 274.
Odins-sten. 263.
Oegstmaand. 355.
Oegst-wagen. 31.
Offer-altaren. 327.
Offer-bergen. 321.
Offer-diensten. 321.
Offerhanden. 376.
Offer-malen. 328. 329.
Offer-plaatsen. 320.
———steden. 328.
Offersteenen. 327. 389.
Olden. 178.
Oldenhoven. 176. 178.
Olrunar. 210.

29.

Ongeluksvogels. 29. 196.
Ooijevaar. 34. 194.
Oost-waarheden. 302.
Oosten. 303.
Oosten-wind. 303.
Orakel-taal. 186.
Orion. 254. 360.
Ors. (paard, ros) 199.
Ors bayarde. 201.
Ordalia. 67. 142.
Ormingh. 342.
O's (antiennes) 319.
Ostalmus. 152. 153.
Oskeskermis. 205. 322. 357.
Ossenkop. 375.
Ossenmaand. 339. 357.
Ostra, Ostermanoht. 339. 346.
Ostra-feesten. 302.
Ostra-vuren. 21. 139. 242.

P.

Paal. (balk, in de wapens) 53.
Paard. (ros) 29. 128. 199.
Paard (zonder kop) 127.
Paaschbergen. 139.
Paasch-eijeren. 302. 316.
Paaschfeest. 347.
Paaschkoeken. 365.
Paasch- (Ostra) vuren. 21. 139. 140. 302. 347.
Paasch-weijen. 139.
Padden. 107.
Paleis. (gouden) 265.
Palefroids. 201.
Paling-trekken. 67. 286. 289.
Palm. (gewijde) 30. 211.
Pannekoeken. (van heksen) 107.
Passie-bloem. 212.
Pänneke-vet. 357.
Perforata. 353.
Pinkster-bloem. 30. 210. 211. 351.
Pinkster-feest. 350.
Pinkster-koeken. 365.
Pinkster-bier. 351.
Pinkster-lichten. 139.
Pinkster-lummel. 351.
Pinkster-mannen. 351.
Pinkster-slaper. 351.
Pinkster-vuren. 21. 351.
Pietmaand. 355.
Pieters-vuren. (St.) 143.
Pierlepont. 193.
Pit, put der helle. 292.
Plaaggeest. 119.
Planten. (gewijde) 210.
Planten. (heil-) 210.
Planten. (voorbehoed-) 211.
Plantendienst. 209.
Planeet-lezen. 191.
Poeonie-plant. (stinkroos) 212.
Pompoen. 209.
Poppen. 403.
Priesters. (Ascumannen) 28. a. 43. 183.
Priesteressen. (Völa) 28. a. 43. 183.
Primula-veris. 346.
Putten. (H.) 64.
Put. (vurige) 137.

Q.

Quaerten, Quaert-spel. 336.

R.

Ratel. 343.
Raven. 29. 198. 203. 265. 334.
Raven-nacht. 360.
Ragna-raukr. 366.
Reide-uuagen. 273.
Regenboog. 255.
Regin. (blid) 262.
Regin. (holl) 262.
Regin. (nyt) 262.
Reuzen. (riesen) 16. 90. 389.
Reuze-pinke. 327.
Ridders. (riders) 89.
Ridders. (10,000) 352.

Riesen, Gyganten. 326.
Riese-pinke 327.
Ringrijden. 335.
Rivier-vergoding. 16. 72.
Roland. (steenen) 301.
Rommelpot. 343.
Rompelgeest. 119.
Roodbaard. 273.
Roode-clif. 150.
Rood-haar. 273.
Rooden-wagen. 273. 274.
Roos. 213.
Ros. (rood) 370.
Ros. (witte) 199. 266. 370.
Ros-vereering. 199.
Rosebrand. 331.
Runinne. 304.
Runen-opschriften. 124. 390.
Rijpster-licht. 143.

S.

Sacre-bronnen. 60.
Sagen. 48. 406.
Sakerloot. 385.
Salamander. 150.
Sancten. 305. 383.
Sanctinnen. 305. 383.
Sanctenbeeldjes. 221. 222.
Sancten-putten. 15. 65.
Saturdach. 295.
Saterdei. 295.
Saternes-däg. 295.
Saxa. 330.
Scuvuut. 195. 196. 197.
Scharlokeren. 12. 66. 73. 74.
Schelch. 205.
Scheldwoorden. 385.
Schelmvisch. (St. Pieters) 286.
Scild, Skild. enz. 330.
Schild. (der Friesen) 33. 138.
Schild, Schildtros. 288. 330.
Schimmel. 360.
Schip. (der aarde) 279. 280. 358. 359.
Schip. (symb.) 358. 359. 381.

Schot, Schoten. 334.
Schortel-woensdag. 343.
Schudde-corfsdag. 358.
Schutters-feesten. 287. 333. 350.
Schutters-koningen. 334.
Schijf-schieten. 287. 334.
Scot, Scote. 334.
Seuemonad. 339. 357.
Sigrunar. 210.
Sillemaand. 339.
Simulacra. 333.
Sisas. (in dad-sisas) 133.
Slagtmaand. 339. 356.
Slang. 286.
Sleipner. (ros) 266.
Sluiper. (Sleipner) 266.
Smeden. (kunstige) 94.
Smeremaand. 356.
Snoek-snoek. 385.
Soksus. 127. 129.
Sole, (Saudr), Zolen. 38.
Solmaand. 339.
Sonna-dai. 242.
Sonne-leenen. 393.
Son-nacht. 242.
Specht. 196.
Speltmaand. 355.
Spinrokken. 254.
Spoken, Spokerijen. 30.
Sporkelmaand. 342.
Spurcalia. 345.
Sprokkelmaand. 342.
Staal-proef. (duel) 318.
Stab, Stave. 268.
Staf, *Stab, Stafr.* 268.
Stalkaarsen. 22. 143. 150.
Stavo-tempel. 23. 171.
Steekspel. 289.
Ster. (wapen) 34.
Sternen. 254.
Sterrendraaijers. 340.
Sterrenwagen. 36.
Stinkrozen. 212.
Stier. (symb.) 357.
Stoep. 21. 127.
Stroomvergoding. 16. 72.

Stopwoorden. 585.
Stoppel-branden. 356.
Storck. 203.
Strijdwapens. 330.
Sullemaand. 339.
Sumers-nachte. 350.
Swate. 330.

T.

Tadema. (Iglo) 138. 150.
Tains. (teenen) 190.
Teenen. 190. 191.
Teenen-zienster. 190.
Telramunt. 87.
Tempel-wachter. 233.
Tempel-wagens. 259.
Thing. 290.
Thing-dagen. 253. 356.
Thing-plaatsen. 220.
Thorisme. 271.
Thor-maned. 339. 346.
Thunaer 379.
Thunres-dei. 274.
Timpjes. 363.
Tik-tak-borden. 336.
Tondalus-droom. 292.
Tooveren, toovergeloof. 28. 30. 129.
Toovenaars. 101.
Tooverheksen. 191.
Tooverformule. 108.
Tooverroeden. 217.
Tooversiekten. 110.
Toover-paardje. 392.
Tornieren. 331. 350.
Torneamentum. 332.
Torn-dei, *Tunres-dai* 274.
Tornooi, Tournooi. 37. 287. 331.
Traanfleschjes. 19.
Trilogie. 32. 261.
Tribunalia. 44.
Tumuli. 44.
Tijdgoden. 120. 338. 376.
Tys-dag. 254.

U.

Uil. (nacht-) 195. 197.
Uilsput. 384.
Uitigsten, Utigsten. (u. oe.) 147. 149. 174.
Uitingen, Uitvaart. 149.
Uiver. (zie Aiber).
Uiversbloem. 211. 351.
Upsal-tempel. 266.
Upstalboom. 220. 352.
Urbaen. 351.
Urdr-bron. 121.
Urdr-zwanen. 192. 391.
Ur in *Urlac.* 123.
Urne. 19. 123. 124.
Urn-scherven. 19.
Urstend. (Opstanding) 302.
Ur-us. (auer-os.) 204.

V.

Vaalborgs-aften. 350.
Vaandel. (roode) 137.
Vaghevuur. 22. 141. 167.
Vain-manoht. 353.
Valentijn. 343. 351.
Valentijnsdag. 343.
Valentijden. 343.
Valhalla. 265. 329. 366.
Valhalla-vreugde. 366.
Valkenjagt. 335.
Valkennacht. 258.
Vanbeker. 365.
Varen (ter helle). 291.
Vahal, Varhal, zie Verhel. 293.
Vaulu en *Vauluspa.* 367.
Vastelavond. 343.
Veeg. (*fay*) 141.
Veelvouden. (der H.-tallen) 318.
Veldruut. 351.
Veturnattablot. 357.
Verloofsmaandag. 304.
Verzakingsformulier. 379.
Venlen. (Volen). 263.
Veulik, Vel. 386.
Vierdienst, z. vuur-dienst.

Vince-luna. 243. 400.
Visch. 286.
Visiker. 212.
Visch-sagen. 335.
Visch-vangst. 288. 335.
Vitel-dansen. 353.
Viti-dansen. (St.) 353.
Viti-schaar. (St.) 352.
Vliedbergen. 44. (tribunalia).
Vlierboom. 30. 214. 215.
Vlierstok. 215.
Vloekwoorden. 385.
Vogel-dienst. 191.
Vogel-jagt. 335.
Vogel-geschrei. 190.
Vogelschieten. 289. 334.
Vogel-spraak. 196.
Vogel-wigchelarij. 192.
Völa. (*Vaulu*) 28. 177. 184. 187. 386.
Vonderhouten. 29.
Vorsten. (Voorsten). 184.
Von-eiche. 263.
Vrit- Vrijthove. 177. 182.
Vrouwenhaar. 392.
Vrijen. 180. 183.
Vrijen, Vrijdag. 280.
Vrijdag. (groene) 338.
Vrijheids-boom. 220.
Vulle. (Hulle) 128.
Vuur. (heilig) 390.
Vuurdienst. 21. 136.
Vuurdraak. 150.
Vuurgedrochten. a. 33. 149.
Vuurgeesten. 120.
Vuur-halen.(der maren)103.110.
Vuurproeven. 142.
Vuur-vogel. 150.

W.

Wagen. (*ursus major*). 254.
Wagens. (der goden). 273. 274.
Wagens. (lijk-) 37. 174.
Wagen-buren. 123. 147.
Wa-kleed. 123. 147.

Walhalla, zie Valhalla.
Walachrijn. 283.
Walburgsfeest. 349. 350.
Wapens. (geslacht- en plaats-) 33. 150. 308.
Waterdienst. (zie loo-dienst).
Waterbronnen,(zie loo-bronnen).
Water-lelie. 209. 213.
Water en vuur. 136. 385.
Water-vogel. 351.
Water- en vuurbrand. 145.
Water- en vuurdienst. 20. 136.
Watermannen. 16. 78.
Water- en Vuurproeven. (Ordalia). 67. 318.
Watergeesten. 17.
Weergeld. 127.
Weide. (*Wiede*) 351.
Wēr, of Weerwolf. 112. 124. 208. 215. 385.
Wendel-maand. 361.
Wensdei. 270.
Wereldboom. (*Yggdrasill*) 1. 2. enz.
Wereldbrand. 367.
Wereld-jaar. 372.
Werptuigen. (*missilia*) 330.
Whit-Monday. 352.
Wicht. (Helle-) 385.
Wiede. (*Weide*) 351.
Wiede-, Wodemaand. 339. 350. 351.
Wiel. (symb.) 358. 361.
Wielewalen. 67.
Wigchelarijen. 28. 183. 189. 190. 191. 217.
Wilde jagt. 105.
Wilgenboom. 214.
Wind met vieren. 106.
Wind. (het gehuil der) 295.
Windu- of Wintumanoht. 356.
Winne- of Wonnemanoht. 348.
Wierook. 22.
Wisent. 205.
Wisseldaalders. 119. 120.
Wit. (doelwit) 285.

Witsschieten. 287. 334.
Witte voet. 284. 348.
Wit. (kleur) 392.
Wodanisme. 263.
Wodans-minni. 266.
Wodans tempels. 23. 171. 267.
Wodans-steen. 327.
Woensdag. 263. 270.
Woens- of Woonswaghen. 36. 263. 273.
Wolf. (Weer-) 124. 128. 129.
Wolfs-hemden. 129.
———huiden, gordels. 129.
Wolfsput. 384.
Wond-rune. 210.
Wonne-manoht. 348.
Woerdplaatsen. 129.
Wonder-boom. 218.
Wondergeloof. 30. zie Mirakelgeloof.
Worptafelen. 336.
Wouden-dienst. 214.
Wouden. (heilige) 222. 223.
Wijelbrood. 365.
Wijwater. 22. 174.
Wijn-maand. 356.

Y.

Yggdrasill. 1. 371.
Yrias. 362. 400.

Yrmin-sul. 290.
Ys-rijders. 363.
Yzeren koe. 146.

Z.

Zaadzaaijen. 243.
Zeedragen (in) 16. 76.
Zeestroomgod. 300.
Zevental (H.) 318. 319.
Zilver. (azuur) 284.
Zoenen. (drie) 317.
Zonnebloem. 212.
Zonnefeesten. 302.
Zonnegod. 263.
Zonneleenen. 393.
Zonnepaarden. 241.
Zonneschijf. 282. 287. 334.
Zonnewagen. 241.
Zonnewielen. 242. 247. 313. 361.
Zonnewolf. 242.
Zuilen. 312.
Zwaluwe. 29. 196. 346.
Zwanen. 22. 89. 121. 192. 279.
Zwanen-broederschap. 88.
Zwanendal. 192.
Zwanen-jonkvrouwen. 86.
Zwanen-ridders. 16. 86.
Zwarte kunst. 191.
Zwarte wagen. 274.

C. MYTHEN- GODEN- EN GEESTEN-NAMEN.

A.

Ar, Aar, Arda. 32. 194. 226. 339. (zie Harda). 70.
Aardmoeder. 275.
———geesten. 17. 94.
Alcis. 32. 280.

Aldagautr. 338.
Alf. 94. 97. 211. 369. 373.
——— zwart. 99.
——— licht. 103.
Aldafadur. 262. 338.
Alfsheim. 340.
Alsvithr. 241.

REGISTER.

Alm. 193.
Albion. 90. 91.
Alvader. 337.
Alvina. 99.
Ann. (mooi) 292
Anneke. 106. 109.
As, Ass. (deus) 32. 184. 236. 237.
Asynia. (dea) 237.
Asen-moeder. 380.
Asschepoester. 120. 150.
Astra, Astar. 229. 347.
Arce. (zie Er, Erce) 256.
Arduinna. (dea) 226. 305.
Arne. 71. 82.
Arne. 308.
Arwakur. 241.
Ask. 219.
Asa-koningr. 370.
Asgard. 238. 372.
Audhumbla. 204. 337.
Aurinia. 185.

B.

Bal, zie Baldr. 32. 109. 144. 145. 165. 195. 202. 239. 249. 261. 275. 280. 281. 292. 329. 338. 350. 352. 370.
Baldrs-bra. 209. 313.
Basiliscus. 112. 117. 150.
Bametje. 106.
Beatrix. 87.
Bel, zie Beldr. 211. 281. enz.
Bel-aije. 87.
Belua, bellua. 85.
Belus. 283,
Belbog. 281.
Beelwit. 16. 85. 369.
Biflindi. 338.
Bifrost. 255. 319.
Bil. 313.
Billo-godesse. 125.
Bitebauw. 119.
Boeman, (Beuman) 119. 389.
Bomme. 71. 82. 389.
Boesapper. 119.
Boldergeest. 119.
Bör, Böri, zie Burr. 70. 306. 314.
Brandkrossy. 203.
Breidablik. 350.
Bude, Budde. 71. 82. 119.
Bullebak. 78. 119.
Buman. 119.
Burr. 70. 239. 306. 314.
Burorina. (dea) 306. 307.
Butke. 120.
Bylgia. 85. 86.

C.

Cariste. 150.
Castor. 231. 235. 280. 282. 285. 286.
Chiemken. 120.
Cobalus. 95.
Cot. (deus) 264.
Collen. (heksen) 105. 109. 110.

D.

Dag. 32.
Dagur, Dagr. 240. 337.
Delia. 253.
D'erc. 206. 258. 260.
Diana. 233. 235. 251. 304. 305. 306.
Dioscuren. 281.
Disar. (disir) 115.
Donar. (zie Thunaer) 32. 320. 409.
Doorn. (Thorn) 271.
Draec. 150. 206. 373.
Dreutel. 101. 102.
Droes. 112. 115. 116.
Drolden, drollen. 94. 101.
Drommel. 119.
Dross, druos. 116.
Drud. 116.
Druon. 310.

Drus. 93. 115.
Duffa. 86.
Duno. 275.
Duuel. 102.
Dveorg. 94.
Dwerg. 90. 94. 369. 372.
Dys. (Tys) 234.

E.

Easter. (Ostra) 339.
Einheriar. 104. 352. 372.
Erc, Erce, Erche. 256. 258.
Erda, Ertha. (Hertha) 55. 239. 255. 256.
Ess, Esch. 237.
Esmeri. 88.
Ellert. (sage) 282.
Elf. 94. 97. 99.
Embla. 219.
Eunjer. 101.

F.

Falkr. 265.
Fanna. 305.
Feeks. 118.
Fenrir. 128. 252. 274. 310. 371. 373.
Fiölnir. 267.
Fimbul-vetr. 318. 367.
Fjölnir. 338.
Flerus. 101.
Folkvangr. 355.
Fosta. 290.
Fosete. 289.
Forsete. 289. 356.
Frau. 71. 239. 275. 278. 321.
Freda. 276. 278.
Freki. 371.
Freya. 32. 194. 229. 239. 254. 256. 270. 271. 275. 276. 277. 278. 279. 288. 355. 375.
Freyr. 204. 276. 340. 341.
Frigga. 256. 275. 279.
Frowa. 239. 261. 275. 276. 316. 321. 329. 336. 409.

G.

Gast. 119.
Ganna. 178. 188. 386.
Gangulf. (sage) 59.
Garmr. 36. 206. 208. 293. 371.
Gar-wal. 126.
Gava-deae. 81.
Gene. 92.
Glanur. 241.
Glitnir. 256.
Gimle. 366. 374. 375.
Giliar-horn. 372.
Gna. 276.
Gobelin. 95.
Gode. (*Guth.*) 264.
Grifes. 206.
Griffioen. 150. 206.
Grimnir. 267.
Grijpke grauw. 115. 119.
Guarwolf. 126.
Gudan. 262.
Gungnir. 331.
Guodan. 262.
Gwodan. 262. 264.
Guth. (deus) 264.
Guurkens. 94. 96.
Golven-maagden. 84. 85. 86.

H.

Haeva. (dea) 301. 307.
Hafvae. (dea) 301.
Hagazus. (hägtesse) 105.
Hagedis. 103. 105. 112. 115.
Hagemoer. 112. 115.
Hal, Haldr. Haudr. 280. 281.
Hamma vehae. 157.
Harda. 194. 256. 320. 321.
Hase, Hasse. 237. 238.
Hati. 128. 371.
Haudr., Hödr. 249. 280. 281.
Har- Lem. (sage) 73.
Hees, Hesus. 237.
Heggemoer. 112. 115. 316.

Heimdall. 353. 372.
Heksen, hexe, 105—110.
Hengist. (sage) 49.
Hela. 32. 92.
Hella. 32. 60. 286. 290. 366. 371.
Hel. Heldr. 281.
Hera. (vrouw) 258.
Hercules. 193. 223. 230. 235. 297. 326.
Herian. 338.
Herman, Hermin. 296. 298.
Hermode. 280. 286.
Herke, Hercke. 298. 299.
Hertha. 229. 231. 235. 260. 276. 279. 288. 316. 321. 339. 412.
Hesc-lo. (sage) 74. 90. 92.
Himingläffa. 86.
Himinbiorg. 353.
Hlidskialf. 275. 343.
Hlin of Hlyn, zie Lyna. 217. 277.
Hiemken. 119. 120.
Hildegaerde. (sage) 92.
Hnikudr. 338. 347.
Hödr. (Haudr) 32.
Hofwarpnir. 200. 377.
Hond. 115. 127. 128.
Horsa. (sage) 49.
Hrosharsgrani. 199.
Hrossthiofr. 199.
Hrafnagud. 265.
Hrymthrusen. 93.
Huisgeesten. 17. 118. 120.
Hvit-alfr. 97.
Hugin. 265.
Hredra. 273.
Hrasvelgur. 311.
Hurken. 96.
Hulle, vulle. 117.
Hviki. 313.
Hunalundr. 373.

I en J.

Jaar. 257.

Jakko. 105.
Jalkr. 338.
Iduna. 303. 304. 335.
Jecha. 295. 303. 304.
Ikkers. 79.
Jörd. (Jaar) 256. 257. 337.
Jörmun. 296.
Jothen. 272.
Irm, Irmin. 70. 295. 296. 298.
Isis. 231. 279.
Juffer. (witte) 97.
Jupiter. 231. 233. 235. 274. 328.

K.

Kabouter. 94. 95. 96. 119.
Kalf. 128.
Keutel. 101. 102.
Kludde. 112. 113. 114.
Kobold. 94. 95. 120.

L.

Landvidi. 356.
Lahra. (dea) 160. 295. 303. 304.
Leba. 304.
Leda. 305.
Lem. (reus) 91.
Len, Lennia. (Lina) 250.
Leure. 113.
Leva. 304. 339.
Lina, Luna. 243. 250. 277.
Lintworm. 206.
Lios-alfr. 97. 193.
Lob, Lobna. 305.
Lodder. 112. 113.
Loeder. 113. 117.
Lofna. 277.
Lohengrin. (sage) 87.
Loke, Loki. 240. 285. 289. 296. 313. 329. 335. 370. 373.
Lichtgeesten. 22.
Löhr, Löhra. 304.
Lore. (Lurlei) 79.

Luchtgeesten. 17. 102.
Lucifer. 152.
Lun. 247.
Luna. 243. 250. 393.
Lunia. 247.
Lvpia. 301.
Lyn, Lyna. 217. 243. 277.

M.

Maan, (mond). 32. 245.
Machuut. 110. 112. 115. 300. 354.
Magusanus. 235. 297. 299.
Mairae. 81.
Mahr. 82.
Managarmr, zie Menagarm. 208. 209.
Man, Mannus. 314. 393.
Mare, 103. 110.
Mareminne, 78. 82.
Maregriet. 115. 300. 354.
Mars. 230. 234. 296.
Matres. 307.
Matronae 81. 307.
Meda, Medea. 278. 279. 348. 349.
Meerminnen. 82. 83. 369.
Meerman. 83.
Megin-giardur. 272.
Melusine. (sage) 99.
Menagarm. 128. 208. 209. 241. 243. 311.
Männeke. (ut de zee) 78.
Mercurius. 230. 233. 284. 400.
Merewip. 82.
Meroveus. (sage) 49.
Midgardslang. 207. 274. 311. 373.
Mimir. 229.
Minerva. 232. 304.
Minotaurus. 294.
Misteltein. 209. 210. 285.
Mjölnir. 272. 319. 373.
Moda. 372.
Molik. 101.

Mona. 22. 229. 245.
Monochyros. 150. 206. 208. 243. 311.
Mond. 54. 239. 240. 242. 260. 316. 321. 412.
Munni. 240. 246. 313.
Mundilfara, *Mundilföri.* 240. 241. 242.
Munin. 265.
Murmir-bron. 229.
Muspelheim. 353.

N.

Nachker. 78.
Nacht. 32.
Nachtmar. 117.
Nachtmerrie. 112. 117.
Nachtridders. 102. 104. 105.
Nachtwake. 121.
Nanna. 289.
Nastrand. 366. 374.
Nechsen. 80.
Nehae. (deae) 79. 307.
Neha-lennia. 235. 246. 250.
Nenna. 289.
Nerda, Nertha. 81. 256.
Neptunus. 233.. 300.
Nichsen, Niksen. 16. 78. 79. 80. 121.
Nichepook. 79.
Nicht. 121.
Nikar. 338.
Nikkers. 16. 78. 79.
Niksen. (van Jupille) 80.
Niort. 300. 348. 356.
Nix. 78. 79.
Noatun. 356.
Noord. 146.
Norni, Nornen. 3. 120. 121. 124.
Noss, Nott. 240. 337.

O.

Odin. 165. 198. 229. 262. 263.

266. 270. 271. 275. 314.
343. 345. 370. 372. 373.
375.
Ockuthor. 35. 216. 274. 320.
Olf. (zie *the-olf*) 97.
Oost. 164.
Omi. 338.
Oriant. (sage) 87.
Ormakongr. 207.
Oski. 338.
Osschaert. 112. 113. 114.
Oss, osch. (deus) 237.
Ostra. 14. 229. 239. 295. 301.
339. 347.
Ote. (Saxon) 379. 380.
Oude, Ode. 267.

P.

Pallas. 232.
Phoseta. 290.
Pilwiz, Pilwis. 85.
Pismanneke. 119. 120.
Pluto. 335.
Pollux. (zie Castor) 231. 235.
280. 282. 285. 286.
Poltergeest. 119.
Poppe. 71. 82.

R.

Rabon. (reus) 90.
Radigast. 269.
Radbold. (sage) 49.
Ragnaraukr. 318. 337. 365.
Raudh-skeggjadr. 273.
Raun. 86.
Ravengod. 265.
Reda. 273.
Regin. 262.
Reidityr. 273.
Retto. 273.
Reuzen. (zie Riesen) 74. 89.
Richon. (sage) 59.
Ridders. 104.
Riesen. 89. 90. 91. 92.

Rinda. 256.
Rhenns (pater) 72.
Roelf. 117.
Ro-nixa. (sage) 266.
Roswodir. 269.
Rotger. (sage) 49.
Rumpelgeest. 119.
Runnhöfdi. 262. 269.

S.

Saegr. 313.
Saga. (dea) 345.
Saga. (strix) 105.
Sagen. 49.
Salamander. 151.
Salvius Brabon. (sage) 49.
Sallandus. (sage) 59.
Sandraudriga (dea) 306. 307.
Saturnus. 295.
Savari. (sage) 87.
Satur. (saeter) 240. 295.
Schwana. 87. 192.
Sculda, Skulda. 17. 121. 330.
Schelleguurkens. 96.
Schumert. 117.
Scine. (schijn) 277.
Sib, Siba, Sif. 71. 239. 295.
303.
Siddhöttr. 267.
Siger. 229.
Sigfadr. 229. 262. 265.
Sigtir. 229.
Silla. 84.
Simul. 313.
Siofn, Sion. 277.
Sirene. 83.
Siva, Siwa. 137. 303.
Skade. 348.
Skol, Sköll. 128. 241. 242.
371.
Sköl, Skaul. (zie *Skol*) 242.
Sleipner. 199. 266.
Snein. 241.
Snior. 241.
Söcqvabeckr. 345.

Soksus. 129.
Sol. (zon) 260. 393.
Sol, Sunan. 229. 239. 240. 260. 316. 321. 393.
Sotai. 94.
Stommelstart. 117.
Stavo. 137.
Stave-god. 267.
Stoep. 127.
Stuvo. 267.
Strix. (striga) 105.
Sunan. 32. 239. 240. 321. 393. 412.
Surtr. 295. 369. 370. 372. 373.
Svante-Vit. 284. 352.
Svart-alfr. 97. 102.
Svidrir. 338.
Swante-Wit. 284.
Synia. 277.

T.

Tamfana, 198.
Tanfana, 189, 305.
Tanngniostr. 272.
Tanngrisnir. 272.
Thekla. 106. 115.
The-olf. (Olf) 97.
Thok. 106. 109.
Thor. 203. 204. 229. 235. 270. 271. 272. 274. 310. 319. 331. 339. 373. 375. 393.
Thrus. 93. 115.
Thrudr. 115. 116.
Thunaer. 261. 270. 336.
Thrymheimr. 348.
Thure, Thorn. 270. 271. 274. 274.
Tinaer, Tunaer. 239. 240. 316. 321. 328. 331. 336.
Trolden. 94. 101. 102.
Tuisco. 270. 314. 393.
Tijdgodinnen. (zie Urdr.) 1.
Tynard. (sage) 253.
Tyr of Tys. 234. 235. 240. 251. 261. 270. 272. 310. 331.

U en V.

Ullr. 360.
Ulp. 301.
Ulpia ammava. 301.
Ur- in Urlac. 123.
Urdr. (Wurth) 17. 120. 315.
Urdr-bron. 218.
Uriskin, Urchin, Urken. 96.
Urt, Uurda. 17. 120. 121 enz.
Ve. 261. 314.
Veo-Vlf. 18. 20. 126.
Vile. 261. 314.
Vlf. 383.
Vlpia ammava. 301.
Vader. (der goden) 261.
Vagdaver. (dea) 307.
Valfadur. 265.
Valhalla. 37. 170. 265. 268. 329. 335. 350. 366.
Vali. 342.
Valaskjalf. 342.
Valaskjalf. 265.
Valkyrien. 104. 170. 265. 266.
Valcher. 265.
Var. (zie War) 277.
Vrouwen. (varende). 102. 104. 105.
Veeks. 118.
Vehae, Vechs. (Vichs) 81. 100.
Veldgeesten. 112.
Velleda. 177. 184. 186. 279.
Venus. 233. 235. 279.
Verdandi. 17. 121.
Viana. 305.
Vidar. 356.
Vidrir. 338.
Vincelunia. 249.
Vichs. (Wicht) 81. 100. 121.
Vulcanus. 296.
Vuodan, Vodan. 266.
Vyrd, (Wierda) 3. 121.
Vyrdsisters. 3. 120. 315.

W

Waardgeest. 124.
Wagengod. (*Ocku-thor*) 35.
Walhalla. (Valhalla) 37.
War, Wara. 248. 277.
Warns. 262. 264.
Walberecht. (reuzin) 74. 91.
Walcher. 49. 265.
Wald-acha. 305.
Walewein. (sage) 93.
Wanne. 106. 115.
Wanne Tekla. 115.
Waterbullebak. 115.
———geesten. 78.
Werdandi. 17. 121.
Weerwolf. 18. 20.
Westra. 14. 71. 239.
West. 164.
Wichten. (*Vehae*) 81. 94. 100.
Wierda. (Vyrd) 123.
Witte-god. (Bel, Belus) 283. 284.
Wijven. (witte) 94. 97.
Wodan. 32. 233. 235. 239. 240. 261. 316. 320. 328. 336. 379. 409.
Woens. (*Wunsch*) 261. 262. 263.
Wodec. 263.
Wodon. 263.
Woerd. (zie Urdr.) 17. 18. 120. 315.
Wolf. 115. 128.
Wunsch. 263.
Wuodan. 262. 263.
Wurth. (Urdr.) 17. 18. 120. 121. 153.
Woudgeesten. 17. 112.

Y.

Ydalir. 360.
Yggdrasill. 218. 238. 337. 369. 371.
Ymir. 337.
Yse. (Ysel) 92.

Z.

Zon. (zie Sol, Sunan) 32.
Zeegod. 32.
Zonnegod. 361.
Zuid. 164.

SANCTEN EN SANCTINNEN.

St. Andries. (Ys) 360. 384.
St. Elm. 143.
St. Hildegaerde. 383.
St. Gregorius. 345.
St. Jan. 75. 139. 140. 286. 287.
St. Joris. 150. 206. 274. 310. 357. 383.
St. Lambrecht. 384.
St. Lou. (Loy) 360. 383.
St. Laurens. 92. 354. 360. 383.
St. Lucia. 385.
St. Maerten. 21. 139.
St. Matt-ijs. 384.
St. Machuut. 354.
St. Maregriet. 383.
St. Michiel. 357.
St. Nicolaes. 360. 362.
St. Odulf. 410.
St. Oelf (Vlf) 65.
St. Oels (Vls) 384.
St. Oede. 380.
St. Pieter en Paul. 143. 286.
St. Pieter in Sella. 343. 344.
Onze Lieve Vrouwe. 65. 276.
O. L. V. Dienst. (of Maria-dienst). 276. 279. 381.

O. L. Vr. van Bergen. 404, 405.
O. L. V. der H. eik.
O. L. V. van 's Gravensande. 381. 404. 405.
O. L. V. van 't Hammerken. 381.
O. L. V. van Hanswijk. 381.
O. L. V. tot Heyloo. 60. 62. 404.
O. L. V. van Kevelaer. 162. 381.
O. L. V. van Lebbeke. 381.
O. L. V. Maioer. 381.
O. L. V. ter Noot. 381.
O. L. V. van Runxputten. 63.
O. L. V. van Scherpenheuvel. 381.
O. L. V. te Vroonlo. 92.
O. L. V. te Wilsveen. 381. 304. 405.
St. Tillo. 383.
St. Tyburt. 347.
St. Viti. 352. 383. 384.
St. Victor. 347.
St. Valentijn. 343. 344. 383.
St. Walburg. 349.

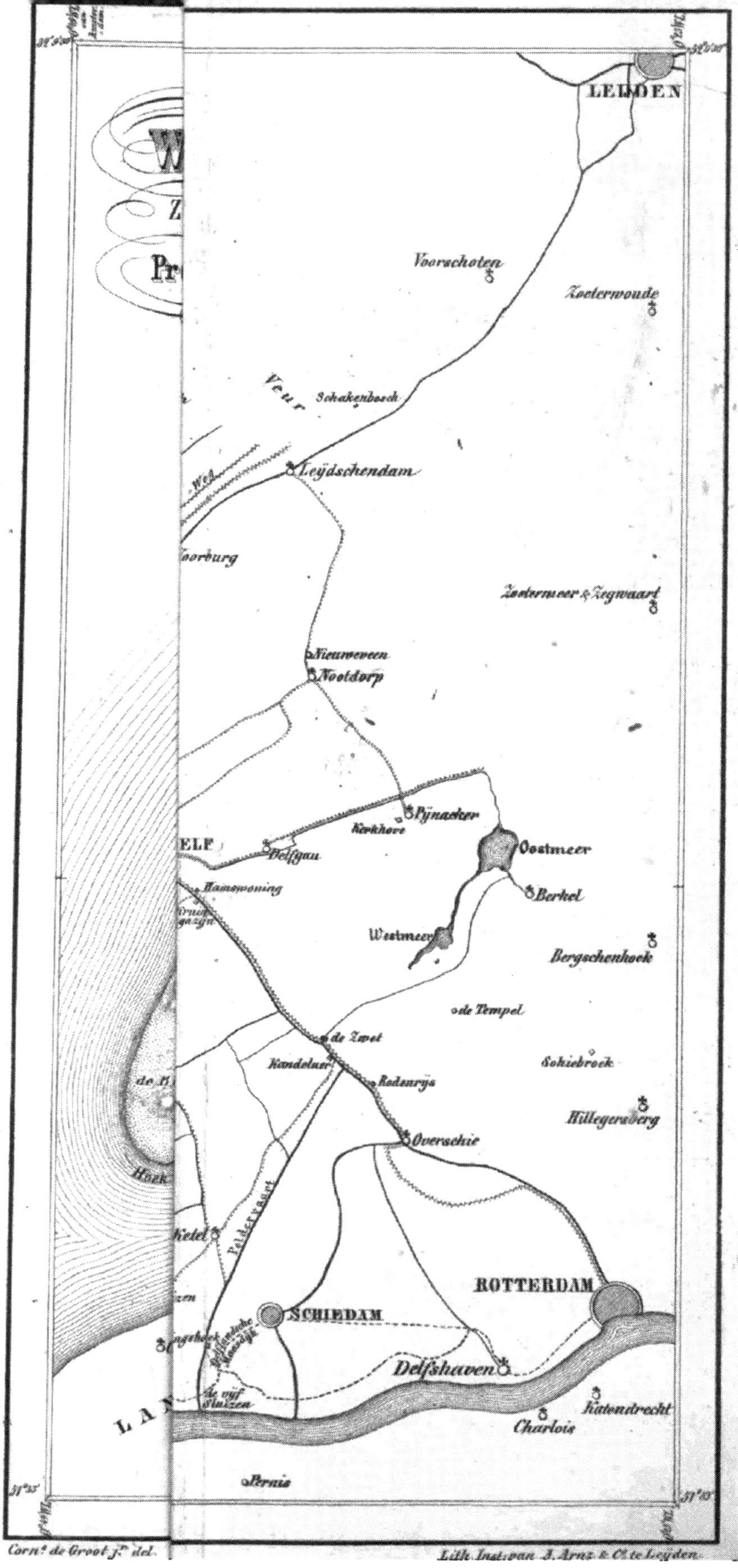

Cornˢ. de Groot jʳ. del.

Lith. Inst. van J. Arnz & Cº. te Leyden

Milton Keynes UK
Ingram Content Group UK Ltd.
UKHW051137270924
448839UK00006B/31